本书由

陕西省文物局

资助出版

文物保护学

王蕙贞　编著

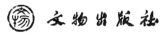
文物出版社

图书在版编目（CIP）数据

文物保护学／王蕙贞编著 . —北京：文物出版社，2009. 3
（2024. 4 重印）

ISBN 978 - 7 - 5010 - 2565 - 7

Ⅰ. 文… Ⅱ. 王… Ⅲ. 文物保护—研究 Ⅳ. ①G26

中国版本图书馆 CIP 数据核字（2008）第 119856 号

文物保护学

编　　著：王蕙贞

责任编辑：李　东
再版编辑：张朔婷
封面设计：张希广
责任印制：张道奇

出版发行：文物出版社
社　　址：北京市东直门内北小街 2 号楼
邮　　编：100007
网　　址：http：//www. wenwu. com
经　　销：新华书店
印　　刷：河北鹏润印刷有限公司
开　　本：787mm×1092mm　1/16
印　　张：40. 75
版　　次：2009 年 3 月第 1 版
印　　次：2024 年 4 月第 7 次印刷
书　　号：ISBN 978 - 7 - 5010 - 2565 - 7
定　　价：95. 00 元

前　言

我国是一个具有悠久历史的文明古国,在人类发展的历史长河中,先民们留下了无数历史遗迹和遗物。这些珍贵的文物真实地反映了当时的政治、经济、科技、文化艺术的发展状况,为文物科学研究提供了丰富生动的实物资料。

文物的发掘、鉴定、保护,是文物工作者的历史责任。新中国成立以来,我国考古发掘了大批遗址,出土了大量遗物,如不及时对遗址、遗物加以抢救保护,文物自身特有的历史信息将愈来愈少,不仅失去研究、展示的价值,也无法给子孙后代留下这份珍贵遗产,使之长久为人类发展服务。故文物保护已成为当前文物工作的迫切任务。

文物是一种不能再生的特殊物质,一旦破坏就无法挽回,故文物保护必须采取积极、慎重、科学的态度,在抢救、保护、利用的同时,坚持以防为主、防治结合的原则,不改变现状的原则和过程可逆的原则等。

文物保护是涉及历史、考古、政治、经济、艺术等人文社会学科和物理、化学、生物、材料、地学、环境等自然学科的一门多学科相互交叉渗透的边缘学科,需要多方面的科学工作者协同努力才能完成这一艰巨的历史任务。

目前,我国的文物保护工作有了很大的发展,成立了多个国家文物局文物保护重点科研基地,一些考古研究院(所)和博物院(馆)相继成立了文物保护技术部或文物保管部,一些大学如北京大学、西北大学还成立了考古文物保护系、文化遗产研究院等。

文物保护队伍正在逐步壮大,研究成果日益丰富,研究水平不断提高,但相对我国众多的珍贵文物急需抢救、保护、研究、利用,仍形成强烈的反差,亟需提高整体文物保护研究水平和加速培养适用的专业文物保护人才,然而目前文物保护方面全面、系统的教材尚较缺乏。我们在总结近 20 年教学、科研、实践的基础上,本着教学与科研相结合,理论教学与保护实践相结合,从各类文物的材质、保存环境、影响文物安全的各种因素分析,研究文物的腐蚀机理,文物保护材料的筛选、合成、特性,文物保护方法及保护工艺技术的思路,编写了这本《文物保护学》,供考古、文物保护专业师生及文物保护工作者参考。

本书共分 16 章,由王蕙贞教授主编。其中第 1 章由宋迪生、王蕙贞教授撰写,

第 5、6 章由王蕙贞、朱虹撰写,第 10、12 章由侯卫东研究员、王蕙贞教授撰写,第 8、15 章由郭宏研究员撰写,第 2、3、4、7、9、11、13、14、16 章全由王蕙贞教授撰写。

由于编者水平所限,错误和不足之处在所难免,望读者不吝指正。

目　　录

第一章　文物保护学概论

我国历史上各个时代的人们在生产、生活和社会实践中产生并遗留下来的具有重要历史、科学和艺术价值的遗物和遗迹,包含着特定历史时期存留下来的丰富信息,从不同侧面揭示出一定的历史现象,直观地反映古代社会的真实面貌。它不仅可以弥补文献资料的不足,又是研究没有文字记载的史前社会生产、生活、文化、居住、交通、贸易、人口和婚姻等古代社会面貌的唯一根据,是考古学的传统研究对象,是研究人类历史、科学技术和文化艺术及其发展的可贵实物史料。这些实物史料是人类文明信息的一种储存形式,包含着特定历史时期的政治、经济、军事、科学技术、文化艺术、工艺美术等诸多方面的各种信息,开发利用这些信息资源,不仅能长久地为人类文明的发展服务,而且还会为我们现在进行的科学研究和生产活动提供极有价值的宝贵资料和有益的借鉴。

随着岁月的流逝,本身的材料组成、结构、性能及自身的不停运动及所处的各种外界环境因素的变化,导致和加速了文物材质自身的一系列物理、化学、生物等变化,从而改变了文物材料的结构和性能,使文物遭受不同程度的损坏,甚至毁灭了文物材料自身。如出土古尸的腐烂,出土纺织品、纸质类纤维文物的糟朽,古遗址及石质类文物的风化,铁器的锈蚀腐蚀……表明文物正面临着严重的腐蚀,使文物真品失去原貌,甚至大批珍贵文物正蒙受着无可挽回的损失。这样文物资源利用期限的长久性与文物材料存在期限的有限性之间产生矛盾。为了研究这一矛盾的内在规律,使文物长期妥善地保存下去,尽快挽救那些已糟朽腐蚀的文物,尽可能地延长古代珍贵文物的寿命,就必须十分珍惜文物和科学保护文物,否则不仅愧对我们的祖先,也愧对我们的后世子孙。综合以上种种原因,一门文理交叉、理工渗透的新的边缘科学——文物保护学便随之而诞生。

§1. 文物的基本内容及分类

中国古代先民给我们留下了极其丰富而珍贵的文化宝藏。长城、故宫、莫高窟、秦始皇陵兵马俑和铜车马、半坡古遗址、殷墟遗址、十三陵、乾陵、商周青铜器、法门寺珍宝等,就是其中的代表。

拥有丰富的具有历史价值、科学价值和艺术价值的珍贵文物,是我们中华民族的骄傲,也是我国的一大优势。

随着社会的发展,经济的增长,广大人民群众物质、文化生活水平不断提高,人们对文物价值的认识日益增强。这是保护文物成为全社会共识,得到更加文泛的理解和支持的基础。

1.1　文物的基本内容

2007 年 12 月 29 日,第二次修正并实施的《中华人民共和国文物保护法》第二条明确指出:在中华人民共和国境内,下列文物受国家保护。

(1)具有历史、艺术、科学技术的古代文化遗址、古墓葬、古建筑、石窟寺和石刻、壁画;

(2)与重大历史事件、革命运动或者著名人物有关的以及具有重要纪念意义、教育意义或者史料价值的近代现代重要史迹、实物、代表性建筑;

(3)历史上各个时代珍贵的艺术品、工艺美术品;

(4)历史上各时代重要的文献资料以及具有历史、艺术、科学价值的手稿和图书资料等;

(5)反映历史上各时代、各民族社会制度、社会生产、社会生活的代表性实物。

有些自然物体带有鲜明的时代烙印,又具有历史、艺术、科学价值,可以称为自然与文化双遗产。如我国福建省的武夷山,山东省的泰山等。

1.2　文物的分类

1.2.1　文物分类的必要性

(1)由于文物种类繁多,加之文物材质不同,要求保存的环境也不同。如果把不同质地,要求不同保存环境的文物放在一起,就难以同时保护好两类完全不同的文物。如把怕潮湿的铜、铁等金属文物和需要保持一定湿度的漆、木、竹器放在一起,就很难保护好。如果湿度稍大,虽有利于漆、木、竹器类文物的保存,避免因干燥而发生脱水、起翘、干裂,却会使铜、铁等金属锈蚀。因此,对于不同质地的文物,必须将其分门别类地保存在最适宜的环境中。

(2)为了便于文物的保护修复,由于文物的质地不同,不仅存放的环境要求不同,而且进行保护和修复所用的材料和方法亦有很大的差别,因此文物必须正确分类,才能方便文物的保护与修复。

(3)庞杂的文物只有科学分类,才便于管理,既确保文物的安全,又方便文物的查找、整理、研究和合理利用。

1.2.2　文物分类的方法

依据文物的自然属性和社会属性,文物有许多分类方法,虽然没有统一的分类标准,但大体上有博物馆分类方法和文物保护研究的文物分类方法。

(1)博物馆文物藏品的分类方法

博物馆文物藏品的分类方法的特点,主要是便于管理、便于快速查找,同时兼顾到文物保护进行分类,具体分类如表1所示。

表 1 博物馆文物藏品的分类

序号	馆藏文物分类	不同分类的文物举例
1	按文物材料分类	金、银、铜、青铜、铁、玉、石、陶、瓷、丝、毛、棉、麻、皮、骨角、牙、木、竹器等
2	按文物用途分类	生产工具、生活用具、交通工具、兵器、乐器、礼器等
3	按文物制造分类	织物、刺绣、雕漆、错金银、珐琅等
4	按文物制造年代分类	旧石器时代、新石器时代、夏、商、周、春秋、战国、秦、汉、隋、唐、元、明、清等

国内各博物馆又依据分类方法,制定适合本单位的分类标准和方法。如中国国家博物馆将馆藏文物分六大体系:一级藏品,货币,考古发掘品,民族文物,传世品,文献、拓片、老照片。又将考古发掘品按地区墓葬、遗址分为 29 类,主要按省、市、自治区分;传世品按质地如石器、玉器、陶器、铁器等分为 18 类;货币按年代、质地、形状分 18 类。

(2)文物保护研究的分类方法

文物保护主要包括四方面的内容:一是研究各类文物的组成,材质的结构、性质、损害的原因及机理。二是研究文物保存环境对文物的影响。三是研究文物保护和文物修复的技术与工艺。四是研究文物保护的新材料。因此在文物保护研究中,主要依据文物的材质和保存环境来分类。

1.2.2.1 按文物材质成分分类

文物的材质成分不同,在相同的环境下,文物受损蚀的情况和要求的保护方法不同;相同材质的文物,在不同的环境下损蚀腐败的情况也不一样。文物的材质成分对文物的性质、寿命影响很大,为了深入研究文物组成材料对文物保护材料、保护方法、保存环境的不同要求,将文物按文物材料组成分有机质文物和无机质文物两大类:

有机质文物

①纸质文物(古书籍、字画、碑帖、档案等)

②纺织品文物(丝、毛、棉、麻织物、制品等)

③漆木竹器类文物(古漆、木、竹器、竹简,古代建筑木构件等)

④皮革类文物(皮革制品、羊皮书等)

⑤尸体类文物(干尸、腊尸、湿尸、鞣尸等)

⑥骨角质类文物(甲骨、牙雕、贝雕、骨角器等)

⑦音像类文物(磁带、磁盘、电影胶卷、录像带等)

无机质文物

①金属类文物(金、银、铜、铁、锡器等)

②石质文物(石刻、石碑、石窟、玉石、宝石、水晶、玛瑙等)

③陶瓷砖瓦类文物(古陶器、瓷器、玻璃、珐琅、砖、瓦等)

④彩绘壁画类文物(石窟、墓葬、寺庙、殿堂壁画、彩绘、颜料、地仗、崖画等)

1.2.2.2　按文物保存环境分类

①馆藏文物:一般形体小、重量轻,如可移动的碑刻,玛瑙、翡翠、水晶、宝石等,金、银、铜、铁等金属文物,陶、瓷、玻璃、珐琅、封泥、陶范、泥塑、砖、瓦等陶瓷玻璃类文物,丝、毛、麻等纺织品文物,骨、角质和象牙类文物,书画、碑帖等纸质文物,动植物标本、尸体类文物。

②室外文物:一般指形体较大、重量大的不可移动文物,如石窟寺、古城遗址、古村落遗址、古城墙、烽燧、塔等。

③地下水下文物:地下水下现在还未发现或已发现但因种种原因而未发掘的文物。

文物按保存环境分类的意义在于方便研究适合文物保存的最佳条件,以便人为控制文物保存环境。对于室外文物主要研究环境因素对文物腐蚀的机理,保护并创造文物大环境的最佳保护方案;对于地下文物主要从水文、地质、地理等大环境来研究地下文物的保护。

§2. 文物保护学研究的基本内容及基本方法

文物保护学有别于其他学科研究,它有其特定的研究对象——一切具有珍贵历史、艺术、科学价值,而又不能再生的文物。它的研究内容丰富,不仅包括文物的材料、组成成分、结构与性质、制造工艺、文物的来源及产地,还要研究各种环境因素对文物老化、变质、锈蚀毁坏的影响及劣化机理等。只有在以上各方面综合研究的基础上制定对文物进行科学有效保护的方法和具体实施的保护技术,才能最大限度地延长文物的寿命和科学合理利用的时间。

2.1　鉴定文物的真伪

文物是具有极高的历史、艺术、科学价值的不能再生的文化遗产,国内外时有伪造文物的案件发生。过去判断文物的真伪多靠直接观察,结合历史文献资料和文物标本进行对比分析作出判断。如今,应用先进的现代分析技术,使文物鉴定真伪有了可靠的科学依据。如上世纪四五十年代,欧洲古董市场上曾出现过一批战国陶俑,售价很高,真假难辨。后经英国牛津实验室用热释光技术进行测试鉴定,这批陶俑根本不是战国时代的,而是近代制作的赝品。因为古陶器加热后会有明显的热释光现象,而近代的陶器则极少。

2.2　研究古代文物的制作工艺

我国古代有不少制造工艺居世界前列,如秦始皇兵马俑坑出土的秦剑,在地下埋了两千多年,仍锋利无比。为了继承发扬这些工艺,作为今天的借鉴,可以利用现代分析技术来研究古代文物的制造工艺。经电子探针、金相分析等现代分析技术查明,秦剑表面镀有一层含铬的氧化膜,因而能防锈和保持锋利。

2.3　分析测定文物的成分、结构及表面性质

分析测定文物组成成分、结构的方法很多。

2.3.1　文物的成分分析

文物的性能、保存情况与文物本身的组成成分有密切的关系。

（1）文物成分的化学分析法

文物和世界上各种物质一样,都是由化学元素组成的。构成化学元素的基本单元是原子,原子可以进一步组成分子。而分子中因含有不同的原子团具有不同的化学性质,可以进行不同的化学反应,如中和反应、氧化还原反应、络合反应。在这些反应中会出现不同的现象,如颜色变化,产生沉淀、气体等。根据产物的性质、含量来确定文物的组成成分。这种方法所用仪器简单,但缺点是需要样品多,属破坏性分析,方法繁琐。

（2）文物中的现代仪器分析方法

组成文物的各种物质都是由化学元素的基本单元原子及由原子组成的分子组成。这些原子和分子都在不断地运动中,具有一定的能量,处在一定的能级上。在接受外界能量时,就会由低能级（E_1）跃迁至高能级（E_2）,此过程叫激发。这种处于激发态的分子、原子、原子核和电子,能量较高,很不稳定,在自发放出能量而返回到低能级的过程中,以电磁波的形式释放出原来吸收的能量,此过程叫退激。由于

各种分子、原子、原子核和电子,在退激时辐射的电磁波的波长不同而辐射出 γ 射线、X 射线、紫外线、红外线和可见光等。用电磁波作外界能源对分子、原子、原子核和电子进行激发,并设法测定退激时电磁波的波长和强度,就可以对待测文物的成分和数量进行分析鉴定。

根据以上基本原理设计成各种专用分析仪器,如紫外分光度计,测定紫外线波段的电磁波;X 射线荧光光谱仪,测定 X 射线波段的电磁波;红外光谱仪,测定红外线波段的电磁波等。

①成分分析

原子发射光谱(AES)、电感耦合离子体发射光谱(ICP/AES)、原子吸收光谱(AAS)、X 荧光分析(XRF)、原子 X 荧光(PIXE)、中子活化分析(NAA)等已用于陶瓷、玻璃、釉料、颜料、金属、纸张、骨质等分析。

②结构分析

近代分析技术已经成为鉴定文物材质的重要手段,核磁共振(NMR),色质联谱(GC/MS,LC/MS)、红外线吸收光谱(IR)、激光拉曼光谱(NRS)、X 射线衍射分析(XRD)、顺磁共振(ESR)等,已用于宝石、陶瓷、有机物材料等方面的分析。

③微观形态及表面分析

光学显微镜(偏光、金相显微镜),扫描电子显微镜(SEM),透射电子显微镜(TEM),显微分光光度计及图像分析系统、电子探针(EPA)、光电子能谱(ESCA)、俄歇电子能谱(AES)等,已用于釉料、陶瓷、金属、纺织品、木料、岩石、纸张、古生物样品、金属锈层等的分析。

④断代分析

C-14 法断代、热释光(TLD)、穆斯堡尔法(R・L・Mossbauer)、电子自旋共振法(ESR)等已用于对古遗址、石窟寺、木乃伊以及纸张、毛皮、丝绸、漆器等断代中。

⑤热分析

差热分析(DTA)、热重分析(TG)、热机械分析(TMA)、示差扫描量热分析(DSC),已用于研究陶瓷的烧结工艺,原材料的相变,测定玻璃化温度等。

近代分析技术应用,为文物断代、文物成分确定、文物内部结构、文物腐蚀机理、文物保护新材料研究等,提供了技术支撑平台。

2.4　研究文物毁坏的原因及锈蚀腐败的机理

2.4.1　研究文物毁坏的原因

文物毁坏的原因,一是文物本身组成和性质的因素,二是环境因素,三是人为的破坏,四是自然因素的破坏。

2.4.1.1　人为因素的破坏

文物遭受人类有意识和无意识地破坏是十分普遍而又十分严重的。

(1)城市现代化建设对古代建筑拆毁、破坏。

(2)缺乏科学规划的乱搭乱建,破坏文物古迹、古遗址的环境。

(3)开矿、采石、爆破造成的强烈震动,对石窟、地质构造和地下文物保存环境基础的破坏。

(4)地下水的过度开发,河流改道,引起地基下沉,波及地下环境改变,而影响地下文物的保存。

(5)随着现代工业的发展,三废的排放,使空气、地下水、河流、江湖污染,而使文物受到腐蚀。

(6)旅游业的快速发展,导致文物古迹参观人数剧增,特别使得室内空气的温湿度、二氧化碳、尘埃难以控制,给文物带来严重的危害。

(7)人们文物保护意识不强,文物素养不高,对文物的触摸、涂刻造成的危害。

(8)不合理的考古发掘和文物出土后保护措施不利,使文物在环境温湿度突变,光照特别是紫外线照射使文物遭到的破坏。

(9)不科学保存方法,不符文物保护要求的保护修复材料,不科学合理的保护方法、工艺给文物带来的有害保护或破坏性保护。

(10)文物盗掘造成文物的损坏。

(11)管理不善引起文物的破坏。

这些人为的损害,随着人们文物保护意识的加强,保护科学技术的发展,完善而科学的文物保护法规的颁布和执行会逐渐减少,直至彻底杜绝。

2.4.1.2　自然因素的破坏

自然因素对文物的破坏,不仅有巨大猛烈的重大自然灾害的毁灭性破坏,还有经常性的,缓慢、轻微、日积月累的破坏。

(1)重大自然灾害的破坏

①地震对文物的严重破坏

地震是破坏性极大的自然灾害,由于是由地壳动力引起的,可造成地陷、地裂而使文物遭到严重的甚至毁灭性损坏。

②台风、海啸对文物的破坏

台风及其引起的特大洪水、特大暴雨、泥石流等巨大自然灾害对文物造成的损坏。

③火山爆发、雷击等重大自然灾害引起的火灾对文物的破坏。

④地下水位下降使保存文物的建筑、特别是地下墓葬及文物遭受严重破坏。

这一类自然灾害对文物的破坏既迅猛又严重,往往还难以预料。对这类破坏,只有采取积极的植树造林、封山育林、改善环境、调节气候等措施,以减少自然灾害的发生和给文物带来巨大破坏。

（2）经常性缓慢累积性破坏

①气候变化对文物的破坏

文物特别是刚出土文物遇到温湿度突变等气候变化会受到很大影响,如使出土饱水漆木竹器快速脱水而干缩、起翘、开裂,使出土的纺织品、纸质文物干缩、粉化,使牙骨龟裂、翘曲等。

②紫外光的辐射对文物的破坏

紫外光辐射文物可使壁画颜料褪色、脱色,使文物材质发生光化学氧化、光化学老化和光分解。

③空气污染物对文物的破坏

空气中有害气体对文物的破坏:

空气中的有害气体随着工业、交通运输业的快速发展而不断增加,对文物的危害越来越严重。空气中的有害气体主要有 NO、NO_2、SO_2、CO_2、Cl_2、H_2S 等。这些有害气体在有水分或潮湿空气中,腐蚀金属文物,使其锈蚀;使纤维类文物(如纸质、纺织品、漆木竹器)酸化分解、变黄,糟脆腐朽;使砖瓦类文物酥粉;使石雕风化剥落;使壁画褪色、起甲、剥落;使皮革脆裂。

空气中降尘对文物的破坏

空气中降尘成分十分复杂,有酸、碱、盐粉末和颗粒。这些降尘在文物表面遇到潮气就会溶解腐蚀文物;尘埃中还夹有菌孢子,在文物表面的降尘层寄生繁殖,其代谢产物腐蚀文物。

（3）生物对文物的破坏

研究生物对文物的破坏主要是研究鼠类,有害昆虫及有害微生物对文物的破坏。

①鼠类对文物的破坏

鼠类的咬食是有机文物特别是纸质、纺织品、木质文物损坏的重要生物因素。受害的文物轻者散页、残缺不全,重者被咬成纸片、木屑,完全失去文物的历史、科学和艺术价值,造成完全无法挽回的损失。

②有害昆虫对文物的破坏

有害昆虫损害有机质文物,轻者残字缺页,孔洞丛生,重者变成纸片纸屑、木屑。由于文物的有害昆虫不仅具有一般昆虫的共性,还具有其独特的特点:惊人的抗干旱能力,很强的耐高低温的能力,其他任何昆虫所不能及的耐饥饿能力,几乎所有有机材料都能咬食的杂食能力,极强的繁殖能力。因此文物的有害昆虫生命力强,破坏性大。它们的咬食使文物破坏严重,面目全非;改变了文物材料的结构,降低文物的理化性能及机械强度。它们的排泄物不仅污染文物,严重影响文物的原貌,而且还成为微生物侵蚀文物的新源泉;其幼虫对文物的破坏更隐蔽,通常寄生在文物材料内部,一旦虫害发生到可见程度时,可能已造成无可挽回的损失。因此研究有害昆虫对文物的破坏特征,掌握昆虫的特性及生活习性,才能采取科学有效的措施杀灭害虫,确保文物不受害虫咬食破坏。

③有害微生物对文物的破坏

微生物是一群形体微小的生物,一般包括细菌、真菌、酵母菌、放线菌、立克次氏菌、支原体和病毒等。它们除了有新陈代谢、生长繁殖、遗传变异等生物特性外,还具微生物所特有的性状:形体微小(0.2～10 μm),必须借助显微镜才能看见;结构简单,有的具有细胞构造,有的甚至没有细胞构造;生长繁殖快,容易引起变异,因此种类多,数量大,分布广,以致世界任何地方都有微生物存在。

微生物对文物的危害,主要是微生物在湿温环境条件下,以文物材料作为营养基生长繁殖,使文物发霉、腐烂、变质。微生分泌的纤维素酶、淀粉酶、蛋白酶、果胶酶等分解文物材料,使其破坏作用更为严重。

(4)文物材料自身老化变质对文物的破坏

文物材料的老化变质是在上述人为和自然因素破坏的条件下进行的,有一个过程并需要一定的时间,但文物材料自身老化变质,其内在因素还在于文物材料本身。外界因素是老化变质的条件,是外因;外因是通过内因而起作用的。通过现代化学、物理分析方法研究文物的组成、结构、性质,就是为了研究文物材料老化变质的内部因素、老化变质的原因、过程。从文物材料老化变质的实质深层次地进行研究,才能深入了解文物材料老化变质的具体方式和变化规律,从而采取科学的措施和方法来抑制人为因素、自然因素和文物材料本身内部因素对文物的破坏和影响。在相同的环境条件下,不同的文物由于本身材料的不同,腐蚀情况差别很大。如在潮湿环境下,保存金、铜、铁等金属文物,由于金属文物材料不同,其金属活动性能(即金属活动顺序)不同,金一点不受破坏,光亮如初;铜器因有氧、有水、有二氧化碳或氯化物存在,很快生成蓝铜矿、孔雀石或氯铜矿、副氯铜矿等锈蚀产物,出现斑斑锈迹,损害十分严重;而铁则由于化学性能十分活泼,在氧的参与下,很快锈蚀,而且锈蚀产物疏松,容易进一步腐蚀,甚至完全变成一堆铁渣,所以古代铁器保存情况好的很少,汉代以前的铁器现在已很难见到。

2.4.2　研究文物腐蚀机理

研究文物锈蚀腐败的机理就是研究文物材料老化变质的原因、速度、规律,以便更加科学、合理、有效地保存文物。例如有机质文物中植物纤维类文物(棉、麻、木、纸)和蛋白质类文物(丝、毛、皮)的腐败机理,主要是这些文物含有纤维素、半纤维素、木质素、淀粉、明胶蛋白质等。这些材料是微生物的培养基和营养物质。微生物在生长、繁殖、代谢过程中,分泌分解出纤维素酶、淀粉酶、果胶酶及蛋白酶。在这些酶的作用下,纤维素及蛋白质文物材料发生一系列的水解、分解反应,分解产生葡萄糖、麦芽糖、氨基酸等。这些分解产物是微生物的优良营养基。表 2 是有害微生物产生的主要酶类。

表 2 有害微生物产生的主要酶类

主要产酶菌	产生的主要酶类
木霉、毛霉、曲霉、青霉、毛壳霉、芽枝霉等	纤维素酶
毛霉、黑曲霉、米曲霉、枯草杆霉、巨大芽孢杆菌等	淀粉酶
黄曲霉、产黄青霉、总状毛霉、木霉、根霉、链霉菌、枯草杆菌等	蛋白酶
木霉、芽枝霉、镰刀霉、米根霉、黄曲霉、黑曲霉、枯草杆菌等	果胶酶

上述腐败机理可表示如下:

纤维素在纤维素酶的作用下发生一系列水解反应:

$$(C_6H_{12}O_5)_n + \frac{n}{2}H_2O + 纤维素酶 \longrightarrow \frac{n}{2}C_{10}H_{20}O_{10}$$
$$\longrightarrow (C_6H_{12}O_6)_n \longrightarrow CO_2 + H_2O$$

(纤维素) (葡萄糖)

从上式可以看出纤维素的分解产物,是微生容易吸收的最好营养物质——葡萄糖。

蛋白质文物在蛋白酶作用下的分解反应:

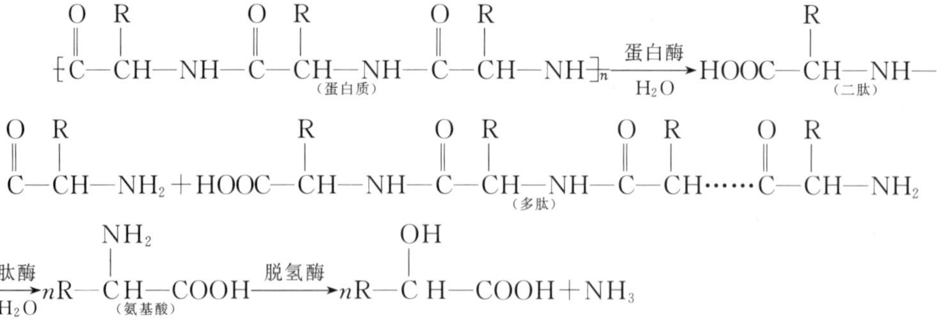

氨基酸不仅是微生物优良的营养基,而且还会经微生物进一步分解、脱氨、脱酸,使长链的蛋白质变成饱和或不饱和的脂肪酸、酮酸、羧酸、醇、硫醇类物质及胺、二氧化碳、氨、硫化氢,使有机质文物腐烂发臭。由于蛋白质的分解、断链而使蛋白

质文物材料表面光泽和强度都降低,并且发粘、变脆。

因此只有通过对文物锈蚀腐败机理的研究,搞清文物物质材料损坏的原因与规律,才能真正做到"对症下药",科学合理地选好文物保护材料,保护技术和具体施工工艺,最大限度地延长文物的寿命。

2.5　研究文物保护材料

文物保护学的一个重要内容就是研究各类文物保护、修复所需材料的合成、筛选及应用。文物保护材料的研究是一门综合性学科,其基本内容一是研究合成或筛选性能良好符合文物保护基本要求的保护材料,二是研究利用各种文物保护材料进行文物保护修复的方法和技术。后者作为一个专门问题在后面讨论,而在这里着重介绍文物保护的主要材料及特殊要求。

2.5.1　文物保护的主要材料

文物长期保存在地上或地下,受文物本身的化学组成、内部及表面结构等内因和温湿度、光线特别是紫外线、空气中有害气体、降尘、微生物、虫鼠害、风沙打磨等外因的侵蚀危害,使金属文物锈蚀,使书画等纸质文物及纺织品文物发生虫蛀霉腐,使石质、陶器、砖瓦类文物发生风化、酥粉,使漆木竹器干裂、起翘、糟朽,使彩绘壁画褪色、起甲、剥落、酥碱,使皮革尸体类文物腐烂。为了很好地保护文物,最大限度地延长文物的寿命,就要针对文物以上病害合成或筛选性能良好、经济耐用的各类文物保护需要的文物保护材料,如文物清洗剂、除锈剂、防腐防霉杀菌剂、消毒剂、杀虫剂、黏结剂、加固剂、修补剂、缓蚀剂、脱水定形剂及表面封护剂等。

2.5.2　文物保护材料的特殊要求

由于文物保护是保护有历史价值、艺术价值的历史珍品,是不能再生的,因此对文物珍品进行科学有效保护的材料有特殊的要求:

①用于文物保护和修复的材料,必须能保持文物原貌,修旧如旧,使文物在保护前后外貌上基本一致或力争恢复已损文物的原貌,要特别注意保护文物的历史标记不受影响。

②用于文物保护的材料,不应出现"保护性"损害,处理后不留隐患。

③用于文物保护的材料,能使对文物病害的治理与预防两个方面结合起来,既能消除影响文物寿命的病变,又能防止或延缓各种有害因素对文物的损害。

④用于文物保护的材料的性质及保护效果具有长时间的稳定性,同时这种处理还具有可逆性和再处理性,一旦有新的、性能更好的材料可对其进行无障碍替换。如用 850 有机硅防水剂对石刻进行表面封护处理,不仅能起防水、防潮、防有害气体的作用,而且无色透明、无眩光,可基本保持石刻原貌;老化期长;若不需要

或需更换时,用乙醇即可清洗掉。

⑤用于文物保护材料合成的原料应来源丰富易得,价格便宜,合成工艺简单可行,三废少且易于治理。要从实际出发,因地制宜,力争用最普通的原料,最少的费用,合成性能良好符合文物保护要求,保护方法简便,保护效果最佳的文物保护材料。

⑥无论是利用国内外先进的文物保护材料或我们自研制出的新的文物保护材料,都必须认真严格地经过对比实验,只有公认优于空白对照,优于一般常用的材料时,才能先用于残片或残缺文物;效果好时,再用到一般文物;经过多次实验、分析、测试、实践,验证确实无问题时,才能用于珍贵文物。

根据以上原则,性能优良、保护效果好的文物保护材料,必须借助科学研究中类比性和移植法,充分利用化学、材料学中所推荐的材料,从反应原理、合成方法、新的性能、保护原理、保护方法等方面作翔实的了解。

2.6　研究文物保护修复技术

有了对文物组成成分、结构、性能的研究,和对文物保存情况,保存环境的了解,才能筛选或合成出符合文物保护要求、性能优良、保护效果好的文物保护材料。

有了环境对文物的影响和破坏等科学研究的理论基础,还必须研究科学、合理、简便行之有效的保护修复技术。科学的保护修复技术来源于保护修复实践和不断的总结,是文物保护理论的科学实践,又是对保护科学理论的检验。通过大量保护科学实践补充、完善、提高保护科学基础理论,沿着实践—理论—再实践的路线,文物保护科学才能健康发展起来。

有了正确保护科学理论的指导,还必须掌握正确的保护修复技术。否则,同样的文物,同样的保护材料进行保护处理,但由于保护修复的技术水平的差异,保护效果可能差别很大。所以说文物保护学是一门文理交叉、理工渗透的多学科实践性特别强的新兴边缘学科。

进行科学、合理、有效的文物保护,不仅要求保护修复工作者要认真、细心、心灵手巧,而且必须正确掌握文物保护操作单元。根据文物的组成性质类别,文物保护实践基本可以归纳出以下主要操作单元和操作程序:

①文物清洗:文物的质地不同、污染物及污染程度不同,所用的清洗剂及清洗方法不同。

②消除文物病害:如清除金属文物有害锈蚀产物,有机质文物上的霉斑等。

③杀死有害微生物:如彩绘、壁画、纸质、纺织品、皮革类文物上的霉菌、细菌、放线菌及害虫必须杀死。

④文物黏结:把那些破碎的文物黏结成器。

⑤缓蚀:对文物进行缓蚀处理,以减缓文物的锈蚀、腐蚀。

⑥加固文物:选择或合成符合文物保护要求的、性能良好、使用方便、经济、加固效果最佳的加固材料,对强度较差甚至一触即溃的文物进行加固处理,提高文物的强度。

⑦文物表面封护:对文物表面进行封护,以防空气中有害气体,酸、碱、盐以及氨、硫氧化物或金属氧化物作用生成的次生污染物,尘埃夹带的有害微生物等对文物表面的侵蚀及酸雨风沙对文物表面的冲蚀和打磨损蚀。对文物表面进行保护,是文物保护工作一项极为重要的任务。

由于文物个体的特殊性及文物的物理强度和腐蚀腐败情况不同,可以科学合理地组合、调整保护方案和操作单元的先后次序。如铁器表面锈蚀,铁心较好时,可先去锈后进行缓蚀和表面封护;若铁器已完全锈蚀、铁心剩余很少时,可先对铁器进行预加固,然后再进行脱盐、清洗、病害清除、黏结、整体加固和表面封护。

§3. 文物保护的基本方针及基本原则

3.1　文物保护工作的基本方针

“保护为主、抢救第一、合理利用、加强管理”这不仅是文物工作的基本方针,也是文物保护的基本指导方针。从文物保护研究的主要内容可知,文物保护研究的主要内容是研究保存环境对文物的影响,控制环境因素,防止环境因素对文物的破坏,进而研究如何采用新的、性能良好的保护材料和新的保护方法来提高文物抗老化(变质)能力,使已遭到损蚀破坏的文物得以抢救性保护处理,使文物材料的病害清除,强度增强,重新变得稳定。这种以防为主,防治结合的方针是作好文物保护工作的依据。防是主动防止,即尽量减少外界因素对文物的侵蚀和破坏,防患于未然,防的本质就是延缓文物材料老化进程,尽量延长文物的寿命。

文物材料和文物保护修复材料,在自然环境条件的影响下,材料的组成、结构逐渐发生老化变质,甚至完全锈蚀或糟朽腐败,是不可改变的自然规律。而采取科学有效的保护措施,改善文物保存环境和提高文物材料自身抵抗外界因素影响,使文物尽可能长久的存在人力可控的范围内。

3.2　文物保护的基本原则

我国的文物保护科学研究自中华人民共和国成立以来,由于党和政府的重视,人力、物力、财力投入不断增加,广大人民群众文物保护意识不断提高,文物保护队伍不断发展壮大,文物保护工作取得了很大成绩,也总结了不少经验。文物保护工作者不懈努力,总结自己的实践经验,借鉴国外的实践经验,在总结几十年来文物保护实践经验的基础上,逐渐形成了一些文物保护修复的规则。这些规则经过分析、总结、提高,上升到保护理论的高度,并逐渐成为文物保护工作中共同遵守的原则。

3.2.1　理论与实践相结合的原则

文物保护学不仅涉及有机合成、无机合成、高分子合成基本理论、基本合成技术和操作技能,还在保护修复过程中与纺织、造纸、彩绘制陶、土木建筑、生物、医学等技术学科相联系,是一门在理论与实践方面都要求很高,多学科相互交叉渗透的综合性边缘学科。做好文物保护,必须加强文物保护方面理论知识学习,打好理论基础,在正确理论指导下认真实践,不断提高文物保护操作技能,确保保护修复工作质量。理论来源于实践并在保护实践中接受检验,只有在实践检验中发现问题,研究解决问题,才能不断提高理论水平和实践动手操作技能。

3.2.2　保存或恢复文物原状的原则

保持文物原貌,即保存或恢复文物的原状,整旧如旧,是文物保护修复的一条基本原则。文物有最初制作出来的原始状态,又有千百年历尽沧桑,在各种因素影响下发生变化后的状态,即刚发掘出土时的状态。文物保护中要求保存或恢复文物原状,不可能是文物最初的始态。如一件十分精致的在地下埋藏数千年的西周青铜鼎,表面形成一层铜锈。经锈蚀产物分析,铜锈的成分有 $Cu_3(OH)_2(CO_3)_2$ (蓝铜矿)、$Cu_2(OH)_2CO_3$(孔雀石)。这两种锈蚀产物在铜器表面形成一层致密瑰丽的铜锈,紧贴于青铜器的表面,不仅显示出古代青铜器的珍贵古朴的价值,而且起到保护青铜器被进一步腐蚀的作用。布满铜锈的西周青铜鼎虽不是它的原始状态,但这层致密而瑰丽的锈层却应保留下来。锈蚀产物中还有两种呈绿色粉末状的粉状锈 $Cu_2(OH)_3Cl$(氯铜矿、副氯铜矿两种组成完全相同,而晶体结构完全不同的同分异构体),这种锈蚀产物结构疏松,空气中的氧气、水和氯化物可以通过锈层对铜器继续腐蚀,这种粉状有害锈应除去。如果某青铜器上无绿色的有害粉状锈,只有蓝色致密的蓝铜矿和孔雀石及一些沉积物时,只需用六偏磷酸钠 $(Na_2[Na_4(PO_3)_6])$ 溶液,用多层纸张贴敷法络合除去沉积物即可。

3.2.3　清除病害保护文物安全的原则

在文物保护程序中一项十分重要的工作就是清除文物病害。要清除病害,防止病害对文物的破坏,首先要调查文物的病害,分析引起文物病害的有害因素,从而采取有效措施,消除损蚀破坏文物的祸根。如纸质及纺织品文物上霉菌污斑,青铜器的粉状锈,壁画上、陶器、砖瓦文物上可溶盐,造成的病害,漆、木、竹器及皮革类文物上的害虫等能导致文物继续损蚀的病患，都应彻底予以清除，以保证文物健康、安全地尽量长时间的保存。

3.2.4　保护文物价值的原则

文物保护的目的就是以科学理论指导的技术和方法，防止文物的损坏及消除已损文物的病害使文物健康保存。在保护修复中应坚持保存文物原来制作材料、制作工艺、原有的结构和形貌的原则，以保护文物的历史、艺术、科学价值和体现这些有重要价值的历史标记和历史文化信息，严防任何有损文物价值的"保护性"损害行为和事件的发生。

3.2.5　文物保护修复中应用现代新材料新技术新工艺应遵守的原则

虽然文物保护中保存文物原来的制作材料、工艺，是保护文物价值的基本原则和要求，但随着科技事业的飞速发展，也应该在一定限度内利用现代新材料、新技术、新工艺为保护珍贵的文化遗产服务，使文化遗产得到更好的保护。

在上节文物保护材料的特殊要求部分，已经对材料的选择、文物保护技术、工艺程序作了介绍，在这里主要介绍文物保护在坚持这些基本原则的前提下，还应坚持的几项原则：

①文物保护修复中以使用原材料为主的原则

为了保护好文物蕴藏的历史、艺术、科学价值和珍贵的历史文化信息，应尽量使用文物原来的材料，且以原材料为主，保护原材料结构，加固补强原材料，而不能以新材料完全代替原用材料。

②选用文物保护材料应坚持与文物强度、颜色协调的原则

加固补强文物材料的新材料的强度应大于原材料的强度，但又不能太大，以防加固补强后产生新的强度差异过大而导致新的损害。保护材料的颜色应与文物的颜色相同或相近，不能因颜色差异过大导致色调的不协调而影响或改变文物的原貌，损害文物形象及文物的艺术价值。总之，保护材料的选择应尽量追求"远看差不多，近看有区别"的效果。

③坚持继承与创新相结合的原则

文物是古代人民伟大创造和智慧的结晶，反映了古代文物技师、工匠高超精湛的技术。这些能工巧匠创造并遗传下来的传统工艺技巧，是先祖留给我们的宝贵财富，应努力发掘和继承，做到"古为今用"。应用现代先进的科学技术，先进的分析、测试设备手段，新材料新工艺可更好地为保护文化遗产服务。在继承传统的基础上，文物保护工作者应立足自主创新，为文物保护修复研制性能特别优异的新的文物保护材料，探索、研究、设计新型文物保护设备、工艺、技术，不断提高文物保护水平作出新的创造性的贡献。

我国广大文物保护工作者在坚持继承与创新相结合原则指导下,不懈努力,不断交流、总结、改进、提高,使我国在壁画保护,饱水漆木竹器脱水定形,纸质文物字迹恢复、彩绘陶瓷保护、纺织品保护、金属文物锈蚀机理、石质砖瓦文物遗址风化机理、保护方法、保护技术、研制新的防腐防霉材料、加固材料、文物清洗材料等方面取得新的令世人瞩目的成果,对推动我国文物保护修复事业作出了积极贡献。

3.2.6 合理利用加强管理的原则

"保护为主、抢救第一、合理利用、加强管理"是文物保护工作的基本方针,也是文物保护应遵循的基本原则。保护是前提,利用是目的,管理是保证。只有保护好文物,保管好文物的历史、艺术、科学价值,才能很好的利用,充分发挥文物"古为今用"的作用。所以说,保护是第一位的,是前提和基础,是合理利用发挥文物作用,保障文物安全,减少文物损害的必要措施。文物的利用应有限度,过度的、不合理的利用,会加快文物老化变质。如为了发展旅游文化事业,把文物古迹当作旅游点来办,对游客数量不加限制,就会使文物保存的环境质量遭到破坏,使空气中水蒸气、二氧化碳含量急剧升高,降尘及菌孢子增加,加剧了文物的侵蚀破坏。

加强科学管理是开展有效文物保护和合理利用文物、安全保管文物的保障。保护、利用、管理是一个相辅相成、不可分割的整体。科学的保护,才能很好地利用,充分合理地利用,就必须加强科学管理。《文物保护法》把文物保护工作"纳入当地经济和社会发展计划,纳入城乡建设规划,纳入财政预算,纳入体制改革,纳入各级领导责任制"。这"五纳入"原则用法律条文固定下来,使文物保护工作的地位和作用有了法律保证。

§4. 文物保护学的发展趋向

文物保护学在我国虽起步较晚,但发展很快。近十多年来,我国的文物保护工作在总结国内外实践经验和理论研究的基础上,已形成一门有自己独特的研究对象,独有研究方法的有别于其他学科,又与之联系十分密切的独立学科。作为一门日益成熟的学科,文物保护学的研究内容,研究方法、手段及所涉及的领域有如下发展趋向。

4.1 文物保护管理科学化、规范化

我国将文物保护工作以"五纳入"的原则列入文物保护法,用法律条文固定下来,使文物保护工作的地位及作用有了法律保证。通过研究文物保护管理的特点和规律,逐渐建立和完善文物保护中管理学基础理论。我国的文物保护工作正在迈向变被动管理为主动管理、达到科学管理和规范管理的道路。

4.2　文物环境研究逐步深化

凡是对文物材料产生影响的外界因素都是文物保护环境研究的对象,它涉及的研究范围很广。环境的好坏、变化,特别是环境突变对文物产生的危害是很严重的,因此文物环境研究的重点是防止环境突变对文物造成的损害,特别是毁灭性损害。以前在文物环境的研究中,主要研究温湿度、光照、有害气体、尘埃等,而对周边地质、地理环境,微生物及昆虫等因素研究不够广泛和深入。现在对文物环境的认识正在深化,例如2005年10月17日至21日在西安召开的"古迹遗址周边环境——在不断变化的城乡景观中的文化遗产保护"国际科学研讨会及"国际古遗址理事会第15届大会"形成了"西安宣言",强调周边环境对古遗址的意义;理解、记录、解释不同条件下的周边环境;通过规划手段和实践来保护和管理周边环境;监控和管理对周边环境产生影响的变化;扩大地区间、各学科间和国际间的合作以及提高保护周边环境的意识等5个方面充分认识在各个领域中古迹遗址周边环境的重要性。认为在作任何决定时都应当充分考虑其对所有有形和无形的古迹遗址周边环境的影响。

4.3　文物材料成分、结构分析手段现代化

文物组成材料的成分、结构、性质,是文物材料老化变质的内部因素,故分析文物材料的组成、结构和性质,是研究文物材料老化变质的最根本的途径。过去研究分析文物材料的组成和性质,多采用传统的理化分析的技术。随着科学技术的发展,分析文物材料成分、结构、性能的手段方法也随之发展,特别随着文物事业、文物保护学研究的深入发展,一些现代化的分析手段和方法广泛应用于文物材料。对文物老化、锈蚀、风化产物的分析,有助于研究文物老化变质的机理和有针对性地展开保护工作。

4.4　文物保护研究方法的综合化

随着科学技术事业的发展和文物保护研究自身的特点,文物保护越来越多地借鉴化学、物理、生物、微生物、医学、地质学、建筑学等方面的相关理论、相关技术,在对文物定性研究的基础上向定性定量相结合方向发展,使文物分析更科学化、综合化、定量化,使分析结果更能反映文物的组成特点、变化机理、劣变程度等,使分析结果更精确。综合化的文物保护研究方法为文物保护方案、方法、材料、工艺的选择提供翔实、可靠的科学依据。

4.5　文物保护修复技术精深化

文物保护修复技术,在继承发扬传统工艺技术的基础上,结合现代保护修复的新方法、新技术和符合文物保护特殊要求的新材料,对文物进行科学、全面、有效的保护修复。以彩绘陶的保护修复为例,形成了固色清洗去污技术、脱盐技术、黏结技术、加固技术、修补技术、防霉技术、表面保护技术等系列技术。上述每项技术的内容还在根据不同强度,陶体中可溶盐的含量,彩绘在陶面附着情况,颜料成分、性质等情况不断的发展和创新。

4.6　文物保护设施的现代化

随着我国经济与科学技术的不断发展,人们文物保护意识和对文物保存环境的重视与要求的不断提高,现代化的设备和技术逐渐引用到文物保护中。如文物库房或展室利用空调设备自动控制温湿度;利用紫外线吸收剂来防紫外线对文物的破坏;用摄像头随时自动观察、监测、记录展室或库房的情况。这些现代化设备的应用为文物保护提供了优良环境和新的有效手段。

4.7　文物保护研究单位研究工作的专门化、系统化

为了使我国丰富、珍贵的文物得到更有效的保护,国家文物局先后批准建立了出土木漆器保护国家文物局重点科研基地(湖北武汉);壁画彩绘保护国家文物局重点科研基地(敦煌研究院);彩绘陶器国家文物局重点科研基地(秦俑博物馆);砖石文物保护国家文物局重点科研基地(西安文物保护修复中心、西北大学、陕西省考古所)等专门的不同重点科研基地。这些科学基地的建立,使我国文物保护在各个不同领域的科研工作专门化、系统化;使文物保护的理论、技术、方法、材料等方面的研究多出成果,以点带面,促使我国文物保护事业更好更快的发展。

4.8　文物保护研究单位研究工作的协作化

我国现在已有很多的文物保护研究单位,如中国文化遗产研究院、敦煌研究院文物保护研究所、南京博物院文物保护研究所、西安文物保护修复中心、陕西文化遗产保护研究中心、山东省文物保护中心和前面所举的几个国家文物局重点科研基地等;加上全国很多博物院(馆)、考古所设有科技部、保护部、保管部等专门保护实验室,如故宫博物馆的科技部实验室、浙江博物馆文物保护室、陕西省考古所的文物保护室;还有设有文物保护专业的大专院校,如北京大学、西北大学等;另有一些大专院校正在筹备成立文物保护专业或设立文物保护方向的硕士点、博士点,如

吉林大学、北京科技大学、中国科技大学,中国科学院研究生院科技考古系等。以上有关文物保护单位在文物保护的各个方面作了大量的文物保护研究工作,对文物材料的老化变质原因、变质规律、文物保护修复材料的选择、使用及工艺等都有深入系统的研究,而且取得很多经验和成果。研究机构与大专院校的研究人员之间通过采用"走出去、请进来"的方式开展科研协作、交流、人员培训等,走上了资源共享,研究水平和操作技能共同提高的协作化道路。

4.9 文物保护教育的普及化深入化

做好文物保护工作,要加强文物保护教育,提高全社会对文物保护重要意义的认识,加强并深化广大民众的文物保护意识。只有这样,才能真正将文物保护办成政府重视、全社会参与、群众积极支持的事业。文物保护工作者也要加强职业道德教育,热爱本职工作,尽职尽责,加强责任感和使命感。这些都是文物保护学中的新课题。

4.9.1 加强政府和文物单位领导文物保护知识的普及提高

政府和文物单位的部分领导的文物保护意识和文物保护法制观念有待提高,避免"水洗孔庙"等事件发生,严防在文物古迹周边乱搭乱建违章建筑或有严重污染企业的建设与生产。

4.9.2 加强现有文物保护队伍建设

现有文物保护队伍从数量和质量方面都不能满足文物保护工作的要求。虽然近年来一批具有理工科知识背景的毕业生走上文物保护岗位,他们年轻、有热情、积极肯干,但缺乏实际的文物保护工作的锻炼和经验。这些新人还急需有丰富实践经验、操作熟练的老同志精心指导,不断提高。另外,在文物保护队伍建设中要尽快改变中学过早文理分科、重专业技术教育、缺乏人文素养培养、重理论轻实践等带来的负面影响,否则对文物保护事业发展非常不利。

目前,我国从事文物保护工作的人员不少是从其他的专业、行业转到文物保护工作岗位的。他们经过多年的学习和实践,掌握了一定的文物保护技术,积累了不少文物保护的经验,但随着文物保护新方法、新手段、新材料、新仪器设备、新理论的不断出现,也有一个再学习再教育的新问题。

4.9.3 加强继承和发扬传统保护修复技术的教育

老一辈的文物保护工作者通过多年的文物保护研究、实践,总结、掌握了许多传统的保护技术的关键和要领,在文物保护实践中取得了很多成功的经验,这些都是文物保护中极其宝贵的财富。随着时间的推移,许多掌握传统保护修复文物技术的老同志逐渐离开文物保护岗位,因此传统工艺的传承问题是一个亟待解决的问题。为解决这个问题,可以通过讲座、研讨、座谈、现场指导等方式,请一些掌握传统保护修复工艺技术的老专家、老师傅,以"传、帮、带"的办法,培养年轻的文物保护工作者,使优秀的传统工艺技术后继有人。

4.9.4　加强文物保护科技创新教育

随着科学技术的不断发展,文物保护研究的不断深入,研究手段和方法的不断改进,研究设备的不断更新,现代科学技术不断应用于文物保护,大大提高了文物保护的理论基础和技术水平。这些是文物保护科技创新的良好基础和有利条件。文物保护只有加强本学科自身的研究,才能有目的、有针对性、有选择地吸收、引进对文物保护有用的技术和材料,在博采众长的基础上,根据文物质地、性质、保存现状、保存需要等,自主研制适合文物保护特殊要求、性能良好的新材料,简便有效地保护工艺技术和方法,彻底改变目前很多文物保护材料依靠进口的状况。因此,文物保护工作者应广泛涉猎有关知识,积极参加文物保护的科研和实践,不断提高文物保护的理论与实践水平,才能通过实践发现问题,通过研究、实践解决问题,在解决问题的过程中发现新问题,坚持科技创新,使文物保护水平不断提高。

第二章　陶瓷砖瓦类文物保护

陶瓷是我国对世界发明史上杰出的贡献之一,在文物中具有很大的比例和重要的地位。陶瓷类文物是研究古代社会生产、生活、科学技术和艺术发展的重要实物资料。

§1.陶瓷业的发展

1.1　新石器时代就有了陶器

我国制陶业历史悠久,早在新石器时代人们已在生产、生活中广泛利用陶器,如在西安半坡和河南龙山等地的新石器时代遗址中,发掘出土了各种形制不同的和纹饰各异的陶器和大量的陶片,这表明当时的制陶业已经发展到一定的水平。

1.2　商周出现原始瓷器

瓷器是在制陶工艺的基础上经改进原料、制作工艺和烧制温度而发展起来的。商周时期已出现以瓷土做原料,烧制温度达 1 200 ℃的原始瓷器。如浙江绍兴古墓中出土的紫色炻瓷,它吸水率低、发音清亮,表面除有几何纹饰,有的还有绿釉。这种炻器被认为是比陶器更美观、更坚固的介于陶器和瓷器之间的陶瓷制品,也叫原始瓷器。

1.3　汉代和晋代瓷器的发明已完成

到了汉代和晋代在瓷器的制作工艺,窑的建筑、釉科的配制、烧制温度的控制等方面都达到了比较高的水平。经过漫长的发展过程,我国制瓷技术已发展成熟,施釉技术方法也达到相当高的水平,与现代手工施釉无什么区别。

§2.砖瓦类文物的发展

我国的古代建筑多以砖木结构为主,砖瓦在建筑材料中不仅占有相当重要的位置,而且起着十分重要的作用。砖除了用以建筑房屋和地下陵墓外,还雕出精美的花鸟人物,作装饰材料。砖的出现和使用,不仅大大提高了房屋、陵墓等建筑的强度,而且使建筑更加美观。

  瓦作为建筑物顶部的覆盖材料,自西周就出现了。在筒瓦的顶头,是保护房檐部椽头免受风雨侵蚀的建筑构件瓦当。在陕西沣河东西岸,扶风县的黄堆、岐山县的凤雏村等处的考古发掘中,出土了大量的西周瓦和瓦当。到了西汉时期,瓦的使用更加普遍,除了汉长安城内的宫殿、官署等建筑物外,各地的宅院建筑也普遍使用。瓦当上还刻出各种图形、文字,用以装饰房屋,表达人们最美好的愿望。陕西三原城隍庙、广东省广州市的陈家祠及东南地区许多妈祖庙的琉璃瓦色彩鲜艳、造型别致,其纹饰花草精美、鸟兽形象生动逼真,充分体现了我国古代建筑匠师们的艺术创造力,具有很高的历史价值和艺术价值。

§3. 陶瓷砖瓦的化学组成及烧制工艺

3.1 陶器的分类、化学成分及烧制工艺

3.1.1 陶器的分类

陶器的种类很多,可按表面情况、质地和颜色来分。

①按表面情况可分为:素面陶、彩绘陶和粉彩陶。

②按质地可分为:细泥陶和夹砂陶。

③按颜色又可分为:黑陶、灰陶、红陶和白陶。

3.1.2 陶器的化学成分

  陶器是由经过淘洗和沉淀后的黏土烧制而成的。一般认为古代人们是利用河流自然淘流、沉淀的黏土来制作陶器的。

  黏土实质上是岩石风化的产物,是由石英、长石及金属矿物按不同比例组成的。因不同地方的黏土,各种成分的比例不同,所以烧制出来的陶器在颜色、质地上带有地方特色。陶土的基本成分有硅(Si)、铝(Al)、钙(Ca)、铁(Fe)、钾(K)、钠(Na)、锰(Mn)等元素,表 2.1 列出了部分陶器泥料的化学组成。

表 2.1 黄河流域仰韶文物彩陶泥料的化学组成

陶名称	出土地点	化 学 组 分(%)								
		SiO_2	Al_2O_3	Fe_2O_3	TiO_2	CaO	MgO	K_2O	NaO	MnO
彩陶	西安半坡	67.08	16.07	6.04	0.8	1.67	1.75	3.00	1.04	0.09
红陶	仰韶村	66.50	16.56	6.24	0.88	2.28	2.28	2.98	0.69	0.06
陶坯	洛阳	60.22	17.07	6.99	0.79	1.02	2.57	3.21	1.14	0.03
红陶	仰韶村	67.00	14.80	8.80	0.80	1.60	1.30	2.80	1.00	

陶名称	出土地点	化　学　组　分(%)								
		SiO_2	Al_2O_3	Fe_2O_3	TiO_2	CaO	MgO	K_2O	NaO	MnO
浅黄陶	甘肃	57.80	14.50	8.10	0.70	9.20	2.90	3.40	1.50	
彩陶	大河村	58.86	16.88	7.27	0.94	7.58	2.56	3.04	1.03	0.10
黄陶	甘肃	51.00	14.90	8.80	1.10	15.10	4.00	2.00	0.69	

古代人们烧制陶器所用黏土,虽都是经河流淘洗和沉淀,其成分并不很纯,组分含量也不完全相同,含有一定量的矿物质,甚至还含有一些有机成分(动植物的腐败物),石英和长石的颗粒大小也不均匀。

3.1.3　陶器的烧制温度

陶器的烧制温度比较低,一般在 800℃～1 000℃。在此温度下、石英、长石熔融,黏土中有机物被氧化,生成二氧化碳(CO_2)逸出,因此陶器的结构不致密,多孔隙,比较容易破碎。

3.1.4　彩绘陶

考古发掘出土的陶器中,有一部分带有彩绘,称为彩陶。古代人们利用天然矿物颜料,调以动、植物胶,绘制在未烧制或已烧制的陶器上,创造出了色彩绚丽的彩陶。

经分析得知颜料的成分是:

红色:辰砂(HgS)、朱砂(HgS)、铅丹(Pb_3O_4)。

褐色:赭石(Fe_2O_3)。

白色:铅白($2PbCO_3 \cdot Pb(OH)_2$)、高岭土($H_4Al_2Si_2O_9$)。

黑色:炭(C)。

3.2　瓷器的化学成分及烧制工艺

3.2.1　瓷器的化学成分

3.2.1.1　瓷胎的化学成分

瓷胎的原料,是以高岭土($H_4Al_2Si_2O_9$)、石英(SiO_2)、长石($Na[AlSi_3O_8]$)混合而成的特殊的黏土。高岭土是由长石,经过钾、钠、钙、铁等元素的流失和水的变化而形成的,其中 SiO_2 占46.51%,Al_2O_3 占39.45%。H_2O 占13.95%,熔融点为1 780℃。纯粹的高岭土有丝绢般的光泽,但存量很少,其黏度比黏土小。石英的化学成分是纯粹的二氧化硅(SiO_2),在780℃以上便不稳定而变成鳞石英,1 730℃时开始熔融。长石是以 SiO_2、Al_2O_3 为主,夹杂钠、钾、钙等的混合物。长石根据含钠、钾、钙氧化物的不同,又分为钾长石、钠长石和钙长石,它们的熔融点分别为 1 200℃、1 122℃、1 550℃。

3.2.1.2　釉彩的化学成分

瓷器不同于陶器的最大特征是有釉彩。所谓的釉为硅酸盐,也就是玻璃。釉与瓷器胎体之间有一中间层,这是釉在熔融时与胎体发生作用的结果。釉层虽然只有胎体厚度的 1%～3%,但已强烈改变了胎体的热稳定性、介电性和化学稳定性。

1. 釉彩的成分及作用
　① 釉料的主体:釉料的主体是硅酸。
　② 釉料的媒熔剂:盐基作为熔媒剂。主要的盐基有氧化钠(Na_2O)、氧化钾(K_2O)、氧化钙(CaO)、氧化镁(MgO)及氧化铝(Al_2O_3)等。
　　盐基的主要作用:A. 降低釉的熔融温度。
　　B. 调节酸度,有中和酸的作用。
　③ 着色剂:有铁、铜、钴、金、锑等。

2. 彩釉中酸度的影响

酸度直接影响釉的熔融和色彩,一般情况是釉中酸含量大,或黏度过大,釉中着色金属含酸多时,就不易熔融。作为釉料媒熔剂的盐基中,只有 Al_2O_3 是两性,有时可起酸的作用。而其余盐基全是碱金属(钠、钾)和碱土金属(钙、镁)氧化物,有中和酸的作用。

3. 釉彩主体硅酸的来源

釉彩主体硅酸主要来自草木灰和长石,其中草灰中含有更多量的硅酸。

(1)来自草木灰

草木灰中不仅含多量的硅酸,还含有 Al_2O_3、CaO、Na_2O、K_2O 等媒熔剂,若再配以石灰(CaO)及适量瓷土就可作釉料。

表 2.2 不同草木灰中各组分的比例

组分比例(%)　成分　　草木灰类别	SiO_2	P_2O_5	Al_2O_3	Fe_2O_3	CaO	MgO	K_2O	Na_2O	MnO_2
稻草灰	80.17	2.34	3.25	1.39	4.92	1.53	5.02	0.58	0.62
高粱灰	70.82	1.62	5.49	2.51	7.61	3.85	5.98	0.80	0.32
松木灰	24.39	2.78	9.71	3.41	39.73	4.45	8.98	3.77	2.74
蚊母树灰	34.60	3.93	4.38	0.49	47.71	5.99	2.35	0.06	0.33
枹木灰	63.71	4.86	3.87	0.88	22.59	1.32	1.35	0.33	1.09
橡槲木灰	39.81	2.30	15.11	3.58	23.54	4.09	5.77	1.48	4.32

（2）来自长石

长石根据含钠、钾、钙氧化物的不同,分为正(钾)长石($K[Al_2Si_3O_8]$)、钠长石($Na[Ai_2Si_3O_8]$)和钙长石($Ca[Ai_2Si_3O_8]_2$),因其组成中的碱金属、碱土金属氧化物的存在,使其熔点降低,不加任何别的原料也可以作釉。

4. 媒熔剂过多对釉的影响

碱金属媒溶剂降低釉熔融温度的能力很强,但碱金属过多,使釉对湿气的抵抗能力较弱。长期埋在地下潮湿的土壤中,甚至浸在墓葬的地下水中的瓷器,釉会剥落,就是由于碱金属媒溶剂过多的原因。

3.2.2　瓷器的烧制温度

瓷器的烧制温度较陶器高。虽然从前面介绍可知,纯净的瓷器原料的熔融温度很高,而实际上因瓷器原料混有杂质,其熔点降低了,一般瓷器的烧制温度在1 200～1 500 ℃。在此温度下,胎体中部分成分开始熔化,填充到胎体的空隙中,高岭土、石英、氧化铝聚合,形成紧密的网状结构,质地坚硬,吸水性很低。其烧制过程与火成岩形成过程非常相似,只是火成岩的温度更高,冷固时间更长。

3.3　砖瓦的化学成分及烧制工艺

瓦和瓦当的成分多为黄土,而砖的原料是砂质黏土或砂土。砖瓦都是先将泥土用水调和,制成泥坯,然后放入窑中于1 000 ℃左右的高温下烧制。高温使泥坯内部颗粒之间由熔化的硅酸盐黏结,大大增强了硬度。

由于砖瓦和陶器都是以土用水调合成泥做成坯,再经烧制而成,所以砖瓦所含的化学元素和构造都与陶器类似,只是陶器选用黏土含杂质少,烧制成器后,孔隙较小,强度较砖瓦大。但由于陶胎较薄,土中的有机质在800～1 000 ℃的温度下会被氧化,生成二氧化碳气体逸出。虽陶器孔隙较砖瓦小,但与厚实的砖瓦相比仍属多孔隙而结构不致密的易碎器。

§4.陶瓷及砖瓦类文物损蚀的主要原因

4.1　瓷器损蚀的主要原因

瓷器的质地比较坚硬,加之表面有一层烧制而成的硅酸盐釉层,因而吸水率低,受水的影响和侵害不大。所以瓷器的损毁更多来自于外力的冲击,如存放瓷器的房屋倒塌、墓穴塌陷,使瓷器因受到碰撞、重压而破碎,甚至成为瓷片。

4.2 出土陶器文物损坏的主要原因

4.2.1 陶器文物损坏的内因

陶器文物由于质地疏松、多孔隙、吸水性强,因而很容易吸收雨水或地下水。地下水或雨水在流动和渗透的过程中会溶入各种酸、碱、盐、有机物,从而给陶器带来损坏。

4.2.2 陶器文物损蚀的外因

4.2.2.1 雨水及地下水的影响

①雨水及地下水的作用,使疏松、多孔隙、且吸水性强的陶器长期处在极潮湿的状态下,对陶器很不利。

②地下水中可溶盐对陶器的破坏

地下水常含有大量的可溶性盐,如碳酸盐、硫酸盐、卤化物等。这些含有可溶盐的水浸入到疏松多孔的陶器中,与其中的金属氧化物发生作用,使可溶盐达到饱和状态,当温湿度交替变化时,溶盐也随着结晶、溶解交替进行:盐结晶时,体积膨胀,对陶器孔隙壁产生压力;盐溶解后,这个压力也随着消失。如此反复作用,再加上原来陶胎中金属氧化物的溶出,陶器自身的抵抗力减弱,变得比较酥松,较易破碎。孔隙较大的粗砂陶,更容易受到损害。

③地下水将陶胎中的钙、镁等阳离子溶出在陶器表面形成坚硬沉积层

地下水中的碳酸根离子(CO_3^{2-})、硫酸根离子(SO_4^{2-})、氢氧根离子(OH^-)、磷酸根离子(PO_4^{3-})及硅酸根离子(SiO_3^{2-})与陶胎中溶出的钙离子(Ca^{2+})、镁离子(Mg^{2+})、铁离子(Fe^{2+})等金属阳离子反应,在陶器的表面上形成一层坚硬而不溶于水的沉积层覆盖在陶器表面。这些反应的离子方程式如下:

$$Ca^{2+} + CO_3^{2-} \longrightarrow CaCO_3 \downarrow$$
$$Ca^{2+} + SO_4^{2-} \longrightarrow CaSO_4 \downarrow$$
$$Fe^{2+} + 2OH^- \longrightarrow Fe(OH)_2 \downarrow$$
$$Mg^{2+} + 2OH^- \longrightarrow Mg(OH)_2 \downarrow$$
$$Ca^{2+} + SiO_3^{2-} \longrightarrow CaSiO_3 \downarrow$$
$$Mg^{2+} + CO_3^{2-} \longrightarrow MgCO_3 \downarrow$$
$$\xrightarrow{H_2O} Mg(OH)_2 \downarrow + CO_2 \uparrow$$

因 $Mg(OH)_2$ 之溶度积比碳酸镁的溶度积要小,所以 Mg^{2+} 是和 OH^- 结合形成 $Mg(OH)_2$,而既使形成 $MgCO_3$ 也会转变为 $Mg(OH)_2$。

不同地区出土的陶器会因不同的水质而形成不同的沉积层,但这些沉积层基

本为 4 大类:即石灰质(碳酸盐)、石膏质(硫酸盐)、硅质(硅酸盐)和氢氧化物。这些沉积物层对陶器没什么破坏,但会因影响陶器的原貌而有碍观瞻。

4.2.2.2　自然灾害对陶器文物造成的危害

自然灾害对陶器这类结构疏松不致密、多孔隙、强度小而易碎的文物危害是很大的,甚至是毁灭性的,完全变成一堆无法拼对的碎陶片。如地震、地裂、水灾、火灾、地基下沉等原因引起房屋倒塌、墓穴塌陷、建筑物毁坏造成文物毁坏,因而考古发掘出土的陶器有完整的、有残缺不全的、有虽破碎成片但仍可拼对黏结成器的、有的就根本是无法拼对成器的碎陶片。

4.2.2.3　人为因素的破坏

①考古发掘过程中因对埋藏情况不十分清楚的情况下偶尔失手造成器物损坏或撞破。

②陶器文物在搬运过程中由于强烈振动、碰撞或车祸等人为因素造成陶器文物破裂或毁坏。

4.3　砖瓦类文物损坏的主要原因

4.3.1　砖瓦类文物损坏的内因

砖瓦类文物损蚀的主要内因是本身质地疏松、多孔隙、吸水性强,对外界有害物质如空气中的有害气体、酸雨、尘埃的吸附力很强,很容易受腐蚀而风化、酥粉而变得更脆弱更易碎。

4.3.2　砖瓦类文物损蚀破坏的外因

砖瓦类文物长期处在室外和环境密切接触,直接受外界环境的影响。环境中有害物质对砖瓦类文物的侵蚀破坏十分严重,直接影响文物安全和寿命。

4.3.2.1　大气中有害因素对砖瓦类文物的危害

人类在地球上生息繁衍数百万年,由于人类活动,特别随着工业,尤其是近代工业(如石油工业、化工工业、汽车工业、机械工业、核工业、军事工业、航空航天工业、舰船工业、交通运输等)的迅猛发展和人口迅速增长,环境污染日趋严重。据联合国环境署统计,全世界每年有 10 亿吨以上有害气体排入大气中,并且这种趋势有增无减。还有工业中的废水、废渣的排放不仅污染空气,还污染地下水,特别是工业三废之一的废气排放,不仅严重危害人类健康,也严重危害人类留下来的文物古迹,对那些长期在室外的石质、砖瓦类文物侵蚀破坏特别严重。

1. 大气中有害气体对砖瓦类文物的危害

(1)空气中有害氧化物气体对砖瓦类文物的危害

空气中的有害氧化物气体有:

氮的氧化物气体:NO、NO_2、N_2O_5。

硫的氧化物气体:SO_2、SO_3。

碳的氧化物气体:CO、CO_2。

NO、CO 在空气中很容易变成 NO_2、CO_2。

以上这些氧化物气体,在疏松、多孔隙、吸附性强的砖瓦类文物表面遇到空气中的水蒸气就变成腐蚀文物的无机酸,其反应如下所示:

$$NO + O_2 \longrightarrow NO_2 \xrightarrow{H_2O} HNO_3$$

$$N_2O_5 + H_2O \longrightarrow HNO_3$$

$$SO_2 + H_2O \longrightarrow H_2SO_3 \xrightarrow{O_2} H_2SO_4$$

$$SO_3 + H_2O \longrightarrow H_2SO_4$$

$$CO_2 + H_2O \longrightarrow H_2CO_3$$

$$CO + O_2 \longrightarrow CO_2 \xrightarrow{H_2O} H_2CO_3$$

砖瓦类文物的原料为黏土、沙子和黄土,这些都容易受上述无机酸浸蚀而发生化学风化。使砖瓦类文物中一些成分如 $CaCO_3$、$CaSiO_3$ 等被无机酸腐蚀,如:

$$CaCO_3 + 2HNO_3 \longrightarrow Ca(NO_3)_2 + H_2O$$

$$CaCO_3 + 2CO_2 + H_2O \longrightarrow Ca(HCO_3)_2$$

$$CaSiO_3 + H_2SO_4 \longrightarrow CaSO_4 + SiO_2 + H_2O$$
$$\qquad\qquad\qquad\quad \downarrow{} + H_2O \longrightarrow CaSO_4 \cdot 2H_2O$$

这样一些不溶于水或难溶于水主要成分由于受无机酸的浸蚀而变成溶于水的盐或微溶于水的物质,随雨水冲刷而被逐渐带走,损坏了砖瓦的强度和外貌。

(2)空气中有害氢化物气体对砖瓦类文物的危害

空气中有害氢化物气体主要是氯和硫的氢化物,如 HCl、H_2S 对文物的危害。HCl 主要来源于氯碱工业一些产生 HCl 废气的工厂。氯碱工业是用 $NaCl$ 电解生产 $NaOH$(烧碱),同时也出产氯气(Cl_2),用氯气和氢(H_2)反应生产 HCl:

$$H_2 + Cl_2 \xrightarrow{\text{燃烧}} 2HCl$$

生产过程泄漏的氯气与空气中的水蒸气就反应产生 HCl 气体,其反应如下:

$$Cl_2 + H_2O \longrightarrow HCl + HOCl$$
$$\qquad\qquad\qquad\quad \downarrow{} \longrightarrow HCl + [O]$$

氯化氢的水溶液盐酸是个腐蚀性很强的酸,它可和砖瓦的主要成分黏土和砂

土作用,使其内部颗粒之间的黏结物硅酸盐和 HCl 反应而失去黏结作用致使砖瓦酥散、粉化,其反应如下:

$$CaSiO_3 + 2HCl \longrightarrow 2CaCl_2 + H_2SiO_3$$
$$\longrightarrow SiO_2 + H_2O$$

HCl 还与硅原料的沙子(SiO_2)和硅酸钠或硅酸钙分解产生的 SiO_2 反应,生成四氯化硅,其反应如下:

$$SiO_2 + 4HCl \longrightarrow SiCl_4 + 2H_2O$$

$SiCl_4$ 遇潮极容易水解,水解又产生 HCl 继续腐蚀。这样不停的恶性循环,对砖瓦类文物腐蚀十分严重。

自然界动植物体腐烂产生的硫化氢也污染环境,腐蚀砖瓦类文物。H_2S 是一种还原性很强的弱酸,对砖瓦类文物腐蚀虽不像 HCl 那么严重,但它能和砖瓦的主要原料黏土中一些成分如铁锰等元素反应,生成一些有色的硫化物。如 FeS(黑色)、MnS(棕黑色),不仅腐蚀文物,还产生一些深颜色物质污染文物。

(3)空气中尘埃对砖瓦类文物的危害

空气中尘埃成分复杂,来源于多方面,空气中尘埃的成分:

①酸、碱、盐固体。

②空气中 NO_2、SO_2、SO_3 等与水及金属氧化物作用生成的次生污染物盐类。

③海风、海浪飞溅带入空气中之盐类,盐场含盐气流带给空气中的氯化物(NaCl、KCl)、硫酸盐、气溶胶等。

④燃料燃烧产生的各种有机化合物、烟道烟尘、煤渣、灰尘。

⑤来自金属冶炼厂、加工厂、化工厂、碎石厂等排到空气中的各种金属、金属氧化物、石棉、石英。

⑥尘埃还含有微生物(菌类、低等植物苔藓、藻类)生长所需的养料。

以上粉尘降到疏松多孔的砖瓦类文物上,一旦遇到潮湿空气、降水,那些可溶性盐、酸、碱都会溶解而渗入砖瓦文物的孔隙中,也会使砖瓦文物粗糙的表面腐蚀而风化、酥粉。

(4)空中死神——酸雨对露天砖瓦类文物的侵蚀损害

由于人口剧增,现代工业的发展带来了一个没有省界、国界,波及范围不断扩大,危害越来越严重的“空中死神”——酸雨。使砖瓦表面严重风化、酥粉,使内部结构更疏松、孔隙扩大,严重影响砖瓦的强度。

(5)风沙打磨对露天砖瓦文物的破坏

近年来由于生态环境遭到破坏,土地荒漠化十分严重,风吹沙尘起,强烈的沙尘暴对露天砖瓦类文物的吹打磨损很厉害,有时甚至将砖瓦吹打破损。

由于砖瓦与古建文物在一起,砖瓦文物的破损、风化、酥粉,会引起雨水渗漏而危及古代建筑木质构件。受雨水及雨水中各种酸、碱、盐物质浸蚀的木质构件,会膨胀干缩、开裂、糟朽,威胁古代建筑的安全。

§5.陶瓷砖瓦类文物的保护修复

新出土的陶瓷砖瓦文物及其碎片往往粘有各种污泥浊土及石灰质、石膏质、硅质等沉积物,一般都需要进行清洗。

5.1　陶瓷砖瓦类文物的清洗

5.1.1　陶瓷砖瓦类文物软质泥土的清洗

一般陶瓷、砖瓦类文物出土后都粘有不少软质泥土,可先用普通水初步洗除,然后再用蒸馏水洗净。

5.1.2　表面有彩绘的陶器及干硬泥土的清洗

有彩绘的陶器的表面有一薄薄的含有金属氧化物颜料和动植物胶绘画成的膜。这层膜与陶器黏结力本来就不是很强,加之地下水长期浸泡或陶器表面泥土干缩时的影响,黏结力会变得更弱,不宜用水泡洗,冲洗。处理这种彩绘陶器表面的污垢时,可用脱脂棉球蘸水或酒精等溶剂,局部将干硬泥垢浸润变软后,再用很薄的小竹片小心地剔除,最后用棉签蘸水轻轻粘洗掉绘画膜上少许易软化而不敢再用竹片剔除的泥土。

瓷器与砖瓦类文物上的干硬泥土,可用水将其软化,用毛笔或软毛刷蘸水轻轻刷洗干净。

5.1.3　陶瓷文物表面沉积物的清洗

陶瓷表面的沉积物、污垢虽对文物没有什么腐蚀,但会因遮盖文物的表面的彩绘装饰花纹而影响陶器的形象,也需要清除掉。

陶瓷器文物表面的沉积物一般有石灰质(碳酸盐)、石膏质(硫酸盐)及硅质(硅酸盐),这些沉积物均难溶于水及有机溶剂。虽然因为沉积物中各物质的性质不同,所用的清洗剂和清洗方法也不同,但清除沉积物的原理基本分两大类。一种是分解沉积物中的阴离子,如碳酸根(CO_3^{2-})、硫酸根(SO_4^{2-})、硅酸根(SiO_3^{2-})。另一种是利用螯合剂(或叫络合剂)夺取沉积物中的阳离子,如钙离子(Ca^{2+})、镁离子(Mg^{2+})、铁离子(Fe^{2+})、钡离子(Ba^{2+}),而形成可溶性的金属螯合物水溶液,而沉积物中的阴离子如碳酸根(CO_3^{2-})、硫酸根(SO_4^{2-})、硅酸根离子(SiO_3^{2-})等则与螯合剂中的钠离子结合成新的可溶性钠盐,用水即可清洗干净。

5.1.3.1　用分解阴离子的方法清洗陶瓷文物表面的沉积物

1. 陶瓷类之物表面沉积物石灰质（碳酸盐）的清洗

清洗前,先用水浸泡器物,然后用滴管或移液管吸取足以去除沉积物碳酸盐的10％盐酸或硝酸滴在沉积物上,使石灰质碳酸分解,生成的新盐溶解后,用水洗去生成的盐类和过量的酸。其清洗过程的化学反应如下:

$$CaCO_3 + 2HCl(10\%) \longrightarrow CaCl_2 + H_2CO_3$$
$$\qquad\qquad\qquad\qquad\qquad \longrightarrow CO_2 \uparrow + H_2O$$

$$CaCO_3 + 2HNO_3(10\%) \longrightarrow Ca(NO_3)_2 + H_2O$$

2. 陶瓷类文物表面沉积物石膏质（硫酸盐）的清洗

石膏质沉积物虽然不溶于盐酸、硫酸、稀硝酸,却可跟具有氧化性的浓硝酸反应而形成可溶性硝酸盐。其化学反应式如下:

$$CaSO_4 + 2HNO_3(浓) \longrightarrow Ca(NO_3)_2 + H_2SO_4$$

其清洗操作是将粘有石膏质沉积物的器物先用水润湿,然后滴少量浓硝酸于石膏质上,待其溶解后,及时用机械法剔除,最后用水洗去余酸。

3. 陶瓷类文物表面沉积物硅质（硅酸盐）的清洗

硅质（硅酸盐）是最不容易清除的沉积物,一般用1％的氢氟酸涂于硅质沉积物表面,每次涂几分钟,涂后用水洗净,反复操作,直到将硅质沉积物清除完。因氢氟酸有剧毒,所以此法应慎用。

在一般陶瓷文物表面,这三种沉积物都有而又不易辨别。在这种情况下,一般按先石灰质、后石膏质、最后硅质的顺序来清除。

5.1.3.2　用螯合（络合）沉积物中阳离子的方法清洗陶瓷文物表面沉积物

用螯合剂夺取陶瓷类文物表面沉积物中的阳离子,形成易溶于水的螯合物,而沉积物中之阴离子则与螯合剂中的钠离子形成新的可溶性钠盐,最后用清水洗去可溶性钠盐及可溶性螯合物即可达到清洗沉淀物的目的。

常用的络合剂有六偏磷酸钠和 EDTA 二钠盐（即乙二胺四乙酸二钠盐）。

1. 六偏磷酸钠（$Na_2[Na_4(PO_3)_6]$）螯合清洗剂

用10％的 $Na_2[Na_4(PO_3)_6]$ 水溶液浸润沉积物,螯合沉积物中阳离子生成溶于水的螯合物,然后用蒸馏水清洗螯合物及可溶性钠盐即可。若沉积物坚硬难除,可用多层纸张贴敷法来清除,即用10％的 $Na_2[Na_4(PO_3)_6]$ 将多层纸张润湿贴在沉积物上,使新生成的螯合物和可溶性钠盐渗入多层纸中;待水分蒸发后,可溶性盐即留在纸层中;最后将纸层揭下,即完成一次清洗。反复上述操作2～3次,沉积物就会被全部清除。其螯合清洗沉积物的化学反应:

$$M^{2+} + Na_2[Na_4(PO_3)_6] \longrightarrow Na_2[M_2(PO_3)_6] + 4Na^+$$
$$M^{2+} = Ca^{2+}、Mg^{2+}、Fe^{2+}、Ba^{2+}\cdots\cdots$$

2. EDTA 二钠盐(即乙二胺四乙酸二钠盐)螯合清洗剂

EDTA 二钠盐($Na_2[C_{10}H_{14}O_8N_2]$)的结构式:

$$\begin{array}{c} HOOCCH_2 \qquad\qquad\qquad CH_2COONa \\ \diagdown\qquad\qquad\qquad\qquad\diagup \\ N-CH_2-CH_2-N \\ \diagup\qquad\qquad\qquad\qquad\diagdown \\ HOOCCH_2 \qquad\qquad\qquad CH_2COONa \end{array}$$

EDTA 二钠盐螯合剂清洗陶瓷文物表面的沉积物的螯合反应:

$$\begin{array}{c} HOOCCH_2 \qquad\qquad\qquad CH_2COONa \\ \diagdown\qquad\qquad\qquad\qquad\diagup \\ N-CH_2-CH_2-N \qquad\qquad +M^{2+}\longrightarrow \\ \diagup\qquad\qquad\qquad\qquad\diagdown \\ HOOCCH_2 \qquad\qquad\qquad CH_2COONa \end{array}$$

$$\begin{array}{c} HOOCCH_2 \qquad\qquad\qquad CH_2COO \\ \diagdown\qquad\qquad\qquad\qquad\diagup\quad\diagdown \\ N-CH_2-CH_2-N \qquad\qquad M+2Na^+ \\ \diagup\qquad\qquad\qquad\qquad\diagdown\quad\diagup \\ HOOCCH_2 \qquad\qquad\qquad CH_2COO \end{array}$$

(1)EDTA 二钠盐螯合清洗液的配方:

水	800～1 000 毫升
氢氧化钠	80 克
三乙醇胺(辅助溶液)	30 毫升
EDTA 二钠盐	100 克
苯磺酸钠表面活性剂	5～10 克

(2)EDTA 二钠盐螯合清洗剂的配制程序:

800～1 000 毫升水

↓ 加入 80 克氢氧化钠

溶解

↓ 加入 30 毫升三乙醇胺,100 克 EDTA 二钠盐

徐徐加热并滴加苯磺酸钠 5～10 克、升温至 75～80 ℃

↓

EDTA 二钠盐螯合清洗剂

③EDTA 二钠盐螯合清洗陶瓷上沉积物的操作

将有沉积物的陶瓷片或陶器,放入温度 75～80 ℃ 的 EDTA 螯合清洗剂中,翻

动煮 20～30 分钟,取出用大量水冲洗,刷除软化的沉积物。一次未洗净,可重复操作直至洗净,最后用 2% 的醋酸溶液中和除去碱性,再用蒸馏水洗净、晾干。

5.1.4 陶瓷表面由炭黑和有机脂形成的污垢的清洗

清洗由炭黑和有机脂形成的污垢可用强氧剂氧化处理,使炭氧化成二氧化碳,使有机脂化合物氧化变成小分子量的有机物,用水冲去即可。清洗这类污垢常用 3% 的双氧水(H_2O_2),具体清洗操作是:用棉球蘸 3% 的双氧水溶液浸污垢数次,待污垢除去后,用蒸馏水冲洗、晾干。

5.1.5 有彩绘彩釉陶瓷的清洗

清洗表面有彩绘彩釉的陶瓷时,要特别小心,可先在隐秘处做小面积的实验:如果效果好,可以继续;如果有损害立即停止,另用别的办法。对有彩绘彩釉的陶瓷一般采用 3%～5% 的盐酸清洗,而不能用腐蚀彩绘彩釉的硝酸、醋酸、硫酸、氢氟酸来清洗。

汉阳陵出土陶器上的彩绘没有胶膜,直接画在陶体上。颜料全靠陶器的孔隙渗吸而与陶体结合。这种粉彩陶的彩绘很容易脱落,出土时应及时用透气、透水性好的加固剂先予加固,使彩绘牢固地粘在陶体上,待器物内部水分缓慢逸出后,再慢慢清洗。

5.1.6 陶瓷砖瓦类文物中可溶盐的清洗

在前面关于陶器文物受可溶盐的危害中已经知道,可溶盐对陶瓷砖瓦类文物的危害十分严重,在进行黏结、加固等处理前必须将其清除干净。去除可溶盐一般是采用蒸馏水浸泡,定期换水;也可用电渗法来加速除盐清洗,即在浸泡槽的两头插入不锈钢电极,以 5% 的稀氨水作电解质通入 1 安培/平方分米的直流电,使陶器中的金属离子加速运动,从陶器中析出。电渗法清除的效果可用电导率来判断清洗程度:因为可溶盐是电解质,在水中含量越大,电导率就越大,因此,当电导率降到一定程度,并保持不变时,就可认为可溶盐已清洗完毕。

如果器物表面已严重风化、酥松,处理时可在其表面敷上浸湿的滤纸或吸水纸,保护表层不被溶液泡散,然后再进行处理。在处理时,表面滤纸要进行定期更换。

为了确保表面酥松器物安全除盐,也可用多层纸张或滤纸用水敷在器物表面,利用陶器内的毛细孔隙和纸张纹理协同抽吸作用,将器物中可溶盐逐步转移到纸张中,反复操作,直到纸张再没有转移出来的溶盐为止。溶盐清洗程度,可用测纸张浸提液的电导率来判断。

清洗完溶盐的器物要阴干,以防变形。

5.2　陶瓷砖瓦类文物的黏结

5.2.1　陶瓷砖瓦类文物黏结剂的基本要求

①首先必须能保持文物原貌,即黏结前与黏结后从文物外貌来看基本一致。在陶、瓷碎片黏结完毕之后,黏结好的陶瓷砖瓦碎片最好是看不出什么痕迹、完好如初。

②用于陶瓷砖瓦类文物的黏结剂,必须具备易流动性。因为陶、瓷、砖瓦类文物,特别是陶器和砖瓦类文物结构不致密、多孔隙,在进行黏结时黏结剂必须具备流动性好,才能充分浸润填平被粘陶器、砖瓦文物断面疏松多孔隙,使凹凸不平的部分牢固地黏结起来。

③黏结剂还必须具备长期性和稳定性,即黏结好的陶瓷砖瓦类文物能长时间稳定、不氧化、不吸潮、不软化、不变色、黏结角度不改变、不变形。

④陶瓷砖瓦类文物的黏结剂要黏着力强,对陶瓷砖瓦碎片有很好的黏结力,并能保持黏力长期不变。

⑤黏结剂应具有可逆性,一旦出现新的、更好的材料,可以容易除掉。

⑥陶瓷砖瓦类文物的黏结剂黏度要小

因陶瓷、砖瓦类文物结构不致密、多孔隙、黏接断面粗糙且是带孔表面,黏合剂黏度要小,才能流动好、浸润充分。

⑦黏结剂固化时收缩率低,低蠕变、高韧性。

⑧操作性能良好,可根据需要任意调节。

5.2.2　陶瓷砖瓦类文物黏结常用的黏结剂及黏结操作

5.2.2.1　陶瓷砖瓦类文物常用的环氧树脂黏接剂

1. 环氧树脂黏结剂(最好用改性的呋喃型环氧树脂)

(1)环氧树脂黏合剂的特点

①黏着力强。由于环氧树脂具环氧基、羟基、氨基和醚键等极性基因存在,与被粘物表面以化学键、电磁吸引力相结合,因而黏合力非常强,其强度超过其他黏合剂。

②收缩力低。因液态环氧树脂具有很高的缔合作用,在固化时又是通过加成反应完成,因而不产生低分子化合物一类的副产物,不产生气泡,因此固化后收缩力一般低于2%;当加入适当填料后,甚至降到0.1%左右,为热固性树脂中收缩率最低的一种树脂。

③内聚力大。环氧树脂固化后,胶层内聚力很大,以致应力断裂往往发生在被粘物上,而不出现在胶层内或黏合界面上。

④操作性能良好,可以任意调节黏度,使其具有良好的流动性和浸润性。

⑤稳定性高,耐老化、耐溶剂、耐水、耐化学、耐热都非常好,可配成在低温或超过 250 ℃下长期使用的胶液。

⑥能保持文物原貌,黏合后基本看不出痕迹。

由于环氧树脂黏合剂黏结力非常强,所以黏合层厚度很薄。这样结合层的抗拉与抗剪切强度随厚度的增加而减小,而剥离强度随之而增加。通常黏合层厚度在 0.02～0.08 毫米范围内,抗拉与抗剪切强度较高,超过此厚度,则急剧下降。环氧树脂黏合剂在 0.1～0.2 毫米的结合层范围内,强度基本不下降。所以环氧树脂结合层薄而结合力强,黏结基本看不出痕迹。

从以上情况可知环氧树脂作为陶瓷类文物的黏合剂基本符合陶瓷类文物黏合剂的要求,所以是一种常用陶、瓷、砖瓦类文物黏接剂。

(2)环氧树脂黏合剂黏结陶瓷类文物的操作

环氧树脂黏结综合性能的最优化,不仅取决于黏合剂的组成和配方,同时被黏合材料表面的处理、涂胶和固化等黏合工艺也有重大的影响。陶瓷类文物的黏结工艺操作如下:

①清洁黏结界面

用水(若有油污时需用乙醇或丙酮等有机溶剂)清洗黏结界面,可用毛笔或小软毛刷蘸水(或有机溶剂)轻轻刷洗,使被粘界面洁净、无油污、无灰尘、无外来杂质。清洗过的器物,于 50～60 ℃或室温环境中自然干燥。

②涂胶:用牙签挑取环氧树脂黏合剂均匀涂满断面,使黏合面浸润完全;涂胶匀平,防止出现涂胶不匀而出现固化不完全区、黏缝不整齐和黏合面错位。

③固化:固化剂和固化时机是决定黏合性能的主要条件。待黏合剂半干时,合对断面并轻轻用力片刻,一般接触压即可满足要求。注意黏结时一定要对好断面,并固定放置,以防错位;及时用小刀剔去合对断面时挤压出的余胶。

5.2.2.2　陶瓷类文物常用的硝酸纤维素黏合剂

1. 硝酸纤维素黏合剂的制备

$$(C_6H_{10}O_5)_n \approx [C_6H_7O_2(OH)_3]_n + 浓\ HNO_3 + 浓\ H_2SO_4 \longrightarrow$$
纤维素

$$nC_6H_7O_2(ONO_2)_3 + 3H_2O$$
硝酸纤维素

2. 硝酸纤维素黏合剂的组分

①黏合剂基料:硝酸纤维素

②溶剂：

低沸点溶剂
- 丙酮（ $CH_3-\overset{\overset{\displaystyle O}{\|}}{C}-CH_3$ ）
- 乙酸乙酯（ $CH_3\overset{\overset{\displaystyle O}{\|}}{C}-OC_2H5$ ）
- 2-丁酮（ $CH_3-\overset{\overset{\displaystyle}{}}{C}-CH_2-CH_3$ ）
　　　　　　　　　　　O

高沸点溶剂
- 3-羟-2,4戊二酮（ $CH_3-\overset{}{C}-\overset{}{CH}-\overset{}{C}-CH_3$ ）
　　　　　　　　　　　　O　OH　O
- 乳酸甲酯（ $CH_3-\overset{}{CH}-COOCH_3$ ）
　　　　　　　　　　OH
- 乳酸乙酯（ $CH_3-\overset{}{CH}-COOC_2H_5$ ）
　　　　　　　　　　OH

③助溶剂：乙醇（ CH_3CH_2OH ）、丁醇（ C_4H_9OH ）

④稀释剂：苯（ ⬡ ）、甲苯（ ⬡ ）

⑤改性剂：聚醋酸乙烯酯（ $\text{-}CH_2-CH\text{-}_n$ ）、古马龙树脂、松脂胶
　　　　　　　　　　　　　　　OCOCH_3

3. 硝酸纤维素黏合剂的特点

硝酸纤维用作陶瓷砖瓦类文物黏合剂的主要特点：

①稳定性好：耐气候、耐老化好。

②黏结效果好：黏结能力强、黏合强度好。

③相容性好：和增塑剂、改性剂、填料相容性好。

④可逆性好：固化后仍可用丙酮溶解。

⑤有抗菌能力：因分子中含有硝基而具有抗菌能力。

4. 硝酸纤维素黏合剂黏结陶瓷类文物的操作

硝酸纤维素黏合剂黏结陶瓷类文物的操作方法与用环氧树脂黏合剂黏结操作相同。硝酸纤维素黏合剂与环氧树黏合剂不同的是，硝酸纤维素固化后，仍可用丙酮浸泡溶解，这一点在陶瓷类文物的黏结上十分重要。

5.2.2.3　陶瓷类文物常用的聚甲基丙烯酸甲酯黏合剂

1. 聚甲基丙烯酸甲酯陶瓷类文物常用黏合剂的制备

用丙酮与氢氰酸的加成产物经浓硫酸脱水后,在浓硫酸的催化作用下与甲醇加热反应,即生成甲基丙烯酸甲酯,再在引发剂(过氧化苯甲酰)引发下聚合生成聚甲基丙烯酸甲酯,其反应过程如下列反应式表示:

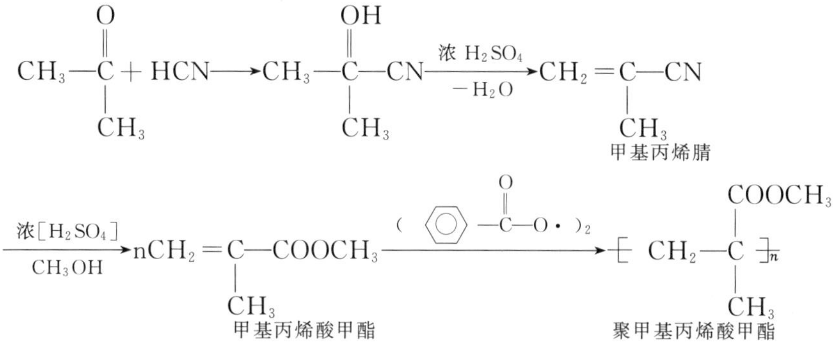

2. 聚甲基丙烯酸甲酯黏合剂的特点

①具有橡胶的柔软性和弹性。

②无色透明。

③化学稳定性好,有耐热、耐溶剂、耐水的良好性能。

④具有很高的黏合性能。

⑤机械性能好,具有耐洗涤性、耐干洗,有良好的操作性能。

3. 用聚甲基丙烯酸甲酯黏结陶瓷类文物的操作

操作和用环氧树脂黏接剂黏结陶瓷类文物操作相同。

①洗清黏结断面

用毛笔或小软毛刷蘸水或有机溶剂轻轻刷洗黏结界面,使界面洁净、无油垢、无灭尘、无外来杂质,清洗后,于 50～60℃烘干或自然干燥。

②涂胶:用毛笔蘸 5%～8%聚甲基丙烯酸甲酯的丙酮溶液,均匀涂满断面,使界面浸润完全。

③固化:待涂胶半干时,合对断面,合对时一定要对好断面,防止黏结错位,稍轻用接触压,并固定放置,待固化后及时用氯仿($CHCl_3$)擦净合对断面时挤压出的余胶。

5.2.2.4　陶瓷砖瓦类文物常用的氰基丙烯酸酯黏合剂

1. 氰基丙烯酸酯黏合剂的制备

氰基丙烯酸酯合成过程如下:

$$CH_2 = CH - CH_3 + O_2 \longrightarrow CH_2 = CH - COOH \xrightarrow{[PCl_3]} CH_2 = \underset{\underset{Cl}{|}}{C} - COOH$$

丙烯   丙烯酸   α—氯化丙烯酸

$$\xrightarrow{NaCN} CH_2 = \underset{\underset{CN}{|}}{C} - COOH \xrightarrow[\text{[H}_2\text{SO}_4]}{C_2H_5OH} CH_2 = \underset{\underset{CN}{|}}{C} - COOC_2H_5$$

α—氰基丙烯酸   α—氰基丙烯酸乙酯

$$\xrightarrow[\text{或碱性离子引发}]{\text{微量水引发}} \left[CH_2 - \underset{\underset{CN}{|}}{\overset{\overset{COOC_2H_5}{|}}{C}} \right]_n$$

聚氰基丙烯酸乙酯

2. 聚氰基丙烯酸酯陶瓷类文物黏合剂的特点

①常温常压、不加固化剂即可快速固化,对比较脆弱的陶器非常适用。

②黏合剂固化后,结合面无色透明,抗拉强度高,黏合后几乎看不出痕迹。

③毒性小,对人体安全。

缺点是韧性、抗冲击和抗剥离强度略低,但对黏接陶瓷砖瓦这类怕压、怕碰撞的文物来说,没什么影响。

3. 氰基丙烯酸酯类黏合剂黏结陶瓷文物的操作

由于此黏合剂可在常温常压下,不加固化剂的情况下迅速固化,且固化后无色透明、黏合好、抗拉强度高,用于陶瓷文物的黏结操作简便。其操作和前几种黏合剂操作基本相同。

即清洁黏结断面──→涂胶──→固化并擦除余胶

5.2.2.5 聚苯乙烯陶瓷砖瓦类文物黏接剂

1. 聚苯乙烯黏合剂的合成

$$\begin{array}{c} \bigcirc + \begin{array}{c} CH_2 = CH_2 \xrightarrow[85℃]{\text{无水}[AlCl_3]} \\ CH_3CH_2Cl \xrightarrow[70\sim90℃]{\text{无水}[AlCl_3]} \end{array} \bigcirc - CH_2CH_3 \xrightarrow{\text{催化脱氢}} n \underset{\bigcirc}{\overset{CH=CH_2}{\big|}} \end{array}$$

$$\xrightarrow[[(C_6H_5COO\cdot)_2]]{60\sim90℃} \left[\underset{\bigcirc}{\overset{|}{CH}} - CH_2 \right]_n$$

2. 聚苯乙烯黏合剂的特点

(1)长期与潮气接触完全不吸水,即使在水中浸泡 300 小时以上,吸水也仅为 0.05%。

（2）电气性能极为优异，由于吸水性极小，所以在潮湿情况下，仍能保持极其优越的电性能。

（3）化学稳定性高

聚苯乙烯对化学药品有极强的抵抗能力，对一定浓度的氧化性酸、有机酸、盐类、碱类溶液、醇、动植物油类的抵抗力极强。

（4）聚苯乙烯黏合剂的抗冲击强度、抗张强度、抗弯曲强度及伸长率随温度下降而增强，也随聚苯乙烯分子量增大而增加。

3. 聚苯乙烯黏合剂在陶瓷类文物黏结中的操作

操作和前几种陶瓷文物黏结材料的黏结方法基本相同，只是用丙酮和甲苯的混合溶液来做溶剂配制溶液，涂匀平待半干时，合对断面，固定固化后，用丙酮或甲苯擦除挤压出的余胶。

5.3　陶瓷砖瓦类文物的加固

5.3.1　陶瓷砖瓦类文物加固剂的基本要求

①陶瓷文物加固剂应能保护文物原貌，加固前后从外观看基本一致，看不出什么痕迹。

②加固材料应无色透明，渗透性好。

③加固材料必须具备良好的黏结性、牢固性。

④加固材料必须具备长期性、稳定性，加固处理后之文物应长期稳定。

⑤操作方便、经济，能达到最佳的保护效果。

5.3.2　陶瓷类文物常用的加固剂及其特点

5.3.2.1　陶瓷类文物常用的聚酯酸乙烯酯加固体剂

1. 聚醋酸乙烯酯陶瓷类文物加固剂的结构式及其合成

2. 结构式：

$$\left[\!\!\begin{array}{c} CH\!-\!CH_2 \\ | \\ OCOCH_3 \end{array}\!\!\right]_n$$

3. 合成方法

聚醋酸乙烯酯的合成常用两种方法：

（1）以煤为起始原料合成聚酯酸乙烯酯的路线，其合成的反应过程如下：

$$C(\text{煤})+CaO \xrightarrow{\text{煅烧}} Ca\underset{\underset{\text{电石}}{C}}{\overset{C}{\|}} \xrightarrow[\text{[NaCl]}]{H_2O} n HC\equiv CH \xrightarrow[H_2O]{[Hg_2SO_4]} n CH_3CHO \xrightarrow{[Mn(OCCH_3)_2]}$$

$$nCH_3COOH \xrightarrow[70\sim80\ ℃]{\overset{\text{乙炔}}{nHC\equiv CH}} n\underset{\underset{\underset{\text{醋酸乙烯酯}}{OCOCH_3}}{|}}{CH}=CH_2 \xrightarrow[\text{聚合}]{[C_6H_5COO_2]} \left[\!\!\begin{array}{c} CH\!-\!CH_2 \\ | \\ OCOCH_3 \\ \text{聚醋酸乙烯酯} \end{array}\!\!\right]_n$$

醋酸

（2）以石油为起始原料

$$\text{石油} \xrightarrow{\text{裂解}} nCH_2=CH_2 \xrightarrow[O_2]{[CuCl_2-PaCl_2]} nCH_3CHO \xrightarrow[80\ ℃]{[Mn(O\overset{\overset{O}{\|}}{C}CH_3)_2]} nCH_3COOH$$

$$\xrightarrow{nCH_2=CH_2} nCH_2=\underset{\underset{OCOOH}{|}}{CH} \xrightarrow{[C_6H_5(OO)_2]} \left[\!\!\begin{array}{c} CH_2\!-\!CH \\ | \\ OCOCH_3 \end{array}\!\!\right]_n$$

4. 聚醋酸乙烯酯陶瓷类文物加固剂的特点

（1）黏合力强、黏合强度高。

（2）耐老化、耐气候性质极为稳定，即使受热到 180 ℃ 也不会发黄。

（3）与填料、增塑剂相溶性好。

（4）可以自由调节黏度，且有良好的早期黏合强度，是一个较理想的陶瓷类文物加固剂。

5. 渗透加固陶瓷类文物

由于陶瓷类文物多孔或网状结构，加固溶液容易渗到它的内部，经固化而起到加固作用。

由于陶瓷文物保存的完好程度不同，因而采取具体的加固方法也不同。

（1）质地强度较好陶瓷类文物的加固

用聚醋酸乙烯酯乳液加固瓷器的操作：①先在木箱内铺一层塑料布——②加蒸馏水浸没瓷器——③然后视文物情况加入聚醋酸乙烯酯乳液加固剂，浓度由稀到浓，隔日增加——④数日后浸渗完毕取出——⑤小心擦去多余的乳液加固剂——⑥晾干即可。

（2）脆弱陶器的加固

因为陶胎多孔隙、疏松、脆弱，可用 5%～15% 的聚乙烯酯的酒精（或丙酮）溶液渗透加固，最好用减压渗透，具体操作：①将欲加固的脆弱陶器放在一个可以减压的容器中，加入 5%～15% 的聚醋酸乙烯酯酒精（或丙酮）溶液，浸没陶器——②减压渗透。将陶器事先于 40 ℃ 烘箱内进行干燥处理，使渗透加快，减少浸泡时间（一般 3～4 个小时即可渗透完毕）——③取出。因为溶剂酒精（或丙酮）挥发快，聚醋酸乙烯酯很快就会固化。

(3)潮湿而又不便干燥的陶器的加固

①潮湿而不便干燥的陶器可用聚醋酸乙烯酯乳液渗透加固。由于乳液浓度高,可使渗透完全固化快──②渗透完毕取出──③擦去表面多余的聚醋酸乙烯酯乳液──④晾干。

(4)表面酥粉的陶器的加固

表面酥粉的陶器不宜采取渗透加固,可用5%尼龙酒精溶液轻轻多次喷涂(喷时以不吹起粉末为原则),若需进一步加固时,再用聚醋酸乙烯酯酒精或丙酮溶液渗透加固。

5. 带釉而表面酥粉的陶器的加固

带釉而表面酥粉的陶器剥落较厚时,用10%的聚醋酸乙烯酯丙酮溶液粘贴加固。

6. 砖瓦类文物的加固

由于陶器和砖瓦都是以土做坯烧制而成,所以砖瓦在构造和所含化学元素方面都和陶器类似。因此出土的砖瓦类文物的加固可参照陶器的加固方法进行。少量质地较好和强度较好的可用聚醋酸乙烯酯乳液渗透加固。

(1)若砖瓦类文物较脆弱且量较大时,可用5%～15%的聚醋酸乙烯酯溶液喷涂加固。

5.3.2.2　陶瓷砖瓦类文物常用的聚甲基丙烯酸甲酯加固剂

1. 聚甲基丙烯酸甲酯陶瓷文物加固剂

聚甲基丙烯甲酯加固剂的结构式、合成方法、特点在陶瓷砖瓦类文物黏结剂部分已介绍过了。由于聚甲基丙烯酸甲酯的优异性能而使它既可作陶瓷砖瓦类文物优良的黏结剂,又可用作陶瓷砖瓦类文物的加固剂。

2. 聚甲基丙烯酸甲酯加固陶瓷砖瓦类文物的操作

(1)质地强度较好的陶瓷砖瓦类文物的加固

可将器物置于一个可减压的密闭容器中(小件可放在真空干燥器,稍大者可置一个密闭可抽气减压的容器),加入5%的聚甲基丙烯酸甲酯的丙酮溶液浸泡,并减压加速渗透;渗透完毕,停止减压,缓慢打开容器上的活塞,使容器内压力慢慢和外界大气压平衡;打开容器,取出器物,擦去器物表面多余的聚甲基丙烯酸甲酯溶液即可。也可用丙烯酯聚合物乳液渗透。

(2)脆弱陶瓷砖瓦类文物可用 5%～8% 的聚甲基丙烯酸甲酯的丙酮或氯仿溶液减压渗透加固,也可用 5% 的聚甲基丙烯酸甲酯丙酮溶液喷涂或接触渗吸法加固。

(3)表面酥粉的陶瓷类文物可用 5%～8% 聚甲基丙烯酸甲酯氯仿溶液喷涂或接触渗吸法加固。

5.3.2.3 无机—有机复合材料陶瓷砖瓦类文物加固剂——改性硅溶胶

1. 无机—有机复合材料加固剂的组成

该加固剂是以硅溶胶为主,PVAC(聚醋酸乙烯酯)和 PVB(聚乙烯醇缩丁醛)对其混溶改性的无机—有机复合材料加固剂——改性硅溶胶加固剂。

2. 改性硅溶胶的反应机理

硅溶胶分子结构 $\left[O-\underset{\overset{|}{OH}}{\overset{OH}{Si}}-O-\underset{\overset{|}{OH}}{\overset{OH}{Si}}-O \right]_n$ 中含有羟基,PVAC 分子结构

$\left[-CH_2-\underset{\overset{|}{OCOCH_3}}{CH} \right]_n$ 中含有酯基,PVB 分子结构 $\left[CH_2CH-CH_2-CH \right]_n$ 中含有

$\underset{\overset{|}{C_3H_7}}{O-CH-O}$

缩醛基,这三者混合时,可能发生如下的化学反应:

(1)PVAC 发生部分水解

$$-\underset{\overset{|}{OCOCH_3}}{CH}-CH_2-\underset{\overset{|}{OCOCH_3}}{CH}-CH_2-\underset{\overset{|}{OCOCH_3}}{CH}-CH_2- \xrightarrow[\text{部分水解}]{H_2O}$$

$$-\underset{\overset{|}{OH}}{CH}-CH_2-\underset{\overset{|}{OCOCH_3}}{CH}-CH_2-\underset{\overset{|}{OH}}{CH}-CH_2-$$

(2)部分水解后的 PVAC 与 PAB 反应

$$\left[\underset{\overset{|}{OH}}{CH}-CH_2 \right]_m \left[\underset{\overset{|}{OCOCH_3}}{CH}-CH_2 \right]_n \underset{\overset{|}{OH}}{CH} + \left[CH_2-\underset{\overset{|}{OH}}{CH} \right]_p \left[CH_2-\underset{\overset{|}{OCOCH_3}}{CH} \right]_x +$$

$$\left[CH_2CH-CH_2-CH-CH_2 \right]_r \longrightarrow \left[\underset{\overset{|}{OH}}{CH}-CH_2 \right]_m$$
$$\underset{\overset{|}{C_3H_7}}{O-CH-O}$$

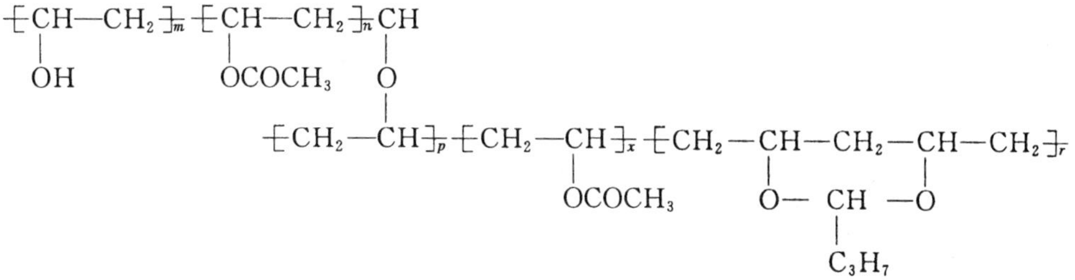

$$\left[CH-CH_2\right]_m \left[CH-CH_2\right]_n CH$$
$$\quad\quad OH \quad\quad\quad OCOCH_3 \quad\quad O$$

$$\left[CH_2-CH\right]_p \left[CH_2-CH\right]_x \left[CH_2-CH-CH_2-CH-CH_2\right]_r$$
$$\quad\quad\quad OCOCH_3 \quad\quad O-CH-O$$
$$\quad\quad\quad\quad\quad\quad\quad\quad\quad C_3H_7$$

（3）PVAC 部分水解产物与 PVB 反应产物与硅溶胶反应：

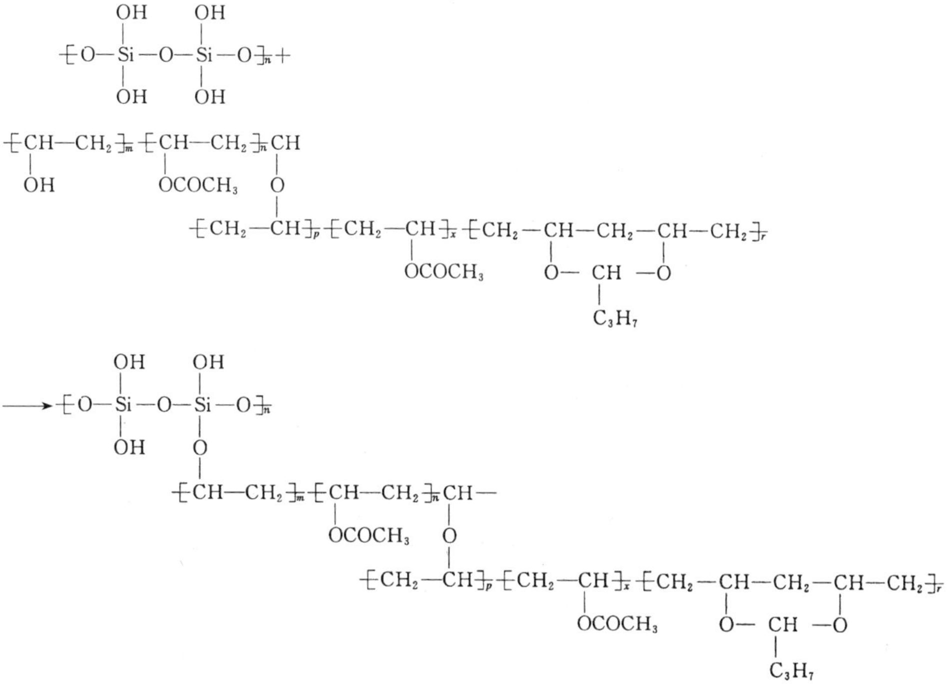

$$\left[O-\underset{OH}{\overset{OH}{Si}}-O-\underset{OH}{\overset{OH}{Si}}-O\right]_n +$$

$$\left[CH-CH_2\right]_m \left[CH-CH_2\right]_n CH$$
$$\quad OH \quad\quad OCOCH_3 \quad O$$

$$\left[CH_2-CH\right]_p \left[CH_2-CH\right]_x \left[CH_2-CH-CH_2-CH-CH_2\right]_r$$
$$\quad\quad OCOCH_3 \quad\quad O-CH-O$$
$$\quad\quad\quad\quad\quad\quad C_3H_7$$

$$\longrightarrow \left[O-\underset{OH}{\overset{OH}{Si}}-O-\underset{O}{\overset{OH}{Si}}-O\right]_n$$

$$\left[CH-CH_2\right]_m \left[CH-CH_2\right]_n CH$$
$$\quad\quad OCOCH_3 \quad O$$

$$\left[CH_2-CH\right]_p \left[CH_2-CH\right]_x \left[CH_2-CH-CH_2-CH-CH_2\right]_r$$
$$\quad\quad OCOCH_3 \quad\quad O-CH-O$$
$$\quad\quad\quad\quad\quad\quad C_3H_7$$

以上三种物质相互结合，使得长链分子中含有众多的官能团（羟基、酯基、羧基、醚链、缩醛基等），提高了材料的疏水性、耐老化性，因此无机—有机复合物加固剂加固的陶瓷类材料试样，在抗压强度、抗折强度及耐水性等方面效果很好。

3. 改性硅溶胶制备及工艺流程

在装有温度计、滴液漏斗及搅器的反应器中加聚醋酸乙烯酯和适量水，边加热边搅拌，升温到 50 ℃左右时，慢慢滴加非离型表面活性剂，升温至 80 ℃，加入硅溶胶和尿素少许，最后加入事先用乙醇溶解的 PVB（聚乙烯缩丁醛）和足量的水，85 ℃左右恒温 30～40 分钟，冷却至室温出料，其制备的工艺流程如图 2－1 所示。

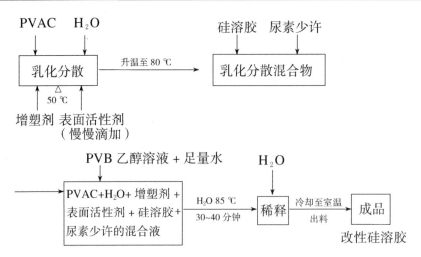

图 2—1　改性硅溶胶制备工艺流程示意图

4. 改性硅溶胶陶瓷砖瓦类文物加固剂的特点

(1)分散性好。

(2)渗透性强,渗透深度可达 25 厘米,水能渗透的地方它都能渗透。

(3)结合强度高:因该加固剂中含有羧基、酯基、羟基、缩醛基等,因而交联网络结合强度好,附着力强,抗压抗折性能好,如表 2—3 所示。

表 2—3　改性硅溶胶处理后陶片的抗压性能

试样编号	试件尺寸 长×宽×高(cm)	破坏荷载 (kN)	抗压强度 (MPa)	平均抗压强度 (MPa)	提高率 (%)
未处理试样 1	20.5×21.02×0.5	25.0	58.07		
未处理试样 2	21.0×19.0×8.0	21.1	52.88	55.40	
未处理试样 3	21.0×20.0×9.5	23.2	55.24		47.09
已处理试样 1	20.0×20.0×8.5	33.8	84.50		
已处理试样 2	19.5×20.0×10.0	32.1	82.31	81.49	
已处理试样 3	21.0×20.0×9.0	30.0	77.61		

(4)耐老化:硅溶胶本身耐老化性能好,加入的 PVAC、PVB 耐老化性能也很好,改性硅溶胶不怕光,不发黄。因改性硅溶胶以硅溶胶为主体,即便老化,最终主要产物是二氧化硅。

(5)化学稳定性好:耐水性、耐酸碱性好,用它处理的陶器耐水性大大提高。

表 2—4　改性硅溶胶处理后陶片的抗折性能

试样编号	试样尺寸 宽×厚	跨度 （mm）	破坏负荷 （kN）	抗折强度 （MPa）	平均抗折强度 （MPa）	提高率 （%）
未处理试样 1	20.0×9.5	30.0	70.0	1.75		
未处理试样 2	21.0×8.5	30.0	52.0	1.56	1.51	
未处理试样 3	20.0×8.0	30.0	35.0	1.23		
						107.9
已处理试样 1	20.0×6.5	30.0	57.0	3.06		
已处理试样 2	20.0×9.5	30.0	120.0	2.99	3.14	
已处理试样 3	20.0×8.5	30.0	108.5	3.38		

表 2—5　改性硅胶处理后陶片的吸水性

试样编号	未浸水前重量(g)	水浸后重量(g)	吸水率(%)	平均吸率(%)
未处理试样 1	3.05	3.52	15.4	
未处理试样 2	6.04	7.33	14.5	14.74
未处理试样 3	9.10	10.40	14.3	
已处理试样 1	4.90	5.10	4.08	
已处理试样 2	8.55	9.05	5.85	5.06
已处理试样 3	5.70	6.00	5.62	

5. 改性硅溶胶在文物加固中的应用

（1）加固砖瓦类文物的作用

用改性硅溶胶溶液渗透或涂刷加固砖瓦类文物，不仅可以增加强度，提高稳定性，而且大大提高抗水性和抗风化能力。

（2）改性硅溶胶加固陶质文物

陶片加固处理工艺流程示意图

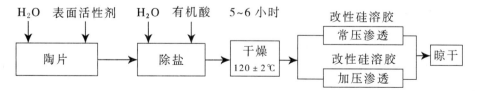

图 2—2　用改性硅溶胶加固处理陶片工艺示意图

5.4　陶瓷砖瓦类文物的修补

5.4.1　陶瓷类文物修补的基本要求

①必须能保存陶瓷文物的一切特点。

②修复必须尊重历史、尊重原作。

③修补残缺部分,必须经过周密的调查、分析、研究,修补时不得超过残缺部分。

④修补者不得把自己的臆测和增添部分加进文物。

5.4.2　陶瓷文物常用的文物修补剂

陶瓷文物碎片拼对起来后,残缺的部分,往往需要修补,修补时常用 A·T·K 面团。

5.4.2.1　聚醋酸乙烯酯配成的 A·T·K 面团修补剂

1. A·T·K 面团的组成、配方及制作工艺

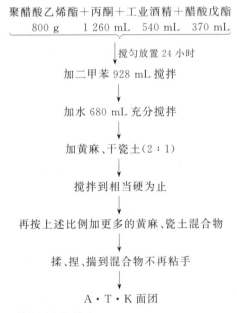

2. A·T·K 面团修补剂的特点

(1)A·T·K 面团是一种塑性面团,填补陶瓷残缺部分方便自如,工作时间和进度可灵活掌握,适用期长,不会浪费。

(2)对器物无任何损害。

(3)强度比石膏好,且不怕水。

(4)可以着色,便于作旧。

5.4.2.2 白色石膏修补剂

用白色石膏修补陶瓷文物是一种传统的修补方法,现在有不少单位仍用此修补剂来修补陶瓷类文物。

1. 石膏修补陶瓷类文物原理

石膏矿是硫酸钙最主要、最典型的来源,当石膏矿加热到 $120\sim130$ ℃时,则部分失水生成含水较少的烧石膏,其反应如下:

$$2CaSO_4 \cdot 2H_2O \xrightarrow[\triangle\ -2H_2O]{120\sim130\ ℃} 2CaSO_4 \cdot H_2O$$
石膏矿   烧石膏

烧石膏与水(石膏重量的 $60\%\sim80\%$)结合,生成含水较多的熟石膏($CaSO_4 \cdot 5H_2O$),同时整个物块硬化,其变化过程的化学反应式如下:

$$2CaSO_4 \cdot H_2O(烧石膏) + 8H_2O \longrightarrow 2CaSO_4 \cdot 5H_2O(熟石膏)$$

2. 白色石膏修补陶瓷文物的操作

①先将石膏用其重量的 $60\%\sim80\%$ 的水调成稠状——②陶瓷残缺部分用衬垫撑托——③用薄竹片或木片将石膏堆涂残缺部位——④待其干燥硬化后进行打磨、修饰,使修补部分与器物浑然一体。

3. 采取白色石膏修补陶瓷文物的优缺点

(1)白色石膏修补剂修补陶瓷器文物的优点

①操作简便。

②取材容易、来源丰富。

③价格便宜。

(2)白色石膏修补剂修补陶瓷类文物的缺点

①强度不够。

②怕水浸。

③怕重压。

5.5 陶器及砖瓦类文物的表面保护

5.5.1 陶、瓷、砖瓦类文物表面需保护的主要原因

5.5.1.1 空气中有害气体(SO_2、SO_3、NO_2、N_2O_5、CO_2、Cl_2、HCl 等)及有害气体形成的酸雨对陶瓷类文物、特别是对露天砖瓦类文物危害极大,引起严重的化学风化,致使古建漏水或坍塌。

5.5.1.2 在潮湿的地方,空气中的尘埃、菌类粘在砖瓦类文物上会滋生霉菌、苔藓、藻类。它们及其代谢产物侵蚀砖瓦类文物,加速风化,特别是加速生物风化。

5.5.2　陶瓷砖瓦类文物常用的效果好的表面保护材料

陶瓷砖瓦类文物的表面保护一般采取涂刷或喷涂无机或有机高分子材料保护层。

5.5.2.1　有机硅树脂陶瓷砖瓦类文物表面保护剂

1.有机硅树脂表面保护剂的特点

①表面黏结力强。

②无色透明,不产生眩光。

③防水,防污染,防盐蚀。

④耐酸。

⑤耐久性好。

2.表面保护操作方法

将有机硅树脂涂刷或喷涂于陶瓷砖瓦类文物表面,形成一层肉眼看不到的无色透明的保护膜。因陶器、砖瓦文物均因结构疏松多孔,因而在进行涂刷、喷涂表面保护剂时,会有表面保护剂渗入器物表层以下一定深度,这样所谓的表面保护不仅可以保护器物的表面,还可以起到一定的加固作用。

5.5.2.2　聚丙烯酸酯类溶液表面保护剂

1.聚丙烯酸酯类溶液陶瓷砖瓦类文物表面保护剂的特点

①耐老化性能特别好。

②无色透明。

③抗酸耐碱。

④耐风沙磨损。

⑤防水,防霉,防苔藓、藻类,即防生物风化效果特别突出。

⑥渗透性好,可起到既加固又封护的作用。

⑦价格便宜。

⑧使用简便、喷涂刷涂均可以。

2.聚丙烯酸酯类溶液防霉、防苔藓、藻类陶器砖瓦类文物表面保护剂是西北大学王蕙贞教授和宋迪生教授研制的,因保护效果良好,甚至受到国外的欢迎。多雨潮湿的新加坡在一些古代建筑维修和重建中所用的砖瓦就是由陕西省铜川一砖瓦厂烧制,经西北大学提供表面保护处理后运往新加坡的。

§6.保护修复实例——粉彩俑的保护研究

以2004年元月在咸阳长陵附近盗掘,在盗卖过程中被咸阳市渭城公安分局刑警队缴获的76件粉彩马俑为例,进行粉彩陶俑的保护研究。

6.1　盗掘出土的粉彩俑的特点

6.1.1　形制特点

这批西汉初期粉彩俑高 28～38 厘米,长 27～32 厘米,小巧玲珑,工艺精湛。不同于汉阳陵高约 60 厘米的裸体断臂俑。马上骑士发式、面部表情、服饰和马背上的鞍鞯、花纹、图案,丰富、细致,色彩鲜艳多彩;马既肥又壮。这是西汉初期重视经济、文化艺术发展的反映。

6.1.2　制陶特点

粉彩陶马中有的马匹因合缝不严紧,加上地下淤泥进入陶马腹腔对马体产生压力而使合缝开裂成两半。由此可观察出这批粉彩陶俑的制作工艺为:先利用陶范模型分成两半制成泥坯,拼对合缝成马后,烧制成陶俑(见彩版 2-3)。

6.1.3　彩绘特点

这批粉彩俑的粉彩层结构特殊,是将黑色或棕红色颜料直接涂在除马背部分的马体上;马背部分先涂一层白色底色,然后直接用其他颜料绘上各种色彩鲜艳、花纹细致漂亮且各不相同的鞍鞯;毯子上骑有身着不同服饰,头有不同发式的彩色骑士俑。经分析,颜料中及颜料与陶体间均未发现胶质物。颜料在陶体上的附着力是通过颜料直接渗吸在多孔陶体表面而形成的,附着力较小,致使陶器表面泥土清理的难度很大。

6.1.4　保存现状特点

这批粉彩俑被盗掘前埋在地下 10 米之处,粘有厚厚一层湿土。被收缴后,每件文物均用黑色塑料袋包着;泥土仍未干硬;文物颜色没有被土粘脱,仍十分鲜艳。由于长期深埋地下受到泥土的压力、盗掘时的破坏及盗卖过程几次转手,大多数粉彩俑均有不同程度的肢体断裂,尤以马腿、马蹄、马耳、马尾等细处断裂较多。

6.2　粉彩俑的埋藏环境及病变因素

6.2.1　埋藏环境信息

文物埋藏环境信息,是文物出土后保护和保存工作的重要参考和借鉴。因文物深埋地下,文物表面及马的腹腔全被温软泥土包围和填充,故在处理时先对附着在文物表面及填充在马腹腔的泥土进行了取样分析测试。

6.2.1.1　土壤酸碱度测试

将土样用蒸馏水溶解过滤,测其 pH=8,呈弱碱性。

6.2.1.2　土壤含水量测试

烧杯重 22.00,加土样后重 91.00,土样干燥后恒重 88.00 克。

土壤含水率＝(91.00－88.00)克/(91.00－22.00)克×100％＝15.30％

6.2.1.3　土壤中可溶盐含量测定

取潮湿土及干土各 50.00 克,分别于 250 毫升水中加热溶解、过滤、蒸发、干燥。

潮湿土壤含盐量＝(34.15－33.85)克/50.00 克×100％＝0.60％

干土壤含盐量＝(33.60－32.35)克/50.00 克×100％＝2.50％

测试结果表明:干土的含盐量是湿土的 4 倍多。这主要是由于陶器结构疏松多孔,吸水性强,使器物长期处于饱水状态,水中可溶盐随水渗入土壤及器物中。出土后随着器物及土中水分的蒸发,在陶器孔隙作用下,器物及土壤中的可溶盐在土壤表面富集结晶,因而使文物表面干土含盐量大大增加。因而启示我们这批粉彩俑的保护必须进行有效的脱盐处理。

6.2.1.4　土壤中溶盐成分分析

我们对溶盐进行了 X 衍射分析,结果显示盐的主要成分是在水中溶解度不大的 $CaSO_4 \cdot 2H_2O$ 和 $CaSO_4 \cdot H_2O$。这说明由于文物埋藏很深(10 米),一些易溶盐随地下水上移被带向浅土层,而深层土中留下溶解不大的水合硫酸钙。

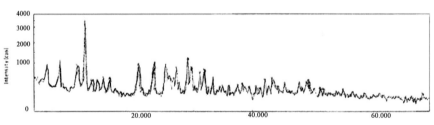

图 2－4　土壤中溶盐成分的 X 衍射图(湿土)

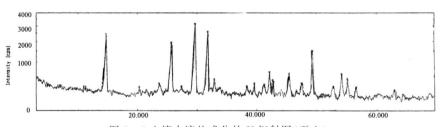

图 2－5　土壤中溶盐成分的 X 衍射图(干土)

6.2.2　病变因素

①由于粉彩俑长期埋在含水量高达 15.30％ 的湿土中，直接影响颜料在陶俑表面的附着力。

②由于文物长期深埋渭河、泾河之间地下水源丰富、土壤含盐量高的土壤中，这些溶盐不仅直接腐蚀颜料，而且会使陶体强度降低。

③粉彩俑出土后，保管在距渭河火力发电厂较近的汉阳陵博物苑，这里空气中 SO_2、NO_2、CO_2 等有害气体含量较高，下雨 10 小时后，酸雨的 pH 仍为 6，这些有害气对颜料及陶体均有一定的影响。

④出土后随环境温湿度的变化，特别是温湿度剧变对颜料附着力及色彩均有较大的影响。

⑤盗掘及以后的包装、搬运、存放时不小心造成的损坏、断裂。

6.3　粉彩俑彩绘颜料的采集和成分分析

6.3.1　西汉初期粉彩俑颜料的采集

这批粉彩俑颜色有 11 种（黑、白、红、蓝、绿、黄、橘红、玫瑰红、粉红、棕红、紫），除黑和棕红两种颜色在马身上有较大面积附着外，其余颜料均用作图案与花纹的线条，颜料附着面很小。

6.3.2　粉彩颜料成分分析

我们采用偏光显微粉末分析法和 X 衍射法两种方法对所采集到的颜料进行了分析（见彩版 2－6～2－11）。

表 2－6　粉彩颜料成分分析结果

样品名称	分析结果	
马鞍上亮橙色云状花纹	铅丹（Pb_3O_4）	图 2－5
陶俑脖颈粉红色	白色颜料＋红色颜料	
红色战袍	红色颜料（Hg_2S）	图 2－6
马鞍橘红色花纹	氧化铁红（Fe_2O_3）	图 2－7
马鞍棕色边缘	褐铁矿（$Fe_2O_3 \cdot nH_2O$）	
马鞍淡蓝色花纹	包括群青在内的各种蓝色颜料＋白色颜料	图 2－8
马上兵俑鲜绿色裙子	绿色颜料＋白色颜料	图 2－9
浅紫色裙子	蓝色颜料＋红色颜料＋白色颜料	
马体橘红色	铁红（Fe_2O_3）	
马体黑色	炭	图 2－10

6.4 粉彩骑马俑的保护研究

粉彩俑在彩绘陶俑中保护难度较大,而这批西汉初期粉彩骑马俑在颜料中未加胶结材料,颜料和陶体间也无任何胶结材料,颜料与陶体的附着仅靠陶体粗糙多孔的表面吸附力,因而附着力特别弱,保护难度更大。要保持粉彩骑马俑鲜艳的颜色和细致漂亮的花纹、图案,就必须从文物实际出发,对保护材料的选择,保护原理、保护程序作全面深入的研究,形成一套科学有效的保护方案。

6.4.1 粉彩俑表面泥土的清除

6.4.1.1 粉彩俑表面软质泥土的清除

用竹签轻轻剥离文物表面的软质泥土,并及时用软毛刷刷去剥离下来的浮生,竹签一定要持平轻刮,不能留划痕。清湿土时,不要急于彻底清除,应留一薄层,待稍干失去黏性时再清除,确保彩绘层安全。

6.4.1.2 粉彩俑表面硬质泥土的清除

对于已干硬的泥土不能直接用竹签剥离,以免粘连而使粉彩层脱落,用 $8\%\sim10\%$ 的固色松土剂醋酸滴到干硬泥土上(因醋酸一是易挥发,二是可与硬土中碳酸盐反应,产生 CO_2 气体,而有利松土,醋酸本身又是一个固色剂,因而用醋酸有固色和松土双重作用),干硬泥土起泡变松软,待泥土半干变疏松时再剔除。

6.4.2 粉彩陶俑的脱水与加固处理

为了防止在脱水和以后的处理环节中损伤颜料层,应对彩绘陶进行初步加固。由于这批粉彩骑马俑含水、含盐量高,这就要求加固剂既能加固彩绘层,渗透性好,有好的强度,而且能在文物表面形成一肉眼看不见的致密的透气、抗水的膜,将粉彩层予以加固。经过实验比较,特别是渗透性、脱水性和强度实验,我们选择了 WD−W02 型有机硅作加固剂。因为它渗入陶器内部形成倒漏斗形结构通道,使陶器内部的水可以逸出,且将器物中的盐带出,而外面的水不能进入陶器内,是一个抗水性、透气性、渗透性、强度好的理想加固剂。

6.4.3 粉彩陶俑的脱盐处理

用 WD−W02 有机硅两次涂刷加固粉彩层后,可以脱水将可溶盐带至器物表面,可用毛刷轻轻刷除。器物中溶解度较小的水合硫酸钙,我们选用 8% 的 $[Na_2Na_4(PO_3)_6]$ 用多层纸张贴敷法,利用纸张纤维纹理和陶器内部微孔道构成的协同抽吸作用,而使盐分吸入纸层;随着贴敷纸的干皱起翘而析出,揭掉纸层,重复 2~3 次,盐可基本脱除;最后再用蒸馏水贴敷纸张,以抽除器物表面可能留下的 $Na_2[Na_4(PO_3)_6]$。

6.4.4 粉彩俑的保色处理

为了很好地保护粉彩的颜色,采用无色、透明、无毒、无味、抗静电、防尘、防水、防有害气体的中性油性保色剂,用毛笔在粉彩表面均匀涂刷 1～2 遍。晾干后,器物颜色鲜艳如初。

6.4.5　拼对黏结修补缺损

将粉彩骑马俑残断的肢体拼对好后,用渗透性好、黏结力强、内聚力大、收缩率低、低儒变高韧性、稳定性很好、耐酸碱、耐水、耐高低温,易改性,性能良好的环氧树脂黏合剂均匀涂满断面,待半干时合对断面并轻轻用力片刻,固定放置固化,并及时用小刀剔除挤出之余胶。用石膏填补缺损,干涸后作旧处理,使色调协调。

6.4.6　再加固处理与表面封护

黏结修补后,用黏结强度好、渗透性好、耐冲击力强、稳定性好(耐酸碱、耐光、耐气候)、抗水性好,可逆性的聚丙烯酸酯类加固剂 2%～3% 的氯仿溶液涂刷渗透加固。由于陶器结构疏松多孔,加固剂渗透到器物微孔道中,起到“锚固”作用,使颜料和陶器牢固结合在一起,同时在器物表面形成一层用肉眼看不到的防水、防有害气体的保护膜起到很好表面封护作用(见彩版 2－12～2－17)。

6.5　结语

通过对西汉初期 76 件粉彩俑的埋藏环境、颜料成分、彩绘工艺的分析研究,针对这批粉彩骑马俑的特点,研究出科学合理的保护方法,筛选出适合粉彩陶保护所需的性良好的保护材料。保护后的粉彩俑彩绘用手触摸及弹击再无掉粉彩现象,粉彩层相当牢固,而且器物颜色鲜艳,花纹、图案漂亮,完整,于 2004 年“五一”正式展出,并召开了新闻发布会,保护受到专家及观众的一致好评。

第三章 金属类文物保护

金属类文物在内部结构因素及外界条件的影响下,经历了漫长的岁月,出现不同程度的腐蚀现象。这些腐蚀有的发生在器物的表面,有的则发生在器物表层下部。金属腐蚀后,出现体积膨胀,色泽、形状、重量和强度均发生变化。由于除了金、铂等少数几种外,其他金属的性质都不十分稳定,因此金属类文物,特别是考古发掘出来的金属类文物,都必须进行科学有效的保护,以清除病变,尽可能的延长文物的寿命。

§1.青铜器文物保护

人类历史上曾经历了一个以青铜器为标志的人类文化发展阶段,即青铜时代。青铜时代及其文化在中国历史发展过程中占有极其重要的地位,保存下来的器物种类繁多、造型别致、纹饰精美,铭文内容丰富、文字精练,是研究这一以青铜制造为特征的人类物质文明发展阶段政治、经济、文化、科学技术和艺术的珍贵实物资料。青铜文化,是我国古代文明的象征之一,通过对青铜器充分的研究来保护好这些青铜文物是紧迫而重要的任务。研究青铜器就是分析研究青铜器的组成、揭示青铜器的锈蚀机理,研究科学有效的保护方法。

1.1 青铜器的发展

青铜时代处于铜石并用时代之后,早期铁器时代之前,在世界编年范围内大约是从公元前 4000 年到公元前 1000 年。

中国青铜时代最初起源于黄河流域,从公元前 21 世纪开始到公元前 5 世纪止,经历了 1500 年,大体相当于文献记载的夏、商、周及春秋时代,与中国奴隶社会国家的产生、发展、衰亡过程相始终。

中国漫长的青铜时代,大体经历了以下三个发展阶段,即早期、中期和晚期。

1.1.1 早期青铜文化

早期青铜文化正值夏王朝时期,其中河南偃师二里头文化为典型的代表,山东岳石文化、黄河上游的四坝文化、辽宁夏家店等都相继出现了早期青铜制品,其种类有礼器、乐器、武器、工具、装饰品等。

1.1.2　中期青铜文化

中期青铜文化包括商代至西周前期。这时期的商早期以河南二里岗为代表；商晚期到西周早期以河南安阳殷墟为代表；西周则以陕西周原、丰镐遗址为代表。此时青铜文化发展到鼎盛时期，青铜冶炼技术达到高峰。

1.1.3　晚期青铜文化

西周后期到春秋时期为青铜时化晚期。这时开始铸造大量青铜货币，湖北铜绿山古铜矿遗址中，出土大量铸青铜货币的铜范。到战国时期，随着铁器的推广，青铜制造逐渐衰落。

20世纪70年代以来，在陕西临潼、扶风陆续出土了大量种类繁多，造型别致，纹饰精美，具有极重要历史、科学、艺术价值的珍贵青铜器。这些青铜器大多保存完好，更重要的是很多青铜器都有铭文。如1975年在扶风白家村出土的103件青铜器物，其中竟有74件都有铭文，是研究青铜时代政治、经济、文化、科学技术、艺术的丰富而珍贵的实物资料。

1.2　青铜器文物的组成

青铜是铜与锡或铅按一定比例熔铸而成的合金，以铜为主，颜色呈青，故称青铜。青铜与纯铜相比，熔点降低，硬度增加。表3—1是不同含锡量青铜与纯铜熔点硬度比较。

表3—1　不同含锡量青铜与纯铜熔点硬度比较

比较项目 纯铜加锡量	熔点(℃)	硬度(按吉布氏硬度计)
纯铜(不加锡)	1 083	35
加15%锡的青铜	960	
加25%锡的青铜	800	
加5%～7%锡的青铜		50～60
加9%～10%锡的青铜		70～100

用铅代替锡也可降低熔点，提高硬度。熔化之青铜冷却时体积略有胀大，充气性能好，气孔少，因此，青铜器有较好的铸造性和机械性能。

青铜器的冶炼和铸造技术是一个由低级到高级，由简单到复杂的发展过程。人们最初是用铜矿石加锡矿石或铅矿石炼铜，或者用含多种元素的铜矿石冶炼出青铜，后发展到先炼出铜再加锡、铅矿一起冶炼，最后发展到先分别炼成铜、锡、铅，再按一定比例混合熔炼。这样青铜成分含量就比较容易控制了。

表 3—2　不同时代青铜中铜、锡、铅含量

青铜中铜、锡、铅含量 时代	Cu(%)	Sn(%)	Pb(%)
商代前期	91.20	7.10	1.12
商代后期	84.11	11.64	2.79
西周时期	78.27	12.28	5.52
战国时期	65.89	11.08	17.81

从上表可看出,随着时代发展,青铜器内铜含量的降低,锡、铅含量的相应提高,这样青铜熔点降低后,便于制作质地轻薄、纹饰纤细、更精致、更美观的青铜器物,同时也反映出青铜的冶炼技术有了进一步的提高。人们在长期青铜冶炼实践中,逐步认识到了青铜成分、性能和用途之间的关系,根据不同器具的不同用途,而选择铜、锡、铅的不同比例。

表 3—3　不同用途的青铜器的铜、锡和铅的含量

铜、锡和铅含量 器具名称	Cu(%)	(Sn+Pb)(%)
刀	85	15
镞	83	17
戈	80	20

商代晚期,青铜业进入了鼎盛时期。如 1939 年在河南安阳出土的著名的司母戊鼎,是商王为其母"戊"而铸造的,通耳高 133、长 110、宽 78 厘米,重达 875 公斤,是世界上最大的青铜器。它造型瑰丽,鼎外布满花纹,是我国古代规模巨大的采矿、冶炼、制范、熔铸等技术发达的体现。

同一时代、同一地区出土的青铜器由于所含成分不同,其锈蚀程度有很大的差别。如秦兵马俑坑出土的青铜宝剑,无一处生锈,剑刃锋利如初,光亮如新;也有很多青铜器出土后,腐蚀剥落严重。

青铜器是铜、锡、铅三元合金。据有关金相分析资料介绍,其金相组织为 α 共熔体和 (α+δ) 共析体,并有游离铅呈不均匀分布,它们中每个微区都具有不同的电位,可组成许多微电池,在潮湿、盐碱性土壤或空气中含氧或含氯离子、二氧化碳的环境中,极易产生强烈的电化学腐蚀。电化学腐蚀是青铜文物损毁的一个重要原因。

1.3　青铜器锈蚀产物的分析

青铜器锈蚀产物,从一定程度上可以揭示青铜器锈蚀途径和锈蚀机理,为科学、有效保护青铜器提供有利参考。

表3—4是利用日本理学 D/max—3cX 射线衍射仪,对 10 件不同地点、不同时代和不同类型的青铜器锈蚀产物的分析结果。

通过对不同地方出土的不同时代的不同青铜器锈蚀产物的 X 衍射分析,可以看出所测青铜器锈蚀均十分严重,锈蚀产物十分复杂,有氧化亚铜、蓝铜矿、孔雀石,有的还有氯铜矿和副氯铜矿,而不像通常所说的铜锈就是碱式碳酸铜,粉状锈就是碱式氯化铜。

表3—4　不同地方出土的不同时代青铜器锈蚀产物的分析结果

器物名称	出土地方	所属时代	锈蚀产物成分
青铜戈	河北藁城	商代	Cu_2O　$Cu_2(OH)_3Cl$　(氯铜矿)、副氯铜矿(同分异构体) 蓝铜矿 $Cu_3(OH)_2(CO_3)_2$ 孔雀石 $Cu_2[(OH)_2CO_3]$
编钟	陕西眉县	西周	Cu_2O　$CuCl$　$Cu_2(OH)_3Cl$(氯铜矿)
铜鼎	陕西眉县	西周	Cu_2O　$CuCl$　$Cu_2(OH)_3Cl$(氯铜矿)
青铜盘	陕西宝鸡	春秋	Cu_2O　$Cu_3(OH)_2(CO_3)_2$(蓝铜矿)　$Cu_2(OH)_2CO_3$(孔雀石)
青铜方壶	陕西宝鸡	春秋	Cu_2O　$Cu_3(OH)_2(CO_3)_2$(蓝铜矿)　$Cu_2(OH)_2CO_3$(孔雀石)
青铜鼎	陕西宝鸡	春秋	Cu_2O　$Cu_3(OH)_2(CO_3)_2$(蓝铜矿)　$Cu_2(OH)_2CO_3$(孔雀石)
铜车马残片	陕西临潼	秦代	Cu_2O　SnO_2　$Cu_2(OH)_2CO_3$(孔雀石) $Cu_3(OH)_2(CO_3)_2$(蓝铜矿)
铜弩机	陕西阳陵	西汉	$Cu_2(OH)_2CO_3$(孔雀石)　$PbCO_3$
铜镜内层锈	陕西阳陵	汉代	$Cu_2(OH)_2CO_3$(孔雀石)　Cu_2O　$PbCO_3$
铜镜外层锈	陕西阳陵	汉代	$Cu_2(OH)_2CO_3$(孔雀石)　$PbCO_3$

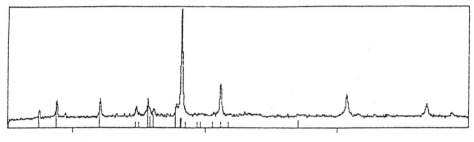

图 3—1　商代青铜戈锈蚀产物的 X 衍射图谱

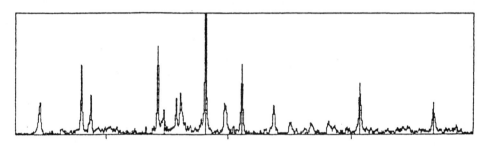

图 3—2　西周编钟锈蚀产物的 X 衍射图谱

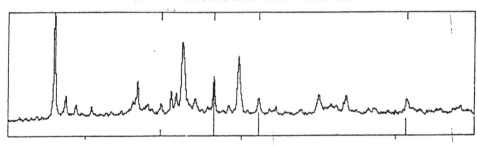

图 3—3　春秋青铜方壶锈蚀产物的 X 衍射图谱

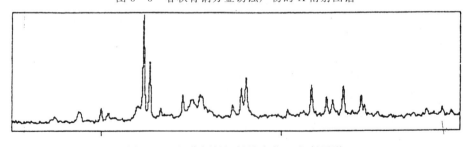

图 3—4　汉代铜弩机锈蚀产物 X 衍射图谱

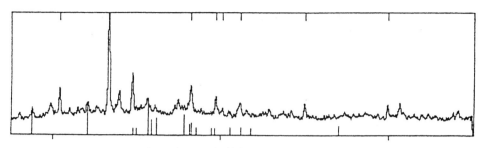

图 3－5　西汉铜镜锈蚀产物 X 衍射图谱

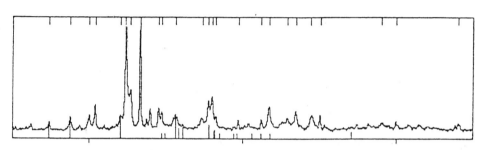

图 3－6　汉代铜镜内层锈蚀产物 X 衍射图谱

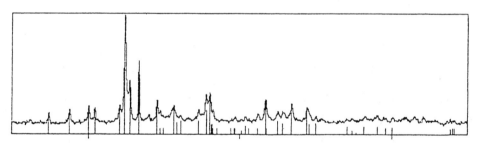

图 3－7　汉代铜镜外层锈蚀产物 X 衍射图谱

表 3－5　青铜器锈蚀产物氯铜矿和副氯铜矿(粉状锈)的组成

组成(%) 粉状锈名称	Cu	Cl	O	H_2O
氯铜矿	59.51	16.60	11.24	12.65
副氯铜矿	59.51	16.60	11.24	12.65

表 3－6 副氯铜矿和氯铜矿的晶胞参数

晶胞参数(nm) 粉状锈名称	$a_。$	$b_。$	$c_。$	Z
氯铜矿	6.02	9.15	6.85	4
副氯铜矿	13.68	13.68	13.98	24

以上数据表明氯铜矿和副氯铜矿是组成完全相同,均为 $Cu_2(OH)_3Cl$,而晶体结构完全不同的同分异构体。

表 3－7 蓝铜矿和孔雀石的组成

组成(%) 锈蚀产物名称	Cu_2O	CO_2	H_2O
蓝铜矿	69.24	25.53	5.23
孔雀石	79.95	19.90	8.15

表 3－8 蓝铜矿和孔雀石的晶胞参数

晶胞参数(nm) 锈蚀产物名称	$a_。$	$b_。$	$c_。$	β	Z
蓝铜矿	4.95	5.84	10.29	92°24′	2
孔雀石	9.48	12.03	3.12	98°30′	4

蓝铜矿和孔雀石组成的 X 衍射分析结果表明,二者虽都是碱式碳酸铜,但其组成、性质、结构是完全不同的两种物质。

西周编钟锈蚀产物的主要成分是赤铜矿,约含 56%。而从春秋、秦代、汉代多种青铜器锈蚀产物的 X 衍射分析结果看,其主要成分是赤铜矿(Cu_2O)、孔雀石($Cu_2(OH)_2CO_3$)、蓝铜矿($Cu_3(OH)_2(CO_3)_2$)。商代和西周的青铜器锈蚀产物中都含有赤铜矿(Cu_2O),有的还含有氯铜矿和副氯铜矿。氯铜矿是在干旱气候条件下,产于矿床氯化带;副氯铜矿也产于矿床氯化带,二者属一种伴生矿。

1.4 青铜器锈蚀机理研究

古代青铜器虽基本都是由铜、锡、铅组成,但三者的含量并不一致。这就可能影响到器物的内部结构,而且即使两种青铜器的铜、锡、铅含量一致,也会由于铸造技术的差异而导致青铜器内部结构不同。

青铜器上的铜锈,在考古界被称为铜斑绿锈,认为具有极高的欣赏价值,而对文物保护工作者来说,它只是一种锈蚀产物。

较长时期以来,对青铜器锈蚀机理比较一致的看法是:青铜器埋在地下时接触氯化物,因氯离子半径小,容易穿透水膜与铜作用形成氯化亚铜:

$$Cu + Cl^- \longrightarrow CuCl + e$$

氯化亚铜与水反应生成氧化亚铜和盐酸:

$$2CuCl + H_2O \longrightarrow Cu_2O + 2HCl$$

氧化亚铜遇到氧气、水、二氧化碳、盐酸分别形成碱式碳酸铜、碱式氯化铜:

$$Cu_2O + \frac{1}{2}O_2 + H_2O + CO_2 \longrightarrow Cu_2(OH)_2CO_3$$

$$2Cu_2O + O_2 + 2H_2O + 2HCl \longrightarrow 2Cu_2(OH)_3Cl$$

认为青铜器在外界环境影响下所形成的腐蚀产物是一种由内向外为 $CuCl$、Cu_2O,再向外是 $Cu(OH)_2$、$CuCO_3$ 或 $Cu_2(OH)_3Cl$,两者都有层状结构。

由于氯化亚铜层的转化产物——碱式氯化铜是疏松膨胀的,呈粉末状,是一种点蚀型腐蚀,通常被称为粉状锈。氧和水仍可进入氯化亚铜层中,使其转化为碱式氯化铜:

$$4CuCl + O_2 + 4H_2O \longrightarrow 2Cu_2(OH)_3Cl + 4HCl$$

上面反应中所生成的盐酸,又使铜转化为氯化亚铜:

$$4Cu + 4HCl + O_2 \longrightarrow 4CuCl + 2H_2O$$

形成的氯化亚铜又与侵入内部的氧气和水作用生成碱式氯化铜。

上述反应周而复始,使青铜器腐蚀不断扩展、深入,直到器物溃烂、穿孔,这就是被文物界称为的"青铜病"。

按照这种反应历程,一些保护学者提出青铜器锈蚀,主要是因为有氯化物的存在,保护青铜器重点是清除和防止氯化物的观点。

有的资料认为,青铜器的锈蚀与青铜中锡铅密切相关。通过电镜扫描、电子探针进行分析,粉状锈化学成分为碱式氯化铜、二氯化锡及氧化铅的混合物。青铜器中铜、锡、铅呈不均匀分布,可形成许多电位不同的微区,组成微电池进行电化学腐蚀。这是使点蚀得以扩展的内因。潮湿、含氯离子的环境,是点蚀发生和蔓延的外界因素。

从前文青铜器锈蚀产物的 X 射线衍射分析,发现绝大部分青铜器的锈蚀产物的成分只有 Cu_2O、$Cu_2(OH)_2CO_3$(孔雀石)、$Cu_3(OH)_2(CO_3)_2$(蓝铜矿),而没有副氯铜矿和氯铜矿($CuCl \cdot 3Cu(OH)_2$),也没有 $CuCl$。这个分析结果表明,青铜器的锈蚀途径不是铜接触氯化物首先生成氯化亚铜,而是铜在空气中和氧接触首先生成氧化亚铜。这一氧化亚铜(Cu_2O)在青铜器表面缓慢形成致密的膜,起到保护内部基体不同受氯、硫离子的腐蚀作用。

在理论上，青铜器的腐蚀也可从热力学的自由能来判断和解释。下面是青铜器自发生成物吉布斯自由能 $\triangle G°$

表 3-9　青铜器自发生成物吉布斯自由能 $\triangle G° kJ \cdot mol^{-1}$

物质	Cu_2O	CuO	$CuCl$	$CuCl_2$	CuS
$\triangle G°$	-142.35	-127.19	-118	-116	-49

因此，青铜器在自然环境中自发锈蚀反应过程的普遍规律应是：

$$2Cu(S) + \frac{1}{2}O_2 \longrightarrow Cu_2O(S) \qquad \triangle G° Cu_2O = -142.35 kJ/mol$$

$$2Cu(S) + O_2 \longrightarrow 2CuO(S) \qquad \triangle G° CuO = -127.19 kJ/mol$$

$$Cu_2O + 2Cl^- + H_2O \longrightarrow 2CuCl + 2OH^- \qquad \triangle G° = +37.8 kJ/mol$$

$\triangle G°$ 值愈负，反应愈容易进行，比较上面 $\triangle G°$ 数据，能清楚看出，优先选择的应当是 Cu_2O。

铜在干燥的空气中生成的氧化亚铜可以防止铜继续氧化，但如果有水蒸气和二氧化碳存在时，则表面产生一层铜锈，即孔雀石。$(Cu_2(OH)_2CO_3)$ 其生成的化学反应式为：

$$Cu_2O + O_2 + H_2O + CO_2 \longrightarrow Cu_2(OH)_2CO_3$$

而在碱性较强的情况下 $(pH > 9)$，$Cu_2(OH)_2CO_3$ 和 Cu_2O 再与空气中的氧、二氧化碳、水作用生成蓝铜矿 $(Cu_3(OH)_2(CO_3)_2)$：

$$4Cu_2(OH)_2CO_3 + 2Cu_2O + CO_2 + O_2 + H_2O \xrightarrow{pH > 9} 4Cu_3(OH)_2(CO_3)_2$$

而青铜器只有在酸性气氛，有氧气而且必须在湿气的参与下，才能发生氯和硫的腐蚀：

$$Cu_2O + O_2 + HCl + H_2O \longrightarrow Cu_2(OH)_3Cl$$

若在干燥的情况下，即使铜体裸露在有氯化物的酸性气氛中，也不会产生氯的腐蚀产物。

X 射线衍射分析结果中很多青铜器的锈蚀产物中都没有发现含氯的腐蚀产物的事实，启示我们，青铜器的腐蚀机理并不是以往认为的主要是因青铜器接触氯化物，先生成 CuCl，尔后氯化亚铜再和水反应生成氧化亚铜，然后在水、氧气、二氧化碳、盐酸作用下，形成碱式碳酸铜、碱式氯化铜。提出青铜器保护的重点是消除和防止氯化物的重要依据是：青铜器埋在地下首先接触氯化物，氯离子穿过青铜器表面的水膜与铜发生下列反应生成 CuCl：

$$Cu + Cl^- \longrightarrow CuCl + e$$

从电子结构看,Cl⁻已是处于一个8电子稳定结构,不可能从铜原上夺取一个电子而使铜从0价变成+1价而出现一个自由电子。

综上所述,青铜器锈蚀首先是氧在铜的表面慢慢反应形成一层致密的氧化亚铜,这层氧化亚铜薄膜在干燥环境中不会继续锈蚀为绿锈(氯铜矿或副氯铜矿)和蓝锈(孔雀石和蓝铜矿)。

有时青铜器在缺氧条件下,腐蚀速度也很快,腐蚀产物是硫化物。这种硫化物是在厌氧细菌的作用下,由微生物还原硫酸盐产生的硫化氢而转变来的。有关青铜器的生物锈蚀机理还有待于更深入的研究。根据青铜器锈蚀产物分析结果及青铜器自发生成物吉布斯自由能判断,青铜器的锈蚀机理是氧首先和铜作用生成 Cu_2O,然后 Cu_2O 在湿气、氧气和二氧化碳或氯作用而产生孔雀石、蓝铜矿、副氯铜矿和氯铜矿。因此我们提出保护青铜器,首先是防氧、防潮。

1.5　青铜器文物保护原理及保护方法

青铜器文物的保护原理、保护方法,国内外已进行过不少的研究。从青铜器锈蚀机理的探讨可以得知,较长时间以来,人们多认为氯离子的存在对青铜器的锈蚀影响最大,是青铜器文物遭到破坏的主要原因,要保护好青铜器,关键在于如何处理氯离子。怎样将氯子从器物中除去,或是将氯离子稳定密封在器物内部,使之与氧气和水分隔开,免受外界环境因素的影响,是青铜器保护的关键。采取何种方法除去"粉状锈",要视具体情况而定,但总的原则是必须保持器物的原貌,特别不能伤害器物的铭文、花纹和古斑。下面简要介绍一些保护青铜器的方法。

1.5.1　局部"粉状锈"的治理

1.5.1.1　氧化银保护法:首先用机械方法剔除"粉状锈",直到看见新鲜铜质为止,用丙酮将腐蚀区擦干净。然后用分析纯的乙醇将精制氧化银调成糊状,填充剔除部分,使未除净的氯化亚铜与氧化银充分接触反应,形成角银膜而阻止氯离子的作用,使铜器处于稳定。

1.5.1.2　树脂封闭法:用漆片乙醇黏稠物或其他表面封护剂来封护。

1.5.2　一般锈蚀青铜器的保护方法

1.5.2.1　去离子水法:用 $40 \sim 60$ ℃的去离子水或蒸馏水反复多次漂洗腐蚀青铜器。此法效果不佳。

1.5.2.2　倍半碳酸钠法:将锈蚀青铜器放入 1% 或 5% 的倍半碳酸钠 ($Na_2CO_3 \cdot NaHCO_3 \cdot 2H_2O$)40 ℃的热溶液中浸泡,晚上自行冷却。开始每周换一次溶液,几周后可半个月或更长一点时间换一次,浸泡至少三个月。浸泡时加用超声波,效果会更好。

1.5.2.3　乙腈法:用 50％乙腈水溶液除青铜锈蚀产物中之氯化亚铜,其反应如下:

$$CuCl + 2CH_3CN \longrightarrow [Cu(CH_3CN)]^+ + Cl^-$$

此法比 1％倍半碳酸钠节省一半时间,能从锈蚀产物内部除去氯离子。此法的缺点,一是乙腈有毒,二是浸泡时间长了还会导致绿色铜锈变黑。

1.5.2.4　柠檬酸和硫脲混合溶液法:用 5％硫脲和 5％的柠檬酸混合溶液涂刷一价铜和二价铜伴生的锈蚀处,柠檬酸可与锈蚀物中二价铜形成稳定的配合物,但与一价铜的配合能力较差,而硫脲对一价铜的配合能力较强,因而混合使用效果好。采取此法的原理是在含碱式氯化铜的腐蚀产物中,为使氯离子顺利地通过腐蚀层向外扩散,借助硫脲与比它疏松性差得多的 Cu_2O 的反应,使氯离子释放出来。这种方法对需显示铭文和花纹的青铜器效果很好。

硫脲和柠檬酸溶液混合除锈的原理如下列反应式所示:

$$Cu^+ + 2H_2N-\underset{\underset{S}{\|}}{C}-NH_2 \longrightarrow [Cu(H_2N-\underset{\underset{S}{\|}}{C}-NH_2)_2]^+$$

$$Cu^{2+} + 4HO-\underset{\underset{CH_2COOH}{|}}{\overset{\overset{CH_2COOH}{|}}{C}}-COOH \longrightarrow [Cu(HO-\underset{\underset{CH_2COOH}{|}}{\overset{\overset{CH_2COOH}{|}}{C}}-COOH)_4]^{2+}$$

操作时需小心,以防混合液过多或接触时间过长而使器物除锈后颜色加深。

1.5.2.5　碱性连二亚硫酸钠法:此法除表面锈蚀产物效果好,除氯离子的速度快,可在几分钟内使蓝绿色的碱式氯化铜经过氢氧化铜而分解成棕褐色的细粉状金属铜。小心洗涤新沉积层,再在蒸馏水中清洗 48 小时,可除去残留的腐蚀溶液。用本法处理过的腐蚀严重、铭文图案模糊不能辨认的铜器,表面恢复良好,原来瘤状部分被还原成粉末状铜,刷去就清晰显出铭文图案,效果十分明显。

1.5.2.6　过氧化氢法:用过氧化氢将氯子氧化除去,所用浓度视锈蚀情况而定。此法对面积大小不同、深浅不同的粉状锈均可清除,处理时间短、清除彻底。应用此法除去氯离子,要注意过氧化氢氧化性很强和其遇见重金离子很快分解的特点。

1.5.2.7　苯并三氮唑(BTA)法:BTA 是国内外用来保护铜及铜合金常用的缓蚀剂,1967 年,Madson 首次将 BTA 用于古青铜器保护,取得了良好的保护效果,且成为最受欢迎的方法之一。

1. 苯并三氮唑的结构式：

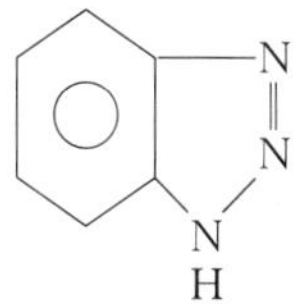

2. 苯并三氮唑的合成：

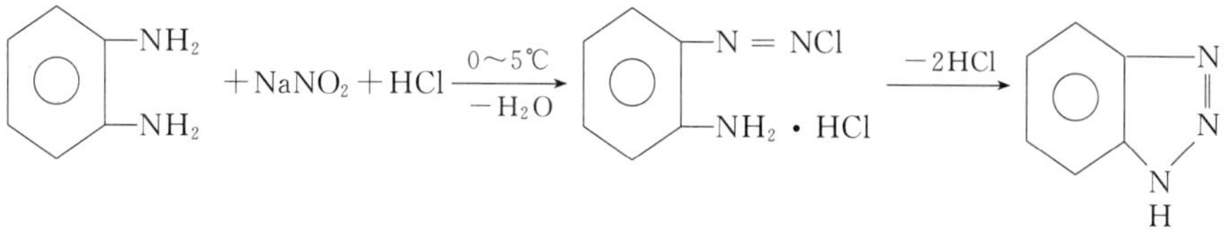

3. 苯并三氮唑抑制铜腐蚀的机理

苯并三氮唑抑制青铜器腐蚀的机理主要有两种，即吸附理论和成膜理论。

吸附理论：吸附理论认为苯并三氮唑吸附于铜表面，改变了铜与溶液界面结构，使阳极（铜）反应活化能大大提高而降低铜的反应能力，对铜起到缓蚀保护作用。

成膜理论：成膜理论则认为苯并三氮唑能在 Cu_2O 及 CuO 表面上形成 Cu（Ⅰ）−BTA 配合物保护膜及 Cu（Ⅱ）−BTA 配合物保护膜。此膜紧贴于铜表面，覆盖性能良好，可将铜器表面与腐蚀产物分开，使金属的溶解或离子化程度大大降低，从而起到保护金属铜的作用。

现在越来越多的人倾向于成膜理论。Cottom 等人认为 BTA 处理铜器后，在铜器表面形成一层链状结构的 Cu−BTA 配合物。其中铜与 BTA1 位上的氮原子形成共价键，与 BTA3 位上的氮的一对孤独电子形成配位键，这样共价键和配位键相互交错而形成链状配合物，如图 3−8 所示。

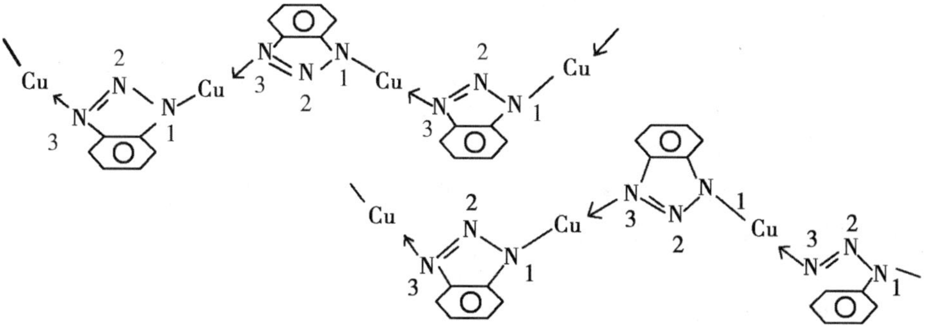

图 3−8　Cu−BTA 配合物

　　Poling 用多重反射红外光谱发现,Cu—BTA 保护膜系多层保护膜,即由 Cu/ Cu$_2$O/Cu(Ⅰ)—BTA 组成,还有一部分由空气氧化变成 Cu(Ⅱ)—BTA。Cu— BTA 保护膜厚度取决于温度、BTA 浓度、浸渍时间和溶液的 pH 值。一般来说温 度高,BTA 浓度大;浸渍时间长,pH 值>7,保护膜形成快,厚度厚。pH 影响保护

膜的原因是,当 pH>7 时,苯并三氮唑(　　　　　)解离,有利于 Cu 与 BTA1

位上氮原子形成共价键。

　　Roberts 研究发现,BTA 在氧化亚铜表面上的吸附比氧化铜表面快。虽然 3 分钟后,Cu(Ⅰ)—BTA 和 Cu(Ⅱ)—BTA 两种配合物均能在氧化亚铜表面上产 生,但在氧化铜表面上要慢得多。这说明铜表面氧化物的性质会影响 BTA 的吸附 及配合物的形成。

　　4. 苯并三氮唑保护青铜器操作方法
　　(1)先配制 5%BTA 乙醇溶液置于可抽真空的容器中。
　　(2)将需保护的青铜器放入上述溶液中开动真空泵抽至溶液沸腾停止。
　　(3)将整个容器置于 60℃恒温槽中,控制真空度在 52 300 Pa(约 400mmHg 柱)左右,保持恒温恒压 8 小时以上。
　　(4)取出器物用乙醇洗去器物表面残留的 BTA 结晶。
　　BTA 在 60℃下减压渗透,缓蚀剂可以充分渗入器物锈蚀层内,而且成膜最好。 如果无减压设备或器体积较大时,可浸泡或用毛刷蘸取 3%BTA 溶液在铜器上反 复涂刷。

　　5. 以 BTA 为主体的复合缓蚀性表面保护剂
　　(1)复合缓蚀性表面保护剂的特点

　　①以 BTA 为主加入一些可提高缓蚀能力的其他药剂如苄胺(　　　—CH$_2$NH$_2$)

复合缓蚀保护剂,其缓蚀效果更为优良。
　　②复合缓蚀保护剂,比任何一种缓蚀剂单独使用效果都好,缓蚀率大大提高, 发挥各种缓蚀成分的协同效应。
　　③成膜速度加快。
　　④大大提高缓蚀能力,如 BTA+NaMoO$_4$ 复合缓蚀剂,缓蚀效果加倍。
　　复合式 BTA 是研究将缓蚀剂提高到阻止腐蚀的重要途径之一。

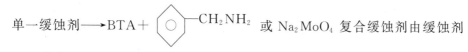

由缓蚀剂$\xrightarrow{\text{提高到}}$阻止腐蚀。

（2）综合保护法

综合保护法是在 BTA 保护法基础上，吸取青铜器局部"粉状锈"治理过程中树脂封闭法的优点，形成的一种理想的青铜器文物的保护方法，其操作方法为：

①先用蒸馏水将锈蚀青铜器冲洗干净——→②对粉状锈区采用 Ag_2O 保护处理，其操作是先用机械方法剔除产生粉状锈的病源（灰白色蜡状物的氯化亚铜）直到看到新鲜铜为止，用丙酮将腐蚀区擦干净——→③用 Ag_2O＋酒精调成糊状物填充于剔除了氯化亚铜部位，以接触反应除去未除净的 CuCl，并形成角银膜从而阻止氯离子的腐蚀作用，使青铜器趋于稳定——→④以 3％BTA 乙醇溶液于 60℃ 恒温槽中进行减压渗透处理，使 BTA 充分渗入器物的锈蚀层中——→⑤以含 BTA 的聚乙烯醇缩丁醛的乙醇溶液作表面保护。

用此法处理过的商代青铜器样品，在相对湿度接近 100％ 的室温条件下，放置四年未发现粉状锈再生。又在相对湿度 95％～100％ 的温度 50℃ 的条件下，经过 200 小时以上，仍未发生任何腐蚀现象。实验证明，这是一种较为理想的青铜器文物保护的方法。

上海博物院祝鸿范等采用 $BTA-H_2O_2$ 试液多次局部处理完全除去粉状锈后，再用 $0.5％BTA-0.5％Na_2MoO_4-5％NaHCO_3$ 复合配方进行缓蚀处理，实验结果也表明，比单独用 BTA 效果更好。西北大学李福兴等发现在 BTA 中加入少量碘化钾或对氨基苯砷酸，可以提高缓蚀效率，能够有效地保护锈蚀严重的青铜文物。

1.5.2.8　辉光放电法：辉光放电法利用在氢气、甲烷、氮气和氩气混合物中产生辉光放电，还原覆盖于新出土金属文物上的块状锈，除去锈蚀层中的氯离子。此法具有处理时间短、操作简单、能揭示文物原始表面上的微小细节、条件易控制、节省人力等诸多优点，很有发展前景。

1.5.2.9　激光除锈法

激光清除青铜器上的锈蚀产物，主要是利用激光激励出的巨大光能，瞬时作用在表面锈层上，使表面温度迅速上升，将结构疏松，能量吸收能力强的锈层迅速烧熔、气化，使之与本体分离。激光在作用过程中，还会使文物表面相变硬化，形成一层致密的保护层，可以使青铜器文物与外界隔绝而防止进一步锈蚀。

1.5.2.10　除锈、隔氧、防潮、防锈的综合保护法

从对青铜器锈蚀产物的分析可知,青铜器锈蚀机理是氧首先和铜缓慢作用生成致密 Cu_2O 膜,然后 Cu_2O 在有潮气、氧气、二氧化碳或氯作用下产生孔雀石;在 $pH>9$ 的碱性环境中,碱式碳酸铜(孔雀石 $Cu_2(OH)_2CO_3$)和 Cu_2O 在空气中氧、二氧化碳、水作用下生成蓝铜矿;在酸性气氛中,有氧和湿气的参与下,可发生氯和硫的腐蚀。因此无论是什么样的青铜器,只要在没有氧气、没有水分参与下,就不可能使铜器上的 Cu_2O 继续锈蚀为绿锈和蓝锈。基于以上认识,我们在大量实践的基础上,总结出一种经济、简便、安全(对人、对文物都安全),而且除锈、隔氧、防潮、防锈效果良好的青铜文物保护的新方法。

1. 先用毛笔或软毛刷拂去青铜器上的尘土。

2. 用毛笔蘸蒸馏水软化铜器上的干硬泥土,然后用针头或牙签轻轻挑除,再用毛笔蘸水清洗,用软质吸水纸吸除清洗下来的泥水。

3. 若干硬泥土太硬时,用 $8\%\sim10\%$ 的醋酸作松土剂,软化松化铜器上干硬泥土。

4. 用 10% 的 $Na_2[Na_4(PO_3)_6]$ 涂刷铜器上的铁锈及白色沉积物处。必要时可用 $10\%Na_2[Na_4(PO_3)_6]$ 浸润的多层纸张贴敷法贴敷沉积物处,使 $Na_2[Na_4(PO_3)_6]$ 与沉积物充分接触,将沉积物充公溶解且抽吸除去。其清除原理如下列反应式所示:

$$M^{2+}+Na_2[Na_4(PO_3)_6]\longrightarrow Na_2[M_2(PO_3)_6]+4Na^+$$
$$M^{2+}=Ca^{2+}、Mg^{2+}、Fe^{2+}、Ba^{2+}$$

5. 用软毛笔或软毛刷将 $14\%NH_3\cdot H_2O$ 溶液刷于铜器的锈层上,让其与铜锈充分反应形成溶于水的铜氨络合物深蓝色溶液,其原理如下列反应式所示:

$$Cu^{2+}+4NH_3\longrightarrow[Cu(NH_3)_4]^{2+}(深蓝色)$$

此法除锈经济、安全、快速,特别是因氨只和铜的锈蚀产物络合而不与铜器(铜体)反应,不会伤害铭文、精致的花纹。经此法处理的商代、西周、汉代多件锈蚀十分严重的青铜器,清洗效果很好,铭文、图案都十分清楚。

6. 用 5% 硫脲和 5% 柠檬酸混合溶液涂刷一价铜和二价铜伴生的锈蚀处,柠檬酸络合锈蚀产物中之二价铜,而对一价铜配合能力差,而硫脲则对锈蚀产物中之一价铜配合能力强,因而混合使用效果很好。

7. 为了彻底除清粉状锈,用 $10\%H_2O_2$ 反复涂刷,使深浅不同处的粉状锈彻底清除,其清除原理如下列反应式所示:

$$2Cl^-+2H_2O_2\longrightarrow Cl_2\uparrow+O_2\uparrow+2H_2O$$

由于 H_2O_2 在重金属离子存在下,会加速分解,对器物不会有任何影响。

8. 待除锈工作全部结束后，再用蒸馏水清洗器物，以除去残留在器物上之清洗剂，以防后患。

9. 用丙烯酸耐冲击树脂黏结铜器断裂处，并用丙烯酸树脂加填料修补器物残缺处。

10. 用 2‰聚甲基丙烯酸甲酯溶液涂刷，封护青铜器，使之与氧气、潮气、二氧化碳、氯化物等有害气体隔开，起到隔氧、隔潮、隔有害气体，防锈的目的。所用聚甲基丙烯酸甲酯形成的保护膜无色、透明、无眩光，不影响文物原貌。

此法将清洗、黏结、清除病害、加固、修补和表面封护等环节融为一体，可以使青铜文物受到全面保护。

§2. 铁器文物保护

铁器出现在继青铜器之后，标志人类社会生产发展的又一次飞跃。考古发掘出土的铁器有工具、用具、武器、农具等，是研究这段历史、政治、经济，特别是农业发展的重要实物资料。但由于铁的性质比较活泼，在内部结构因素及外界条件的影响下，随着时间的推移，均出现比较严重的腐蚀。这种腐蚀不仅发生在器物的表面，由于铁器的锈蚀产物往往是相互渗透，腐蚀还发生在表层的下部。铁器腐蚀后，多是体积膨胀，色泽、形状、密度和强度都发生变化。多数铁质文物表面出现大量铁粉渣，一触即掉，因此考古发掘的铁质文物，更应尽快进行科学有效的保护。

2.1　铁器的发展

中国铁器的发展大体经历了四个阶段。

2.1.1　炼铁始于春秋时代

1964 年江苏六合县程桥东周墓出土了铁条和铁丸各 1 件，经鉴定，铁条为块炼铁，铁丸为白口生铁。

2.1.2　战国早期出现生铁冶炼工艺

1978 年在洛阳市水泥制品厂出土的战国早期灰坑中，发现了铁锛、铁铲等生产工具，是迄今为止我国发现最早的生铁铸件。证明我国有块状铁的同时已出现生铁冶炼技术。

2.1.3　战国晚期已有炼钢技术

战国晚期炼钢技术已在我国用于制造兵器。西汉中期出现用"百炼钢"和"炒钢"制造的生产工具有铁锸、铁斧。唐代制造的铁锁、铁铺符、铁锅、铁链、铁铧等，说明从战国晚期到唐代我国的冶炼工艺和制造技术已相当发达，应用已十分广泛，不仅用于生产、生活，还用于军事。

2.1.4　西晋南北朝出现"灌钢"技术

西晋、南北朝出现的"灌钢"技术是一种新的炼钢技术,是将生铁和熟铁按一定比例混合加热,使先熔化的生铁灌入熟铁中,以提高熟铁中含碳的比例。这时,具有中国特色的古代冶铁技术体系,在我国已基本建立。

2.2　铁器的组分及结构

通常所谓的铁并不是纯净物,而是铁碳合金。自然界的铁一般以氧化物形式存在(陨铁除外),铁的冶炼是利用碳的还原能力,将铁的氧化物还原成金属铁。

$$2Fe_2O_3+3C\xrightarrow{\text{熔融}}4Fe+3CO_2\uparrow$$

$$Fe_3O_4+2C\xrightarrow{\triangle}3Fe+2CO_2\uparrow$$

这些反应一般是将矿石与木炭或煤饼混合起来在高温炉中,当铁矿石因高温呈熔融状态时,没烧完的炭与氧化铁反应,还原出铁熔融体。继续吹入氧气,烧完多余的碳。便可制成铁水,或直接浇铸成铁器,或待铁水冷固后,再锻造铁器。

炭在铁的冶炼过程中,不仅作燃料还作为还原剂还原铁矿石,最终本身以二氧化碳气体排出。而且炭还可以溶解于铁水中与铁形成共熔体,与铁化合成碳化铁(FeC)也称渗碳体。因此,铁器的组成是铁与碳以不同的比例组成的铁碳合金。

2.2.1　影响合金组织差异的主要因素

(1)含碳量的不同。
(2)熔融温度的高低。
(3)冷凝速度的快慢。
(4)铸造器物的薄厚、大小。
(5)锻打次数的多寡。
因以上因素的影响,不同的铁表现出不同的物理与化学性质。

2.2.2　铁的结构分类

铁的结构基本上可分为三类,即铁素体;铁素体+渗碳体;铁素体+石墨体+少许渗碳体。

(1)铁素体:是碳与铁形成共晶组织的共熔体。含碳量小于0.05%、即标准熟铁。烧炼温度在$800\sim1000℃$之间,如不到烧融温度,不能成为铁水,铁碳无法重新排列,而成海绵状带气孔的结构,抗腐蚀能力较差。

(2)铁素体+渗碳体:铁碳共晶组织中碳含量大于0.05%,小于6.67%叫渗碳体。碳与铁化合生成碳化铁,分布于铁素体的金相组织中。普通钢、白口铁即是这种结构。渗碳体一般分布不均匀,渗碳体晶体与铁素体之间有严重的扭曲现象,形成微裂间隙,故抗腐蚀能力差。我国古代的块炼渗碳钢、铸铁脱碳钢、生铁炒钢、百炼钢及灌钢均属此类结构。白口铁就是此种结构在室温下铸造成器的。由于冷却速度快,从金相分析可看出,合金为带有微孔的疏松结构,抗腐蚀能力亦很差。

(3)铁素体＋石墨体＋渗碳体:渗碳体(Fe_3C)在高温或长时间加热的条件下,会逐渐分解为铁素体与石墨体,不同于铁素体＋渗碳体的组织结构。古代灰口铁由于含硅较高,在上述条件下,硅促使铁中的碳石墨化,生成小块石墨片。将白口铁加热、保温、缓慢冷却使碳以团絮状石墨析出而成为韧性铸铁。

片状石墨、团絮状石墨的结构均为层状,层与层之间的间距是有害分子进入铁器内部的通道,所以这种结构的铁器抗腐蚀方面亦有缺陷。

铁器的以上三种结构,都带有微孔,可使腐蚀物进入铁器内部。古代的钢由于锻打次数多,微孔较少,且有渗碳体保护,故抗腐蚀较好。但由于渗碳体与碳素体之间电极电位不同,会引起电化学反应。

总之,各种铁碳合金的结构多带有微孔和腐蚀通道,加之铁器表面不同的金相组织,也会引起电化学腐蚀,这些都是造成铁器腐蚀的内在因素。

2.3　铁器锈蚀产物分析

由于铁的组织结构带有微孔和腐蚀通道,化学性质比较活泼,如保存条件不好,即使近代的铁器,也会锈蚀,甚至变成锈体疏松、体积膨胀或裂成片状碎渣。也有某些铁质文物在地下埋了上千年,出土时却能保持完整,这不仅与铁器的组成结构、铁碳的比例、加工工艺有关,而且和铁器的保存环境也有密切的关系。

为了搞清铁器的腐蚀机理,为铁器文物创造最佳的保存环境,我们对不同地区、不同时代和不同种类的20多件铁器的锈蚀产物成分进行了X衍射分析,对铁器的锈蚀机理进行深入探讨,对铁器的保护原理、保护方法、保护环境进行深入全面地研究。在综合分析研究的基础上,提出铁器文物防锈蚀的关键和铁器文物保存的最佳环境,并对出土的20余件锈蚀严重的铁器文物进行了科学有效的保护。

2.3.1　铁器锈蚀产物取样的铁器文物的名称及出土地方

表3－10　锈蚀产物取样的铁器文物的名称及出土地方

铁器文物名称	出土地方
秦代铁戟	陕西临潼
西汉铁剑	陕西咸阳
西汉铁锸(内层锈蚀产物)	陕西汉阳陵
西汉铁锸(表层锈蚀产物)	陕西汉阳陵
隋代铁镬	湖北当阳玉泉寺
唐代铁板	陕西咸阳沙河桥

续表

铁器文物名称	出土地方
唐代铁门环	陕西麟游九成宫
汉唐套锈铁铧(五件)	陕西麟游九成宫
唐代宫门铁锁	陕西麟游九成宫
唐代宫门铁铺符	陕西麟游九成宫
唐代铁锄	陕西麟游九成宫
唐代铁镢	陕西麟游九成宫
宋代铁铡刀	陕西麟游九成宫
南宋庆元元宝(四枚)	四川雅安
北宋元丰通宝	陕西西安北郊
北宋块状锈蚀铁钱币一组(三枚)	西安北郊
元代铁锅	湖北当阳玉泉寺
明代铁棺钉	陕西西安西郊
清代铁铧	陕西咸阳

2.3.2 秦至清代铁器锈蚀产物成分分析

2.3.2.1 分析仪器

日本理学 D/Max—2400 X 射线衍射仪,Cu 靶 Ka 张,转靶加电压 36kV,电流 90mA。

2.3.2.2 铁器锈蚀产物取样

铁器锈蚀产物取样时,先将铁器表面的污物及白色沉积物(石灰质、石膏质、硅质)剔除干净,然后取锈蚀产物。

2.3.2.3 铁锈蚀产物成分 X 衍射分析结果(见表 3—11)

表 3—11　秦—清代铁器锈蚀产物 X 射线衍射分析结果

器物名称 / 百分含量(%) / 铁锈成分	$\alpha-FeOOH$	$\beta-FeOOH$	$\gamma-FeOOH$	Fe_2O_3	Fe_3O_4	总计
秦代铁戟	32.00	18.00	28.10	无	15.00	93.10
西汉铁剑	32.50	无	29.20	无	18.20	77.90
西汉铁锸内层	48.00	3.20	17.00	无	31.80	100.00
西汉铁锸外层	32.60	无	28.60	无	38.60	99.80
隋代铁镤	16.57	无	16.21	无	11.64	44.42
唐代铁门环	58.84	无	21.24	无	20.03	100.11
唐代铁板	12.36	无	无	无	3.8	16.20
南宋庆元元宝	29.36	无	14.75	无	45.66	89.77

续表

百分含量(%) 铁锈成分／器物名称	α－FeOOH	β－FeOOH	γ－FeOOH	Fe₂O₃	Fe₃O₄	总计
南宋铁钱	21.10	无	22.48	无	46.37	100.00
北宋元丰通宝	53.68	无	19.79	无	无	73.47
元代铁锅	26.99	无	11.78	无	24.38	62.95
明代铁棺钉	23.0	无	无	无	无	23.00
清代铁铧	19.30	无	9.99	无	17.58	47.15

　　从上表铁锈蚀产物成分分析结果可清楚地看出铁锈的主要成分是 $\alpha-$
$FeOOH$、$\beta-FeOOH$、$\gamma-FeOOH$ 和 Fe_3O_4，在同一锈蚀产物中几种成分复杂共存，而不同地方出土的不同朝代的 15 件铁器物锈蚀产物中竟全都没有 Fe_2O_3。

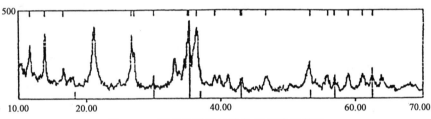

图 3—9　秦代铁戟锈蚀产物 X 射线衍射图

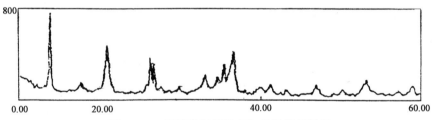

图 3—10　西汉铁剑锈蚀产物 X 射线衍射图

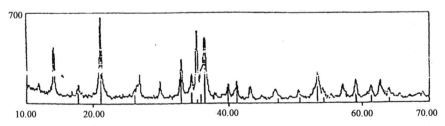

图 3—11　西汉铁锸内层锈蚀产物 X 射线衍射图

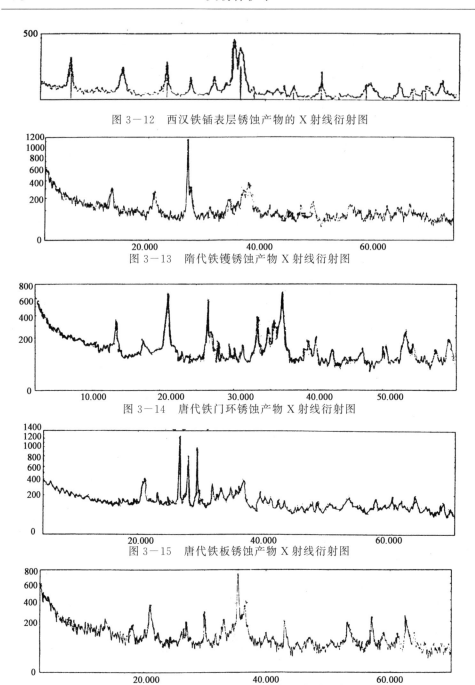

图 3—12　西汉铁锸表层锈蚀产物的 X 射线衍射图

图 3—13　隋代铁镞锈蚀产物 X 射线衍射图

图 3—14　唐代铁门环锈蚀产物 X 射线衍射图

图 3—15　唐代铁板锈蚀产物 X 射线衍射图

图 3—16　南宋庆元元宝锈蚀产物 X 射线衍射图

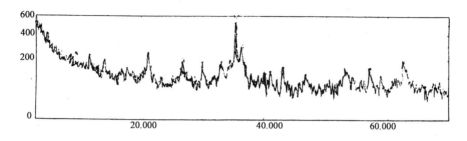

图 3—17　南宋铁钱锈蚀物 X 射线衍射图

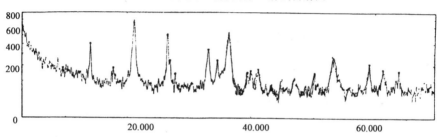

图 3—18　北宋元丰通宝锈蚀产物 X 射线衍射图

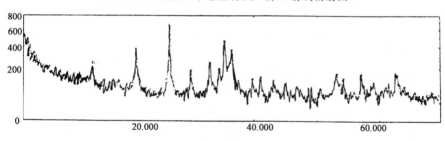

图 3—19　元代铁锅锈蚀产物 X 射线衍射图

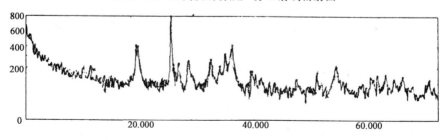

图 3—20　明代铁棺钉锈蚀产物 X 射线衍射图

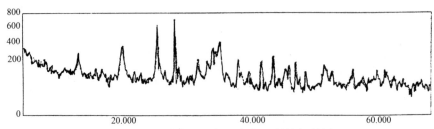

图 3-21 清代铁铧锈蚀产物 X 射线衍射图

西安八路军办事处收藏一批抗日战争中缴获的 4 条步枪、7 挺机枪、4 座高射炮,由于保存环境潮湿,锈蚀十分严重,呈疏松大面积片状剥离,稍触动即大片脱落,片状锈蚀物一触即碎。为了抢救保护这批珍贵的现代文物,2007 年 1 月我们首先对枪、炮上不同部位的锈蚀产物进行采样,然后进样 X 射线衍射分析,并与古代铁器锈蚀产物 X 射线衍射分析结果比较,进而分析研究铁器文物的锈蚀机理。

表 3-12　抗日战争中缴获的枪、炮锈蚀产物 X 射线衍射分析结果

百分含量(%) 铁锈成分	$\alpha-FeOOH$	$\beta-FeOOH$	$\gamma-FeOOH$	Fe_2O_3	Fe_3O_4	总计
3-2-1 机枪枪膛铁锈渣	17.89	无	13.82	无	30.24	61.95
3-2-2 机枪枪膛片状锈	10.93	无	无	无	41.40	52.33
3-3-1 高射炮头片状锈(3 号)	30.10	26.80	无	无	32.17	100.69
3-3-2 高射炮身铁锈(3 号)	42.74	无	无	无	57.26	102.00
3-3-3 高射炮炮管部位铁锈(3 号)	57.71	无	无	无	42.29	100.00
3-3-4 高射炮炮管锈样(5 号)	44.26	无	19.75	无	36.00	100.00
3-3-5 高射炮身铁锈样	56.88	无	43.12	无		100.00

从以上分析可知铁锈的成分虽然比较复杂,但较多的和较稳定存在于铁锈中的主要成分是不同构相的 $FeO(OH)$ 和 Fe_3O_4。这是由于铁的化学性质活泼,长期埋在阴暗潮湿的地下,受土壤中氧气、水和地下水中酸、碱、盐的侵蚀,极易锈蚀,生成的锈蚀产物基本是铁盐,不管是什么铁盐,但基本上不是强酸弱碱盐就是弱酸弱碱盐,这些盐在潮湿有水的环境下均易水解,因而在锈蚀产物中各种构相的 $FeO(OH)$ 较多,而强酸弱碱盐的 $FeCl_2$、$FeCl_3$、$FeSO_4$、$Fe_2(SO_4)_3 \cdot 5H_2O$ 及弱碱弱酸盐的 FeS、Fe_2S_3、$FeFe_2(PO_4)_2(OH)_2$ 都很少。由于铁的锈蚀产物水解产生的 α,β,$\gamma-FeOOH$ 比较稳定,因而其分解产物 Fe_2O_3 很少,大部分铁锈蚀产物中没有 Fe_2O_3,而 $\beta-FeOOH$ 可转化为较稳定的 Fe_3O_4。

由于铁的锈蚀产物主要是 $\alpha-FeOOH$、$\beta-FeOOH$，因而埋藏铁器的土壤 pH 值大于 7，有利于铁器的保存，一些保存较好铁器的埋藏土壤的 pH 值均大于 7。

2.4 铁器文物锈蚀机理

铁器埋藏在地下，在铁器组成、结构及性质等内部因素，铁器的埋藏环境及出土后保存环境等外部因素的作用下，发生各种腐蚀作用，因此一般铁器文物腐蚀都比较严重，有的已锈蚀十分严重，铁体变松轻，有的甚至变成一触即碎，产生大量的铁锈渣、锈粉。我们可以从铁的锈蚀产物分析入手，结合引起铁器腐蚀的内因和外因，来深入研究铁器的锈蚀机理，为铁器文物保护提供科学依据。

2.4.1 铁器腐蚀的分类

铁器腐蚀类型主要有三种，即化学腐蚀、电化学腐蚀和生物腐蚀。生物腐蚀主要发生在含硫酸盐或硫化物环境中的铁器上，在硫酸盐还原菌或厌氧菌的参与下导致细菌腐蚀。由于硫酸盐还原菌和厌氧菌不能存活于空气中，因而我们着重对铁器的化学腐蚀和电化学腐蚀进行研究。

化学腐蚀指单纯由化学作用而引起的腐蚀；电化学腐蚀是指当铁器与电解质溶液接触时，由于电化学作用而引起的腐蚀。铁在大气中、在土壤中、在海水中、在电解质溶液中的腐蚀及因铁的结构成分活性差异而形成的原电池腐蚀都属于电化学腐蚀。铁器文物锈蚀严重就是铁的化学腐蚀和电化学腐蚀的结果。

2.4.2 影响铁器文物化学腐蚀和电化学腐蚀的主要因素

2.4.2.1　湿度对铁器腐蚀速度的影响

铁是热的良导体，如果冷热温差较大，铁器附近的水蒸气就会在铁器表面形成一层水膜。水膜会随着疏松的腐蚀产物及毛细管深入到铁器内部，导致腐蚀速度更快的电化学腐蚀发生，从而加速铁基体的腐蚀速度，成为湿度引起的铁器基体腐蚀的典型。

铁器各种锈蚀产物在一定湿度下，自身也会发生化学变化，生成物中疏松、不稳定的物质导致锈层加厚。如铁的腐蚀产物含硫地质化石黄铁矿（FeS）遇水后发生下列化学反应：

$$4Fe+2H_2O+3O_2 \longrightarrow 4FeOOH$$

$$FeS+O_2 \longrightarrow FeSO_4 \xrightarrow[O_2]{H_2O} FeOOH+H_2SO_4$$

此过程与铁体腐蚀相伴发生，最终导致铁体完全矿化。

相对湿度的大小对铁器的腐蚀有重大影响。相对湿度为 30%，9 个月后铁器才开始腐蚀，而相对湿度为 90% 时，一天后铁器便开始腐蚀。从铁器在空气中腐蚀速度与相对湿度的关系图（图 3-22）中可清楚看出，如果大气的相对湿度保持在 60％以下时,铁的大气腐蚀十分轻微。当相对湿度增加到铁的临界湿度(65％)以上时,铁的腐蚀速度突然提高。这一现象发生的原因,就是由于铁器表面水膜的形成而导致速度更快的电化学腐蚀。水膜的形成还使得有害气体如 CO_2、H_2S、SO_2、SO_3、Cl_2、NO_2 等溶于水膜中形成相应的稀酸与铁器反应,生成相应的碳酸铁、硫化铁、亚硫酸铁、硫酸铁、氯化铁、硝酸铁等铁的腐蚀产物。而这些铁的腐蚀产物均易发生水解反应,又产生相应的酸继续腐蚀铁器。所以控制相对湿度使铁器不直接与空气、潮气接触,可以控制铁器的腐蚀。

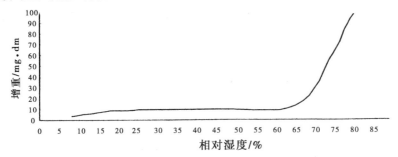

图 3-22　铁在空气中腐蚀速度与相对湿度关系

2.4.2.2　氧气对铁器腐蚀的影响

在一定湿度下,氧气的存在会加速铁的腐蚀,当氧气和水分子同时侵入时,会发生以下电化学腐蚀:

$$Fe(OH)_2 + O_2 \longrightarrow 2FeOOH$$

$$4Fe^{2+} + O_2 + 4H_2O \longrightarrow 4FeOOH$$

铁在中性或者碱性水溶液中腐蚀时,因其阳极是溶解氧的还原反应,存在溶解氧时,则发生下列反应:

$$Fe^{2+} + \frac{1}{2}O_2 + 3H_2O \longrightarrow 2(\gamma-FeOOH) + 4H^+$$

当腐蚀电流密度等于氧的极限扩散电流密度时,电极电位急剧向负方向移动。氧离子的电极反应易被活化,此时整个电极过程仅由氧的扩散所控制,其过程为:

$$\frac{1}{2}O_2 + H_2O + 2e \longrightarrow 2OH^-$$

将铁粉压成试样,分别浸入氯化钠、氯化铁稀溶液及蒸馏水中,两个氯化物浸泡的铁试样分别在不同时间后生成正方针铁矿 $\beta-FeOOH$,而蒸馏水浸泡的试样未测出 $\beta-FeOOH$。实验表明 Cl^- 和 SO_4^{2-} 在密闭系统和敞开系统中对铁的腐蚀速度差别很大,在密闭系统中 Cl^- 和 SO_4^{2-} 对铁的腐蚀速度与浓度无关,而在敞开通气条件下 Cl^-、SO_4^{2-} 对铁器的腐蚀速度随浓度的增加而相应增加。因此说氧对铁器腐蚀速度影响是很大的。

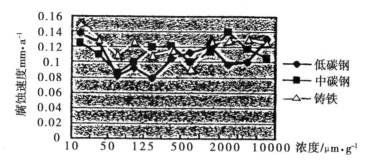

图 3-23 密闭系统中 Cl^- 浓度与铁样腐蚀速度的关系

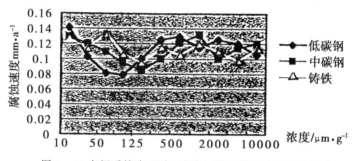

图 3-24 密闭系统中 SO_4^{2-} 浓度与铁试样腐蚀速度的关系

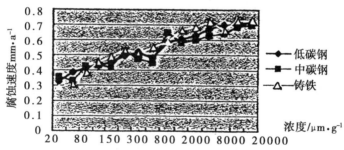

图 3-25 敞开条件下 Cl^- 浓度与铁样腐蚀速度的关系

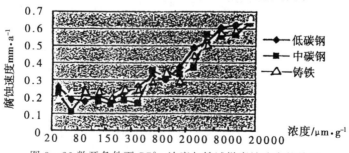

图 3-26 敞开条件下 SO_4^{2-} 浓度与铁试样腐蚀速度的关系

2.4.2.3　Cl^-、SO_4^{2-} 对铁器腐蚀的影响

1. Cl^- 对铁器腐蚀的影响

氯化物属于电解质,在铁器表面只要有一点水分(如空气中水蒸气凝结)存在,便会发生下列电化学反应:

阳极　$Fe \longrightarrow Fe^{2+} + 2e$

阴极　$1/2O_2 + H_2O + 2e \longrightarrow 2OH^-$

Fe^{2+} 与 OH^- 直接生成二次腐蚀物

$Fe^{2+} + 2OH^- \longrightarrow Fe(OH)_2$

总反应式:

$2Fe + O_2 + 2H_2O \longrightarrow 2Fe(OH)_2$

在 Cl^- 影响下,也会导致 $\beta-FeOOH$ 的生成,其反应式为:

$$Fe + 2HCl \longrightarrow FeCl_2 + 2H^+ \xrightarrow[\ SO_4^{2-} + H_2O\ ]{} \beta-FeOOH$$

2. SO_4^{2-} 对铁器腐蚀的影响

在 SO_4^{2-} 影响下会生成 $\alpha-FeOOH$ 和 $\gamma-FeOOH$,其反应式如下:

$$Fe + H_2SO_4 \longrightarrow FeSO_4 + 2H^+ \xrightarrow[\ O_2 + H_2O\ ]{} \begin{array}{c} \alpha-FeOOH \\ \gamma-FeOOH \end{array}$$

2.4.2.4　污染气体对铁器腐蚀的影响

随着工业化程度的不断发展,污染气体对文物的危害日趋严重,其中以 SO_x、NO_x、Cl_2、HCl 对铁器的危害最严重。

1. SO_x 及硫化物对铁器腐蚀的影响:SO_x 主要来自含硫物质(如煤和天然气)的燃烧及含硫矿(如黄铁矿 FeS)的冶炼;硫化氢主要来自含硫有机物的腐败及工业废气。大气中的含硫化合物主要有:SO_2、SO_3、H_2S 及硫酸盐等。SO_2 在大气中因反应条件不同而发生不同的化学反应,但最终的反应产物均为硫酸盐。铁器的表面如出现 $FeSO_4$、$(NH_4)_2SO_4$ 之类的电解质,在高湿环境下就会发生铁的化学腐蚀及电化学腐蚀,其过程如下列化学反应所示:

$$SO_2 + H_2O \longrightarrow H_2SO_3 \xrightarrow{O_2} H_2SO_4 \xrightarrow{Fe} FeSO_4 \xrightarrow{H_2O} Fe(OH)_2 \xrightarrow{O_2} FeOOH$$

含硫有机物腐败产生的 H_2S,遇铁器表面出现的 $FeSO_4$,就会与其发生复分解反应而产生黑色的硫化亚铁(FeS),其过程如下列化学反应所示:

$$FeSO_4 + H_2S \longrightarrow FeS + H_2SO_4$$

所以铁器文物应保存在一个干燥、洁净的环境中，防止铁器表面电解质溶液的形成。

2. NO_x 对铁器文物腐蚀的影响：NO_x 主要来自汽车排放的尾气及一些化工企业的废气。NO_x 可发生下列化学反应：

$$NO + O_2 \longrightarrow NO_2$$

$$NO_2 + H_2O \longrightarrow HNO_3 + NO \uparrow$$

$$NO_2 + h\gamma(光辐射) \longrightarrow NO + 〔O〕(初生态氧)$$

$$O_2(空气中) + 〔O〕 \longrightarrow O_3(臭氧)$$

空气中的 NO 在空气中很容易氧化变成 NO_2。NO_2 在空气中遇到水蒸气或在铁器表面遇到结露或水，会产生氧化性、腐蚀性很强的 HNO_3（硝酸）而腐蚀铁器表面生成 $Fe(NO_3)_3$。NO_2 受到光辐射生成的初生态氧〔O〕及其与氧形成的臭氧（O_3）均是强烈氧化剂，可加速铁器的腐蚀。

3. Cl_2 及 HCl 对铁器文物腐蚀的影响：Cl_2 及 HCl 主要来自氯碱工业及一些化工企业的废气。Cl_2 遇到空气中的潮气就会发生歧化反应：

$$Cl_2 + H_2O \longrightarrow HCl + HOCl$$
$$\qquad\qquad\qquad\qquad \longrightarrow HCl + 〔O〕$$

反应生成的 HCl 遇到水形成强腐蚀性盐酸腐蚀铁器，且因 Cl^- 半径很小而引起穿透腐蚀。HOCl（次氯酸）很不稳定、易分解，不仅生成强腐蚀的 HCl，而且生成初生态氧与空气中氧结合，生成强氧化剂臭氧，加速铁器的腐蚀。铁与 HCl 溶液反应生成的氯化亚铁（$FeCl_2$），为强酸弱碱盐，易水解生成 $Fe(OH)_2$。$Fe(OH)_2$ 不稳定，易氧化生成 FeOOH 和稀盐酸。其过程如下列化学反应所示：

$$Fe + 2HCl \longrightarrow FeCl_2 + H_2 \uparrow$$
$$\qquad\qquad\qquad \downarrow \scriptstyle H_2O$$
$$\qquad\qquad\qquad Fe(OH)_2 + HCl$$
$$\qquad\qquad\qquad \downarrow \scriptstyle O_2$$
$$\qquad\qquad\qquad FeOOH$$

稀盐酸的循环生成促使铁器更严重的腐蚀。

2.4.2.5　空气中颗粒物质对铁器腐蚀的影响

颗粒物质通常指悬浮在空气中的固体尘埃。由于化学组成、颗粒大小和表面吸附气体的成分及性质的影响，颗粒状物在化学及物理性质上差异很大。城市空气中的颗粒污染物主要含硫酸及硫酸盐，对铁器的损伤主要有以下三种。

①颗粒状物对铁器表面的机械磨损。

②颗粒状物中含有各种酸、碱、盐物质,在水蒸气的作用下参与和加速铁的化学腐蚀和电化学腐蚀。

③空气中颗粒状的灰尘有助于铁器表面水膜的形成,灰尘中所含盐类物质溶于水膜后形成电解质溶液与水膜一起贴敷在铁器表面并渗入铁器内层,加速铁器的电化学腐蚀。

2.4.2.6 腐蚀产物成分及结构对铁器腐蚀速度的影响

铁的锈蚀产物的成分和结构直接影响铁器的腐蚀速度。在潮湿环境下,形成的活性 $\beta-FeOOH$,不能形成附着力强、致密的保护膜;因而在一定条件下,它会向稳定的 $\alpha-FeOOH$ 或稳定的 Fe_3O_4 转化,其转变过程如下:

$$
\beta-FeOOH
\begin{cases}
\alpha-FeOOH \\
2(\gamma-FeOOH) \xrightarrow{Fe(OH)_2} Fe_3O_4 + H_2O
\end{cases}
$$

由于水分和氧气的进一步渗入,新的不稳定 $\beta-FeOOH$ 又会不断生成,锈层的厚度也就不断增加。

汉代铁剑锈蚀产物 X 射线衍射分析结果表明:30.50%$\alpha-FeOOH$、29.20%的 $\gamma-FeOOH$ 和 18.20%的 Fe_3O_4,而没有 $\beta-FeOOH$。这可能是由于 Cl^- 半径小,穿透腐蚀能力强,而铁剑几乎全部腐蚀,矿化程度很高,所以从外层取下的锈样中没有发现 Cl^- 影响下生成的 $\beta-FeOOH$。汉代铁锸的外层锈蚀产物中也没有 $\beta-FeOOH$,而其内层锈蚀产物中也只含有 3.20%的 $\beta-FeOOH$。从表 3-11 秦—清代铁器锈蚀产物分析结果表明,在 13 件铁器的锈蚀产物中只有秦代铁戟和汉代铁锸内层分别含有 18.00%和 3.20%的 $\beta-FeOOH$。其余 11 件铁器锈蚀产物全不含有 Cl^- 影响下生成的 $\beta-FeOOH$。这有两种可能,一种是 Cl^- 没有与铁反应;另一种可能是氯化物被带入器物参加腐蚀循环,直到铁器被完全腐蚀、矿化,氯化物不能以化学反应的形式结合成稳定的腐蚀产物而扩散到周围环境中。只有铁器处于正在腐蚀时,才会有高浓度的氯化物存在,一般铁器埋藏土壤呈碱性时,Cl^- 在碱性环境下不活泼,加之铁器文物出土后又有一层坚实的沉积物硬壳存在于表面,所以器物受 Cl^- 的影响较小,绝大多数铁器锈蚀产物中因 Cl^- 影响形成的 $\beta-FeOOH$ 较少或根本就没有。$\alpha-FeOOH$ 在铁器的锈蚀产物中不仅都有,而且都比 $\gamma-FeOOH$ 含量高。如汉代铁锸内层锈蚀产物中 $\alpha-FeOOH$ 的含量(48.00%)几乎是 $\gamma-FeOOH$ 含量(17.00%)的三倍;而在外层中几乎是 1:1(32.60%:28.60%),Fe_3O_4 占到 38.6%。这也说明在一定条件下 $\gamma-FeOOH$ 会向稳定的

$\alpha-\text{FeOOH}$ 及 Fe_3O_4 转化。外层锈在水分及氧气的促使下产生新的 $\gamma-\text{FeOOH}$，而内层这些条件差一些，其中的 Fe_3O_4 则主要是通过下面电化学反应腐蚀中生成的：

$$2(\gamma-\text{FeOOH})+\text{Fe(OH)}_2 \longrightarrow \text{Fe}_3\text{O}_4+2\text{H}_2\text{O}$$

2.4.2.7　制造工艺及保存环境对铁器腐蚀的影响

从分析结果来看，虽然不同地方出土的不同朝代的不同铁器锈蚀的主要成分和锈蚀机理基本相同，但不同铁器的腐蚀状况和保存状况却差异很大，这主要和铁器本身的结构和出土前所处的环境有很大的关系。一般来讲，锻打的铁器微孔小，机械性能和防腐性能应优于铸造铁器。但麟游九成宫遗址出土的 20 余件铁器却是铸造铁器的保存现状要比锻打的好得多，可能是以下因素所致。

1. 铸造铁器多为一次铸造，无锻打后形成的层次，环境之中 H_2O、O_2 和可溶盐比较难进入器物内部。在相同环境下铸造铁器，尽管也遭受化学腐蚀和电化学腐蚀，产生点蚀。但锻打铁器由于经反复折打而形成层次，环境中 H_2O、O_2 和溶盐容易进入层与层之间。文物出土后环境突变，受水分子蒸发时物理作用的结果，当铁器表面无任何保护膜的情况下，会发生一系列复杂反应，而导致腐蚀层开裂，层状结构成片状脱落。

2. 铁器埋藏在碱性或弱碱性干燥、较深的地方，即碱性、干燥、无氧环境中，保存情况较好；而铁器特别是锻打的铁器埋藏在高含盐地下水丰富的中性或弱酸性环境中，则腐蚀情况十分严重，所以说埋藏环境对铁器腐蚀速度产生重大影响。

综上所述，我们认为碱性、无水、无氧、无盐、无有害气体应为铁质文物保存的最佳环境要求，而首先强调的是无氧、无水。

2.5　铁器文物的保护修复

2.5.1　出土铁器的预处理

2.5.1.1　出土铁器文物处理前的观测记录

1. 对出土铁器文物进行摄影、测量、记录器物的尺寸大小，以记录下铁器出土时的原貌。

2. 对铁器的材质、构造、锈层和断面用显微镜仔细观察，测量铁器中氯化物、硫化物的含量，并取锈蚀产物作 X 射线衍射分析，对器物表层及附着物进行分析测定，以使保护处理做到心中有数，科学合理。

3. 铁器锈蚀程度的检查，在保护一件铁器以前，首先要检查它的腐蚀程度，以便为下一步的保护措施提供依据。

(1)X 射线照相法检查铁器锈蚀程度

铁锈一般较厚,且疏松又无规则,肉眼难以看清锈蚀程度,X射线照相法是最佳的检测方法。由铁锈体与铁合金本体的密度不同,X射线穿透能力与密度有关,故照射后,在底片上,可清楚地显示出器物锈蚀的分布及范围,并可看出锈蚀孔洞的密度,同时还可探明锈层下面器物纹饰或文字。

(2)简单粗略地估计铁器的锈蚀程度

①用放大镜观察铁器表面锈蚀颜色、粒度大小,疏密情况等初步分析铁器的锈蚀情况。

②用钢针或金属探针探试锈蚀层的范围及深度,做好记录,为除锈提供依据。

③用磁铁来测试铁器的吸力大小,或测定其密度,大致了解铁器的锈蚀程度。这些方法虽经济简便,但比较粗略。

在以上方法中,X射线照相法是检测铁器锈蚀的最佳方法。在没有这种设备时,可采用后几种比较粗略的估计法。

2.5.2 清除铁器文物表面的覆盖物

用软毛笔除去铁器表面浮土、浮锈,再用10%醋酸松土剂松土并用牙签轻轻剔除其表面的泥土。对渗入器物表面锈蚀层的沉积物用10%的六偏磷酸钠($Na_2[Na_4(PO_3)_6]$)溶液络合、软化、溶解、吸除,并起到缓蚀作用。

2.5.3 铁器的除锈

疏松的铁锈吸潮会使铁器处于不稳定状况,在进一步处理前应先除锈。除锈的方法很多,主要有:

2.5.3.1 机械除锈法:即借用刀、钻、凿、锤子、剔针、钢丝刷等金属工具或牙科工具,用剔、挑、剥、凿或锤震等方法,去除器物表面较厚的锈层或锈块。

1. 用适当工具小心剔除最易吸附灰尘、水蒸气及有害成分的表面膨胀浮锈,消除形成腐蚀电池的可能,以防锈层下不断腐蚀。

2. 较硬锈层可用煤油加石蜡调成糊状物涂敷在锈蚀铁器的表面上软化锈层,然后再剔除,此法除锈不彻底。

2.5.3.2 试剂除锈法:此法主要用于经过机械除锈后的铁器。

1. 可用酸溶液除锈

(1)用10%的醋酸溶液进一步去锈

醋酸既是一个弱酸,又是一个易挥发性的酸,在处理铁器时,来不及腐蚀铁器就挥发了,清洗铁器表面的铁锈比较安全。为了防止酸性溶液对底层金属的损伤,通常还应添加酸洗缓蚀抑制剂,如铬酸盐、重铬酸盐、磷酸盐、吡啶、乌洛托品,用量在0.1%~1%间。一种典型的酸法缓蚀剂的配方:

磷酸	:	丁醇	:	酒精	:	对苯二酚	:	水
H_3PO_4		C_4H_9OH		C_2H_5OH		HO—⬡—OH		H_2O
35 份	:	5 份	:	20 份	:	1 份	:	39 份
(缓蚀剂)		溶剂		溶剂		(还原剂)		溶剂

(2)用柠檬酸、草酸除锈浓度一般在 5％～10％,除锈操作

将欲除锈的铁器放入除锈液中浸泡加热,当发现发生反应并出现许多沉淀时更换新鲜除锈剂。

如局部除锈时,可用脱脂棉将除锈液敷在器物锈蚀部位上除锈,最后用 NaOH 或 Na_2CO_3 稀溶液中和酸液,并用蒸馏水洗净。

2.5.3.3　电化学除锈

1. 电化学还原法除锈

用锌皮或铝皮包在铁器表面,置于 10％的 NaOH 溶液中,并适当加热加速反应,直至无气体逸出为止。取出器物用蒸馏水冲洗,除去残液。反复处理清洗直到满意为止。

进行局部除锈时,可将锌粉或铝粉调成糊状,敷于铁器生锈处,待反应完后,立即用水冲洗干净,其电化学除锈反应如下所示:

$$2Fe^{3+}+3Zn \longrightarrow 2Fe+3Zn^{2+}$$
$$Fe^{3+}+Al \longrightarrow Fe+Al^{3+}$$

2. 电解还原除锈

以被除锈的铁器作为阴极,用不锈钢作阳极,以 10％的 NaOH 溶液作电解质,通入直流电,控制电压与电流密度即可进行除锈。

2.5.4　铁器文物的清洗

1. 水洗法

用蒸馏水浸泡,水温最好白天保持在 98℃,夜里自然冷却。这样冷热交替可提高清洗效果,使金属铁毛细管中充满蒸馏水并不断更换,及时检查清洗程度,直到用硝酸银检查无氯化物存在为止。

2. 倍半碳酸钠溶液浸泡法

用 5％的倍半碳酸钠即碳酸氢三钠($Na_2CO_3 \cdot NaHCO_3 \cdot 2H_2O$)溶液浸泡铁器且每周更换,直到浸泡液中氯离子浓度在 4×10^{-8} 克以下即可。

3. 电泳法

以不锈钢作阴、阳电极,以 2％碳酸钠溶液作电解质溶液,通直流电,电压控制

在 12～20 伏,电流密度保持在 0.25 安培/平方分米。将需处理的铁器置于两电极之间,离子经电泳即可除去杂质。还可选铅作阳极、锌作阴极,水作电解液,电压控制在 3～5 伏以除去氯化物。

4. 用去离子水清洗铁器表面,再用乙醇溶液浸渗后让其自然干燥。

2.5.5 铁器文物的黏结

根据铁器文物腐蚀脆弱程度不同而采用不同的黏结剂及不同的黏结方法。

①铁器碎成碎块可用硝酸纤维素、环氧树脂黏合剂拼对黏结。为防黏结过程器物角度、弧度变化,常在沙箱中进行,待黏合剂固化后取出。

②腐蚀较轻、铁器基体较好的可用焊锡焊接,或用环氧树脂黏合剂黏结。

③铁器腐蚀十分严重,甚至一触或稍振动就会有很多铁锈粉末或碎片掉落时,可用丙烯酸酯类树脂溶液将铁器残片贴回原处。对器物上的裂缝,可用原器物上无害锈粉末填充,然后用聚丙烯酸酯类溶液进行滴渗修补加固,最后再将断裂面进行黏结。

2.5.6 铁器文物的加固

因腐蚀变得脆弱甚至掉渣的铁器,可采用性能良好的合成树脂溶液滴渗加固,可用 30%～40% 的丙烯酯类乳液或 5% 聚甲基丙烯酯的溶液滴渗加固。为防止在铁器表面留下眩光,可在滴渗时在铁器表面贴上吸液能力很强的美浓纸滤纸或吸墨纸,由其在晾干过程中吸附铁器表面多余的丙烯酸酯类树脂,或用丙酮涂刷铁器表面而使多余的树脂溶于丙酮,以保持铁器文物的原貌。

2.5.7 铁器文物残缺部位的修补

首先根据标准器型或利用平面几何、立体几何知识复原器物形态,然后用合成树脂泥进行修补,最后打磨作旧,使器物整体和谐、统一。

对锈蚀严重的铁器,可采用聚丙烯酸酯溶液和该器物上的铁锈调成糊状,按铁器原形修补起来,并进行滴渗加固,并作旧。

2.5.8 铁器的表面保护

由于铁的性质活泼,铁器经过除锈去盐处理后,在空气中还会有被腐蚀的可能,要想将铁器很好保存,避免腐蚀,还需采用缓饰剂法、磷酸盐或鞣酸盐法、涂蜡法或高分子材料对器物进行表面封护。

2.5.8.1 缓蚀剂保护法

常用的缓蚀剂配方如下:

亚硝酸二环己胺 10 份,碳酸环己胺 10 份,水 1 份,乙醇 100 份。

待铁器干燥后,表面上再刷一遍含有铁缓蚀剂的树脂溶液,其配方如下:

亚硝酸二环己胺 10 份,碳酸环己胺 10 份,水 5 份,乙醇 100 份,聚乙烯醇缩丁醛 5 份。

2.5.8.2　磷酸盐保护法

铁与磷酸盐作用,可生成一层致密的表面保护膜,防止铁进一步被腐蚀。

2.5.8.3　鞣酸盐保护法

鞣酸是一些多元酚的混合物,由于酚基易氧化,是一种强抗氧剂,而且分子中酚基和羧基又可与金属形成配合物,生成一层不溶性的保护膜,起到防止铁器锈蚀的作用。当 pH 值在 2～3 之间,鞣酸的保护效果最好,其具体处理方法可根据铁器锈蚀具体情况而定。

1. 当铁器表面只有一层薄锈的处理方法

①先用水洗净表面;②趁湿用配好的鞣酸溶液擦拭去锈部位,可用硬刷子涂刷,这样既可促进反应,又可保证鞣酸溶液接触到松散锈层下的金属,并消除由于生成氢气泡而形成的阴极极化,重复操作 5～6 次;③最后刷洗 3～5 分钟。处理后的器物,先放在干燥洁净的大气中 1～2 天,使其充分反应完全;④作表面封护处理。

上面处理方法中所用鞣酸溶液的配方:

鞣酸 200 克,乙醇 150 毫升,水 100 毫升。

2. 铁器严重锈蚀时的处理方法

使用的鞣酸溶液的配方:

鞣酸 200 克,乙醇 150 毫升,水 100 毫升,80％～85％的磷酸 100 毫升。

操作:用按上方配好的溶液涂刷铁器 3～4 次,待充分干燥后,用钢刷刷掉锈蚀的松散部分。再用不含磷酸的鞣酸溶液涂刷 4～5 次,处理后的器物,先放在干燥洁净的大气中保持 1～2 天,然后用丙烯酸酯类树脂溶液(3％丙酮溶液)进行表面封护。

2.5.8.4　铁器的表面封护处理

经过表面处理后的铁器,最后应进行表面封护处理。铁器表面封护的方法有传统方法和用现代高分子材料封护法。

1. 传统方法

(1)传统的方法是把欲进行表面封护的铁器浸入熔融的微晶石蜡中,等到不再冒气泡后,取出器物,用毛刷蘸石墨粉擦拭铁器表面,以除去多余的石蜡和避免出现眩光现象。

(2)另一种传统的方法是把欲进行表面封护的铁器在由 5 份微晶石蜡,1 份三乙醇胺,100 份石油溶剂配成的溶液中浸渗 10～20 分钟。

2. 用合成树脂高分子材料封护铁器表面

(1)用 5％的聚醋酸乙烯酯的酒精溶液均匀涂刷铁器表面,待固化后再用酒精溶液通体均匀涂刷铁器表面,以消除高分子材料产生的眩光现象。

(2)用毛笔或软排笔蘸取约3％的聚甲基丙烯酸甲酯的丙酮或氯仿溶液通体,均匀涂刷铁器文物表面,待固化后,用氯仿均匀涂刷铁器表面,以消除可能出现的反光现象。

2.6　铁器文物的保护修复实例——陕西麟游九成宫遗址出土锈蚀严重的铁器文物的抢救性保护

2.6.1　九成宫遗址出土铁器及其主要病害

2.6.1.1　九成宫遗址出土的唐代套锈铁铧的主要病害

套锈铁铧两组共五件(其中一组是三个铁铧套锈在一起,另一组是两个铁铧套锈在一起)。出土时铧与铧之间完全填满铁锈与土锈,被牢牢的粘在一起。铁铧表面不仅锈蚀严重,有大面积片状剥蚀脱落和大量铁锈渣粉掉落,而且铁锈表面及铁锈片之间有大量白色沉积物。铁铧的锈蚀产物为棕褐色;底部保存较好一些,呈黑褐色,锈蚀层较致密。由于铁器埋藏的土壤中及填充在铧及铧之间的土壤中含盐量较高,所以铁铧的锈蚀产物中含有盐。另外铁铧长期放在库房潮湿的地面上,地下水的上升渗入锈蚀层也会将盐带进产物及填充的土中,随着渗入水分的蒸发,溶盐逐渐在铁铧锈蚀产物及填充土表面析出并和沉积物混在一起,在锈层中形成溶盐结晶。铁铧出土几十年来,随着库房温湿度的变化,盐的溶解—结晶—溶解而不断产生反复的膨胀、收缩,这种长期作用加速铁铧的腐蚀。铁铧有残缺。

2.6.1.2　宋代铁铡刀的主要病害

出土的宋代铁铡刀结构特殊,刀背刀刃为一体,刀刃很薄。有多处残缺。铡刀整体锈蚀十分严重,有大片脱落,稍触动即有大量锈渣粉落下。

2.6.1.3　唐代九成宫遗址出土的铁器文物品种多,数量大,不仅有前面说的套锈铁铧、铁铡刀,还有铁锄、铁斧、铁锁、大铁门钉、铁铺符等。由于在地下埋藏年代久远,出土后几十年放在十分潮湿的环境中,在水、空气中氧气、有害气体及尘埃的作用下,这些铁质文物锈蚀都十分严重。

2.6.2　套锈铁铧的保护

2.6.2.1　套锈铁铧处理前的准备工作

①对套锈铁铧观测、摄影、记录。

②取样分析(包括取套锈铁铧的锈蚀产物样,铁铧上土锈及铁锈中的溶盐和铁铧表面沉积物等)。

2.6.2.2　套锈铁铧的抢救性保护

1.锈蚀严重的套锈铁铧的分离

二组套锈铁铧,铧与铧之间以土锈、铁锈、沉积物及土牢牢锈结在一起,铧间的锈蚀填充物很坚硬。为使铁铧安全分离,可用既能使锈蚀填充物松动,又对铁器文物无损蚀的松土剂10％的醋酸溶液进行松土处理。醋酸易挥发产生气泡,又可与填土中的碳酸盐发生复分解反应产生二氧化碳气体,故可使硬土变疏松而起到化学松土作用。硬土变松且稍干成粉末状时,用小毛刷刷去松土,重复几次。待大量填土及锈蚀产物结在一起的土除去,接近铁铧表面时,再用10％的磷酸进行缓蚀松土处理,并用竹签、小刻刀剔除松动土块,用小毛刷刷去松土。待填充物基本剔除完,铁铧之间出现了可活动的缝隙,但用手还无法分开时,可在铁铧双壁垫上泡沫塑料,拿小木块一头顶住,用小锤均匀用力敲击震动。铁铧在趁劲敲击震动下松动而分离,而铁铧未变形,铧头铧尖未受损。

2. 分离后锈蚀铁铧表面浮土锈的清除

先用软毛刷刷除锈铧表面已松动的浮土浮锈,再用缓蚀松土剂松土,用牙签轻轻剔除表面泥土。

3. 锈层中沉积物的去除

锈蚀铁铧锈层中的沉积物(石灰质碳酸盐、石膏质硫酸盐、硅质硅酸盐)可用10％的六偏磷酸钠($Na_2[Na_4(PO_3)_6]$)溶液多层纸张贴敷法除去,其清洗原理如下列化学反应式所示:

$$2M^{2+} + Na_2[Na_4(PO_3)_6] \longrightarrow Na_2[M_2(PO_3)_6] + 2Na^+$$
$$M^{2+} = Ca^{2+}、Mg^{2+}、Fe^{2+}、Ba^{2+}$$

此法安全、简便、效果好,反复贴敷2～3次即可将铁铧锈层中的沉积物全部除去。

4. 锈蚀铁铧的脱盐处理

经分析,铁铧表面土样的含盐量高达2.10％,主要成分为石灰质(碳酸钙)。用醋酸松土剂松土后析出白色晶体经X射线衍射分析结果表明:晶体晶胞最大间距 d 为 17×10^{-8} cm。衍射峰明显,结晶很好,其主要成分为 $C_4H_6CaO_4 \cdot 0.5H_2O$ 和 $C_4H_6CaO_4 \cdot H_2O$(水合醋酸钙也可写成 $Ca(CH_3COO)_2 \cdot 0.5H_2O$ 和 $Ca(CH_3COO)_2 \cdot H_2O$)。这种盐的生成表明锈蚀铁铧表面沉积物 $CaCO_3$ 与松土剂醋酸反应生成易溶的醋酸钙同时产生 CO_2 起到松土作用,其反应如下式所示:

$$CaCO_3 + 2CH_3COOH \longrightarrow Ca(CH_3COO)_2 + CO_2 \uparrow + H_2O$$

由于铁铧埋藏环境土壤中含盐量较高,处理时可首先采用冷—热水交换浸泡脱盐,再用多层纸张贴敷法脱盐,最后用蒸馏水冲洗铁铧,用吸水纸小心擦吸后晾干。

4. 铁铧的缓蚀处理

上面处理的锈蚀铁铧晾干后,用干净布条蘸适量缓蚀、防腐、抗水剂(HFM由西北大学文物保护材料研究室王蕙贞教授研制)的金属缓蚀防腐剂涂擦,待渗透充分后进行加固及表面封护。

5. 铁铧的加固及表面封护

套锈铁铧锈蚀十分严重,表面大面积片状剥蚀脱落而严重凹凸不平。在加固时,先用3%的聚甲基丙烯酸甲酯将研成粉末的铁铧锈粉调成糊状,填充铁铧低凹、缺损部分,待糊状物基本固化时,用玻璃片趁力压平,再用3%的聚丙烯酸酯溶液通体反复涂刷渗透,最后用1%的聚丙烯酸酯溶液涂刷,在铁铧表面形成一个隔水、隔氧、无盐、无有害气体的最佳保护微环境。

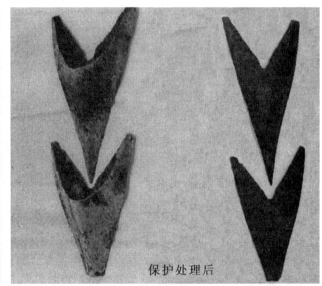

保护处理前　　　　　　　　　　　保护处理后

图 3-27　保护处理前后的套锈铁铧照片

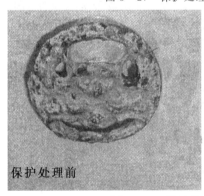

保护处理前　　　　　　　　　　　保护处理后

图 3-28　保护处理前后的铁铺符照片

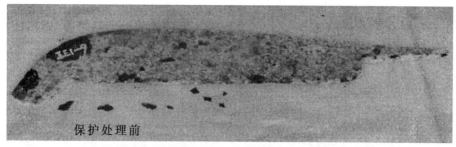

保护处理前

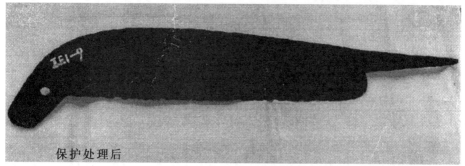

保护处理后

图 3-29　处理前后的铁铡刀照片

保护处理前

保护处理后

图 3-30　保护处理前后的铁壁斗照片

§3. 金器文物保护

金也是人类最早发现和利用的金属之一,具有光泽、易延展、易传热导电等特性。历史上,人们用它来制作工艺品、装饰品、货币。早在公元前 3000 年,埃及人已采集和加工金,到了公元前两千年左右,镀金、包金、镶金、以金丝刺绣等工艺已被广泛应用。

3.1　金加工工艺的发展

3.1.1　我国商代兴起金的淘洗及加工工艺

在河南安阳殷墟中不仅出土有重达一两多的金块,还有锤锻加工而成的仅仅只有 0.01 毫米厚的金箔。经金相分析,这个时期的金在加工时曾进行过退火处理。

3.1.2　西周出现包金技术

西周卫墓中出土的包在铜矛、矛柄和车衡两端的金片说明,当时的工匠已掌握了包金技术。

3.1.3　春秋战国时出现鎏金技术

春秋战国时期,人们已了解金、汞及其合金的某些物理和化学性质并应用于工艺中。1968 年在河北满城西汉刘胜妻窦绾墓中,出土的长信宫灯,就用了鎏金技术。使鎏金及金的加工技术工艺更趋完善。

3.1.4　唐代出现金丝刺绣

陕西法门寺地宫出土的大红罗地金袈裟、大红罗地蹙金绣斗臂、大红罗地蹙金绣拜垫,大红罗地蹙金绣案裙、织金锦和西安何家村窖藏造型精美、品种繁多的金质文物,可以清楚地看到唐代金加工技术的精湛。金加工技术的发展应用,充分体现了古代科学技术的巨大成就和劳动人民的聪明才智。

3.1.5　宋代立体浮雕凸花工艺和镂雕工艺

宋代金器的造型和工艺都具有鲜明的时代特征和独特风格,将器型与纹饰融为一体,充分体现器物的立体感。金器以饰件为主。如 1993 年,四川彭州出土的瓜形金盏,空心金钗。

3.1.6　元代出现錾刻、捶碟花丝工艺

1982 年,山西曲回寺出土的蜻蜓金钗,双飞蝴蝶簪,后者制作过程中运用了花丝工艺(见彩版 3－31、32)。

3.1.7　明代细金工艺技法更加齐全

明代的细金制作,分工明确,花丝、錾刻、锤打、镏金等行当齐全。1957 年,明定陵出土的"明神宗孝靖皇后凤冠"、"立凤金簪"等器物的制作技法达到了炉火纯青的地步(见彩版 3－33、34)。

3.1.8　清代的錾刻、镶嵌、花丝工艺水平高超

清代皇帝后妃使用的衣冠,以丝花、点翠、镶玉为主。如金镶玉菊花簪、凤冠、宝石蝴蝶金簪(见彩版 3－35、36)。

3.2　金与金合金的性质

3.2.1　金的理化性质

金的化学稳定性高,不易被氧化,也不溶于一般的化学试剂,只与卤素和王水反应,因此金在自然界总是以游离单质状态存在。金质地柔软,延展性好,易传热导电,便于加工。纯金艺术品和文物,由于化学稳定性高,一般都保存比较好,出土后不需要特别保护,只需在出土后进行一些清洗工作。

3.2.2　金器的清洗

3.2.2.1　金器长期埋在地下,在金器表面上会沉积一层石灰质锈壳,可用1%的稀硝酸局部涂施除去。

3.2.2.2　金器表面的有机类污垢,可用14%的氨水或2%的氢氧化钠溶液浸泡几分钟软化后剔除。

3.2.2.3　金器表面的灰尘,可用软毛刷和软羚皮拂拭。需要时可用乙醚、丙酮、中性钾皂或10%的氨水来清洗,再用蒸馏水洗净、晾干。

3.2.3　金的合金及其性质

金的合金一般是指在金中掺入银、铜或铁的成分,这样不仅可使金变得坚硬,使颜色更加丰富多彩,而且可降低器物的制作成本。

3.2.3.1　金银合金:当金中银含量超过20%时合金呈白色,埃及人称此种金为"阿森",希腊和罗马人称它为琥珀金。

3.2.3.2　金铜合金:金中掺铜即成金铜合金,不但可以保留纯金华贵的颜色,还可增加硬度和耐磨性。

3.2.3.3　金的合金的性质

虽然纯金的化学性质稳定,但金的合金就不稳定了,可以产生腐蚀现象。如金铜合金会锈蚀产生绿色的薄锈,金铁合金产生红锈。

鎏金器物,它的腐蚀来自作为基胎的金属。如鎏金的青铜器文物所产生的铜锈,或将鎏金层被顶浮在表面,或出现在鎏金层的上面或夹杂在其中。这样只要接触、或不谨慎碰撞,都会使鎏金脱落,应采用科学有效的方法来处理和保护。

3.3　金合金的保护

金合金的腐蚀是经常发生的现象,不仅影响文物的原貌,不及时处理还可能造成无可挽回的损失。金合金器物的处理和保护,应根据合金的类别进行针对性处理。

3.3.1　鎏金器物上铜、铁锈的清除

3.3.1.1　可用1%的氨水或柠檬酸溶液来清除铜鎏金器物上的锈蚀,其清除

过程的化学反应如下：

$$Cu^{2+} + 4NH_3 \longrightarrow [Cu(4NH_3)_4]^{2+}$$

$$Cu^{2+} + 4HO-\underset{\underset{CH_2COOH}{|}}{\overset{\overset{CH_2COOH}{|}}{C}}-COOH \longrightarrow [Cu(HO)-\underset{\underset{CH_2-COOH}{|}}{\overset{\overset{CH_2-COOH}{|}}{C}}-COOH \quad]^{2+}$$

鎏金器物不能用还原方法处理铜锈，因为锈蚀产物还原或原来的金属会覆盖在鎏金表面上，严重影响和损伤鎏金层。

3.3.1.2　鎏金层在腐蚀产物在下面或夹在中间，可在双筒显微镜下，采取机械方法清除，用钢针剔除锈蚀物，当露出鎏金薄层时，用1％硝酸冲洗，最后用蒸馏水清洗、晾干。

3.3.1.3　用盐酸除去鎏金文物上红色的铁锈。

3.3.1.4　鎏金文物胎质的保护

为防止鎏金文物的胎质铜或铁继续腐蚀，可用铜、铁的缓蚀剂来处理；也可用较稀的4％丙聚酸酯类树脂或聚醋酸乙烯酯酒精溶液沿鎏金边沿间隙滴灌渗透，即加固鎏金文物的胎体，又使鎏金层得以加固保护。

3.4　金质文物的保存环境

金的合金文物、鎏金文物一定要注意环境的治理，注意防尘、防潮、防氧及防止有害气体的侵蚀，从根上杜绝鎏金文物胎质铜、铁锈蚀的发生，严防鎏金层脱落。

§4. 银器文物保护

4.1　银及银的冶炼

历史上最早的银器出现于公元前3000年左右的美索不达米亚的乌鲁克文化，埃及的格尔塞文化。单质状态的银虽有存在，但极少；主要以硫化物状态（辉银矿）与铅矿共生在一起，不易大量获得。银在古代，往往是炼铅火中的一项重要副产品，根据两河流域苏美尔人古城邦乌尔等许多遗址中发现的精制银器来判断，大约在公元前2000年工匠们就已采用吹灰法提取银。从银中含铅和在小亚细亚古城特洛遗址中同时发现银棒和铅棒，可推测银的冶炼是采用吹灰法。通过对出土的冶银渣块的分析研究，与资料记载推断，在古代是以方铅矿和辉银矿的共生矿为原料来炼银的，过程大致如下：

①采矿——→碎矿——→粗选矿——→真矿。

②先烧结出含银成分高的银、铅混合物块——"熔焦结银铅"。

③用吹灰法从银铅块中提炼出纯银。吹灰是古代炼银过程中分离银铅的方法。银矿一般含银量很低,炼银的技术关键是如何把银富集起来。由于铅和银完全互溶,而且熔点较低,所以古代炼银时加入铅,使银溶于铅中,实现银的富集;然后吹以空气,使铅氧化,入炉灰中,使银分离出来。

4.2　银器文物的腐蚀

银的化学性质虽然比较稳定,但仍有不同程度的腐蚀。

4.2.1　盐和氯化物对银器的腐蚀

埋在地下的银器受土壤中盐分及其他氯化物的侵蚀,首先在表面形成氯化银,严重时可逐渐向内部渗透。氯化银是一种微带褐色或紫色的灰色物质,较软,像泥土,会使银器体积膨胀,使器物外形发生变化。置于空气中的银器表面也可能形成一层薄薄的氯化银,使器表出现一些"古斑"。这种"古斑"是在空气中长期缓慢形成的,在实验室无法做出来,是器物年代久远的象征,应保存下来。

4.2.2　硫化物对银器的腐蚀

银受到环境中硫化物的腐蚀,在银器的表面逐渐形成黑色硫化银膜,比较稳定,在减缓银的硫化过程中有保护作用。但在较高的含硫介质中,银器会受到严重的硫化物腐蚀,变得又黑又脆,银器基体可能不复存在。

4.2.3　紫外线会加速银器的腐蚀

紫外线可分解氧分子产生的活化态的氧,和离子化的银作用,形成氧化银,同时也为硫的侵蚀提供了条件,加速了硫的腐蚀。

4.2.4　环境中臭氧对银器的腐蚀

银具有较好的化学稳定性,不会直接与氧化合。但是由于种种作用产生的臭氧(如闪电时产生的臭氧)会腐蚀银器,使久置于空气中的银器表面会渐渐变灰暗、发黑。

4.3　银器的保护

4.3.1　银器表面微带褐色、紫色的灰色锈蚀物的清洗

这些轻微腐蚀而形成的均匀氯化银或硫化银薄膜较稳定,可以不处理,为了使器物纹饰清晰,外观美观,可用下法清洗:

4.3.1.1　用脱脂棉蘸上用抛光粉加水调成的糊状物轻擦银器表面。

4.3.1.2　用含有向滴氨水的酒精溶液擦拭银器表面。其反应如下式所示:

$$AgCl + 2NH_3 \xrightarrow{\text{酒精}} [Ag(NH_3)_2]Cl$$

4.3.1.3 用 5‰NaOH 溶液或 Na_2CO_3 溶液使器物和铝放在一起发生电化学还原反应,直到污迹消失,其电化学反应如下式所示:

$$3Ag^+ + 3e \longrightarrow 3Ag \qquad Al - 3e \longrightarrow Al^{3+}$$
$$总反应: 3Ag^+ + Al \longrightarrow 3Ag + Al^{3+}$$

污迹消失后,立即用蒸馏水冲洗,再用软布或棉团擦干净。

4.3.1.4 受腐蚀特别严重的器物不宜采用还原方法处理,以防器物变得更脆,甚至散碎掉;在这种情况下,只做些清洗和干燥处理即可。

4.3.2 脆性银器的处理

脆性银器可用加温的方法来增加韧性提高器物的强度。将器物置于烘炉中,在两小时内使温度逐渐上升到 400 ℃,保持一段时间即可达到目的;若银质完好又不含盐类,可直接用电炉加热到 600~650 ℃。银中如含铜,加热时可能会出现一层氧化铜黑色表层,用 5% 的硫酸溶液除去。

$$CuO + H_2SO_4 \longrightarrow CuSO_4 + H_2O$$

$CuSO_4$ 溶于水,可用离子交换水清洗除去。

4.3.3 变形银器的整形

因银质地柔软,有延展性,当银器因意外事故受挤压或碰撞发生变形或外形遭到破坏时,可先加热进行增韧处理后,再进行敲、捶等整形处理,使其恢复原貌。

4.4 银器的保管

4.4.1 银器文物的展室和库房要保持空气洁净

4.4.1.1 银器的展柜采用全空调控制,但在进风口处放活性吸附剂,以吸附滤除各种有害气体起到净化环境的作用,防止外界有害因素对银器的腐蚀。

4.4.1.2 将银器置于密闭的有机玻璃陈列匣内,遮以用 10% 醋酸铅溶液浸泡、晾干并熨平了的绢绸帷,以吸收匣内可能有的微量氯和硫,以保持银器的明亮外表,其反应如下式所示:

$$Pb(CH_3COO)_2 + 2Cl^- \longrightarrow PbCl_2 \downarrow + 2CH_3COO^-$$
$$Pb(CH_3COO)_2 + S^{2-} \longrightarrow PbS \downarrow + 2CH_3COO^-$$

4.4.2 银器的存放

库房银器,可用几层柔软薄纸包裹好,外层再用一种浸有铜化物、叶绿素等试剂的软纸包起来,以吸收空气中的硫化氢。包好的银器可置于密封的且内涂有一层聚乙烯醇的聚乙烯袋内,使之与外界的有害气体特别是氯化氢、硫化氢隔绝。也可以给银器涂上一层薄而均匀、无眩光、无色透明的聚乙烯醇薄膜,既防止硫化氢引起的变色锈蚀,又能保持光亮银器表面的金属光泽。聚乙烯醇可溶于水,可洗涤除去,使用起来方便又经济。

4.4.3　控制银器保存环境相对湿度在 55％～60％以下

4.4.4　避免强光照射银器

保存银器应避免强光照射,这主要是因为强光中所含的紫外线可分解氧分子,产生活化态的氧和离子化的银,形成氧化银,同时也为硫的侵蚀提供了条件,其腐蚀过程如下列反应式所示:

$$4Ag+O_2 \xrightarrow{\text{紫外线}} 2Ag_2O$$

$$Ag_2O+H_2S \longrightarrow Ag_2S+H_2O$$

§5. 锡器文物保护

锡也是人类较早利用的金属之一。锡的加工技术随着青铜冶铸工艺的进步而发展。锡是银白色、熔点较低、延展性良好、常温下不易氧化的金属。

5.1　锡的冶炼及锡的利用

锡的熔点较低,只要把锡石与木炭放在一起锻炼,锡就会被还原出来。所以早在商代,人们就能炼锡了。

由于早期的人们锡、铅不辨,从考古发掘出土的文物中,常可看到一些锡、铅器物放在一起,如从小屯殷墟中出土的锡块,从大司空村殷墟出土的锡戈等。由于锡有良好的延展性,且常温下不氧化,所以人们用锡来包裹器具,并掌握了镀锡技术。我国从殷墟中出土过数具虎面铜盔,其中有一具很完整,表面镀有一层锡。此盔外貌精美,至今光亮如新,就是因镀锡不仅使器物漂亮美观,而且还能防腐。

由于白锡(β—锡)对低温非常敏感,当温度低于 13℃ 以下时,即发生相变,缓慢变成性质脆弱的灰锡(α—锡)。同理由白锡制成的锡器遇低温也会由银色变成灰色,体积增大并开始散碎,最后成为粉末状。这种现象叫"锡疫"。正因此,一些有艺术和历史价值的精美锡器并没有保存下来。

5.2　锡器的腐蚀

现在保存下来的锡器实际上是铅、锡合金,铅成分愈多,颜色愈灰。锡器在通常大气环境下是稳定的;而埋藏在地下或在潮湿环境里的锡器会逐渐失去光泽,在表面生成一层粗粒状、暗灰色的氧化亚锡,如果继续腐蚀下去,则进一步转化为氧化锡(白色)。若锡器材料中含有铜,其锈层还可能为绿色。

5.3　锡器的保护

①锡器的保存,温度不得低于 13℃,否则会发生"锡疫"而使锡器体积增大、碎散。

②锡器因性质柔软应放在布套或有衬里的盒子里,以防止碰撞挤压而变形。

③轻微锈蚀的锡器,可用氢氧化钠溶液作电解质溶液,锌、铅或镁作阳极,用电化学还原法或电解还原法进行处理。

④锡器有镂刻的铭文时,一般不宜采用还原法,以免还原出的金属覆盖于纹饰或铭文的微细部上。若遇到"锡疫"现象时,可将器物放在水中加热处理,时间严格控制在 1 小时左右。

§6.铅器文物及其保护

6.1　铅的冶炼及铅的利用

将铅砂与木炭放在一起煅烧,用吹灰法提取银后,再经一道木炭还原工序,便可从铅灰中回收到铅。

古埃及、希腊和罗马人认识和利用铅较早,他们用铅铸钱币,作焊剂,古罗马人还用铅皮代替砖瓦铺在房顶,用铅作水管。我国的商代墓葬中曾出土铅卣(铅罐)、铅爵、铅觚、铅戈等,铸造工艺十分精细。有人对西周铅戈进行分析,铅含量竟高达97.5%,说明西周时,我国对铅的性质认识和冶炼技术已达到相当高的水平。商代作为盛酒用的卣、爵已有发现,但以后很少发现,这可能是因为铅和它的化合物都有不同程度的毒性。如古罗马墓中的尸骨上常有硫化铅黑斑点,这是由于古罗马人用铅作水管,饮用了流经铅管的水而造成的。实践中逐渐发现并认识了铅毒,使铅应用范围逐渐缩小,不再用作饮食器具。

6.2　铅器的化学性质及腐蚀

铅的化学性质不如锡稳定,腐蚀情况也比锡复杂。铅在空气中,表面会很快氧化形成一层致密的氧化膜,可以防止铅器继续氧化,有一定的保护作用。

埋在地下的铅器,受到各种盐类、地下水中的氧气及二氧化碳的腐蚀,形成一白色锈壳,影响文物原貌。处在潮湿环境下的铅器,受空气中过量二氧化碳的影响,与之反应生成白色的碱式碳酸铅:

$$2Pb+O_2+2CO_2 \longrightarrow 2PbCO_3$$
$$2Pb+CO_2+H_2O+O_2 \longrightarrow Pb(OH)_2 \cdot PbCO_3$$

碱式碳酸铅的生成会使器物体积膨胀而改变器物的原貌。另外铅还容易受有机酸如乙酸及油脂等物质的污染而腐蚀,如和乙酸反应生成乙酸铅:

$$PbO+2CH_3COOH \longrightarrow Pb(CH_3COO)_2+H_2O$$

6.3　铅器文物的保护

6.3.1　铅器的保存

铅的化学性质不如锡稳定,存放时要注意防氧、防潮、防二氧化碳、防有机酸的侵蚀和油脂污染腐蚀。因橡木能渗出鞣酸(多元酚的混合物)腐蚀铅器,所以铅器不宜存放在橡木制的容器中。

6.3.2　铅器的保护

6.3.2.1　铅器的质地较好,锈蚀产物还未深入到器物里面时,可用以下方法处理:

①将器物浸泡于50倍自身体积的1.2 mol/L盐酸中,浸到不冒气泡为止。

②将器物取出滤干酸液,置于比文物体积大几百倍的经过煮沸而除去水中氧及二氧化碳的冷蒸馏水中,放置几分钟,把水倾出,更换蒸馏水,重复清洗3次。

③把器物浸泡于25倍本身体积的温热的1.2 mol/L乙酸铵溶液里1小时左右,至铅器表面上无腐蚀产物为止。

④取出器物再放入大量经新蒸馏过的冷蒸馏水中10分钟左右,将水慢慢倾出,如此重复洗涤三次。

⑤将器物在常温下阴干,也可用酒精或丙酮这些既溶水,又容易挥发的有机溶剂浸后晾干。也可将器物浸以石蜡液加以保护。

6.3.2.2　离子交换树脂法处理铅制品

用离子交换树脂处理铅制品的方法,是将被处理的铅制品与离子交换树脂颗粒放在一起,让它们相互接触,再浸以保持温热的蒸馏水,如此更换几次树脂后,铅器表面上的锈层渐渐消失,而金属铅不会受任何影响。

用此法处理一些如钱币、证章等小件物品,方便、安全,效果不错。

6.3.2.3　腐蚀严重的铅制品文物的保护处理

对那腐蚀十分严重,锈蚀产物已深入到内部,不宜做除锈处理的器物,可采用下列方法进行保护处理:

①用透明塑料嵌埋法

腐蚀严重十分脆弱的铅制品和锡制品可以小心嵌埋在透明塑料中保存。

②用透明树脂垫压法

可将脆弱的铅制品文物以垫压法嵌埋在聚甲基丙烯酸甲酯树脂里。聚甲基丙烯酸甲酯无色、透明,耐水性、强度特别好,又可溶于氯仿或丙酮中,不但适合保存铅制文物,也可随时去除掉。

金属文物在人类文明史中占有独特的地位,青铜始于夏、商、周,与中国奴隶社会相始终。而铁制品随着中国封建社会的发展而发展,在古代制铁技术的基础上发展并制造出各种各样性能良好的合金优质钢、特种钢。中国的金属史就是一部生产工具与生产力的发展史。

金属文物的保护修复任务很重,涉及的知识、技术面很广。金属文物的保护方法、保护材料应视处理金属文物的成分、结构、埋藏环境、保存情况及锈蚀情况而定。

第四章　石质文物保护

中国石质文物十分丰富,不仅形式多姿多彩,而且具有很高的史料和艺术价值。但随着现代工业的发展,人口的增长,尤其是大规模城市建设、交通业的飞速发展,人类对环境的过度索取,导致环境恶化。这种恶劣环境对先民留下的优秀文化遗产造成了极大的破坏。石质文物特别是露天石质文物正以惊人的速度风化,致使石质文物剥蚀脱落,开裂崩塌,甚至发生整体破坏。

导致石质文物风化的因素很多,既有石质本身的组成、结构、性质、保存现状、建造的地质、地理等内部因素的影响,又有外界物理、化学、生物等因素的影响。要保护好石质文物,就必须深入研究各种因素对石质文物风化的影响,研究石质文物风化机理,用现代技术探测石质文物风化程度、裂隙发育,从而进行科学有效的保护。

§1. 石质文物的分类及其特点

1.1　石质文物的分类

石质文物是指一切以天然石头为原料加工的制品类文物,基本上分三大类。

1.1.1　石质艺术品类文物

石质艺术品类文物在石质文物中占有极其重要的地位,它种类繁多,有石窟寺、摩崖造像、石雕、石刻、石碑、经幢等。这些石质艺术品,把大自然与人类生产生活、社会活动、宗教信仰、风土人情等完美结合在一起,成为人们研究古代人类社会的政治、经济、生产、生活、文化,特别是古代艺术的珍贵实物资料。

石质艺术品类文物与佛教的传入和发展密切相关。东汉初年佛教传入我国,但当时影响不大。到了南北朝时期,由于战乱不止,各种矛盾空前尖锐,人民处于战争的灾难之中,苦于无奈,希望得到精神上的安抚和寄托,这种特殊的社会背景,为佛教的传播提供了机会。由于统治者的推崇和利用,佛教在中国得以迅速发展,与佛教活动和生活密切相关的石窟寺艺术,由印度北部传入中国西域,进而传入内地。如今我国已有敦煌莫高窟、山西大同的云冈石窟、河南洛阳的龙门石窟、重庆的大足石刻等石窟(刻)被列入世界文化遗产名录。

1.1.2　石质建筑类文物

石质建筑类文物是指人类历代遗存在社会上或埋藏在地下的有重要历史意义和重要艺术价值的石质建筑物或构筑物。石质建筑类文物包括石质建筑物、石质建筑群及其内部所附属的艺术品,如石质文物建筑中的石洞、石棚、石殿、石桥、石塔、石墙、石阙、石牌坊、石陵墓、石地板、石台级、石墙基、石柱、石柱础、石栏杆等。

1.1.3　石质工具、用具类文物

早在人类历史的初期,人们就开始以岩石为原料,制成各种劳动工具和生活工具。石制品的出现,开始了人类历史发展中漫长的石器时代,直到金属器具出现,石器才逐渐被取而代之。从古代用石材制成的石刀、石斧等简单劳动工具,逐渐发展到用石材制成石磨、石碾等石质工具,后来又用石材制成石槽、石盆、石碗、石镯、石枕、石棺、石椁等生活用品和丧葬用品。在漫长的石器使用过程中,很多石器被遗留了下来。

1.2　石质文物的特点

1.2.1　中国石窟寺艺术特点

石窟寺传入中国后,逐渐融合了地方民族特色,成为具有独特风格的艺术形式。中国的石窟寺艺术,就是在秦汉以前造像、绘画的基础上发展起来的,它是以雕塑和壁画为主要内容,把山崖、石洞、雕像、绘画艺术与木结构殿堂融为一体的,富有中国特色的石窟建筑形式。

中国各地的石窟,其开凿年代大约从南北朝直到明代,开凿较早的石窟已有一千五六百年的历史。从现存的这些艺术品来看,我国西北地区的石窟寺中,多雕刻品,保存较多。塑绘艺术品虽比雕刻品难以保护,但由于西北地区气候干燥,所以也有很多塑绘艺术品保存下来。

这些带有浓厚佛教色彩、反映佛教艺术的石窟寺,是古代能工巧匠们通过辛勤劳动创造出来的。这些精美、丰富、古老、纯朴且风格独特的雕刻和塑绘艺术品,展现了中国历代劳动人民的智慧、技巧。尽管这些石质文物中,时代及所处的地域和种类不一,但每件具体文物的来龙去脉,都构成了一个历史事实或一个神话故事。如重庆市大足石刻造像,上起初唐,下至明清,规模宏大,内容丰富,布局巧妙,50 000余尊造型精美的石刻遍布全县 40 余处,以北山、宝顶山最为集中。大足石刻是我国石窟艺术和石刻塑像史上的一枝奇葩,也是中国石窟艺术的优秀代表,特别是宝顶山大佛湾摩岸造像群,人物造型生动,栩栩如生,而且色泽鲜艳,令人赞不绝口,整个造像群的画面构成许多小神话故事,总的主题是教人绝不可作恶,要孝敬老人,不杀生等等。大足石刻在文化艺术和宗教史上都占有极其重要的地位,是

研究中国传统文化、佛教艺术,特别是研究巴蜀文化难得的宝贵实物资料。如此精美的艺术珍品,在千余年的漫长岁月中,长期遭受严重的风化破坏,致使石刻造像剥蚀脱落和损坏,其中有粒状脱落、片状风化、卷曲状风化、网状切割风化、局部发生板块脱落,有的造像甚至发生整体性破坏,模糊不清。所有损毁中尤以板块状风化形成各种脱离体及各种空腔、霉斑、水斑为甚。研究如何使这些石刻艺术品免受自然破坏是十分重要而急迫的任务。

1.2.2　石刻石碑类文物的产生及特点

在中国古代历代的帝王将相、文武大臣、皇宫贵族的墓中多有石碑,统称之为"墓志碑",记载了死者的生卒年月、死因、经历、功绩。这些资料,可补史之缺,正史之谬,对研究古代社会状况、人物等有重要的参考价值。

古代帝王将相、达官贵人的陵墓前一般都树立有大型石碑和石像生,如乾陵是武则天与唐高宗(李治)的合葬墓,在陵墓神道两侧和陵前树立着上百的飞禽走兽、大型石人、石马、石雕、石碑,其中高 7.53、宽 2.1、厚 1.49 米的巨型"无字碑"更是举世闻名。尽管这"无字碑"历尽沧桑,仍不失凝重厚实之感,但表面也因雨水浸蚀、风沙吹打磨损,苔藓、藻类寄生而损毁严重。

西安碑林博物馆是全国收藏石碑最多的石碑博物馆。馆内石碑林立,有中国不同朝代、不同字体、不同图案、不同形状的各类名碑,是人们欣赏研究古代石碑艺术、书法艺术、石刻艺术及研究古代历史、文化的丰富实物资料。

以上实例表明,中国石质文物不仅从形式到内容多姿多彩,而且具有极其丰富的史料价值和极高的艺术价值。

§2. 石质文物风化的主要原因

石质文物的风化是一个普遍存在而又危害严重的问题,特别是露天的石质文物的风化更为严重。石质文物风化主要受石质本身的性质、结构、保存状况、建造的地质、地理等内部因素及外界物理、化学、生物等外部因素的影响。

2.1　石质文物风化的内部因素

石质文物的风化损蚀,与其本身的性质、化学组成、孔隙率大小和胶结物类型等内部因素有着直接的关系。

2.1.1　石质文物石材化学组成的影响

雕凿加工石质文物的石材,一般都是就地取材。因此,当地的地质地理条件等就决定了石质文物的质地。各种不同质地的石质文物,遭受的影响也不同。如大理石、汉白玉这种以碳酸钙为主的石质,遇到浓盐酸,就会产生气泡,其变化如下列化学反应式：

$$CaCO_3 + 2HCl \longrightarrow CaCl_2 + CO_2\uparrow + H_2O$$

主要成分是难溶硅酸盐的花岗岩石材,遇到浓盐酸时,却看不出有明显的化学变化。这两种不同质地的石质文物受空气中酸性气体如 CO_2、SO_2、HCl、NO_2 等及酸雨的影响大不一样,前者比后者的腐蚀风化速度要快得多。

2.1.2 石质文物石质结构的影响

如果石质文物石质的主要化学组成相同,那么石质结构的影响就很明显,孔隙率大的石质结构就比较疏松,机械强度相对会小一些,因而抵御各种外界因素破坏的能力也较差。这种石质对水、酸、溶盐的吸收强,风化蚀损的速度变快。

2.1.3 石质文物石质胶结物的影响

石质的风化速度与石质胶结物的类型有关,以泥质(绿泥石、水云母和高岭土的混合物)为胶结物的石质,比以硅质为胶结物的石质更容易风化,这是因为泥质胶结物,在饱水状态下,容易发生水化作用,使泥质颗粒体积增大,造成石质膨胀,甚至泥质随水流失,造成石质结构中孔隙率增大,而抵御外界因素破坏的能力变差。而硅质胶结物因其溶解性非常小,不足以引起体积变化,也不易流失而影响石质孔隙率。

2.1.4 石窟寺建造受地质地理条件的影响

石窟寺建造时会受地质地理条件的影响。如地质层结构的变化,岩石的形成与演变,风沙的侵蚀,地下水的活动等,都会对石窟寺带来破坏。

2.2 石质文物风化的外部因素

石质文物的风化除受石质本身的组成、性质、结构、保存状况等内部因素影响外,还受大气中之有害气体、尘埃、酸雨、地下水中可溶盐、油烟等化学因素(见彩色图片 4-1)和水、温度、风沙、岩石空隙中盐的结晶与潮解等物理因素以及菌类、苔藓、藻类等生物因素的影响。

2.2.1 石质文物的化学风化

2.2.1.1 大气中有害气体对石质文物的危害

近代工业发展和人口迅速增长,导致大量有害气体排入大气中,造成严重的环境污染。特别是工业中的三废之一废气的排放、战争的硝烟、烟花爆竹的燃放、燃料的燃烧(汽车尾气、轮船、舰艇、飞机、火箭的燃料燃烧)等,都在将空气中对人类有益的氧转变成对人类健康有严重危害的氧化物(如氮氧化物、硫氧化物、碳氧化物)。这些有害气体不仅严重危害人类健康,同时也严重危害人类遗留下来的文物古迹,使文物不同程度遭到有害气体的侵蚀。室外石质文物受害更为严重。

1. 空气中氮、硫、碳氧化物有害气体对文物的危害

$$空气中有害氧化物气体 \begin{cases} (1)氮的氧化物：NO、NO_2、N_2O_5 \\ (2)硫的氧化物：SO_2、SO_5 \\ (3)碳的氧化物：CO_2、CO \end{cases}$$

这些氧化物遇到空气中的水蒸气而形成无机酸，使户外石质文物受到腐蚀。

$$氮氧化物 \begin{cases} NO+H_2O \longrightarrow HNO_2（亚硝酸） \\ NO_2+H_2O \longrightarrow HNO_3 \end{cases}$$

$$硫氧化物 \begin{cases} SO_2+H_2O \longrightarrow H_2SO_3（亚硫酸） \xrightarrow{O_2（空气中）} H_2SO_4（硫酸） \\ SO_3+H_2O \longrightarrow H_2SO_4 \end{cases}$$

$$碳的氧化物：\begin{cases} CO \xrightarrow{O_2（空气中）} CO_2 \xrightarrow{H_2O} H_2CO_3 \\ \qquad\qquad\qquad\qquad \rule[0.5ex]{1em}{0.4pt}\, CO_2\uparrow+H_2O \\ CO_2+H_2O \longrightarrow H_2CO_3 \\ \qquad\qquad\qquad \rule[0.5ex]{1em}{0.4pt}\, CO_2\uparrow+H_2O \end{cases}$$

这些酸对石质（特别是对以碳酸钙为主的石质大理石、汉白玉）的腐蚀非常明显。通过电子探针、X 射线衍射、质谱等分析手段，对腐蚀产物分析证实，石质文物风化的主要产物分别是 $CaSO_4 \cdot 2H_2O$、$Ca(HCO_3)_2$、$Ca(NO_3)_2$。硅酸盐为主的石质（如花岗岩，它的主要成分是长石（$K[Al_2Si_3O_8]$）的腐蚀产物主要是高岭土（$Al_2Si_3O_5(OH)_4$）。其腐蚀机理可简单分述如下：

(1) SO_2、SO_3 的腐蚀机理及对石质文物的危害

$$CaCO_3+SO_2+H_2O \longrightarrow CaSO_3 \xrightarrow[2H_2O]{O_2（空气）} CaSO_4 \cdot 2H_2O$$

大气尘埃中的金属氧化物，在高温、高湿条件下对风化过程中起催化作用。腐蚀产物硫酸钙比碳酸钙的溶解度大，且能产生水化作用：

$$CaSO_4+2H_2O \longrightarrow CaSO_4 \cdot 2H_2O$$

水合作用的产生，不仅会降低石质的硬度，还会产生体积膨胀，加快石质的损坏。雨水或岩石中水的冲刷会使表面的硫酸钙溶解，产生条痕或导致细部和装饰形成粉状脱落。

空气中的 SO_3 对石刻的腐蚀机理与 SO_2 基本相似，只是在水蒸气（潮气）存在下，直接生成硫酸钙：

$$CaCO_3+SO_3+2H_2O \longrightarrow CaSO_4 \cdot 2H_2O+CO_2\uparrow$$

(2) CO、O_2 对石质的腐蚀及腐蚀机理

CO 在空气中会氧化为 CO_2，与大理石、汉白玉中的碳酸钙反应。这种碳酸钙

在二氧化碳和水的作用下与碳酸氢钙（CaHCO₃）的转化，会形成奇特的自然景观——岩洞，但对石质文物石刻、石窟寺来说，却会遭受极大的破坏。CO_2 能溶蚀以 $CaCO_3$ 为主的大理石、汉白玉，其作用机理如下式所示：

$$CaCO_3 + CO_2 + H_2O \longrightarrow Ca(HCO_3)_2$$

$Ca(HCO_3)_2$ 为易溶盐，在干湿度变化的情况下溶解和结晶，如此反复长期变化，使石质文物遭受破坏。二氧化碳与石质在潮湿情况下反应，形成可溶性的碳酸盐 $CaHCO_3$，这个过程叫石质的碳酸化作用。虽然硅酸盐（长石 $K[AlSi_3O_8]$）为主的花岗岩性质相当稳定，但在长期的碳酸化作用下，仍会形成各种碳酸盐和高岭土类物质，失去强度。如花岗岩（以长石为主要成分即 $K[AlSi_3O_8]$，在含有 CO_2 和有机酸等水溶液的作用下，可发生下列化学反应：

$$2K[AlSi_3O_8] + CO_2 + 2H_2O \longrightarrow Al_2Si_2O_5(OH)_4 + 4SiO_2 + K_2CO_3$$

长石　　　　　　　　　　高岭土　　　　　　呈颗粒　可溶盐呈
　　　　　　　　　　　　　　　　　　　　　态流失　离子态流失

本来比较坚硬结实的花岗岩（长石），经过 CO_2 和水作用后，变成可溶性的 K_2CO_3 和细颗粒状物 SiO_2，很溶易被水带走，而剩下的是一些较为松软的高岭土。花岗岩的质地也自然变得疏松。

（3）NO、NO_2 对石质文物的破坏

空气中的 NO 在氧存在下很快被氧化成 NO_2，NO_2 遇到空气中的水蒸气，会在石质文物表面形成腐蚀性很强的硝酸（HNO_3），使石质文物中不溶于水的 $CaCO_3$ 转变为可溶性的硝酸钙而随水流失，其转变的化学反应如下：

$$CaCO_3 + 2HNO_3 \longrightarrow Ca(NO_3)_2 + H_2CO_3$$
$$\longrightarrow CO_2 \uparrow + H_2O$$

或者是 NO_2 在大气中通过生物固氮作用而形成硝酸盐溶于水而流失。

2.空气中有害氢化物气体对文物的腐蚀

空气中有害氢化物气体主要有氯的氢化物氯化氢（HCl）和硫的氢化物硫化氢（H_2S）对石质文物的腐蚀和破坏。

（1）氯化氢对石质文物的腐蚀

空气中之氯化氢主要来自工业废气，特别是氯碱工业中的废气及废水中所含的 HCl。

空气中的氯化氢气体在接触石质文物，会分解腐蚀石质文物，如遇以 $CaCO_3$ 为主的大理石、汉白玉就发生下列化学反应而被分解，这是典型的复分解反应：

$$CaCO_3 + 2HCl \longrightarrow CaCl_2 + H_2CO_3$$
不溶于水　　　　　　　易溶于水
$$\longrightarrow CO_2 \uparrow + H_2O$$

使石质文物中硅质也发生类似的复分解反应：

$$2K[AlSi_3O_8]+2HCl+H_2O\longrightarrow Al_2Si_2O_5(OH)_4+4SiO_2+2KCl$$

长石　　　　　　　　　　　高岭土　　　　以颗粒　以离子
　　　　　　　　　　　　　　　　　　　状流失　态流失

这些在石质文物表面的复分解反应，使石质表面酥粉甚至剥蚀脱落。

（2）硫化氢气体对石质文物的危害

因大多数石质中都含有一些金属元素及其化合物，如石质中若有 Fe^{2+} 的化合物，遇到 H_2S 后就会产生黑色的 FeS，其反应如下：

$$Fe^{2+}+H_2S\longrightarrow FeS+2H^+$$

如果石刻上有色彩，H_2S 会和红色颜料中 Pb_3O_4 及白色颜料 PbO 变成黑色的 PbS，其反应如下：

$$PbO+H_2S\longrightarrow PbS+H_2O$$

白色　　　　　　黑色

$$Pb_3O_4+H_2S\longrightarrow PbS+H_2O$$

红色　　　　　　　黑色

严重影响石刻上的颜色，影响文物的外观。

2.2.1.2 "空中死神"——酸雨对露天石质文物的侵蚀损害

现代工业（石油、煤炭、化工、航空航天、舰船、军事等）的发展，带来了一个无省界、国界、波及范围不断扩大，危害越来越严重的"空中死神"酸雨对露天文物的严重危害，特别对露天石碑、石人、石马、墓葬外的石质镇墓兽、古代建筑中的石材、石窟寺的围崖等的腐蚀破坏尤为严重，使石质表面严重风化、酥粉开裂、脱落。

2.2.1.3 空气中颗粒状或粉末状物中的尘埃对石质文物的危害

空气中尘埃的成分十分复杂，来源于多方面。空气中尘埃的成分：

①酸、碱、盐固体粉末。

②空气中 NO_2、SO_2、SO_3 等与水及金属氧化物作用生成的次生（再生）污染物——盐类。

③海风刮起海浪飞溅的盐类及盐场上升含盐气流给空气中带来的氯化物（NaCl、KCl）及硫酸盐气溶胶等。

④燃料：煤、汽油、天然气、矿物燃料、草、木燃烧产生的各种有机化合物烟道烟尘、煤渣。

⑤金属冶炼厂、化工厂、碎石厂及其他粉碎加工厂排到空气中的各种金属、金属氧化物、石棉、石英。

⑥尘埃中还含有微生物生长所需要的养料。

以上粉尘降落在石质文物上,一旦遇到潮湿空气,那些可溶的酸、碱、盐都会使石质文物表面腐蚀,使石质文物风化、酥粉、开裂、剥落。

2.1.1.4　溶盐对石刻文物的破坏

溶盐对石质文物的破坏是既严重又复杂,既有溶盐的化学作用破坏,又有溶盐物理作用的破坏。我们以大足石刻为例来分析溶盐对石质文物的化学破坏(物理破坏在石质的物理风化中再讨论)。溶盐在大足石刻上的出现与特殊风化、微气候及周围水文条件有关,溶盐常出现在石质造像的表面及风化掉的岩石表面,并以不同途径、不同形式对石刻进行侵蚀和破坏。

1.大足石刻上溶盐的形成

大足石刻上溶盐基本上以三种途径形成:

(1)地下水或地表水源溶盐的析出

大足石刻区地下水中含有 HCO_3^-、SO_4^{2-}、Cl^-、Ca^{2+}、Mg^{2+}、Na^+。由于旅游业的发展,石窟附近服务业的兴起,环境污染加剧,水中 Na^+ 在 1989 至 1994 年间升高了 22.3mg/L,Ca^{2+} 增加了 46.33mg/L,在水分持续蒸发作用下,渗入岩石深处的盐溶液受毛细管作用而使 Na^+、Ca^{2+} 等阳离子及 SO_4^{2-}、Cl^- 等阴离子随水分的移动而向石刻表面迁移,在石刻表面析出白色盐类或絮状溶盐或沉积在岩石的空隙中。

(2)石质难溶盐转化为易溶盐

当空气中之有害气体 SO_2、CO_2、NO_2 等溶于水后和石质发生一系列化学反应,如大足宝顶大佛湾石质中的溶盐的主要成分芒硝,主要来源于石质中含量约为 23% 的钠长石与空气中有害气体 SO_2 的作用:

$$2Na[AlSi_3O_8] + SO_2 + 2H_2O \xrightarrow{O_2} AlSi_2O_5(OH)_4 + SiO_2 + Na_2SO_4$$

　　　　钠长石　　　　　　　　　　　　　高岭土　　　　　　　　离子状态

由于 Na_2SO_4 比 Na_2CO_3 溶解度大,Na^+ 在岩石孔隙中和 SO_4^{2-} 一起以较快速度迁移,并随水分蒸发而结晶析出。石刻中含有质量分数为 4%~8% 的方解石,在 pH=7~8.5 的中性至弱碱性水中发生水解,虽反应速度较慢,但不断积累,也成为溶盐的另一来源:

$$CaCO_3 + CO_2 + H_2O \longrightarrow Ca(HCO_3)_2$$

方解石

$$\left.\begin{array}{l} CaCO_3 \\ Ca(HCO_3)_2 \end{array}\right\} \xrightarrow[H_2O]{SO_2,\,O_2} CaSO_4 \cdot 2H_2O$$

(3)环境水与碱性修补材料(如水泥)接触产生可溶盐

大足石刻有的地方曾用水泥修补过,石质文物和水泥共存。由于水泥中所含的硬化剂 $Na_2 \cdot nSiO_2$ 在环境水中发生下列反应:

$$Na_2O. nSiO_2 + CO_2 \xrightarrow{H_2O} Na_2CO_3 + nSiO_2$$

$$Na_2CO_3 + H_2SO_4 + 10H_2O \longrightarrow Na_2SO_4 \cdot 10H_2O + CO_2 \uparrow$$

水泥硬化后产生 $Ca(OH)_2$、$CaSiO_3$ 及 $nCaO \cdot mAl_2O_3$ 的水合物,与含 $SO_4{}^{2-}$ 较高的环境水发生下列化学反应:

$$nCaO \cdot mSiO_2 + nH_2SO_4 + H_2O \longrightarrow nCaSO_4 + mSi(OH)_4$$

$$nCaO \cdot mAl_2O_3 + nH_2SO_4 + H_2O \longrightarrow nCaSO_4 + mAl(OH)_3$$

这样用水泥修补过的地方不仅析出可溶性盐而且产生风化、裂缝。

2. 大足石刻上溶盐的成分及分布规律

我们在宝顶山溶盐较严重较集中的"释迦涅槃圣迹图"南柱上不同高度采取溶盐样,进行 X 衍射分析,确定其溶盐的成分及其在文物上的分布规律,进而分析研究了盐受热受潮情况下成分、结构变化对石刻的影响。

从溶盐 X 衍射分析结果可以看出,盐中主要成分为无水芒硝 α 型(1#、2#、4# 都是 α 型)及 β 型 Na_2SO_4（3# 中 α 型、β 型 Na_2SO_4 含量大致相当）。二者都是正交晶系,但晶格常数不同。

表 4—1　大足石刻溶盐成分及在石刻文物上分布的 X 射线衍射分析结果

样品号	取样高度 (cm)	溶盐的组成及化学式	物 质 的 质 量分数/%	wNa_2SO_4
南 1#	55~70	$a-Na_2SO_4$、$\beta-Na_2SO_4$、$CaSO_4 \cdot 2H_2O$、 $Na_4Ca(SO_4)_3 \cdot 2H_2O$、$CaSO_4 \cdot \frac{1}{2}H_2O$、 $Ca_2(SO_4)_2$		80%以上
南 2#	95~105	$Na_2Ca_5(SO_4)_6 \cdot 3H_2O$ $\alpha-Na_2SO_4$ $\beta-Na_2SO_4$ $Na_4Ca(SO_4)_3 \cdot 2H_2O$	 66.8 14.6 18.6	81.4%
南 3#	120~130	$Na_2Ca_5(SO_4)_6 \cdot 3H_2O$ $\alpha-Na_2SO_4$ $\beta-Na_2SO_4$ $Na_4Ca(SO_4)_3 \cdot 2H_2O$	 47.5 39.5 6.0	87.0%

续表

样品号	取样高度 (cm)	溶盐的组成及化学式	物质的质量分数/%	$w\mathrm{Na_2SO_4}$
南 4$^{\#}$	155～160	$\mathrm{Na_2Ca_5(SO_4)_6 \cdot 3H_2O}$、$\mathrm{CaSO_4 \cdot 5H_2O}$ $\alpha-\mathrm{Na_2SO_4}$ $\beta-\mathrm{Na_2SO_4}$ $\mathrm{Na_4Ca(SO_4)_3 \cdot Na_2Ca_5(SO_4)_6}$	7.0 70.4 27.1 2.5	97.0%

从上表中可以看出溶解度大的钠盐的含量从低处到高处逐渐增加,而溶解度小的钙盐的含量由低处到高处逐渐减小。这证明采样处水分迁移的方向是从下向上。在水分不断蒸发下溶解度小的钙盐先析出,溶解度大的钠盐浓积于溶液中继续迁移上升,结晶按溶度大小依次析出,形成规律的分布梯度。

2.2.2 石质文物的物理风化

物理因素对石质文物的破坏也是石质文物风化的一个重要因素。物理风化作用主要指:湿度、温度、风沙、盐的结晶与潮解、溶盐的晶变等物理作用对石刻的影响。

2.2.2.1 水对石质文物的作用最为突出

1.水是其他物质破坏石质文物的媒介

没有水存在,像 SO_2 等有害气体的侵蚀化学反应,无法进行,所以说水是造成岩石雕刻等石质文物风化的根本原因。

2.水的结冰—融化对石质文物的破坏

当石质内部孔隙的水遇低温结冰时,体积增大,产生膨胀压力,对孔隙率较大的石质文物造成破坏。

3.水使石质内部泥质胶结物发生水化作用,造成石质体积膨胀。

4.侵入石质表面的水,对石质形成外多内少的渗透分布,更能引起石质体积膨胀而导致力学强度从内到外明显的下降,使得文物价质最高的表层,受水的侵入而成为影响最大、最严重的部位。

大足宝顶山摩岩造像的沙岩,在风干和饱水状态下,分别用点载荷仪进行力学强测试,结果如表4-2所示。

表 4—2　　大足石刻在风干及饱水下力学强度测试结果

风化分带	新鲜		弱风化		强风化		剧烈风化	
试验状态	干	湿	干	湿	干	湿	干	湿
抗拉强度（kg/cm²）	24.7	22.5	12.2	6.7	5.0	2.6		2.2
抗压强度（kg/cm²）	560	500	275	154	122	63		5.3

从上面测试结果可以看出,这种砂岩在饱水状态下的力学强度只有干燥时的1/2左右,说明水对石质文物强度的影响相当大,对石质文物的破坏也相当严重。

5. 水对石质文物的机械作用

雨水、地面水的流动在石质文物表面形成反复冲刷的机械作用,使石质文物表面所受的破坏越来越严重,导致滴水穿石的后果。

2.2.2.2　岩石空隙中盐的结晶与潮解对石窟的破坏

岩石空隙中盐的结晶与潮解对石窟的破坏很大,当温度升高时,岩石空隙中水分要不断蒸发,使毛细孔隙中的盐分增多,浓度增大,当达到饱和浓度时,盐分就会结晶,而结晶时体积增大,对周围岩体产生压力,形成新的裂隙。当气温降低时,盐分从大气中吸收水分而又使盐溶解变成盐溶液,渗入岩体内部,并将入渗沿途的盐溶解,渗到新生的裂隙中。如此反复进行,使石质文物中的裂隙不断扩大,强度不断降低。

2.2.2.3　岩石中溶盐晶变对石窟的破坏

溶盐的结晶变化对石窟产生的破坏不容忽视。大足石刻中石膏($CaSO_4$)在浅表层聚集的硫酸盐中比例最大。当气温达 40℃时,气温对岩石的有效影响范围可深达 10cm 左右。气温差可促使石膏与硬石膏之间发生周期性变化。当硬石膏变成石膏时体积增大 31%,并产生 $10kg/cm^2$ 的压力,使联结较弱的岩体会产生胀裂。

2.2.2.4　温度变化造成岩石的物理风化

物体的热胀冷缩取决于物体的膨胀系数及温度变化。暴露在外界环境中的石质文物,白天在太阳曝晒下,石质表面受热膨胀,内部则受的影响小。而夜晚,表面又被内部冷却,收缩的快。石质颜色不同吸收的热量也不同,黑色吸的多,因而一些石质文物暗的部位膨胀较小,形成不均匀的膨胀,天长日久,反复作用而给石质文物带来破坏。

2.2.2.5　风沙吹打磨蚀引起文物的物理风化

风的剥蚀也加剧文物的风化。一般 10 级风力形成的表面压力约为 666.6～799.9 帕,可加深水的渗透作用。近年来风卷沙尘起,形成的沙尘暴,对石质文物的吹打磨蚀十分严重。在敦煌,沙尘暴卷起大量沙石可将窟门封住;积沙甚至可压垮洞窟栈道;风沙还直接吹打磨蚀石窟壁画的画面层,引起颜料脱落。

2.2.3　石质文物的生物风化

地球上存在着大量的生物,这些生物生长在地球表面的各个角落(包括空气中、水中以及石质裂隙中)。它们的生长、代谢、活动与死亡都直接或间接地损蚀破坏石质文物。

2.2.3.1　植物根系对石质文物的破坏

植物生长在石质文物裂隙中,根系会把石质文物的裂缝逐渐胀开,使裂缝不断发展,造成严重的机械性破坏。

植物生长在距石质文物太近的地方,根系的生长不但会使文物的基础受到威胁,还会使地面水沿植物根慢慢渗入,带着石基及岩石中的可溶性盐慢慢向石质文物表面迁移。蒸发作用使溶盐在石质文物的表面及裂缝中析出,加速溶盐引起石质文物的化学风化和物理风化。

2.2.3.2　菌类微生物及低等植物对石质文物的破坏

石质文物上常常有菌类及苔藓等低等植物繁殖生长。这些生物常以共生复合体存在,在潮湿温暖的地方繁衍迅速,对石质文物破坏明显(见彩版 4—2～4—7)。

大足石刻区气候温暖潮湿,年平均气温为 17.3℃,年平均湿度为 82%。这样的条件,非常适合菌类特别是霉菌和一些低等植物生长繁殖。它们不仅在石质文物表面形成各种色斑,影响文物的原貌,而且因微生物的酸解作用和络解作用使石质文物发生生物风化。

1. 微生物的酸解作用

微生物的酸解作用主要表现为矿物元素以离子形式从岩石中溶出的过程:

$$[\text{矿物}]^- M^+ + H^+ R^- \longrightarrow H^+ [\text{矿物}]^- + M^+ R^-$$

$$R^- = NO_3^-、RCOO^-(\text{有机酸根})、HCO_3^-、SO_4^{2-}$$

生物分泌物和遗体在微生物作用下分解形成的各种酸(主要有草酸、柠檬酸、酒石酸、水杨酸等有机酸),是微生物酸解的主要来源。苔藓、藻类、地衣共生复合体的生命运动过程中,藻类进行光合作用,制造有机物;真菌吸收水分和矿物质为藻类的光合作用提供原料,并使藻类细胞保持湿润。共生体在岩体中形成溶蚀楔,进而扩大为溶蚀槽,有 H_2O 和 CO_2 参与时,在岩石表面的毛细缝中溶蚀。溶蚀构造中遗留大量有机物和腐殖物,在共生体生存过程中产生的草酸与岩石作用生成草酸钙,进而形成氧化表层。

微生物进入岩体在石刻表面形成瘤突结,从外向内依次为表面晶状深色碳酸盐层、微生物层、浅色碳酸盐风化层。

2. 微生物的络解作用

微生物的络解作用是微生物在生命过程中,形成的各种有机酸,作为配体与 Ca^{2+}、Mg^{2+} 等离子形成络合物而从岩石中流出,使岩石遭到破坏。

3. 大足石刻上菌类的分离鉴定

经对大足北山石刻上采取的菌样进行培养、分离、鉴定,结果表明,危害大足石刻的菌类主要有霉菌和细菌。

霉菌主要有:青霉属(青霉)、绿霉属(绿霉)、曲霉属(以黑曲霉为主)、枝孢曲霉属,其中主要是黑曲霉。

细菌:主要是球菌、螺旋菌和杆菌。

在放线菌培养基中培养出来的也是 6 个霉属的霉菌,说明大足石刻的菌中没有放线菌。

2.2.4　油烟对石刻文物的危害

石窟寺是佛教活动的重要场所,长期以来人们参拜时烧香、点蜡、点灯产生的油烟附着在石刻表面,吸附空气中的尘埃形成油污油垢,有的已成陈年油烟,牢固地黏附于石质文物表面。如大足石刻宝顶山的"牧牛道场"图被油烟污染成一片油黑,不仅严重影响石刻的外观,而且为微生物——菌类、苔藓、藻类、地衣提供了营养和非常适宜的生存条件。有些油污腐败变质产生的有机酸也会腐蚀石质文物。

石质文物遭受内外因素的破坏,不是某一因素单独作用,而是以某一因素为主的多种因素作用的结果。

研究复杂的石质风化机理,是一项需要进行深入、细致、系统的工作,全面真正地搞清其风化的原因,采取正确科学的方法,才能切实保护好珍贵的石质文物。

§3. 石质文物的保护修复

3.1　石质文物的清洗

石质文物上的尘埃、油烟、霉菌、污物、溶盐等对文物都有不同的危害,应采取正确的方法加以清洗或清除。

3.1.1   石刻上尘埃的清除

落在石质文物上的尘埃遇到潮湿空气时,其中可溶性酸、碱、盐就会腐蚀文物。对大足石刻造像上尘埃采样分析结果表明,其主要成分是:

石膏($CaSO_4 \cdot 2H_2O$)占 20%

熟石膏($CaSO_4 \cdot 5H_2O$)占 39%

复盐($Na_{10}Ca_3(SO_4)_8 \cdot 6H_2O$)占 18.2%

可采用毛笔或软毛刷轻轻刷除。

3.1.2   雨水冲刷痕迹的清洗

先用去离子水清洗除去易溶于水的污物,然后用 5% 的 $Na_2[Na_4(PO_3)_6]$ 溶液清洗雨水冲刷痕迹,若雨痕太重难以清洗时,用 5% $Na_2[Na_4(PO_3)_6]$ 多层纸张贴敷法让其充分接触、络合而除去水痕,最后用离子交水冲洗石刻,清除残留在石质文物上的清洗剂。

3.1.3   油烟菌类的清洗

用 14% 的 $NH_3 \cdot H_2O$ 和 5%~10% 的丙酮溶液清洗,效果十分明显,油烟、霉菌可全部清洗掉。若清洗之处特别潮,为了防霉可用 0.02% 的霉敌乳剂处理,以在石刻表面形成一个防霉、透气、无眩光的保护膜(见彩版 4—8)。

3.1.4   黑色、绿色霉菌与低等植物共生复合体形成的污物的清洗

先用清水浸湿污物,用 50% 丙酮溶液清洗,后用 14% 的氨水清洗,再用 0.4% 霉敌乳剂作杀菌、防霉、防苔藓、地衣处理(见彩版 4—9、10)。

3.1.5   石刻上溶盐及硬质沉积物的清洗

充分利用石刻内部毛细作用和纸张纤维纹理的协同抽吸作用,在石刻有溶盐的部位采用多层纸张贴敷法,用排笔蘸取离子水将柔软吸水纸贴敷在石刻表面,使纸张与石刻紧密相贴,石质中的溶盐会在石刻毛细作用和纸张纤维纹理的协同抽吸作用下进入纸张糊敷层,纸张干翘后留在纸层纤维中,此时揭下纸层,如此反复几次,溶盐可基本除完。

石刻上一些沉积物(主要是一些难溶石灰质(碳酸盐)、石膏质(硫酸盐)、硅质(硅酸盐)比较坚硬,可用多层纸张贴敷法,用毛笔或软毛刷蘸 8%~10% 的 $Na_2[Na_4(PO_3)_6]$ 将柔软的多层纸贴在有沉积物的石质文物表面,使硬质沉积物浸湿、软化、络合、溶解、吸入纸层,纸干翘后,揭取纸层,可看见被贴敷的石刻表面和纸层上都析出许多白色针状结晶,在纸层干翘处有近 4~5mm 长的针状结晶,用毛笔或小毛刷刷除结晶后,再反复贴敷,直到沉积物清除干净。这样石质文物表面、造像孔隙中难溶沉积物中的钙、镁、钡、铁的二价离子 Ca^{2+}、Mg^{2+}、Ba^{2+}、Fe^{2+},与

$Na_2[Na_4(PO_3)_6]$ 形成稳定的络合物,溶于水吸入纸层;而沉积物中的 CO_3^{2-}、SO_4^{2-}、SiO_3^{2-} 等阴离子则与 $Na_2[Na_4(PO_3)_6]$ 的 Na^+ 形成可溶性的 Na_2CO_3、N_2SO_4、Na_2SiO_3。这些盐渗入纸层,揭取纸层,刷除石质文物表面析出的可溶盐,最后用去离子水浸湿纸层,再抽吸两次以除去石刻表面或造像孔隙中的 $Na_2[Na_4-(PO_3)_6]$。其清洗原理如下列化学反应式所示:

$$M^{2+} + Na_2[Na_4(PO_3)_6] \longrightarrow Na_2[M_2(PO_3)_6] + 4Na^+$$

$$M = Ca^{2+}、Mg^{2+}、Ba^{2+}、Fe^{2+}$$

$$2Na^+ + CO_3^{2-} \longrightarrow Na_2CO_3$$

$$2Na^+ + SO_4^{2-} \longrightarrow Na_2SO_4$$

$$2Na^+ + SiO_3^{2-} \longrightarrow Na_2SiO_3$$

这样石质浅层及表面的沉积不断溶解、不断除去,深处的离子就会加快迁移速度,使沉积物及溶盐的清理更加迅速、彻底和安全(见彩版 4-11)。

3.2　石质文物的黏结

3.2.1　表面比较完整,石刻质地比较结实的大块石质艺术品的黏结

表面比较完整,石刻质地,强度比较好的大块石质艺术品(石雕或石刻)断裂时,可用强度好、黏着力强、收缩率低、内聚力大、稳定性好、低儒变高韧性的环氧树脂黏合剂来黏结。

黏结操作:(1)清洗石质文物断裂面→(2)干燥(自然干燥或用吹风的办法干燥)→(3)用毛刷在断面均匀涂环氧树脂黏合剂(4)待半干时,合对差口黏结,稍用力,使黏结更好→(5)固化→(6)修理作旧。

3.2.2　比较脆弱的石质文物,为防止因黏合力过强而造成结合面后面部分破碎,而与石头本身分离,不采用环氧树脂黏合,而采用硝酸纤维素黏合剂黏结。若断裂面较大、裂缝较宽且石质表面又比较脆弱的石质文物或博物馆内的石制品,可用聚醋酸乙烯酯 $\left(CH_2-CH\right)_n$ 加大理石粉、适当颜料作成面团,压进石制品

$\qquad\qquad\qquad\qquad\quad$ $\underset{OCOH_3}{|}$

裂缝内,干燥 $1\sim2$ 天,加以修整即可(见彩版 4-12)。

3.3　石质文物的加固

大型石质文物特别是大型石窟寺建筑,往往受到地震及地壳运动等自然因素而遭到破坏,或受到农业生产、战乱等人为因素的破坏,出现裂隙断裂、崩塌。有些

石窟由于组成质地影响出现的种种严重问题,如以石灰岩为主的龙门石窟,岩层中多组裂隙发育,丰富的地下水活动频繁,使窟群物理、化学、生物风化十分明显,出现崩塌和岩溶,使有些石窟连同其珍贵的雕刻艺术品一起遭到破坏。崩塌现象造成的损坏尤为严重,如最雄伟的露天石刻奉天寺,南崖壁的天王、力士雕像因严重崩塌而所存无几。

麦积山石窟,由于泥质胶结物中有大量与水亲和力特别强的蒙脱石,使晶格发生崩胀,引起岩体裂隙延伸和增大,危及石窟安全。敦煌石窟、炳灵寺石窟、大足石窟也都存在类似的裂隙问题。大同云冈石窟因裂隙岩石强度降低,致使大佛前倾,雕像顶板、前壁画大面积严重崩塌。对于这些出现裂隙断裂的石窟、石刻应及时采取必要的加固,以维持岩石整体性和增加石质的力学强度,防止产生崩塌等严重甚至毁灭性破坏。由于石质破坏及风化程度不同,在加固时采用的加固剂和加固方法、工艺也不同。

3.3.1　石质文物加固材料的特殊要求

①不影响石质文物原貌,不降低文物价值。

②能使石质文物风化表层的疏松颗粒黏合成一个整体,这是选择风化石质文物加固封护材料的最基本的要求。

③加固材料黏合性好、强度好。

④加固材料渗透好。

⑤加固材料抗水性和透水性好,即既可使石质中之水能逸出,又能防外界水进入。

⑥加固材料透气性要好。

⑦加固材料耐老化性能要好,材料及加固效果要长期性、稳定性好。

3.3.2　灌浆加固

灌浆加固工艺是借鉴建筑工程上用以增强建筑稳定性的一种方法,该法因有很多优点而被引入石窟的加固中。因建筑用水泥颗粒较粗,不能灌入0.25毫米以下的微细缝中,而且凝固时体积收缩、与岩石的黏结力较小,加固效果不好等原因,文物保护工作者在加固石质文物时尝试应用有机高分子材料。如对大同云冈石窟部分洞窟进行了甲基丙烯酸酯类共聚物灌浆加固,处理后的破损部分都达到或超过原来的岩石,不但增加了石窟的强度和稳定性,也没有影响文物原貌。

20世纪60年代中期我国开始用比丙烯酸酯类共聚物性能更优越的环氧树脂灌浆与金属锚杆结合的方法来加固石窟。环氧树脂固化时不产副产物,因而不产生气泡,体积收缩非常小,加之环氧树脂渗透性好,可灌入0.1毫米的细微裂隙中,又黏着力强、内聚力大,低儒变高韧性,稳定性高,易改性,操作性能良好。经常使用于加压灌浆,以使环氧树脂渗满石质的各种裂缝中。如果裂缝较宽,可适当添加一些像水泥、沙子、岩石粉、碎石等填料,既增加固化的机械强度,还可降低成本。加锚杆是为了增加加固的深度、增加裂缝的加固强度,在敦煌石窟、龙门石窟、麦积山石窟、云冈石窟都取得良好加固效果。

3.3.2.1　环氧树脂浆液配方的选择要求

①黏结性能要好,黏结力应高于岩石的抗拉强度。

②要求有适当的黏度,使其可以灌到各种宽窄度的裂隙中去。

③要有较长的施工适用期,即浆液有一个较长的施工适用期,以保证施工顺利进行,而在施工完满结束后,又能快速固结硬化。

④固化后性能要好,即既坚硬而又不适柔韧性。

⑤较好的抗腐蚀能力。

⑥固化时体积收缩要小。

⑦原料要来源方便、价格便宜。

3.3.2.2　环氧树脂浆液配方

表 4-3　适合灌进 0.5 毫米裂缝中的环氧树脂浆液配方

材料名称	材料的作用	重量比
6101# 树脂	黏结剂	100
环氧氯丙烷	活性稀释剂	20
二甲苯	非活性稀释剂	40
邻苯二甲酸二丁酯	增塑剂(增韧剂)	10
间苯二胺	固化剂(硬化剂)	17

表 4-4　适合灌到 5 毫米以下岩石裂缝中的环氧树脂浆液配方

材料名称	材料的作用	重量比
6101# 环氧树脂	黏结作用	100
糠醛	活性稀释剂	30
丙酮	混合稀释剂	30
二乙烯三胺	固化剂、催化剂	17

3.3.2.3　环氧树脂浆液配制工艺

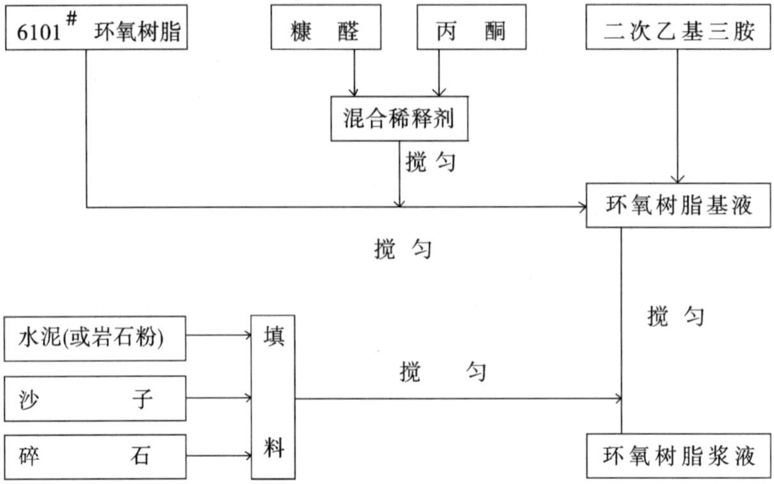

6101# 环氧树脂　　　糠醛　　　丙酮　　　二次乙基三胺

混合稀释剂
搅匀

环氧树脂基液
搅匀

搅匀

水泥(或岩石粉)　→　填
沙　子　→　料
碎　石　→

搅匀

环氧树脂浆液

图 4—13　环氧树脂浆液配制流程示意图

3.3.3　岩体强度较低的沙砾岩石窟的加固

由于沙砾岩、砂岩力学强度较低,而环氧树脂力学强度太大超过岩体本身强度,会造成岩体黏结面之间的剥离,直接影响加固效果。

像这种力学强度较差的沙砾岩、砂岩可以使用敦煌研究院李最雄研究员研制的一种适宜砂岩、沙砾岩灌浆用的材料 PS—C(PS 为高模数硅酸钾水溶液,C 为黏土),即 $SiO_2 : K_2O = 4 : 1$。采用 PS—C 对甘肃麦积山、敦煌石窟等石窟裂隙灌浆的结果表明 PS—C 对多孔、强度低、孔隙率大的沙砾岩是一种理想的灌浆材料。其作用机理是通过 PS 的渗透而形成许多二次支架和化学性质稳定、强度好的新团粒,从而大大增强了交联骨架的稳定性,提高了被加固岩体的抗压强度和抗崩塌性。

3.3.3　脆弱石质文物的加固

3.3.3.1　早期,对于一些因可溶性盐活动而开裂剥落,甚至酥粉的石质文物,一般用石蜡加固。处理小型的器物时,先将石蜡熔融,再进行减压浸渗;处理大型石制品,一般先将石器加热,再将事先准备好的石蜡和石油醚的软膏状物敷在热石头上,蜡就被吸收到石孔中,待溶剂挥发完,再加热敷蜡,直到石器不能再吸收为止。

3.3.3.2　随着高分子材料的发展,用丙烯酸酯类、有机硅类高分子材料代替了石蜡法。

3.3.3.3　用硅酸钠和硅酸钾加固脆弱石质文物

将硅酸钠(Na_2SiO_3)和硅酸钾等溶于热水中,形成黏稠溶液,来浸渗加固较脆

弱的石制品,使可溶性的硅酸钠或硅酸钾在石质中转变为不溶解的硅酸盐,其转变反应如下式所示:

$$Ca^{2+}+Na_2SiO_3 \longrightarrow CaSiO_3 \downarrow +2Na^+$$

$$Ca^{2+}+K_2SiO_3 \longrightarrow CaSiO_3 \downarrow +2K^+$$

3.3.3.4　用 $Ba(OH)_2$ 来加固石灰石或大理石制品

其原理是用 $Ba(OH)_2$ 溶液中的钡离子与钙离子交换而产生碳酸钡和氢氧化钙,而氢氧化钙又与空气中之二氧化碳反应重新生成碳酸钙,其反应过程如下列化学反应所示:

$$Ba(OH)_2+CaCO_3 \longrightarrow BaCO_3+Ca(OH)_2$$

$$Ca(OH)_2+CO_2 \longrightarrow CaCO_3+H_2O$$

用黏接剂合成树脂加适当石粉及少许颜料对石质作旧,以使石质整体协调。

3.3.4　室内风化酥粉石质艺术品的加固

对酥粉十分严重,既不宜喷涂,也不宜刷涂的石质文物可用毛笔或软毛刷蘸 $4\% \sim 5\%$ 的丙烯酯类溶液,采取接触渗吸法加固,使加固剂接触渗吸文物中,直到不再渗吸为止。

3.4　石质文物的修补

许多露天保存的石质艺术品,经物理、化学、生物及人为破坏,有的已经断裂残缺。对残缺文物,常用环氧树脂胶泥修补。

3.4.1　环氧树脂胶泥修补剂的组成

(1)液态环氧树脂,(2)固化剂,(3)增塑剂(增韧剂),(4)填料:常用的填料有炭、石墨、硅石、石英粉、大理石粉、铝粉等,具体用什么填料需视被修补的石质文物的强度、残缺部位的颜色等来决定。

表 4-5　环氧树脂胶泥的配方

材料名称	材料的作用	重量比
6101# 环氧树脂	黏结作用	100
苯二甲酸二丁酯	增塑剂(增韧剂)	50
乙二胺(或二乙烯三胺) ($N_2NCH=CH-NH-CH=CH-NH_2$)	固化剂(定变剂)	8～10、10～12
岩石粉	填料,增加强度	400
矿物颜料	协调与岩石色调	

3.4.2 环氧树脂胶泥修补剂配制工艺

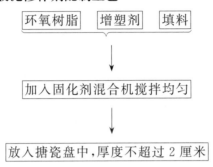

3.5 石质文物的表面保护

石质文物,特别是露天石质文物除了需根据损坏情况进行黏结、加固和修补外,还需采取有效表面保护措施,减缓风化的速度,延长石质文物的寿命。

3.5.1 大面积机械性保护措施

3.5.1.1 加遮雨棚

可以有效地阻止日晒而引起石质文物表面温度剧烈变化而加速石质文物表面风化、剥蚀。

3.5.1.2 做排水渗水工程

在石窟窟顶、窟附近山体下做渗水、排水工程,可有效地阻止水蚀的直接威胁。如大足石刻在石窟后的山体下,挖了深80多米的排水井和几百米长的排水通道,排水效果非常好。

3.5.2 石刻表面保护膜保护法

给文物加遮雨棚可以有效防止日晒雨淋对文物的直接威胁而产生保护效果。但对空气中有害气体、尘埃、水蒸气和风沙侵蚀、磨损、剥蚀无能为力,有时还难以做到与周围环境的协调,因此在保护石质文物表面时,可采用化学或其他的方法直接进行保护。

目前石质文物表面保护的主要措施,多是采取在石质表面加无机或有机高分子材料保护层,防止空气中各种有害因素对文物继续腐蚀风化。国内外较多用的保护材料有:低黏度的环氧树脂、甲基丙烯酸酯类、尼龙材料、有机硅树脂、氟碳树脂、氢氧化钠—尿素等。除此之外,还采用微生物对岩石进行转化及石灰水表面保护法。

3.5.2.1 石质文物表面保护材料的要求

①黏合性要好,能将石刻表层疏松颗粒粘成一个整体。

②渗透性好,填充性能好。

③抗水性好,即疏水性好,可作石刻防水剂。

④透水性好,能使石刻内部的水出来,而外部水不能进入表层。

⑤透气性好,当石刻毛细孔内水在温度高蒸发时,不会使膜破裂。

⑥耐老化性能好,老化期长。

⑦成膜性好,成膜需无色透明、无眩光、致密,能起到防潮、防空气中有害气体的作用。

3.5.2.2　有机硅树脂的结构及特性

1.有机硅树脂的结构式

2. 有机硅树脂的特性

(1)有机硅树脂既有烷基又有硅氧键,是一个介于有机高分子和无机材料之间的聚合物,因此具有一般高聚物的抗水性、耐老化性、黏合性、成膜性、渗透好、填充性能好等特点。

(2)有机硅树脂的结构性能决定它与石质有很好的相容性,因二者之间有很好的结合力,而且还通过化学反应形成比物理结合力强得多的化学键力,可将风化的石质表面的疏松颗粒结合成一个整体。

(3)有机硅对石质文物表面的保护,使石质表面具有透气性、透水性和抗水性。

一般的表面保护材料是通过涂料成膜达到隔绝防水,不仅会改变或影响石质文物原有的外观质感,还会使表面失去透气性。如果石质原来毛细管内渗有水,或石质与山体相连而使毛细孔中渗入水,一旦温度升高水分蒸发,就会使表面保护膜受蒸气压力破裂而失去保护作用。而有机硅处理石质表面后,其毛细管壁通过有机硅氧烷中的硅醇和石质表面上的硅醇发生脱水作用,使得水对毛细管的接触角由小于 $90°$ 而变为大于 $90°$,使得原来对水的毛细吸收力变为毛细管压力,形成"倒漏斗形"结构,漏斗大口向内,小口向外,在毛细压力作用下外部的水不能从小口进入石质文物表层。同时,漏斗大口向内因毛细压力而使毛细孔敞开,使石质内部水分可缓慢逸出而减少内部储存,从而起到透水、防水,阻止或减缓风化的作用。

3.5.2.3　有机硅树脂在石质表面保护的应用

石质文物的风化程度不同,所用的表面保护剂及保护方法也不同。

(1)风化程度较轻、强度较好的石质文物表面保护用有机溶剂乙醇稀释聚硅氧烷,降低黏度后涂渗,其中醇挥发,而有机硅氧烷树脂留在石质文物表面形成无眩光的透明封护膜,起到防护作用。

(2)石质文物风化严重时的表面保护

石质文物风化较严重时,应用有机硅氧烷单体引发聚合而加固。石质风化严重时,用有机溶剂稀释的硅氧烷树脂,虽因黏度降低可渗入风化层,但因有机溶剂挥发而剩下的有效聚有机硅氧烷树脂不多,起不到胶结风化松散物的作用,因而起不到表面封护的作用。这种情况下应选用硅氧烷单体(甲基三乙氧基硅烷 $CH_3Si(OC_2H_5)_3$;甲基三甲氧基硅烷 $CH_3Si(OCH_3)_3$;四乙氧基硅烷 $Si(OC_2H_5)_4$;四甲氧基硅烷 $Si(OCH_3)_4$),使之在活性引发剂作用下缓慢聚合,渗透深度可达 3~5 厘米,达到胶结风化松散物,既有效地加固了风化层,又能起到很好的表面保护作用。

3.5.3   微生物转化表面保护法

微生物转化法,主要是利用含有硫酸盐还原菌—脱硫弧菌属细菌溶液,处理由空气中二氧化硫及碳微粒等污染物在石质文物表面形成的硫酸钙层($CaSO_4 \cdot 2H_2O$)。此法处理过的石质表面形成方解石($CaCO_3$),在形成方解石过程中,微生物起净化大理石表面的作用,为石质文物表面保护开辟了一条有发展前景的新途径。

3.5.4   石灰水石质文物表面保护法

将石灰泡入水中所形成的石灰水或石灰浆液,也可用于加固和保护石质文物,具体方法是:把新鲜的石灰浆(氢氧化钙 $Ca(OH_2)$ 液),敷在石头上,厚度一般为 20~30毫米,为防止干透,每天可淋洒石灰水,这样保护 2~3 周时间,然后除去石灰糊,并将残垢清洗干净,接着用新配制的饱和石灰水溶液涂刷石灰石表面,反复连续涂刷几天,即可在石质表面形成一层保护涂料,对石质文物有一定的保护作用。此法实质是利用饱和石灰水在石质文物表面与空气中 CO_2 作用而形成 $CaCO_3$ 覆于石质文物表面,形成保护层而起到保护作用,其形成原理如下表示:

$$Ca(OH)_2 + CO_2 \longrightarrow CaCO_3 \downarrow + H_2O$$

§4. 风化石刻抢救性保护实例

4.1   麟游慈善寺风化石刻抢救性保护研究

陕西麟游慈善寺石窟始建于隋唐,造像精美,风格独特,堪称石刻艺术精品,是国家重点文物保护单位。二号窟内的《敬福经》石刻是目前世界上保存字数最多的石刻经。这些精美石刻艺术品受石质组成、结构、性质、保存环境、物理、化学、生物等因素的影响,风化十分严重,若不尽快进行抢救性保护,就会面目全非。

4.1　慈善寺石窟所处的环境

慈善寺石窟位于麟游县隋唐皇家豪华避暑离宫——仁寿宫、九成宫东约 5 公里处漆水河"几"字形洄湾的西南崖面上,属暖温带湿润—半湿润季风气候区,海拔在 1000～1400 米,山高切割深度大,沟道狭窄,立体气候显著,石刻摩崖造像区依山面水,树木葱郁、窟顶翠柏常青,雨量充沛,年平均降雨量为 680.3～896 毫米。平均风速为 2.0 米/秒,在这种环境下,石质特别是砂岩石质极易风化。

4.2　慈善寺石窟的主要病害

4.2.1　石窟崖面及造像表面粉末化、沙粒化及片状剥落严重,造像轮廓模糊,龛顶龛壁大片剥落,剥落层厚度有的竟达 1.5 厘米。

4.2.2　裂隙严重,裂缝多、长、深、宽,大佛身、臂、手等都因裂隙作用而断裂或位移。如 3 号龛大佛从肩部到底座有一微向左偏的裂缝长达 118 厘米,宽 0.3～1 厘米,2 号龛弟子像上有 7 条明显裂缝。

4.2.3　大面积空臌:麟游石质胶结物为绿泥石,易被山体渗水溶解带出石刻而流失使石质变得疏松,久而久之,形成大面积空臌。

4.2.4　水痕土锈布满窟壁窟顶及造像,由于麟游山体水大量渗出,渗出过程中溶入空气中二氧化碳,与石刻中的 $CaCO_3$ 作用形成可溶性 $Ca(HCO_3)_2$,渗到石刻表面又分解为难溶的 $CaCO_3$,留在石窟及造像表面,此过程反复进行,久而久之,形成片状或带状白色水痕,此过程以下列反应式所示:

$$CaCO_3 + CO_2 + H_2O \longrightarrow Ca(HCO_3)_2$$

$$Ca(HCO_3)_2 \xrightarrow{\text{分解}} CaCO_3 \downarrow + CO_2 \uparrow + H_2O$$

下雨及山体水带着山体表面泥土顺势下流时,部分泥土附着在因风化而凹凸不平的粗糙石质表面,形成淡黄棕色土锈层。

4.2.5　菌类及低等植物共生形成暗黑色污染层。麟游石窟空气潮湿,又有石质中矿物质及点灯燃香产生油烟类有机质,有利于菌类及低等植物苔藓、地衣等生物的生长、代谢、繁殖。油烟、生物分泌物等混在一起覆盖于窟顶窟壁及造像上,形成黑色污染层。

4.3　麟游石刻风化机理

研究导致并加速石质文物风化的主要因素及风化机理,是科学有效保护风化石刻的依据。

4.3.1　麟游石刻风化的内部因素

4.3.1.1　石材化学组成的影响:麟游石刻岩石属砂岩,易受腐蚀且腐蚀速度很快。

4.3.1.2　石质结构的影响:麟游石刻孔隙大,石质结构比较疏松,机械强相对较弱,对水、溶盐等的吸收量大,因而风化损蚀速度较快。

4.3.1.3　石质胶结物的影响:麟游石质的胶结物为绿泥石,此胶结物易溶于水,在水的作用下发生水化作用,使泥质颗粒增大、膨胀,甚至随水流失,使石质孔隙率增大,抵御外界因素破坏能力变差,风化损失速度加快。

4.3.1.4　石质文物建造地质地理条件影响:麟游慈善寺位于漆水河"几"字形洄湾的西面及南面崖面上,地质构造复杂,地下水位上升,地下水溶盐侵蚀,都会对石刻带来破坏。

4.3.2　麟游石刻风化的外部因素

4.3.2.1　麟游石刻的化学风化

1.空气中有害气体对石刻的腐蚀:(1)空气中氮、硫、碳有害氧化物气体极易在石刻表面遇水生成无机酸强烈腐蚀文物,X衍射及红外分析证实,麟游石刻表面风化产物主要是 $Ca(NO_3)_2$、$CaSO_4 \cdot 2H_2O$、$Ca(HCO_3)_2$。(2)空气中有害氢化物对石质的腐蚀:空气中有害氢化物主要是氯化氢(HCl)和硫化氢(H_2S),氯化氢使石质文物发生复分解反应而腐蚀石刻,使石刻酥粉、脱落、剥蚀。硫化氢可与石质中一些呈色元素或化合物,生成黑色硫化物,污染石刻。

2.空中"死神"——酸雨对麟游这种露天石刻破坏严重,使石刻受酸雨淋蚀酥粉、脱落。

3.空气中尘埃对麟游石刻的侵蚀,经 X 衍射分析麟游石刻上降尘成分十分复杂,有酸、盐、碱固体粉末,金属氧化物等。这些物质落在石刻上遇水汽潮解,侵蚀石刻。

4.溶盐对石刻的化学破坏,来自地下水或地面水及山体渗水渗入石刻的可溶盐;石质中难溶盐与空气中水、有害气体作用转化为可溶盐。我们做了麟游石刻可溶盐的成分及在石刻中的分布梯度,为石窟排水流向提供科学依据。

4.3.2.2　麟游石刻的物理风化

1.水对石质文物风化的影响:(1)水是其他物质破坏麟游石刻的媒介和根本原因,没有水的情况下很多侵蚀石刻的化学反应无法进行。(2)水在石刻中的结冰—融化,引起膨胀产生压力,对麟游这种孔隙大的石刻破坏更大。(3)水引起石质胶结物发生水化和溶解、流失作用。(4)水从石刻表面侵入,在石刻中形成外多内少,引起力学强度从内到外明显下降。(5)雨水、山体渗水、地面水流动反复冲刷表面,引起机械破坏,甚至形成滴水穿石的恶果。

2.岩石空隙中溶盐的结晶与潮解引起石刻风化:石刻毛细隙中溶盐随温度升降而出现溶解—结晶反复进行,新的裂隙不断产生又不断扩大。溶盐晶变对石刻的破坏,如石膏与硬石膏之间在石刻发生周期性变化(石膏变成硬石膏体积增大31%,并产生 $10kg/cm^2$ 的压力),使胶联较弱的岩体开裂崩塌。

3.温度变化引起麟游石刻物理风化:麟游露天石刻白天烈日暴晒,表面受热膨胀比内部大,而夜晚石质表面又比内部冷却收缩快;见光与背光不同也会造成不均匀膨胀。加之麟游日夜温差大,天长日久,反复作用,使石刻产生裂隙并不断延伸扩大。

4.风沙吹打腐蚀引起麟游石刻表面风化:由于麟游石窟面川临水而造,川道风力大,风力加大水的渗透,也会吹起沙尘,使石刻表面受到风沙吹打摩蚀。

4.3.2.3　麟游石刻的生物风化

1.植物根系的破坏:石窟顶树木茂密,随着植物根系生长壮大,加速石质裂隙的产生发育扩大,使地面水带着土壤中溶盐渗入石基,并沿裂隙向石质表面移动并析出,加速石质化学风化及物理风化。

2.菌类微生物及低等植物对石刻的破坏:麟游石刻中菌类微生物经分离鉴定,有7种真菌:绿色木霉、日本曲霉、展开青霉、内果青霉、爪哇毛霉、黑葡萄霉、互隔交镰胞霉,还有酵母菌,低等植物有树枝状属地衣类。菌类与地衣共生复合体在石刻上生长繁殖代谢,生物分泌及遗体在微生物作用下分解产生各种有机酸主要是草酸、柠檬酸、酒石酸、水杨酸等使石质文物发生微生物酸解及络解,导致石刻内部产生溶蚀槽,表面形成瘤突结,从外向内依次为碳酸盐层、微生物层、碳酸风化层。对麟游石刻上菌类的培养、分离鉴定,为石刻的防霉杀菌提供了科学依据。

3.油烟对石质文物的危害:油烟吸附空气中尘埃形成油垢覆盖于石刻表面,不仅严重影响石质文物外观,而且为微生物的生长繁殖提供了营养和适宜的生存条件。

麟游石刻风化严重是多种因素作用的结果。

4.1.4　麟游风化石刻抢救性保护研究

4.1.4.1　风化石刻的清洗

1.风化石刻上尘土的清除:用毛笔或很软的小毛刷自上而下轻轻刷除。

2.风化石刻上硬质泥土及土锈的清洗:先用毛笔蘸水接触硬质泥土及土锈让其渗吸软化后,用小竹片剔除,最后用脱脂棉蘸蒸馏水轻轻擦吸泥水痕迹。

3.风化石刻上水痕的清洗:风化石刻上的水痕是长期沉积在风化石刻表面的含钙、镁、铁、钡等离子的难溶盐形成的白色或棕褐色的痕迹,用8%的六偏磷酸钠 $[Na_2[Na_4(PO_3)_6]]$ 水溶液浸湿的"多层纸张贴敷法"贴敷、软化、溶解、渗吸入纸,待纸干翘后揭取,反复2~3次,基本可以除掉,然后用棉签蘸六偏磷酸钠溶液轻轻

擦除扩渗的轻微锈痕;最后用蒸馏水清除残留的六偏磷酸钠溶液。清洗水痕的反应如下式所示:

$$2M^{2+}R^{2-}+Na_4[+Na_2(PO_3)_6]\longrightarrow Na_2[M_2(PO_3)_6]+2Na_2R$$

式中:$M^{2+}=Ca^{2+}$、mg^{2+}、Fe^{2+}、Ba^{2+} $R^{2-}=CO_3^{2-}$、SO_4^{2-}、SiO_3^{2-}

用此法清洗过窟壁、造像、千佛壁、"敬福经"等上的水痕、沉积物后,原本模糊不清的花纹、图案、字迹清晰可见,效果很好。

4. 风化石刻上油烟类污斑清洗

采用50%丙酮、17%氨水、0.02%霉敌溶液混合清洗,既可溶解、皂化油脂,又能杀菌防霉。清洗完油烟类污斑后,再用清水清洗,最后用蒸馏水清洗。

4.1.4.2　风化石刻的黏结修补

根据麟游石刻石质成分和裂隙特点,3%～4%的丙烯酸酯溶液与石刻质地、颜色相同的石粉调成浆糊状,用注射器注入裂缝,直至填满。断裂处及残缺部分,也用丙烯酸酯溶液与石粉调成胶泥状材料填补并小心压实。经处理后的石刻色调协调,效果很好。

4.1.4.3　风化石刻的加固和封护

麟游石刻依山面水而造,山体水分丰富,石刻表面风化十分严重,必须加固,但加固后的石刻必须具有良好的透气、透水性,既可使山体中水汽可以排出而防止石刻空臌。又可防止外界水入侵。有机硅WD—10正好具有这些优良性能,加固时在石刻渗透过程中可形成"倒漏斗形"结构。我们开始采用10%WD—10溶液接触渗吸加固严重风化石刻,然后再用10%WD—10加0.02%广谱、高效、低毒、性能稳定的防腐、防霉、杀菌剂配成的溶液用小排刷自上而下均匀涂刷两遍将石刻表面予以封护,使石刻表面形成一个无眩光、透水、透气性好,又能防止外界水、有害气体侵入,还有杀菌、防霉,防苔藓、藻类滋生繁殖而肉眼看不见的表面保护层。

4.1.4.4　风化石刻空臌的处理

慈善寺中的"敬福经"石刻空臌十分严重,用手指轻敲确定空臌的位置和面积后,先用3%～4%的聚丙烯酸溶液调少量石粉将"敬福经"后面空臌处滴注加固。然后在空臌处造好注射点,用注射器将10%WD—10注入,直至有少量液体溢出注射点为止,将溢出之溶液擦去。重复以上操作。空臌处均得以很好加固后,再用WD—10酒精溶液加0.02%霉敌及HFM缓蚀剂涂刷经面予以封护。

4.2　吉林高句丽风化石质文物的保护研究

高句丽王城、王陵及贵族墓葬于2004年7月作为世界文化遗产被列入《世界文化遗产名录》。由于高句丽位于吉林省高湿多雨地区,三面环山,南有鸭绿江,中有通沟河,露天石质文物发生严重的物理风化、化学风化及生物风化。为了有效保护好这一世界文化遗产,我们从 2006 年 11 月开始,对高句丽露天石质文物的保存环境、风化病害现状、风化产物、风化机理进行了较全面的调查、分析、研究。

4.2.1　高句丽石质文物所处的特殊环境

高句丽石质文物所处的特殊环境对石质文物影响、破坏严重。

4.2.1.1 高句丽王城由城池、山、水三大要素构成,王城三面环山,一面临江(鸭绿江),通沟河从贵族墓葬区穿过。地下水源丰富,活动复杂各因素引起的地质变化导致石墓地基下沉,石墓裂缝。

4.2.1.2 空气相对湿度大

由于江河水面宽、蒸发量大,又三面环山,遗址所在地年平均降雨量为 881.5 mm,1984～2003 年年平均相对湿度为 71%,即使在冬季－17℃低温下相对湿度仍可达到 80%。

4.2.1.3 温差很大

高句丽年平均气温 6.5℃,最低气温可达－39.8℃,最大温差可达 50℃,由于温度剧烈变化,引起石质中水及溶盐的反复结冰、结晶、融化、溶解,导致体积变化而使石刻空隙中压力的变化而加速物理风化。

4.2.1.4 空气中有害气体产生多、排出慢

1. 鸭绿江对岸的朝鲜化工厂、水泥厂、树脂厂等,排放出大量 CO_2、SO_2、NO_2 等有害气体。

2. 居民取暖燃煤、燃烧柴产生的有害气体。

3. 鸭绿江岸近年兴起的烧烤一条街,排放大量的有害气体及油烟。

由于高句丽三面环山、有害气体排出慢,2005～2007 年空气中 SO_2 超标 2.1～2.3 倍,加之空气湿度大,有害气体与湿气作用形成酸雨降至石质文物表面,严重腐蚀石质文物。

4.2.2　高句丽石质文物的主要病害

①地基下沉引起古墓石质裂缝。

②由于酸雨作用,使石质表面腐蚀产生白色腐蚀层,酥粉严重。

③由于温差大,水及溶盐的反复结冰、结晶、融化溶解,导致石质文物空臌、片状剥落。

④植物根系对石质文物根劈作用。

⑤湿度大降尘多,石质文物上苔藓、地衣、菌类大量繁殖。其代谢过程分泌的有机酸使石质发生酸解、络解而腐蚀石质文物,使石质文物表面不仅覆盖绿、黄、棕、黑字色等苔藓、地衣、菌类微生物及其腐败物,而且使石质文物表面凹凸不平,

留下各种形状的灰色、黑色斑痕。

⑥高句丽遗迹范围内的空气中颗粒悬浮物 2005～2007 年年平均浓超过文物保护区标准的 3.6～3.8 倍,致使石质上微生物大量繁殖,生物风化特别严重。

4.2.3　高句丽石质文物组成及风化产物成分分析

为了研究高句丽石质文物风化机理、风化程度、风化速度,为其科学保护提供科学依据,我们用日本理学 D/MAX－2400X 射线衍射仪,工作条件 Cu 靶 Ka 张,转靶加电压 36kV,电流 90mA,对高句丽不同石质组成、风化产物成分,相同石质不同部位,不同时间风化产物成分进行分析,分析结果见表 4－6。

表 4－6　石质及其风化产物成分的 X 射线衍射分析结果

百分含量(%) 取样地点 \ 石质及其风化产物成分	钠长石	钾长石	钙长石	绿泥石	伊利石	SiO$_2$	CaCO$_3$	备注
1298 号墓砖红石	45.49	0	45.49	5.65	3.63	0	0	
1298 号墓顶白色片状剥落层	0	0	0	0	0	2.29	97.01	
1298 号风化石质产物	22.93	0	44.10	3.40	0	32.67	0	
2006 年 11 月采石质化学组成	44.07	34.97	0	0	0	20.96	0	同一石块
2007 年 7 月采石质化学组成	22.93	0	0	3.40	0	32.67	0	
将军坟东北角石样	49.05	16.23	0	3.50	0	31.67	0	
将军坟东北角风化产物	0	16.89	39.76	2.51	6.09	34.76	0	
将军坟东北角石质表面风化产物	36.08	26.15	0	0	0	37.77	0	
瞭望台未风化石样	86.10	0	13.90	0	0	0	0	
瞭望台石质风化产物	36.08	26.15	0	0	0	37.77	0	
山城大殿经加固过石块风化产物	16.49	12.23	0	2.90	4.50	63.82	0	

从表 4-6 中可看出高句丽石质文物风化速度快、风化程度严重。下面图 4-13 至 4-23 是高句丽石质文物及其风化产物的 X 射线衍射谱图。

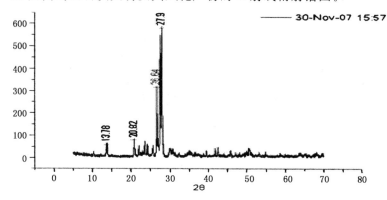

图 4-13 1298 号墓砖红色石质 X 射线衍射谱图

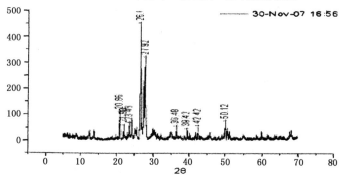

图 4-14 1298 号墓顶白色片状剥落层 X 射线衍射谱图

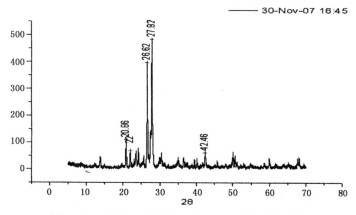

图 4-15 1298 号墓风化石质成分 X 射线衍射谱图

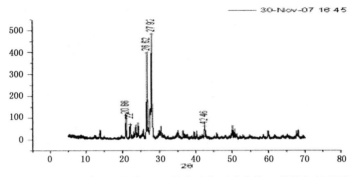

图 4—16 2006 年 11 月采 1298 号墓风化石质成分 X 射线衍射谱图

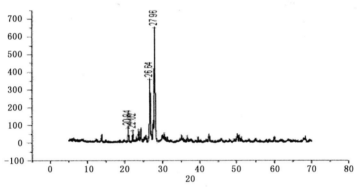

图 4—17 2007 年 7 月采 1298 号墓风化石质成分 X 射线衍射谱图

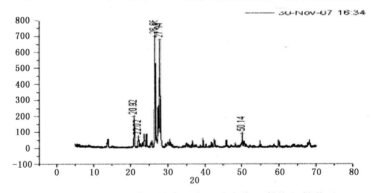

图 4—18 CS—6 将军坟东北角石质成分 X 射线衍射谱图

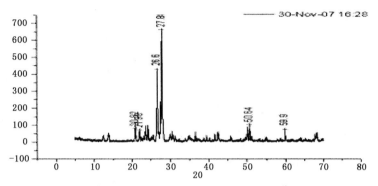

图 4-19 将军坟东北角石质风化产物成分 X 射线衍射谱图

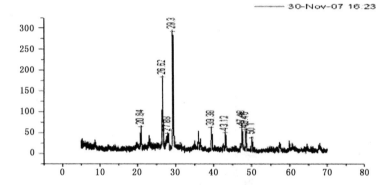

图 4-20 将军坟东北角石质表面风化产物成分 X 射线衍射谱图

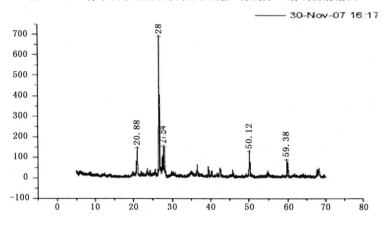

图 4-21 瞭望台石质样品成分 X 射线衍射谱图

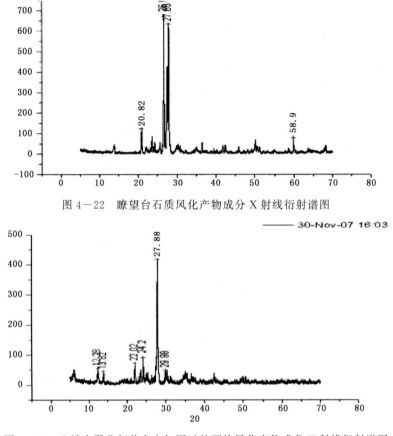

图4-22 瞭望台石质风化产物成分X射线衍射谱图

图4-23 山城大殿几年前有人加固过的石块风化产物成分X射线衍射谱图

高句丽石质文物由于物理、化学、生物风化综合作用而风化十分严重。特别是处于高湿多雨、空气中颗粒状物严重超标的露天环境下的石刻文物,生物风化尤其严重,根据有关资料估计20%～30%的石质表层腐蚀是生物风化的恶果。

4.2.4 高句丽石质文物生物风化的研究

4.2.4.1 植物根系对高句丽石质文物的"根劈"破坏严重

高句丽高湿多雨,降尘严重,石质文物的接缝、裂隙中生长有大量灌木,随着灌木根的生长壮大,会使裂隙不断发育,对石质文物造成严重的"根劈"破坏。

4.2.4.2 菌类微生物及低等植物对高句丽石质文物破坏严重

高句丽石质文物上菌类,低等植物苔藓、藻类、地衣以共生复合体形式大量生长繁殖,其代谢产生的有机酸使石质文物发生酸解作用和络解作用,形成微生物风化层(见彩版 4—14~19)。

1. 高句丽石质文物上地衣的鉴定方法及鉴定结果

(1)地衣鉴定方法:借助于放大镜和体视显微镜仔细观察地衣表面上一些附属结构,如假根、粉芽、杯点和衣瘿等;用徒手切片法制备地衣体和子囊果切面装片,观察内部构造;用三种地衣化学成分微量综合检验法检定地衣化学成分。

(2)地衣鉴定结果

高句丽地衣鉴定结果只有一种即淡腹黄梅(Xanthoparmalia mexiacana (Gyeln)Hale),地衣体中部呈单叶状,周边分裂,上表面灰绿色至灰褐色,散生白色微细的假杯点和圆形粉芽堆,裂芽边缘有时有灰白粉霜,下表面淡褐色至暗褐色,假根褐色、单一,含黑茶渍和三苦酸。

2. 高句丽石质文物上苔藓鉴定结果:苔藓(Tortula sp 属于墙藓)。

3. 高句丽石质文物上菌类的培养、分离、纯化

真菌是腐蚀高句丽石质文物最活跃,破坏最严重的微生物。

(1)用察色培养基和马铃薯琼脂培养基培养菌类。

(2)菌类的分离纯化:菌种的分离纯化用平板划线培养法及混合孢子悬液稀释法。

(3)菌种的鉴定方法:采用点培养法及载玻片培养法于培养箱 28℃培养 4、7、8 天,分别在不同生长间用显微镜观察期菌落生长特征,结合点培养特征以鉴定不同的菌种。

高句丽石质文物上共鉴定出 5 种菌类,分别是圆弧青霉、新弯月孢霉、牵连青霉、沙门柏干酪青霉、米根霉。这五种霉菌是大足石刻、麟游石刻中未检出的菌,也是我们在石质文物上菌类鉴定中首次检定出来的菌种。

①圆弧青霉(Penicillium cyclopium westling)属于不对称青霉束状青霉亚组。菌落生长较快,12~14 天直径就达到 4.5~5 厘米,略带放射状皱纹,老化后或显现环纹,纯蓝绿色。在生长期有宽 1~2 毫米的白色边绿质地绒状或粉粒状物质,但在较幼区域为显著束状,渗出液色淡,反面无色或初期带黄色继变为橙褐色。该菌在自然界分布普遍,是鳞茎植物的寄生菌,霉腐材料上亦多发现并且可以产生色素(如图 4—24、25)。

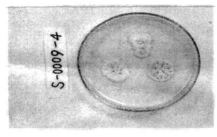

图 4—24　圆弧青霉

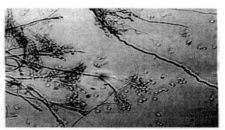

图 4—25　显微镜下圆弧青霉

②新月弯孢菌(Curvularia lunata(walker) Boedijn)菌落蔓延,近絮状,表面有简单的放射状沟纹,暗灰色,老后颜色变深。边缘整齐,周围绕以无色区域,背面蓝黑色。在土壤中较多,是属于菌中比较常见的种类之一(如图4-26、27)。

图4-26　新月弯孢菌　　　　图4-27　显微镜下新月弯孢菌的生长特征

③牵连青霉(Penicillium implicatum)菌落为蔓延型,并且菌落为局限型,分生孢子球形或近于球形。它分布很广也是一种常见菌(如图4-28、29)。

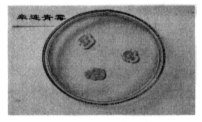

图4-28　牵连青霉　　　　图4-29　显微镜下牵连青霉的生长特征

④米根霉(R. Oryae)分布于土壤、空气及其他各种基物上。菌落最初白色后变为褐灰色到黑褐色,代谢过程中可产生乳酸(如图4-30、31)。

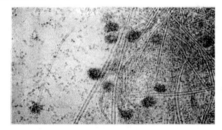

图4-30　显微镜下米根霉的生长特征　　　图4-31　米根霉

⑤沙门柏干酪青霉(Penicillium camemberti)菌落絮状或棉绒状,初期纯白色,成熟时仍保持白色或缓慢成为灰绿色,反面无色。

4.2.5　高句丽石质表面有害物的清洗

4.2.5.1　高句丽石质表面有害物质的清洗

高句丽石质文物表面蒙蔽了大量的水溶性盐、难溶硬壳、灰尘、微生物(地衣、霉菌、藻类)、杂草等,不仅影响观瞻,还有加剧风化的作用,从文物保护原则出发应给以清除。现今国际上流行的是清洗法,大致可分四类:水清洗、机械清洗、热清洗和化学清洗。对于高句丽石质文物来说选用的清洗方法应该可以有效清除有害物,并且不应产生任何危及将来再处理的物质,更重要的是不能引起任何严重划痕、裂隙或其他损伤石质表面文物的后果。

4.2.5.2　石质文物上生长的杂草、树木的拔除:必须连根拔除这些生长的草和树木,否则还会继续生长,通过根系劈裂石质本体。

4.2.5.3　灰尘、雨水冲刷痕迹的清洗

高句丽石质文物上的灰尘可直接用毛刷刷除,不易去除的部分可喷淋清水使其湿润,待溶盐溶解、贴附物软化后,用小刀、毛刷、牙签等配合清除。石质表面的雨痕多为一些可溶盐从石质中渗出后又分解为不溶盐而在雨水冲刷下形成白色、棕黑色条痕,其形成的化学反应:

$$\underset{\text{石质}}{CaCO_3} + \underset{\text{雨水}}{CO_2} + H_2O \longrightarrow \underset{\text{随水渗出}}{Ca(HCO_3)_2} \longrightarrow \underset{\text{不溶的水痕}}{CaCO_3} + CO_2 + H_2O$$

$$NaAl_3Si_3O_8 + CO_2 + H_2O \longrightarrow Al_2Si_2O_5(OH)_4 + SiO_2 + Na_2CO_3$$

$$FeS + O_2 \longrightarrow FeSO_4 \xrightarrow{H_2O + O_2} FeOOH(\text{棕褐色锈痕})$$

以上雨水冲刷痕迹用 $10\%Na_2[Na_4(PO_3)_6]$ 溶液络合,软化后用毛刷清除,然后再用蒸馏水喷淋清洗除去 $Na_2[Na_4(PO_3)_6]$。

4.2.5.4　石质表面附着微生物的清除

高句丽石质文物上附着的生物种类多,有地衣、苔藓和霉菌,而且生物风化面积较大,有愈演愈烈的趋势,故必须及时清除并人为地控制其生长。为了使除菌工作顺利进行,严防真菌的扩散和感染,我们先在长满菌类等微生物的石质表面喷洒 0.035% 的"霉敌"特效杀菌剂,待苔藓、地衣及菌类湿润后,用小刀先将苔藓、地衣、菌类及泥土形成的垄包剔除,用牙签挑除嵌入石质凹陷处的污物,再用 50% 丙酮和 0.02% 复合杀菌液进行杀菌防霉清洗,以防空气中的菌丝孢子落在石质表面及残留在石质表面的菌类继续生长、繁殖。

1. 复合杀菌防霉剂的特点

(1)复合杀菌剂由三种高效、低毒、广谱、无污染的复合型防腐、防霉、杀菌剂。其配方为:霉敌:HEDAC:BM=7:2:1。该杀菌防霉剂对 50 多种代表性霉菌、细菌都有很强的抑杀能力,杀菌效果比单一杀菌剂谱更广。

(2)热稳定性、耐光、耐气候性好,不变色、不污染文物。

(3)毒性低使用安全,LD50 为 1 470～10 500 mg/kg,在低毒和相对无毒级。

4.2.6　高句丽石质文物的加固及表面保护

4.2.6.1　高句丽石质文物加固及表面封护剂的选择及特点

根据高句丽石质文物加固材料的要求,我们选择了有机硅类 WD-10 水剂、WD-10 有机溶溶剂及丙烯酸树脂类溶液,进行加固封拟实验。

1. WD-10 有机溶剂(乙醇)和 WD-10 水剂是武汉大学研制的有机硅类新材料,是以十二烷基三甲氧基硅烷为主体的长链烷基三甲氧基硅烷,它的化学式为 $C_{12}H_{25}Si(OCH_3)_3$,是一种无色透明的中性液体,具有有机硅类材料保护剂的特点。它耐气候性好,具有极强的疏水性,是石质文物优良的防水剂;成膜性能好,形成保护膜无眩光,能起到防水、防尘、防有害气体侵蚀的作用;由于有机硅分子中含有烷基和硅氧键链,按化学上"相似互溶"的原理,还具有与属于机盐类的石质有好的相容性,因而渗透效果好,渗入石质空隙中,形成小口向外大口向内的"倒漏斗"形网状结构,既提高了石质强度和整体性,又能使外部水分及有害物不能进入石质内部和保证石质中来自岩石内部水分自由逸出;耐老化性能好;能保持石质文物原貌;经济、使用简便安全。在有机硅 WD-10 中加入 0.03% 的复合防腐防霉杀菌剂,可有效防止地衣、苔藓、菌类在石质文物上生长、繁殖,抑制和阻止石质生物风化这种对高句丽石质文物破坏特别严重的生物风化。

2. 丙烯酸树脂类石质文物加固封护剂及其特点

我们采用的是 2%～3% 的聚甲基丙酸甲酯氯仿溶液作石质加固封护剂,其特点是无色透明、透光性、成膜性特别好;具有优良的耐光、耐气候、耐酸碱性;抗水性特别好,吸水率几乎为零;渗透穿透性很强,深入石质内部与其中的金属离子(如铁、铝离子)反应,还可以对藻类、菌类起到良好的生物杀灭作用。针对高句丽高湿多雨,菌类、地衣、苔藓生长旺盛、繁殖快的特点,我们在其加固封护剂中加入 0.03% 复合防腐防霉杀菌剂,可很好的抑制和防止生物风化。

4.2.6.2　高句丽石质文物加固及表面封护方法

将蒸馏水喷淋在石质文物表面清洗,待干后,分别用喷雾器将 10% 的 WD-10 乙醇溶液、WD-10 水剂、2%～3% 的聚甲基丙烯酸甲酯氯仿溶液分别喷涂在石质表面,待表面试剂挥发完全后,再喷涂第二次、第三次,为了使加固封护剂均匀全面的涂在石质表面,可以用排笔蘸加固封护剂再涂刷 2 次,待干后,再用三种加固封护剂的纯溶剂分别涂刷加固过的石质表面,以消除眩光而维持石质原貌。

4.2.6.3　高句丽石质文物保护效果

1. 石质及风化样品加固封护后吸水率大大降低,有的降到千分之几,有的甚至完全不吸水。同时,经过处理的文物强度增加。

表 4-7　各实验样品与空白对照吸水率测试结果

吸水率(%)　　试　剂 试　验　样　品	空白	WD-10 有机溶剂	WD-10 水剂	聚丙烯酸酯氯仿溶液
表面生物风化样	4.17	0.94	1.26	0.67
表面化学风化石样	0.81	0	0.39	0.35
白色风化石样	13.92	2.89	3.42	3.13
未风化石样	1.72	0.36	0.42	0.38

2. 疏水性很好

润湿角是反映疏水性的一个重要指标。我们用 JJC-I 型润湿角测定仪来测量加固封护后的石质表面润湿角。在一块石面上不同位置测 5~6 个角度,平均后所得角度即为所测石质样的润湿角,润湿角越小,说明吸水性越强而疏水性越差;润湿角越大疏水性越好。

表 4-8　实验样品润湿角测定结果

润湿角　　试　剂 样　品	空白	涂 WD-10 乙醇溶液	涂 WD-10 水溶液	涂丙烯酸树脂
表面生物风化样	63	88	85	70
表面化学风化石样	30	85	95	65
白色风化石样	0	65	85	85
未风化石样	68	92	89	88

从上表可看出未处理石样润湿角较小,说明石样有吸水性,水分被扩散吸收。而加固封护后的石样润湿角接近 90°,说明三种保护材料都具有良好的疏水性。从实验现场可清楚看到,将水喷洒在保护后石质表面上,立即形成水珠,不扩散、不渗透,表面封护效果很好。

3. 加固封护后石质文物颜色不变

因为三种保护材料均为无色透明液体,渗入石质后溶剂挥发,形成无色透明保护膜,可保持石质文物原貌。

4. 杀菌防霉效果显著

由于采用性能优良的石质文物加固剂和表面封护剂,使石质文物由于风化而易吸水和吸附尘埃的粗糙表面,变成一个不吸水不存尘的光滑面,使菌类、苔藓、地衣没有生长繁殖场所和生存条件。同时为了更好地控制和阻止生物风化,我们在加固封护材料中添加了高效、广谱和复合型防腐防霉杀菌剂,即使有菌孢子落上也不可能存活。

第五章　纸质文物保护

纸质文物包括书籍、档案、文献、经卷、书画、碑帖、报纸等,是图书馆和档案馆的重要收藏品。造纸是我国古代四大发明之一。自西汉以来,各地遗留和保存了大量的纸质历史文献及图书档案。

纸质文物多记载了历史上各个不同时代的生产、生活、文化、艺术、交通、军事、社会活动的历史及发展情况,是人类极其宝贵的文化遗产和财富,是研究人类社会的发展和科学技术的进步的重要文字资料,有十分重要的价值。

§1. 纸的发明及发展

1.1　纸的发明

《说文解字》中解释,纸是古人漂丝时停留在漂席上破丝剩余物,属丝纤类,但不是丝织品。这种偶然的发现导致了植物纤维纸的产生。考古发掘的实物中就有许多早期纸制品的遗留,如:

①1957年西安灞桥出土的西汉武帝时期的石纸片(前144~前88年),质地粗糙,当时是包裹随葬铜镜。经分析,该纸是麻纤维制成的(现陈列在陕西历史博物馆),后被称作"灞桥纸"。但也有人提出"灞桥纸"是麻织物经多年压平而形成的薄片。

②1933年我国新疆罗布卓尔发现了一块10×4 cm的白纸残片,质地粗糙,纸面尚存未捣碎的毛巾。同墓出土有西汉宣帝黄龙元年(前49年)木简,证明了残纸的年代。

③1942年内蒙古额济纳河附近发现了东汉时代写有文字的纸团,同时出土东汉和帝元年间(公元93~98年)的木简。

④1973年甘肃旱滩坡工地又发现东汉时代有隶体字之古纸,为麻类纤维所造,其质地比"灞桥纸"精细得多。

1.2　纸的发展——东汉和帝时代蔡伦发明造纸新法

由于早期的丝纤维及植物纤维类纸要么原料昂贵,造价太高,要么质地粗糙,不便书写,因而都未得到广泛应用。直到东汉和帝时代,蔡伦吸取前人和皇室作坊能工巧匠的经验,采用麻头、树皮、渔网、破布等廉价的造纸植物纤维原料,用简单可行的造纸工具,造出质量精良的纸张,天下咸称"蔡侯纸"。到东汉末年建安时,左伯再度改良纸张,纸的质量更进一步提高,使用范围也进一步扩大。

造纸原料成本降低,技术进步,到东晋时,纸张质量大大提高,而且可以大批量生产。到东晋末年,桓玄明令废除竹简,一律以黄纸代之,成为由政府下令用纸的开端。在随后的千年历史中,手工纸张生产工艺不断完善,形成麻纸、皮纸、竹纸、混料纸、草纸等许多品种,许多工艺方法流传至今,纸张逐渐取代了竹简、缣帛成为文字的主要载体,人们对纸有了清楚的认识和符合实际的正确评价,"纸有纸草之便而不宜破裂,有竹木之廉而体积不大,有缣帛羊皮之软而无其贵,有金石之久而无其笨重,白纸黑字一目了然",形象准确地概括了纸张与其他书写材料相比之优越性。蔡伦创造的造纸新法,不仅为我国的造纸工艺开辟了广阔前景,同时也为人类的文明与进步作出了不可磨灭的贡献,成为世界公认的我国古代四大发明之一。

§2. 中国古代造纸工艺

2.1　造纸工序

早期文献资料中多论述各种用途的纸的品质和样式,却没有记载和透露造纸工艺。直至 17 世纪初,宋应星写成《天工开物》,详细描述了创造竹纸和楮皮纸的工艺:包括原料加工时纤维浸沤、舂捣、蒸煮、洗涤、漂白、用帘模抄纸;压去湿纸中的水分,在火墙上烘干。

在宋应星 200 年后的杨钟羲(1850～1900 年)在《雪桥诗话续集》中提借的造纸工艺:从砍竹到烘纸,原料要经手七十二次,才能做成纸。造纸行业有一句谚语"片纸非容易,措手七十二"。而当时常山(今浙江)山里人造纸则只有十二道主要工序:

①砍竹→②浸沤→③提纯纤维→④蒸煮→⑤洗料→⑥暴料→⑦灰沤→⑧提纯浆料→⑨作浆槽→⑩织造竹帘→⑪榨干水分→⑫烘干纸张
其制作过程中还多次使用化学方法,如在浸沤(练丝)原料以分解植物纤维的工序中,"浸以石灰";暴日(暴晒原料)前在地上"撒以绿矾",避免环境中杂质影响原料品质,加漂白剂使纸张色白,浸水期间和之以胶及木槿,增加黏度。各种化学方法的使用提高了纸张的品质和质量,这是在长期实践中总结起来的实用方法。

不同原料的手工纸生产工艺虽各有差异,但也有许多共同点。手工造纸不同于机械纸的生产工艺,这是手工纸有较好耐久性的主要原因:

2.1.1　纤维原料经水浸、石灰水腌制后,任其自然发酵,利用微生物分解作用初步离解纤维,并脱木素脱胶,即提纯纤维。

2.1.2　发酵后的纤维在石灰及草木灰中多次蒸煮,纤维中木质素及无纤维素物质进一步分解。

2.1.3　蒸煮过的纤维经漂洗后,放在室外日晒雨淋,靠太阳光谱中的紫外线、可见光及臭氧将纤维自然漂白,并进一步除去纤维中的木素、缩聚戊糖及色素等杂质。

以上离解纤维原料及漂白浆料过程和机械制浆相比有如下特点:

①没有使用强烈的机械研磨。

②没有使用强酸、强碱、强氧化剂,因而离解、漂白纤维作用缓和,纤维受损伤小。

③此工艺处理的纤维具有强度高、伸缩性小、特别柔韧光滑、耐久性好的特点。

④由此法抄造出的纸张平整、坚韧、柔软、吸水后不易变形、打湿后不易起拱,性能稳定。

2.1.4　为了改善纸浆和纸的性能,在浆料中加入植物黏液和淀粉作为纸药,其作用类似于机械造纸中的施胶。纸药能改善纸浆中悬浮性能,使抄出的纸张均匀、薄厚一样。纸药可以加强纤维间连接,提高纸张强度。由于手工造纸不加明矾及其他酸性物质,因而手工纸不带酸性。又由于用石灰、草木灰的腌制而呈弱碱性(pH8 左右),因此纸张纤维不易发生水解反应,大大增强了手工纸张的耐久性。

2.1.5　水是手工纸生产中离不开的重要助剂,水对纤维原料的沤制及浆料的漂洗、蒸煮、抄造都有重要影响,据考证,古代造纸的地方均有优质矿泉水。优质矿泉水的特点:

①浊度小。

②水质软,含金属离子少,接近中性,水温度低,四季温差不大。

③水内悬浮物微生物、藻类不多。用优质矿泉水造出来的纸洁白耐久。

2.1.6　纸浆在流水中洗涤,杂质洗除彻底、干净,造出的纸张质地纯洁。

2.1.7　手工造纸工具多用竹质制成,大大减少了纸中铜、铁、锰等金属离子含量,所以手工纸色泽耐久,不易返黄。

2.1.8　手工抄纸技艺高超,纤维能在纵横方向均匀交织,有利于提高纸张强度。

2.2　纸张的加工处理

仅经过造纸工艺制造出来的纸张还不能满足使用和长期保存的要求,所以要进一步加工处理。一般要给纸浆中加入黏性药液或某种不溶性矿物质,以改善纸张的理化性能。纸张造成后,有时还需施用特殊的药剂来防霉、防蠹,这类工序包括:施胶→染色(填料着色)→涂布。

2.2.1 施胶

2.2.1.1 施胶的作用

①施胶是为了使纸适用于墨书写,使纸既易受墨而又不过分洇化。

②施胶会使纤维在浆槽中悬浮,使制出的纸张薄厚均匀、纤维间黏着紧密。

③在纸张压榨与烘干时,不会粘连在一起。

2.2.1.2 胶料的配制方法

①细冬青枝叶煮制。

②红楠刨花浸制。

③牛皮熬制。

④黄蜀葵浸制。

⑤有资料报道杨桃滕和木槿也可用于施胶。

2.2.2 填料

2.2.2.1 填料的作用

①填充纤维间的空隙。

②改善纸张亮度和质地,使纸张坚挺、厚重。

2.2.2.2 使用的填料(使用过、效果好的):

淀粉、磨细的滑石粉、黄豆浆汁。

2.2.3 染色

古代染色主要有"染潢"、"染红"。

2.2.3.1 染潢

1. 什么叫染潢

染潢即染黄,指用药将纸染成黄色的过程。大约公元前300年,刘熙编写古代诗书《释文》中将染潢定义为"染纸"。公元前300年~公元前200年时纸张已广泛用于抄写书籍,这时染潢已很普遍。

2. 染潢的方法

(1)用色黄、味苦的黄檗内皮制成浸渍药液。

(2)用上述浸渍药液浸染纸张。

3. 染潢的作用

因染潢药液是一种有香味及驱虫毒性的药液,用以浸染纸张会使纸张具有驱虫防蠹的作用,又使纸张表面光滑。此法一直延续到宋代,在书籍长期保存中作用明显。

公元 672 年唐高宗诏曰:"诏敕施行既为永式,比用白纸,多用虫蠹,宜令今后尚书省颁下诸州、县,宜并用黄纸。"从官方立场确认了黄纸的防蠹功用。敦煌现存的写本所用纸张很多都是用此法染过的,从保存情况看,凡经染潢处理过的书籍,其保存情况比没染过的要好。

2.2.3.2　染红

1. 什么叫染红

用铅、硫、硝石制成红丹(铅丹)处理纸张呈鲜明的橘红色的处理过程叫染红。经染红形成的橘红色被称为"万年红"。

2. 染红用铅丹(Pb_3O_4)的制作方法

17 世纪初宋应星写的《天工开物》详细记载了红丹(铅丹)的制作方法:"凡炒铅丹,用铅一斤、土硫黄十两、硝石一两。熔铅成汁,下醋点之。滚沸时下硫一块,少顷,入硝少许,沸定再点醋,依前渐下硝、磺。待为末,则成丹矣。"

3. 染红操作

将红丹粉末＋水＋植物胶混合加热成溶液→涂在白纸上→晾干。

4. 染红的作用

(1)用作书皮内页,以保护未经染潢的书页不受虫蛀。

(2)解决了书籍由卷装改为册装后不能全染的问题,方法简单有效。

2.2.4　着色

着色不同于染色(即染潢、染红):染色最主要是书籍保存得更长久、更完整。而着色工艺则是生产具有装饰作用的色纸。最早的色纸出现在汉代,公元 3 世纪,孟康形容其为"染纸素令其赤而书之,若令黄纸也"。

实际上早在公元 100 年左右人们就已用上红纸,而黄纸则在 300 年左右才成为时尚。

到了唐代,各种色纸使用普遍,仅四川的笺纸就有深红、粉红、杏红、深青、浅青、深绿、浅绿、蓝绿、明黄等十多种不同颜色,还出现了专为书写和装饰用的艺术纸。如较著名的红色小笺——"薛涛笺",是女诗人用花瓣染成,专用作题诗作答所用的粉红色色纸。

2.2.5　涂布

2.2.5.1　什么叫涂布

涂布是把一种黄蜡涂在纸上,这种蜡纸称为"硬黄纸"或称"硬黄"(也有文献记载将染过黄的纸称硬黄)。

2.2.5.2　涂布的方法

13 世纪张世南记载,"硬黄,谓置纸热熨斗上,以黄蜡涂匀,伊如明角,毫厘毕见"。

2.2.5.3 涂布硬黄的作用及应用

1. 黄蜡涂布可使纸光亮透明,这种纸多用来临摹书画,因其光亮透明。

2. 黄蜡涂布还可使年久发暗的纸变得光亮。

3. 可提高纸的强度。

2.2.5.4 雌黄涂布

雌黄涂布是用一种有避蠹作用的砷化物(As_2S_3,一般采取其矿物),研成粉末,再用胶混合,捏成棒状,用水研磨成汁,涂在纸上避蠹。

因绝大多数文书都写在黄纸上,可以用雌黄来改正笔误。

沈括书中讲到"馆阁新书净本有误书处,以黄涂之",同时也是利用低价硫化物的还原漂白作用。

§3.中国墨的色料及成分

墨是中国古代最为普遍的颜料。

3.1 松烟制墨

①先将松树流去胶香,然后伐木,根部凿一小孔,炷灯缓炙,则全树身膏液缓缓流出。

②将伐木斩成尺寸,鞠蒐为园屋如舟中雨篷式,连接十余丈,内外与接内,皆以纸及席糊固完成,隔位数节,小孔出烟,其下掩土砌砖。

③先通为数道,燃薪数日,稍冷扫刮。

④自头彻尾,靠尾一、二节者为青烟,取出佳墨为料(其他墨烟作漆、垩之用)。

3.2 油烟制墨

宋代以后多以油烟制墨。

油烟原料:以动植物油、矿物油为燃料,燃灯时在灯心上方收集。

植物油:菜油、豆油、大麻油、芝麻油、桐油。

动物油:鱼油

矿物油:石油。

以上这些油多为不饱和脂肪。

还有另一种叫石墨,可能指煤、炭精之类的矿物,可直接或研磨使用。

3.3 制墨用的黏合剂

要将松烟或油烟制成墨锭及要将墨色附着固定在书写面上,均需要黏合剂将炭粒黏结或粘结为固态。中国墨常用的黏合剂多为传统的动物胶,包括皮胶、筋胶、甲壳胶、角胶、鱼胶、鱼皮胶、鳔胶等。

3.4　制墨常加的一些改性剂

制墨常加的耐久性、色泽、香气添加剂达上千种之多,可以在某些方面改变墨的性能。

3.4.1　耐久性添加剂:蛋清、滕黄、生漆、皂荚、巴豆等。

3.4.2　改进色泽之添加剂:朱砂(Hg_2S)、紫草、茜草根、胆矾、五倍子、珍珠、银球、核桃、芍药、猪胆、鲤皮胆、黄埔、墨豆、地竽、卷伯、零陵香豆、石榴柱等。

3.4.3　改进香味的添加剂:丁香、檀香、甘松、樟脑、麝香等。

3.5　中国制墨的工艺及配方

3.5.1　中国制墨工艺简述

收取松烟(油烟)→混合溶胶料及添加剂揉、捣、蒸→入模→干燥→上蜡→检验→储藏。

3.5.2　制墨的配方

制1斤墨的配方:

胶5两浸皮汁中(江南樊鸡木皮)解胶＋5颗去黄蛋清＋珍珠粉1两＋麝香1两→于铁器中捣三万杆→温时败臭(2、9月),不得过寒,寒则难干,作成2～3两,宁小勿大。

清代时,怕影响墨质量,不加许多添加剂。

3.5.2.1　油印墨(墨汁):用烟室开端的粗烟＋胶料＋酒→制成膏状,在缸中存放3～4个夏天,才能散去臭味,且存放越久,墨质量越好。

1. 红色油墨

最上乘的红色油墨:银珠(朱砂、HgS)＋铅丹(Pb_3O_4)＋黏性极强的白芨根一起煮成。

次一些的红色油墨:用红色苋菜煮成汁,再加银珠和铅丹。

2. 蓝色油墨:蓝色油墨则用静蓝或木蓝＋胶制成。

§4.纸质文物变质糟朽的主要原因

纸质文物在长期保存的过程中,从外观色泽到内部结构都会发生一定程度的变化,这个变化的过程就是纸质文物变质损坏的过程。不同的纸张变质的快慢有很大差别:有的纸张几个月、几年内就开始发黄变脆,有的纸张二三十年才显露老化迹象,还有些纸张则经历几百年仍洁白如初。这主要由于纸张的组成成分、制造工艺不同而使纸张具有不同的耐久性,即纸张抵抗外界理化因素的影响和保持其原来性能的能力不同。

决定纸张耐久性的因素很多,但归根结底是两个大的方面:

影响纸质耐久性及变质损坏的主要因素 $\begin{cases}$ 内因:纸张本身的组成成分,制浆造纸的工艺过程,这是\\　　　纸质变质的根据。\\ 外因:外界各种影响因素和保存条件等的影响,这是纸质\\　　　变质的条件。$\end{cases}$

4.1　纸质变槽朽的内因

4.1.1　纸质本身组成成分及其性质

从纸张的组成结构上讲,其最主要的成分是天然高分子化合物:

$\begin{cases}$ 纤维素(最主要的)\\ 半纤维素\\ 木质素 $\end{cases}$ 聚戊糖含 11%,也是组成纸张的主要成分

4.1.1.1 纤维素是由葡萄糖脱水聚合而成的,葡萄糖分子 C_1 上羟基与另一个葡萄糖分子 C_4 上的羟基脱去一分子水,并互相以 $1,4-\beta$ 甙键构成分子链。

$(C_6H_{10}O_6)n$ 葡萄糖脱水形成纤维素的过程如下面反应式所示:

$1,4-\beta$ 甙键　　　　　　　　　纤维素$(C_6H_{10}O_5)_n$

纤维素本身较为稳定,既不溶于水又不溶于一般有机溶剂,但从纤维素结构上看是由许多葡萄糖基通过许多氧桥(┌O┐或└O┘)连接成长链结构。氧桥中的氧原子有吸引 H^+ 的性质,由于 H^+ 的影响,C、O 间连接减弱或断裂,变成短链易碎的水解纤维素,再进一步水解则成为可溶性的纤维素糊精、纤维素二糖等短链纤维素,最后完全水解为葡萄糖:

$(C_6H_{10}O_5)_n + H^+ \xrightarrow{\text{水解}}$ 易碎的水解纤维素 $\xrightarrow{\text{水解}}$ 可溶纤维素糊精 $\longrightarrow$ 葡萄糖$(C_6H_{10}O_6)$

4.1.1.2　纤维素结构中还存在—OH 和—CH_2OH 这些易被氧化的基团,能

被漂白粉(HOCl、NaOCl、Ca(OCl)$_2$、$Ca\begin{smallmatrix}OH\\ \\Cl\end{smallmatrix}$ 等)、过氧化氢(H—O—O—H)、

O_3、O_2 等氧化剂氧化,生成相应的含羟基、酮基或羧基的氧化纤维素:

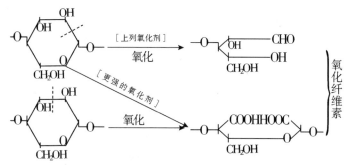

氧化纤维素是容易老化、泛黄的脆弱物质。

4.1.1.3　木质素和半纤维素也是纸张的重要组成成分

半纤维素在纸浆中具有和纤维素类似的性质,其作用是增加纸张强度。但半纤维素水解后不形成六碳糖,而形成戊碳糖,所以说半纤维素是聚戊糖。如造纸原料稻草、麦草、麦糠、花生壳、棉花皮中含有大量聚戊糖,水解后得 1,4－β 糖甙,即D－木糖。

聚戊糖　　　　　　　　　1,4－β 糖甙

也可写成结构式:

1,4－β糖甙

纤维水解生成六碳糖,而半纤维素水解生成戊碳糖,因而使纤维素、半纤维素结构遭到破坏而强度受到影响,使纸张变脆,且水解生成的糖类又是微生物的食料,促进纸张发霉而糟朽。

4.1.1.4　半纤维素易溶于碱,易吸水膨胀,比纤维更容易水解。木质素则易氧化,尤其在光的照射下,氧化更快。木质素氧化后变脆,是纸张久置发黄变脆的主要原因。

纤维素、半纤维素、木质素被水解的最终产物是糖,这是造成纸张强度下降、酥粉、霉变的主要原因。

4.1.2　纸张加工过程中引进的不利因素

纸质文物的纸质、性能、耐久性在很大程度上决定于纸浆造纸生产过程。古代纸由于是手工工艺,取材等因素呈弱碱性(pH=8),纤维损伤小,耐久性好。而近代造纸主要是造纸制浆过程,带入了许多不利于纸质文物长期保存的因素。

4.1.2.1　制浆过程带入的不利因素

1. 机械方法带入的不利因素

用机械方法磨碎原料制成机械纸浆的过程中,纤维因用机械磨碎变得短而粗,硬而脆,形状不规则,作成的纸强度差,易于脆裂。磨碎使纤维素的结晶结构及纤维分子间的氢键部分遭到破坏,纤维分子也因受到剧烈的机械作用而降解。研究表明,具有同样聚合度的纤维素分子中,受机械损伤要比受水解、氧化降解的分子更容易发生反应。此外机械制浆中的木质素、杂质含量高,也是造成纸张耐久性差的主要原因。

2. 化学制浆带入的不利因素

化学制浆是在一定温度下,利用化学药品蒸煮水解植物纤维原料,除去木质素等杂质。在高温高压的处理过程中纤维会因强酸、碱作用而受到损伤,而且蒸煮残液也会使制成的纸张受到威胁,对纸张的长期保存不利,但相对而言,化学制浆浆的耐久性、强度要比机械制浆好。

4.1.2.2　漂白过程带入的不利因素

一般说来,制成的纸浆因没有除去木质素、灰尘或其他色素杂质,都有一定的颜色。要得到高质量、洁白纸张,就要去除杂质,进行漂白处理。纸浆漂白时常用的氧化漂白剂次氯酸钙($Ca(OCl)_2$)、氯气(Cl_2)、二氧化氯(ClO_2)、臭氧(O_3)以及过氧化氢(H_2O_2),对纤维产生有害作用,例如木质素被氧化分解同时产生有机酸、二氧化碳,使漂白液酸度上升,氧化活性增加,导致纤维素、半纤维素受到不同程度的氧化,使纸浆返黄,而且漂白液残留还会继续氧化纸张纤维素、半纤维素、木质素。使纸张发黄变脆。

4.1.2.3　施胶带入的不利因素

造纸工业广泛应用的松香具有憎水性可防止纸张润化,但松香与纸张纤维之间缺乏黏附力,为了使松香胶粒能均匀沉淀在纸张纤维上,施胶时必须加沉淀剂硫

酸铝[$Al_2(SO_4)_3$],而明矾是强酸弱碱盐,会使纸张呈酸性:

$$Al_2(SO_4)_3 + 6H_2O \longrightarrow 2Al(OH)_3 + 3H_2SO_4$$
弱碱　　　　强酸

水解产生的六合水铝离子是带正电荷的絮状凝胶物,对松香颗粒、纤维素纤维、填料均有亲和力。松香胶的沉淀正是靠六合水铝离子的吸附作用,六合水铝离子越多施胶效果越好。当浆保持 pH 为 4～5 时,能获得较多的六合水铝离子,因而此条件下生成的纸张呈酸性,易发黄变脆。

4.1.2.4　填料带入的不利因素

为使纸张获得良好的物理、机械性能,还需在纸料中加入一些无机物质作填料(如白土硅铝酸盐 $K_2O \cdot Al_2O_3 \cdot SiO_2 \cdot H_2O$,滑石粉、矾土、水玻璃等)。这些无机物的添加虽改进了纸的性能,但也带来了不利因素,妨碍了单根纤维间氢键结合,削弱了纸张纤维总的结合力,并且颗粒之间研磨作用也使纸张强度降低。

随着工业生产的发展,造纸工业的机械化、化学化,使纸张的性能发生了很大的变化,带来了一些不利因素而影响纸张寿命和强度。

4.2　影响纸质文物变质糟朽的外因

纸张的组成、性质和加工工艺等纸质本身的性质是纸质文物变质糟朽的内因,而外界环境则是纸质文物变质糟朽的条件。外界条件不好,不利纸质文物的保存,就是在纸质变质内因的基础上,加速了纸质变质糟朽。

$$影响纸质文物变质糟朽的主要外因 \begin{cases} (1)光对纸质文物的影响 \\ (2)温度对纸质文物的影响 \\ (3)湿度对纸质文物的影响 \\ (4)大气中有害气体对纸质文物的影响 \\ (5)大气中尘埃对纸质文物的影响 \\ (6)生物对纸质文物的影响 \end{cases}$$

4.2.1　光对纸质文物变质糟朽的影响

各种光对纸质文物都有潜在的破坏性,其波长越短,破坏性越大,阳光中波长短的紫外线能量较大,使纸张的纤维发生紫外光激发,发生严重的破坏。纸张的老化作用主要体现在以下几个方面:

$$光对纸质文物的光老化作用 \begin{cases} 光对纸质文物主要成分的影响 \begin{cases} (1)纤维素的光降解 \\ (2)纤维素的光氧化降解 \\ (3)纤维素的光敏降解 \\ (4)纸张中木质素、半纤维的光化学作用 \end{cases} \\ 光对纸质文物上颜料的影响 \end{cases}$$

4.2.1.1　光对纸质文物主要成分的影响

1.光对纸质纤维素的光降解作用

纤维素选择性吸收波长为 200nm 以下的紫外光,波长为 185nm 的紫外线,能量较高,可使纤维素中 1,4-甙键断裂。随着光降解作用的进行,纤维素吸收部分可见光而呈现腐色,纸张也因此而泛黄、变脆。

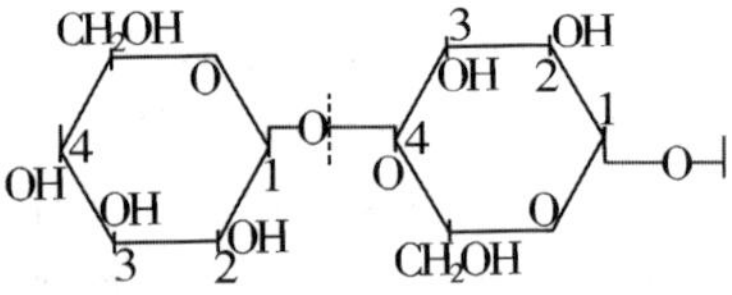

1, 4-甙键断裂

2.光对纤维素的光氧化降解

虽然空气中的 O_2 不容易把纸张纤维素氧化,但在光的照射下则较容易将纤维素氧化,这是因为光引发(催化)了纤维素与氧的反应:

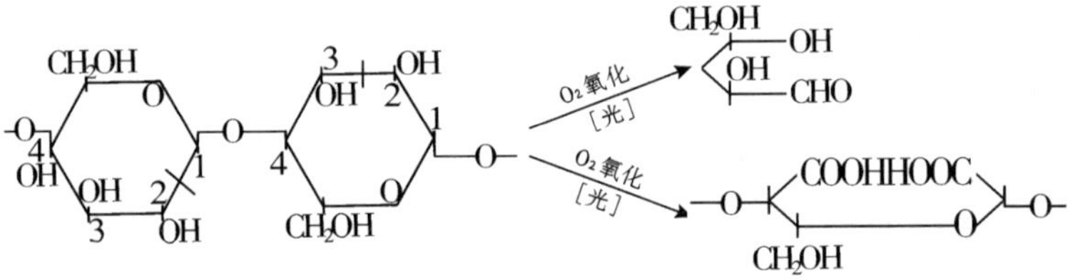

光氧化降解使纤维素分子中的碳—碳键断裂,即 1,2 碳—碳断裂、2,3 碳—碳断裂,或碳—碳单键结合力大大减弱,使分子的聚合度降低,从而使纸张的机械强度显著减弱。光的强度越大,引发的光氧化降解作用越大。相同光量的紫外辐射量在不同情况下有很大差别。

表 5.1　相等光量中引起损坏的紫外辐射量

照明情况	相对损坏因子
垂直阳光、敞开直射	100
垂直阳光、隔窗玻璃	34
垂直阳光、隔树脂玻璃	9
荧光灯	9
白炽灯	3

从上表可知,白炽灯是安全的;一般说来,透射到窗内的日光为散射光,不会出现垂直射的紫外辐射量,因此损坏因子含量会大大低于 34,因此说室内藏纸质的返黄是一个缓慢的过程。陈列室应用防紫外线灯,或在照明设施上涂紫外线吸收剂。

古老的纸莎草的手稿,有特别高的耐久性,巴黎国家图书馆保存着估计超过 5500 年的纸莎草卷仍很好。我国古代的宣纸也有卓越的光稳定性。许多宣纸文物至今还相当好。美国研究表明,90% 的近代书籍印刷纸,使用寿命低于 50 年,出现这种现象的主要原因是不适当的工艺条件,使纤维素、半纤维素遭氧化,特别是机械化生产纸张时,纸浆接触金属器械,使纸张中含有金属离子而产生纤维素的光敏降解。

3.纤维素的光敏降解

由于造纸设备的应用和填料的加入,使纸张中存在许多具有光敏性质的物质,如设备中引入的铜、铁离子;填料中引入的 TiO_2、ZnO;书写材料中的许多染料也具有光敏作用。这些能吸收可见光、紫外光的光敏剂使纸张受光危害的范围扩大到可见光,因此使光老化现象更严重,如红墨水、圆珠笔油墨中的曙红染料,受光照时,能与空气中的 O_2 和 H_2O 作用产生 H_2O_2 及—OH,—OH 可夺取纤维素中的 H 使之发生降解。

$$曙红—H_2+O_2+H_2O \longrightarrow 曙红—H+—OH+H_2O_2$$

纤维素发生光氧化的同时,也常发生水解作用,氧和水的作用具有协同作用,产生比由这两种因素单独作用的总和更大的破坏作用。

4.纸张中的半纤维素、木质素的光化学作用

木质素对光敏感,且易于氧化,当光照射时,木质素的氧化变得更为活跃,生成易黄易脆的氧化木质素。

木质素吸收一定波长的光辐射后,形成激发态分子,即游离基,继游离基生成之后,产生过氧游离基,其反应过程如下:

$$L \xrightarrow[光]{h\gamma} L^* \longrightarrow L\cdot \xrightarrow{O_2} LOO\cdot$$

　　木质素分子　　激发态分子　　游离基　　　　过氧游离基

过氧木质素游离基从木质素分子中夺取氢原子,生成木质素过氧化物及木质素游离基:

$$LOO\cdot \; + \; L—H \longrightarrow LOOH \; + \; L\cdot$$

过氧木质素　　木质素分子　　　　木质素过　　木质素
游离基　　　　　　　　　　　　　氧化物　　　游离基

木质素游离基氧化:

$$L\cdot + O_2 \longrightarrow LOO\cdot \quad 过氧木质素游离基$$

木质素在紫外线照射下会产生游离基,所生成之游离基在氧存在下易发生蜕变,其蜕变机理如下:

$$LH \xrightarrow{h\gamma} H\cdot + L\cdot （链引发） \qquad L\cdot + O_2 \longrightarrow LOO\cdot （链增长）$$

$$LOO\cdot + L—H \longrightarrow LOOH + L\cdot \qquad L\cdot + L\cdot \longrightarrow L—L（链终止）$$

$$LOO\cdot + L\cdot \longrightarrow LOOL \qquad LOO\cdot + LOO\cdot \longrightarrow LOOL + O_2$$

　　光对纸张中的半纤维素及其他高分子化合物、碳水化合物也有降解作用,其作用机理如下:

$$RH \xrightarrow{h\gamma} H\cdot + R\cdot (链引发) \qquad R\cdot + O_2 \longrightarrow ROO\cdot (链增长)$$

$$ROO\cdot + R-H \longrightarrow ROOH + R\cdot \qquad R\cdot + R\cdot \longrightarrow R-R(链终止)$$

$$ROO\cdot + R\cdot \longrightarrow ROOR$$

$$ROO\cdot + ROO\cdot \longrightarrow ROOR + O_2$$

式中 RH 代表半木质素及其他高分子化合物、碳水化合物。

4.2.1.2　光对纸质文物颜色及颜料的影响

　　光对纸质文物上的颜色及颜料的影响很大,可使纸质文物上画面、图案上的有机颜料、无机颜料色调变暗,甚至褪色。如铅丹(Pb_3O_4)在光的作用下发生光化学氧化反应,其光化学氧化反应如下:

$$Pb_3O_4 + O_2 \xrightarrow{h\gamma} 3PbO_2$$
$$（红色）\qquad （棕黑色）$$

$$PbCrO_4（铬黄,黄色）\xrightarrow[长期日光照射下]{h\gamma} Cr_2O_3（铬绿,绿色）$$

$$PbCrO_4 \cdot PbO_2（铬橙,橙黄）\xrightarrow[长期日光照射下]{h\gamma} Cr_2O_3（铬绿,绿色）$$

　　光对纸纤维中少量结构单元如芳基—α—羰基结构和与苯环共轭的双键结构可吸收紫外光,且起光敏剂作用,可使大分子直接脱氢或最后生成苯氧基。光辐射引起有色物质的生成,可能是由于中间产物苯氧基和氧之间的反应造成的。

　　木质素在光氧化过程中生成的发色基团和助色基团,可对纸返黄起重要作用。一些无色的结构在光氧化作用下转变成发色基团,如木质素中的无色木酚,在光氧化作用下,变成了生色基团醌类。

木质素中酚型结构的化合物转化成醌型结构的低分子碎解物,对纸张的返黄产生重要影响。

4.2.2　温度对纸质文物变糟朽的影响

纸张是柔软而有韧性的纤维薄片,当纸张受热后,会发生 4 个方面的变化。

4.2.2.1　温度高时纸张中保持柔韧性的水分会过分蒸发

水分的过分蒸发,会导致纤维素的内部结构破坏,即干燥脱水,强度下降,使纸张变脆而易断裂。

4.2.2.2　温度升高会加速纤维素裂解

温度升高会使光、氧、酶、水解作用加速,加速纤维的水解、氧化。

4.2.2.3　温度高会加速纸张上的化学反应。

化学反应随着温度的升高反应速度加快,温度升高 10℃,反应速度加快一倍。30℃对纸张已属于高温,如在 100℃下将纸烘烤三天,相当在常温下保存 25 年;其他条件相同的纸张在 15℃可保存 100 年,而在 25℃下则只能保存 50 年。

4.2.2.4　温度较高时有利于有害生物的生长繁殖

微生物在生长最低和最高温度之间,温度每升高 10℃,微生物的生长繁殖速度可加快一倍,对纸张有害的微生物最适宜的生长温度为 18℃～28℃,最适宜微生物生长的湿度为 75%。

纸质文物害虫的最适宜生长温度为 22℃～32℃,最适宜生长的相对湿度一般为 70%～90%,所以控制纸质文物的环境温度可有效抑制有害生物的生长繁殖及其对纸质文物的危害。

从化学反应速度考虑,温度越低,一般化学反应速度越慢,纸张的老化速度越慢,越有利于纸张的保存,纸张的最佳保存温度为 14℃～18℃,一昼夜间允许温度变化范围是 2℃。温度太低又会使纸张变脆,容易断裂。

4.2.3　湿度对纸质文物变糟朽的影响

4.2.3.1　纸张吸潮的原因

1. 因纸张纤维素分子中的羟基是亲水基

每个纤维素大分子根据其聚合度(n)的不同,含有的羟基数目也各不相同,聚合度越大,所含羟基数目也越多。羟基是亲水基,决定了纤维素的吸湿润胀的特性。纸张是由植物纤维交织而成,因而纸张同样具有纤维素的这种吸湿作用。

2. 纸张表面存在的毛细结构也具有较强的吸湿性

纸张是由众多纤维素纵横交错交织而成的多层毛细管体系,在毛细凝结作用下具有很强的吸附能力而吸附水气。

4.2.3.2　适当湿度对纸质文物的重要作用

1. 空气温度恒定时,纸张必须具有一定含水量才能保持必要的机械强度、优良的柔韧性和弹性。常温下大多数纸张的水分含量为 7% 左右。

2. 湿度较低对延长纸张的寿命有利,特别是可避免某些有害气体在纸面上有害化学反应的进行。

3. 湿度过低可避免有害微生物的生长。

4. 湿度过低使纸张纤维素内部结构遭到破坏,使纸张干燥、变脆、强度下降。

当相对湿度超出 25%～65% 的范围时,纸张的强度很快下降。湿度上升时,纸张伸长率也上升,应力强度、变形性能和纸张的塑性都受到影响,纸张打湿晾干后不能恢复原状。

4.2.3.3 高湿环境对纸张变糟朽的影响

1. 高湿度会破坏纸张结构,使纸张纤维素变潮水解

(1)水侵入纤维素分子,部分破坏了纤维素之间氢键的结合力。

(2)纸张纤维素变潮水解,使许多氧桥断裂形成戊糖。

如果纸张中含有微量金属离子催化剂时,加速纤维素的水解。如施胶时加入的沉淀剂硫酸铅,遇水水解而使纸张呈酸性而加速纤维素的水解。

$$Al_2(SO_4)_3 + 6H_2O \longrightarrow 2Al(OH)_3 \downarrow + 3H_2SO_4$$

2. 高湿会使纸张上耐水性差的颜料、染料,特别是水溶性颜料、染料材料洇化、褪色而使字迹模糊不清。

3. 高湿环境会加剧、加速环境中有害气体如 CO_2、SO_2、NO_2、HCl、Cl_2 等被纸张中水分吸收,生成腐蚀性的无机酸而腐蚀纸张。

4. 高湿环境下会使纸张上有害颗粒(尘粒)遇水溶解而产生有害物质腐蚀纸张。

5. 高湿有利于微生物的生长繁殖。相对湿度在 70% 以上时,微生物生长繁殖很快,使纸张发霉。霉菌及其代谢产物有机酸腐蚀纸张,使纸张发黄、变脆;而相对湿度在 60% 以下时大多数霉菌将停止繁殖。

纸质文物保管最适宜的相对湿度是 50%～60%,湿度允许变化范围是 3%,这样的湿度对延长纸质文物的寿命有利。

4.2.3.4 纸质文物保管库房温湿度确定的基本要求

1. 尽量保持文物用纸的正常含水量在 7% 左右,以维持纸张固有的强度、柔韧性和弹性。

2. 不利于微生物的发育。微生物最适宜的发育温度在 20℃ 以上,纸质文物保

存的最佳温度 14～18℃（＜20℃）。大多数霉菌在相对湿度 60％以下停止繁殖，因此纸质文物保存的最佳湿度是 50％～60％（＜60％）。

3. 有利于或无害于工作人员的健康。

一些国家推荐的纸质文物库房、博物馆的温湿度

单位	温度	相对湿度
前苏联国家档案馆	14～18℃	50％～65％
列宁国立图书馆	16～18℃	50％～60％
前苏联博物馆	12～16℃	50％～60％
原捷克斯洛伐克国家档案馆	5～8℃	50％～60％
法国国家档案馆	20～24℃	50％～55％
美国国家档案馆	20～23℃	50％～60％
荷兰国家档案馆	15℃	50％～60％
我国要求的标准	14～18℃	50％～60％

4.2.4　大气中有害气体对纸质文物变糟朽的影响

空气中有害气体大致可分为两类，即酸性有害气体和氧化性有害气体。

4.2.4.1　酸性有害气体对纸质文物的破坏

空气中的 SO_2、CO_2、NO_2、H_2S、HCl 等有害气体，和库房空气或潮湿纸质文物中的水分化合或溶解，变成酸性物质。

$$SO_2 + H_2O \longrightarrow H_2SO_3 \xrightarrow{O_2} H_2SO_4$$
$$NO_2 + H_2O \longrightarrow HNO_3$$

增加纸张的酸度，使纸张起水解作用，变成易碎的水解纤维素，同时对字迹也有破坏作用。

1. 二氧化硫来源于煤、油的燃烧，炼焦时煤中 0.36％～13.3％的硫大部分变成 SO_2 放出。当空气中二氧化硫浓度达到 0.5～1/1 000 000 时，它就易被纸张中所含的水分吸收（在 20℃时，1 体积的水可溶解 40 体积的二氧化硫）。亚硫酸有漂白作用，可使某些字迹材料褪色，另外亚硫酸不稳定，日久可被氧化为性质稳定的硫酸：

$$S + O_2 \xrightarrow{燃烧} SO_2$$
$$SO_2 + H_2O \longrightarrow H_2SO_3$$
$$2H_2SO_3 + O_2 \longrightarrow 2H_2SO_4$$

纸质文物保存环境湿度越大，纸张越潮湿，吸收二氧化硫变成稀硫酸越容易，酸含量由小到大，对纸质文物的破坏越来越大。空气中含有 2％～9％的二氧化硫，纸质文物经过 10 天便会损坏 40％。

2. 二氧化氮(NO_2)

二氧化氮来源很多：

①有机物的腐烂、燃烧。

②硫酸厂、硝酸厂、氮肥厂的废气中含有大量的二氧化氮。

③空气中含有约 4/5 体积（79%）的氮气，所以空气中经常含有大量的二氧化氮。

二氧化氮遇水会形成硝酸：

$$N_2 + 2O_2 \longrightarrow 2NO_2 \qquad N_2 + O_2 \longrightarrow NO \xrightarrow{O_2} NO_2$$

$$NO_2 + H_2O \longrightarrow HNO_3$$

硝酸是强酸，腐蚀纸质文物，使其发黄、变脆，甚至糟朽。

3. 硫化氢（H_2S）

硫化氢主要来源于污水池和蛋白质腐烂。在 20℃时，1 体积水能溶解 2.5 体积的硫化氢。硫化氢溶于水所形成的氢硫酸，和亚硫酸一样具有较强的还原性，可使纸质文物上某些字迹材料褪色，使纸质遭到破坏。

4. 氯化氢（HCl）

氢化氢主要来自：

①氯碱工业的化工厂。

②一些化工厂反应废气及一些含氯化合物之水解。

$$\underset{\underset{Cl}{|}}{\overset{\overset{O}{\|}}{Cl-P-Cl}} + 3C_2H_5OH \longrightarrow \underset{\underset{OC_2H_5}{|}}{\overset{\overset{O}{\|}\ OC_2H_5}{C_2H_5O-P}} + 3HCl\uparrow$$

磷酸三乙酯

$$\overset{\overset{O}{\|}}{Cl-S-Cl} + H_2O \longrightarrow SO_2\uparrow + 2HCl\uparrow$$

氯化氢极易溶于水，1 体积水可溶 400 体积氯化氢。氯化氢溶于水变成强酸盐酸，严重腐蚀和破坏纸张。

4.2.4.2　空气中氧化性有害气体对纸质文物的破坏

空气中氧化性有害气体有氯气（Cl_2）、二氧化氮（NO_2）、臭氧（O_3）等。这些有害气体都会使纸张纤维素氧化变成易脆的氧化纤维素。

1. 氯气遇到空气中或纸质文物中的水分会发生歧化反应：

$$Cl_2 + H_2O \longrightarrow HCl + HOCl$$

$$\downarrow$$

$$HCl + [O]$$

产生的氯化氢加速纸张纤维素的水解,产生的新生态氧有强的漂白作用,会使纸质文物中一些字迹材料褪色。

2. 二氧化氮(NO_2)

空气中不断来自氮肥厂、硝酸厂、硫酸厂的 NO_2,在光的作用下分解,不仅产生新生态的氧,而且新生态的氧还会和空气中的氧气反应生成臭氧,臭氧有很强的氧化能力,这样会使纸张中的纤维反复氧化,其反应过程表示如下:

$$NO_2 \xrightarrow{\text{光}} NO + \underset{\text{新生态氧}}{[O]} \xrightarrow{O_2(\text{空气中})} \underset{\text{臭氧}}{O_3} \xrightarrow{\text{纤维素}} \text{氧化纤维素}$$

3. 臭氧(O_3)

臭氧具有很强的氧化能力,可使纸质纤维素氧化为易碎的氧化纤维素,臭氧来源于空气中的放电作用及二氧化氮光分解作用产生的新生态氧与空气中氧的反应:

$$O_2 + \underset{\text{新生态氧}}{[O]} \xrightarrow{\text{放电}} O_3$$

所有有害气体对纸质文物的破坏作用,不论是有害气体对纤维的水解作用,还是对纤维的氧化作用,都会使纸张纤维的纤维素减少,而产生易脆的水解纤维素和易脆的氧化纤维素。

4.2.5　大气中尘埃对纸质文物的影响

尘埃是悬浮在空气中的矿物或有机物质的微粒。它的成分十分复杂。

大气中尘埃主要包括矿物、有机物

- ① 沙、土
- ② 烟渣
- ③ 煤屑
- ④ 金属氧化物
- ⑤ 盐晶体
- ⑥ 花粉
- ⑦ 石灰
- ⑧ 固体物质(如 $CaCO_3$、Na_2CO_3)等
- ⑨ 有机物质微粒

4.2.5.1　不同环境条件下空气中尘埃含量

空气中尘埃在不同环境条件下,含量大不相同:

①在干燥时月,城市街上空　　　　　　10 万以上微粒/cm³ 空气中

②在太平洋上空　　　　　　　　　　　上万微粒/cm³ 空气中

③在远离城市、居民、工业区的高山上　几十粒/cm³ 空气中

④工矿区、荒漠区的灰尘更多,可形成严重的沙尘暴

4.2.5.2　尘埃对纸质文物的破坏主要表现在以下几个方面

1. 尘埃对纸质文物的污染及机械磨擦

(1)尘埃落到纸质文物上会把文物弄脏,像烟那样小的微小尘埃能牢固地粘在纸质文物上,使纸张变成灰褐色,字迹模糊不清。

(2)带有棱角的尘埃颗粒会磨擦、损伤纸质文物的纸张表面,降低纸张的机械强度和抗拉强度。

(3)尘埃会使附着能力较差的字迹材料或颜料、染料部分脱落,影响字迹或画面的清晰度及色彩。

2. 尘埃会使纸质文物纸张粘连

尘埃中的酸、碱、盐使受潮的纸质文物水解,产生一些黏性水解产物,如尘埃中的黏土($Al_2O_3 \cdot 2SiO_2 \cdot 2H_2O$)经潮湿空气起水解作用而产生胶状的氢氧化铝[$Al(OH)_3$],而使纸张粘连而难以揭开,天长日久就变成"纸砖"。还有一些从烟囱排出遇潮呈胶体的物质,也会使纸质文物粘连。

3. 有些尘埃带有强烈的腐蚀性,如化工厂产生的尘埃常带有酸、碱性,腐蚀纸质文物。

4. 尘埃是微生物寄生与繁殖的掩护所,也是各种霉菌孢子的传播者,许多纸质文物的腐朽、霉烂与尘埃带菌传播有关。

4.2.6　微生物对纸质文物的危害

自然界中大量的微生物,种类多,分布、活动范围很广。物质的腐败变质,动植物及人类疾病的发生、传播都是微生物在起作用。危害纸质文物的微生物主要是霉菌和细菌。细菌是四大菌类(真菌、细菌、放线菌、酵母菌)群中的一种,而霉菌是真菌中的一种。霉菌类属很多,每个类属中又有很多种,危害纸质文物的菌类是霉菌中的青霉属、毛霉属、曲霉属、大孢霉属、芽枝霉属、镰刀霉属和细菌中的杆菌、球菌、螺旋菌。

4.2.6.1　霉菌的特点

1. 霉菌的结构复杂

霉菌是由许多细长的菌丝体构成的,我们通常看到的霉菌绒毛层就是由大量菌丝体聚合而成。

菌丝体已有
功能上的分化

$\left\{\begin{array}{l}\text{营养菌丝：专门摄取营养，它多生于基物表面，或深入基物}\\\qquad\qquad\text{内部吸取营养}\\\text{生殖菌丝：从营养菌丝向上生长，最后生成可繁殖后代的孢子}\end{array}\right.$

2. 霉菌繁殖力很强、繁殖迅速

霉菌的繁殖是由特殊细胞孢子来完成。孢子形成数量很大、速度很快，繁殖力极强。

如黑曲霉（属青霉属），它的每一个孢子在短期内能生出上千个孢子头，每个孢子头内又有七万多个孢子，这样霉菌在几天内就能生成七千多万个孢子。

3. 霉菌孢子传播快

由于霉菌孢子体积小，重量轻，很容易被空气流带走，因此可以说霉菌孢子到处都有。

4. 霉菌多带有不同的颜色。除几种霉菌孢子无色以外，其他霉菌孢子多带有黑色、绿色、灰色、棕色、红色、黄色等不同颜色，一旦染到纸质文物上则很难除去。

4.2.6.2　霉菌细胞所含的化学成分

霉菌是一种有生命的低等植物，其细胞所含的主要化学成分有水、蛋白质、碳水化合物、脂肪、灰分。

4.2.6.3　霉菌发育生长的条件

1. 养料：霉菌是一种有生命的低等植物，无叶绿素，不能通过光合作用合成自身需要的养料，所以要吸收营养维持生命。根据霉菌所需的养料来源，可分两大类：

$\left\{\begin{array}{l}\text{寄生菌：从活的有机体上取得营养}\\\text{腐生菌：利用死的有机物作为养料}\end{array}\right.$

霉菌细胞中含有各种酶，能将淀粉、纤维素、碳水化合物等复杂化合物分解，又能用氨气、硫化氢等气体分泌物分解蛋白质，制造必需的含碳、含氮的养料，通过菌丝体细胞膜的渗透作用把养分吸收到细胞内。

2. 水分：水是一切微生物躯体不可缺少的重要组分，微生物组织细胞组成中水的重量达 $80\%\sim96\%$。水也是霉菌代谢作用上必不可少的物质，所有的物质，只有在溶解状态下，才能通过菌丝体细胞膜渗透到细胞的内部。相反即使有足够的营养，如果没有水，霉菌就不能生长。当纸张含水量在 7%，环境相对湿度在 60% 左右，霉菌停止繁殖和生长，但不死亡，遇到适当条件仍有萌发能力。

3. 温度：多数霉菌发育最低温度为 $1℃\sim5℃$，最适宜温度为 $22℃\sim28℃$，最高限度为 $30℃\sim35℃$。高温使菌体蛋白质凝固，引起霉菌死亡。低温阻止微生物发育。

4. 空气：霉菌呼吸氧气，对霉菌的生长具有一定的作用，但需要不大。

2.4.6.4　霉菌对纸质文物的破坏

1. 霉菌对纸质文物结构的破坏

(1)霉菌对纸张本身组成材料结构的破坏

霉菌在纸质文物上生长过程中,分泌各种水解酶,加速纸张中的纤维素、木质素等的水解,为霉菌提供易于吸收的葡萄糖、二糖,使霉菌的生长繁殖有充分的营养基。由于霉菌迅速繁殖使纸质结构遭到严重破坏,使纸张强度大大降低。

(2)霉菌使纸质文物装订材料遭破坏

纸质文物的装订材料(纸带,棉、麻、丝等装订线,糨糊,胶水等有机物)中所含的纤维素、蛋白质动植物胶、淀粉等在酶的作用下水解成葡萄糖、二糖、氨基酸、芳香族小分子,使装订材料断裂糟朽,或使装订用的黏结材料失去黏结性能,使纸质文物封面和纸张脱胶散落。有些霉菌破坏作用十分迅速,在三个月内可使纸张纤维损坏 $10\%\sim60\%$,五天内使纸质强度降低一半。由于化学降解反应破坏了纸质分子结构的反应是不可逆的,纸张损失到一定程度,就不能再修复,成为一堆糟朽不堪的废纸残片或残纸屑。

2. 霉菌在纸质文物上形成霉斑

霉菌孢子和菌落及其分泌物,会在纸质文物上形成黄、红、绿、青、褐、黑等色斑,不仅严重影响纸质文物的原貌、外观,还影响纸质文物的可读性和复制利用性,失去纸质文物的历史意义。

由于霉斑的化学成分复杂、性质稳定,又多是非水溶性的,因而很难清除。

3. 霉菌会使纸质文物字迹褪色

霉菌是真菌,真菌会影响文物上的字迹。这种影响不同于霉斑形成对字迹的掩盖作用或色素对字迹颜色的变色作用,而是一种破坏性的褪色作用。在特殊情况下霉菌可使五倍子酸墨水完全褪色,字迹难以恢复,致使纸质文物失去作为历史记载的可读性和复制利用性。

4. 霉菌使纸质酸度增加

霉菌细胞呼吸代谢产物中的甲酸($HCOOH$)、乙酸(CH_3COOH)、乳酸($CH_3—\overset{\displaystyle |}{\underset{\displaystyle OH}{CH}}—COOH$)、琥珀酸等有机酸长期积累在纸质文物的纸张上,使纸张酸度上升,加速纤维的水解反应。纸质文物一旦染上或被霉菌侵蚀,数月内酸度就会上升 $1\sim2$ 倍。有机酸不但加速纸张纤维素的水解,还会使一些不耐酸的字迹洇化褪色。

5. 霉菌会使纸张湿度增加

由于霉菌、细菌在代谢过程中会从空气中吸收一定水分而使纸质文物的纸张材料含水量提高,发潮甚至出现水滴。这些水分会与纸质中的尘埃、胶类物质作用而使纸张粘连成块。特别是纤维黏菌和蚀孢黏菌等黏液菌,在水解纤维素时产生大量黄色黏液,内含糠醛(⟨O⟩—CHO)和糠酸(⟨O⟩—COOH)成分,更使纸张彼此粘连。

6. 霉菌分泌毒素,污染环境,危害人体

少数霉菌会分泌少量毒素,一旦经纸质文物为媒介进入人体消化道(特别是一些人翻书时有蘸唾沫的坏习惯),就会由小肠吸收,混入血液,最终危害神经。少数霉菌还分泌致癌物质,如黄曲霉毒素 B_1、B_2、C_1、C_2、M 和杂色曲霉产生的柄曲霉素等物质具有强烈的致癌性,毒素和致癌物质污染库房环境、文物材料,危害人体。

4.2.7　虫害对纸质文物的破坏

虫蛀鼠咬是纸质文物一大害,可使纸质文物档案、文献资料、古籍、字画、经卷等蛀蚀成洞,千疮百孔,缺页少行,更严重时成为一堆小纸屑,无法利用。危害纸质文物的害虫见之于文献资料的约有 30 多种,分布很广。根据危害对象不同,昆虫常被分为农业害虫、林业害虫、卫生害虫、仓库害虫等。文物害虫属于仓库害虫的一部分,一般指在正常情况下能在文物库房内生活并危害文物的害虫。纸质文物富含能被害虫利用的营养物质,更容易受到害虫的蛀蚀。据 1960 年对四川省档案的调查,在 53 个发生虫害的单位中,被虫蛀蚀案卷达 137000 多卷。1964 年对湖南、广东两省 196 个单位调查,其中 82 个单位发生过不同程度的虫害,案卷被虫蛀蚀的占总数的 41.8%。

2.4.7.1　危害纸质文物的主要害虫

我国地域很广,南北气候相差悬殊,因而在纸质文物库房中的害虫也不会完全相同。例如白蚁,在我国南方地区繁殖较多,而在东北、华北地区则很少。

据不完全统计,现在危害纸质文物的主要害虫有书鱼、书虱、书蛾、毛衣鱼、烟草甲、裸株甲、白蚁、短皮木象、蟑螂、竹蠹、鳞毛粉蠹、红缘皮蠹、花斑皮蠹、黑皮蠹、中华园皮蠹、东方飞蠊、谷粉虫等 17 种。表面看害虫的种类虽不多,但每种害虫又有很多种类,如白蚁仅我国就已发现有 60 余种。

下面简单介绍几种纸质文物害虫。

1. 烟草虫　此害虫分布在全世界,我国福建、广东、台湾、江苏、浙江、四川、山东、河北等地均有发现。喜食烟草、茶叶、淀粉类,能生存在档案、文件、书籍等纸质文物中。此虫一年可繁殖 3～6 代,成虫有假死性,善飞,喜黑暗,白天多静止不动,黄昏或阴天则四处乱飞。

(1)幼虫期喜黑暗,抗饥能力强,老熟时渐不活动,10℃～15℃即逐渐死亡。

（2）在低温时各虫期 100％死亡的时间，随温度不同而有所不同。4℃时需 40 日方能死亡，在－10℃～－5℃时一般 3 天即可全部死亡。

2. 毛衣鱼　是一种活动强的鱼状昆虫，分布很广，在我国的南北方均可看到，体为银灰色，由头到尾端逐渐变细小，全身有银灰色鳞片。

毛衣鱼喜黑暗潮湿，在温度较高的地方繁殖最快，而在光线较强、干燥、空气流通良好的地方则难见踪迹，但也有少数毛衣鱼可活动于干燥的地方。在档案库房、住室、书库等处可找到，它主要危害纸张，破坏衣物。

3. 白蚁　是一种群居性昆虫，危害对象为建筑物的木质门窗、梁柱，会使房屋的梁柱因蛀蚀而倒塌。白蚁对纸质文物档案文件、书籍的破坏性也很大。

4. 裸株甲　外形如蜘蛛，赤褐至暗赤褐，通常 3 龄，对干的或腐败的动植物质均能为害。此虫能耐较高温度，发育适温接近 33℃，发育适湿为相对湿度 70％～90％；在 40℃时卵全部死亡。

5. 蟑螂　身体扁平而有光泽，幼虫与成虫体形大致相同，蟑螂喜食淀粉，咬坏书籍、皮件，在书库、档案库、厨房等处可以发现。

2.4.7.2　害虫对纸质文物的主要危害

1. 危害纸质文物的害虫，以纸张、淀粉等有机物质作为其生长发育的食料。昆虫根据取食范围可分为：

$$\left\{\begin{array}{l}\text{单食性：即取食一种植物或动物；}\\\text{寡食性：即取食一种或近缘科内的植物或动物；}\\\text{多食性：即取食多种植物或动物；}\\\text{杂食性：即取食各种各样的动植物，同时还能取食有机合成物质。}\end{array}\right.$$

文物的害虫一般多为杂食性或多食性昆虫。危害纸质文物的害虫可以取食纸张、包装盒、糨糊、胶水、皮质封面、装订线及存放文物的木质柜、架、建筑木构件。

在文物害虫的生长世代中，幼虫期是摄取营养的主要阶段。由于昆虫属外骨骼动物，体壁坚硬，幼虫生长到一定程度，受到体壁限制，必须蜕去旧皮，每一次蜕皮后，幼虫虫体显著增大，含量也相应增加。很多害虫往往在幼虫初期危害较轻，不易发现，但到后期即爆发成灾。

昆虫对食物中的纤维素，有胶质的淀粉粒以及细胞膜比较完整的食物，大多不易消化利用，因此常将大量未消化的物质排泄掉。正由于昆虫的消化器官不能充分消化食物，因而需要借助于取食大量的食物来补偿，对纸质文物的破坏往往十分严重。

2. 昆虫的分泌物、排泄物等有色液体、固体污染和腐蚀纸质文物。

3. 害虫传播细菌，危害纸质文物管理及查阅人员的健康。

纸质文物害虫东方蜚蠊,幼虫、成虫极贪食,对香的、脏的、臭的各种食物,甚至人的痰、粪便均喜食,这些物质中常含有细菌、真菌、病菌、病毒,因而昆虫也容易带菌带病毒。

调查情况表明,近年文物虫害有上升趋势,受害程度也逐年增加。当前虫害上升的原因很多:

一是装放永久或珍贵的纸质文物用的精装盒制作中卫生条件差,适宜害虫生长的培养基处处都有。窃蠹科中的档案窃蠹、药材甲、烟草甲等害虫均能以制造包装盒的主要原料马粪纸作为主要寄生饲料。

二是生产部门对环境、原料、成品进行消毒、杀虫工作不认真、不彻底。

三是使用部门使用前疏于检查、杀虫、灭菌,给害虫提供了混入库的机会。

四是工作人员缺乏杀虫的有关知识,识别不出虫害的信号,以至延误防治。

§5. 纸质文物的保护处理

由于制作、使用、存放中不利因素的综合作用的危害,纸质文物一般较难长期保存,而且一旦遭侵害,强度就很快下降,因而纸质文物保护工作的难度很大。但由于纸质文物是各个历史时代,人类生产、生活、文化活动、交通、军事等各个方面文字记载的重要资料,必须进行很好的保护。

5.1　纸质文物的污染和清除

一旦纸质文物到了需要清洗的程度,那肯定受到较为严重的污染和侵蚀,强度也受到很大的影响,因而被污染的纸张的清污必须十分小心、谨慎操作。

5.1.1　纸质文物上尘土的污染及清除

古籍资料、档案、古书画等纸质文物在长期库存或展出的过程中,容易蒙灰积尘,为防止尘埃对纸质文物的机械磨损、侵蚀、粘连等破坏作用的影响,需要及时对纸质文物进行除尘清理保护工作。

5.1.1.1　纸质文物表面浮土、积尘等污物的去除

1. 选用软毛刷、软绸子拂去。

2. 机械除尘:(1)如用小型的真空吸尘器来吸除大部分书籍、卷盒及成捆、成堆的纸质文物上的灰尘。(2)单页纸张去尘可用电离气枪压缩空气清除;注意压力不宜过大,以防吹破纸张。

5.1.1.2　对纸张上不太顽固的污迹,如铅笔痕迹、指纹、灰迹的清除,可借鉴美术专业修改素描时用的方法,用软橡皮、海绵、软面包(灰油)或乙烯树脂,在纸面上轻轻擦除。

5.1.1.3 纸质文物因尘土污物黏结在一起时,可用水或有机溶剂浸湿(注意纸质文物字迹颜料的耐水性及耐有机溶剂性),软化后轻轻揭开(要特别小心,稍不小心或用力不当会将纸张揭破)。

如果纸张强度不允许直接揭取时,可将强度较大的宣纸材料裁成与粘连纸张大小相同的尺寸,盖在湿润的纸张上,待宣纸吸收水分贴在纸页上,并产生一定的吸拉力后,用长针或镊子轻轻挑起纸张的一角,慢慢将宣纸揭起,边挑边揭,直至将纸张揭开。

5.2 纸质文物上污斑的清除

纸质文物上的污斑主要包括
- ①水斑、泥斑　②油斑
- ③蜡斑　④墨水斑
- ⑤虫屎斑　⑥锈斑
- ⑦泥斑　⑧霉斑

5.2.1 一般水斑、泥斑的清洗

用蒸馏水清洗。清洗前必须做点滴实验,在确保没有字迹洇化、掉色现象时,将欲清洗的纸张托于平滑洁净的玻璃板或油纸上,斜着放入浅水盘中,用 $60\sim70^{\circ}C$ 温水徐徐冲洗,或放入 $60\sim70^{\circ}C$ 的水盘中,轻轻晃动清洗 $20\sim30$ 分钟,然后将托板或油纸倾斜离开盘中水面,再用吸水纸吸去多余的水分,并进一步压干,以防皱折。

5.2.2 纸张存留蜡斑的清除

先用小刀刮除大部分的蜡质,再在蜡痕上下衬滤纸或吸水纸,用热熔衬吸法使蜡融化并被衬纸吸收。也可用汽油、甲苯等有机溶剂加以清除。由于这些清洗剂易挥发易燃,操作时注意安全、防火。

5.2.3 油斑的清除

常用乙醚、丙酮、四氯化碳、苯或甲苯等有机溶剂溶吸清除。注意安全、防火。

5.2.4 纸质文物上的霉斑的清除

用双氧水(H_2O_2)、氯胺—T([$CH_3-\langle\bigcirc\rangle-SO_2NH_2$]Cl)、次氯酸钠(Na-
$\qquad\qquad\qquad\qquad\qquad$ |
$\qquad\qquad\qquad\qquad\qquad$ Na

ClO)等药剂氧化除去,也可用吸墨纸吸取木瓜蛋白酶、米汁去除。

5.2.5 墨水斑的去除

用上述药剂同法清除。

5.2.6 虫屎斑的清除

用木瓜蛋白酶或米汁按上法清除。

5.2.7　锈斑的清除

常用稀酸溶液轻轻洗除,如铁锈则用 5% 草酸溶液或抗坏血酸(Vc)的稀溶液清洗。

$$铁锈(黄棕色\ Fe^{3+}) \longrightarrow Fe^{2+}(淡绿色)$$

$$2Fe^{3+} + C_2O_4^{2-}(剧毒,白色晶体,溶于水) \longrightarrow 2Fe^{2+} + 2CO_2 \uparrow$$

污斑清除应特别注意的问题:

1. 在纸质文物清洗之前,必须作字迹、颜料的点滴实验,如有掉色、溶解现象,则应在清洗前先作固色处理,常用醋酸纤维素丙酮溶液或用可溶性聚酰胺树脂加固字迹。

2. 采用化学药品处理后,必须再用清水清洗,防止留下斑痕或增加纸质酸度。

3. 对于纸质文物采取大面积湿洗法,容易造成变形、损伤,一般多采用局部处理和干洗法,即用柔软的东西蘸上所用的清洗剂,轻轻擦洗被沾污的部分,然后用吸墨纸或滤纸吸去脏液,再用温水清洗后,反复用吸水纸吸除水分、压干、熨平。

4. 污染来自多方面,污染物成分也比较复杂,有的呈碱性,有的带酸性,有的含有各种无机物或有机物等固体杂质。不管是哪种杂质造成的污染,日久都会对纸张和字迹起破坏作用,必须重视,而且污染物不同,污染程度不同。纸质的强度不同,污染清除的方法也不同,应具体情况具体对待,做到"对症下药",确保污染清除的效果和纸张的安全。

5.3　纸质文物的酸性及去酸处理

5.3.1　纸质文物酸性产生及其危害

5.3.1.1　纸质文物酸性产生的主要原因

1. 纸质材料本身发酵、水解产生的酸性,纸张中纤维素、木质素氧化而产生的有机酸。

2. 纸张加工过程中带进的酸性物质。如纸张加胶时引进的沉淀剂明矾(KAl-$(SO_4)_2$)水解而产生的酸性积累:

$$2KAl(SO_4)_2 + 6H_2O \longrightarrow Al(OH)_3 + K_2SO_4 + 3H_2SO_4$$

加工过程加入的漂白粉的残留,也会产生酸性。

3. 环境中酸性气体的影响。如空气因污染而产生的 NO_2、SO_3、SO_2、HCl、Cl_2、H_2S 等酸性有害气体和库房空气及潮湿纸质文物中的水分化合,变成酸性物质。

4. 纸质文物保存过程中霉菌、虫害生长繁殖时带来的酸性。如微生物代谢产物甲酸(HCOOH)、乙酸(CH_3COOH)、乳酸($CH_3CH{-}COOH$)等多种有机酸的积累。
$$\qquad\qquad\qquad\qquad\qquad\qquad\qquad |$$
$$\qquad\qquad\qquad\qquad\qquad\qquad\quad OH$$

5.3.1.2　纸质文物酸性的危害

酸性的存在或积累是纸质文物保存的大敌。纸张本身的主要组成纤维素性质是很稳定的,但在酸的催化下容易发生水解,而使连接葡萄糖单体的 $1,4-\beta$ 甙键断裂,纤维素聚合度下降,从而使纸张强度下降,发黄、变脆、变质而韧性减小。

实验证明,纸张酸性的存在,是纸张"自毁"的主要原因,且纸张的强度因其酸度不同而变化明显。例如耐折度为 400 次的纸,在不同 pH 值下,在相同时间(两天)和相同温度(100℃)条件下,耐折度变化特别明显。

纸张 pH 值	老化时间	老化温度(℃)	纸张耐折度	耐折度保持率
6.2~9.7	2 天	100	400 次	95%
<6	2 天	100	200 次以下	15~35%

5.3.1.3　纸质文物的脱酸处理及脱酸机理

纸质文物的脱酸处理方法基本上分三大类,即湿法脱酸、干法脱酸、气相脱酸。

1. 湿法脱酸及其原理

湿法脱酸是用碱性水溶液对纸张进行浸泡处理,达到中和去酸的目的。常用的湿法脱酸法有:碳酸氢镁法、氢氧化钙法、碳酸氢钙法和缓冲溶液去酸法。

(1)碳酸氢镁脱酸原理及操作

在碳酸氢镁溶液中通入二氧化碳,就会使溶解较小的碳酸镁($MgCO_3$)变成溶解度较大的碳酸氢镁($Mg(HCO_3)_2$)。用于纸质文物脱酸处理时,碳酸氢镁这种弱酸中强碱盐就容易水解生成碱性的氢氧化镁,中和纸质文物中的酸性物质而有效地降低纸张酸度,其脱酸原理以下列化学反应来表示:

$$MgCO_3 + H_2O + CO_2 \longrightarrow Mg(HCO_3)_2 \xrightarrow[\text{水解}]{H_2O} Mg(OH)_2 + 2HCO_3$$
$$\llcorner\!\!\longrightarrow CO_2 \uparrow + H_2O$$

$$Mg(OH)_2 + H^+ \longrightarrow Mg^{2+} + H_2O \quad \text{其实质是酸碱中和的离子反应:}$$

$$OH^- + H^+ \longrightarrow H_2O$$

而过量残留在纸张上的碳酸氢镁也会在空气中逐渐分解成碳酸镁,成为抑制纸张酸度回升的碱性残留物:$Mg(HCO_3)_2 \xrightarrow{\text{分解}} MgCO_3 \downarrow + CO_2 + H_2O$

(2)氢氧化钙法脱酸机理及操作

氢氧化钙和碳酸钙溶液配合脱酸是较为常用的一种脱酸方法,其脱酸原理如下列化学反应所示:

$$Ca(OH)_2 + CO_2(\text{空气中}) \longrightarrow CaCO_3 \downarrow + H_2O$$

$CaCO_3$ 沉淀渗入纸张纤维中,成为纸张填料而留在纸张中。而 $Ca(HCO_3)$ 在纸张中也会逐渐分解为 $CaCO_3$:

$$Ca(HCO_3)_2 \xrightarrow{\text{分解}} CaCO_3 \downarrow + CO_2 \uparrow + H_2O$$

CO_2 又会被 $Ca(OH)_2$ 吸收变成 $CaCO_3$：

$$Ca(OH)_2 + CO_2 \longrightarrow CaCO_3 \downarrow + H_2O$$

其操作是将待处理的纸质文物先做点滴实验，即用打湿的吸墨纸在纸质文物上贴一会，若无洇化、褪色或颜料溶解扩散现象时，用 0.15%～0.2% 的氢氧化钙溶液浸渍 15 分钟左右，使纸张中的酸性中和：

$$OH^- + H^+ \longrightarrow H_2O$$

经此处理的纸张会带碱性(pH 值约为 9.5 左右)。取出纸张用清水稍加淋洗，放入 0.25% 的碳酸氢钙溶液中(pH 约 6.5 左右)约 15 分钟左右，以中和过量的氢氧化钙而生成碳酸钙沉淀，渗入纸张纤维中，成为碱性填料保留在纸张之中。

$$Ca(OH)_2 + Ca(HCO_3)_2 \Longrightarrow 2CaCO_3 + 2H_2O$$

过量的碳酸氢钙也会在空气中分解为碳酸钙，也起着降低纸张酸度的作用。

（3）缓冲溶液脱酸原理及操作

缓冲溶液是一种抵御外加强酸、强碱或稀释的作用而保持其 pH 不变或变化很小的混合溶液，在一定条件下可以控制溶液的酸碱度。用一定 pH 的缓冲溶液处理纸质文物可使纸质文物达到一定的 pH 值。例如由磷酸和磷酸二氢钠组成的缓冲溶液 pH 在 7～8 之间，在溶液中存在以下反应：

$$H_2PO_4^- \Longrightarrow H^+ + HPO_4^{2-}$$

当溶液中存在较多的磷酸二氢根离子且反应处于上述平衡时，磷酸氢根离子能与外加一定量的氢离子反应生成磷酸二氢根离子，而溶液的 pH 保持不变，因此，用缓冲溶液脱酸的同时还可以在一定范围控制纸张的 pH。

（4）纸质文物湿法脱酸的优缺点

①优点：

A. 脱酸彻底：由于湿法脱酸处理时，纸张浸泡在溶液中，因此脱酸反应比较彻底。

B. 脱酸后纸张纤维中大都有碱性残留物，可有效抑制纸张在外界环境影响下，特别是空气中酸性气体的作用而使纸张酸性聚集，脱酸效果最好。

②缺点：

A. 湿法脱酸对纸质文物中水溶性字迹材料、颜料极为不利，可引起字迹淡化、洇化。

B. 湿法脱酸所采用的浸渍、挤压操作易引起脆弱纸质文物变形、起皱、甚至破损。

C. 湿法脱酸费时费工，由于湿法脱酸只能单页操作，操作时必须将装订好的纸质文物全部拆开，浸泡脱酸、压平、晾干后再重新装订，既费工费时，且又难以达到满意的效果。

2. 纸质文物的干法脱酸及其原理

采用碱性物质和有机溶剂来处理纸质文物的酸性的方法叫干法脱酸法。

(1)目前常用的干法脱酸剂及脱酸原理

①碱性物质＋有机溶剂

A. 2％醋酸镁(Mg(H$_3$COO)$_2$)＋甲醇(CH$_3$OH)

B. 1％氢氧化钡(Ba(OH)$_2$)＋甲醇(CH$_3$OH)

C. 5％甲醇镁—甲醇溶液

②干法脱酸的基本原理

干法脱酸和湿法脱酸的基本原理是相同的,都是脱酸剂中碱性物质中的氢氧根和纸质文物中之酸性物质起中和作用,其原理就是非水性酸碱中和,由于CH$_3$OH 比乙醇的极性大,碱性物质(Mg(CH$_3$COO)$_2$、Ba(OH)$_2$、Mg(CH$_3$O)$_2$)在CH$_3$OH 中之溶解度比乙醇大,而且还会生成一些碱性较强的碱性物质甲醇镁:

$$Mg(CH_3COO)_2 + 2CH_3OH \longrightarrow \underset{\text{强碱}}{Mg(CH_3O)_2} + \underset{\text{弱酸}}{2CH_3COOH}$$

$$Mg(CH_3O)_2 + 2H^+ \longrightarrow Mg^{2+} + 2CH_3OH$$

其实质为:$CH_3O^- + H^+ \longrightarrow CH_3OH$

$$Ba(OH)_2 + H^+ \longrightarrow Ba^{2+} + H_2O$$

(2)纸张干法脱酸的操作

纸张干法脱酸可采用不同的方法进行,均可达到脱酸目的。其具体操作:

①浸渍处理方法:将纸张浸渍在上述溶液中几分钟,取出晾干即可。

②用溶液喷涂的方法:将纸张铺在一个平整的玻璃板上,下面垫上吸墨纸,用上述碱性溶液喷涂,喷好后过 1~2 小时,用吸墨纸吸压后,晾干即可。

③真空干法脱酸操作:先将纸张进行脱水处理,使纸张含水量减至 0.5％(将纸张装于金属丝筐中,并置于真空干燥箱内抽真空 24 小时)。将金属丝筐连同纸张从真空干燥箱中取出,放入处理罐中,用泵打入去酸溶液并加压反应约 1 小时后,抽去处理液,再进行真空干燥,然后导入热空气至常压,便可取出纸张。这种脱酸方法又叫维托法(Wei To)。

(3)干法脱酸的优缺点

①干法脱酸的优点

A. 纸张中残存的碱性化合物(Mg(CH$_3$COO)$_2$、Ba(OH)$_2$、Mg(CH$_3$O)$_2$)可以起抗酸、抑制纸张酸度的缓冲作用。

B. 干法脱酸干燥速度快。

C. 纸张的起皱变形、受损伤的程度小。

D. 维托(Wei To)脱酸法,可用于大量纸张脱酸的处理,是一种比较理想的脱酸方法。美国、加拿大的一些图书馆、档案馆多采用此法去酸。

②干法脱酸的缺点

A. 氢氧化钡甲醇溶液脱酸处理后残留在纸上具有太强的碱性。

B. 干法脱酸用的溶液甲醇有毒,对纸质文物上的彩色字迹、圆珠笔字迹有较强的溶解力,会使字迹扩散、变淡。

通过实验,使用甲醇镁脱酸时,选用溶解力低的惰性溶剂甲苯、丙酮、氯化烃等也可达到去酸的目的。

3. 纸质文物的气相脱酸法及其原理

气相脱酸法是利用气化或挥发成的碱性气体处理纸质文物,达到去酸的目的的方法。此法在真空配合下可使气体充分渗入纸张纤维中,反应完全。

(1)氨气脱酸法

①氨气(NH_3)是一种价格便宜易得的弱碱性气体,能与纸张中的氢离子作用生成 NH_4^+。反应操作简便,对字迹材料没有不良影响,是气相脱酸法容易掌握的一种方法。

②操作:将需要脱酸的纸张放入密封的容器中,再放入盛有 1∶10 稀氨水的容器,氨水中挥发出来的氨气与纸张中的氢离子发生作用,其反应式为:

$$NH_3 + H^+ \longrightarrow NH_4^+$$

经 24～36 小时反应,纸张 pH 可达 6.8～7.2 之间。氨气去酸没有碱性残留物,去酸性后纸张容易恢复酸性,去酸效果不很理想,主要是去酸后纸张上无碱性残留物而无抗酸、抑制纸张酸性的缓冲作用。

(2)碳酸环己胺气相脱酸法

①碳酸环己胺(⬡NH·H_2CO_3)虽本身呈酸性,但气化过程中能分解成碱性化合物环己胺,从而具有脱酸作用,其分解反应如下所示:

$$⬡NH·H_2CO_3 \xrightarrow[\text{分解}]{\text{气化}} ⬡NH + H_2CO_3$$
$$\longmapsto CO_2 \uparrow + H_2O$$

②操作:将用碳酸己胺饱和溶液浸泡的滤纸夹在要脱酸的纸质文物的纸张中间,一般每隔 25 页夹一张,如纸张较薄或多孔,则可间隔更多页数。利用碱性环己胺的渗透性,可达到脱酸的目的。

③此法缺点:

A. 处理时间较长,比氨气处理时间(24～36 小时)还长。

B. 环己胺有致癌作用。

C. 有降低纸光泽作用。

(3)吗啉蒸气脱酸法

①吗啉命名为1,4—氧氮杂环己烷(），中等碱性、无色、有氨味、具有吸湿性，溶于乙醇、乙醚，与水混溶，在真空条件下，与水混合可转变为蒸气。

②脱酸操作:脱酸处理前，先将纸张放入真空处理箱，抽空至 $0.5\sim1.0\tau$。向处理箱中通入 $4:6$ 的吗啉和水气的混合气体，反应约 10 分钟，脱酸后将空气通入真空处理箱，使箱内压力保持在 $133.32pa\times700$，让空气冲洗剩余的吗啉气体，最后开箱、清理、入库。

③此法之优缺点

A. 此法的优点

a. 费用低、效率高。

b. 去酸效果明显、不损坏纸张。

c. 可降低纸张老化的速度。

B. 此法缺点

a. 对火棉胶、皮封面颜色有影响。

b. 此法处理的新闻纸有发黄现象。

c. 对仪器、设备要求较高。

(4)二乙基锌($Zn(C_2H_5)_2$)蒸气法

二乙基锌脱酸法是美国国会图书馆化学家凯利(Ceorge·B·Kelly)和威廉斯(John Williams)于 1976 年发明并获得专利的脱酸技术。他们超越了传统的酸碱中和脱酸的思想，而利用金属有机化合物活泼性达到脱酸的目的。

① $Zn(C_2H_5)_2$，无色、沸点 118℃，有水果味，具有吸湿性，化学性质极活泼，对空气极为敏感，遇水和氧发生猛烈爆炸。二乙基锌能同多种无机和有机化合物发生反应，既能同酸反应生成相应盐和烃，又能同水反应生成碱性氧化物。

② 二乙基锌脱酸处理

二乙基锌分子粒径极小，具有极好的渗透性，可以钻到纸张的纤维内部与纤维素结合在一起，一旦遇到酸就会发生下列反应，起到脱酸的作用:

$$Zn(C_2H_5)_2+2H^+\longrightarrow Zn^{2+}+2C_2H_6\uparrow$$

当二乙基锌钻入纸张内部同酸发生反应的同时与纸中微量水以及纤维素羟基反应:

$$Zn(C_2H_5)_2+H_2O\longrightarrow C_2H_5ZnOH+C_2H_6\uparrow$$

$$C_2H_5ZnOH + H_2O \longrightarrow C_2H_6 \uparrow + Zn(OH)_2$$

二乙基锌同时与纤维素中的羟基反应：

$$CellOH + Zn(C_2H_5)_2 \longrightarrow CellOZn(C_2H_5) + C_2H_6 \uparrow$$

$$CellOZn(C_2H_5) + 2H_2O \longrightarrow CellOH + Zn(OH)_2 + C_2H_6 \uparrow$$

从上述反应可以看出,二乙基锌不仅能有效地中和纸张内的酸,而且还会与纸张纤维素反应,从而抑制了纤维素的水解作用,并在纸张上沉积一定量的氧化锌(ZnO),对环境中的酸有一定的阻蚀作用。此外,在二乙基锌脱酸的过程中加入二氧化碳,可使沉积于纸内的氧化锌转变成碳酸锌,达到更好的脱酸效果,其化学变化如下：

$$ZnO + CO_2 \longrightarrow ZnCO_3$$

③二乙基锌脱酸的工艺条件

二乙基锌脱酸过程工艺的好坏直接关系到处理的效果。书籍在未放进处理箱前,先进行除尘、降温处理,以免增加真空脱水的负担。温度较高时有利于纸张中水分的挥发,使真空度易达到,但会使纸张强度下降；另一方面温度过低会延长纸张脱水时间,实验证明处理温度以 60℃ 为好。真空度也是一个重要的因素,它关系到纸张脱水、二乙基锌的活性以及二乙基锌蒸气对纸张的渗透性。根据实际需要,真空度在静置状态下能维持 20 分钟,不低于 13.33Pa 即可。处理时间的长短与处理文物的数量、含水量有关。在一定温度下,处理物越多,含水量越大。真空度就越不易达到,脱水时间就会延长。实际操作时应根据具体情况决定处理时间。

④二乙基锌脱酸步骤

将需处理的纸质文物进行除尘、预干燥处理后装箱放入真空处理箱中,控制温度在 60～65℃ 之间,当压力达到 1.33～2.66Pa 时关机静置 20 分钟左右。若真空度仍保持在 13.33Pa 以上时,可在氮气保护下按所处理的纸张重量的 2％ 加入二乙基锌溶液,此时压力可回升至 12kPa 左右,二乙基锌汽化。为保证二乙基锌的充分汽化,箱内温度需保持在 62℃ 左右,最高不能超过 65℃,使其在纸张中扩散,反应后通入一定量的甲醇与未反应的二乙基锌进行醇解反应：

$$Zn(C_2H_5)_2 + CH_3OH \longrightarrow C_2H_5ZnOCH_3 + C_2H_6 \uparrow$$

$$C_2H_5ZnOCH_3 + CH_3OH \longrightarrow Zn(OCH_3)_2 + C_6H_6 \uparrow$$

通过煤油贮罐及活性炭吸收生成的乙烷,再通入氮气或二氧化碳使真空处理箱恢复常压后开箱处理。

实验证明经二乙基锌处理过的纸张 pH 在 7～8 之间,对常见书写、印刷字迹材料基本无影响,也无变形发生。与湿法、干法脱酸相比,二乙基锌脱酸快,效果好。

⑤二乙基锌脱酸优点

A. 脱酸快。

B. 对纸质中植物纤维无破坏作用。

C. 不仅有效中和纸张中的酸,还能与纸张纤维素反应,抑制纸张水解作用。

D. 在纸张上沉积一定量的氧化锌(ZnO),对环境中酸的侵蚀有一定的阻蚀作用。

5.4　纸质文物的加固处理

5.4.1　纸质文物传统加固修复方法——装裱

装裱是装饰和包藏纸本艺术品的最主要手段之一,明代学者张潮为《装潢志》写小引的时候讲到:"书画之有装潢,犹美人之有装饰也。"不然,"即风韵不减,也甚无谓。"装裱又是一门专业性很强的技术,需要有技巧和处理各种不同材料的艺术知识——新作装裱、旧作装裱、古代艺术作品复原等。不论要做哪一样,都要仔细研究原作的许多步骤,花费数日至数周的时间完成一件装裱。纸本艺术品的寿命取决于装裱技艺的高低。许多千年纸本书画和古籍,能够完好无损地保存至今,在很大程度上要归功于装裱、修补等保护工作。时至今日,许多传统的修复保存方法还有许多可借鉴的地方。尤其对纸质文物来讲,传统的托裱工艺还占有不可替代的地位。

5.4.1.1　书画装裱过程

1. 新的纸本作品装裱

(1)将稀的明矾水涂刷在有墨迹或颜色处的正面,完全干燥后再在背面涂刷一次,以防墨迹、颜料洇化。

(2)装裱件面朝操作台放好,用排笔蘸稀糨糊轻轻全面打湿,再蘸稀糨糊将装裱件刷平,不留气泡。然后将薄而韧的背纸展平上浆,覆在裱件上,用棕刷刷好、拍牢。根据需要,可依次加裱多层背纸。

(3)待糨糊渗透装裱件但尚未干透时,将裱件提起离操作台,上墙定型。

以上步骤称之为"托",在"托"的过程中应注意以下问题:

①首先要保持洁净,防止灰尘杂物混入而影响糨糊的黏结效果;更要防止小颗粒夹杂在几张裱纸之间,致使表面不平,在后面的打蜡、压画过程中将裱件表面磨破。

②要注意用浆浓度,浓度太稀则黏结强度不够,而浓度过大又不易刷匀,干后会起空壳。糨糊的浓度要根据纸张薄厚等具体情况加以调节,这是要在大量实践工作中总结出来的。

③为了防止装裱的纸本遇潮霉变或生虫,在装裱用的糨糊中应加一些无色、稳定、长效的防霉、防虫剂。

④最后必须注意将裱件、背纸刷平,如有皱折必须打开,否则裱好的字画卷几次就会出现断裂的痕迹。

(4)"裱"的过程,就是将裱件裱上相应颜色的绫绢或绵,镶嵌起来。

所谓背指用单宣两层或夹宣一层作背纸,用糨糊把裱好的画心和绫绢粘连在一起,再次上墙定型(或上板定型),达到固定成整体的目的。一般裱背要同时进行,否则镶嵌接头会变紧、不平。

以上装裱操作程序称为湿法操作,此操作之后还要经过一系列的工作才能完成整个装裱过程。

打蜡压画,就是在裱件背后打一层蜡,用砑石压光,其作用:

①可起到防潮作用,裱件也会变得薄而柔软。

②经过压光后,会将裱层中间的固体小颗粒硬物压碎,使裱件在卷起收藏时不会受损,裱件面平整美观。

(5)完成裱件上天、地杆等几道工序,整个卷幅的装裱工作才算结束。

2. 古旧书画的重裱

(1)古旧书画重裱特点及要求

①古旧字画的重裱与新作装裱相比,最基本的操作方法、程序没有多大的区别。

②在裱前要揭、补或清洗。在技术上、审美上要求更高:

A. 不能对已经十分糟朽的纸张造成任何损害。

B. 不能破坏古字画原有的艺术风貌。

C. 要完成"化糟朽为神奇"的古画装裱,必须有大量的实践经验,严谨的工作态度,还要善于观察、分析、思考,特别注意重裱过程出现的问题,能做到问题分析透彻,判断正确,采用措施得当,这样才能做好古旧书画的重裱工作。

(2)古旧书画的重裱操作

①将需要重裱的古旧书画面朝下铺在操作台上,用大软毛刷蘸清水反复湿润(刷时应特别小心,不能让书画打折、皱曲),过一会儿,趁湿用竹括刀或竹镊子把旧裱层逐层揭下。若原幅上有空洞或撕裂处,则用同色狭长纸条从背面贴补。贴补前应对选用的补纸做旧。

②如原件正面由于年代久远而蒙尘,则可用含去垢剂的纯枇杷子、金合欢荚锦汁或皂荚水洗去除。

③原幅干透后,用装裱新作品的方法重新装裱。

(3)古书画装裱效果的关键

书画装裱的效果如何,很大程度上取决于糨糊是否调配得当。《辍耕录》中引一学者王古心和一位84岁高龄保管寺院藏经的僧人永光间的谈话。王问:"前代藏书,接缝如一线,日久不脱,何也?"长老回答:"古法用榆树枝、白芨、飞面末三物调和为糊,以之黏结纸缝,永不脱解,过如胶漆之坚。"白芨是一种兰科植物,味苦,含有粘汁液,既用于医药,也常用于制作糨糊,可增加黏着力。从以上二人的谈话可知糨糊的质量对装裱质量有直接关系。许多事实已经证明,文件遭到虫蛀或霉烂,常常是从有糨糊或胶水的地方开始;有些修裱过的书画、文件,时间不久修裱的地方就自动脱落;有的由于黏接剂收缩力很大,易使文件、书画变形、起皱。装裱工作中不能随便使用对文物有害的糨糊,而应具备以下基本要求:

①不能成为昆虫、菌类的培养基,不生虫、菌,不损坏纸质文物。应加高效、低毒、杀菌、杀虫谱广,性能稳定,不污染纸张的杀菌杀虫剂。可加入 0.02％MD(霉敌),也可加入胡椒、乳香、明矾等杀菌防蠹药物。

②糨糊应无色、透明,不含对纸质文物有害的物质,不使纸质文物变形、改性。

③要有适当的黏性,且胶粘速度要适当。

④不吸湿、不潮解。

⑤应是中性。

⑥制作方法简便,原料丰富,价格便宜。一般都用小麦面粉或淀粉制作糨糊。这种糨糊配方如下:

小麦面粉或淀粉	20 克
甘油	1 毫升
明矾	0.05 克
霉敌	0.02％
水	90 毫升

糨糊制作方法:量取 90 毫升水放入烧杯中,将 1 毫升甘油、研碎的 0.05 克明矾及 0.02～0.03 克霉敌加入、溶解,然后将 20 克面粉或淀粉加入、边加热(温度控制在 68～70℃)边搅拌。当烧杯内物质成糊状,颜色由白变暗且发亮时,趁热用纱布过滤。糨糊的浓度可根据需要以加水的办法来调制。

5.4.1.2　残损纸质文物的修复

由于保管、使用不当,或菌虫的繁殖、侵蚀、蛀蚀,会使有些纸质文物遭到破损,出现孔洞或局部腐朽和残缺。对纸质文物进行修补(修复)主要是补缺和托补,修补时用纸的纤维纹理方向要和纸质文物纤维纹理方向一致。

修补纸的薄厚、所用糨糊的稀稠,主要根据纸质文物用纸的薄厚来决定。

1. 补缺(或补洞)

当纸质文物有残缺或缺损时,需要补缺。补缺的操作:

将预修复的纸页面朝下覆于涂过蜡的木板上,在孔洞或残缺口四周涂上稀薄的糨糊,将薄而韧的纸补贴上去。补洞时应特别注意要将补纸和原纸的纹理方向对准,否则由于两张纸收缩方向不同,原来的裂痕或补洞接口处就会皱缩起来。由于纸张与糨糊接触后,纸变湿了,这时用一手指按住补纸,另一手将补纸多余的部分撕去(或用镊子撕去)。当所有残缺补完后,将修补的纸质文物用吸潮纸压起来。待糨糊干后还应用小刀轻刮补口,将补纸边缘刮成斜坡形,使补过的地方尽量不影响纸面效果。

如果虫蛀的孔洞不多(五六个),孔洞的直径不超过 2～3 毫米,虫蛀孔洞形状不复杂,可用上法补孔。如果虫蛀部分形状复杂,蛀孔直径超过 3 毫米且蛀孔超过五六个,就应该对整页纸质文物进行裱托,如图 5.1 所示。也有人认为能补的尽量不托为好。

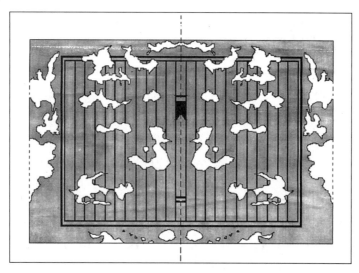

图 5-1　虫蛀孔洞多而不规则应整页托裱

2. 托补

如果纸质文物某些地方特别薄,或因保存、使用致使破损严重时,应逐页用薄而坚韧的纸张,在损坏的地方贴上一块托纸,也可先局部托补,再将整个文件托裱一下。

古书画的装裱要有丰富的经验,妙手回春的技艺和敬业的精神,才能让古旧书画、破损残卷重放异彩,否则又会使好画裱坏。所以珍贵纸质文物的装裱一定要请有经验的技师,反复研究,制订详细周密正确的方案。

3. 修补纸质文物用纸的选择及要求

(1)禁止使用新闻纸以及其他含大量碎木纸浆的纸张。纸中含破皮纸浆成分越多越好,因这样才能薄而柔软,并且有一定强度。

(2)纸张中含有害化学杂质越少越好。

(3)纸张颜色不能太暗,越白越好(白在一定程度上反应杂质少、质量好,但注意因漂白而呈白色的纸不要用)。

(4)作纸质文物保护层的纸,应具有很高的透明度。

5.4.2 加膜法

加膜法又叫网膜保护法,即在需加固的纸质文物的纸张两面各加上一层透明的网膜,以提高纸张强度。

加膜方法 {
(1)溶剂加膜法
(2)热压加膜法
(3)丝网加膜法
(4)真空加膜法
(5)胶粘剂喷涂法

5.4.2.1 溶剂加膜法

溶剂加膜法是用有机溶剂,把透明薄膜粘在纸上。这是一种不需经过高温高压处理的简易加膜方法。其操作如下:

1. 将要加膜处理的纸张放在玻璃板上,将醋酸纤维素薄膜、沙纸依次置于纸页上展平。

2. 用柔软的刷子或棉签蘸上丙酮或乙醚,操作时从沙纸中心开始,缓慢、均匀、稍带压力地向边缘涂抹。当丙酮透过沙纸浸透醋酸纤维素薄膜时,用丙酮棉球迅速地在沙纸表面用力擦一遍,使沙纸、薄膜、纸张黏合在一起。

3. 对另一面进行同样处理,处理完毕后,干燥一会儿,用手掌压平纸张,赶出气泡,使层间结合牢固。

4. 把加膜的纸张放在压力机上压平。

5.4.2.2 热压加膜法

将待处理的纸张夹在透明网膜中,在一定温度和压力下加热压合,使透明网膜和纸张形成一个牢固的整体,此法叫热压加膜法。

1. 网膜材料

(1)可用醋酸纤维素薄膜和沙纸制成。

(2)可用聚乙烯加沙纸制成。

(3)可用聚酯酸乙烯酯和沙纸制成。

2. 热压机:有气热平板式和电热滚压式两种。

3. 热压加膜操作

将待加膜的纸张夹在透明网膜中,将温度控制在 $80\sim100℃$,压力是 $8\sim30$ 千克/厘米^2,时间约 30 秒~3 分。在热和压力作用下,薄膜变软并渗入纸张和沙纸纤维孔隙内,使层间结合成一个整体。

此法缺点:由于纸张对高温十分敏感,所以经过热压膜处理后,纸张的耐久性会变差。

5.4.2.3　丝网加固法

用蚕丝树脂网加固脆弱薄型纸张,叫做丝网加固法。

此法尤其适用于两面文字书写或印刷纸的加固,以及字迹遇水洇化的纸质文物的加固。

丝网加固操作:

1. 先理平需处理纸张的皱折;

2. 对好破口,在破口处加一条丝网,以便连成整体;

3. 在层压机底衬上羊毛毡,然后在加固件面复层,当层压机自控温度指示80℃时,施加轻微压力即可。反面同样操作。

操作时应注意的几点:

(1)丝网必须平整。

(2)丝网网目最好与文字行路垂直。

(3)控制加热温度,温度太高对纸张有不良影响,太低又不易黏合,加固后难成一个整体。

5.4.2.4　真空加膜法

1. 真空加膜法是将纸张放在真空器中,在真空条件下通入单体,渗透入纸张纤维中,聚合后在纸张上形成保护层,起到加固纸张的作用。

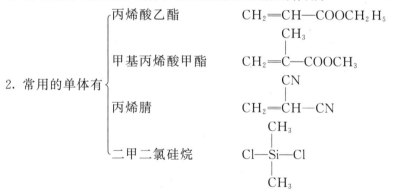

此法优点是实现了纸张加固的批量处理,是加固技术上的一个飞跃。

5.4.2.5　胶粘剂喷涂法

1. 适用对象:比较完整,但强度较低的纸质文物。

2. 选用合适的树脂

醋酸乙烯酯—乙醇　　　醋酸纤维素—丙酮　　　明胶—甘油

甲基丙烯酸甲酯—氯仿或丙酮　　　甲,乙基纤维素　　　聚乙烯醇乳液将以上物质配成胶粘剂,喷涂在纸张表面,待溶剂挥发后就会形成一层保护膜,增强纸张的强度。

3. 这些胶粘剂的特点

(1)无色、透明。

(2)耐老化性能好。

(3)对字迹、纸张纤维无副作用。

(4)黏结力适中、可逆。

4. 胶粘剂喷涂法操作

(1)将欲加固之纸张,铺在一张平整的玻璃板上,理平皱折。

(2)用一手压住,用合适的喷雾器将树脂溶液小心均匀地喷涂纸面。

(3)待溶液挥发后,小心取下纸张即可。

5.5　纸质文物字迹材料的保护及褪色字迹的恢复

纸质文物字迹材料的耐久性,是一个比纸张材料耐久性更复杂的问题。它既有字迹色素成分本身的稳定性问题,又有字迹色素在纸张上附着能力大小的问题。

5.5.1　纸质文物的字迹材料

5.5.1.1　纸质文物字迹材料的分类及主要成分

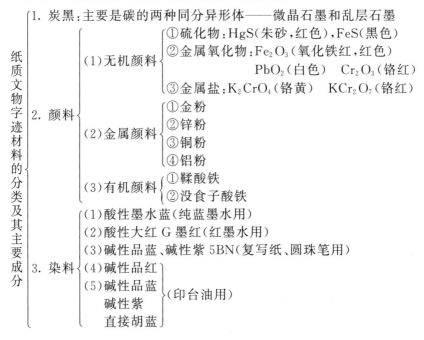

5.5.1.2　字迹材料的显色及其耐久性

纸质文物上呈现出不同字迹色彩是因为各种字迹材料的显色成分决定的。不同的色素成分、结构与性质各不相同,因此显色色素成分本身的耐久性对字迹材料的耐久性有决定性的作用。

1. 炭黑:用于书写材料的炭黑常常是由许多有机化合物在不完全燃烧情况下制得的,含有98%～99%的碳。其结构属于"微晶石墨"或"乱层石墨",呈片层网状结构。

(1)具有很高的热稳定性。

(2)具有较高的耐光性,遇光不分解(单质)不褪色。

(3)具有相当稳定的化学性能,耐酸碱、耐氧化,不易和其他物质进行化学反应。

(4)具有很好不溶性,不溶于水、油和一般溶剂。

(5)具有非常耐久的特性,所呈现的黑色是不含生色基团,因而也不会出现因发色基团破坏而褪色。

炭黑是字迹色素中最稳定的色素材料,墨、墨汁、黑色油墨、墨铅笔的黑色素都是由炭黑构成的。

2. 颜料

颜料是一种非扩散性的无机或有机着色颗粒,它与要着色的材料没有亲和力,而是通过其颗粒分散于被着色材料中而产生字迹的。颜料的颗粒细小,不溶于水、油和普通溶剂,其着色力主要取决于其化学结构和晶体结构,以及它在被着色材料介质中的分散作用。颜料的稳定性主要表现在:

(1)颜料的耐光性好,耐光性可达8级。

(2)颜料耐酸、碱性较好,是比较耐久的书写材料。

(3)无机颜料比重大,热稳定性、光稳定性都比有机材料好。

(4)有机颜料比重小,表面积大,透明性好,着色力强。

有机颜料的缺点是:

①耐光性差,在光的作用下容易褪色。

②有水渗或油渗现象。

因此有机颜料色素成分一般不如无机颜料耐久。

3. 染料

染料是一种有色的有机化合物,能对光发生不同的选择吸收而呈鲜艳颜色的

物质。有机染料的颜色是由其结构中的发色基团（如—N＝N—、 $\diagdown C=$ 、

$—\overset{O}{\underset{\diagup}{C}}—$ 、—N＝O 等)和助色基团(—NH$_2$、—NHR、—OH)形成的。这种由共轭双键构成的共轭体系,形成发生体系的结构,能保证染料对可见光吸收的特性,从而表现出各种颜色。

(1)染料字迹材料的优点

染料颜色比较鲜艳。

(2)染料字迹材料的缺点

①染料耐光性差,耐光牢度一般在 4 级以下。这样染料为色素成分的字迹在光的作用下就能发生光化学反应,如偶氮染料字迹在光的作用下就会发生光氧化还原反应,并表现出褪色现象或发生光敏反应等。纸质文物中染料成分被纸质文物纸张纤维吸收,有的染料遇到光时就会产生光敏氧化作用,这种作用能使纸张纤维加速氧化过程,尤其当空气中水蒸气过量时,这种损害会加剧。

②染料化学性质不稳定,不耐酸碱,溶于水、油和醇类等有机溶剂。总之,染料色素成分的褪色主要是共轭双键结构在光化学反应过程中因发色基团体系发生变化而遭到破坏而引起的。

③空气中的氧气和污染物、环境温湿度等都在不同程度上影响染料色素成分的褪色。

纸质文物字迹耐久性比较：

炭黑＞无机颜料＞有机颜料和金属颜料＞染料

5.5.2　字迹材料与纸张的结合方式

字迹材料与纸质文物纸张的结合方式有三种,即结膜方式、吸收方式、黏附方式。

5.5.2.1　结膜方式

当字迹材料写在纸上时,干燥后会在纸张的表面结成一层薄膜。通过这层薄膜把字迹色素成分转移固着在纸张上的方式叫结膜方式。

1. 字迹结膜材料 { (1)块墨中的动物胶
(2)墨汁中的虫胶
(3)油墨中使用的植物性干性油(亚麻仁油、梓油或亚麻油和梓油的混合物)
(4)印泥中的蓖麻油

2. 结膜机理

不同的结膜材料在不同字迹材料中的成膜机理不同。

(1)墨汁中动物胶结膜机理

墨汁中动物胶的结膜是当水分蒸发后,胶粒彼此紧密接触,分子间相互渗透和扩散,彼此紧密地黏合在一起而形成牢固的薄膜。

(2)油墨中植物干性油结膜机理

油墨中植物干性油的分子含有较多的不饱和脂肪酸,在空气中均匀地吸收氧气而形成结膜。这种结膜物质成膜能力强,与纸张纤维的结合能力也强,形成的结膜耐磨擦、不易扩散,是字迹材料与纸张结合方式中最耐久的一种。

5.5.2.2　吸收方式

1. 吸收方式机理

当字迹写在纸上时,与纸张纤维无亲和力的水溶性、油溶性色素成分随着溶剂媒质被纸张纤维间的毛细管吸收而被纸张纤维吸收,从而使字迹色素成分转移结合在纸张上。

$$
2.\ 吸收方式材料\begin{cases}(1)墨水\\(2)圆珠笔\\(3)复写纸\\(4)印台油\\(5)蓝图的线条材料\end{cases}
$$

这些字迹材料均以吸收的方式与纸张结合。

吸收方式中另一些字迹材料:炭墨、颜料。

吸收机理:由于炭墨和颜料的粒子直径只有 0.1～3 微米,这些粒子中的一部分能随分散剂一起进入纸张纤维内,而大部分离子则形成聚集状态,附着在纸面上。纸张中的填料、滑石粉等物质因受各种溶剂的浸润,也对这些字迹材料色素成分均匀附着起着重要的保证作用和提供了有利均匀附着的重要条件。

由于这些字迹材料的色素成分是被吸收在纸张纤维素内的,所以耐磨擦,但因没有结膜非常容易渗化扩散。吸收方式是仅次于结膜方式的一种比较耐久的结合方式。

5.5.2.3　黏附方式

1. 黏附机理

当字迹材料写在纸上时,字迹材料中的色素成分是以固体状态与纸张接触的,既不能与纸张结膜,也不能被纸张吸收,而是在纸张纤维间的大空隙间机械附着。这种固定方式称为黏附方式,不耐磨擦,是一种不耐久的结合方式。

2. 黏附方式材料:铅笔字迹就是以这种方式固定在纸上。

以上三种字迹材料成分与纸张的结合方式耐磨擦、耐久性比较:

成膜方式＞吸收方式＞黏附方式

5.5.3 字迹的巩固及褪色字迹的恢复

纸质文物在长期保存过程中,其上的字迹会因各种因素的影响而褪色甚至模糊不清,失去查阅的意义和作用。

5.5.3.1 影响字迹材料褪色的主要因素

1. 由于环境的影响

(1)空气中有害气体的影响,如 Cl_2、O_3 等。

(2)高温高湿环境下霉菌的生长、繁殖,不仅产生霉斑遮盖字迹,而且生长过程中产生有机酸会使碱性色素材料褪色,难以恢复。

(3)温度较高时,由于油质、蜡质的扩散而使字迹扩散而褪色,影响字迹阅读和利用。

2. 字迹材料本身的影响

(1)字迹材料的褪色、泅化变色。

(2)字迹材料成分中有部分胶变质,与纸质结合能力降低。

(3)有的因附着不牢而易于脱落。

3. 翻阅的机械磨擦使字迹脱落

5.5.3.2 字迹的巩固和蜕变字迹的恢复与显示

在纸质文物的保护中,字迹的巩固及蜕变字迹的恢复与显示非常重要。但由于字迹材料种类繁多,成分复杂,性质各异,损坏程度及损坏原因各不相同,因而字迹巩固恢复和显示的方法也应有所不同。目前采用的方法有:

$$\left\{\begin{array}{l} \text{字迹的巩固方法} \\ \text{字迹恢复和显色方法} \left\{\begin{array}{l} \text{物理法显示字迹} \\ \text{化学法显示字迹} \end{array}\right. \end{array}\right.$$

1. 字迹的巩固

在纸质文物的保管中,若发现字迹材料有脱落的可能或需要进行修复处理时,要预先进行字迹的加固处理(即字迹的巩固)。前述一些增加纸张强度的方法也适应于加固字迹。主要是某种化学药品制成一种黏性溶液,涂抹或喷在文件或字迹上,形成一种薄膜,一方面使字迹牢固,使文件进行其他技术处理或保管过程中达到字迹比较耐久的目的;另一方面由于黏性溶液形成的薄层使纸质文物表面耐磨擦、纸张强度增强,有利于纸质文物的保存。

(1)巩固字迹和加强纸张强度的化学药品,应该具备的性能:

①对字迹或纤维无损害。

②应具有一定的胶黏性,能形成薄层,耐水性或其他耐久性能好。

③无色,透明度越高越好,不易老化、变色。

④处理后的纸质文物、文件要柔软。

⑤有可逆性,必要时加固材料可以从纸质文物或字迹上除去。

(2)常用的字迹加固材料、适宜加固的字迹及操作

①明胶—甘油溶液字迹加固材料(主要处理不太重要的文件)

A. 常用的字迹加固材料及适宜加固的字迹

a.明胶—甘油:胶粘剂、凝住色素。

b.乙基纤维素溶液:主要用来巩固黑色铅笔字迹。

c.有机玻璃溶液(1%):巩固黑色铅笔字迹效果好,也能巩固其他水溶性彩色字迹,对油性字迹效果差。

d.甲基纤维素、氟塑料溶液:能有效地巩固彩色字迹、黑色打字带字迹,适合于加固胶度小的文件。

B. 配方

明胶:100 克　　中和皂(软皂):4 克

甘油:60 毫升　　乙醇:200 毫升

霉敌:0.7 克

C. 明胶—甘油溶液的配制操作

a.首先用 1 500 毫升水将 100 克白色透明的明胶浸泡 8～20 小时,然后加热(40～50℃),使胶全部溶解。

b.另外取 1 300 毫升水倒入另一容器,逐渐加入中和皂、酒精、甘油和霉敌,使其溶解,趁热过滤。在胶粘溶液制作的全过程中,温度应当保持在 40～50℃。

D. 字迹加固的操作

将需加固字迹的纸页置于预先铺好的塑料布或油光纸的玻璃板上(或铺在平滑而多孔的胶合板桌面上),用毛质很软的宽画笔或排笔将明矾—甘油溶液均匀涂刷或用喷雾器将胶粘液喷洒在纸质文物的纸页上,先涂一面,然后再涂另一面。快干时,放在吸水纸间压平。如果纸张强度很差,可把纸质文物放在滤纸上(或其他白麻纸上),上完胶后,翻放在另一张滤纸上,揭下前一张滤纸。待文件干后,用同样方法在另一面上胶。浸涂纸质文物字迹时,要特别注意施胶均匀。

E. 此法加固的字迹及纸质文物的特点

a.其机械强度几乎要增加一倍。

b.采用好的明胶,纸质文物纸张颜色不会变黄。

c.由于加入霉敌(0.02％),文件不会因上胶而发生菌、虫害。

d.可以起到凝住色素、巩固字迹的作用。

②乙基纤维素溶液字迹加固材料(主要用来加固铅笔字迹)

A. 配方

纯汽油　　　　15 毫升

乙基纤维素　　　5 克

邻苯二甲酸二丁酯　　　0.25 克

B. 配制操作

先称取白色粉末状的乙基纤维素,放入带有软木塞或玻璃塞的干燥玻璃瓶内,加苯使其溶解,然后再加入汽油和邻苯二甲酸二丁酯,每次药品加入后,均需搅拌使其溶解。

C. 巩固字迹操作

用毛笔蘸此溶液,在需要巩固的字迹上,顺着同一方向轻轻涂抹上薄薄一层,或将纸质文物文件纸页放平,把溶液喷在字迹上。经处理的纸质文物上的字迹遇水就不会扩散。

如果纸张的全部字迹均需要巩固时,可将整个文件喷或涂上此溶液即可。喷比涂效果好一些。

D. 用乙基纤维素溶液巩固字迹的特点

a.耐水性、耐光性、耐热性极强。

b.柔韧性好。

c.对酸碱有较强的抵抗性。

③1％的有机玻璃溶液巩固字迹材料

A.1％的有机玻璃字迹巩固材料的配方

a.有机玻璃(无色的聚甲基丙烯酸甲酯)　　　1 克

b.苯或氯仿($CHCl_3$)　　　98 克

c.邻苯二甲酸二辛酯($\begin{smallmatrix}—COOC_8H_{10}\\—COOC_8H_{10}\end{smallmatrix}$)增塑剂主要作用使有机玻璃增塑、增加柔性和弹性(0.5～1 克)。

B. 配制操作

将 1 克无色透明的有机玻璃粉或碎片、或碎块,放入盛有 98 克苯或氯仿的有盖的玻璃瓶中,盖好瓶盖摇动约 24 小时使完全溶解后(若用苯可用水浴锅加热溶解),加入 0.5～1 克邻苯二甲酸二辛酯即可。

C. 巩固字迹操作

其操作和乙基纤维素大致相同,主要是用来巩固黑色铅笔字迹,对圆珠笔、复写纸字迹由于苯或氯仿的影响易溶解而流散。

D. 此法巩固字迹的优点

a.耐酸　b.耐碱　c.耐光　d.抗水性能很高　e.机械性能很高

④氟塑料(C—42 含氟高聚物)溶液(5%)

适合于加固胶度小的纸张、巩固黑色打字带字迹及巩固彩色墨水。

A. 配方及配制操作

将 5 克氟塑料白色粉末溶于 95 克有机溶剂(如丙酮、甲基丙烯酸甲酯、丁酮)中,边溶边搅拌;掺混后,用软木塞塞住容器,放置 1～2 昼夜,直到完全溶解。

B. 氟塑料巩固字迹的优点

a.在字迹及纸张上成膜。

b.有可逆性,必要时可用溶剂从文件上除掉。

c.化学稳定性好,耐酸、耐碱、耐 SO_2 等空气中有害气体的侵蚀。

d.对延长纸质文物的寿命很有利。

2. 字迹的恢复和显示方法

(1)化学法显示字迹

化学法显示字迹的原理就是利用化学试剂与纸质文物纸张上残留的褪色字迹成分发生化学反应,生成显色物质,在原件上恢复显示字迹的方法。化学法显示字迹虽然效果显著,但由于此法是在文物原件上进行化学反应,稍有不慎会导致不可挽回的损失,因此应用时一定要小心谨慎。

①恢复蓝黑墨水褪色字迹的方法

A. 硫化铵、硫代乙酰胺法

a.显色机理

硫化铵不稳定,易分解生成氨气(NH_3)和硫化氢(H_2S)。硫化氢与褪色蓝黑水的残留铁反应,生成不溶于水的黑色硫化铁(FeS),其化学反应表示如下:

$$(NH_4)_2S \xrightarrow{\text{分解}} 2NH_3 + H_2S \uparrow$$

$$Fe^{2+} + H_2S \longrightarrow FeS \downarrow (\text{黑色}) + H_2 \uparrow$$

硫代乙酰胺($CH_3-\overset{\overset{\text{S}}{\|}}{C}-NH_2$)在碱性溶液中水解生成硫氢负离子(HS^-),硫氢负离子电离出硫负离子,与墨水的残留铁离子反应生成黑色颗粒硫化铁(FeS)或三硫化二铁。其字迹显色过程的化学反应如下所示:

$$CH_3-\overset{\overset{\displaystyle S}{\|}}{C}-NH_2 + 2OH^- \longrightarrow NH_3 + CH_3\overset{\overset{\displaystyle O}{\|}}{C}O^- + HS^-$$

$$HS^- \longrightarrow H^+ + S^{2-}$$

$$Fe^{2+} + S^{2-} \longrightarrow FeS \downarrow I(黑色)$$

$$2Fe^{3+} + 3S^{2-} \longrightarrow Fe_2S_3(黑色)$$

b. 显色操作

将硫化铵溶于水,将褪色纸张放入溶液面上,使纸面上稍有$(NH_4)_2S$溶液,字迹慢慢恢复而显示出来,字迹恢复后应马上摄影,取出待干后保存。

将5％硫代乙酰胺溶液于水浴箱中加热,促其水解,把褪色纸张放入溶液,字迹慢慢恢复显示出来后马上摄影、压干保存。

B. 黄血盐恢复字迹法

a. 原理

黄血盐$[K_4Fe(CN)_6]$能与褪色蓝黑墨水字迹中残留的三价铁离子反应,生成蓝色的普鲁士蓝$(Fe_4[Fe(CN)_6]_3)$,其化学反应如下所示:

$$4Fe^{3+} + Fe(CN)_6^{4-} \longrightarrow Fe_4[Fe(CN)_6]_3 \downarrow$$
$$\text{普鲁士蓝(六氰铁酸铁)}$$

b. 显色操作

将欲恢复显色的纸张夹在用黄血盐溶液浸湿的滤纸中,然后在滤纸上压一适当的物体加压。一段时间后字迹就会显示出来。

c. 此法恢复字迹可保持较长时间,但会将原来黑色字迹变成蓝色,改变纸质文物之原貌。因此要在判定纸质文物本身价值和其上记载的内容哪个更重要、更需要抢救,而制订正确的恢复方法。

C. 单宁恢复字迹法

a. 原理

单宁即鞣酸,与字迹残留的铁离子生成黑色的单宁酸铁。

b. 操作

将单宁酸溶于酒精中,配成5％溶液,按黄血盐恢复字迹的方法处理。

②恢复蓝色墨水的方法

蓝色墨水字迹材料含有酸性墨水蓝色素成分,属于三芳基甲烷类染料,在光、氧、水等因素作用下容易褪色。陕西省档案馆李玉虎研究员发明的DH—B型恢复剂可与这类色素褪色字迹发生异构化和催化反应,生成酸性墨水蓝,使褪色字迹恢复。

操作:将纸张平铺在通风橱的台面上,用镊子夹蘸有DH—B型恢复剂的脱脂棉,在字迹处轻轻擦拭一遍,待溶剂挥发后,字迹便清晰地显示出来。然后再用脱脂棉蘸字迹保护剂在已恢复的字迹上擦一遍,以防显示出来的字迹遇水扩散,同时保护纸张。

(2)物理法显示字迹

①摄影法显示字迹

摄影法显示字迹是利用字迹、纸张及污斑等不同物质对不同波长的光产生不同的吸收、反射,从而在胶片各部分因感光不同而产生反差,形成影像。利用这一原理对字迹、纸张及污斑进行拍照,并采用一定措施加大反差,就可以在底片上显示字迹。摄影法的具体方法有以下三种:

A. 可见光摄影法

利用可见光源、相机、普通胶片及滤光镜进行拍摄,显示字迹的方法叫可见光摄影法。在拍摄被污斑遮盖的字迹时,为加大污斑与字迹在底片上的反差,如果污斑色料与纸张字迹色料有不同的色度,就可在相机的镜头上加上滤光镜。因为滤光镜对光有透过、限制和吸收的选择作用。当镜头上装有某些颜色的滤光镜时,就可以使这种色光的通过量增多,胶片上就感光强,影像密度就大。不同滤光镜主要让通过之光与吸收之光如下所示:

滤光镜颜色	主要让通过之光	被吸收之光
黄色滤光镜	黄色光	紫色光、蓝色
绿色滤光镜	绿色	红、蓝、紫,限制黄色通过
红色滤光镜	红光	绿、蓝、紫,限制黄色通过
蓝色滤光镜	蓝光	红、黄、绿,紫受限制

从此可知,用某色滤光镜,某色光通过的量就多,对照相底片的感光就强,与字迹相同色光少量通过或不通过,在底片上少量感光或不感光。洗印后感光部分颜色变浅,不感光或少感光部分颜色变深,这样就在相片上除去了污斑,又显现了字迹。

显示字迹时,可利用补色原理,色度学中红、绿、蓝为三原色。它们等量混合可组成白色,不等量混合则可组成不同颜色。

$$红光与青光 \longrightarrow 白光$$
$$绿光与品红光 \longrightarrow 白光$$
$$蓝光与黄光 \longrightarrow 白光$$

由两种色光混合组成的白光的现象叫互补,青光、品红光、黄光称为红、绿、蓝三原色的补色。在拍摄褪色字迹时,选用褪色字迹的补色滤光镜。这样,与字迹颜色相同的色光不能通过镜头,就使褪色字迹在胶片上不感光,从而使照片上相应部分的色调变深,于是字迹就能显示出来。例如,褪色的蓝色字迹,可使用黄色滤光镜。

在使用滤光镜时应注意的几个问题:

a.滤光镜对黑、灰、白不起作用。

b.加上滤光镜后,部分光线被吸收,易产生曝光不足,因此要适当增加曝光时间。各种滤光镜都有其增加曝光时间的倍数,称为滤光镜因数,其具体数值在制作时均已测定,使用时用查得的滤光镜因数乘以不加滤光镜时的曝光时间。例如,不用滤光镜时曝光时间为 1/50 秒,加滤光镜后,应用查得的滤光镜因数 2 乘,其正确的曝光时间应是 $1/50 \times 2 = 1/25$(秒)。最后,还要根据滤光镜种类选择相应的感光胶片,以免能通过镜头的色光不能使底片感光,使胶片几乎不能显示任何图像。

c.在恢复纸质文物上被某色料遮盖的字迹时,选择滤光镜的原则是:要排除纸质文物字迹上某种遮盖色料时,应选择与此色料颜色相同的滤光镜。例如:字迹被红墨水遮盖了看不清楚,就要选择红色滤光镜;字迹是紫蓝墨水写的,但被紫红墨水污染遮盖,可用深红色之滤光镜;字迹是用红墨水写的,而被蓝墨水遮盖时,可用蓝色滤光镜来恢复红色。等等。

B. 紫外光摄影法

许多物体对于紫外光的吸收、反射和对于可见光的反射有明显差异,利用这一特性可以获得在可见光下难以恢复的字迹。紫外光摄影法分为直接紫外摄影和紫外荧光摄影法。

直接紫外摄影法利用纸张、字迹材料对紫外光吸收、反射的差异,从而使胶片上有不同的感光程度,形成反差,显示字迹。使用时要采用小光圈、加大景深的方法消除因波长差造成的紫外焦点与可见光焦点的偏差。还应在光源前和镜头前加吸收可见光、透过紫外光的滤光片,以增强纸张或字迹材料反射的紫外光在胶片上的感光强度。为加大反差,可以选用高反差的胶片,使用强碱性显影液,选用高反差的硬性相纸。还可以通过适当减少曝光、延长显影时间来加大反差。

紫外荧光摄影法的应用是利用了有些字迹材料——如蓝黑墨水——在紫外荧光激发下能产生荧光,可获得可见光摄影难以显示的字迹。拍摄中要注意,首先要在紫外光源前加上透紫外光、吸收可见光的滤光片,以加强荧光强度。同时为防止紫外光对胶片感光,在相机镜头前应加吸收紫外光的滤光片。其次,要根据荧光的颜色选择不同感色性的胶片,最好用快速片。最后,洗印胶片时应采用加大反差的显影液。如下一配方可使相纸反差加大:

温水（52℃）	200 毫升
对苯二酚（HO〈◯〉OH）	14 克
无水亚硫酸钠（Na₂SO₃）	28 克
氢氧化钠（NaOH）	14 克
溴化钾（KBr）	7 克
加冷水至	500 毫升
	20℃显影 11～20 分钟

C. 红外光摄影法

许多利用可见光摄影难以获得的影像用红外光摄影可以得到,例如字迹材料中的墨汁、黑油墨、黑铅笔及黑色打印字迹材料能吸收红外光,而有的污斑能反射或穿透红外线,这样在红外胶片上就能形成不同反差。20 世纪 30 年代就有人用红外照相技术显示出被污斑遮盖及涂改过的字迹。

红外摄影一定要使用特制的红外胶片,且拍摄后应立即冲洗,因为红外潜影易消失。红外光能穿透布制快门、皮革暗箱,拍摄前应检查相机是否漏光。此外,由于红外光的折射率小于可见光,所以红外光焦点与可见光焦点有偏离现象。通过两者之间相差大约 1/251 焦距。在用可见光调焦后,再将镜头向前移 1/200～1/300焦距长度即可。有些相机镜头上刻有红外照相的调焦标记"R",就只需调好焦后把镜头移至"R"处即可。最后还要注意正确选择滤光片,防止红光、蓝光、紫光这些能使红外胶片感光的可见光进入相机,也要使滤光片可以通过的光、光源发射的红外光、红外胶片能感色的光波长范围一致。

②数字图像处理技术

数字图像处理技术是利用电子计算机显示褪色字迹或图像的一种现代化修复技术,主要有三个步骤:数字化、计算机处理、显示。

A. 数字化:就是利用扫描仪把纸质文物上的文字进行扫描处理,将其中的信息转变为可以度量的数字、数据。

B. 计算机处理:利用工具软件或应用软件,对图像各点的灰度参数进行修正和调节,得到理想的效果。此外,还可以利用数字手段消除不需要的画面,如纸张上的霉斑、字迹扩散部分等。

C. 显示:对数字图像进行还原,以文字形式转载到纸张、显示器等介质上,以便查阅。

利用数字图像处理技术处理、修复的纸质文物安全可靠,不对纸质文物本身造成损伤。值得进一步推广。

§6. 纸质文物的保管

因纸质文物的重要性及易于受到多方面的影响和危害,必须采取积极、正确、科学、行之有效的方法,创造最佳的保管条件,确保纸质文物的安全。

6.1　采取正确的防光措施

6.1.1　纸质文物保管室、陈列室、收藏室应采用百叶窗、厚窗帘(双层外黑内红),尽量避免阳光直射。

6.1.2　严格控制照明度,一般以 30～50Lux 为宜。

6.1.3　安装防护玻璃罩,或在普通玻璃罩上涂紫外吸收剂和使用防紫外胶片。

常用的紫外线吸收剂有:Nvinul—d—50(醋酸乙烯丁酯纤维素)

$$(-CH=C-\text{纤维素}\ ),\quad -CH=C-O(C_6H_{10}O_4)\ 。$$
$$\underset{COOC_4H_9}{|}\qquad\qquad\underset{COOC_4H_9}{|}$$

中国文化遗产研究院徐毓明先生研制的防紫外胶片效果也很好。

6.2　保持适合于纸张保管的温湿度

纸质文物的保藏室,应保持适当的温湿度,有条件时可采用恒温、恒湿空气调节器。

温　　　度　　　　　　15～18℃,最高不超 20℃

相对湿度　　　　　　50%～60%

也可采用室内自然通风与防潮相结合的经济、简便、安全的措施。

6.3　采取正确的防尘措施

6.3.1　纸质文物保管室应建在远离化工厂、锅炉房、实验室及人口喧闹区。

6.3.2　库房墙壁、地面,应坚硬光滑,不易积尘,便于清除。

6.3.3　进入纸质文物库房的人员,应更换干净的工作服,并在进入时应经强风吹尘,防止灰尘带入。有条件时,可安装净化、过滤、除尘系统。

6.4　采取正确的防有害气体措施

安装除有害气体及空气净化系统或行之有效的方法除去藏室内的水蒸气、SO_2、NO_2、CO_2、Cl_2、HCl、H_2S 等。为经济计,可将生石灰(CaO)装入有通气孔的木箱中,使之与库房中的有害气体反应生成相应的钙盐。

6.5　防生物危害

纸质文物入库时,一定经过杀虫灭菌,且要观察一段时间,确认无虫害、无菌害后才能入库保存,且还要定期不定期检查。在刷藏室墙壁、地板的油漆、涂料中加入防腐、防霉、杀虫剂。

6.5.1　常用的消毒、杀菌、杀虫、灭鼠剂

1. 常用的熏蒸杀菌、杀虫剂

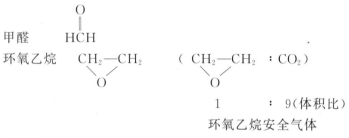

甲醛　　　$\overset{O}{\underset{}{\parallel}}$
HCH

环氧乙烷　　$\underset{O}{CH_2—CH_2}$　　　$(\underset{O}{CH_2—CH_2}　：CO_2)$

　　　　　　　　　　　　　　　1　　　：　9(体积比)
　　　　　　　　　　　　　　环氧乙烷安全气体

溴甲烷　　　CH_3Br

麝香草酚

萘

DDT　　　$Cl—C(H)(CCl_3)—Cl$

2. 喷雾杀菌、杀虫剂

$O_2N—\bigcirc—OH$　　　对硝基苯酚

$\bigcirc(COONH)—OH\bigcirc$　　　水杨酸氨基苯(或2—羟基苯甲酸氨基苯)

$\bigcirc—OH\bigcirc$　　　邻苯基苯酚

霉敌　　　广谱、高效、低杀菌剂

3. 灭鼠、杀鼠剂

(1)敌鼠

①结构式

$$2(二苯乙酰基)—1,3\ 茚满二酮$$

②敌鼠的合成

A. 苯基丙酮的合成：$CH_3—C—CH_2$ 〔O〕

$$〔O〕\ CH_3 + Cl—C—CH_3 \longrightarrow 〔O〕—CH_2—C—CH_3 + HCl(苯基丙酮)$$

$$〔O〕—CH_2COOH + \begin{matrix}CH_3—C\\CH_3—C\end{matrix} O \xrightarrow[-CO_2]{[CH_3COONa]} 〔O〕—CH_2—C—CH_3$$

$$+ CH_3COOH$$

B. 二苯甲基甲基酮的合成

$$〔O〕—CH—C—CH_3 \xrightarrow{[PBr_3]} 〔O〕—CH—C—CH_3 \longrightarrow 〔O〕〔O〕CH—C—CH_3$$

C. 的合成

$$〔 〕O + CH_3OH \longrightarrow 〔 〕—OCH_3$$

D. 的合成

$$〔 〕\begin{matrix}OCH_3\\OCH_3\end{matrix} + \begin{matrix}H\\H\end{matrix}CH—C—CH \xrightarrow[回流]{[CH_3ONa]} 〔 〕CH—C—CH + 2CH_3OH$$

第六章　漆木竹器类文物保护

古漆木竹器类文物和其他文物一样,是研究我国古代历史的宝贵实物资料,主要由纤维素、半纤维素、木质素组成。人类对木器的利用最早,然后发展到木胎漆器,竹器相对晚一些。

§1. 古漆木竹器的发展及意义

1.1　木器的发展及意义

在原始时期,人类最先使用的工具就是树棍、木棒加工制成的。在古书中也有"剥木以战"、"断木为杆"、"伐木杀兽"等记载。从石器时代遗址中,出土了远古时代人类所用的木器,如西安半坡遗址出土的石斧把柄就是木质的。

周代记载于"考工记"中的"攻木之工"已按其不同成品将木工分为七类——造车轮、车盖的轮人;造车厢的舆人;造兵车、乘车、田车的车人;造兵器柄的卢人;造宗庙、明堂的匠人;造弓箭的弓人以及造乐器的梓人。

春秋战国时木雕工艺已较发达,特别在楚国,应用更为广泛,制作更为精美。长沙战国墓出土许多木雕花板,《礼记》称为"鉴床",放在棺内垫尸用的。木雕图案花纹和铜器、漆器有共同的艺术特点。楚墓出土的木俑也具有特色,脸部刻画出不同人物的性格,有时身上还加彩绘。

秦汉时期有了制作非常精细的木制日常生活用品及乐器,如木篦梳、木杯、木匕、木瑟、木船等。西汉时已有木牍,记载了西汉时代立军功赏赐爵位的规定和部曲(部队编制)、操典等内容。

唐代人们的起居坐卧方式,经历了自古以来由"席地而坐"到"垂足而坐"的过程,这一时期的木制家具就反映了这一过渡阶段。唐代家具所用木料已非常广泛,有紫檀、黄杨、沉香、花梨、桐、桑等,也有竹、藤这样的材料。

明清时代木器最有特色的是家具,花纹精美,工艺精巧,并且留下大量实物,到现在成为专门一类文物收藏品,深受收藏家的重视和喜爱。

1.2　漆器的发展及漆器的制作工艺

1.2.1　漆器工艺的发展

中国是世界上最早发现并使用天然漆的国家。漆器的出现距今已有 7 000 多年的历史。1978 年在浙江余姚县河姆渡村原始社会遗址中,发掘出土了距今已有 7 000 多年的大量木器和木胎漆碗、漆筒。商代已出现有精美文饰的漆器。如河南安阳武官村大墓中出土了许多虽木胎、木器已腐朽无存,但印在土上的朱漆花纹仍很鲜艳。

在陕西、河南等地的西周墓中,也曾出土漆器。其中盘、豆造型均仿青铜器,并有镶嵌、彩绘等装饰手法。用色也符合礼制的规定——《春秋·榖梁传》中载"天子丹,诸侯黝垩,大夫苍。"当时漆的应用较广,除作器物涂料外,还用于车辆、兵器的髹漆和编织工艺品的加工。

战国时由于漆树的大量种植和漆工艺的兴起,部分青铜生活用品开始由漆器代替。漆器体胎轻便,光泽美观,装饰手法多样,又有防潮防腐的物理性能,这些都是漆器比青铜器更实用的优点,漆工艺也因此在战国时期发展起来。除生活器皿外,还出现了几案、床等家具,以及武器、乐器等造型。装饰手法出更为丰富多彩,有描绘、针刻、描金、银扣等多种工艺。我国出土的战国漆器以湖北江陵、湖南长沙、河南信阳最为著名。湖北江陵出土的彩绘漆坐屏以黑漆为底,红、绿、黄等色漆进行装饰,镂空雕出鹿、凤、雀、蛇、蛙等动物 51 只,穿插重叠,形态生动。另一件漆双凤悬鼓以双凤为鼓架,两兽作底垫,双凤凤首悬一圆鼓,造型独特,极富装饰性。

在战国的技术基础上,漆器在汉代有很大发展,达到第一个鼎盛时期。汉代漆器生产有政府专门设官管理的机构,生产组织严谨,分工很细,史载分为造工、漆工、素工、髹工、画工、铜扣黄涂工、铜耳黄涂工、上工、清工 9 种。汉代漆器出土地遍及全国各地,甚至包括甘肃、新疆、广东、贵州等地,这正说明了漆器在当时的普及程度。其中最具代表性的,是 1972~1974 年发掘的长沙马王堆汉墓,出土了 500 余件制作精美,品种齐全的漆器。与前代相比,汉代漆器造型更为丰富,出现鼎、壶、钫等大件物品,并出现漆礼器代替铜礼器。汉代漆器的装饰手法,仍以彩绘为主。所用颜料经过调油、调漆,经久不脱。出现被称为"锥画"的针刻手法,用以表现极纤细花纹。

六朝漆器,从生产量、规模看,已不如汉代发达。这一方面是因为政治混乱,导致生产衰落;另一方面也是因为这一时期陶瓷生产发展很快,更为美观、耐腐蚀的青瓷出现了。虽然这一时期漆器的生产相对减少了,但制作技术仍在向前发展,出现夹纻造像、绿沉漆、斑漆等特色工艺。1966 年,山西大同出土木板漆画,用黑色线条描绘人物故事,人物面部、服饰涂以白、黄、橙、蓝等色漆,另有文字题记,说明人物身份和故事内容,不仅反映了六朝漆工艺的水平,也反映了当时服饰、家具、民俗。

到唐代,漆器已列为税收实物之一。器形有镜、瓶、盘、琴等生活器皿及箱、床等家具。不仅适应经济上升期人们对器物富丽堂皇的要求,其制作也已向华丽的装饰方面发展。唐代还新创了雕兴这一漆器新品。

漆器工艺在随后宋、元、明、清各代都有各自的发展,在工艺、技术上不断进步,出现了一些漆器新品种和制作漆器的名家。清代的漆器还对欧洲产生很大影响,18世纪英国著名家具工艺家齐平特,以中国漆家具为蓝本设计的家具,风行一时,被称为"齐平特时代"。在制作上齐平特用了最好的福建漆,并饰以龙、花草、佛像、塔等花纹,以表现东方艺术色彩。

1.2.2　古代漆器的制作工艺

1.漆胎的制作工艺

最为常见的是木胎漆器,是用木材作成器形,再进行髹漆而成。多用于大型器物或不规则器形的器物,胎体较为厚重。还有一种木质胎体叫木片卷粘胎,是为了减薄器体,使器物更加轻便实用而产生的。其制作方法是将木材制成薄片,卷成筒状,然后黏结,一般用来制作妆奁等圆形器物。木片卷粘胎漆器十分轻便,有时为使胎体更加坚固,还会在木片上贴以麻布。

夹纻又称脱胎,这种做法的漆器在战国、两汉时已流行起来。魏晋南北朝时期由于佛教盛行,为扩大宗教影响,广泛宣传教义,教徒们常举行一些类似游行的活动。此时就出现了比铜佛轻便、比泥佛坚固的夹纻佛像,以便装在车上游行。夹纻造像也就成为一种独特的漆器品种。在《洛阳伽蓝记》中记载的南京瓦棺寺三绝,其一是顾恺之的维摩诘像,其二是狮子国的玉雕,其三就是晋代雕塑家戴逵的夹纻佛像。早期夹纻漆胎的制作方法是先用漆灰制成器形,再用麻布裱糊在胎体上。这种方法可使漆器器形增加变化,获得更多的造型。清代也有一种做法是先用泥作成型,再用绸布粘贴,然后上漆,这种做法沿用至今。

皮胎,多以牛皮制作,再加以漆饰。通常取其坚韧轻便,制成漆盾、漆铠甲等。

2.螺钿工艺

周代用蚌泡作镶嵌的装饰手法就是后来漆器中螺钿的前身。到了汉代螺钿的装饰手法已发展成熟,用玳瑁片镶嵌在漆器上,以自然斑纹,形成独特的装饰效果。螺钿技法在唐代有很大发展,被应用在漆器、木器、青铜器的装饰上。有时以浅雕刻,表现景物层次,丰富装饰效果。宋代螺钿漆器,多用白螺片镶嵌,黑白对比,十分典雅。还有在螺钿轮廓周围镶嵌铜丝,不仅使螺片更加牢固地镶嵌在漆器上,而且还有一种富丽堂皇的装饰效果。明代螺钿有软、硬之分,所谓硬螺钿是用厚螺片做成平面浅浮雕,主要在造型效果;而软螺钿就是将具有美丽珠光的薄螺钿镶贴成图案。也有将螺片捣成甸砂,撒贴在漆器表面,造成彩色斑点的。清代扬州形成的有地方特色的点螺工艺,是用彩色的贝壳切成细片,镶嵌成各种纤细的花纹。

3. 金银平脱工艺

用薄金、银片制成的花纹进行嵌贴,由汉代贴金片的工艺演变而来。做法是用薄金、银片按装饰花纹的要求贴在漆器上,然后加漆二三层,最后经过细致的研磨,使漆层下的金银花纹显露出来。加工后花纹的漆底在同一个平面上的淹没工艺称推光,是唐代出现的一种新制漆工艺法。而对于研磨后花纹高出漆面的,则称为平纹。

4. 漆雕

唐代创造的新工艺。以前的漆装饰,一般都是先在胎体上雕刻或制器形,然后再上漆。而唐代出现了在素漆胎上涂漆数十层,待有一定厚度时再进行雕刻。遗憾的是唐代漆雕至今还没有发现实物,只见于文献记载。宋代漆雕中有用金、银胎,涂漆后雕剔使金银胎露出,形成独特的装饰花纹,是极为华贵的一种。

许多文献将漆雕统称为"剔红",严格讲,以纯朱漆为底进行雕刻的称"剔红"而其他品种的漆雕则不宜作此称呼。如有用五色漆胎所雕的称为"剔彩"。根据漆层颜色还有"剔黄"、"剔黑"等。此外还有一种常见的漆雕品种—"剔犀",是用红黑两种色漆相间涂饰在漆胎上,达几层、十几层,再用斜刻刀法刻出所需花纹,花纹刻痕斜而呈红黑相间的线纹,装饰效果十分独特。

还有一种漆雕发展来的工艺称"犀皮",民间也称虎皮漆、菠萝漆,是宋代的新创漆品。制法,先用稠厚的色漆在器胎上涂出不规则的、凹凸不平的漆层,干燥后用各种对比鲜明的色漆分层涂敷,这样就形成了多层、多色、凹凸不平的漆层表面。最后用磨炭打磨,由于器物表面漆层不平,因而打磨平整后器物的漆层面就会显出各种自然的斑纹,十分美丽。

5. 金漆

是用金粉作为漆器的装饰,主要品种有描金和戗金。描金就是用金粉调胶结物在漆器上绘制花纹,亦称泥金,日本人称"莳绘"。戗金是宋代新创漆品,先用特殊工具在漆器表面刻出花纹,在刻痕中上漆之后再填金粉。

类似的漆品还有填金、填银(也称戗银)、填彩、填漆。明代为宫廷服务的制漆机构除御用作、油漆作外,永乐时期还设果园厂。果园厂制作的漆器十分有名,尤其是制填漆和雕漆最有特色,称为"厂制"。

6. 其他著名漆工艺

百宝嵌为明末周翥所创,也称"周制",《骨董琐记》曾记载"……以金银宝石、珍珠珊瑚、碧玉翡翠、青金绿松……雕成山水人物,树木楼台,花草翎毛,嵌檀梨漆器上。五彩陆离,难以形容,真未有之奇玩也……"

绿沉漆是色漆在六朝时的新发展。在此之前,漆色多为红、黄、黑,而无沉绿色。这是一种暗绿色，"如物沉在水底，其色深沉静穆，故称绿沉漆"。在当时是十分名贵的一种漆器。《笔经》中记载，一次有人送给王羲之一件绿沉漆笔管，他珍视的程度不亚于对金宝雕嵌的名贵笔管。

漆沙砚，由清代漆工卢葵生创造。内含带闪光的沙粒，是很著名的一种漆器品种。

1.2.3　黄大成和《髹饰录》

《髹饰录》是我国古代一部漆艺专著，是安徽新安著名漆艺家黄大成所作。全书分乾、坤两集，分利用、楷法、质色等十八章，是一部漆艺创造实践总结。它详细叙述了制漆的工具及材料，制漆的弊病；色漆的配制，以及在漆器制造中丰富多彩、千变万化的各种装饰方法。该书最重要的是对漆艺作了理论总结，系统地阐述了漆艺的创作原则，如"巧法造化，质则人身，文象阴阳"，称为三法——即创作的基本原理：制作漆器应以自然条件为设计依据，其内质犹如人体的结构，骨肉相连，肥瘦得体；其文饰则应以阴阳呼之，虚实相生。这些经验对于我们现今创作都有启发，具有重要现实意义。

另有一本涉及漆艺的古籍是元代的《辍耕录》。书中详细地记录了制胎、制胶、贴布、调漆、打磨等各道制作工序。其中只打磨一种操作，就提及要用砂皮、砂轮、鸡肝石磨制，以及用布摩、楷菜油、楷出光粉等步骤后，"方明亮"。此外还记载了戗金、戗银法的详细制作过程。

1.3　竹器的发展及意义

在陶器产生以前，就出现了用竹、柳等天然材料编织成的生活用品，在西安半坡、庙底沟的陶器上，都发现有席纹。在吴兴钱山漾的新石器时代遗址中，出土了大量的竹编。在二百多件竹编遗物中，品种很多，有竹篮、竹席、竹簸箕及渔业、养蚕业和农业用的各种工具。竹编大都用刮光加工过的篾条，编出人字纹、梅花眼、菱形格、十字纹等各种花纹，并且还注意到使用的要求，运用了实用和美观结合的制作原则。马王堆汉墓出土的竹筐就是当时人们运土的工具，距今已 2000 多年。此外还出土了竹席及大量用于文书、记事的竹简和记载陪葬品种类及数量的竹简遗册。在没有纸张之前，用于文书、记事的竹简，在我国出土得很多，如山东银雀山出土的《孙子兵法》，长沙马王堆汉墓和湖北江陵凤凰山出土的竹牍，湖北云梦出土的秦代文书、法律等，都是十分珍贵的历史文物，为研究我国古代历史、文化、艺术等，提供了极为宝贵的文字资料。

简牍指中国古代遗留下来的写有文字的竹简和木牍。《说文解字》讲释"简从竹，间声"，说明了只有写在竹片上的才能称为"简"，"牍、书版也，从片"，"片"指剖开的木,所以写在木片上的才叫"牍"。据记载简牍的使用最早可能是在殷商时代,但目前所发现的,主要是从战国到西汉末年(公元前5世纪～公元前2世纪)的遗物。从东汉起,纸逐渐代替简牍,但直到魏晋以后的公元4世纪,简牍才基本绝迹。使用达千余年的时间。

1.3.1　简牍的出土历史

从西汉武帝末年开始,在我国境内就有古代的简牍被发现。《汉书·艺文志》中记载,武帝末年,鲁共王坏孔子宅,欲广其宫,在孔宅壁中发现用古文写的战国竹简,所用文字为汉代已不通用的、秦以前的文字,其中包括《尚书》、《礼记》、《论语》、《孝经》等数十种古代书籍。这批竹简是历史上最早发现的简牍。直到19世纪末,这种并非有计划地发掘,而是偶然发现的简牍出土历史才告一段落。这期间出土的实物早已不复存在,只能从古代文献中得知其大略。

到19世纪末,开始了用科学的方法,有计划地发掘,其发掘出土的实物也大部分被保存下来。最初有计划大规模地发掘简牍的,几乎都是英、日、俄、法、瑞典等国人。他们以"探险"为名,在我国边境进行了许多活动。最主要的有瑞典人斯文赫定和英国人斯坦因。斯坦因在新疆尼雅古城曾经发现了魏晋时期的少量木牍和一种佉卢文木牍。佉卢文是古印度的一种文字,起源于西北印度,后流行于东、西土耳其,横书左行。而这种木牍的形制也十分特别,多为楔形,每两块紧缚在一起,内面写字。1907年斯坦因第二次到中亚探险,获得了大量敦煌汉简从魏至北宋木牍,共计一万余件,敦煌遗书,还有纸绢画500余幅,并将它们运回英国,至今保存于大英博物馆,1914年斯坦因第三次探险,又为大英博物馆增添了600余件敦煌遗书和敦煌、楼兰遗址中的简牍200余枚。

这一时期还有20世纪前期最重要的简牍发现。那是由中国学者与瑞典斯文赫定合组的西北科学考察团,在几年内陆续得到的大批汉简。即史学、考古学上著名的"居延汉简",原物曾在美国国会图书馆保存,现存台北的中央研究院历史语言研究所。

1949年以后,简牍的发掘受到了重视,发掘后的实物都得到了妥善的保管,有专业的研究人员及时整理、公布,使其发挥应有的作用。

1.3.2　简牍的形式和名称

秦汉时代的简牍,一般的都是长23厘米,宽1厘米,厚0.2～0.3厘米。以竹、木材料制成,可写三四十字。23厘米约合秦汉时一尺,所以当时一般的简约一尺长,五分厚。所以今天仍有将书信称"尺牍"之书的。另有一种形式的简称"两行",是将简宽度加大至1.8厘米甚至2.8厘米的。若简的宽度增加到四方形的程度,就称之为"方",一般是用来记载有些内容横长纵短的文句用的,例如日历。

　　此外还有宽度不变,增加长度的简。二尺长者谓之"檄",军中命令一般就写在檄上,谓之"飞檄",表示紧急。此外增加长度有时也表示郑重的意思。如东汉周磐死时,遗言说要在棺前放二尺四寸长的"六经"。有时,由于记载内容的关系会对简的长短作出规定。如皇帝诏书用一尺一寸,谓之"尺一之诏";而用以记载法律的简牍可能更长,见于文献的就有"二尺四寸之律"、"三尺法"。实物中的居延汉简2551 号,即是记律令,长达 67.8 厘米(三尺约合 70 厘米),且下半段还有残。

　　如果一只简加长加宽后仍不能容纳所要写的内容,就需要将几只简联在一起,称为"册"或"策"。例如记载陪葬物品的,就称为"遗册"。册有三只简一册的,也有近百只简一册的。若将若干册连在一起,就成为"编"("篇"),古人计书数常用的就是编,而不是册。用来将简牍拴在一起的,一般用麻绳。高贵一些的用青丝,或没有染过色的素丝,也有用皮的。孔子"韦编三绝"的故事里,韦指的就是熟皮子。

　　除一般形式的简牍外,还有一些更小的简。如六寸简,作为算筹或传符。更小的简叫"笺",是读书时随手作注释,系在相应的简上以备参考的。被称为"检"的,是用在文书信件表面的简牍,用绳系在文本上,再写上收信人的姓名、地址。若是公文,还要记上递送方法,需多长时间送到等传递记录。在检下端绑绳子的凹处还要盖上封泥。被称为"楬"的,相当于今日称之为标签类的东西,大部分用于随葬品上,表明随葬品的名称、数量。而所谓"符",指通过特定关口的凭证,制法是将符一分为二,分别保存,以为凭信,用时两方对在一起曰"符合"。最初符是用竹制的,取其竹节是明显的标志,只要有细微的不同就无法符合,容易判断真伪。汉代有竹符、木符,发兵时用铜虎符。木制的符也称"券",一般是在一木牍上刻下标记,分剖为二,使刻下的标记起竹节的作用。由于要契刻标记才能起到凭信作用,因此"符券"又称为"契"。晋代有用书写代替刻字的制符方法。

1.3.3　简牍的意义

　　由于简牍上保存的资料没有经过后人的辗转传抄,保持着书写时的原始状态,如是书籍,则为最古的版本;如是其他方面的文书,则多为现有古书所未载,所以成为研究古代史特别是研究战国秦汉史的不可忽视的珍贵资料。

　　中国自古就有以书籍作为陪葬品的风俗,在生前喜欢读书的官吏和学者的墓葬中,经常有墓主人生前喜欢的书籍作陪葬品。发掘出土的简牍有很重要的意义:首先,使得不少佚失多年的古籍重新问世;也可以据此对传世的古籍进行校勘、研究。其次,简牍中还有许多古书上未载的有关具体制度、法典及一般底层人民的日常生活、社会经济状况等各种内容,远比文献资料丰富得多,是史学研究中不可缺少的史料。

§2.古漆木竹器类文物保护处理的必要性

由于出土的古漆木竹器类文物因在古墓中埋藏了漫长的岁月,多数曾受到地下水的长期浸蚀。这些漆木竹器的内部分子结构已完全被水饱和,所以称其为饱水漆木竹器。这样的文物出土后,饱水状态下的环境突然改变,器物的表面很快干缩,而内部则干的较慢,这样内外干缩情况差别很大,就会引起起翘、开裂、脱皮、变形,甚至达到完全不可收拾的地步。因而出土的饱水漆木竹器,不能让其自然干燥,而必须立即采取保护性处理。

§3.饱水漆木竹器保护性处理的程序

3.1　脱水

首先排除器物内过量的水分,即脱水。脱水通常指的是将器物的含水率降到对器物无害的状况,并非绝对不含水分。通常已干木材在100℃重量不变时,仍含有 2％～3％的水分。人工干燥的木材,仍然回吸空气中的水汽,含水量约为 8％～16％。考古发掘出土的漆木竹器,含水量一般均超过上述范围,含水量比一般正常木材饱和水量高 10 倍左右,木质素含量比正常木材含量高 3～4 倍,而纤维素含量仅为 10.5％,仅是正常木材纤维素含量 50％～60％的六分之一到五分之一。这说明由于器物在长期饱水情况下,大量纤维素已被水解也是造成漆、木、竹器文物糟朽的重要原因,故应采取适当的方法脱去器物过量的水,达到脱水定形的目的。

3.2　加固修复

对于脆弱、糟朽的漆木竹器需适当给予加固和修复,否则就无法长期保存,更不能展示和利用。对其脆弱器物,如果处理不当,将造成无可挽回的损失。

3.3　脱水—定形—加固及防霉腐处理同时进行

如对一些珍贵、小型、糟朽、脆弱的漆木竹器可采用醇—醚—树脂＋防腐防霉剂连浸法,即是将脱水—定形—加固防霉腐同时进行。

§4.古漆、木、竹器腐朽的主要原因

任何变化的发生,总有各种各样的原因。但归根结底来说无非两个方面,一是事物的内部因素即内因,它是事物变化的依据,是主要原因。二是事物变化的外部条件即外因,在外部条件的作用下,通过内因而使外部发生变化。

4.1　古漆木竹器腐朽的内因

木材是由植物细胞所构成的,细胞腔内的原生质在细胞形成之后一定时期就消失了,剩下细胞壁构成木材的主体,它的主要化学成分是纤维素(占 45%～50%),半纤维素(占 20%～35%),木质素(占 15%～35%)等。

纤维素($C_6H_{10}O_5$)$_n$ 的结构式如下:

是由许多葡萄糖基按长链结构相互联结起来的高分子聚合物。数十条纤维素分子链,依靠侧链上的羟基形成氢键缔合作用,组成较有秩序的基本纤束,由基本纤束再组合为微纤维。细胞壁的框架就是由这些微纤维所组成。在微纤维与微纤维之间有一定的空隙,木质素和半纤维素就填充其内,起联结、加固框架结构的作用。

由于半纤维素是低分子量的聚糖,其平均聚合度只有 200 左右,可以在碱水溶液中被抽提,又很容易在酸性的水中被水解,其稳定性较差。在长期的地下埋藏环境下,它最容易遭受溶失和离解,使细胞壁空隙增多或扩大。纤维素是木材的主体,在微纤维的组合中,其中心部位分子排列较整齐而有规则,特别是被叫做"结晶中心"的基本纤束的中心部分。而包围在四周排列较不整齐、不规则的分子所组成的外膜,通常被称为"无定形区",是木材纤维中较薄弱的部分。在长期地下水的浸泡及菌类纤维素酶的作用下,往往使这一部分纤维分子逐渐降解,最终使木材中的微纤维消失,木材纤维素含量降低。

以上作用的结果,使木材的空隙增加或扩大,空隙率大为增高,一些薄壁组织导致穿孔破损,造成木材细胞壁的机械强度显著降低。

地下埋藏的古木器在漫长的岁月中,受到地下水和地面渗水,特别是含有一定酸性的水分的长期浸泡侵蚀,再加上土壤微生物纤维素分解菌的作用,其呼吸成分和细胞微观结构都会发生变化,造成古木不同于其他正常木材的特殊缺陷。

与一般木材相比,古木化学成分中的纤维素和半纤维素含量显著下降,相对的木质素百分比含量增高,例如河南信阳楚墓出的一件木钟残片,纤维素含量降至 10.5%,而木质素含量却高达 80.4%。这会使木材的空隙增加、扩大,造成细胞壁的机械强度显著降低。由于纤维毛细管平均直径的增大,也使纤维吸着表面减少,以及由于细胞腔内原来单独性小气孔变成连续性大气孔,使得一些原来意义上的吸着水变成了实质上的自由水。

将古木和干缩后的古木切片置于显微镜下观察,从饱水古松木的切片中观察到其细胞膜分离,薄壁组织穿孔破损,空隙率增高。放大 450 倍可以看到饱水古松木横切面中管胞的次生壁与初生壁、胞间层发生明显分离。这是高含水量古木组织离解所具有的典型情况。在自然干缩的古松木横切面切片中,细胞失去了正常形态,严重萎缩。管胞的胞径变得异常窄小,很不规则。细胞壁塌陷,有的深深陷入,几乎挨在一起。有的已经破裂,管胞外形呈很不规则的扭曲状态。在干缩的阔叶树材古木切片中,也可观察到导管好木纤维的细胞呈同样的状况,而且更为严重。在干缩古木的弦切面和径切面切片中,还可观察到针叶树材的管胞和阔叶树材的木纤维干缩成条束状或板壁状,失去了正常的细胞形态。

从以上自干饱水古木切片中观察到的情况,可以了解到这是地下埋藏的饱水古木的特殊缺陷造成的,也是无控制的自然干燥过程或不妥当的脱水过程中,古木脆弱的细胞壁坍陷的结果。从宏观上,就表现为古木整体收缩,扭曲变形和开裂。

4.2   古漆木竹器腐朽的外因

木材只要经过充分的防护处理,并能正确地使用,便可以成为耐久性的材料。即不会像塑料那样老化,也不会像金属那样容易疲劳。有些木材在历经数千年的使用后,仍可以保持它的优良性能,我国出土的 2000 多年以前的木棺,近千年的木塔建筑就是最好的证明。然而木材在潮湿的环境中,特别是在室外自然环境中极易受有害生物的侵袭。同时,一些非生物因素也以有害的或不利的方式影响着木材,使其发生变化.

4.2.1   地下水浸泡

在通常温度和压力下,木材受水分的化学影响并不大。但是过量的水、高温高压、化学物质的存在以及成百上千年的浸泡都会使木材纤维发生降解,使木材原有微观结构发生改变。木材发生水解后,木材的多聚糖还原为单糖、糠醛和其他水解产物。这一过程中,木材中含有的酸起着催化水解的作用。另外地下水中常常含有酸、碱、盐还会以直接或间接方式对木材起破坏作用。

4.2.2   地下水中所含酸、碱、盐等化学物质的腐蚀

碱溶液首先使木材膨胀,然后使木聚糖分解。在长时间(60 天)作用下,会大大降低木材的机械强度和抵抗生物损害的能力。酸溶液作用初期同样使木材膨胀,进一步作用下使木材多糖水解,力学强度降低。在酸的长期作用下,木材结构被完全破坏掉。很多无机盐在水溶液中水解为强酸或强碱,盐溶液对木材的影响实际上是酸碱的影响。溶液对木材影响的大小与盐溶液的浓度和水解过程有关。

因此,盐溶液对木材的化学腐蚀强度可以通过测量溶液的 pH 来判定。与碱性盐类作用,使木质素分解,而对木质多糖影响不大;中性盐在高温时使多糖水解,对木质素无影响。盐类的氧化作用,如碱金属、次氯酸盐、过氧化物和高锰酸盐等,会使木材变色。

4.2.3　各种生物腐蚀

1. 木腐菌

主要属于真菌,是木材最重要的植物性损害。与一般植物不同,木腐菌没有叶绿素,它不能在阳光下合成碳水化合物,而是在酶溶解过程使木材分解,以获取营养。对大多数木腐菌来说,最适宜的环境是 25～30℃,木材含水率 36%～60%。根据木腐菌对木材的损害情况,可将其分为变色菌、褐腐菌、白腐菌、软腐菌等几类。

变色菌进入木材后,主要以木材薄壁细胞组织内的糖类和淀粉为营养物质,而不破坏木材细胞壁。在短时间内不影响木材力学强度,但如果长期在适宜条件下生长,会沿横向穿透细胞壁,引起木材软腐。

褐腐菌和白腐菌是主要的木腐菌,都属于担子菌,常见菌种有粉孢革菌、香菇多孔菌、革褶菌、卧孔菌等。褐腐菌分解木材的多糖,使以多糖为主要化学成分的纤维素、半纤维素降解,使腐朽木材呈褐色。木材褐腐后,纵、横向均产生裂纹,成为典型的方块形破裂,木材密度和强度降低。白腐菌同时分解多糖及木质素,腐朽材呈白色,木材呈海绵状或蜂窝状,表面凹凸不平,纤维变短,表面粗糙断裂。

软腐菌的产生,是在木材长期浸泡在不流动的水中,或处高温、高湿、pH 较高或较低环境中发生的。它分解细胞壁中的多糖,使细胞壁形成许多腔,使木材强度严重降低。外观特征是木材断裂面整齐。常见菌种球毛壳菌,是用来实验木材抗软腐能力的标准菌种。

2. 细菌

与木腐菌比较,细菌对木材的损害要轻得多。它可将细胞壁侵蚀成孔洞。在对真菌不利的情况下,例如缺氧环境,细菌却照样可以生长,与真菌同时危害,可加速木材降解。水中贮存的木材可滋生厌氧性细菌,由于细菌分裂速度很快,它们破坏了木材的纹孔,使木材形成许多微孔,这就增加了木材的渗透性,增加了液体的透入,使腐蚀性液体的作用更强。

细菌的损害只使木材的强度有很少的降低,但有可能使木材变色。由于细菌对有毒化学品有很强的抵御能力,对铜—铬—砷等防腐剂有很强的耐药性,所以经防腐处理的木材,尽管有较高的防腐剂吸收量,仍然不能完全避免细菌的感染。

3.蛀木甲虫

甲虫通常指鞘翅目的一类昆虫,其典型特征是前翅变为角质,成为"鞘"状覆在身体的背面,好像一个坚硬的外壳。如天牛、长蠹、窃蠹、小蠹、粉蠹,象鼻虫、长小蠹等。

蛀木甲虫在整个生长发育中,在形态上的改变,叫做"变态"。一般雌虫将虫卵产在木材裂缝、夹缝甚至木材导管中。幼虫孵化后蛀入木材,在木材中取食、生长;幼虫阶段是危害木材的主要阶段。幼虫在木材中蛀蚀成各种孔道,并排出粉末或锯末状蛀屑。不同的孔道和蛀屑形状,是识别害虫的一个重要依据。幼虫经几次蜕皮后化蛹,停留在近木材表面的蛹室中。最后,蛹羽化成虫,咬破木材飞出。成虫飞出继续发育繁殖,完成一个世代。

4.海生钻木动物

浸在海水中的古船、古渡口等木质文物,经常受到一些海生钻木动物的蛀蚀。这些动物主要是软体动物门的船蛆和海笋,节肢动物门的蛀木水虱和团水虱。船蛆和海笋用足和贝壳穿凿木材,钻入木材很深,营钻蛀性生活,破坏木材内部结构。蛀木水虱和团水虱是附着在木材表面,用齿咬蚀木材表面,使呈海绵状。

船蛆是船蛆科内钻木软体动物的总称,身体细长,外形如蛆,两个石灰质贝壳也蜕化成了包在身体前端挖掘木材的利器。在幼虫时钻入木材,以后终身不再外出,有的长仅几厘米,有时可长达50厘米。被船蛆寄生的木材外表完好,内部却已经千疮百孔。海笋形态和习性与船蛆接近,钻入木材后身体并不无限延长,所以深度不如船蛆,但蛀孔粗大。危害同样严重。

蛀木水虱个体很小,最长只有5毫米,分布很广,常危害海水中木材接近水面的部分,也是幼虫侵入木材。开始侵入时孔洞很小,随蛀木水虱个体生长发育,孔洞不断加深。由于蛀木水虱需从海水中摄取氧气和食物,又在穴壁上凿出许多小孔道与木材表面相通,这样纵横交错,使木材呈海绵状。

§5.饱水木制文物的干脱性原理

木材遭受菌、虫危害后,含水率变化要比健康材大。特别是腐朽材,在短时间内可以吸收大量水分。而且木材腐朽越严重,这种性质表现越明显。腐朽材的收缩与膨胀过程与健康材也有不同,在腐朽材收缩过程中,往往会出现典型的收缩裂纹。

5.1 一般木材的干缩状况和出土饱水古木的实际干缩情况

水分在木材中是以两种情况存在的。一是存于木材大毛细管系统(即细胞腔、间隙和纹孔)中的,称为自由水;一种是存在于微行细管(即吸附于细胞壁内微纤维之间)的,称为吸着水。木材在潮湿空气中吸收的水分多以吸着水形式存在。当木材浸泡在水中时,更多的水分就会以自由水的形式存在于细胞腔和毛细管中。在木材干燥时,首先是自由水蒸发出来,然后蒸发吸着水。当自由水蒸发完毕,而吸着水呈饱和状态时,木材的含水量称木材纤维饱和点。这一点上木材的含水量平均在30%左右,但会因树种和气候的不同在23%～31%之间波动。

在木材学上,有一个纤维饱和点的胀缩性理论,在一些专业书籍和教科书上,经常被表达为"木材含水量在纤维饱和点以上,自由水(或称游离水)的散失或增加,不改变木材的尺寸和体积。反之,当木材含水量在纤维饱和点以下,吸着水(或称结合水)的减少,会造成木材尺寸和体积的收缩,引起干缩;吸着水的增加会引起木材尺寸和体积的增加,造成湿胀"。

根据木材纤维饱和点理论,木材在纤维饱和点,即平均含水量30%左右以上时,木材水分的散失并不改变木材的尺寸和体积,只有在纤维饱和点以下,水分的散失才能改变木材的尺寸和体积。而且提到一般木材的收缩率,纵向为0.1%～0.55%,径向2%～8%,弦向4%～14%。

作为木材学上的经典理论,在对出土木质文物保护的研究中,曾多次被引用。但实际情况如何呢?专家的研究表明,饱水古木和现代木材的干缩性是大不相同的。

以泉州古代交通史博物馆的实验为例,试样古木取自1982年发掘的宋元时期泉州法石古船上的同一批木质文物,确保了木质所经历的时间、受腐蚀的环境及外界因素完全一样。其中包括两种针叶树材、两种阔叶树材。出土时木材水含量均在400%以上,最高达到465%。将古木制成具有弦向、径向、纵向三种木纹方向的立方体,置于室内自然干燥。在含水量逐渐减少的情况下记录各方向木纹的木材收缩率及其开裂变形情况。

实验中有的样品在含水量高达350%时就发生了纵向开裂,含水量在150%时严重扭曲开裂。实验结果证明,饱水古木并不像一般木材那样,在纤维饱和点以下的水分散失才引起尺寸和体积的收缩变化,而几乎是在水分刚开始散失时,就伴随着尺寸和体积的变化了。

5.2　饱水木质文物的干缩特征

通过对几种饱水古木的自干脱水实验,可以看出饱水木质文物在自然干燥过程中不同于其他木材的一些特征。

5.2.1　饱水木质文物干缩脱水中,其尺寸和体积的收缩变化远比一般正常木材大得多。如前实验中的古木试样,其中阔叶树材的弦向收缩竟超过50%以上,体积收缩为 29%,即干缩后的体积只有原来的三分之一不到。收缩率较小的两种针叶树材干缩后的体积也只有原来的一半左右。

5.2.2 饱水木质文物一经出土,水几乎就开始散失,就会伴随着尺寸和体积的相应变化。在实验的不同阶段,其变化幅度有所不同:

1. 含水量在 300% 以上,其尺寸和体积的收缩变化较缓慢,不太显著,针叶树材的木质文物更是如此,但这一阶段也会有些腐蚀严重的木材发生比较明显的变化。

2. 含水量从 300% 下降到 200% 时,其尺寸和体积的收缩变化比较显著。特别是阔叶树材的木质文物,收缩变化更为明显,开始发生扭曲变形。

3. 含水量从 200% 下降到 100% 时,尺寸和体积变化较大幅度进行,扭曲变形和开裂显著。

4. 含水量从 100% 下降到 30%,直至气干,尺寸和体积的收缩变化剧烈,同时产生严重的扭曲变形与开裂。

实际中,由于古木糟朽程度、埋藏环境、含水量的不同,在干缩过程中变化阶段的具体划分就会有所不同,未必是从 300% 以上到 300% 与 200% 这间,再到 100%,30%……但都有相似的变化阶段。在设计保护方案以前对文物取样、模拟实验,了解文物的干缩变化阶段,就能在具体操作中掌握分寸,取得最佳保护效果。

5.2.3 饱水木质文物的尺寸和体积的收缩变化与一般木材一样,也是以横纹方向为大,纵纹方向较小。收缩率变化大小依次为:

弦向>径向>纵向

上述饱水古木符合 $T>2R$(T 代表弦向干缩;R 为径向干缩);

而一般木材符合 $T=1.6\sim2R$。

5.2.4 阔叶树材饱水木质文物比针叶树材饱水木质文物在脱水过程中尺寸和体积收缩大,扭曲变形与开裂也比较严重。

§6. 出土漆木竹器的发掘现场保护

6.1 饱水漆木竹器为什么特别强调发掘现场保护

6.1.1 古漆木竹器长期埋在地下墓室,基本上处于一个比较稳定的环境中。出土之后,整个环境包括湿度、温度、气体成分、光线等都发生了突然变化。这种突变对出土之古漆木竹器影响很大。

6.1.2 出土的饱水漆木竹器类文物在空气中放置 30 分钟之后破坏严重。

1. 竹简马上会收缩、起翘。

2.漆器表面漆膜会发生起皱现象。

3.出土的彩绘木俑在阳光照射下,十几分钟之内表面彩绘就会发生明显的变化。木器表面会干裂,由于器物内水分迅速蒸发,而使水中可溶盐在木器表面析出而使器物泛白,直接影响文物的外观。

因此古漆、木、竹器出土时的现场保护是整个保护工作中十分重要而绝对不可缺少的工作。若发掘现场未做及时正确地处理,不仅会给保护工作带来很大的困难、麻烦,甚至造成无可挽回的损失。

6.2　古漆木竹器发掘现场保护原则

由于饱水木质文物本身所具有的缺陷性,在发掘时应注意掌握以下几点:

6.2.1　木材学上关于一般木材的"纤维饱和点胀缩性理论",是不适合应用于地下埋藏的饱水木质文物的。这一理论曾被我们文物部门在发掘时应用过,或在研究中当作指导理论引述过,这只能造成含混不清的观念;在实际效果上,直接影响对出土饱水木质文物的保护,造成不恰当的水分散失,导致文物的不可挽回的损失。需要注意的是,我们并不否认这一理论的正确性,只是确定了它的应用范围,强调对于饱水木质文物它是不适用的。真理和谬误往往只有一步之遥,正确的理论一旦离开它的适用范围就会变成错误的。文物有不同于其他物体的特性,在研究中能否借鉴其他学科的理论、方法,一定要经过缜密的推敲。

6.2.2　应当树立起这样一种观念,就是地下埋藏的饱水木质文物一旦出土,水分就开始散失,形体就要发生变化。因此在发掘时要马上采取措施防止水分的散失。

6.2.2.1　发掘过程中防止饱水木质文物水分蒸发,尽量保持其出土前状态。这就要求发掘时要尽快搞好现场摄影、测量工作,要防止裸露部分的水分蒸发,做好各种遮盖、保湿措施。在低湿度的季节或有日照的天气特别要注意,切忌烈日曝晒。

6.2.2.2　当饱水木质文物出土时,应考虑到由于其本身的机械强度已十分脆弱,可能难于支持饱含水分后变得异常沉重的自身重量,所以应用坚实的木板及其他衬托材料垫着取出。取出后其四周表面用湿毛巾或棉花、纸张、棉布织物材料包好,必要时加塑料薄膜外罩。

6.2.2.3　从发掘现场运至实验室的运输途中,一方面要尽量减轻运输震动,一方面事先对饱水木质文物外加必要支撑加固。如运输距离较远,途中要适当喷淋水分,以防止脱水。

6.2.3　饱水木质文物出土后,除了进行必要的清洁和消毒防护处理外,在实验室尚未采取妥当的脱水定形办法以前,应视器物的具体情况和大小,先置于防虫、防霉的高湿环境中或置于防腐的水浴中保存。总的原则是:避免水分散失,尽量保持饱水木质文物出土前的原始状态,直到开始采取妥当的脱水定形方法。

6.3　古漆木竹器发掘时现场保护方法

6.3.1　一般漆器的现场保护方法

6.3.1.1　漆器从墓葬出土后,应立即进行拍照、录像等工作,及时、全面、准确的记录残存及损坏状况。

6.3.1.2　在起取漆器时,双手应从靠近漆器底部的位置轻轻托起,放在一个平整、坚固的托板上,做好记录,写好标签。

6.3.1.3　用水质较好的井水(即含钙、镁离子少的水)或墓室中的积水,最好用去离子水轻轻洗去器物表面的污物。

6.3.1.4　用质软的塑料薄膜将器物小心谨慎地包好,并在器物底部附近垫放一团用离子交换水浸润的棉花,以防水分快速蒸发掉。

6.3.1.5　再用泡沫塑料包裹,放入大小合适的箱盒内,在器物的四周填充纸屑、碎的泡沫塑料或其他质地柔软的物质(既能保证器物在箱盒内固定不动,不来回碰撞,又不会因包裹而磨损器物)。包装好后小心送往实验室进行保护处理。

6.3.2　粉彩漆、木器的发掘现场保护

6.3.2.1　粉彩漆木的彩绘原料是用水溶胶黏合,由于长期受地下水及潮湿环境的影响,出土时彩绘已有不同程度的剥落,如用手摸或与其他物品接触,一不小心,彩绘容易被擦去或抹掉。

6.3.2.2　为防止粉彩脱落,可选用水溶性胶粘剂先加固封护,然后包裹、保湿(同上法),尽快送实验室进行保护处理。

6.3.3　出土竹简的现场保护

6.3.3.1　竹简在墓室的保存状态比较复杂,可能会出现以下情况:

①因坟墓盗扰而棺椁坍塌,积水过多,致使腐朽的竹简被挤压成饼状,紧紧地粘在一起。

②有的竹简与污泥混杂,粘连在一起。

③有的竹简已收缩、变形、开裂、失去原貌。

④也有竹简保存较好。

6.3.3.2　出土竹简的现场起取

竹简是由纤维素、半纤维素、木质素组成的,由于地下水的长期浸泡,内部可溶性物质基本被溶出,竹纤维出现不同程度的降解,质地疏软,加上吸饱了水分,重量增加,致使有些竹简像面条一样,依靠自身的强度无法起取。

6.3.3.3　竹简特点决定的特殊要求

①由于竹简是记录文字的,每枚竹简之间必然存在有严格的前后顺序。对于成束或很多根放在一起的竹简,在起取时尽可能保持它原有的状态是十分重要的。

②对于成束、成片的竹简尽可能一次全部起取出来。当竹简与其他器物交叠时,先清理竹简外的器物,使竹简完全暴露出来,然后决定如何提取。如确实无法一次提取,可根据出土时的实际情况分成几批,分别取出,保证其完整性,特别注意记录各批竹简之间的相互关系。

6.3.3.4　出土竹简的提取方法

①出土的竹简提取时一般用薄竹刀或牛角刀从竹简最下部的一端将竹简与底层轻轻地剥离,一边剥离一边插入塑料托板,待塑料托板已将竹简托住后,再从塑料板下面插入木板将竹简托起。

②清除竹简上下及四周的污物,可小心用去离子水冲洗干净。

③提取出来的竹简千万不要浸入盛满水的容器内,以免扰乱竹简的排列顺序。最好在竹简上面铺一层白色湿棉布,棉布上再铺一层饱含水的脱脂棉以保持湿度,外面再用塑料薄膜包裹,然后送实验室进行保护处理。

6.3.4　出土饱水竹席的现场保护

竹席一般盖在内棺或外棺上,陪葬竹席则在边箱中。饱水竹席的取法:

①先清理内棺内器物及竹席上其他物品。

②用小流量的离子交换水冲净竹席表面。

③如果墓坑内有水,可借助于水的浮力,把竹席慢慢移到塑料板上,然后将塑料板倾斜从水中抽出,竹席即贴在塑料板上。

④用一块吸饱水的泡沫塑料盖在竹席上,用木板或玻璃板从上下两面夹住竹席。若墓内无水,可用一块大小与竹席相近或稍大的塑料薄膜铺在竹席上面。薄膜一边与竹席某边缘紧紧贴在一起,用竹刀将竹席边缘剥离开并同时贴到薄膜上面,当竹席边缘与塑料薄膜完全贴住时,借助于薄膜的强度将竹席卷起。卷起时薄膜在内,竹席在外。

⑤当竹席全部卷起后,为了保持其水分,可喷水或在竹席两端放几团饱含离子交换水的棉花,再放在托板上固定好,送文物保护实验室进行保护处理。

§7. 饱水古漆木竹器的脱水定形

对于古漆木竹器来说,在饱水情况下或过分潮湿的环境下保存都是不利的,但为了预防干缩和开裂也不能在一般的情况下任其自然干燥。因此,对饱水漆木竹器的处理,主要包括两个方面:

　　一是设法让它们脱水定形,既将纤维中过量的水分除掉,同时又不改变器物的原形。这里脱水通常指将器物的含水量降到对器物本身无害的标准,并非绝对不含水分。

　　二是用适当的物质加固器物,以提高它们的强度。一般讲,脱水定形尤其重要,大多数情况下,只要能脱掉水分保持住形状,也就达到保护的目的了;只有在器物非常脆弱的情况下,才考虑添加适当的加固剂进行加固。

　　出土漆木竹器的保护方法很多,这里主要介绍饱水木质文物的脱水定形、加固方法。竹、漆器处理方法原理上与之相似,漆器保护要复杂些,还要作漆器保护的专门介绍。

　　饱水漆木竹器的脱水定形大体上有 16 种方法:

漆木竹器脱水定形法
①自然干燥法
②明矾法
③醇—醚—树脂连浸法
④阿里格 C 法——低分子树脂渗入,在引发剂作用下树脂在器内固化加固
⑤聚乙二醇法
⑥有机硅聚合物脱水定形法
⑦γ 射线辐射聚合法
⑧冷冻脱水干燥法
⑨甘油法
⑩蔗糖法
⑪脱胎换骨法
⑫水玻璃电渗法
⑬真空干燥法
⑭乙醇—十六醇法
⑮乙二醛法
⑯脱胎换骨法

　　下面我们就每一种脱水定形法的应用范围、原理、特点、操作方法、注意事项等进行具体介绍。

7.1　自然干燥法

　　自然干燥法的原理是,在一个稳定的环境下,使饱水木质文物中的水分缓慢、均匀地排出,以减少常温、常压,及正常湿度环境下水分的快速蒸发所引起的表面张力的影响。处理时的环境必须相当稳定,其相对湿度应比正常的室内条件要高,但要比饱和水蒸气环境略低一些。湖南省博物馆有一地下室,里面的湿度终年比较稳定,相对湿度约在 95% 左右,这就形成了一个特定的自然干燥环境。马王堆

汉墓出土的一部分含水量较低的漆器就是在这个特定的环境中,经过几年缓慢脱水,最终干燥定形的。

7.1.1　自然干燥法的应用范围

这种方法不是对所有的木器都适用、都能获得成功的,而是有一定的适用范围。

7.1.1.1　文物的质地、材质的性属

适用于自然干燥的文物质地必须是坚硬致密、纹理直、结构均匀的木材制作的器物,例如杉木、青冈木、柘木等。而用此法对泡桐、响叶杨等木质器物脱水,结果大多失败。对漆器来说,凡漆皮、漆灰层厚,或木胎薄而漆皮、漆灰层厚度和强度大于木胎数倍的可以使用。此外对于质地结实完整的夹纻漆器也可使用,像马鞍山东吴朱然墓出土的皮胎、犀皮小耳杯、篾胎小漆碗残片,就是这样的。

7.1.1.2　器物的含水量

器物的含水量必须在40%以下。对饱水木质文物来说,其含水量在某种程度上就意味着器物受腐蚀的程度。含水量越多,说明木质本身结构被破坏得越严重。这条要求实际上指,自然干燥法只有对腐朽不严重的、含水量较小的饱水器物是适用的。例如马王堆汉墓的漆器出土时,一部分在积水以上,一部分在积水以下。没有受到浸泡的那部分器物含水量较低,都在40%以下,湖南省博物馆用自然干燥法,对这部分器物进行了脱水定形处理,效果很好。但有一彩绘大漆盘,出土时一半在水面以上,一半在水面以下,脱水后水面以上的部分正常,另一半却收缩变形了。

7.1.1.3　器物的保存完好程度

器物的保存情况,可用X射线进行无损探伤来了解,然后根据器物的内部残损情况,决定是否采用自然干燥法来干燥。

器物埋藏在地下时间长短、埋藏地区的自然条件对器物的保存情况有密切的关系。

1.对埋藏时间不长,保存情况良好可用自然干燥法干燥,像湖北武汉十里铺北宋墓出土的一批圈叠木胎漆器,以及山东明朝朱檀墓出土的木胎漆器,虽然发掘时都浸在水中,但由于埋藏时间不是特别长,胎质保存较好,用自然干燥法脱水定形也取得满意效果。

2.器物埋藏在降水量少,土质疏松的沙土地上也可以考虑用自然干燥法来干燥,如新疆、内蒙古等比较干燥条件下埋藏的器物含水量很低,质胎一般都保存比较好,出土后可用自然干燥法脱水定形。有的甚至不需脱水,如内蒙古元代故城遗址窖藏中出土的元代圈叠木漆碗和漆盘等,几乎未做脱水定形处理。

7.1.2 自然干燥法的实施方法必须注意的几个问题

7.1.2.1 首先必须搞清楚器物的材质、属性、含水情况及保存情况,才能决定能否用自然干燥法脱水定形。

7.1.2.2 自然干燥法脱水定形古漆木竹器一定要以缓慢而均匀的速度进行,否则器物表面和内部脱水干燥的速度不一致,就会使木材内部产生应力。由于木材的三个切面结构不同,边材和心材致密度不一样,含水量也不一样,因而产生应力的大小和方向均不相等。木材在继续干燥过程中必然要受这一应力影响,每干燥一步就会发生一步微小弯曲,叠加起来就是大的弯曲变形。当木材表面承受不住应力积累,便会发生断裂。对于纤维素含量大量降低受损的古代木质文物更易发生扭曲变形,所以必须遵循缓慢脱水的原则,尽量做到使木材器物内外同步干燥,将产生的应力降到最低。如湖南省博物馆对马王堆汉墓出土的一部分漆器进行处理时,就将其放在一个温、湿度(相对湿度95%)终年相当稳定的地下室中,经过几年的缓慢脱水而干燥定形的。但这种方法并不是对所有的漆木竹器都能获得成功,尤其对含水量在40%以上和糟朽比较严重的器物,更不能采取此法。

7.1.2.3 不同的器物可根据具体情况采取相应处理方法进行自然干燥

1.对于大型器物如梁架、木船等,可用锯末填埋或沙埋法,经过相当长的一段时间,慢慢脱去过量的水分。曾经用此方法处理过的北京大葆台出土的一根木鸠杖,经过一年多时间脱水定形,没有改变木鸠杖出土时的原貌。

2.对较大的器物如椽梁、大的木质构件、木质下水管道等,可采用潮湿麻袋包裹,放在阴凉的地方使其缓慢脱水干燥,如陕西临潼华清池木质下水管道等较大的木质文物,就是用此法脱水定形后,又进行了防腐加固处理,效果很好。

3.小型漆器,可置于玻璃容器中保湿干燥,先放在湿度较大的环境中(相对湿度95%左右),经观察、测定重量等无改变时,逐渐降低环境湿度,最后使之与外界环境相适应而定形。

4.有些为了防止变形,干燥过程中可加压或用石膏固定用玻璃板绑夹。对已变形的饱水漆器,有时还需要加重压来整形,但加压是慢慢加压,不能加压过猛过快。

7.2 明矾脱水定形法

7.2.1 明矾脱水定形法的原理

明矾($KAl(SO_4)_2 \cdot 12H_2O$),在热水中溶解度大,能自由溶解在沸水里,而在室温下,仅溶解约10%的浓度。明矾脱水定形的原理,就是利用明矾在不同温度下溶解度变化大,使明矾由高温下高浓度溶液变成常温下的固态,填充在器物纤维的空隙中,取代细胞组织中过量的水分,达到干燥加固的目的。其脱水定形原理以下列变化表示:

$$KAl(SO_4)_2 \cdot 12H_2O + nH_2O \xrightarrow{92\sim96℃} KAl(SO_4)_2 \cdot 12H_2O(热浓溶液)$$

明矾溶液室温浓度只有 10% ,大量 $KAl(SO_4)_2 \cdot 12H_2O$ 凝成固体填充在器物纤维空隙中,取代细胞组织中过量的水。

7.2.2　明矾脱水定形法的操作

将饱水器物先置于热的明矾浓溶液中煮沸数小时,温度维持在 $92\sim96℃$,使明矾浓的热溶液能够充分渗透到饱水器物的纤维空隙中,趁热取出器物,于室温下凝固,擦去器物外面明矾热溶液,最后用聚醋酸乙烯酯或麻油进行表面封护,防止明矾吸湿吸潮。

固化的明矾填充在木材细胞组织中,代替缺损的纤维结构,起到脱水和支撑作用,防止了器物的收缩变形。历史上相当长一段时间内,明矾法成为湿材保护的经典方法。人们用这一方法处理了许多饱水木质文物,从小件到较大的木箱,以及大型的古代木船,都取得了成功。

7.2.3　明矾脱水定形法之优缺点

7.2.3.1　明矾脱水定形法的优点

①脱水效果好,既保住文物的原貌,又提高了文物的强度。

②此法十分经济、方便、安全。

③不需特殊设备,操作简单。

7.2.3.2　明矾脱水定形法的缺点

①处理后器物颜色加深,变暗,主要因数小时煮沸所致。

②处理后器物重量增加很多,

③明矾是吸湿性物质,干燥时又会失水,在比较潮湿的气候条件下,明矾会溢出,在器物表面结晶。所以在处理后的器物表面要进行封护。常用聚醋酸乙烯酯作表面封护膜,或涂一层亚麻油。

④因在处理时需要煮沸,处理小型器物方便,器物太大时因受到容器大小限制,有些不方便。

7.3 醇—醚—树脂连浸法

7.3.1 醇—醚—树脂连浸法的原理

7.3.1.1 醇—醚—树脂连浸法的意义及作用

水具有较大的表面张力,饱水木质文物中的水分在蒸发时,脆弱木器的细胞壁会因表面张力和失去支撑力而崩塌。而醇—醚—树脂连浸法是先用醇替换木材细胞组织中的水分,而后再用乙醚替换醇,最后让乙醚挥发掉。如果器物需要加固,可将树脂溶于最后浸泡的乙醚溶液中,浸泡时树脂渗透到纤维空隙中,待乙醚挥发掉以后,树脂留在器物中,起到加固作用。由于乙醚具有非常低的表面张力,当它挥发时不会对脆弱的纤维造成威胁。醇—醚—树脂连浸法特别适用于小件器物,像薄而均匀的耳杯、漆盘、简牍之类。

7.3.1.2 醇—醚—树脂连浸法的原理

1.从用来脱水物质的性质来看

从来用脱水的物质醇—醚—树脂连浸脱水定形首先是脱水,脱水过程中脱水剂的应用和脱水用的次序是根据相似互溶原理和表面张力最小原理。

(1)溶解替代过程中的相似互溶原理

水————————乙醇————————乙醚————————树脂

水与乙醇能以任意比相互溶解,乙醇浓度逐渐增大,直到100%的乙醇完全替代了木质细胞中的水。

乙醇与乙醚也能以任意比互相溶解乙醚比例逐渐增大,直到100%的无水乙醚及溶于乙醚的树脂。

树脂可溶于乙醚中,乙醚挥发,树脂留在木质细胞中,使器物得以加固。

(2)表面张力最小原理

器物干燥过程中的干缩、裂纹、开裂、弯曲与器物中挥发的液体的表面张力有直接的关系,所挥发液体的表面张力越大,器物脱水挥发时,越容易发生干缩、裂纹、开裂、弯曲。表面张力很小时,挥发时不易发生上述现象,器物不变形,能保持文物原貌。

①因水分子间有氢键,挥发时要克服氢键之间的结合力,因而沸点高(100℃)不易挥发,挥发时表面张力大。水中氢键的状况:

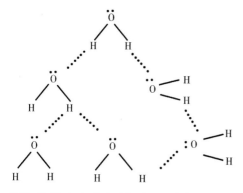

②醇分子中也有氢键,但因醇中有一个氢被一个乙基($-C_2H_5$)所取代,因而醇中氢键比水少了一半,加之乙基($-C_2H_5$)有斥电子性,体积较大,因而醇的表面张力小,比水的表面张力小得多,由醇置换水从木质中挥发出来比水直接挥发出来时引起收缩也要小得多。醇中氢键的状况:

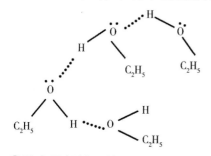

③醚中无氢键乙醚

$C_2H_5\overset{..}{\underset{..}{O}}C_2H_5$ 无氢键,所以沸点低,易挥发,挥发时表面张力很小,不会引起器物干缩、裂纹、开裂、弯曲。

表面张力　　　　　　$H_2O > C_2H_5OH > C_2H_5OC_2H_5$

沸点　　　　　　100℃　　78℃　　36℃

2. 从竹、木质文物本身组成来看

竹木质文物主要是由纤维素、半纤维素及木质素组成,其中以纤维素为主(含50%～60%),它构成木、竹质文物的细胞骨架。

纤维素是由碳、氢、氧元素组成的碳氢化合物,由 α—葡萄糖基构成。葡萄糖基中含三个羟基,而羟基中的氢原子与相邻羟基中的氧原子之间的距离为$(2.8～3) \times 10^{-8}$cm,距离很小就可形成氢键(O—H······O)。氢键起一种缔合作用,纤维素中所有羟基都被包围在氢键中。

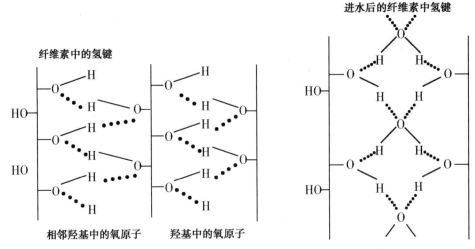

（1）游离水：在纤维素周围，但不能再被纤维素吸收的水叫游离水。游离水不结合于纤维素，不使纤维素发生润胀，充荡在细胞腔和粗孔中，干燥时，游离水首先蒸发，不影响纤维素的体积。

（2）结合水：是指包在细胞壁中的水。由于纤维素的极性基（—OH）的影响，结合水使纤维润胀，蒸发时引起收缩。

（3）醚：没有羟基，不能和纤维形成氢键，仅是渗入木质、竹质中充满纤维的细胞腔中的粗孔中，故醚渗入不会引起木质、竹质溶胀，即不引起纤维体积增大。在醇—醚置换饱水竹木器的过程中，不仅游离水被置换，木材中一部分结合水也被醇、醚取代，最后不含羟基的乙醚从木质纤维挥发时，因表面张力很小，而不会引起木材变形。

3.醇—醚—树脂连浸法脱水定形操作

（1）分别用 30％、50％、70％、90％、95％ 和 100％ 的无水乙醇，按这样浓度递增的顺序浸泡器物，替代器物中的水。每个浓度浸泡 24～48 小时，每隔 6～8 小时搅动几次，直到乙醇的密度经测定不再增加（因为水比乙醇的密度大），表明水已被无水乙醇置换完全。

（2）待乙醇将水置换完全后，按上法用无水乙醚置换乙醇。用乙醚和乙醇的体积比为 1∶2,1∶1,2∶1,1∶0 的混合溶液浸泡器物，直到用无水乙醚浸泡后，乙醚的密度在 0.715～0.718 保持不变时，说明乙醚将乙醇置换完全。

所用无水乙醚的制作方法：

①先用无水氯化钙（$CaCl_2$）去除乙醚中少量的水及微量的乙醇：

$$CaCl_2 + 4H_2O \longrightarrow CaCl_2 \cdot 4H_2O$$

$$CaCl_2 + 4C_2H_5OH \longrightarrow CaCl_2 \cdot 4C_2H_5OH$$

②去水去醇后的乙醚经蒸馏后,压入钠丝,浸泡 4～5 天,以去除残留的微量水和乙醇:

$$2Na + 2H_2O \longrightarrow 2NaOH + H_2 \uparrow$$

$$2Na + 2C_2H_5OH \longrightarrow NaOC_2H_5 + H_2 \uparrow$$

因用金属钠除微量的水、醇时,反应会放出氢气,可在用金属钠除微量水、醇的容器瓶口安置一个毛细管,使瓶中的氢气可以逸出,而空气中的潮气不能进入。

(2)若器物比较脆弱时,可在乙醚中溶解一定量的树脂,这样树脂随乙醚一起进入木质空腔及粗孔中,待乙醚挥发后,树脂却留在木、竹质细胞中,使器物得以加固。用此法处理耳杯、漆盘、漆碗、竹简、木牍等小件文物,操作方便、效果明显,如在乙醚中溶树脂的同时溶解防霉防腐、防虫剂则更好。江苏连云港东海湾汉墓出土的竹简、毛笔、木牍等就是用醇—醚—树脂连浸法脱水定形的。

(4)处理小件器物的具体操作

①将需要处理的木牍、竹简按顺序编号,用 3%草酸溶液脱色约 3 分钟,将木牍、竹简上的污物清洗干净,再用预热的蒸馏水将器物漂洗 2～3 遍,消除残留在竹、竹简上的草酸溶液

②对竹简进行称重、测量尺寸、照相

③用预先准备好的玻璃片把竹简、木牍夹绑固定

④放在盛好乙醇的玻璃容器中,按醇—醚—树脂连浸法将器物脱水稳定后,再称重、测量尺寸,计算器物含水率、收缩率(纵向及横向收缩率)

⑤用乙醚树脂溶液浸泡,使器物得以加固。

近年来湖南、湖北、江苏、安徽、广西用此法处理的小件饱水漆、木、竹器,效果都很好。

(5)改进的醇—醚—树脂连浸法——高压—降压膨胀法

湖南博物馆的魏象研究员,经研究发现醇—醚连浸无法消除液体分子间及液体分子与器物细胞间的作用力,因而无法完全制止收缩。针对这种情况,他提出了高压-降压膨胀法的研究思路:通过升温削弱分子间作用力,并通过热液体膨胀气化而产生抗张力量,从而最终消除液体挥发时产生的收缩力。

此法是利用乙醚的温度和蒸气压随温度升高而猛增的特点,将器物置于密闭的容器中,用水浴加热乙醚绝不能用明火或电热器(如电炉)加热,将控制温度在 100℃。当压力升高到 $(4～5) \times 133.2Pa$ 时,迅速排气,而竹、木、漆器细胞中所含

的热乙醚迅速膨胀,产生压力,从细胞壁迅速渗出,使挥发收缩的过程转变为挥发膨胀的过程。这就是收缩逆转为膨胀,膨胀应力自然地消除了收缩。

(6)丙酮—树脂法

丙酮—树脂连浸法是溶剂—树脂连浸法的一种,处理操作如下:

①将饱水湿材用相对百分数为 3.5%的盐酸溶液浸泡除污;②再用丙酮浸泡使木材含水率降至相对百分数 10%以下;将木器在 52℃温度,相对百分数为 67%松香—丙酮溶液中浸泡待溶液浸入木器后,取出气干(抽气或热气干燥)。

4.醇—醚—树脂连浸法中溶剂、树脂的选择

处理漆器,选择醇、醚要考虑溶剂对漆皮的影响。实验表明各种既能与水互溶又能与醚互溶的溶剂甲醇、异丙醇、乙腈效果最好,其次是乙醇、叔丁醇、正丙醇。其他溶剂要么对漆皮影响大,要么与水置换不够快,要么性质不稳定,都不适用。

从脱水效果看乙醇不如前三者,但 CH_3OH、CH_3CN(乙腈)有毒,异丙醇特臭,而乙醇无毒、便宜、来源丰富,使用安全,因此常用乙醇。

常用的醚为乙醚,沸点低、挥发快且挥发时表面张力小。

常用的树脂:甲基丙烯酸甲酯、达玛树脂、松香、乳香胶。

常用的防腐、防腐剂:霉敌、苯并咪唑。

常用杀虫剂:ABS991。

5.醇—醚—树脂(防霉、防腐、杀虫剂)连浸法优点

(1)脱水、加固、防霉防腐、杀虫一举多得十分理想。

(2)对文物的质量、色泽、形状均无影响。

6.醇—醚—树脂连浸法脱水定形应注意的问题

(1)各步置换要完全

(2)乙醇、特别是乙醚易燃,操作时注意容器密闭、房间通风、绝对避免明火。

7.4 阿里格C法

7.4.1 阿里格C法脱水定形的原理

阿里格 C 法是一种三聚氰胺甲醛缩合树脂,能自由地溶解于水中,在常温下添加适量的硬化剂后,就转变为不溶性的固体物质,充填在本质中。此法就是利用低分子量聚合物树脂溶液渗入器物中,在少量引发剂作用下,低分量树脂在器物中进一步聚合而固化的方法来加固器物,而不是高分子量树脂直接渗透加固,其加固过程的化学反应如下式所示:

$$3H_2N-C\!=\!\!\!=\!N \xrightarrow{\text{聚合}} \begin{array}{c} NH_2 \\ | \\ C \\ \diagup \diagdown \\ N \quad N \\ | \qquad | \\ C \qquad C \\ \diagdown \diagup \\ H_2N \quad N \quad NH_2 \end{array} \xrightarrow{3CH_3O}$$

$$\begin{array}{c} NNCH_2OH \\ | \\ C \\ \diagup \diagdown \\ N \quad N \\ | \qquad | \\ HOH_2CHN \quad N \quad NHCH_2OH \end{array} \xrightarrow{3CH_2O} \begin{array}{c} HOH_2C-N-CH_2OH \\ | \\ C \\ \diagup \diagdown \\ N \quad N \\ | \qquad | \\ HOH_2C-N-C \quad C-N-CH_2OH \\ | \qquad \diagdown N \diagup \qquad | \\ HOH_2C \qquad \qquad CH_3OH \end{array}$$

7.4.2　阿里格 C 法脱水定形操作

①将文物清洗干净浸泡在 25% 的低分子量树脂溶液中数天,直到器物沉底,渗透完毕为止;②加适量的引发剂(氢氧化钠溶液或 H_2O_2);③溶液开始进行聚合反应,把器物留在溶液中直至树脂开始硬化,这一过程大约需要 24 小时;④取出器物,清除表面多余的树脂;⑤包于聚乙烯薄膜内,于 60℃ 下继续缓慢聚合 24 小时使树脂硬化加固。

7.4.3　阿里格 C 法的特点

①低分量渗入器物,在引发剂作用下缓慢聚合,因而澄洁、透明、坚硬。

②对光稳定,不变色。

③黏合力强,耐水性好。

④不受微生特别是霉菌的浸染。这一点对漆木竹器类文物很重要。

⑤耐水性、耐气候性好,不易腐蚀,不易燃烧。

⑥操作简便易行。

我国用此法处理新石器时代饱水木器,前苏联用脲醛树脂以此法处理饱水木器,效果均很好。

脲醛树脂加固过程的化学反应:

$$n\begin{array}{c} NH_2 \\ | \\ C\!=\!O \\ | \\ NH_2 \end{array} + 2nCH_2O \xrightarrow[25\sim30℃]{\text{缩合反应}} n HOCH_2-NH-\underset{\underset{\text{二羟甲基脲}}{}}{\overset{\overset{O}{\|}}{C}}-NHCH_2OH \xrightarrow{\text{聚合}}$$

尿素

$$HOCH_2NHC-NHCH_2 \left[N-C-NHCH_2 \right]_{n-2} N-C-NH-CH_2$$

(化学结构式：含有 O、CH₂OH、CH₂OH、OH 等基团)

$$或\ n\ C=O + 2nH_2O \longrightarrow NHCH_2OH \longrightarrow C=O$$

(氨基、C=O、NH₂、NHCH₂OH 等基团结构式)

(N—CH₂—、N—CH₂OH、C=O、NHCH₂OH 等基团结构式)

7.5　聚乙二醇法(PEG 法)

7.5.1　聚乙二醇的性质

①聚乙二醇的化学式 $\left(OCH_2CH_2 \right)_n$，$n$ 聚合度有大有小，所以 PEG 的分子量有高有低，平均分子量在 $200 \sim 6\,000$。

低分量即分子量在 600 以下为黏稠液体 $\xrightarrow{\text{分子量增加到}1\,000\sim1\,500}$ 稠度随之增加呈凡士林一样的油膏状、软蜡状 $\xrightarrow{\text{分子量增}1\,500\text{以}}$ 上较高分子量的 PEG 则呈固状

聚合度 n 在 $23 \sim 200$ 的高分量 PEG 又称碳蜡，经常用来处理饱水木质文物的 PEG，就是分子量为 $4\,000$ 的固体非吸湿性物质。溶于水、不防水的高分子加固材料，常用作湿材处理，不能用于露天文物的加固。

②机械强度随分子量的增加而加大。

③无色、无臭。

④蒸气压低。

7.5.2　聚乙二醇法胶水定形加固的原理

以非吸湿性的聚乙二醇逐渐置换出木质文物细胞组织内过量的水分，又使水慢慢挥发，而聚乙二醇留在器物中，随水的不断被聚乙二醇替代，水分又不断蒸发而使聚乙二醇的浓度逐渐增加，逐渐聚合而使分子量逐渐增大而成固体，这样既使器物脱水，又使器物得以很好的加固。其脱水加固过程的化学变化：

$$\left(OCH_2CH_2 \right)_{n_1} \xrightarrow[\text{聚合}]{\text{渗入器物}}$$

乙二醇平均分子量 600;液体

低分子量的 $HOCH_2CH_2\left(OCH_2CH_2\right)_{n_2}OCH_2CH_2OH$

平均分子量 1 000~1 500;油膏状、软蜡状

高分量的 $HOCH_2CH_2\left(OCH_2CH_2\right)_{n_3}OCH_2CH_2OH$

水分继续蒸发 →
聚乙二醇浓度逐渐
增大,聚合度逐渐
增大,分子量逐渐增大

平均分子量 1 500 以上;固态

聚合度 $n_1 < n_2 < n_3$

7.5.3　聚乙二醇脱水加固定形操作

用 PEG4000 处理饱水木器时,不能直接浸入熔融的蜡液中,因为器物完全被蜡覆盖,水分不能再被置换出来。比较有效的方法是在开始时将木器在室温下置于 12%PEG4000 水溶液中,以后慢慢地增加溶液的温度。几个星期后,木器中的水逐渐被 PEG 替代。由于水被缓慢地蒸发掉,PEG 浓度会逐渐增大,最后木器就留在热的 PEG 中了。取出后用甲苯擦去表面多余的 PEG 即可。

1. 聚乙二醇(PEG)脱水定形一般操作

(1)将器物浸入 12%PEG4000 的水溶液中;(2)逐渐升高温度到 60~70℃;(3)经几周 PEG 逐渐替代了器物中的,水慢慢挥发掉,热的 PEG 留在器物中不断聚合;(4)趁热取出器物,用甲苯擦去器物表面的 PEG。此时 PEG 的平均分子量已大于 4 000,在 4 000~6 000。

2. PEG 法的缺点

(1)需要时间很长,厚重器物需要一年甚至数年才能处理完毕。

(2)处理后器物颜色加深,甚至发黑,而且使用 PEG 浓度越高,变黑越严重。为避免器物变黑可在浸渍后用温水擦拭表面或者根据器物实际情况,不将 PEG 浓度提高到 100%。

(3)PEG 为不吸湿性物质,但却溶于水,所以是不防水的加固材料,不能用于露天器物的加固。

3. 改进了的聚乙二醇脱水定形加固法

(1)把器物置于蒸馏水中,加入固体 PEG4000,每天浓度增 0.2%,对质地较软的器物,浓度增加可快一些,当浓度达到 65% 时,停止增加浓度。

(2)取出器物,浸入熔融的 PEG 中一小时,然后取出冷却。

(3)用湿海绵清除器物表面过量熔融的 PEG 蜡状液即可。

7.5.4　用 PEG 法处理的一些实例

1. 用 PEG 法处理瑞士"Wasa"号战船

提出两种方法

(1)第一种是连续法:将战船置于同一容器中,用 30%PEG4000 水溶液浸泡,

逐渐提高浓度,同时温度从 25℃ 逐渐升至 90℃。

(2)第二种是非连续法:将器物逐渐浸泡在浓度逐渐增加的不同容器的 PEG 溶液中。

实验证明:起始浓度为 5%,温度为 60℃ 时效果最佳。

2. PEG 置换浸注法

将 5%~10% PEG100 在一年内逐渐提高到 60%~70%,取出器物,用 25% 二异氰酸酯—甲苯的醋酸乙酯溶液涂刷,形成抗水的、防吸湿的表面封护膜。

3. 用 PEG 在发掘现场直接处理饱水木器

(1)用 40% PEG4 000 水溶液,在 20℃ 下浸泡木件 29 天后;(2)用一周时间升温至 50℃,保持 42 天;(3)短时间升温至 60℃;冷却至 25℃,整个处理时间 56~72 天。

4. 南京博物院用 PEG 处理汉墓出土的天花板、木质天文图、木俑、木尺、漆虎等采用的两种方法。

第一种方法:称取 25 克 PEG600+丙醇 20 克+3.5:1 的乙醇与水混合液稀释至 100 克。将混合液装入喷枪内,向天花板喷涂到覆盖整个板面为止。用塑料布将整个天花板蒙住,表面干燥后再喷一次,每 10 天递增一级浓度。几个月后改用 PEG1000 按上法再喷,直至器物稳定。

第二种方法:把木尺浸泡在按上述配好的溶液中。使液面超出器物数厘米,紧盖容器防止液体挥发。处理过程中浓度逐渐递增,处理温度慢慢提高,经数日处理后温度升至 60℃。最后用甲苯除去表面 PEG。

5. 日本学者增泽文武处理饱水木质文物

将器物浸泡在 5% 在十二烷基醋酸铵($C_{12}H_{25}$—CH_2COONH_4)溶液中 12 天,然后将器物浸入 40% PEG 溶液(从 20% 浓度递增直到 100%)中,处理温度 60℃,处理 30~35 天。取出器物,擦去表面的 PEG。

此法处理缩短了时间,增加了木材的强度和稳定性。

6. 成都文物考古研究所采用 PEG 法对在成都市商业街出土的大型木质文物船棺的处理。由于船棺太大、太重,没法放在容器中浸泡,工作人员将 PEG 溶液放在船棺内,让其慢慢渗透、逐渐置换器物中的水。在处理过程中不断增加 PEG 的浓度,使之在器物中聚合。

7.5.5 聚乙二醇法(PEG 法)的优点

①脱水——加固同时进行,便于自动化。

②用于饱水竹木器,特别是饱水木器效果好。

③对于小件器物处理,既方便、效果又好。

④聚乙二醇虽溶于水、耐水性不好,但它是非吸湿性物质。

7.6　有机硅聚合物胶水定形加固法

7.6.1　有机硅聚合物的结构式及合成

7.6.1.1　有机硅聚合物的结构式：

$$CH_2{=}\underset{\underset{CH_3}{|}}{C}{-}COO{-}\underset{\underset{CH_3}{|}}{\overset{\overset{CH_3}{|}}{Si}}\left[O{-}\underset{\underset{CH_3}{|}}{\overset{\overset{CH_3}{|}}{Si}}\right]_n O{-}\underset{\underset{CH_3}{|}}{\overset{\overset{CH_3}{|}}{Si}}{-}COO{-}\underset{\underset{CH_3}{|}}{C}{=}CH_2$$

分析有机硅聚合物的结构可知,它是由 $CH_2{=}\underset{\underset{CH_3}{|}}{C}{-}COOH$ 及 $HO{-}\underset{\underset{CH_3}{|}}{\overset{\overset{CH_3}{|}}{Si}}{-}OH$

缩聚而制得。

7.6.1.2　有机聚合物的合成

(1)原料 $CH_2{=}\underset{\underset{CH_3}{|}}{C}{-}COOH$ 的合成

$$CH_3{-}\underset{\underset{CH_3}{|}}{C}{=}O +HCN \longrightarrow CH_3{-}\underset{\underset{CH_3}{|}}{\overset{\overset{OH}{|}}{C}}{-}CN \approx \boxed{\overset{H}{\underset{CH_2}{}}\,\overset{OH}{\underset{|}{C}}}{-}CN \overset{-H_2O}{\longrightarrow}$$

丙酮　　　　　氢氰酸

$$CH_2{=}\underset{\underset{CH_3}{|}}{C}{-}CN \xrightarrow[\text{水解}]{[H^+]} CH_2{=}\underset{\underset{CH_3}{|}}{C}{-}COOH \quad 甲基丙烯酸$$

(2)原料二甲基硅二醇缩合物之合成

$$SiCl_4+2CH_3OH \longrightarrow Cl{-}\underset{\underset{CH_3}{|}}{\overset{\overset{CH_3}{|}}{Si}}{-}Cl \xrightarrow[\text{水解}]{NaOH} OH{-}\underset{\underset{CH_3}{|}}{\overset{\overset{CH_3}{|}}{Si}}{-}OH$$

过量四氯化硅

$$HO{-}\underset{\underset{CH_3}{|}}{\overset{\overset{CH_3}{|}}{Si}}{-}\boxed{OH\,H}+HO{-}\underset{\underset{CH_3}{|}}{\overset{\overset{CH_3}{|}}{Si}}{-}OH \xrightarrow[\triangle]{\text{脱水}} HO{-}\underset{\underset{CH_3}{|}}{\overset{\overset{CH_3}{|}}{Si}}{-}O{-}\underset{\underset{CH_3}{|}}{\overset{\overset{CH_3}{|}}{Si}}{-}OH$$

$$n\ HO-\underset{CH_3}{\overset{CH_3}{Si}}-O-\underset{CH_3}{\overset{CH_3}{Si}}-OH + m\ HO-\underset{CH_3}{\overset{CH_3}{Si}}-OH \longrightarrow HO \underset{CH_3}{\overset{CH_3}{\left[Si\right.}}-O-\underset{CH_3}{\overset{CH_3}{Si}}-O-\underset{CH_3}{\overset{CH_3}{\left.Si\right]}}_{m+n}$$

（3）二甲基丙烯酸—二甲基硅氧烷——即聚有机硅的合成

$$CH_2=\underset{CH_3}{\overset{}{C}}-COO\ \boxed{H+HO}\underset{CH_3}{\overset{CH_3}{\left[Si\right.}}-O-\underset{CH_3}{\overset{CH_3}{Si}}-O-\underset{CH_3}{\overset{CH_3}{\left.Si\right]}}_{m+n}\boxed{OH+H}\ OOC=CH_2 \xrightarrow{-H_2O}$$

$$CH_2=\underset{CH_3}{\overset{}{C}}-COO\underset{CH_3}{\overset{CH_3}{\left[Si\right.}}-O-\underset{CH_3}{\overset{CH_3}{Si}}-O-\underset{CH_3}{\overset{CH_3}{\left.Si\right]}}_{m+n}\boxed{OH+H}\ OOC=CH_2$$

式中 m，n 为聚合度，通常选择 $m+n=12$

7.6.1.3　有机硅聚合物脱水加固原理

用液体低聚合度的液体有机硅聚合物渗入到器物的纤维空隙里去，并继续进行聚合反应，生成固体填充在木材组织中，达到器物定形加固的目的。所用的液体低聚物是聚合度 $m+n=12$ 的透明液体。聚合度越大，液体流动性就越差。聚合反应过程中需加入过氧化苯甲酰（结构式）作催化剂，反应温度为 55℃。

7.6.1.4　有机硅聚合物脱水定形加固的操作

①将器物置于加有（催化剂）引发剂（结构式）的低聚物里数日；②充分渗透，至器物沉于容器底部，表明渗透完全，器物中水全被置换；③加热至 55℃聚合反应立即开始；④聚合反应结束后，除去表面低聚物；⑤在 30～40℃干燥 48 小时；⑥室温干燥 20 天即可达到脱水—定形—加固之目的。

7.6.1.5　硅有机聚合物脱水定形的特点

①硅有机聚合物性能不随温度改变，因而有机硅聚合物脱水定形后器物具有耐热性、耐寒性。

②处理器物形状、颜色不变。

③表面不起光泽，不产生裂缝。

7.7　γ 射线辐射聚合脱水加固法

7.7.1　γ 射线辐射聚合脱水加固原理

将某种化合物单体以液体状态渗透到饱水木质文物中去,替代出器物中之水,然后单体在高能量的 γ 射线源照射下,产生自由基进行聚合——辐射聚合固化,而留在木质组织内部高聚物使脆弱的器物得以加固。该反应为链式反应,由 γ 射线激发从分解中产生活性基团(自由基)开始。

辐射聚合机理与过氧化物引发剂引发聚合机理相似,均属自由基聚合反应,不同的只是产生自由基的方法不同。其反应过程如下:

引发剂分解产生自由基　　　　　　　　γ 射线照射使物质激发产生自由基

$$H-O-O-H \longrightarrow 2HO \cdot$$

A. 链激发

$$化合物单体\ A \longrightarrow 2A \cdot$$

B. 链增长

$$R \cdot + M \longrightarrow RM \cdot \xrightarrow{M} RM_2 \cdot$$

C. 化合聚合链终止

$$RM_n \cdot + RM_m \cdot \longrightarrow P_{n+m}$$

形成的聚合物链　无活性聚合物

D. 另一种形式的链终止

$$RM_n + RM_m \longrightarrow P_n + P_m$$

无活性之聚合体

A. 链激发

$$化合物单体\ A \xrightarrow[激发]{\gamma\ 射线} 2R \cdot$$

B. 链增长

$$R \cdot + M \longrightarrow RM \cdot \xrightarrow{M} RM_2 \cdot$$

C. 化合聚合链终止

$$RM_n \cdot + RM_m \cdot \longrightarrow P_{n+m}$$

形成的聚合物链　无活性聚合物

D. 另一种形式的链终止

$$RM_n + RM_m \longrightarrow P_n + P_m$$

无活性之聚合体

从反应过程比较,只有 A 自由基产生方式不同,而 B、C、D 完全相同。也可以用下式表示两者的相似之处。

$$化合物单体分子 \xrightarrow[引发剂分解引发]{\gamma\ 射线辐射激发} 2R \cdot \xrightarrow{单体\ M} RM \cdot \xrightarrow{M} RM_2 \cdot \xrightarrow{M} RMn \cdot$$

　　　　　A　　　　　　　C　　　　　　　　B

$$+RMm \cdot \xrightarrow[链终止]{聚合} Pn+m(无活性聚合物)$$

$$RMn\cdot + RMm\cdot \xrightarrow[\text{链终止}]{\text{聚合}} Pn + Pm$$
D

7.7.2 γ辐射聚合脱水定形加固操作

①将欲处理之器物先用质量分数为 0.1% 过氧化氢(H_2O_2)溶液和质量分数为 0.1% 的氨水($NH_3\cdot H_2O$)漂洗,除去器物上的油污及其他有机物,再用清水洗涤。

②用浓度递增的乙醇替代器物中的水进行脱水;用单体甲基丙烯酸—2—羟乙基酯($CH_2=C-COOCH(H_3)$ 、CH_3 、OH)和甲基丙烯酸甲酯($CH_2=C-COOCH_3$ 、CH_3)的混合物为单体置换物器物中的乙醇 $\xrightarrow[\gamma\text{射线很强}]{Co^{60}\text{放射源照射}}$,因 γ 射线很强,可均匀射至器物的各个部位,且使各部位以等速聚合而使器物得以脱水定形。

7.8 冷冻脱水干燥法

7.8.1 冷冻脱水干燥法原理

冷冻脱水干燥是根据生物学技术发展来的,用于处理饱水木器、漆器的一种方法。基本原理是木材中的水在低温下被解冻后,可以在真空下升华。该法最早在一些小件器物上获得成功,但在大规模应用时效果不太理想,在最初冻结过程中,许多木器易于被冻裂。用 -80℃ 的固体二氧化碳进行冻结也发生过这种现象;将较软的木材置于 -182℃ 的液态中,经短时间的预冻,效果尚好,但是较硬的木材仍会发生破裂。

饱水木材经预冻后,在表面形成一层薄冰,在获得良好的真空状态时,冰的表面就会发生升华作用。直接从冰层下面抽出的水的升华热则会使更多的水冻结,因此冻结层就会深入湿木中。那种木材受损的破裂力随着冰的形成就会局限在薄层上,这薄层则可支持所产生的应力而不受损害。

近几年来,我国许多文物保护工作者对冻干法进行大量的研究改进工作,经多次实验发现,直接冰冻的方法总是会使器物产生一定程度的开裂。为防止再发生这种现象,人们发现当用叔丁醇替换出木器中的水分,再来冻干时,效果会好得多。因为叔丁醇在低温下有与木材相似的膨胀系数,因此在速冻时,器物可以免致破裂。当叔丁醇在真空状态下直接由冻结的固体状态升华掉时,其表面张力也较小,不会导致器物发生破裂。

进一步的研究发现,用低分子量的 PEG400 溶液浸泡木材后再进行冻干,效果较好。因为首先聚乙二醇在冷冻情况下体积是收缩的,而水则相反,冰冻时体积会膨胀,这样一胀一缩,相互抵消,就起到了防止器物开裂的作用。其次,聚乙二醇 PEG400 的表面张力不到水的 2/3,大大减低了水分逸出时表面张力对纤维组织的破坏。而从聚乙二醇结构上看,它具有两个末端羟基,可与变质了的木材组分形成弱氢键。这样,当水分因升华而失去时,在木材内表面的聚乙二醇就有一种防止木材细胞组织因张力遭受破坏的相反趋势,起到减少器物因冰冻升华而破裂的作用。通常采用的 PEG400 溶液浓度在 8%～15%,根据木器变质的程度而异。变质得越严重,所需聚乙二醇浓度越低。研究人员曾对一腐朽极其严重的器物——其饱水时重 100 克,处理后仅重 11 克——进行处理开始时用 7%PEG400 溶液浸泡,以后用 10%,浸泡后再进行冻干,效果不错。

现在还研制出冻干的自动装置。此外还有用干燥的冷空气流在一般大气压下进行冷冻干燥的,方法是在系统内压进－45℃的干冷空气,使器物中的水分冰冻升华。冷凝捕集器在－45℃的低温下捕集水汽后,让干冷的空气继续循环回流,不断除去水分。

7.8.2　冷冻干燥脱水法操作

1. 用叔丁醇替换水分冷冻干燥操作

①将器物置于盛有叔丁醇[$(CH_3)_3COH$]的密闭容器中;②降温至－45℃,真空度 0.5τ,让叔丁醇置换器物中之水;③水、叔丁醇结冰直接升化抽走。

2. 加 PEG 冷冻干燥法操作

(1)将器物先用清水浸漂两个月,然后分别用质量分数为 10%PEG400、12%PEG2000(内含 0.5%的硼砂、四硼酸钠 $Na_2B_4O_{17}\cdot10H_2O$)或含 0.02%霉敌作防霉防腐杀菌剂,温度控制在 62℃～65℃和 72℃～75℃,直到器物恒重。

(2)沙埋脱水:①经 PEG 处理的器物,用宣纸包裹,测重后埋入沙中,以后每三天测重一次,计算器物的含水率,脱水至 40%;②把器物表面的宣纸揭掉,计算脱水度;③用两层聚乙烯袋封装,外面用一块 0.1mm 塑料薄膜包扎,置阴暗处保存。

(3)冷冻脱水:待室外气温符合冷冻干燥条件后,将器物从聚乙烯袋中取出,测重后在冰箱出速冻 25 小时,取出置于脱水棚的搁架上,开启电扇,调整风向,风向不宜直对器物,经 98 天脱水即可。

7.8.3　冷冻脱水干燥法保护实例

①1984～1985 年浙江博物馆卢衡在黑龙江博物馆内对浙江河姆渡出土的饱水构件进行室外冷冻干燥,取得了满意效果。用 15%PEG400 进行预处理,对 300%以下含水度,非常严重降解的木材可获得 76%的抗收缩率。处理形体宏大的饱水木质文物效果很好。

②上海博物馆吴福宝利用室外冷冻法处理上海浦东川杨河出土的古代木船,

利用室外冷冻阴干处理,最后用 1:10 的亚麻油:正丁醇混合喷涂加固,取得良好效果。

③近年来我国、日本、加拿大用 PEG400－600 溶液将欲加固定形的器物浸泡后再进行冻干效果也很好。西安文物保护修复中心用此法处理华清池—木门效果很好。

7.8.4 冷冻脱水干燥法的优缺点

7.8.4.1 冷冻脱水干燥法的优点

①适用于饱水漆、木器的脱水定形,且因聚乙二醇在冷冻情况下体积是收缩的,而水冷冻时体积会膨胀,这样一胀一缩,相互抵消,起到了防止器物干裂的作用。处理极其腐朽的器物不仅效果好,且处理后器物较轻。如一个饱水时重 100克的极其腐朽的器物,处理后仅重 11 克。开始时用 7％PEG400 溶液浸泡,以后用10％浸泡后再进行冻干,效果不错。

②特别适合小件器物的脱水干燥,效果很好。

③可以进行自动冷冻干燥。

7.8.4.2 冷冻干燥法的缺点

①加丁醇法需要在 －45℃、0.5τ 条件下工作,需特殊设备。

②处理器物强度不够,最好在脱水后,再选用适当的树脂渗透加固。

7.9 丙酮—松香法

7.9.1 丙酮—松香法原理

是用丙酮替换出器物中的水分后,再以饱和的松香—丙酮溶液浸渗。丙酮挥发后松香就填充在木材纤维中,使器物定形加固。

7.9.2 丙酮—松香脱水定形法操作

处理前先将器物放在稀盐酸(3.5％)溶液中浸泡几天,通常是每 2 厘米厚度的木器约需浸泡一天时间。然后将木器取出放在流动的水流下冲洗到除尽盐酸为止,以提高渗透效率。再用不同浓度的丙酮浸泡,逐步替代出水分。最后将器物浸泡在饱和的松香丙酮溶液中,并在 52℃ 回流(每 2 厘米厚,大约需要一周时间)。处理完后,用丙酮擦去器物表面多余的松香,丙酮挥发后,即可达到加固的目的。

7.9.3 需要注意的问题

无论选用何种材料浸泡木材以达到渗透加固目的时,处理前应先用稀盐酸、水和丙酮等对器物进行清洗以除去钙、镁离子,以助于脱水加固剂的渗透,使处理效果更好。

7.9.4 丙酮—松香法的优缺点

7.9.4.1 丙酮—松香法的优点

①此法所用原料来源丰富,价格便宜。

②此法处理方法简便。

③此法对小件器物处理效果更好,更方便。

7.9.4.2 丙酮—松香法的缺点

①处理后器重量会增加。

②需浸泡的时间较长。

③对大型器物的处理很不方便。

7.10 甘油湿材脱水定形法

7.10.1 甘油湿材脱水定形法的原理

甘油又名丙三醇(CH_2—CH—CH_2),是一个具有强吸湿性的黏稠液体。用
                    | | |
                   OH OH OH

甘油对湿材脱水定形原理,主要是利用甘油的强吸湿性及与水及醇的互溶性而使器物脱水。醇脱大量的水——甘油——彻底脱水——石蜡加固。

7.10.2 甘油湿材脱水定形法操作

①先将湿材在95%乙醇中浸泡24小时;②加入一半体积的戊醇继续浸泡48小时;③取出器物放在甘油中浸96小时;④将器物从甘油中取出接着在60℃的石蜡中浸泡48小时,取出风干。

7.11 蔗糖脱水定形法

7.11.1 蔗糖脱水定形法原理

纤维素属多糖类,是由许多单糖、葡萄糖分子经缩聚而生成的高分子化合物。纤维素是自然界分布最广的多糖,而蔗糖是由一分子葡萄糖和一分子果糖组成,与纤维素有相似的微观结构。蔗糖在水中溶解度很大,很容易进入饱水木材中,当水分失去后,由于蔗糖的浓缩结晶,可替代原来水分对细胞的支撑作用,保持器物的外形不再变化收缩。在饱水器物中,水分子以氢键和范德华力与纤维素分子结合在一起,氢键的形式以分子中存在有羟基为先决条件,纤维素分子间以氢键横向相连组成纤维素。蔗糖分子中也存在大量羟基,当蔗糖分子进入木材组织后,很容易与纤维分子以氢键形式相结合,形成类似于纤维束结构的大分子,从而提高了饱水木材的强度。

7.11.2　蔗糖脱水定形法操作

(1)将器物从原来保存水中取出,用水流小心清洗;(2)用吸墨纸吸取(或用软布擦去)器物表面的水分及污土污物;(3)测量器物尺寸、称重、记录、照相;(4)将器物放入40%～50%的蔗糖溶液中浸泡,浸泡时容器加盖,以防浸泡过程中水分蒸发引起蔗糖过早浓缩而聚合;(5)待器物全部沉入底部,浸泡渗透过程结束(浸泡时间长短取决于器物面积和漆皮的完整情况;为加快浸透速度,经常搅拌);(6)取出器物用湿毛巾擦去表面糖液,放室内阴干,直至恒重,测量尺寸,计算含水率和收缩率。

湿木材用煮沸的蔗糖溶液浸泡,再用酚醛树脂的乙醇溶液与木材中蔗糖水溶液交换,处理后保存温度14～25℃,相对湿度50%～55%的环境中可保持原形,尺寸稳定。

7.11.3　蔗糖脱水定形法优点

①此法能使高度腐朽的饱水漆木器得到脱水加固。

②此法的适用范围广,对不同树种、不同含水量的器物都能适用。

③处理后木质质感强,能很好地保持漆木器原貌。虽有一定收缩,但对漆皮没有大的影响。

④脱水定形后,如在水中浸泡一定时间,蔗糖可以全部溶出,恢复到饱水状态,并不改变器物的外形,这种可逆性,对初次处理失败或今后发现更好的材料或更为先进的技术,需要再次处理,都是非常有利的。

⑤该法工艺简单,不需专门设备,操作简便,成本低廉,便于推广。

7.11.4　此法的缺点

①需蔗糖量大。

②蔗糖吸湿,环境湿度变化时不稳定。

③强度不够。

7.11.5　蔗糖脱水法保护实例

河南古建保护所陈进良等用蔗糖浸渗加固信阳长台关出土的漆木器,克服了其他方法不易渗透或对漆皮损伤的缺陷,取得了可喜的成果。

7.12　水玻璃电渗脱水定形法

7.12.1　水玻璃电渗脱水定形法原理

水玻璃溶于一种特殊配制的水溶液作电解质溶液喷于漆木竹器上,然后通过铝电极通入直流电,使水玻璃在直流电的作用下进入器物中,由于水玻璃溶液中含有作为反应试剂的氯化钙($CaCl_2$),它与水玻璃溶液中的成分 $KAl(SO_4)_2$、Na_2SiO_3

反应,生成不溶于水的 $CaSO_4$ 、$CaSiO_3$,填充在器物组织中,使器物得以加固。其反应过程如下列化学反应式所示:

$$2KAl(SO_4)_2 + Na_2SiO_3 + 4CaCl_2 \longrightarrow$$
$$3CaSO_4 \downarrow + CaSiO_3 \downarrow + K_2SO_4 + 2AlCl_3 \quad + 2NaCl$$
$$\downarrow H_2O$$
$$Al(OH)_3$$

特殊电解质溶液的配方:

$$2KAl(SO_4)_2 + Na_2SiO_3 + 4CaCl_2$$

　　　2　　:　　1　　:　　4(mol)　　　　15~25 波美

7.12.2　水玻璃电渗脱水定形法操作

①将 2 mol $KAl(SO_4)_2$ 和 4 mol $CaCl_2$ 搅匀;②加入水玻璃 1 mol Na_2SiO_3 ;③混合均匀后喷于器物上;④铝作电极通入直流电;⑤在电流的作用下,电解质进入器物中,发生化学反应,生成的 $CaSO_4$ 、$CaSiO_3$ 沉于器物组织中,使器物得以加固。

7.12.3　用水玻璃电渗脱水法保护文物的实例

南京博物院奚三彩研究员和中国文化遗产研究院蔡润研究员曾用此法处理过出土的木质构件。

7.13　真空热干燥法

7.13.1　真空热干燥法原理

真空热干燥法是根据液体沸点与压力的关系。因为沸点就是在一定压力下,液体克服分子之间力而达到沸腾时的温度。压力越大,沸点越高,压力越小,液体分子间作用力越小,克服分子间力需要的能量越少,因而在较低的温度下即可沸腾。此法原理可简单概括为:

真空降低压力 ——→ 提高温度 ——→ 降低沸点

此法是竹、木、漆器快速脱水定形的一种物理方法。

7.13.2　真空热干燥脱水定形法操作

①对器进行清洗(按漆木竹器现场保护中的清洗方法操作);②对器物照相、测量尺寸、称重、详细残损情况;③将器物用石膏翻成模子固定起来,以防器物在脱水时变形、开裂和漆皮起泡现象,在翻模时于器物表面贴上几层宣纸(因石膏固化后较硬)保护器物,器物内面用合适物件加以固定;④烘模:将翻好的石膏模烘干;⑤将器物放进干燥后的石膏模中,固定后放入预热为 70℃ 的真空干燥箱中,抽真空,控制温度 80℃;⑥当真空达到 133.3Pa×600 时,每隔 4 小时温度升高 5℃,升

至95℃,直到恒重,一般需要12～24小时,脱水时间长短需视器物的大小和含水量而定,器物越大,含水量越高则脱水时间就越长,而干燥温度随真空度升高而降低;⑦将脱水后的器物称重、测量尺寸、照相、观察现象并翔实记录;⑧收藏或陈列。

7.13.3　真空热干燥法保护实例

湖北荆州博物馆吴顺清利用此法对凤凰山167墓中出土的73件竹、木、漆器进行了真空热干燥处理,均取得成功。

7.13.4　真空热干燥法的优点

1. 此法对古代漆、木、竹器脱水处理简便、经济、省时(一般需30小时左右)。
2. 可保持文物原貌,无任何副作用。
3. 长期保存安全稳定。

7.14　乙二醛脱水定形法

7.14.1　乙二醛的性质

乙二醛是最简单的二醛($H-\overset{O}{\overset{\|}{C}}-\overset{O}{\overset{\|}{C}}-H$),常以无色聚合体存在,蒸馏时得单体,单体为绿色液体,可转变为黄色晶体。

$$n(CHO)_2 \xrightarrow{聚合} [(CHO)_2]_n \xrightarrow[2H_2O]{蒸馏} nCH(OH)_2 \cdot CH(OH)_2 \longrightarrow (CHO)_{2n}$$

无色聚合体　　　　　　　绿色液体　　　　　　　黄色晶体　　15℃

在水溶液中常以水合物存在 $CHO \cdot H_2O \cdot CHO \cdot H_2O$,乙二醛由于两个羰基相连,所以化学性质非常活泼,少量灰尘的影响都会使它聚合。

$$H-\overset{O}{\overset{\|}{C}}-\overset{O}{\overset{\|}{C}}-H$$

7.14.2　乙二醛脱水定形法原理

乙二醛脱水定形法的原理主要是利用乙二醛易溶于水,吸水易形成水合物填充在器物中固化,其转化过程如下式所示:

$$[(CHO)_2]_n \xrightarrow[溶于水]{2H_2O} nCH(OH)_2 \cdot CH(OH)_2 \xrightarrow{转化} (CHO)_{2n}$$
晶体

7.14.3　乙二醛法的操作

①将器物从水中取出,清洗干净擦干,测量尺寸、称重、作好原始记录,照相;②将上述清洗过的器物放入乙二醛水溶液中(30％～40％～50％),器物漂在液面上,为加速渗透,隔几天将浸泡液搅动;③待器物完全沉入乙二醛水溶液后,取出器

物,用水冲洗器物表面,擦干,测器物尺寸,称重,让其干燥脱水,直至器物恒重;④待器物脱水、加固、定形后,再测尺寸、称重、照相,放入囊盒保存或展出。

7.14.4　乙二醛脱水定形法脱水实例及效果

湖北省江陵望江山一号战国墓出土的最引人注目的雕有51条(只)动物(其中蟒20条、小蛇17条、蛙2只、鹿4头、凤4只、雀4只)的座屏,用此法脱水定型,效果非常好。

脱水前座屏状况	长(cm)	宽(cm)	高(cm)	重量(g)
	51.1	10.2	2.9	391
脱水后座屏状况	51.4	10.2	2.9	296

7.14.5　乙二醛脱水定形法的优点

①从1978年至今30来年的实践证明脱水效果非常好。

②此法适应性强,不受树种、器物类别、形状,也不受漆膜薄厚的影响。

③经处理的器物能与环境保持平衡,环境中RH增大,自动吸水,RH降低时,则向大气中自动释放水分,即对环境有特别强的适应性。

④具有可逆性:乙二醛聚合物在一定条件下能溶于水,这使脱水定形器物中的乙二醛聚合物有可逆性。

⑤处理的器物的收缩率接近或等于零。

⑥方法简便、成本低、易推广。

7.15　乙醇—十六醇脱水定形法

7.15.1　乙醇—十六醇脱水定形法原理

十六醇不溶于水,易溶于乙醇,分子量相对较低,无毒,可渗透到木材内部,填充细胞而加固稳定木材。

7.15.2　乙醇—十六醇脱水定形法操作

①首先对欲脱水漆木器进行清去污,测量尺寸,称重,照相,记录等。

②用模具固定器物,防止脱水过程中变形。

③置换:将欲脱水器物依次置于20%～100%乙醇中置换器物中全部水分。

④加固:将脱水后的器物马上放进加热熔融的十六醇中,浸透加固。

⑤干燥:取出加固后的器物,去除器物表面残留的十六醇,然后缓慢自然干燥。

7.16　脱胎换骨法

我国传统的修复漆器的方法之一。当漆器的内胎已经非常朽烂,原有木胎已经残存不多时,利用前述几种方法都不能使器物复原了,此时只能用更换内胎的方法才能保护漆皮、恢复器型。这就是所谓的脱胎换骨法。

处理时先把漆皮从朽烂的木胎上小心地剥离下来,仿做一个新的木胎,然后把漆皮照原样粘贴在新的木胎上。这样做成的漆器外表没有变化,只是胎已不是文物,而被新的骨架所代替了。应用此法保护了原来的漆皮,尤其是对那些原胎质已经糟朽成泥,或仅留下痕迹而漆皮仍保留下来的情况,采用此法仍具有一定意义。

以上就目前国内外对出土饱水木、漆器进行脱水定形处理的几种主要方法作了论述,但究竟采用何种方法最适宜,就要视具体情况而定了。由于木材的种类、器物大小、形状,以及保存状况等各种因素,对于选择方法都有密切关系,至今还没有发明一个绝对可靠,而且普遍适用的方法。因此,在任何正式地处理出土漆木器之前,先做实验是十分必要的。可选择同一类型的小块残片或不重要的试块做实验,在取得成功的经验后,再作处理。

§8. 糟朽漆木竹器的加固和修复

糟朽的漆木竹器需要适当给予加固和修复,才能再现原貌。

8.1 糟朽漆木竹器加固与修复的基本原则

①保持文物原貌、修旧如旧,保存文物的历史标记。

②要做好保护加固修复计划,要预防"保护性"损伤,处理不留后患。

③必须把治理与保护结合起来,既要消除危害文物的病变,又要防止或延缓不利因素对文物的破坏。

④在保证文物保护处理的长期性、稳定性的前提下,争取满足处理的可逆性及再处理性。

⑤文物保护材料应立足国内,原料易得,来源丰富,工艺简便,价格便宜,既不污染文物也不污染环境。

⑥要取得满意的加固修复效果,关键在于根据文物的质地、性质、保存程度选择适合的方法和适合的黏结加固材料。实际操作时先在试样上模拟实验,不允许直接用糟朽文物本身去做。

8.2 糟朽漆木竹器加固修复的必要性

①糟朽漆木竹器是纤维类有机质,长期处于地下水的浸泡和水中各种酸、碱、盐物质的腐蚀,一般比较糟朽,一旦出土根本无法长期保存或展出。

②糟朽漆木竹器不经加固修复,不能显现文物原貌。

③糟朽漆木竹器出土后如不采取积极正确的加固修复,不进行抢救性保护,就

要毁于一旦，造成无法挽回的损失。

8.3　糟朽漆木竹器的加固修复材料和方法

8.3.1　蜡、蜡与树脂混合加固法

巴西棕榈蜡（加洛巴蜡）：主要成分为烷醇酯、游离烷酸以及少量的脂肪烃，由产自南美的棕榈树树叶制得。20 世纪 60 年代曾用作油漆彩绘的表面处理，后用来修补木质文物的裂缝。方法是先将文物用织物和巴西棕榈蜡紧密包裹，放入 76℃ 左右的融化蜡质中浸泡，取出冷却后用汽油洗掉表面蜡质，揭下织物。

用于饱水湿材时充当已软化出土木材的加固剂。处理时，先用醇—醚联浸置换出木质中的水分，然后用 60℃ 的蜡质浸泡木材，使蜡质注入木材内部。最后用 1 份达玛树脂、1 份纯净棕榈蜡、1 份石蜡加 3 份蜂蜡的混合物，在 80℃ 下浸泡木材。干燥、冷却后就完成了加固过程。

使用棕榈蜡对饱水湿材效果较好，可耐气候的变化，而且处理后器物尺寸改变很小。但对一般木质，渗透深度不够，表面会有颜色的改变，不利于进一步加工。

8.3.1.1　蜂蜡：主要成分为烷酸烷醇酯及少量游离烷酸、烷醇和脂肪烃。用于木材的加固和保护较早，且一直沿用至今。20 世纪初期就用热的蜂蜡—树脂混合溶液浸泡木材，当时主要用来处理油画的画板、画框等。方法是将木件放入熔融的蜡中，保持 110℃ 的温度，直到木件中没有气泡冒出，再将熔融物冷却至 70℃，过一定时间后取出木件。这样处理后蜡的吸收量可以达到木材起始重量的 50%。

在用蜂蜡或蜂蜡与树脂的混合物对木质器物作加固处理后，器物中腐朽的部分可用一种由蜡配制成的油灰填塞，配方：1 份蜂蜡，2 份干燥白垩粉，1 份 AWZ（酮树脂）。而用亚麻子油浸注的木质文物可以用蜂蜡等制成的涂料作保护涂层，配方：3 份蜂蜡，2 份巴西棕榈蜡，与 100～200 份松节油混合，用这种涂料多次涂刷并抛光。

1. 蜂蜡作为小件木制品加固剂之优点

(1)有易加工、不活泼、可逆、不受湿度变化影响等优点。

(2)处理时如果在蜡质中加入杀菌、杀虫剂就可在加固的同时起到防腐、杀虫作用。

2. 蜂蜡作加固剂的缺点

(1)老化性能不好，处理时若掌握不好浓度，木件还会变暗，有油污感。

(2)蜂蜡与树脂混合后较易受气候的影响。

8.3.1.2　石蜡：主要成分是分子质量为 275～400 的烃的混合物。大约 1890 年，石蜡已被用来保护木材，如与松节油混合，处理腐朽的家具及建材或与其他蜡

质混合对木材进行浸注处理。它也是上光蜡的组成部分,用于家具、乐器的表面上光处理。

用作彩绘器物的保护,可用石蜡∶蜂蜡∶棕榈蜡为 2∶1∶0.5 的松节油溶液涂刷。腐朽木材,先用碱式铜盐处理后再用石蜡处理。用热石蜡浸泡时,起始温度 70℃,逐渐升温到 150℃,取出放入 90℃石蜡中,浸泡至少 2 小时。对于饱水器物,先用乙醇、丙酮逐步置换出其中水分,再用苯和石蜡的 1∶1 混合溶液浸泡,最后使丙酮挥发。小件受潮软化的木质文物,可用硬质石蜡与其他蜡和树脂的混合物作加固处理。

石蜡很少单独使用,一般都是与其他蜡质一起,作为小件木制品的加固剂。反应可逆,但受热熔化,不但影响强度,还给重新处理带来不便。

8.3.1.3 目前的处理方法有了很大进步,使用单纯的矿物蜡、动植物蜡,或各种混合蜡,以及各种蜡质与树脂的混合物。将加热后的蜡涂在器物表面,然后用红外线加热熔化蜡质,使其渗入器物内部。例如可以使用这样的配方:漂白蜂蜡 90 份+环己酮树脂 9 份+达玛树脂 1 份。这样处理的效果稳定,器物不透水,不吸水。缺点是器物颜色有变化,重量增加,并且高温下蜡质会发生熔化。

8.3.2 合成树脂加固法

8.3.2.1 合成树脂加固糟朽漆木竹器常用的树脂及溶剂

①醋酸乙烯酯+溶剂(9 份甲苯+1 份丙酮)

②甲基丙烯酸丁酯+溶剂(丙酮或二甲苯)

③甲基丙烯酸甲酯+溶剂(氯仿)

8.3.2.2 操作方法

①用有机溶剂溶解树脂单体──→②加入少量引发剂后对器物进行浸泡处理,使树脂单体渗入器物固化。

8.4 有针对性的加固修复

8.4.1 小件需要支撑的艺术品的加固修复

8.4.1.1 常用的支撑材料

①常用聚酯或环氧树脂玻璃钢作内撑。

②用 15%丙烯酸酯类共聚物+丙酮溶液+木屑调成胶作成弹性内支撑来加固器物。此种材料易收缩,因此为防止器物变形而分多次使用来完成。

8.4.2 表面大多残碎、字迹模糊不清的木简类文物加固修复

①清除木简表面的污垢──→②设法为木简整形,如可用乙二醇使木简自然舒展,然后用玻璃条绑夹固定,使其恢复到原来的平整状态──→③用 5%草酸

$(H_2C_2O_4)$溶液处理,使原来模糊不清的字迹清晰显露出来——④用树脂溶液渗透加固。

8.4.3　残断竹简的黏结和修复

器物的修复,关键是选择良好而适用的黏合剂,既要黏结牢固,不影响文物原来的外观,又要使用方便。这就要根据具体修复对象来加以选择,如原来已经残断的竹简,可以进行对口黏结和修补。可用来黏结的黏合剂种类很多,最简便的配方是:蜂蜡40％＋达玛树脂30％＋乳香胶30％熔合使用,也可用聚醋酸乙烯酯乳液。

操作:①将按上述配方配好的黏合剂混合熔化涂于竹简残断处——②对好茬口黏结——③进行适当修补。

8.4.4　对竹质严重损坏的竹简的加固修复

对于一些竹质严重破坏,产生空隙,或纤维残缺不全,竹质薄壁细胞破坏程度较大,颜色发深,字迹不清,或只剩下空壳的糟朽竹简需要进行加固修复。

8.4.4.1　清洗:①先用蒸馏水将竹简清洗干净——②浸入5％的草酸溶液中,待竹简颜色变浅,字迹变清晰时再用蒸馏水漂洗至中性。在这样处理时,特别应注意漂洗时一定要用蒸馏水,以防草酸与自来水中的钙、镁形成草酸钙、草酸镁,而呈白色粉末沉淀,遮盖住竹简上的字迹。

8.4.4.2　脱水:用乙醇置换器物中的水,再用乙醚置换乙醇,待乙醚挥发后即可达到脱水的目的。

8.4.4.3　加固

①在乙醚挥发之前,用透明、可逆,又有一定填充黏合作用的乳香胶乙醚溶液浸泡渗透,直至渗透完毕,一般需浸透三天。②用电子显微镜观察竹简切片来判断渗透完全与否。③渗透完全后将竹简置于新鲜乙醚溶液中迅速通过,以除去竹简表面多余的树脂。④然后将竹简置于干燥环境中,待乙醚挥发后,再用乙醚溶剂擦拭竹简表面,擦去多余的树脂,确保竹简表面无树脂残留,以防影响竹简的原貌。

8.4.5　出土竹席、竹筐的加固修复

竹席是我国考古发掘中经常出土的一种珍贵文物,它反映了我国古代劳动人民的纺织技术水平,是研究古代手工艺的重要资料。

对出土竹席的加固修复曾采用过以下方法。

8.4.5.1　最初对出土竹席的保护方法:只是以两片玻璃封夹,但自然干燥后不仅产生收缩断裂,而且变得非常糟脆。

8.4.5.2　脲醛树脂涂布加固修复法

此法是以脲醛树脂为主要成分的混合剂涂布方法,其操作如下:

1. 清洗:用蒸馏水清洗竹席上的污泥浊土。

2. 漂洗:用5%的草酸溶液或双氧水溶液,以还原或氧化的方法清理暗黑污斑,再用蒸馏水漂洗除去草酸,以防与自来水中的钙、镁形成草酸钙、草酸镁,而呈白色粉末留在竹席上,影响竹席的外观。

3. 加固修复

用加少量引发剂的脲醛树脂溶液涂刷竹席两面,强度不够时,在竹席背面用柔软的薄膜涂脲醛树脂背贴。

此法优点:①可以增加竹席的强度,②使竹席脱水定形。

缺点:①处理竹席色泽深暗,②使竹席缺乏弹性、质感变硬、脆而易碎,不能卷曲,且易老化,若加背贴,只能保持一面文物原貌,而背面不能维持文物原貌。

8.4.5.3　聚乙烯醇加固法

用聚乙烯醇4%水溶液涂其正反两面,待其干固后,使糟朽竹席变成具有良好色泽和弹性,可以任意卷曲强度较好的竹席。

保护实例:

湖北省随县曾侯乙战国大墓中出土了大量饱水竹席残片,呈黑褐色,相当腐朽,研究人员经过大量实验,确定了以聚乙烯醇(PVA)为加固剂的保护方案。

1. 加固剂的配方

PVA—205(牌号)	4%
乙二醇(增塑剂)	6%
丙三醇(增塑剂)	2%
蒸馏水	83%
成膜剂、耐老化剂	5%

2. 保护操作

①先将竹席用玻璃夹好绑牢。②用醇—醚连浸法脱水。③用两张与席面同样大小的塑料布,将按上述配方配好的聚乙烯醇混合溶液用软毛刷涂在一张塑料布上。④此时将绑夹竹席的玻璃打开,将涂有加固剂的塑料布贴于竹席正面,再盖上玻璃。将竹席背面翻转向上,用同样的方法涂聚乙烯醇混合溶液,放一小时后重复操作。⑤一小时后打开席面上的玻璃板,用吸水纸将席面多余的加固剂擦去,室温下放置1~2小时待加固剂基本干燥后,再盖上塑料布,用玻璃板绑夹固定24小时以上。⑥待竹席色调变浅,加固剂全部成膜固定时,去掉塑料布,以玻璃板绑夹,长期保存。

3. 聚乙烯醇加固法的优点

①此法可以保持竹席文物的原貌,恢复竹材应有的色泽。

②此法保护的竹席具有良好的弹性,可以卷曲与伸开。

③保护效果好,稳定,处理后经过十几年观察,效果依然很好。

8.4.6　漆器漆皮碎片的加固修复

生漆又名大漆、天然漆、国漆,是我国著名物产之一,是一种优质的天然涂料,享有"涂料之王"的美称。在我国古代史籍中,关于生漆的记载很多,已发现的资料和出土文物多不胜举。如 1965 年湖北江陵雨台山出土的战国彩漆双凤虎座鼓;1976 年湖北出土了鸳鸯豆等近千件漆器;在浙江余姚河姆渡出土了距今七千年之久的漆碗等。大量事实证明,在六七千年前,中华民族的祖先就已懂得用生漆涂饰器具,并在两千多年以前,就达到了很高的工艺水平。几千年来,生漆在我国被广泛应用,如木器家具、建筑物涂饰等方面,还加工成各种精美的工艺美术品。

8.4.6.1　生漆的化学成分

1. 漆酚:是生漆的主要成分,在生漆中含量达 $50\% \sim 80\%$,能溶于有机溶剂及植物油中,但不溶于水,它是生漆的成膜物质。其化学成分是一类具有不同饱和度长侧链的邻苯二酚的衍生物,其基本结构是:

$$\text{(邻苯二酚结构，苯环带两个OH基团，R为侧链)}$$

其中最主要的成分是

$$\text{(苯环带两个OH，侧链 } C_{15}H_{31}\text{)} \qquad \text{(苯环带两个OH，侧链 } (CH_2)_7CH=CH(CH_2)_5CH_3\text{)}$$

$$\text{(苯环带两个OH，侧链 } (CH_2)_7OH=CHCH_2CH=CH-CH=CHCH_3\text{)}$$

$$\text{(苯环带两个OH，侧链 } (CH_2)_7CH=CHCH_2CH=CHCH_2C_2H_5\text{)}$$

2. 含氮物质:漆液的成分中,一种不溶于乙醇,也不溶于水的褐色粉末,化学分析结果含有氮,所以称为含氮物质。在生漆中的含量在 10% 以下(约 $3\% \sim 7\%$)。经研究实际上是一类糖蛋白质。

3. 漆酶:存在于生漆的含氮物质中,不溶于有机溶剂,也不溶于水,而溶于漆酚。漆酶是一种含铜的糖蛋白质氧化酶,在我国产的生漆中含量高达 0.2% 以上。其中作为辅基的 Cu^{2+} 是和漆酶的活性部分结合的,这样铜和蛋白质的结合价态会影响到酶的功能。铜的脱除或价态的变化会使酶失活。漆酶上的铜离子作用很大,首先是作为酶的组成部分,协同参与反应。其次,通过酶蛋白中的配位数或离子键合以维持酶活性的必要构象,促进催化功能。最后铜离子在酶与底物的结合中,还起到了桥梁作用。

天然生漆中的漆酶与生漆中的其他成分形成非常复杂的关系,在相互作用时又存在许多至今难以解释的原因与现象。生漆成膜(干燥)自古以来,即依赖与漆酚共存的漆酶,但漆酶的催化作用却不能符合生产的要求。也就是说,漆酶的催化能力非常差,以至慢得超过人们的要求很多。例如,使生漆成膜的漆酶要在20℃～30℃,在80%～90%的相对湿度下进行。而且即使满足这个条件,催化作用也还是很慢。如将温度升高,反应速度虽然能加快,但又有破坏酶的倾向。从实用方面考虑,漆酶在催化过程中可以在一些辅基作用下协同进行——我国古人就曾加入铁化物加速氧化作用的进行。现代科学也证明了一些过渡元素及其化合物都能有这种作用。

4. 多糖(树胶质):生漆中不溶于有机溶剂而溶于水的部分。主要是多糖,另有钙、钾、铝、镁、钠、硅等元素。过去习惯称之为树胶质。在生漆中含量达3.5%～9%,在生漆干燥过程中漆酚先行降解,而多糖的骨架还保留着。多糖与生漆干燥性能也有重要关系,同时它还是一种很好的悬浮剂和稳定剂,能使生漆中各种成分成为稳定分散的乳胶体。

5. 水分:生漆中含水量一般在20%～40%,少数低于10%或高达50%。水分多少不但与树种、环境、割漆时期有关,也与割漆技术有直接关系。割漆时割口过深,切入木质部时,流出漆液的含水量就多些。通常水分少的生漆质量好些,水分多的质量较差。生漆中的水分不但是形成乳胶体液的主要成分之一,而且也是生漆在自然干燥过程中漆酶发挥作用时的必要条件。即使在精制漆中,大量的水分被蒸发掉了,但含水量也必须保持在4%～6%左右,否则将极难自干。以上是生漆的主要成分,对生漆的质量起主要作用。此外还含有少量油分、氨基酸、有机酸、糖类、烃类化合物、含氧化合物及无机物等成分。

8.4.6.2 生漆的固化成膜机理

生漆在常温下会自然干燥成膜,这是氧化聚合过程。在其过程中要不断与空气接触吸氧,而且必须依赖漆酶起催化作用,因而需特定的环境条件($20\sim30℃$,$RH80\%\sim90\%$)。生漆在成膜过程中的化学、生化、物理变化是相当复杂的,其产物结构也是极其复杂的。漆酚、糖蛋白、多糖、水分等都参加反应,生漆中的金属元素和其他化合物也会参加反应。主要成膜物质是漆酚,如不考虑彼此间的相互联系,将反应简化,可将生漆氧化聚合机理简化为以下三个阶段:

1. 生成漆酚醌：表现是乳白色漆液表面逐渐地变成棕色，反应可用下式表示：

$$4Cu^{2+}（漆酶）+4H^{+}+O_2 \longrightarrow 4Cu^{2+}（漆酶）+2H_2O$$

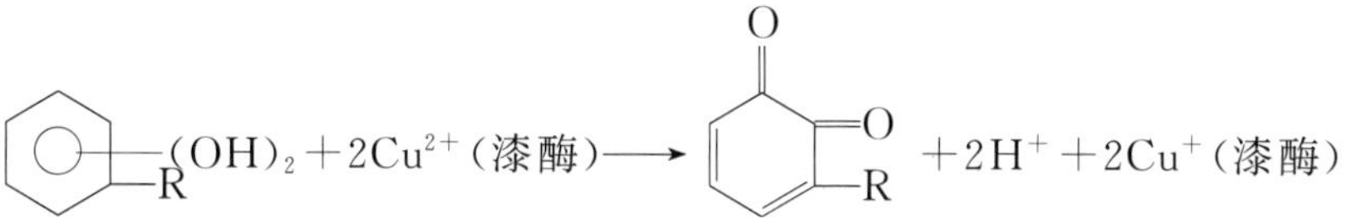

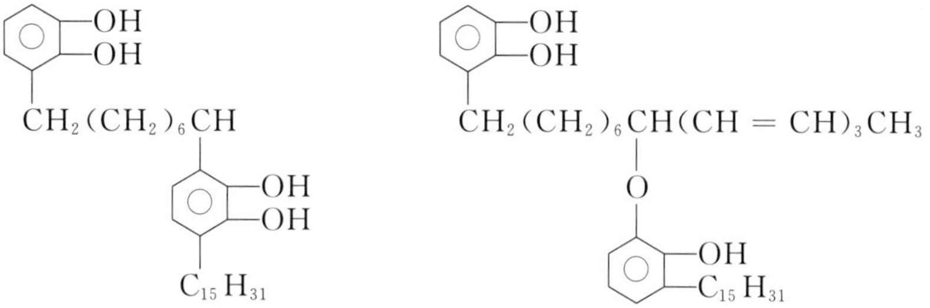

（苯环）—(OH)$_2$ + 2Cu^{2+}（漆酶）—→（苯醌，含O、O、R）+ 2H$^+$ + 2Cu$^+$（漆酶）

OH
OH
CH$_2$(CH$_2$)$_6$CH

OH
OH
CH$_2$(CH$_2$)$_6$CH(CH=CH)$_3$CH$_3$

OH
OH
C$_{15}$H$_{31}$

OH
C$_{15}$H$_{31}$

2. 生成漆酚二聚体

由于漆酚醌反应性强，它又与共存的漆酚反应生成 20 多种的二聚体，其主要产物是联苯型漆酚二聚体和以下两种二聚体，在此阶段层由红棕色变为褐色：

生成长链或网状高分子化合物：漆酚二聚体侧链氧化聚合，生成长链或网状高分子化合物。这一阶段漆层颜色由褐色逐渐变黑，粘度也增大了，漆膜此时可以说已经干燥了，但由于聚合物分子量还不够大，还不是成膜的最后阶段。

3. 生成体型结构高聚物：在氧化聚合反应基础上，漆酚侧链上的不饱和链会进一步聚合，形成体型结构的聚合物。

实际上，漆酚与多糖及糖蛋白之间，发生了接枝反应，在成膜时是多元的体型结构，情况要复杂得多。

8.4.6.3　漆膜的特性

1. 物理机械性能

漆膜硬度大，可达 0.68～0.89（漆膜值比玻璃值）；耐磨性大于其它常见合成树脂及涂料；光泽明亮；密封性好，漆膜上的针孔非常少，是防渗透的独特涂料。此外漆膜与木质的附着力很强，在加入填料后与钢板的粘结力达 70 千克/平方厘米。

2. 化学稳定性

耐热性高，耐久性好。漆膜的耐热性比脂肪族聚脂、不饱和聚酯、芳香聚酯、环氧树脂、酚醛树脂高，可以在较高温度下使用；至今没有任何其它涂料的耐久性可以与生漆相比。而且漆膜还耐化学腐蚀，耐有机溶剂。

表 6－1　　生漆膜耐腐蚀性能

介质名称	浓度(%)	温度(℃)	耐腐蚀性能
盐酸	任何	沸点	＋
硫酸	＜80	室温	＋
硫酸	＜80	100	＋
磷酸	＜40	沸点	＋
	＜70	80	＋
硝酸	＜20	室温	＋
氟硅酸	9	80	＋
甲酸	80	室温	＋
氢氧化钠	＜1	室温	＋
氢氧化铵	＜28	室温	＋

8.4.7　漆皮裂缝、裂纹及起翘的加固修复

漆器木胎、漆胎糊布、灰地子基本完好,只是漆皮发生裂缝、裂纹或部分漆皮起翘时,应进行修复加固,以防漆皮裂缝、裂纹扩大,漆皮脱落。

(1)细小裂缝的修复加固:可用漆片＋酒精制成溶液或用聚醋酸乙烯酯＋苯或丙酮溶液,灌入裂缝,使裂缝黏合填充。

(2)较大裂纹可用一环氧树脂作为修补材料。

(3)漆皮起翘的加固修复:

①先用热水使漆皮软化──→②用微晶石蜡插入漆皮下面,用电热器加热将其贴补在漆器上。曾用此法加固修复过木板漆画和镶螺钿凤。

8.4.8　较严重损伤漆器的加固修复

较严重损伤的漆器一般指,漆皮脱离木胎,漆胎的糊布、灰地子局部脱落或糟朽。

加固修复操作:

①先将糟朽的糊布、灰地子残余部分清洗干净。用软毛刷蘸上 0.02％MD 溶液涂于漆皮表面,以防发霉。

②用漆片或聚醋酸乙烯酯乙醇或丙酮溶液灌实,以防在修复中脱落,待固化后,对残片部分进行修补,做旧,使其色调协调一致。

8.4.9　严重损伤的漆器的加固修复

严重损伤的漆器不仅漆皮脱离骨胎,漆胎的糊布、灰地子局部脱落糟朽,而且

连木胎也糟朽腐烂,这种严重损伤的漆器,可采用脱胎换骨法更换木胎。其操作:

8.4.9.1　漆皮的揭展:将漆皮用浸湿的多层麻纸,只湿而不滴渗水,放于漆片上,让湿气使漆片及泥土类黏结物潮湿变软,用打平之据条平切漆面轻轻从腐朽木胎上揭展下来,若干揭会使漆皮干裂,颜料脱落。

8.4.9.2　仿做一个木胎,然后将漆皮按原样贴到新木胎上。

此法可保留原来的漆皮,保持原来的外貌。

也可用合成树脂调锯末、石膏之类作修补孔洞的材料,如用聚醋酸乙烯酯乳液＋木屑＋石膏＋适当颜料配合起来加固严重糟朽的漆、木、竹器类文物。

§9. 漆木竹器的保养

前面我们重点介绍漆木竹器的脱水定形、加固修复,下面主要介绍漆木竹器的保养问题。

9.1　脱水定形、加固修复与保养的关系

脱水定形、加固修复是对出土的饱水漆木竹器类文物进行抢救性保护。而漆木竹器的保养主要是创造良好环境和有效措施,尽量减少外界因素对文物的不利影响,延长文物的寿命。也可以说前者(脱水定形、加固、修复)是治病,而后者则是防病。

9.2　漆木竹器保养的措施和方法

9.2.1　控制温湿度

不适宜的温湿度及温湿度的剧烈变化,对漆木竹器的长期保存非常不利。

9.2.1.1　潮湿温暖的环境下,利于霉菌的滋生繁殖,不仅严重影响文物原貌,而且更严重的是加速材质的分解、侵蚀、糟朽。

9.2.1.2　气候过于干燥又会使器物开裂、变形。

9.2.1.3　漆木竹器保养的最佳温湿度

当漆木竹器与周围环境处于平衡状态时,依然含有一定量的水分 $12\%\sim15\%$,如继续干燥到更低的程度时,就会翘曲、开裂,但过湿也不利。一般漆、木、竹器保养的相对湿度控制在 $68\%\sim45\%$,最佳的相对湿度是 50% ,最佳温度 $15\sim20℃$ 。

9.2.1.4　控制温度的措施和方法

控制温度的冷热程度可用空调器、控温器、制冷器。绝对不能用煤炉,因为煤燃烧时产生二氧化硫(SO_2)、二氧化碳(CO_2)等有害气体危害文物。

控制湿度就是控制文物保养环境中空气中水蒸气的含量,即空气的潮湿或干燥程度。气候过于干燥时可用加湿器加湿,也可在展柜中放敞口的盛水容器调节湿度。平常在展柜或库房中放温湿度计,随时观察温湿度变化。若相对湿度过大超过68%时,可用除湿器来除湿,也可采用放干燥剂来吸收水分,使湿度降到安全上限以下,目前常用的干燥剂及干燥方法有:

1. 无水氯化钙($CaCl_2$)

无水氯化钙表面呈蜂窝状白色固体,可从空气中吸收较大量的水分,形成含有六个结晶水比较稳定的水合物分子。

$$CaCl_2 + 6H_2O \longrightarrow CaCl_2 \cdot 6H_2O$$

无水氯化钙是一个吸水量大的,常用的、价格便宜的干燥剂。

其方法是:将适量的无水氯化钙放在一个小烧杯或小的广口瓶中,烧杯或广口瓶口用干净纱布蒙扎好,注意观察,若无水氯化钙吸水变成粉末时,及时更换。

2. 生石灰(CaO)

生石灰是坚硬的白色块状,吸收空气中的水分变成白色粉末状的氢氧化钙[$Ca(OH)_2$]、熟石灰。

$$CaO + H_2O \longrightarrow Ca(OH)_2$$

平常为了使天平室或精密仪器室保持一定的干度,常用木箱装上生石灰,在箱盖上打几个小孔,上面用纱布盖上,既防止石灰粉末逸出,又不影响其吸水作用。

3. 变色硅胶

变色硅胶是一种蓝色透明颗粒,它吸收空气中水分时,由于吸水程度不同而颜色不同,因此可根据颜色变化判断其吸水程度,其变化过程如下列反应所示:

$$CoCl_2 + H_2O \underset{120℃}{\rightleftharpoons} CoCl_2 \cdot H_2O \underset{90℃}{\overset{H_2O}{\rightleftharpoons}} CoCl_2 \cdot 2H_2O \underset{52.25℃}{\overset{2H_2O}{\rightleftharpoons}} CoCl_2 \cdot 4H_2O$$

浅蓝色　　　　　　　蓝紫色　　　　　　淡红紫色　　　　　　红色

$$\overset{2H_2O}{\rightleftharpoons} CoCl_2 \cdot 6H_2O$$

粉红色

此干燥剂是一种优良再生干燥剂,失效后变粉红,在干燥箱中于120℃烘2小时,即可全部失水变成蓝色硅胶。

使用方法:

①将变色硅胶放在敞口容器(烧杯或结晶皿,培养皿中,放在在展柜中)。

②将变色硅胶装在透气性好的布袋中(或纱布袋),放在展柜中。

4. 烧碱(固体氢氧化钠)$NaOH$

烧碱是白色强烈吸湿的固体颗粒或棒状固体,有强烈腐蚀性,不能触及皮肤,只能用塑料容器。

特点：

①吸水性强、吸水量大,吸水期不长。

②还能吸收空气中有害气体,起下列化学反应：

$$NaOH + CO_2 \longrightarrow NaHCO_3$$

$$NaOH + SO_2 \longrightarrow Na_2SO_3$$

$$NaOH + SO_3 \longrightarrow Na_2SO_4$$

$$2NaOH + 2NO_2 \longrightarrow NaNO_3 + NaNO_2 + H_2O$$

$$2NaOH + H_2S \longrightarrow Na_2S + 2H_2O$$

$$NaOH + HCl \longrightarrow NaCl + H_2O$$

9.2.2　杀菌防霉杀虫防蛀

霉腐虫蛀是文物两大害,对有机质文物危害最大,因此杀菌防霉腐、杀虫防蛀是文物保养中的重要工作,其主要方法：

9.2.2.1　蒸气消毒杀菌杀虫法

1. 蒸气消毒杀菌杀虫法优缺点

(1)优点:蒸气法穿透力强,见效快,杀菌杀虫彻底,这是充分利用气体可以分布所有空间,特别是可以杀死文物深处如装订缝隙中之菌虫。不会污染更不会损害文物。

(2)缺点:由于气体易逸散,因而效果不能持久,预防作用不能长效。

2. 常用的消毒杀菌防腐杀虫防蛀气体

(1)环氧乙烷(CH_2——CH_2)

　　　　　　　　　　　$\diagdown$　$\diagup$

　　　　　　　　　　　　O

①环氧乙烷杀菌杀虫特点

A. 沸点低易挥发

B. 穿透力强

C. 效果可靠、强烈、应用范围广

对各种微生物、生物杀灭作用均很强,即是对抵抗能力很强的芽孢菌也有很强的杀灭能力,且使细菌再无复活能力。

②环氧乙烷的杀菌杀虫机理

因为环氧乙烷(CH_2—CH_2)中含有环氧基,化学性质十分活泼,可与蛋白质

　　　　　　　　　　　　$\diagdown$　$\diagup$

　　　　　　　　　　　　　O

中的巯基(—SH)、羟基(—OH)、氨基(—NH$_2$)、羧基(—COOH)起反应,取代各基团中的活泼氢,生成含羟乙基(—CH_2CH_2OH)的化合物,阻碍了酶的许多正常化

学反应,使微生物新陈代谢发生障碍而死亡,其化学反应过程如下:

$$\text{蛋白质}-\begin{bmatrix} -SH \\ -OH \\ -NHH \\ -COOH \end{bmatrix} + \underset{O}{CH_2-CH_2} \longrightarrow \text{蛋白质}\begin{bmatrix} -S- \\ -O- \\ -NH- \\ -COO- \end{bmatrix} - \underset{OH}{CH_2-CH_2}$$

环氧乙烷混合于空气中达到一定浓度时,会通过害虫的呼吸系统而进入内部组织,引起中毒,经一定时间致其死亡,因此环氧乙烷也是一个毒杀效力很高的杀虫剂。

③环氧乙烷杀菌杀虫的最佳条件

A. 最佳杀灭温度　54.5℃　5～54.5℃之间(温度每提高 1℃,杀灭菌效率提高 2.7 倍)

B. 最佳相对温度　25％～50％

C. 气体最佳安全配方

$$\underset{O}{CH_2-CH_2} : CO_2 = 1 : 9$$

安全气体的优点:

a.不燃、不爆、安全。

b.气压增加,穿透力增强。

c.增加了灭菌效果,又降低了成本。

d.使气体残留量、毒性大大降低,混合气体的毒性只有纯环氧乙烷的 1/10。

④环氧乙烷杀菌杀虫的方法

A. 将文物装在一端有小口的聚乙烯袋中封口──→B. 从袋子另一端开小口抽气──→C. 向袋中充 $\underset{O}{CH_2-CH_2}$ 与 CO_2(1∶9)的混合气体,充满后扎紧袋口过

2～3小时──→D. 打开袋口放出袋中气体即可,这样可将躲在文物深处的菌虫全部杀死。这种方法对小件漆木竹器杀菌杀虫效果特别好,又很方便。

如果文物较大时,可制作有进出气体口的密闭容器如操作箱,按小件操作方法进行杀菌杀虫。

(2)溴甲烷杀菌剂

①溴甲烷的结构式及性质

$$\begin{array}{c} H \\ | \\ H-C-Br \\ | \\ H \end{array}$$

溴甲烷常温下为无色气体,接近 4℃时凝为无色透明易流动液体,有时略带淡黄色,少量时无臭味,较浓时有不明显的三氯甲烷(氯仿:$CHCl_3$)及乙醚气味。难溶于水,易溶于酒精、二氯乙烷、乙醚、汽油、苯及油类,溴甲烷吸附性小,熏蒸后散毒快。

溴甲烷毒性:

大白鼠急性口服 LD50＝21mg/kg

致死浓度 LC 为 $514×10^{-8}$ g

人在含溴甲烷 30～35mg/L 的空气中即可中毒致死,国外规定工作场所溴甲烷在空气中最大允许浓度为 $20×10^{-8}$ 克,熏蒸后溴甲烷在文物中很容易挥发逸走。

②溴甲烷的合成

$$2P+3Br_2 \longrightarrow 2PBr_3$$

$$PBr_3+3CH_3OH \longrightarrow 3CH_3Br+P(OH)_3$$

此法收率只有 77%。

另一条合成路线:

$$2CH_3OH+H_2SO_4+2KBr \xrightarrow{\triangle} 2CH_3Br+K_2SO_4+2H_2O$$

　1.22　:　2.60　:　1　（mol）

此法收率 95.9%,KBr 比 NaBr 价格贵,成本高,改为 NaBr 后,反应收率 96%,反应时间由 7 小时缩短 4 小时。

$$2CH_3OH+H_2SO_4+2NaBr \xrightarrow{62～110℃} CH_3Br+Na_2SO_4+2H_2O$$

　1.18　　2.5　　1　（mol）

表 6—2　溴甲烷两条合成路线比较

合成路线	原料	反应时间(小时)	收率%	价格
第一条	CH_3OH P Br H_2SO_4	7	77	10.71 元/kg
第二条①	CH_3OH KBr H_2SO_4	7	95.9	7.75 元/kg
第二条②	CH_3OH NaBr H_2SO_4	4	96	7.13 元/kg

实验和工业上多采用第二条路线中的②。

③溴甲烷杀虫特点

A. 沸点低、易挥发,在较低温度下,可达到很高的杀虫效果。

B. 杀虫效果好,杀虫效率高,对大多数害虫杀虫率都是 100%。

C. 溴甲烷易挥发,吸附性小,熏蒸消毒杀菌后很快逸散,不损伤和影响文物,在文物上不留遗味。

④溴甲烷在漆木竹器杀虫中的应用

操作方法与环氧乙烷相似,用 CH_3Br17g/m^3 在 20 分钟可杀死老鼠,$8.5g/m^3$ 在 4 小时内可杀死船上的老鼠,对于大多数害虫在 $27g/m^3$、46 小时可完全杀死。

也可采用 CH_3Br 液体喷雾于器物上。

(3)麝香草酚

①麝香草酚的化学结构式

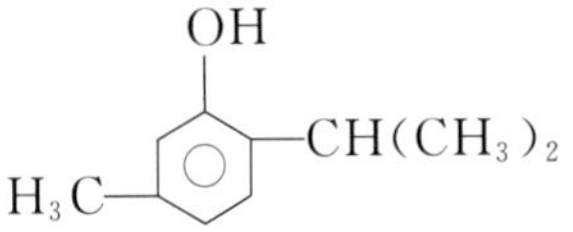

5-甲基-2-异丙基苯酚

②麝香草酚的合成

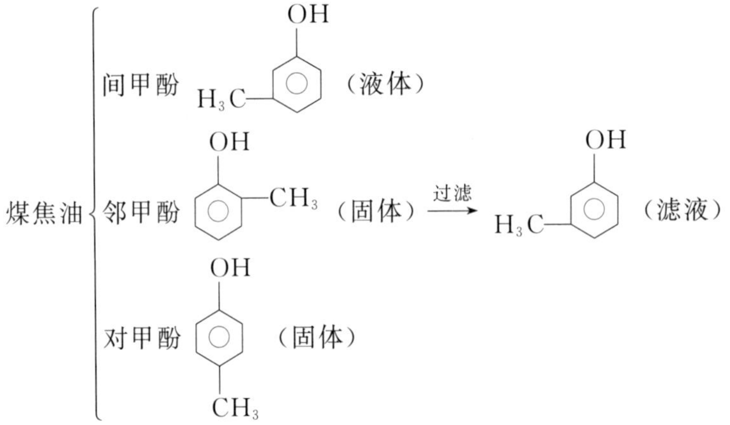

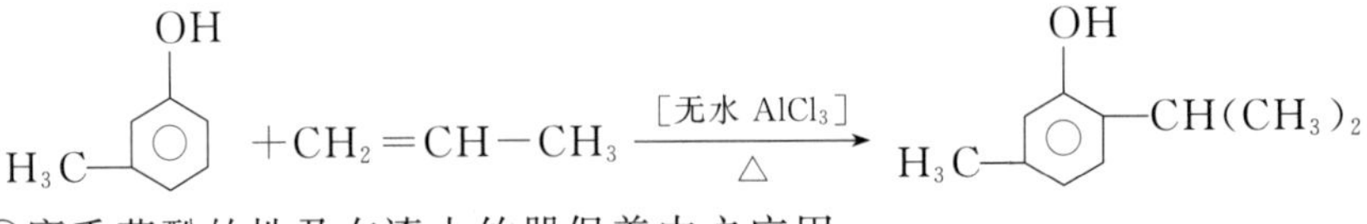

③麝香草酚的性及在漆木竹器保养中之应用

麝香草酚白色固体、易升华为气体,具有强烈的杀菌杀虫能力。将要杀菌杀虫的文物放在密封的操作箱中,在箱中放些麝香草酚固体,在箱内加安电灯泡,利用电灯泡的热量,使麝香草酚升华呈气体挥发而杀菌杀虫。

(4)樟脑驱虫剂

①樟脑的结构式及性质

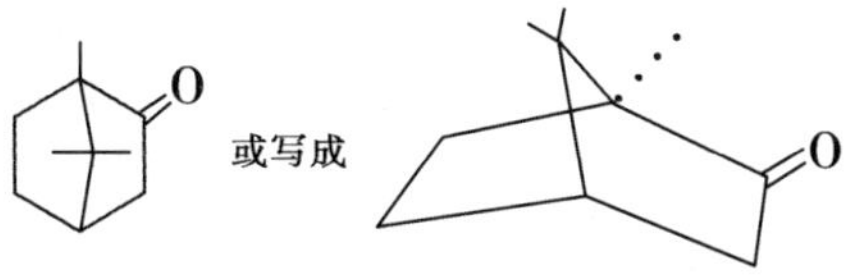

环上相对对位的两个碳原子用两个碳桥所固定,因此樟脑这个化合物有一对对映体:

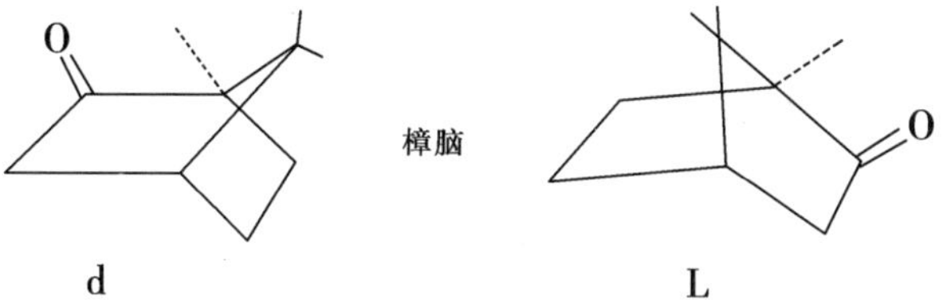

樟脑白色晶体、熔点 175℃,易升华成气体难溶于水,易溶于有机溶剂。

②樟脑的制备

樟脑树枝、叶、干 $\xrightarrow{\text{切碎}}$ 樟脑树碎渣片 $\xrightarrow{\text{水蒸气蒸馏}}$ 分离得樟脑油

台湾和日本是樟脑主要产地,广东、广西、四川的合江等地也有樟脑生产。

樟脑的人工合成用松节油中的 α、β-蒎烯催化重排为莰烯:

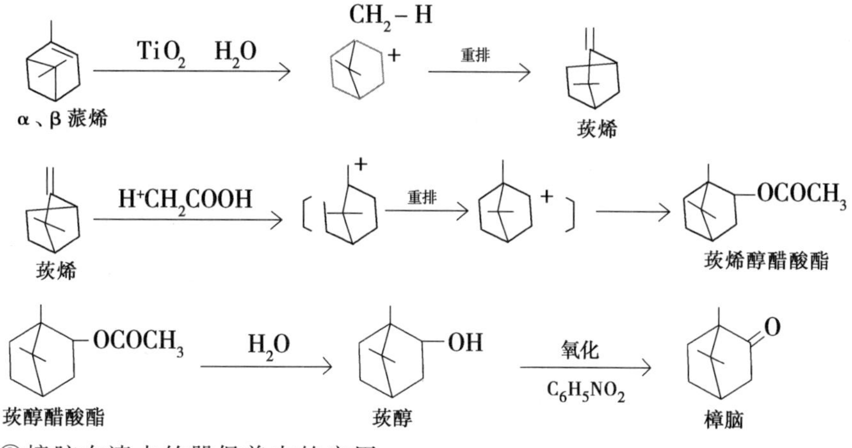

③樟脑在漆木竹器保养中的应用

可用纸将樟脑包上,放在器物中,樟脑易升华为气体,可驱虫防蛀。如果用樟脑精效果更好。

9.2.2.2 溶液毒杀法

(1)DDT

①DDT 的结构式及性质

$$Cl-\langle\bigcirc\rangle-\overset{\overset{H}{|}}{\underset{\underset{CCl_3}{|}}{C}}-\langle\bigcirc\rangle-Cl \quad 2,2-双(对氯苯基)-1,1,1-三氯乙烷$$

熔点 108~109℃不溶于水,溶于苯、二甲苯、氯苯、汽油等有机溶剂,挥发性小,作为杀虫剂主要用它的溶液和粉剂。它的化学性质比较稳定,对热光不敏感。对人畜毒性较小,据报道 DDT 毒性:

雄性大白鼠口服 LD50＝2 500 mg/kg 体重

雌性大白鼠品服 LD50＝2 510 mg/kg 体重

雌性大白鼠皮试 LD50＝2 510 mg/kg 体重

②DDT 的合成

$$\langle\bigcirc\rangle+Cl_2 \xrightarrow{[FeCl_3]} H\langle\bigcirc\rangle-Cl$$

$$CH_3-\overset{\overset{O}{\|}}{C}-H+Cl_2 \xrightarrow{[PCl_3]} Cl_3C-\overset{\overset{O}{\|}}{C}-H$$

$$\left.\begin{array}{c}Cl-\langle\bigcirc\rangle-H\\Cl-\langle\bigcirc\rangle-H\end{array}\right\}+O\!\mid\!CH-CCl_3 \xrightarrow[缩合、脱水]{[H_2SO_4 \cdot SO_3]} Cl-\langle\bigcirc\rangle-\overset{\overset{H}{|}}{\underset{\underset{CCl_3}{|}}{C}}-\langle\bigcirc\rangle-Cl$$

③DDT 在漆木竹器杀虫杀菌的应用

DDT 和除虫菊酯、除虫菊酸混合杀菌效果更好

$$除虫菊酯: H_3C-\overset{\overset{CH_3}{|}}{C}=CH-CH-\underset{\underset{CH_3}{|}}{\overset{\overset{H_3C}{|}}{C}}-CH-COOCH_3$$

5-甲基-2,3-环丙基-4-己烯酸甲酯

$$除虫菊酸: H_3C-\overset{\overset{CH_3}{|}}{C}=CH-CH-\underset{\underset{CH_3}{|}}{\overset{\overset{H_3C}{|}}{C}}-CH-COOH$$

5-甲基-2,3-环丙基-4-己烯酸

④DDT 毒杀方法

常用滴管或注射器把 DDT 溶液注入杀虫孔,或用喷雾器喷于器物表面,进行

杀虫。

作前先点滴实验,观察药液对油漆、彩饰有无损害,只有确定无损害时才能用。

(2)0.02%MD溶液杀菌防霉腐

MD(霉敌)的用法同DDT,只是MD溶剂用水。

3.毒药蜡糊填补法

毒药蜡糊填补法是用软蜡拌以毒杀剂,调成与器物相同的颜色,迷惑虫鼠,凝固糊状后,用刀子填进虫洞,既杀虫、杀菌又补虫洞。

(1)三氧化二砷(As_2O_3)——白蚁毒杀剂

白蚁是破坏古建筑较严重的害虫,用化学药剂毒杀防治白蚁是最普遍最有效的方法

①As_2O_3又叫砒霜,其制备的主要方法:

炼冶厂煅烧含砷的烟道灰中用升华方法将其从灰中回收,其化学反应如下:

$$4As + 3O_2 \xrightarrow[(空气)]{} 2Aa_2O_3$$

$$2FeAsA + 5O_2 \longrightarrow Fe_2O_3 + As_2O_3 + 2SO_2$$

②As_2O_3的性质

As_2O_3白色晶体,难溶于水,15℃时其饱和溶液仅含1.5%Aa_2O_3。As_2O_3溶于水后,生成相应的亚砷酸:

$$As_2O_3 + 3H_2O \longrightarrow 2As(OH)_3$$

AS_2O_3和一切砷的化合物一样是有毒的,而且砒霜有剧毒,使用时必须十分小心。

③砒霜杀虫剂的配方:

砒霜是砒霜类毒杀剂的主药,常和杀菌剂水杨酸(邻羟基苯甲酸)、汞($HgCl_2$)、硫酸铜($CuSO_4$)一起用。由于砒霜有剧毒,为了不至误入口中,还常加点着色剂砒红,使药带上颜色,以引起注意。下面介绍一些砒霜毒杀剂的药物配方:

表6—3　砒霜毒杀剂配方

药物\配方来源	砒霜 As_2O_3(g)	水杨酸 (g)	升汞 $HgCl_2$	砒红 (g)	硫酸铜 $CuSO_4$(g)
广州铁路局(Ⅰ)	70	15	10	5	—
华南昆虫所(Ⅰ)	70	5	20	5	—
华南昆虫所(Ⅱ)	80	15	—	5	—
广州白蚁防治所	93		3	4	—
武汉白蚁防治所	50	30	5	—	15
上海白蚁防治所	70	10	4	16	—

④砒霜杀白蚁操作

按砒霜毒杀剂配方配好,再加入一定比例的滑石粉,如砒霜主药80份加20份滑石粉用软蜡拌成糊状,用刀子填入白蚁洞,既杀白蚁又堵洞。为防止砒霜掉下伤人,应在砒霜外涂一层聚乙烯薄膜。

(2)MD(霉敌)粉剂环氧树脂糊填补法

此法是将霉敌粉剂加改性环氧树脂加木屑调成糊状,用刀填入虫洞,压平,用此法来填补麦积山明末清初名匾及明代贡桌上之虫洞,既杀菌防霉又杀虫防蛀,效果很好。

9.2.3　竹简的保养

竹简的保养主要是控制温湿度、防干裂、防霉、防虫、防老化、防碰撞。

9.2.3.1 防霉、防虫

将夹好之竹简,两头垫数层用防霉防虫剂处理过之棉花,装入玻璃管抽真空或充氮气,封闭保存,防霉防虫,延缓老化。

2.防光老化

将上面装好竹简之玻璃管,放入涂有紫外线吸收剂的匣子内,既防紫外线、防老化,又便于移动或运输。

9.2.4　传世漆器的保养

1.外界因素对传世漆器的影响

(1)光中紫外线对漆器的影响

紫外线会使漆器褪色,使被杀死而粘在漆器上的微生物残骸变黑而污染漆器,因此漆器必须避免日光直射,也要避免强烈灯光。

(2)温湿度对漆器的影响

漆器要保持一定的温湿度,既要防热,又要防冷,既要防干,又要防湿,因漆皮受热会失掉水分,发脆断裂、卷曲剥落。漆皮受冷会脆断,太干燥又会干裂,适宜环境。温度应保持在20～25℃,相对湿度为50%～60%。

(3)外力对漆皮的影响

漆皮较脆,外力不适易受损伤,如外力冲击、摩擦、挤压、颠簸、震动都会造成严重损伤。

2.传世漆器的保养方法

传世漆器常采用"滋润漆皮、包装收藏"的保养方法,其操作方法:

(1)将漆器擦洗干净,可用蒸馏水清洗,(因传世漆不溶于水)擦干。

(2)在漆面上打上一层薄而均匀的高级地板蜡或高润蜡+"霉敌",用软布醮蜡轻涂,再用绒布或绒片轻擦,使漆器表面附着一层薄薄的蜡膜,既滋润漆皮,又可防潮湿空气袭击,还会增加漆皮的光泽。

3. 漆器的包装

(1)小件漆器的包装

先用油印蜡纸包,再用细"银皮纸"层层包裹外衬棉入匣内(一物一匣),若有条件,特别是珍贵漆器可用软垫衬里,包装匣包装。

(2)大件漆器的包装

先用"银皮纸"包裹缠好,再套上布面绸里棉套,外面再包厚蜡纸,再用棉布带缠扎(防止用棉绳、麻绳绳股不平会磨漆皮,再用棉花衬装于木箱中保存)。

第七章　纺织品文物保护

我国是世界闻名的丝绸古国,缫丝织绸是我国古代劳动人民的伟大发明之一。我国养蚕、种麻、缫丝、织绸的出现和发展,为人类文明的发展以及人类物质生活的改善和提高做出了重大的贡献。

§1.我国纺织品的发展历史

我国纺织品发展的历史大致可分四个时期。

1.1　早在5000年前已出现植桑、养蚕、缫丝、织绸

丝绸的起源问题,是一个人们关心和争论的热点,众说纷纭。有的说伏羲化桑蚕为穗帛;有的说神农教民植桑、种麻以为布帛;还有说黄帝之妃西陵氏开始教民种桑养蚕,治丝茧以供衣服。这些传说至今尚未查到文字记载,但说明我国养蚕、缫丝之早是无可非议的。自20世纪20年代末,随着考古学的建立和发展,考古学家为确定我国丝绸业的起源和发展,付出了辛勤劳动,做了大量深入、细致的考证工作,提供了许多有价值的实物和资料。如1926年在山西夏县西阴村仰韶文化遗址出土了半颗蚕茧(现藏台北故宫博物院),同时还出土了石纺轮和陶纺轮,说明那时已有养蚕和纺织了。又如在河南荥阳青台村仰韶文化遗址出土的距今5600多年包裹尸体的丝麻织品。

1.2　在2500年前我国劳动人民已掌握了织绢的提花技术

1958年在浙江吴兴区钱山漾村新石器遗址中,出土了距今约4750年的丝织品。夏、商、西周时期,出土的丝绸实物较少,但从甲骨文中可见桑、蚕、丝等字样,以及从青铜器、玉器或泥土的印痕研究中,发现丝绸种类已有绫类暗花织物、绞经织物、经重织物,刺绣和印染加工工艺。在江苏、河北、山东也发现过类似蚕或蚕蛹的石刻文物。故宫博物院保存的一把周代玉刀上面保存着提花纱罗组织的痕迹,这说明早在2500年前我国纺织业已从4000～5000年的养蚕、缫丝、织绸发展到不仅可以平纹素织、排织图案,而且发展到掌握了织绢和提花技术,这是我国丝绸工艺上一个极大的进步。

1.3　公元前 3 世纪我国纺织业已有相当高的水平

公元前 3 世纪我国纺织业已达到相当高的水平，可从以下情况看出：

1.3.1　纺织品花样、品种多

如马王堆汉墓、新疆吐鲁番、湖北江陵、广东南越王墓的发掘，为我们打开了一座地下"丝绸之库"，出土文物中有大量保存完好绢、纱、罗、绮、锦、起毛锦、刺绣、麻布等多种多样的丝麻纺织品。

1.3.2　品种规格多样化的织物绚丽多彩，织造工艺精细、外观华美，足以反映我国西汉时期纺业已达到相当高的水平。

1.3.3　织布机已出现

从出土描绘纺织情景的画像中，可看到织布机的情况、如江苏铜山洪楼和山东藤县龙阳店及嘉祥武祠等地的汉画像石上的织布机图、反映了当时织布机已运用踏木，以脚牵引综绕、腾出双手投梭、打纬。

1.4　公元前 138～前 126 年我国已以盛产丝绸闻名于世

在汉代以前，我国的丝绸是世界独有的，公元前 138～公元前 126 年，张骞第一次出使西域与帕米尔高原以西的一些国家建立了联系。公元前 119 年，他第二次出使西域时，说"赍金币、帛直数千巨万"用作馈赠的礼物。此后在中西交通大道上，便不断有大量的中国丝绸向外输出。据文献记载，我国与西方陆路交通由于新疆塔克拉玛干大沙漠的横隔，只能从昆仑山北侧或天山南侧西行。这南北两条路都是运销丝绸的主要通道，被中外史学家称之为"丝绸之路"。这是中国和西亚国家友好关系中不可磨灭的重要史证。随着"丝绸之路"的开通，我国丝绸逐渐传入亚欧许多国家。

唐、宋、元、明、清时期的纺织业，随着社会的发展、科学技术的进步，丝绸业发展很快，丝织技术已达到很高的水平，历代遗存下来的丝绸文物数量多，工艺精细、色彩绚丽，为研究我国纺织史、服饰、纺织工艺提供了十分珍贵的实物资料，而且也有丰富的文献资料的记载。

长安是丝绸之路的起点，长安在我国丝绸发展史上具有重要的作用，不可磨灭的地位和影响。法门寺出土保存完好四门纯金塔加衬、八重宝函系带 3 条，织金锦 5 片、大红罗地蹙金绣斗臂、大红罗地蹙金绣斗垫、大红罗地蹙金绣袈裟、大红罗地蹙金绣案裙等国家级珍贵文物，工艺精细、纹饰精美、色彩鲜艳，充分说明长安地区古代丝绸业十分发达，大量丝绸从这里运至西亚和欧洲其他国家。

§2. 古代纺织品的组成材料

2.1 纺织品纤维的分类

纺织品是由纤维加工制造而成,古代纺织品所用的纤维,按化学、物理性质及外形上可分两大类,即植物纤维和动物纤维。

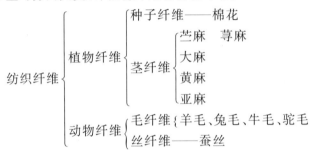

2.2 纺织品纤维的组成及性质

2.2.1 植物纤维素的组成及性质

植物纤维的化学成分主要是纤维素,其化学组成为$(C_6H_{10}O_5)_n$。根据纤维素在植物上生长的位置不同,又分成种子纤维(棉花)和茎纤维(如苎麻、大麻、黄麻、亚麻)。

2.2.1.1 棉纤维

棉花在我国具有悠久的历史,远在 6 世纪,在南方的云南、广西就已种植。

棉(花)纤维是一根扁带形中空的管状物,其横截面为不规则腰圆形,外层是细胞壁,称为初生层,中间是成型层,称为次生层,其形状随成熟程度不同而不同。棉纤维长度是宽度的 1250 倍,由于加工而成为古代纺织的重要原料。

2.2.1.2 茎纤维

茎纤维出现很早,在旧石器时代,人们就利用野生的藤植物——葛纤维制成纱线,纺织成布。随着社会生产力的发展,野生向人工种植过渡,出现了人工种植的麻类。麻类(大麻、苎麻、黄麻、亚麻、荨麻)纤维的结构基本上相同,只是纤维的形状、长度及化学成分的含量多少有所不同。麻纤维是一种伸直而两端封闭的厚壁长细胞,中间有中腰。各种麻类纤维的头端与横截面形状不同:

麻种类	头端形状	截面形状	中腔
苎麻	呈垂头形并有分支	不规则椭圆形	中腔大 中腔呈圆形、大小不一
黄麻	两端呈尖角形	圆形	
亚麻	呈纺锭形	五角形或六角形	
大麻	尖角形并有分支		

了解纤维形态,可帮助人们识别麻的种类。

2.2.2　动物纤维

动物纤维与植物是结构和性质完全不同的另一类纤维,其化学物质主要是蛋白质,如动物的毛发和蚕的分泌物(液)。古代用作纺织原料的主要有羊毛和蚕丝。

2.2.2.1　毛纤维

毛纤维是内部有细管的圆柱筒体,由鳞片层,皮质层和髓质层构成。鳞片层是由扁平形角质化细胞形成的麟片紧密相互衔接而成,使得纤维可以弯曲、具有弹性,毛纤维的主要化学成分是蛋白质。

1959 年在新疆于田的屋于来克城发现了南北朝时期的蜡缬毛织物,一件织出方纹饰的驼色毛织物和一件紫色毛织物。这是现知较早施蜡染的毛织物。在巴楚西南脱库孜来城发现一件织花毛毯,其花纹是使用缂花技术,即通经断纬的织法织出来的。

1960 年在青海都兰县新石器遗址中发现的几块毛织物。

这些文物的发现,显示了我国当时西部地区毛织技术达到了极高的水平。

2.2.2.2　丝纤维

丝纤维主要是蚕丝。丝纤维由丝素和丝胶组成,其化学成分是蛋白质,属高分子化合物。丝素是组成蚕丝纤维的主要部分,而丝胶包在其周围起加固丝质的作用。丝纤维的结构从表面看是平整光滑的线条;在显微镜下,丝横截面呈中间没有空隙致密圆片的是家蚕丝,截面呈多角形,则是野蚕的特征标志。因此可以根据蚕丝截面的形状,判断是家蚕丝还是野蚕丝。

$$
丝纤维的组成
\begin{cases}
丝素(白色)\\
丝胶(丝胶层含有色素,淡黄或深蓝)\\
矿物质(灰色,少量)\\
脂肪\\
蜡质\\
色素
\end{cases}
$$

丝纤维经过漂练除去丝胶,丝素洁白而有光泽,称为"熟丝"。

2.2.2.3 丝毛纤维和植物纤维的性质比较

1. 丝纤维

①有较好的耐酸性。

②蚕丝还能吸收稀酸而增加其光泽。

③冷却的弱碱溶液可除去丝胶及杂质,使丝素更加柔软光滑而又无损于丝素。

④蚕丝也较容易吸收金属盐。

⑤无论是酸性染料或碱性染料,直接染料还是媒染染料,都能与蚕丝结合,并能固着于丝纤维上。

⑥丝毛纤维都能吸收水分,毛和丝都能吸收水分,毛纤维在吸收 30％ 的水分之后,触觉上仍无湿润之感。

⑦易虫蛀,霉腐。

2. 植物纤维

①植物纤维不耐酸。

②植物纤维有较好的耐碱性。

③弹性不如丝毛纤维。

§3.纺织品文物易腐朽的主要原因

纺织品文物易腐朽的主要原因和其他文物相似,主要分内因和外因。

3.1 纺织品文物易腐朽的主要内因

纺织品文物易腐朽的内因主要由其组面材料及性质决定的。

3.1.1 植物纤维易腐败的内因

植物纤维(种籽纤维和茎纤维,主要化学成分纤维素$[(C_6H_{10}O_5)_n]$易氧化和水解,分别形成易脆的氧化纤维和水解纤维素。这在纸质文物保护一章已讲过了。

3.1.2 动物纤维易腐败的内因

动物纤维主要是丝纤维和毛纤维,其主要化学物质为蛋白质,脂肪。蛋白质、脂肪均属有机化合物,其中蛋白质是有机高分子化合物,易水解,使长的蛋白链变成短的蛋白胨、氨基酸。蛋白质、脂肪以及蛋白质、脂肪的水解产物,都是细菌、霉菌的营养基和害虫的食料,因而很容易受到细菌,霉菌的侵蚀和虫害的蛀蚀,使织物发生霉烂和产生孔洞,有时变成碎片或残渣。

3.2　纺织品易腐朽的主要外因

纺织品受地下埋藏环境和出土后的保存环境影响很大。

3.2.1　纺织品受地下埋藏环境的影响

出土的纺织品文物,在地下长期埋藏时,不仅受到地下水及水蒸气的浸泡,也受到地下水中盐碱的侵蚀。纤维素不仅吸收水分而溶胀,而且被水解为水解纤维素和氧化纤维素,使纺织品强度大大降低。尤其是植物纤维,吸水后纤维素膨胀,而且往往干燥后不能复原,甚至干燥时一触即碎变成粉末。纺织品文物中保存下来的棉、麻织品少的主要原因在于此。

3.2.2　光对纺织品文物的影响

光加速纤维素的氧化反应速度,使纤维素分子中 C—C 单键结合力减弱,使长链断裂,分子聚合度降低,特别是紫外光对纤维素破坏更厉害,使纺织品变色、糟朽。阳光下曝晒的衣物,窗帘易糟朽、褪色,主要是遭到紫外光的破坏。

纤维的光老化主要包括光降解、光自动氧化、光敏氧化、光催化及大气中污染成分引起的光化学反应等。

3.2.2.1　光降解

光降解是指在光的作用下,有机物分子发生含碳基团的脱离或高分子聚合度降低,分子量下降,纤维素结构发生变化,导致纤维素的物理、机械性能发生改变而强度降低。特别是分子链中含有醛、酮的羰基或双键的物质容易吸收紫外光的能量,引起光化学反应。打断 C—C 键所需能量为 $348\sim353$ kJ/mol,这相当波长为 $340\sim342$ nm 的光辐射。阳光辐射地面的波长主要 $300\sim400$ nm,所以纤维素吸收太阳光辐射可发生光降解。

3.2.2.2　光自动氧化

光自动氧化对纺织品材料造成的破坏性影响更大。因为光降解过程中游离基一般是瞬间产生的活性基团,氧分子易与游离基反应形成过氧化游离基,这种游离基成为光解反应中的主要产品,其结果是光降解过程导致了光自动氧化游离基反应的发生。光降解是引发光氧化的一种特殊作用。

3.2.2.3　光敏氧化

光敏氧化反应是文物发掘现场保护所要面对的一个重要反应,文物发掘中遇到的“风化”现象主要是由光敏氧化反应引起的。

在缺氧、黑暗的地下条件下保存的纤维素料,如果发掘出来没有立即采取科学、有效措施妥善保护,那么一旦遇到光、氧、水分就会立即发生严重的光敏降解,这就是人们所说的文物发掘现场应特别注意的“风化”现象。

纺织品文物上如果有染料等有机物质存在时,通常可以引发光敏氧化反应。因这些物质可将纤维素等高分子材料光降解的波长范围,扩展到可见光区域,这就起到光敏剂的作用。

曙红、荧光黄、孟加拉玫瑰、结晶紫、若丹明等多种染料在吸收光后都会呈激发态,并与空气中的氧发生反应生成含氧化活性的游离基,然后再由有氧化活性游离基转化为过氧化氢等强氧化剂而使纤维氧化。

光敏剂是指在化学反应中能够吸收光的原子或分子(供体)后,将其能量传递给那些不能吸收光的原子或分子(受体),促使受体进行光化学反应,而其本身在完成能量传递后,又回到原来状态,并不参与化学反应的物质。染料就是一类重要的分子光敏剂。

光敏作用是指在某波长下,不发生光化学或光物理变化的物质,在光敏剂的作用下而发生化学或物理变化的现象。

光敏氧化过程中,染料分子既可作为光敏剂参与反应的敏化过程,又可作为反应物被活性氧化态氧加成而引起褪色。

3.2.2.4　光催化氧化反应

钛白(TiO_2)、锌白(ZnO)、立德粉(含有 ZnS 成分)用于纤维产品中的白色颜料和消光剂。这些物质在染料的褪色和纤维材料的老化过程中起光催化剂作用。

光催化过程导致羟基游离基的生成,其反应如下式所示:

$$H_2O \xrightarrow{h\gamma} H\cdot + HO\cdot$$

羟基游离基是目前已知的气相中最强的氧化剂,过氧化氢是液相中最强的氧化剂之一。羟基游离基可使纤维素分子活化发生氧化而使纤维素降解。光催化形成的氢游离基可与氧分子反应形成强氧化剂过氧化氢:

$$2H\cdot + 2O_2 \longrightarrow H_2O_2 + O_2$$

生成的过氧化氢可使纤维素发生氧化而使其结构遭到破坏。

3.2.3　温度对纺织品文物的影响

高温会使保持纺织品文物柔软而有韧性的水分,油脂过分蒸发或挥发而使动物纤维中的蛋白质、脂肪变硬,导致纺织品文物变脆、开裂。

温度太低会使脂肪、蛋白质固化而使纺织品文物失去柔软和韧性。一般在14~18℃比较合适。

3.2.4　湿度对纺织品文物的影响

埋在地下的纺织品文物长期处在温湿的环境中,很容易滋生霉菌、细菌等而引起纺织品文物的霉腐变质;菌类代谢产物的侵蚀加速了纤维的腐蚀和水解,使纺织品文物的强度大大降低,甚至霉腐成一块而难以揭开。

3.2.5 空气中有害气体对纺织品文物的影响

空气中的有害气体遇到潮湿空气会变成有腐蚀性的酸:

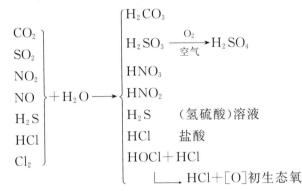

这些酸对耐酸的丝绸腐蚀不明显,而对不耐酸的植物纤维组成的棉麻织品腐蚀则十分严重,加速纤维素的水解和氧化,使纤维变脆,使织物的强度大大降低。

3.2.6　虫害对纺织品文物的危害

虫蛀、鼠咬是纺织品文物的两大危害。丝绸、毛呢、绒等纺织品文物常有虫蛀、鼠咬的现象。虫鼠排泄物还污染、腐蚀纺织品,不仅影响纺织品文物的外观,还严重影响纺织品文物的强度。

3.2.7　金属与纺织接触对纺织品文物的影响

铜、铁等金属的锈蚀产物会影响纺织品文物的外貌和强度。

3.2.8　空气中尘埃对纺织品文物的影响

尘埃中的盐、碱落在纺织品文物上,遇潮就会粘在纺织品文物上溶解产生酸、碱而腐蚀纺织品文物。尘埃中的尘粒夹在织物中会摩擦纺织品文物而使其降低强度。

§4. 古代纺织品的颜色及其成分

4.1　颜色的发生

近代科学告诉我们,有了光才感觉到颜色。由于光的波长不同,各种物质对入射光的反射、折射及吸收等作用也各有不同,因而形成不同的颜色。自然界发生颜色的原因有两种:

由折射发生:如蝴蝶的翅膀、鸟的羽毛、雨后看到的彩虹等颜色

由吸收发生:投射光的某一部分被物质选择吸收时,呈现出颜色来,它的颜色即吸收光的余色,这与物质本身的构造有关。如血色素、叶绿素及染料等的颜色(血色素、叶绿素均为多元杂环化合物)。

4.2 中国古代的颜色及其成分

我国丝质印染已有悠久的历史,有关丝织物印染的理论、实践、工艺,印染的生产分工管理、配方及操作方法早在《周礼》一书中已有记载,其中名为"染人"的官,"管染""丝帛"以供贵族们享用。在 2000 年以前,我国劳动人民不仅会用媒染剂进行媒染法染色,而且生产实践中还创造出一种套染染色法,印染出色彩绚丽、五光十色的丝织品。印染的色度有深浅层次和印花图案线条纤细秀丽生动,在吐鲁番出土的唐代丝织印染物与文献史料记载的基本相符。考古发现证明我国古代丝织印染工人在长期生产实践中,已掌握了丰富物理学和化学知识,为研究我国古代丝织物的织造和印染工艺提供了丰富的实物资料。仅从吐鲁番出土的唐代丝织物看,其色谱据不完全统计有 24 种色之多,其中不同色阶的各种颜色有:

红色:银红、水红、猩红、绛红、络紫等 5 色。

黄色:鹅黄、菊黄、杏黄、金黄、土黄、茶褐 6 种色。

青蓝色:蛋青、天青、翠蓝、宝蓝、赤青、藏青 6 色。

绿色:葫绿、豆绿、果绿、草绿、墨绿等 5 种。

此外,还有黑、白色 2 色。

仅从吐鲁番出土的丝织品的颜色就可知道我国古代的颜色色谱已相当丰富。这些古代纺织品的染色原料主要是无机颜料(矿石)和有机染料(主要是植物的花、茎、皮、根、果、叶等)。

4.2.1 纺织品的无机颜料(矿石颜料)

自然界存在着五颜六色、光彩夺目的矿石,人类最早使用的无机颜料(即矿石颜料)是赭石,即天然的赤铁矿(Fe_2O_3)。随着社会生产的发展和进步,发现不少矿石可以研磨作颜料使用。如在四五千年在《尚书·禹贡》一书中就有:黑土、白土、赤土、青土、黄土的记载,说明在四五千年前,人们已对具有天然色彩的铁(Fe)、铜(Cu)、铅(Pb)、汞(Hg)等不同矿石有了认识,并在彩陶、岩画上使用。

显示各种颜色的矿石:

①显示红色的矿石:除了赭石(Fe_2O_3)外,还有朱砂(HgS),主要化学成分是硫化汞,属辉闪矿类,由于它的颜色纯、浓、艳而深受人们喜爱,很快就代替了赭石

（Fe_2O_3）。河南荥阳青台村仰韶文化遗址出土的丝质物上已见朱砂（HgS）的痕迹。到商、周及以后时期更为普遍，在马王堆汉墓中甚至有了整匹的朱砂染色织物。

②显示黄色的矿石：主要是石黄，石黄又分雌黄（As_2S_3）和雄黄（AsS），早在西周时已被用作涂料。

③青绿色颜料的矿石：大多是含铜离子的矿物。其中有宁青（$CuSO_4$）。石绿孔雀绿[$CuCO_3Cu(OH)_2$]、石青[$2CuCO_3 \cdot Cu(OH)_2$]即蓝铜矿。

④显示黑色的矿物颜料主要是墨，早期可能用天然黑色矿物，后来则改为烧漆烟和松煤。

⑤显示白色的矿物：最早为垩土（$CaCO_3$）后来使用铝粉、铅白（[$PbCO_3 \cdot Pb-(OH)_2$]）、钛白（TiO_2）。

⑥显示粉白色的矿物：白云母（也叫绢云母）[$KAl_2(AlSi_3O_{10})(OH)_2$]。

⑦显示银灰色矿物颜料是方铅矿（PbS）。

4.2.2　纺织品文物的植物染料

从《诗经》、《周礼》等史书记载看，早在 3000 年前，我国就开始使用天然植物染料印染织物。在合成染料发明之前，植物染料一直是在印染工业中一统天下。在春秋战国时期色谱比较单调，染草种类较少。

4.2.2.1　植物染料的染色及染色植物

①蓝色：蓝草

②红色：茜草、红花、苏枋

③紫色：紫草

④黄色：栀子

⑤黑色：五倍子

随着社会的发展，科学技术的进步，植物染料的范围不断扩大，种类不断增多。到了清代已调配的颜色达数百种。

4.2.2.2　天然植物染料的分类

$$天然植物染料主要分四大类\begin{cases}①直接染色的染料 \\ ②媒染染料 \\ ③还原染料 \\ ④间色染料\end{cases}$$

1. 直接染色的染料

直接染色的染料不需要媒染而直接使织物进行染色的染料。栀子、红花是典型的直接染料。如红花又名红蓝，菊科药用植物，早在南北朝时期就被当作经典作物种植。红花直接染色呈微黄色，在微酸性如番茄汁中染色，以红花中红花素用量的增减,得大红、莲红、桃红、水红。红花染色的特点是色泽鲜艳,但牢固度低。碱水、沉香、麝香均能使红花褪色。

2. 媒染染料

媒染染料是在实行染色前,先对织物进行媒染,以利以后染色的染色染料。媒染染料本身颜色并不明显或是单一色,通过媒染剂呈现多种颜色。

媒染剂多为无机盐,如,$FeSO_4$、$CuSO_4$、$SnCl_2$、$KAl(SO_4)_2 \cdot 12H_2O$(明矾)、K_2SO_4、$KFe(SO_4)_2 \cdot 12H_2O$(铁矾)等。在植物染料中,茜草是典型的媒染染料。茜草系多年生蔓草,为中药用植物,其根色赤黄,含有茜素。茜素就是从茜草根提取出来的红色针状晶体,其结构式为:

茜素

我国至迟在西汉时,就已将茜草作为经济作物种植。

茜素以铝盐(即明矾)为媒染剂得猩红色。以铁盐即铁矾($KFe(SO_4)_2 \cdot H_2O$)为媒染剂得绛紫色。吐鲁番出土的唐代丝绸的红色就是以铝盐作媒染剂用茜素经媒染而成,这说明至迟在唐代我国印染工人已掌握了用一种媒染染料,以不同的媒染剂染得不同色光和不同色阶的化学印染技术。

3. 还原染料

染蓝的主要染料是靛蓝(Indigo—blue)又称蓝淀,是木蓝属植物蓼蓝、松蓝、马蓝、吴蓝等植物的茎、叶发酵制成的。其主要成分为靛蓝,或称靛精(Indigotin),此外还含有蓝胶、蓝褐、蓝红等杂质,蓝靛为深蓝色固体,不溶于普通溶剂也不溶于稀酸及碱。宏观世界的发色基团是 $\diagdown C=O$,能够被还原剂(或发酵剂)作用而生成隐色酸 RC≡C—OH(R 为有机基团),溶解于碱介质中变成隐色盐 RC≡CONa(也叫隐色靛白),对纤维有很强的亲和力,染色后靛白经氧化变为靛蓝。因为靛蓝的染色要用还原剂,所以叫做"还原染料"。

靛蓝的染色工艺:先使还原的靛蓝遇碱呈靛白,将被染物放入靛白染色后取出置于通风处使氧化成不溶性靛蓝。用靛蓝染色,需经多次浸染。每次浸染后,晾干(氧化后)再浸第二次浅色需染 2~3 次,深色要染 8~9 次,其靛蓝、靛白在印染过程的化学反应:

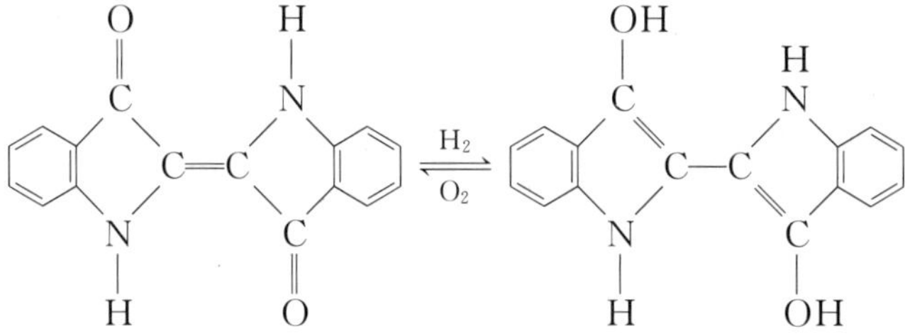

靛蓝　　　　　　　　　　　　　　靛白

由于靛蓝染色牢固,所以出土的靛蓝染色织物历时千余年至今仍色泽鲜艳。

4．间色即套染染色法

除前面说的直接染料、媒染染料、还原染料外,还有一种使用较广的间色,即套染染色法。这是人们在生产实践中摸索、创造的一种新的染色方法,可使纺织品染出的色彩更绚丽、更多彩。因此除红、青、黄三种原色外,出土的丝织品文物中有大量的间色。所谓间色就是我国在生产实践中创造出的一种套染染色法。如：

黄与青套染的不同阶色的绿色;

红与黄套染的不同阶色的橙色;

红与青套染的赤青(紫)。

§5.纺织品文物进行保护处理前必须做到的基本要求

保护时,必须从纺织品文物的实际情况出发,不同组成、性质的纺织品采用不同的保护方法,才能做到对症下药,安全、妥善地保护好各类纺织品文物。

5.1　必须搞清纺织品文物的组成、性质

纺织品组成、性质的鉴定,是保护工作的基础,也是纺织品文物保护应采用什么材料、什么试剂、什么方法的依据。

纺织品文物所用纤维及性质：

植物纤维：棉、麻,耐碱不耐酸

动物纤维：丝、毛,耐酸不耐碱

鉴别纺织品纤维是植物纤维还是动物纤维最常用而最简便的方法有三种,一是手感法,二是火烧法,三是现代科学仪器分析法。

5.1.1　手感法

动物纤维光滑、柔软而有弹性,线条光滑完整,而植物纤维棉、麻,线条不完整、不光滑、弹性比较差,通过观察或触摸就基本可以判断。但对出土的纺织品由于地下埋藏,受地下环境的影响,地下水的浸泡,埋藏周围土壤中之酸、碱、盐类物质的

腐蚀,从表面虽以看出,又不能用手搓摸,这种最简便的方法并不适用。

5.1.2　火烧法

火烧法是根据纤维被火烧后放出的气味及燃烧速度来鉴别。动物纤维含有角素蛋白质,是含氮化合物,一燃烧即收缩,且会发出焦糊的臭味。而植物纤维是由纤维素组成的植物纤维,易于燃烧、并发出一种纸张焚烧的特殊气味。

常见几种纤维燃烧的现象

纤维种类			燃烧现象
植物纤维	种子纤维:棉花		燃烧快,有亮火焰,烧棉气味
	茎纤维	亚麻	燃烧慢,有明亮火焰
		苎麻	燃烧快,发出烧纸气味
动物纤维	羊毛		燃烧发焦,发出焦糊味
	蚕丝		比羊毛燃烧快,无特殊气味

5.1.3　现代科学仪器分析方法

因为出土的纺织品文物吸收了土壤中之盐类、碱类,单凭燃烧的快慢,气味作为鉴别的依据是不够的,为此应进行现代仪器分析。

①用显微镜观察纤维的结构,拍摄显微镜照片。

②做 X 射线衍射图谱,分析其峰谷曲线和单峰位置。

③作差热分析,观察其吸热峰,与标准样品峰对照。

④做氨基酸含量分析,与已知蚕纤维作比较。

5.2　搞清纺织品文物的颜料

5.2.1　矿物颜料分析

古代纺织品有用矿物颜料染色,但用植物染料染色用的又广又多,可以说是以植物染料染色为主。因有的矿物颜料比较单一,可用这 X 射线衍射分析其组成或化学分析其组成。

5.2.2　植物染料的分析

由于植物染料不但结构复杂,而且往往还含有一些不易分离掉的杂质,给分析工作增加了难度。对染料分析一般采用化学分析或仪器分析,目前以仪器分析为主,常用的方法是红外光谱法。红外光谱法能进行官能团的分析、结构类别的鉴定和指纹分析,通过对每个官能团都有一个特证峰,对比较简单的染料或中间体未知物,有时只要一张红外光谱图就能确定。对染料分子结构比较复杂,特别是天然植物染料,由于其成分的特殊性,图谱彼此交盖、干扰、位移、错综难辨,单凭红外吸收光谱是难以确定其结构,这时应采用紫外及可见光谱分析,可以作红外光谱以及核磁共振等方法的补充与旁证,为染料成分的确定提供更充分的依据。

5.3　必须搞清纺织品文物保存的完好程度和残损状况

从古墓葬、古遗址发掘中出土的随葬衣物、饰品及葬仪用的织物,由于长期埋在地下,受地下水、各种化学成分、各种微生物的影响,织物多已腐朽,残存者也多破碎,有的从外观上看尚可,甚至色彩鲜艳,光泽如新,但实际上纤维的化学结构和物理性能早已发生大的变化而使其性能削弱或破坏,出土后受保存环境突变和受大气的影响会发生激烈的变化,以致褪色、粉化,甚至面目全非,看不出原始的面貌。对这种文物进行保护前,必须就其保存完损程度进行认真详细的分析、检查、记录。观察纺织品的纺织结构和破损程度,一般只要用放大镜或双筒立式显微镜放大 60～100 倍就可以看出断线,特别是经线和纬线是否有断裂。

5.4　必须搞清楚纺织品文物上的污染物

出土的纺织品文物,因长期埋在地下,饱受地下水、泥土、腐败生物体、水及泥土中酸碱盐类化学物质、金属锈蚀物、霉菌、细菌等的作用,常常会污染严重产生锈斑、水渍、沉积物、色素,不仅影响纺织品文物的清洁还会掩盖纺织品文物的色彩、图案。要搞清楚这些尘埃、菌类和各种盐、碱类的结晶,用放大镜或双筒立式显微镜放大 60～100 倍即可作出判断。

5.5　在搞清纺织品的染色染料、颜料后,必须对丝帛漂练进行探讨

据《唐六典》卷二十二所记,"练染之作有六:一曰青,二曰绛,三曰黄,四曰白,五曰皂,六曰紫。"其中的白,可能指的就是漂练。丝帛漂练是丝帛染色前不可缺少的准备工作。丝、帛漂练用什么物质,用什么工艺,会对我们了解纺织品特别是丝帛的印染工艺、性质、为文物保护中决定采用什么样的方法、措施、用什么样的试剂提供一些科学依据。《周礼考工记》是我国最早一部工艺技术书,其中记录当时练丝用"涗水",练帛用"栏灰"的"蜃灰"。

"涗水",是澄清的草木灰水,因草木灰含有碳酸钾(K_2CO_3)及碳酸钠(Na_2CO_3),遇水生成少量氢氧化钾(KOH)和氢氧化钠(NaOH),所以说"涗水"是碱性溶液。练帛用的"栏灰"主要是草木灰;蜃灰主要是蚌壳灰,主要是石灰质。这实际上是我国古代最早记录的草木灰与石灰质简单合成的练丝液的配方。通过劳动人民的不断实践和总结,对无机化学方面的认识和发展大约在公元前一世纪到公元前一世纪的《神农本草经》中,已有了关于草木灰和石灰的记载。这是从草木灰中提炼化学物质的最早记录。

根据以上文献记载,用草木灰制强碱达到了预期的效果:

$$K_2CO_3 + Ca(OH)_2 \longrightarrow 2KOH + CaCO_3 \downarrow$$
$$Na_2CO_3 + Ca(OH)_2 \longrightarrow 2NaOH + CaCO_3 \downarrow$$

碳酸钙呈不溶性沉淀,将溶液浓缩即得苛性钾(KOH)和苛性钠(NaOH)的结晶。所得强碱对有机物有强烈的腐蚀,将其滴到生丝织物上,丝胶立即溶解,也可借鉴此法来鉴别纺织品文物是植物纤维还是动物纤维,是动物纤维是毛还是丝,是丝是生丝还是熟丝。

文物保护前,应在纺织品文物无花纹、图案的边角处作点滴实验。

§6. 纺织品文物发掘时的现场保护

6.1 纺织品文物为什么特别强调现场保护

6.1.1 由于纺织品文物长期埋在地下墓室,基本上处于一个黑暗、潮湿、缺氧的基本稳定的环境中。

6.1.2 纺织品文物出土后,整个环境包括湿度、温度、光线、空气等都发生了突变,对纺织品文物影响极大。因此纺织品文物的现场保护和纸质文物、漆木竹器类文物现场保护一样,是整个保护工作中不可缺少和轻视的工作。不重视纺织品文物的现场保护,后患无穷,甚至造成不可挽回的损失。

6.2 纺织品文物出土时的现场保护方法

①纺织品文物一出土,应立即拍照,录像,及时、全面、准确地记录文物的处理情况及保存完损情况。

②在墓葬或遗址中一旦发现纺织品文物,应立即采取保护措施,维持出土前的环境状态,最好事先准备好一个能抽真空、能充惰性气体及水蒸气的有机玻璃操作箱备用。纺织物起取时应连同周围的泥土一起,起取后迅速放入有机玻璃操作箱,用黑布包好后,安全运回保护实验室。

③对出土的纺织品文物拍照、录像时要避免强光照射,尽量使用较弱的光源,以免强光中紫外光的照射而引起颜料,特别是植物染料褪色。

④装有纺织物的有机玻璃操作箱运回实验室后,通过操作箱上连带的橡胶手套先将纺织物上的泥土剥离、清除,并用蒸馏水清洗。用脱脂棉或吸水纸吸除泥水后,再用乙醇、乙醚或二甲苯清洗(清洗前必须作点滴实验),即可进行纺织品文物的原料鉴定及后续保护工作展开。

§7. 出土纺织品文物的清洗

7.1　清洗纺织品文物应遵循的基本原则

　　①清洗工作是一项重要而决定文物保护成败的工作,操作时必须小心、谨慎并在思想上高度重视。

　　②清洗前必须了解织物的纤维成分、破损程度以及色彩的染料及成分。

　　③清洗织物所使用的各种化学药品,应对人无害,对纺织品文物的纤维及色彩、图案的染料无副作用。

　　④清洗前要选择纺织物上不重要、不明显部位作点滴试验,以判断清洗溶剂对纺织品、颜料、染料的作用及颜色的牢固程度的影响。常用的方法:将滤纸或吸墨纸放在纺织品实验下面,然后在实验部位滴上一滴清洗用药剂大约一分钟后,看看是否掉色及掉色程度。如滤纸上有颜色的痕迹,即表明此溶剂会使纺物掉色。当遇到掉色情况时,可采用5%食盐溶液或2%～5%的醋酸溶液来固定颜色。5%食盐或2%～5%的醋酸就叫做固色清洗剂。

　　纺织品文物的清洗不仅与织物的种类、组成和性质有关,同时和织物上颜色和污斑的性质有密切的关系。在操作中应根据不同情况采用不同的清洗剂和清洗方法。目前常用清洗方法有湿洗、干洗、混合溶剂清洗、固色清洗、特殊污斑清洗、络合清洗等。

7.2　纺织品文物的清洗

7.2.1　出土纺织品文物的污染

　　由于纺织品文物长期埋在地下,不同程度受到周围的物质的污染。其污染主要有以下情况:

　　①因长期埋在地下,饱受地下水、泥土、腐败生物体、尸体、土壤及水中酸碱盐类化学物质的浸渍、污染,常常污染上水渍。

　　②金属氧化物造成的锈斑。

　　③由霉菌造成的霉斑。

　　④由虫害造成的虫屎斑

　　⑤由油烟造成的油烟斑。

7.2.2　纺织品文物的湿洗法清洗——用水或水溶液清洗叫湿洗法

7.2.2.1　纺织品上污泥和土的清洗

清除纺织品文物的污泥和土,只要织物经得起水洗,一般采用离子交换水、蒸馏水来清洗,是最经济、最安全、最常用的方法。纺织物上的泥土,一般应在清洗前先除去,然后再用水洗,具体清洗是根据纺织物质地是否完好坚固、颜色遇水是否掉色等实际情况决定具体的清洗方法。

1. 织物本身不太脆弱,遇水不掉色的织物上泥土的清洗

将纺织品文物平展在平底容器中,容器一端应有一个小的 V 形缺口以便倒水,先用较软的排笔慢慢刷去织物上的浮土和松软而易刷下来的泥迹,然后用缓慢的流动水冲洗织物上的污斑,直至冲洗下的水变清织物洗干净为止。将织物从容器中取出,放在吸水纸上,待水被纸吸去后,乘湿将织物夹在吸水纸中间压平。清洗过的织物,不能让太阳晒,也不能用高温烘烤,最好在室温下阴干。

若纺织品文物上有较干硬的土时,先把织物放于平底容器中用离子交换水或蒸馏水浸泡,待一部分污泥软化溶解后,倾去泥水,更换清水,并清除不溶于水的砂、砾等杂物,然后用流动水漂洗纺织品文物,洗完后同样放在吸水纸上吸去水后,乘湿将织物夹在吸水纸中间压平。放在室温下阴干。

2. 织物本身不太坚固或遇水掉色时,一般采用水蒸气法清洗,把要清洗的织物放在滤纸上或白布上,若织物太脆弱时可用同样的滤纸或白布盖在上面。通蒸汽流时,污泥会很快地被吸收到放在下面(及上面的)的混纸或白布上,达到清洗目的。

3. 小块脆弱织物的清洗

可将欲清洗的脆弱织物平夹在一个特制的塑料纱网中,然后浸泡在用蒸馏水和洗涤剂配成 pH 值为 6.5～7.5 的溶液中,控制溶液温度在 35℃ 左右。待织物浸湿透后,用排笔轻轻刷拭,并不断换水,反复清洗,直至污垢去除。

也可将织物放在特制的塑料纱网上,在沙网底下垫以滤纸或吸水纸或吸水的脱脂棉垫片,用软毛笔蘸蒸馏水、洗涤剂配成的 pH 值为 6.5～7.5 的溶液,轻轻在织物上洗刷,然后再用温的蒸馏水刷洗,边洗边移动,以便于滤纸或白布或脱脂棉垫更好地吸去污水,直到洗干净。

4. 织物污染不太严重或局部污染时的清洗

将织物平铺在用脱脂棉做成的底垫上,底垫和桌面稍稍倾斜,然后用海绵蘸蒸馏水将污斑浸湿可轻轻敲拍织物以便更好的浸润织物,使溶解的污泥渗入底垫被底垫吸收,直至淌下来的水清亮为止。

7.2.2.2　固色清洗

在清洗有色的纺织品时,应先作颜色是否褪色的点滴实验,在纺织品有色部位上(在织物边角不重要的部位上)滴上一滴溶剂,试一分钟后,用白吸墨纸或吸湿纸试一下,检验有无颜色转移到纸上及转移程度。若有颜色转移到白吸墨纸或吸湿

纸上的痕迹，则说明该溶液会溶解织物上的染料使织物褪色，这种现象叫"流淌"现象。

对于那些有"流淌"现象的织物，一般用 5% 的食盐或 2%～5% 的醋酸溶液来固定颜色（必要时醋酸的最大浓度可提高到 20%）。经固色后，再无"流淌"现象时，方可使用此溶液清洗，否则就要更换溶剂。

固色原理：食盐和醋酸均系印染工业中不可缺少的助染固色原料，被用作固色剂。这主要是因为染料在水中溶解度比易溶的食盐、醋酸的溶解小的多。若加入食盐、醋酸，清洗时首先溶解的是食盐和醋酸，并且食盐、醋酸溶解的越多，染料溶解的越少，从而达到固色的目的。

7.2.2.3　油污斑、汗斑、果汁斑及动植物变质产物污染斑的清洗

纺织品文物上的油污斑、汗斑、果汁及动植物变质产物等，一般不溶于水，因此用水往往清洗不掉。上述污物多为酸性，清洗时需添加一些碱性去污剂使其发生中和反应变成溶于水的盐或皂类，或其他的碱金属化合物而溶于水。一般采用有表面活性作用的合成洗涤剂或湿润剂。

实践证明，清洗液的 pH 值对清洗效果影响很大。通常情况下，清洗液的 pH 值从 10 减小到中性时，清洗效果最好。pH 值太高时，对植物纤维虽影响不大，但会使动物纤维中的蛋白质变质，因此作为湿洗溶液必须严格控制 pH 值。在纺织品文物清洗中常用弱碱性缓冲溶液清洗剂氨水来保障安全清洗。这是因为氨水浓度的变化对溶液的 pH 影响不大，基本可维持在 8.6～11.5 之间：

氨水浓度/%	相应的 pH 值
0.1	8.6
1	9.11
28	<11.5

即使使用浓氨水，pH 也小于 11.5，而且易挥发，当它尚未造成有害作用之前就已经挥发了，所以比较安全。

也可以添加硼砂作去污剂，因为硼砂可增加皂化和清洗能力，硼砂（即四硼酸钠 $Na_2B_4O_7 \cdot 10H_2O$）的结构为：

$$
\begin{array}{c}
\text{O—B—O} \\
\left[\text{NaOB} \quad \text{O} \quad \text{BONa}\right] \\
\text{O—B—O}
\end{array}
$$

是由两个 $B(OH)_3$ 和两个 $B(OH)_4^-$ 缩合而成：

$$\underset{\text{OH HO-B-OH}}{\underset{\text{HO-B-OH HO-B-OH}}{\overset{\text{OH HO-B-OH}}{}}} \xrightarrow{-5H_2O} \underset{\text{O-B-O}}{\overset{\text{O-B-O}}{HO-B\quad O\quad B-OH}} \xrightarrow[2OH^-]{2Na^+} \underset{\text{O-B-O}}{\overset{\text{O-B-O}}{NaO-B\quad O\quad B-ONa}}$$

硼砂作为缓冲溶液清洗剂的特点：

①因为硼砂缓冲溶液能增加皂化和清洗能力，因而能清洗一些有严重污染的织物。

②对一些有严重污染、又不宜用产生浮渣的肥皂之类的添加物清洗时，用硼砂缓冲溶液清洗效果很好。

7.2.2.4　纺织品上金属锈蚀物形成的锈斑的清洗

纺织品文物上金属锈蚀斑如铜、铁锈或其他金属锈蚀物引起的污斑，一般用酸性清洗剂水溶液来清洗，使之变成可溶性盐。如：

$$Fe(OH)_3 + 3CH_3COOH \longrightarrow Fe(CH_3COO)_3 + 3H_2O$$
棕褐色不溶于水　　　　　　　　　　　　溶于水

酸性清洗剂之作用：

①固色作用：固定碱性染料，以防清洗中掉色。

②可中和清洗过程中多余的碱。

纺织品文物清洗中常用的酸是醋酸，其浓度与 pH 的关系如下：

当浓度接近 1％时，它的 pH 值为 2.8。

当浓度为 28％时，它的 pH 值为 2。

由于醋酸易挥发，通常在它未能伤害纤维之前，就挥发了。

7.2.2.5　纺织品文物上特殊污斑的清洗

1. 纺织品文物上硬水形成的污斑

纺织品长期埋在地下，浸泡在硬水中形成的污斑，多采用多价螯合清洗剂清洗。硬水中钙、镁、钡、铁等离子形成特殊污水斑，可转换为易溶于水的钙、镁、钡、铁离子的可溶性络合物而清洗除去。

其清洗原理如下反应式所示：

$$M^{2+} + \underset{\text{HOOC}-CH_2}{\overset{\text{HOOC}-CH_2}{}}N-N\underset{\text{CH}_2COONa}{\overset{\text{CH}_2COONa}{}} \xrightarrow{OH^-}$$

EDTA 二钠盐

$$M^{2+}\left[\begin{array}{c} \text{HOOCH}_2 \quad\quad \text{CH}_2\text{COO}^- \\ \diagdown \quad\quad \diagup \\ \text{N}\text{—}\text{N} \\ \diagup \quad\quad \diagdown \\ \text{HOOCCH}_2 \quad\quad \text{CH}_2\text{COO}^- \end{array}\right]+2\text{Na}^+$$

$M^{2+}=Ca^{2+}、Mg^{2+}……$

（2）六偏磷酸钠（Na_2〔$Na_4(PO_3)_6$〕）多价螯合清洗剂

Na_2〔$Na_4(PO_3)_6$〕是一种络合能力很强的多价螯合清洗剂,它不仅用于水的软化和锅炉的去垢清洗,也常用于纺织品文物上硬水形成污斑的去污清洗,其反应机理如下反应式所示:

$$M^{2+}+Na_2〔Na_4(PO_3)_6〕\longrightarrow Na_2〔M_2(PO_3)_6〕+4Na^+$$

$M^{2+}\!=\!=\!Ca^{2+}、Mg^{2+}、Ba^{2+}、Fe^{2+}$ 等

2. 纺织品文物上的铜锈用氨水清洗

（1）纺织品文物上铜锈主要颜色及成分

铜锈的主要颜色	铜锈的成分	铜锈之名称
黑色	CuO	氧化铜
红色	Cu_2O	氧化亚铜
靛蓝	CuS	硫化铜
蓝绿	$CuCO_3 \cdot Cu(OH)_2$	孔雀石
	$2CuCO_3 \cdot Cu(OH)_2$	蓝铜矿
亮绿	$CuCl_2 \cdot Cu(OH)_2$	氯铜矿
	粉状锈	副氯铜矿

（2）用 $NH_3 \cdot H_2O$ 清洗铜锈的机理

用 $NH_3 \cdot H_2O$ 清洗铜的锈蚀物的机理可用下列化学反应式来表示:

$$CuCO_3 \cdot Cu(OH)_2+8NH_3 \cdot H_2O\longrightarrow 〔Cu(NH_3)_4〕CO_3+〔Cu(NH_3)_4〕(OH)_2+8H_2O$$
二者均为深蓝色溶液

利用上述络合反应,可使一些难溶的铜锈形成易溶的铜氨络合物。

（3）清除方法:将污染有铜锈蚀产物的织物铺在一个有一定倾斜度的平板上,平板与织物之间衬以滤纸或吸墨纸;用脱脂棉蘸取 5% 氨水,与有铜锈斑接触;铜锈溶解、形成深蓝色溶液渗入织物底的衬垫上。清洗时为防深蓝色溶液扩散污染,每次蘸取的氨水量可少一些,避免产生的〔$Cu(NH_3)_4$〕$^{2+}$ 溶液流动。产生后一是下渗、上是用另外的干脱脂棉及时吸除织物上产生而未来得渗入衬垫的深蓝色的铜氨溶液,反复操作、直至清洗干净。用滤纸吸去织物的水分,并轻轻压平、晾干即可。

3. 纺织品文物上蛋白质沉淀物的清洗

纺织品文物上的血斑、尸体斑、动物凝胶、食物残渣、淀粉、糖类等污斑,用水或别的酸性、碱性、缓冲溶液难以清洗,可采用酶溶液于中性条件下,在 $30\sim40℃$ 下,使酶溶液和污斑充分接触约一个半小时(或按经验决定接触时间),且要恒温,常用的酶是木瓜蛋白酶(或叫香瓜酶),来清除蛋白质类沉淀物。

注意:虽酶的作用比较缓和,但对历经沧桑的纺织品文物来说,仍会不可避免的有些预想不到的影响,所以操作中应细心观察,如一有异常现象或有什么征兆,应立即停止处理,且尽快除去酶溶液。

4. 纺织品文物上有色污斑的清洗

(1)纺织品文物上有色污斑的产生

①纺织品文物因年久而发生变色。

②与带色物质接触而污染。

③纺织品文物本身老化或氧化过程中造成的污斑。

④着色剂或染料氧化造成的污斑。

以上污斑用以上所提的湿洗法难以清洗掉。

有色污斑的清洗主要是采取破坏生色基团的方法 $\begin{cases} ①氧化法清除有色污斑(漂白) \\ ②还原法清洗有色污斑 \end{cases}$

(2)氧化法及还原法清洗有色污斑的原理

氧化法和还原法清洗就是利用氧化或还原法来破坏污斑的生色基团。

(3)用氧化法清洗纺织品文物上的有色污斑

由于纺织品纤维的组成、性质不同,应采用不同的氧化剂来清除其上面的有色污斑。

①植物纤维(棉、麻)纺织品文物上有色污斑的清除所用氧化剂——氯漂白剂

目前用于植物纤维纺织品文物上的有色污斑的氯漂白剂有三种:

次氯酸钠($NaOCl$)　　　　　　　　溶于水

次氯酸钙($Ca(OCl)_2$)

漂白粉　　(有效成分)$Ca\begin{array}{c} Cl \\ \diagdown \\ OCl \end{array}$ $\Big\}$ 便宜、但难溶于水,或微溶于水,使用前必

须加碳酸钠与之反应,使其转化成可溶性的次氯酸钠:

$$Ca(OCl)_2 + Na_2CO_3 \longrightarrow CaCO_3 \downarrow + 2NaOCl$$

将此溶液倾出,并稀释到 $0.1\%\sim0.2\%$,方可使用。

次氯酸钠的漂白机理如下面化学反应式所示:

$$NaOCl + \underset{(空气中)}{CO_2} + H_2O \longrightarrow NaHCO_3 + HOCl$$
$$\longrightarrow [O] + HCl$$

初生态氧,具很强的
氧化漂白作用

用次氯酸钠漂白清洗有色污斑的最佳条件:

A. 浓度　　　　　　$0.1\% \sim 0.2\%$

B. pH　　　　　　　10

C. 清洗温度　　　　30℃

因 $NaOCl$ 漂白机理的反应产物中有 $NaHCO_3$,应用性质温和的醋酸中和,其反应式如下:

$$NaHCO_3 + CH_3COOH \longrightarrow CH_3COONa + H_2CO_3$$
$$\longrightarrow CO_2 \uparrow + H_2O$$

从上面两个反应的产物中的 $HOCl$、H_2CO_3 都是酸,为什么还要用 CH_3COOH 来中和 $NaHCO_3$ 呢? 可从下列式子看出:

$$HOCl \longrightarrow H^+ OCl^- \qquad\qquad K_a = 3.6 \times 10^{-8}$$

$$H_2CO_3 \longrightarrow H^+ + HCO_3^- \qquad K_a = 3.37 \times 10^{-7}$$

$$CH_3COOH \longrightarrow H^+ + CH_3COO^- \qquad K_a = 4.8 \times 10^{-5}$$

次氯酸钙的漂白机理:

$$Ca(OCl)_2 + CO_2 + H_2O \longrightarrow CaCO_3 \downarrow + 2HOCl$$
$$\longrightarrow HCl + 2[O]$$

漂白过程中产生的 $NaHCO_3$、$CaCO_3$,对丝毛有危害。

②动物性(蛋白质、脂肪)纤维——丝、毛类纺织品文物有色污斑清洗——过氧化氢漂白剂

因氯漂白剂漂白过程中会产生 $NaHCO_3$、$CaCO_3$ 等碱性物质,会破坏丝毛中之蛋白质、胶质,因而不能用氯过氧化物,而采用比较安全的过氧化氢漂白剂,过氧化氢(H_2O_2)和过硼酸钠($NaBO_2 \cdot 3H_2O \cdot H_2O_2$)漂白剂。

A. 过氧化氢(H_2O_2)漂白原理

a. 过氧化氢与纤维表面接触,有机物会加速 H_2O_2 分解而产生初生态氧,具有极强的氧化漂白作用:

$$H_2O_2 \longrightarrow H_2O + [O]$$

b. H_2O_2 漂白剂应注意的几个问题

(a)浓度1%,加入 NH_3、H_2O 可加速漂白作用

(b)Cu、Mn 或其他金属光、热加速 H_2O_2 分解

(c)$NaH_2P_2O_7$(1∶10 000)、$\langle\bigcirc\rangle NHC—CH_3$（上方有 O，双键）　　H_3PO_4　　0.08%

H_2SO_4 等酸性物质是 H_2O_2 的稳定剂。

B. 过硼酸钠漂白清洗剂洗涤有色污斑

a. 清洗原理

过硼酸钠溶于水后会产生 H_2O_2 和偏硼酸钠

$$NaBO_2 \cdot H_2O_2 \cdot 3H_2O \xrightarrow{\text{溶于水}} NaBO_2 + 3H_2O + H_2O_2$$

$$H_2O_2 \longrightarrow H_2O + 〔O〕$$

b. 过硼酸钠清洗条件

(a)清洗温度 20～30℃。

(b)浓度 3.5% 相当 0.7% H_2O_2。

清洗时对织物本身无不良影响。

C. 过硼酸钠清洗有色污斑的操作：

用棉签蘸上 1% 浓度的过硼酸钠溶液,在织物的有色污斑上沾洗,直至织物上有色污斑沾洗干净,再用离子交换水或蒸馏水洗至沾水的 pH 值为 7 时,用吸水纸将织物吸干(注意用过硼酸钠溶液清洗织物上有色污斑时,必须严格控制浓度不超过 1%)。

(4)用还原法清洗纺织品文物上的有色污斑

在纺织品文物上因氧化作用产生的有色污斑,只能采用还原作用来清除。

用还原法清洗有色污斑的方法,按污斑的组成性质及颜色可分为两类：

①一类是因金属锈蚀而产生的颜色较深的污斑,即深颜色的金属锈斑如 $FeOOH$、$Fe(OH)_3$、Fe_2O_3 形成的棕红色或深棕色锈斑,用还原剂草酸溶液还原清洗。清洗过程的机理以下化学反应式所示：

$$Fe^{3+} + C_2O_4^{2-} \xrightarrow{\text{稀 } H_2SO_4} FeSO_4 + 2CO_2 \uparrow + H_2O$$

棕红色　　　　　　　　　　极淡的绿色
　　　　　　　　　　　　　几乎看不出来

$Fe(OH)_3$

$$FeOOH + H_2C_2O_4 \xrightarrow{\text{稀 } H_2SO_4} FeSO_4 + 2CO_2 + H_2O$$

　　　　　　　　　　　　　极淡的绿色
　　　　　　　　　　　　　几乎看不出来

Fe_2O_3

棕褐色

用此法清洗铁锈的效果比前面用酸性溶液清洗效果更好。因草酸是个较强的有机酸,而且具有很强的还原性,其结构为:

$$\begin{array}{c} O \\ \| \\ C-O-H \\ | \\ C-O-H \\ \| \\ O \end{array}$$

(注意草酸有毒,操作时应特别小心)

清洗掉污斑后,应用蒸馏水多次沾洗,直至中性。用此法清洗有色污斑时,要特别小心,尽量避免接触纺织品文物的颜色,以免掉色。

②有机染料或天然染料(基本是植物染料)造成的有色污斑

这些污斑基本上是由生色基团造成的,都含有 $C=C$ 、 $-N=N$

或 $C=N-$ 等不稳定的双键、叁键等不饱和键。可采用通过还原作用破坏生色基团的方法达到清污的目的。

用亚硫酸氢钠的甲醛化产物($NaHSO_2 \cdot CH_2O \cdot 2H_2O$)及连二亚硫酸钠($Na_2S_2O_4$)作为还原剂来洗涤。

操作:先用 $Na_2S_2O_4$ 或 $NaHSO_2 \cdot CH_2O \cdot 2H_2O$ 将色斑浸润湿,然后再在浸湿的斑点上撒上一些 $Na_2S_2O_4$ 的粉末,并滴上 $5\%CH_3COOH$ 一滴,以加速化学反应。

织物上如有金属纽扣或其他刺绣时,不可用 $Na_2SO_4 \cdot CH_2O \cdot 2H_2O$ 清洗而用极稀的氢氟酸。否则会失去纽扣的光泽。

7.2.3 纺织品文物的干洗法(有机溶剂清洗法)

采用无水的有机溶剂来清洗污物的方法叫干洗法。经常用来清洗油、脂蜡、树脂、黏结剂、虫胶、油漆、涂料、橡胶、塑料等有机高分子化合物类不溶于水也不用水清洗的污斑。根据相似互溶原理,有机、高分子化合物溶于一些无水的有机溶剂,因而这类污斑用无水的有机溶剂清洗效果好,又安全。常用的干洗剂有:乙醇、丙酮、乙醚、苯、汽油、三氯乙烯等。

7.2.3.1 纺织品文物干洗时应特别注意的几个问题

1. 首先必须作点滴实验

因为有机溶剂,特别是用于干洗的无水有机溶剂对染料特别是对有机染料溶解度大,为了确保纺织品文物清洗的安全,防止褪色,在清洗之前必须作点滴实验。作点滴实验时必须特别小心仔细观察,在无"流淌"现象,通过实验选择出适合溶剂。

2. 必须注意防火、防爆、防毒

绝大部分有机溶剂易挥发、易燃、易爆,有些有机溶剂还有毒,因此清洗时必须注意安全,要在通风橱中或在通风良好无明火的环境中操作。

3. 注意尽量选择毒性小,或基本上可以认为是实际无毒的有机物。如用苯时,可以考虑与其性能相似,而毒小比其小的甲苯或二甲苯。

7.2.3.2　纺织品文物清洗常用的干洗剂

1. 有机卤化物——三氯乙烯、二氯乙烯

(1)三氯乙烯清除油渍斑

①三氯乙烯干洗剂洗清特点

A. 除污能力强,可清除油渍污斑,效果好。

B. 三氯乙烯易挥发,清洗后易除去。

C. 三氯乙烯不易燃,使用安全。

D. 三氯乙烯不仅可清除油渍、油污,还可杀虫、防虫。

②用三氯乙烯清洗纺织品文物上油渍污斑时操作方法

可用三氯乙烯浸洗沾有油渍、油污斑的纺织品文物,也可用海绵或脱脂棉蘸取三氯乙烯浸湿油斑,使油斑溶解并及时吸除。用纯的冷三氯乙烯浸洗织物时,一般不超过 30 分钟,这是因为三氯乙烯溶解能力很强,如果时间长三氯乙烯扩散到无油渍的地方,损坏花纹图案而造成破坏性清洗。

③用三氯乙烯清洗纺织品文物时,如果织物上的颜色发生"流淌"现象,可采用既可去油污又不产生"流淌"现象的二氯乙烯。

用卤化烯烃的特点很突出,既清洗油斑又可防虫,一举两得。

2. 石油类纺织品文物干洗剂——主要用来清洗油脂、烟炱、染料污斑

(1)石油类纺织品文物干洗剂的特点

①石油类干洗剂去除油脂类、烟炱类和染料类污斑能力强。

②石油类干洗剂来源丰富、价格便宜。

③毒性小。

④对大多数纺织品无害、使用安全。

(2)用石油类清洗剂清洗纺织品上油脂、烟炱、染料的方法

清洗方法与用三氯乙烯清洗方法相同。若纺织文物上不仅有油脂、烟炱、染料污斑,而且还有盐、糖、水溶性沉淀物时,可在石油类溶剂中加少许水,使之发生乳

化作用后既除油脂、烟炱、染料又可清除盐、糖、水溶性沉淀污物。

（3）芳烃类溶剂干洗剂——苯、甲苯、二甲苯

芳烃类清洗剂主要用来清洗纺织品文物上的涂膜、食物及烟炱污染而造成的含有不饱和油类污斑。

①芳烃清洗剂的特点

A. 芳烃对涂膜、食物、烟炱污染造成的不饱和油类污斑溶解能力强，因而清洗效果好。

B. 因芳烃挥发较慢，有利于较严重的污斑的去除。如涂膜的清洗过程：

用芳烃将涂膜浸渍——→涂膜溶胀——→溶解——→清除

如果挥发太快，涂膜还未溶胀、溶剂就挥发了，就比较难除了。

②芳烃清洗剂的问题，主要是毒性，特别是苯的毒性比较大，因此清洗过程必须注意安全，以防苯中毒。

（4）醇类清洗剂

醇类干洗剂主要是用来清洗虫胶、树脂、清漆、油漆等造成的污斑，其清洗过程也是先用醇浸渍污斑——→污斑溶胀——→起皱——→溶解——→清除。

（5）纺织品文物纤维黏合剂造成污斑的清洗

对硝酸纤维素黏合剂、醋酸纤维类黏合剂等造成的污斑，采用对这些纤维素黏合剂溶解性能好的丙酮、乙酸乙酯、乙酸戊酯或酮类和酯类来清洗。这些也可以将漆和涂料溶解。

清除方法：先用海绵或脱脂棉蘸吸酮或酯浸洗纤维黏合剂污斑，充分接触使污斑溶胀后，用小刀或其他工具仔细剔除（注意绝对不能划伤纺织品）。

7.2.4　表面活性剂清洗剂

如果纺织品文物上有些污斑用湿洗剂和干洗剂都清洗不下时，可适当加些表面活性剂来清洗。

7.2.4.1　表面活性剂的作用及清洗原理

1. 表面活性剂作用主要是减少清洗剂的表面张力或分子间的吸引力，使得清洗剂与织物容易接触，即增加清洗剂的湿润作用。

2. 形成胶束、包围污物

由于表面活性剂分子结构一端为亲水基，另一端为亲油基，会在溶液中形成许多胶束，并按一定规律排列将污物包围，使污物易于从纺织品文物的纤维上脱离下来而进入溶液。

如洗衣粉的活性成分十二烷基苯磺酸钠：

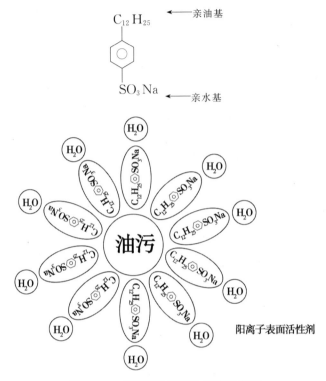

图 7－1　表面活性剂清洗原理示意图

清洗过程中亲油基接近污斑、渗入污斑溶解污斑,而表面活性剂的亲水基与水接触溶解,随清洗过程中水流动,水拉着表面活性剂形成的胶束从污斑上将溶解了的油污进入水中,将油污清洗掉。

7.2.4.2　表面活性清洗条件及方法

表面活性剂的活化作用有助于清洗,其清洗效果、渗透速度及溶解性能,与清洗剂表面活性剂的浓度、清洗温度、溶液的 pH 有关。以水为溶剂,当加入表面活性剂后溶液起泡沫,即表明浓度合适(约 2%～4%),清洗的适宜温度 20～25℃,pH 为 8 左右。常用的是表面活性及溶解性能较好的非离子型表面活性剂如咪唑啉类及阳离子型表面活性剂,常用的十二烷基苯磺酸钠就属于一种常用的阳离子型表面活性剂。

表面活性剂清洗污斑的方法:

用脱脂棉蘸上配好的表面活性剂溶液清洗剂浸润污斑。使清洗剂与纺织品文物纤维接近湿润形成胶束,用干净脱脂棉蘸上蒸馏水沾洗使污物及未作用完的表面活性洗涤剂从织物纤维上脱离下来,再用干的脱脂棉将污液及时吸走,用吸墨纸平铺在洗干净的纺织品文物上,轻轻以接触力压平、吸去水分,放在室内阴干即可。

7.2.5　混合溶剂清洗法

当污斑用湿洗剂、干洗剂、表面活性剂清洗剂都不能有效清除时,可采用湿洗剂、干洗剂、表面活性剂清洗剂合理混合,充分发挥各种清洗剂混合后的综合优势,清除纺织品文物上的多种污垢,如血斑、锈斑、霉斑、油污斑、漆斑、树脂斑等及其他有机、无机的污染物。

7.2.5.1　常用的混合溶剂清洗剂的配方

乙醇 9 份＋乙酸乙酯 6 份＋丙酮 1 份＋三氯乙烯 2 份＋醋酸 1 份＋水 79 份＋洗涤剂(十二烷基磺酸钠)1～2 份

7.2.5.2　混合溶剂清洗剂配制方法

先用温水溶解洗涤剂,再加其他成分然后加足量的水,最后搅动使其成为均匀乳化状况的混合清洗剂。

纺织品文物经混合清洗剂清洗掉污斑后,用温蒸馏水(30℃左右)冲洗,然后用吸水纸洗去织物表面的水分,最后自然阴干。

7.2.5.3　混合溶剂清洗剂的特点

①混合溶剂清洗剂去污能力强、去污面广,既可除去灰尘,又可清除油污、血迹、锈斑、漆斑、树脂斑、黏合剂污染斑。

②混合溶剂清洗剂还能起到固色作用,清洗污斑更有效、更安全。

③清洗剂的配方可根据实际清洗对象,作适当调整。

7.2.6　特殊清洗

当纺织品非常脆弱,既不能湿洗又不能干洗时,可用下述特殊方法清除污斑。

将很细的麦麸和洗剂液(表面活性剂)或有机溶剂混合,然后加一点醋,覆盖在纺织品的污斑上约 1 厘米厚,过一段时间后(时间由去污情况确定),取下,再用麦麸和蒸馏水混合,同样覆盖在去污处,将洗液清除干净后,取掉覆盖物,阴干即可。

§8.纺织品文物杀菌、防霉、防腐、防虫处理

8.1　纺织品文物杀菌、防霉、防腐、防虫的重要性及要求

(1)纺织品文物材料主要是纤维素或蛋白质等,是菌类和害虫的丰富营养基和养料,在潮湿的地下,最容易发霉、生虫,因此纺织品文物出土后必须进行杀菌、杀虫处理,否则既不能展出,也不能入库。即使处理过、入了库的纺织品文物也应该经常检查。所以杀菌、杀虫、防霉、防腐、防虫蛀是纺织品文物保护中一个极其重要而绝不可缺少的工作,也是纺织品文物保管环境中一个重要的探索课题。

　　(2)纺织品文物入库前,必须严格检查,认真地做杀菌、杀虫、防霉处理。对已经霉变的纺织品文物可用软毛刷将霉斑刷除,再用有机溶剂或其他溶剂加杀菌剂清洗、杀菌、消毒,而绝不能带菌、带虫入库。

　　(3)对入库保管的纺织品文物,要经常检查,保证文物有良好的保存环境:

　　①严格控制库房温湿度,严防菌虫的滋生繁殖。

　　②保持库房空气洁净、尽量减少有害气体、灰尘,消除微生物和害虫滋生繁殖的条件。

8.2　纺织品文物常采用的消毒、杀菌、杀虫剂及方法

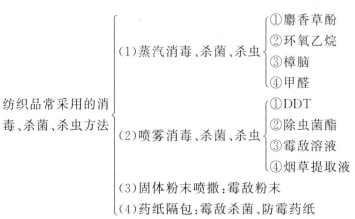

纺织品常采用的消毒、杀菌、杀虫方法
　　(1)蒸汽消毒、杀菌、杀虫
　　　　①麝香草酚
　　　　②环氧乙烷
　　　　③樟脑
　　　　④甲醛
　　(2)喷雾消毒、杀菌、杀虫
　　　　①DDT
　　　　②除虫菌酯
　　　　③霉敌溶液
　　　　④烟草提取液
　　(3)固体粉末喷撒:霉敌粉末
　　(4)药纸隔包:霉敌杀菌、防霉药纸

8.2.1　熏蒸消毒、杀菌、杀虫剂

8.2.1.1　麝香草酚

$$H_3C \overset{OH}{\underset{}{\bigcirc}} CH(CH_3)_2 \quad (5-甲基-2-异丙基苯酚)$$

熏蒸消毒、杀菌方法:

　　将需要消毒杀菌的纺织品文物放在一个严密、不透风的灭菌箱或消毒柜内,再将麝香草酚晶体放在一个敞口容器内,用电灯泡照射加热,使麝香草酚受热升华变成蒸气而充满灭菌箱或消毒柜而进行消毒、灭菌。此法不仅灭菌效果好,而且不损害文物。处理时最好在纺织品文物上盖上质地柔软的纸,避免灯光直接照射文物。其操作过程简示如下:

$$麝香草酚晶体 \xrightarrow[升华]{电灯泡} 麝香草酚蒸气 \longrightarrow 消毒、杀菌$$

8.2.1.2　环氧乙烷

$$CH_2 \overset{}{\underset{O}{\diagup\hspace{-1mm}\diagdown}} CH_2$$

1.环氧乙烷消毒、灭菌、杀虫特点

(1)环氧乙烷是广谱消毒、灭菌、杀虫剂,对很多种菌、虫均有很强的杀灭效果,且杀灭后的菌虫无复活能力。

(2)环氧乙烷沸点低、易挥发,常温下使用简便、安全。由于其挥发快,因而对织物颜色、强度无腐蚀损害作用。

(3)穿透能力强、毒杀力高,可将躲藏在文物深处的菌虫杀死。

2.使用环氧乙烷必须特别注意几个问题

(1)环氧乙烷有毒、易燃、易爆,接触明火会燃烧,在空气中浓度超过 3% 可发生爆炸。为了避免在使用环氧乙烷时,发生事故,可采取以下措施:

①应在合格的专用熏蒸器内进行、避免环氧乙烷进入空气,污染环境。

②从环保角度考虑,建议使用环氧乙烷 10% 和二氧化碳 90% 混合的安全气体。它的毒性只有纯环乙氧烷的 1/10,并且从根本杜绝了环氧乙烷的爆炸隐患,另外因为二氧化碳的加入,蒸气压增大,环氧乙烷的穿透能力增强,提高了杀菌、杀虫的能力。

(2)环氧乙烷不能用于动物纤维(丝、毛)类纺织品文物杀菌、杀虫。

因为环氧乙烷中含有活泼的环氧基,能与蛋白质中之巯基、羟基、羧基、氨基起化学反应,而使丝绸、毛织品文物质地遭到破坏,所以环氧乙烷不能用于动物纤维的杀菌杀虫。

3.环氧乙烷熏蒸杀菌、杀虫的最佳条件

杀菌:		杀虫:	
最佳温度	54.4℃	最佳温度	16~24℃
最佳湿度	25%~50%	最佳湿度	25%~60%
最佳配方	$CH_2 \overset{}{\underset{O}{\diagup\hspace{-1mm}\diagdown}} CH_2$ (10%),CO_2(90%)	最佳配方	$CH_2 \overset{}{\underset{O}{\diagup\hspace{-1mm}\diagdown}} CH_2$ (30%),CO_2(70%)
最佳熏蒸时间	2~3 小时	熏蒸时间	23 小时

在 5~54.4℃ 范围内,温度每升高 10℃,环氧乙烷杀菌、灭菌效果提高 2.4 倍,故提高温度可大大提高环氧乙烷的杀菌、灭菌效果,缩短杀菌、灭菌时间。但温度过高或温度变化太大,对纺织品文物都有损害,故 54~54.4℃ 最佳。

4.环氧乙烷用于纺织品文物杀菌杀虫的方法

(1)可将纺织品文物(棉、麻织物)放在一个可抽气、充气的小型有机玻璃操作箱中,关好进气孔、抽气抽空操作箱中的空气,关紧抽气活塞。打开充气活塞通入1∶9的环氧乙烷和二氧化碳混合气体,关好充气活塞,2～3个小时后,将充气或抽气活塞打开,放出箱中之混合气体,消毒、杀菌、杀虫工作结束。

(2)如果没操作箱,也可用聚乙烯薄膜口袋代替在通风橱或通风良好的地方进行处理。

为了防止杀菌杀虫后再长霉、生虫,可将阴干的纺织品文物装入聚乙烯袋中,为保险起见可用药纸包裹纺织品文物或在袋中放置杀菌杀虫剂,也可往袋中充满氮气。

8.2.1.3　樟脑

樟脑化学式:$C_{10}H_{16}O$,结构式:

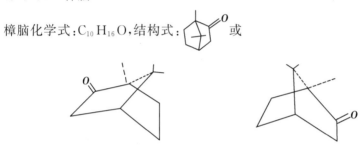

d、L-樟脑

樟脑树的枝、叶、干、根切碎,经蒸馏可得樟脑油。樟脑有特殊气味,可以杀菌防虫。

樟脑在纺织品文物杀菌、杀虫中应用方法:

把纺织品文物放在密闭的柜子或箱子中,用纸包着樟脑夹在衣物内,或放在衣柜、箱子的角落,让樟脑慢慢升华,以达杀菌防虫防蠹之目的。用纸包裹樟脑球的作用主要减缓其挥发和防止直接接触衣物。

8.2.1.4　甲醛

甲醛结构式为 ,浓度35％～38％的甲醛水溶液叫福尔马林。甲醛因由还原性和能使蛋白质、氨基酸变性而破坏环菌体细胞质。

由于甲醛常温是气体,甲醛的水溶液中醛很容易挥发,可以用甲醛蒸气进行熏蒸杀菌杀虫。

因为能使蛋白质固化、变性,甲醛不能用于动物纤维类丝毛类文物的杀菌防虫。同时,由于甲醛对眼和对呼吸道有强烈的刺激,有致癌作用和能引起肝灶性细胞坏死,引起淋巴白细胞浸润,肺纤维化、肺气肿等极其严重的疾病,因而在文物保护中应该慎用。

8.2.2 喷雾消毒、杀菌、杀虫

8.2.2.1 滴滴涕杀虫剂（DDT）

化学式：$C_{14}H_9Cl_5$，化学结构式：

$$Cl-\bigcirc-\underset{\underset{CCl_3}{|}}{\overset{\overset{H}{|}}{C}}-\bigcirc-Cl$$

化学名称：2,2—双（对—氯苯基）—1,1,1—三氯乙烷。

对虫害主要是触杀和胃毒。DDT 杀菌谱广,和除虫菊酯配合杀虫效果更好。

DDT 可溶于苯、二甲苯、氯苯及汽油中,从易挥发和毒性考虑,可将 DDT 溶于汽油,用喷雾器喷洒于纺织品文物上。

8.2.2.2 除虫菊酯杀虫剂

化学结构式：

$$\overset{6}{\underset{CH_3}{CH_3}}\!\!>\!\!\overset{5}{C}=\overset{4}{CH}-\overset{3}{CH}-\overset{2}{\underset{\underset{CH_3\ \ CH_3}{|}}{CH}}-\overset{1}{COOCH_3}$$

化学名称：5—甲基 2,3—环丙基—4—烯乙酸甲酯

将除虫菊酯溶于酒精溶液中,用喷雾器喷洒到纺织品文物上,既可杀虫、又可防虫。

8.2.2.3 烟草提取液杀菌、杀虫剂

烟草的提取液中的主要杀虫剂成分是烟碱。

烟碱的化学结构式：

$$\underset{N}{\bigcirc}-\overset{\overset{CH_2-CH_2}{|\qquad\quad|}}{\underset{\underset{CH_3}{|}}{\underset{N}{CH}\qquad\overset{|}{\underset{CH_2}{CH_2}}}}$$

化学名称：N—甲基—2（3 吡啶基）—环丁胺

烟碱可使害虫神经麻醉、中毒死亡,达到杀虫的目的。

由于烟草提取液颜色较深,不能直接喷到纺织品文物上,特别对颜色较淡或白色的纺织品文物,有底纹图案的纺织品文物,一定要用经加热和用活性炭脱色、过滤后放至室温的烟草提取液处理。

烟碱是碱性物质,主要作用于棉、麻纺织品文物的保护。

8.2.2.4 霉敌高效防腐防霉杀菌剂

霉敌是一个高效、低毒、广谱、性能稳定的防腐、防霉、杀菌剂。广泛使用于纸

质、漆木竹器、纺织品、皮革、尸体、骨角质、音像、石质、彩绘、壁画、土遗址、砖瓦、陶瓷等各种材质的文物保护中。

8.2.3 固体粉末喷撒(洒)

固体粉末喷撒纺织品文物上杀菌、杀虫,该粉末状化合物要求十分严格,必须具备以下条件:

①产品应为中性或基本接近中性,对纺织品文物无腐蚀、损害。

②粉末化合物必须无色、性质稳定、不变色、不污染纺织品文物。

③不吸潮、不升华。

④无毒或低毒。

法门寺大红罗地拜垫、四门纯金塔加衬、八重宝函系带、织金锦、大红罗地蹙金斗臂、大红罗地蹙金绣袈裟、大红罗地蹙金绣案裙等丝绸类文物的杀菌、防霉、杀虫、防虫,是通过喷撒霉敌粉末处理的,效果十分理想(见彩版 7-1、2)。

8.2.4 纺织品文物用药纸隔、包杀菌、杀虫、防虫

可用霉敌 0.02％水溶液将纸浸湿或喷湿,制成杀菌、防霉、防虫药纸。将晾干的药纸夹在纺织品文物之间、或用来将纺织品文物包住,可达到杀菌、防霉、防虫的效果。此法也曾用于法门寺丝绸保护中。

§9. 脆弱纺织品文物的加固

9.1 选用纺织品文物加固材料的基本要求

①加固材料必须对纺织品无害,特别是一些高分子材料加固剂必须长期对织物无害。

②选用的纺织品加固材料必须无色透明,渗透性好、能保持和不改变纺织品文物原貌,材料比较柔软。

③加固材料耐老化性能要好,在加固效力稳定持久的前提下,尽可能满足加固处理的可逆性和再处理性,即必要时可溶掉,以使用性能更好、更先进的加固材料重新更好的加固。

④尽量选用和被加固的纺织品材料相近似的材料,特别注意选择和被加固的纺织品性能相近的天然材料。如用丝胶加固丝织品,具有黏合和增加强度的功能。这是因为蚕丝是蚕的分泌物凝固而成,丝织品的材料蚕丝,是由丝素和保护它的丝胶组成,丝胶是丝素的保护物质,对丝素有黏合、保护和增加强度的作用。因而丝胶是丝织品文物理想的加固剂。如湖南博物馆采用天然丝胶对马王堆汉墓出土敷彩织物进行加固,取得十分满意的效果。

9.2　脆弱纺织品文物的加固处理

9.2.1　托裱法

对于帛画或缯书之类的丝织艺术品,目前最好的加固办法还是采用我国传统的托裱技术。如马王堆汉墓出土的帛画及缯书,江苏连云港尹湾汉墓出土的缯秀,就是用托裱法进行加固保护的。

托裱技术是一种手工艺操作技术,要求有平整的裱糊台,裱糊所用的团粉糨糊是用面粉团洗滤后加热制成的,作时可加不影响织物强度和颜色的防腐、防霉、杀虫剂,实践证明,霉敌是一个理想的防腐、防霉、杀虫剂,在制作糨糊时,加入0.02%～0.03%的霉敌。制作糨糊时,先在水中加入霉敌加热、搅拌至霉敌全部溶解后,加入洗滤的面糊,加热搅拌、制成防腐、防霉、防虫的浆糊。在裱衬丝帛画及丝绸时,在其背面用软毛笔或排笔刷上这种糨糊,先加上边框纸,然后再裱衬加固纸,裱衬的帛画或丝帛用干毛笔或排笔刷平贴在光滑平整的墙壁或木板上,干燥后,自然揭剥下来。这种方法只能运用于单面有图案、花纹的织物的加固。

9.3.2　蚕丝——树脂网加固法

若纺织品严重糟朽,可以用蚕丝在丝网绕线机上作成丝网做衬托,既可单面衬托,也可双面衬托。由于丝线容易遭虫蛀和微生物侵蚀,现在国内外多采用合成纤维,如用特丽伦纤维网来做底托,既耐久,又不会皱缩和朽蚀,只是容易辨认出加固修补的痕迹,但对研究、陈列并无影响。

9.3.3　合成树脂膜加固

随着高分子化学的迅速发展,各种性能良好的合成树脂材料如聚醋酸乙烯纤维素,聚酯类、聚乙烯、可溶性尼龙、甲基丙烯酸甲酯、聚乙烯醇缩丁醛等透明薄膜不断应用于纺织品的加固。加固方法有两种:

9.3.3.1　热压黏合

用上述透明树脂薄膜将脆弱的纺织品文物夹好、加热压合。

9.3.3.2　溶剂溶化黏合

将上述透明树脂溶液,采用浸渍法、喷雾法或用软毛笔蘸溶液涂刷(具体采用哪种方法要根据具体加固对象的情况而定)。曾用5%的可溶性尼龙乙醇溶液;2%的聚甲基丙烯酸甲酯甲苯溶液和5%聚乙烯醇缩丁醛乙醇溶液加适当的杀菌剂、消毒剂。如加0.02%的霉敌,以防霉菌和害虫。

此法的优点：

①此法可提高织物的机械强度。

②加固已糟朽粉化的纺织品非常必要、效果很好。

此法缺点：

①使织物容易变硬、影响质感。

②使织物颜色加深、或多或少的影响外观。因此除非万不得已，最好不采用。

9.3.4 透明薄板加衬法

对于已经糟朽的纺织品文物的碎片、可夹在两片特制的能吸收紫外线的玻璃或有机玻璃中保存，在边角上最好衬垫一些用防腐防霉杀虫杀菌剂处理过的软布或软纸，以免织物直接受压，衬垫时又不能太厚，以防织物来回移动。

此法若是在考古现场临时封存，可用压敏胶带把四周粘起来，搬回实验室。如要长期封存，一定使织物在干燥环境中操作，以免湿度太大，引起织物霉变。为以防万一，可在织物上喷洒少许"霉敌"粉末、或 0.02% 的"霉敌"乙醇或丙酮溶液，待溶液挥发后，用 5%～8% 的聚甲基丙烯酸甲酯氯仿或丙酮溶液黏合封存。

9.3.5 改进了的透明薄板夹衬法

美国纽约美德罗普利堂美术馆染织品保管部部长谷宜子女士，对透明薄板加衬法作了改进，她设计的加衬片结构如图 7—2 所示：

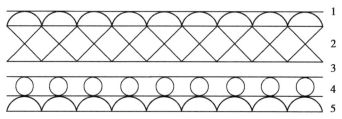

1．防紫外线有机玻璃。

2．被保存的纺织品残片。

3．底垫片。

4．弹性布。

5．防紫外线玻璃。

图 7—2 透明薄板加衬法示意图

我们对法门寺大红罗地蹙金拜垫、金丝织衣物等 5 类、14 件丝绸织品的保护和此法相似，只是 3、4 合一，用较柔软的、用霉敌作过防腐杀菌、杀虫处理的宣纸。边角衬用霉敌处理过的宣纸折条衬垫，以防玻璃板使织物受压，保护安全、可靠、效果很好。具体处理如下图所示：

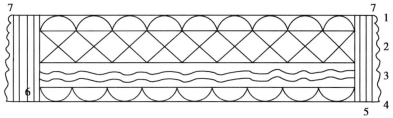

1、4. 防紫外线玻璃。

2. 被保存的纺织品文物。

3. 软质用霉敌杀菌、防霉、防虫处理过的宣纸底衬垫。

4、5、6. 为用霉敌处理的宣纸折的纸垫。

5、7. 用透明胶带纸封粘。

图 7－3　法门寺织物保护示意图

§10. 纺织品的科学管理

纺织品文物的科学管理十分重要,它的重要任务是努力创造纺织品文物妥善保存、使纺织品文物免遭损坏,尽量延长其寿命的最佳保存环境。

10.1　纺织品入库的准备工作

①首先要做好纺织品文物的清洗和清除工作。

②必须进行认真的消毒、杀菌,以防菌类带入库房。

③必须进行杀虫处理,以防将害虫带入库房。

10.2　纺织品文物防虫害方法

①将纺织品文物包装在防虫保护系统中或特制的密封箱、柜中,使昆虫进不去,即是万一进去也活不了。

②在纺织品贮存的箱柜或其他系统或容器中,施放一些易挥发的杀虫剂如麝香草酚、樟脑等。

10.3　纺织品文物长期保存的环境条件

10.3.1　控制适宜的温度是长期保存的关键条件之一,虽目前尚无完全一致的意见,如登目键三认为温度尽可能低,斋藤平藏认为温度应为 23℃,永田四郎等则认为温度为 15℃,国内学者则认为温度在 14～18℃。

10.3.2　控制适宜的湿度也是长期保存纺织品文物的关键条件之一。登目键三认为相对湿度应为 50％～60％,斋藤平藏认为相对湿度应在 60％以下为宜,国内学者认为相对湿度应在 $55\% \sim 65\%$ 为宜。认为相对湿度以 60% 为宜的理由是，当湿度超过 60% 时，空气中之氧会与水在光的作用下产生过氧化氢，它会使丝纤维退化、织物褪色加快，还可能滋生霉菌。

也有人认为相对湿度在 60% 以下太干，会使纺织品很快退化，因而提出相对湿度应以 75% 为宜。因此作为纺织品保存最适宜的温湿度应在不断的实践、研究和总结之中。

10.3.3 纺织品文物的收藏或陈列展出中，应防止光的照射。最好在黑暗，只用低瓦数的防紫外灯或散乱光的屋子里保存。极贵重的纺织品文物一般不要展出，可用复制品代替，对长期陈列的纺织品文物，应采取措施，最大限度地减少曝光时间和尽量减低光的强度，同时在门、窗、灯管上喷涂或安装紫外线吸收剂或紫外光滤片，如含有氧化铈和氧化钴的玻璃，UV—有机玻璃、HK 滤光片。前两项价格昂贵，实用受到一定限制，而江苏省常州市第二绝缘材料厂生产的 HK 滤光片和涂料，可有效滤除紫外线，价格便宜、使用方便。目前许多博物馆采用无紫外线光源做照明，已完全消除了紫外线的影响和危害。

为了尽量使纺织品文物处于黑暗环境中，保存纺织品文物的房子窗子可采用黑红双层窗帘。

10.3.4 纺织品文物收藏或陈列中，应防降尘，因降尘中常带有金属氧化物、盐、碱菌类等，落在纺织品文物上，会直接危害织物，为此可在窗子上不仅加窗帘，还应安百叶窗，防尘、也能挡光。

10.3.5 防有害气体侵蚀纺织品文物。空气中由于污染而常含有 CO_2、SO_2、NO、NO_2、HCl、Cl_2 等有害气体，为了防止这些有害气体侵蚀纺织品文物，有条件的可安装空气净化器，也可采用最简便、经济的方法即在房子内放石灰箱，吸收以上有害气体。吸收过程的化学反应如下：

$$CaO + CO_2 \longrightarrow CaCO_3$$

$$CaO + SO_2 \longrightarrow CaSO_3 \xrightarrow{O_2} CaSO_4$$

$$2CaO + 4NO_2 \longrightarrow Ca(NO_3)_2 + Ca(NO_2)_2$$

$$CaO + 2HCl \longrightarrow CaCl_2 + H_2O$$

$$CaO + 2Cl_2 \longrightarrow Ca(OCl)_2 + CaCl_2$$

10.4 纺织品文物的保管方法

纺织品文物目前在博物馆的保管较常用以下方法。

(1)折叠法：这是博物馆常用的一种纺织品保存方法。其方法是将纺织品文物和折叠衣服一样折叠起来,这种方法虽有占地方少的优点,但经折叠,特别是较长时间折叠的纺织品文物不仅易断裂,而且易被虫蛀,实践证明此法是不可取的。

(2)悬挂法:将纺织品文物(如衣服、挂毯、旗子、丝帛画等)悬挂起来保存。如果纺织品文物太糟朽、太脆弱,不能悬挂时,可用尼龙网衬托,使其能承受本身的重量,这是较常用且较安全的方法。

(3)卷筒法:对于成卷的纺织品,可以像字画一样卷起来,放在箱子、柜子或抽屉里保管,此法适用于大幅面、成卷的纺织品。

(4)平摊法:把纺织品文物摊开平放在托纸或柜中(托纸及柜中铺的纸经过杀菌、杀虫处理过),也可夹放在有机玻璃板中存放。

(5)密封除氧法:将纺织品文物放在聚乙烯/聚酯复合薄膜塑料袋中,将袋子封口,从另端开以小口,尽可能抽空袋中的空气后封口,或将纺织品文物放在密闭的容器中除氧密封,除氧的方法有:

①抽真空、充氮;

②置放除氧剂,除去氧而使纺织品文物在无氧条件下保存。

③在密封袋中放置化学试剂,如 RP—K,通过化学反应吸收封存空间内的氧气及其他有害气体,与文物保存专用封装袋 ESCAL 一起使用可以有效地防止纺织品由于氧化而老化,发霉、虫蛀、损坏和褪色,并在封存空间保存一定的湿度,从而达到长期保存的目的。

(6)药纸隔包法:将宣纸用防霉、防腐、杀虫剂处理过,pH 基本中性的药纸将纺织品隔包封存,使纺织品文物处于一个无菌、无虫的洁净、安全的环境中长期保存。

第八章　壁画、彩绘、泥塑保护

§1. 壁画的产生、发展及分布

　　中国壁画艺术,同其他各种各样有形的和无形的中国传统文化表现形式一样,具有悠久的历史和独特的气派与风格。中国古代壁画在新石器时期已有某种形式的流传,以后的商周都继有制作,从可以征信的古代文献记载来看,我国在春秋战国时期,南北各地流行壁画已成风气。

　　中国古代壁画按其表现形式可分为宫廷壁画、墓葬壁画、寺院壁画、石窟壁画四大类,题材从山川风物、神话传说、人物肖像、历史故事,到各种宗教经义的社会生活等,范围和深度是异常惊人的。就其目前遗存的数量而言,以石窟壁画最多,对石窟壁画的保护研究也最多、最深入、最全面、最重要,因此本章将以石窟壁画的保护为主进行讨论。

1.1　石窟壁画的产生

　　绝大多数的石窟壁画是佛教东传之后作为宗教形象的石窟寺,因此石窟壁画可以认为是一种特殊的寺院壁画。从时间上看,始于汉代(公元 2 世纪),繁盛于北魏至隋唐(公元 4～9 世纪),一直延续到明清时期。早在佛教创立之前的印度婆罗门教中,便盛行于出家与隐居,该教规定的人生四个阶段中有一个“林栖期”,就特指出家与隐居。在古印度佛教产生的历史文化背景中,就已经存在一个泛称出家人的沙门阶层,佛教徒仅是这一阶层中的一部分,他们寻求僻静之地,追求向往独自隐居的修身生活。经集《第三品·大品》的出家经中,便明确喻示了佛陀的岩穴隐居处所,揭示了佛祖在般度婆山东边山洞里的修禅形象。显然,该山洞是最早的佛教石窟,石窟之所以在印度佛教早期盛行,主要原因是:①继续人类穴居的遗风;②印度气候酷热,岩窟冬暖夏凉,最适宜静居;③山岩静寂、远避尘世;④因山凿窟,较之砖瓦低廉;⑤坚固持久。因此石窟为早期佛教教徒追随释迦修行创造了最合适、最理想的空间。

　　当佛祖涅槃后,情况发生了变化,佛教门徒仍然希望能时刻伴随在佛祖身边,而求得无边法力的护佑,在随后的一二百年里,印度的佛教门徒逐渐把佛的涅槃与佛陀精神的永恒联系在一起,并且观念化、神圣化。如何创造一个充满佛法气氛的神秘空间,成了佛弟子们的追求,在这种需要下产生了石窟造像,并且从礼拜一般的象征物到礼拜佛塔,再到礼拜佛像。绚丽多彩的石窟造像,是禅僧根据不同的佛教经典、修习不同的禅法、造就不同的禅观念空间的需要而雕造的,也正由于此,创造了绚丽的石窟壁画艺术。

1.2　石窟壁画的发展及其分布

佛教自两汉之际传入中国后,便受到中国的政治、经济与思想文化的影响。在传入之初,正值西汉末叶儒家空虚、道家蜕变的时代,作为儒家与道家代表的中国士大夫阶层,在其与佛教传译的争论中,以其特有的复杂心理,完成了佛教与中国固有的思想文化——儒家与道家的交流融合,从而创立了中国化的佛教,即禅宗。

禅法的流行与佛教石窟的开凿是同步的,开窟的主要目的是为修禅创造一个适宜的宗教空间。佛典中明确规定习禅要在石窟中进行,把开窟修禅看成是通向天台的成佛途径。因而魏晋以后,北方禅法弘盛,北魏诸帝礼遇禅僧,开窟造像首先在北方盛行起来,从而开始了中国历史上长达数百年之久的开窟造像活动,至隋唐达到鼎盛。在此期间,佛教在统治阶级的倡导下,呈现了前所未有的繁荣。隋代仅 30 余年,在敦煌莫高窟所凿洞窟,保存下来的就有 80 多个,而唐代达 200 余窟,占整体的半数以上;洛阳龙门石窟的唐代龛数也超过总数的一半。此外,炳灵寺、天龙山、北石窟寺、须弥山等石窟,经过隋唐时期的修凿都成了规模较大的石窟。同时,远离政治、经济、文化中心的边疆地区也开凿了石窟。石窟艺术成了人们歌颂这个伟大时代、追求享乐、消灾祈福的一种精神寄托,起源于印度的石窟寺艺术,在中国经历了 5 个世纪的发展,至隋唐已完成了向民族化转化的过程,成为中华民族艺术宝库中的一枝奇葩。趋于顶峰时期的唐代石窟艺术,至中、晚唐,逐渐衰落,佛教艺术的主要力量转向了绘画和工艺美术方面,此时寺庙大规模发展,从而带来了寺庙等建筑壁画以及墓葬壁画的大发展。

我国石窟壁画造像的分布极为广泛,从整体分布而言,与佛教传入中国的路线基本一致,即自西向东,自北向南,沿着古代丝绸之路由新疆经甘肃、宁夏到陕西、山西、河北、辽宁、山东、河南,然后再经四川向南发展。西从新疆拜城克孜尔石窟,东到山东益都驼山、云门山石窟;北自北京房山石窟,南至云南剑川石钟山石窟。据统计全国的石窟寺总数超过 250 处,其中被列入全国重点文物保护单位的 30 处、省级 94 处、市县级 124 处。就地区分布而言,比较集中在古丝绸之路上、黄河流域及长江流域。

1.3 壁画保护的意义

壁画的保护,就其内容讲,可分为三类:①宫殿建筑壁画。从人们能够从事规模宏大的建筑以来,壁画作为装饰就出现了,如秦都咸阳故城遗址中曾发现了四百余块壁画残片,风格雄健、多样,颜色五彩缤纷、鲜艳夺目,代表了秦代壁画艺术特色。据文献记载,阿房宫应有大量壁画存在,但没有保存下来,以后各代宫殿壁画保存下来的也不多。②石窟寺和寺院的壁画彩塑。保存数量最多,但寺院壁画宋代以前的很少,大量保存下来的是辽、金、元、明、清几个朝代所兴建的。③墓葬壁画。迄今发现和保存下来的比较多,汉代壁画墓多集中在北方,以东北地区较多;魏晋时期南北都有;唐代壁画墓则多集中于陕西。宋代也有所发现,辽金时期的墓葬壁画发现不多,明清时期则更少了。

因此,壁画、彩塑的保护,首先应把重点放在石窟寺佛教壁画、彩塑的保护。这是由于价值较高的壁画、彩塑大都集中于石窟寺。石窟艺术是建筑、彩塑、壁画三者结合形成的人佛交往的活动空间和立体艺术。石窟本身就是一种建筑,彩塑是石窟的主体。壁画装饰着整个洞窟,虽然居于从属地位,然而从艺术价值而言,则是主要的,因为它内容丰富、数量很多,可分为尊像画、佛经故事画、中国传统神话、经变画、佛教史迹画、供养人画像、装饰图案等七大类。是当时社会政治、经济、审美观等的具体反映,具有极高的历史及艺术价值。同时颜料的使用,反映了当时人们对动植物原料综合运用的水平,以及壁画中蕴藏着的科技信息,有极具有科学技术的价值。

一种艺术风格的产生,是由那个时期的社会形态所决定的,当时统治者的意志又加以支配和影响,时代变了,艺术风格和题材也随之改变。保护中国古代壁画的意义就在于:中国壁画、彩塑艺术贯注了中华民族文化传统和中国独特的艺术风格,它以自己的民族形式改造了来自外部的文化,从而强烈地表现着自己的民族文化精神。保护我国古代壁画及彩塑,就是保护我们民族多少年来千锤百炼的文化结晶。

祖先留给我们的珍贵壁画,散布于全国各地,是我国辉煌灿烂的文化遗存,是中华民族的骄傲。也是研究我国古代社会结构、人民生活无可替代的实物资料。石窟壁画在漫长的岁月中,除受到人为的破坏外,还遭受着自然因素的风化侵蚀,著名的大型石窟群都存在着严重的崩塌或风化问题,有些石窟地处强烈地震频繁活动区,损坏十分严重。如麦积山石窟、敦煌莫高窟等在历史上遭受过多次大面积崩坍;克孜尔石窟崖顶纵横交错的冲沟严重威胁洞窟安全;镇江焦山摩崖造像因暴雨冲刷造成石刻滑塌、开裂,处于十分不稳定的状态;云冈、炳灵寺石窟的石刻、石雕风化剥蚀速度很快;地处沿海的泉州、青岛地区的花岗岩石雕,受到带盐海风的严重损害;酸雨日益严重的地区,如大足石刻、响堂山、北望山等石窟石雕风化速度明显加剧等等。因此壁画的保护是非常迫切的工作,积极保护壁画,使之不受人为破坏和自然因素的风化侵蚀,将珍贵的古代艺术完好地流传下去,是我们义不容辞的责任。

§2. 壁画的制作工艺及其结构

2.1 壁画制作工艺

按壁画的制作工艺区分,可将壁画分为干壁画、湿壁画、镶嵌壁画三种类型,各种类型壁画的制作方法不同,使用的材料也不同。干壁画是先用掺有各种纤维的黏土、石灰、石膏等制成壁画颜料的载体(地仗层)而黏结于崖体或墙体等基础支撑体上,待该载体完全干燥后在其表面作画。颜料靠掺入其中的胶结材料附着于壁画载体表面。湿壁画则是在壁画颜料载体已经形成但尚未干燥时就在其上作画,以使颜料颗粒向湿地仗层中入渗并借湿壁中的 $Ca(OH)_2$ 在颜料层表面形成的 $CaCO_3$ 薄膜来固定颜料层。镶嵌壁画则是把彩色石子、碎玻璃片等嵌入载体中构图的。

从现有资料判断,中国古代壁画都属于干壁画的类型。无论是石窟壁画,还是建筑壁画和墓葬壁画,其结构都可分为三个部分:壁画的基础支撑体(墙体或崖体)、颜料层的载体(地仗层或灰泥层)、颜料层。其中任何一部分发生病变,都会影响到壁画结构的整体稳定性,而引起壁画病变。

2.2 壁画的基础支撑体

2.2.1 墓葬及建筑壁画的基础支撑体

墓葬壁画的基础支撑体为墙体,一般由石块或砖块砌筑而成。前者的代表如河南密县打虎亭汉墓及日本高松冢古墓等;后者的代表如甘肃嘉峪关魏晋墓及陕西乾县唐墓群等。

建筑壁画的墙体一般为砖基或石基土坯墙,如青海瞿坛寺、塔尔寺以及莫高窟下寺壁画等均属这类土坯墙支撑体。还有一类较特殊的支撑体,如云南丽江大宝积宫壁画的支撑体是在木框间编织竹篱笆作为支撑结构,其上抹一层掺有山草棕丝的泥皮,这种支撑体比较少见。

2.2.2 石窟壁画的支撑体

石窟壁画的支撑体虽均为各类崖体,但因地区不同,崖体岩石性能差别很大。

例如炳灵寺石窟、麦积山石窟、庆阳南北石窟的崖体属砂岩,胶结物为泥质,在水中易分散;同时胶结物中蒙脱石含量较高,当岩体含水时易吸水膨胀导致岩体风化。再如新疆龟兹石窟的崖体也属砂岩,但泥质成分更多,克孜尔石窟的崖体表面几乎被从崖顶由雨水冲刷流下的泥土浆完全覆盖,其岩体的力学强度也很低。著名的云冈石窟出露的地层比较简单,主要是中生界侏罗系云冈组和新生界第四系上更新统及全新统地层,石窟就开凿于侏罗系云冈组上部的一个砂粒岩透镜体上。岩性为中粗长石砂岩夹有泥岩、砂质泥岩;长石砂岩呈灰褐、灰黄色,局部为浅肉红色,由砂质、铁质与钙质胶结。

就石窟壁画岩体岩性的研究来说,敦煌莫高窟的情况比较复杂,也研究得比较系统全面。莫高窟所在的地层可分为三组:下层是下更新统冰水沉积、洪积的玉门组砾石,仅出露在莫高窟上游的地震台附近,向北插入地下,在窟前深埋 113.7 米,其成岩程度高,完整坚硬,非爆破手段难以开凿成形。中层是中更新统洪积、冲积的酒泉系半胶结砾岩,与下层玉门组呈不整合接触,是一套半胶结的沙砾岩地层,石窟就开凿于此层。上层是上更新统洪积的戈壁组沙砾石层,整合或假整合于酒泉组之上,为一套未胶结的沙砾石层,它虽不是开凿洞窟的地层,但可保护上层洞窟免于外动力地质作用的影响,也应属于石窟保护的范围。

2.3 壁画的地仗层

一般而言,壁画的地仗层下与支撑体黏结,上又是颜料层的载体,其性质的优劣,直接关系到壁画能否长期保存的问题。许多壁画的损坏都是由于地仗层的损坏而引起的,因此对壁画地仗层的研究保护是壁画保护中的重点。壁画地仗层有泥土地仗和石灰(石膏)地仗两种类型。前者多用于石窟壁画和建筑壁画的制作;后者多用于墓葬壁画中。两种地仗层中都加有植物纤维等补强材料,泥土地仗多使用谷物的秸秆、粗麻等,在靠近颜料层时也有用细麻、棉花等细纤维的。石灰地仗中一般只用麻和棉等细纤维,而且用量少于泥土地仗。两类地仗层中加入的纤维种类及数量比例随壁画所处地区、制作年代、存在形态以及地仗的层次部位不同而呈现出较大的差异。就材料选择而言,一般遵守"因地制宜、就地取材"的原则。

2.3.1 墓葬壁画的地仗层

墓葬壁画的地仗层一般都是在墙体上抹一层较薄的石灰或石膏层,这是由于在潮湿的墓穴内,泥质地仗很难保存。如河北望都汉墓和云南邵通东晋墓中的壁画,都是在墙体上只抹 1～2 厘米厚的石灰层,没有掺加补强材料。而河北安平汉墓的壁画是在墙体上仅抹 0.1～0.3 厘米厚的石灰层。也有无地仗层的,如甘肃嘉峪关丁家闸魏晋墓壁画、西安南郊汉代墓壁画,是直接在砖墙上刷一层白灰作底而绘画;而辽宁辽阳魏晋墓壁画是直接在石壁上绘画,即不抹灰泥层,也不刷底色。

山东梁山汉墓的壁画是在墙上先抹黄土泥层后再施一薄层白粉;陕西永泰公主墓的壁画是抹一层约0.8～1厘米厚的草泥后,其上再抹一层0.2～0.5厘米厚的白灰层(没有掺加植物纤维)。以上以泥质作为墓葬壁画地仗的很少见。

2.3.2　建筑壁画的地仗层

我国发现最早的建筑壁画是陕西咸阳秦都遗址中出土的壁画残片,壁画是在土坯墙上涂一层白灰后在上面作画。关于建筑壁画的制作材料及工艺,宋代已有明确的规定,宋《营造法式》卷十三规定:"造画壁之制,先以粗泥搭络毕,候稍干,再用泥横被竹篾一重,以泥盖平。以上用粗泥五重,厚一分五厘(若拱眼壁只用粗细泥各一重,上施砂泥,收压三遍)。方用中泥、细衬泥、上施砂泥。候水脉定,收压十遍,令泥光泽","凡和砂泥,每白砂二斤用胶土一斤,麻捣洗择净者七两"。建筑壁画采用砂泥层结构,裂缝较少,保存也较好。如山西芮城永乐宫元代壁画就是在土坯墙体上先用麦草泥抹平,再纸筋砂泥抹成平面作画;再如洪洞广胜寺的壁画,他们的地仗层结构与《营造法式》所述相同,只是没有使用竹篾而已。

明清时期,墓葬壁画已不多见,但建筑壁画仍然很普遍。其地仗层中有用棉花代替细麻的,其余材料区别不大。但明代云南大宝积宫的壁画地仗制作比较特殊,是在支撑体上抹两道黄泥,内掺有竹茹,各厚1.2和0.7厘米,表层抹厚0.6厘米的红色细砂泥,干后在砂泥上作画。

还有一种较特殊的建筑壁画地仗层,它是在石灰层上面贴一层画纸,然后在画纸上作画。这种壁画地仗层的制作形式显得较为考究和昂贵,多用于档次较高的殿堂壁画制作场合,典型的代表有河北承德安远庙普度殿和陕西省耀县药王山药王庙等。

2.3.3　石窟壁画的地仗层

中国古代石窟壁画都属于干壁画中的胶颜料范畴,不仅作画时颜料中要加入胶,而且在制作壁画地仗时也需要加入胶。宋代李明诚在《泥作制度画壁》中指出:在制作壁画的地仗层时,首先在最下涂抹一层粗纤维泥,然后在其表面涂抹掺入胶的沙土泥,抹平抹光,最后在其上作画。现代中国画家陆鸿年先生根据他在敦煌现场的实地调查认为:唐代以后,在敦煌壁画中采用了在地仗层表面涂抹加胶石灰层的制作方法,在宋代以后,出现了沙、土、胶同时使用的情况。

据近期对莫高窟地仗材料的研究表明,以唐代为界线,地仗制作可分为三种类型:一是唐以前的北朝时期,地仗层为一到二层,在窟前土中掺以麦草或粗麻和泥后抹在岩壁上,待干后,直接在泥底上作画,其余部分遍施红色(成分为 $\alpha-Fe_2O_3$);二是唐以后,地仗层为二到三层,个别洞窟甚至是四层,先以粗泥作底,厚度较大。然后在粗泥底上抹制一层较薄的掺有细麻或棉花的细泥作出较光滑的平面;最后再刷一层掺有胶的石灰水(白粉层)。粗泥多用窟前土,细泥多用澄板上(一种用窟前大泉河水沉积的细黏土)。棉花泥层多出现于晚期洞窟壁画,由于棉纤维比麻更细、表面积大,比麻承受的拉力大,抹于墙面后无裂缝,干后表面收缩小,比较符合绘画的要求。三是在五代时期制作的许多露天壁画的地仗层,它类似于墓葬壁画的制作方法,即在崖壁上直接抹一层 0.5 厘米厚的掺有细麻的石灰,然后在其上作画。经 XRD 分析莫高窟第 53 和 194 窟地仗表明,其主要矿物成分是石英、长石、方解石,XRF 分析其主要化学成分是 Si、Al、Mg、Na、S、Cl、K、Ca、Fe 等。

2.4　壁画的颜料层

　　颜料层是壁画的精华部分,我们之所以保护石窟壁画,实质就是为了保存这层珍贵的颜料层。于非闇先生在《中国画颜色的研究》一书中指出:"中国绘画的色彩,鲜艳明快,历久不变,是经过画家们不断的劳动创造的结果。一方面是选择原料,加工炼制,一方面是利用胶矾,使它固着不剥不落。"历代使用的大量艳丽的颜料反映了我国古代对矿物、植物的综合应用水平,颜料使壁画艺术更加绚丽多彩,各种颜料形成的色彩、线条图形展现出极为丰富的内容。同时,通过对颜料的研究不仅可揭示古代文化、贸易、科技等方面的许多信息,还可通过对颜料的分析获取有颜料的化学、物理性能,了解颜料产生病害的原因,为壁画保护提供可靠的依据。因此,壁画的历史、艺术、科技价值完全由颜料层的保存状况所决定。

2.4.1　古代壁画所使用的颜料种类

　　据初步估计,国内外约有 30 多个单位的文物保护工作人员从事过古代壁画颜料的分析研究工作。使用的方法及仪器达 10 余种,包括化学分析法、发射光谱法、电子探针、X 射线荧光法、紫外—可见光谱法、红外光谱法、质谱法、色谱法、X 射线衍射法、光学显微镜及电子显微镜法,可归纳为成分分析、结构分析、显微分析三大类。综合研究这些分析结果,发现我国各地的古代壁画所使用的颜料种类基本相同,但在使用特点上又存在明显差异。以颜料的色彩区分,可分为红、蓝、绿、黑、白、黄、金等几大类。以颜料化学成分区分,使用了三十多种以天然矿物为主的无机颜料,以及少量的有机染料。以颜料来源区分,有天然矿物颜料和人造颜料等。

2.4.1.1　红色颜料

　　古代壁画中最常用的无机矿物红色颜料有土红、铅丹、朱砂、雄黄四种。主要的有机染料有胭脂。

　　根据我国绘画颜料应用的历史,胭脂用于绘画的时间很早,唐代以后非常流行。唐代著名画家张彦远在《历代名画记》中所列出的主要绘画颜料中就有胭脂。在分析被华尔纳盗运到美国的敦煌壁画颜料,以及流落到英国的敦煌北朝壁画标本时都发现使用了胭脂。此外,在分析盛唐绢画时,其紫褐色也为胭脂。

土红是应用最多、最普遍的一种红色无机颜料。它是岩石风化后的最终产物,除 $\alpha-Fe_2O_3$ 或非晶态氧化铁显色外,天然土红一般都含有大量白垩、石英、滑石、高岭土等伴生黏土矿物。五代以后的土红颜料出现了明显的 X 射线衍射峰,而且不含石英,色彩很浓,这很可能是当时人们已经掌握了用铁矾($FeSO_4 \cdot H_2O$)煅制土红的基本工艺。

铅丹是我国古代炼丹术最伟大的成就之一,也是最早使用的一种人工合成颜料。铅丹作为壁画颜料最早出现于汉代,在世界其他地方,铅丹也是使用极为广泛的红色颜料,在公元 5 到 10 世纪的中亚地区壁画、阿富汗壁画以及日本法隆寺壁画上,都使用了铅丹。作为一种颜料,铅丹色彩鲜艳,又名红丹、红铅,化学式为 Pb_3O_4。但其性质却不稳定,世界各地壁画中的铅丹都存在着变暗、变黑问题。同时,它也被用于古代化妆品。

朱砂的化学组成为 HgS,也是古代广泛使用的红色颜料,魏晋以来,全国各地的壁画中都大量使用了朱砂。天然朱砂在古代称为丹砂或长砂(以产于湖南长沙而得名),常伴有白垩、石英等伴生矿物。纯天然朱砂色泽鲜红,但因其含杂质,颜色呈褐红,甚至光泽暗淡。判别朱砂的优劣,主要是以不含铁等发色杂质,而少量无色或白色杂质并不影响朱砂的质量。在绘画中,因质量优劣,而用于壁画、彩绘的不同部位。我国古代的炼丹家很早就掌握了人工合成朱砂的技术,但其主要目的是为追求长生不老者制造灵丹妙药,工艺复杂,在壁画中不可能使用人工朱砂作颜料。通过对各地壁画的红色颜料 XRD 分析,也证明绘制壁画主要使用的是天然朱砂。到了清代,随着人工合成朱砂工艺的改进,出现了大量的人造朱砂,如在敦煌清代壁画中大量使用了人造朱砂。

雄黄化学成分为 AsS,在矿物中,雄黄与雌黄共生,称为矿物鸳鸯。它也是古代常用的一种红色颜料。

2.4.1.2　蓝色颜料

古代壁画蓝色颜料分为两大类,花青类和石青类。花青类属植物性颜料,是用蓝靛加工制成的,也是我国民间最早使用的染料之一。其原料是大青叶和蓼兰等。石青类属矿物颜料,常见的有石青和青金石两种。

石青的化学成分为〔$2CuCO_3 \cdot Cu(OH)_2$〕,矿物名称为蓝铜矿,是铜矿的次生矿物,有原生铜矿床经风化后形成,产于原生铜矿床氧化带中,矿石质地坚硬,常与孔雀石、赤铜矿、自然铜共生。

青金石也是古代壁画中最常用的一种蓝色颜料。敦煌自北凉至清代的各个时代都大量使用了该颜料。天然青金石的化学式为〔$(Na,Ca)_8(AlSiO_4)_6(SO_4,S,Cl)_2$〕,又名群青、佛青、回青、金精、兰赤等,是一种名贵的宝石,古今只有阿富汗等中亚国家出产。到明清时期,出现了人工合成的青金石颜料,有非常浓艳的深蓝色,俗称"鬼子蓝"。

2.4.1.3　绿色颜料

壁画中使用的绿色颜料有绿盐、铜绿、石绿、绿铜矿四种,都是铜的化合物。

绿盐也称盐绿,化学式为$(CuCl \cdot 2H_2O)$,最早是新疆等地的地方特产,唐代苏敬的《新修本草》中记载着绿盐的制造方法。由于古代文献中绿盐常与矿物颜料有关,甚至将其称为"石绿",所以古代绿盐除作为医药、炼丹之外,也作壁画颜料使用。

铜绿是铜在潮湿环境下与CO_2作用生成的$CuCO_3$,化学性质不稳定,很容易由绿色变成黄色,因此使用较少。

石绿与石青相同,也产生于铜矿坑内,矿石质地坚硬,从矿石外形看,石绿与石青没有什么区别,磨碎后才能区分。石绿是古代壁画中广泛使用的绿色颜料。

氯铜矿是壁画中使用最多、最普遍的一种绿色颜料。在敦煌北凉至元代的各个时期壁画中,都大量使用了氯铜矿。氯铜矿(包括水氯铜矿)用于壁画颜料,古代文献中并没有记载,现代绘画也不使用,但由于它是铜矿的次生矿物,与石青、石绿共生一处,可能是古代画师把他们当作石绿而用于绘画之中。

2.4.1.4　黑色颜料

作为壁画颜料使用的黑色有两种。一使墨,主要成分是非晶态炭黑;二是无机矿物颜料铁黑,化学成分为Fe_3O_4。墨不论从用量还是从时间延续上都比铁黑普遍得多,历代壁画中都大量使用。

2.4.1.5　白色颜料

古代壁画中使用的白色颜料种类较多,常用的有滑石、白垩、高岭土、石英、云母、石膏等。滑石含量高的白色颜料具有滑腻感,能起润笔的作用。唐宗时期使用的大部分白色颜料以白垩为主,宋代以后以石膏为主,配以滑石、白垩或石英粉。以后的西夏和元代则使用更纯的石膏粉(石膏和硬石膏的混合物),或使用纯的白云石粉。

白垩是古代壁画中经常使用的白色颜料,其主要成分是$CaCO_3$,矿物名称为方解石。天然方解石一般为无色或白色,因所含杂质也呈灰、黄、浅红、绿等色,壁画中主要选取纯净的方解石进行粉碎、漂洗后使用,但此种用法更多的是制作壁画白粉层或灰泥层,而且用量很大。

在分析其他色彩的颜料时,一般都能检测到白色颜料成分,这主要有两方面原因:一是画师们通过使用白色颜料把其他颜色调和成不同色调的彩色,如敦煌莫高窟130窟是用白色角铅矿和石青调和成浅蓝色。角铅矿是铅矿的次生矿物,是一种独特的白色颜料。二是某些白色颜料,如石英、白垩、云母、滑石等是某些矿物的伴生矿物,当用这些矿物作颜料时,由于制造工艺的关系,不能将这些伴生杂质完全去除,以致出现白色颜料的成分。

2.4.1.6　黄色颜料

古代所使用的铅化合物中有两种叫黄丹的铅氧化物,其中之一就是黄色的PbO,据对敦煌北朝时期的壁画颜料分析结果,PbO都是以单一物相的形式存在。由此可知,我国黄丹作为壁画颜料而使用,最迟不会晚于3世纪,到了唐代,黄丹作为壁画颜料使用已很普遍。此外,使用的黄色无机颜料还有雌黄、雄黄、土黄等。

作为壁画黄色颜料使用的有机颜料有藤黄和槐黄。

2.4.1.7　金色颜料

隋代以后,壁画、彩绘上开始使用金箔、金粉以及"沥粉堆金",使色调更为辉煌富丽。据对敦煌壁画金色处的分析结果,其底层为滑石、二氧化铅等颜料,而表层金色为金属Au,从敦煌遗书等史料记载看,当地所使用金箔为朝廷赏赐或从中原地区购买的。

2.4.2　古代壁画颜料制作工艺

从前述讨论可知,中国古代壁画中使用的颜料都是矿物颜料,我国传统的矿物色在壁画及卷轴画等艺术品中都起着极其重要的作用。矿物颜料制作可分为粗制和细制两步。

粗制又分洗(把送好的原料用水洗净,以去其杂质)、捣(将干净的原料放入器钵内粉碎)、笋(将粉碎的粉末用笋筛去粗质)、淘(将含有杂质的颜色用水淘洗,去其杂质)、研(将捣过笋细的颜色,置入乳钵内研磨)、煮(对那些用陶洗方法不能去除的杂质,通过煮而弄净)。

细制是将经过粗制后的颜料进一步精制,又分为研(放入乳钵内慢磨)、加水研磨、加入胶水研磨、漂等工序,最后制成绘画所用颜料。根据漂的次序而将石青分为头青、二青、三青、四青、五青等。

2.4.3　颜料中的胶结材料

由于矿物颜料本身不具备黏结性,在作画时需要一定的展色剂和固色剂,以使颜色颗粒具有黏合性和附着性。因此使用时必须与适量的胶水调和以使颜料颗粒相互黏结,并作为敷体附着于地仗层上。这里胶是固色剂,水是展色剂。胶浓度的选择和胶与颜料的调配是作画中难度较大、技术性与经验性极强的工作,对壁画的质量及稳定性起着非常重要的作用。今天许多壁画的保存状况的差异都与胶浓度有很大关系。因此,历来的画家都像重视颜料本身一样,重视调和颜料时胶的浓度和种类。

古代壁画中所使用的胶结材料有二十多种,尽管胶的名称各异,但从本质上区分,可以分为动物性和植物性胶两大类。动物性是以动物为原料,如马、牛、驴、猪的皮、骨等,经过充分浸泡、水洗、煮沸、抽提、过滤、浓缩、干燥等工序精制而成。动物胶中一般都含有胶原体蛋白质,常见的动物胶有明胶、阿胶、皮胶、骨胶等。也有用鱼类的皮、骨制成的鱼胶,其所含蛋白质的种类与皮胶、骨胶等相似。植物性胶的种类有淀粉糊、阿拉伯树胶、桃胶等。在我国使用最多的是桃胶,它是一种从桃树干中提取的树脂加工而成的。植物性胶含有丰富的植物蛋白质。

动物胶和植物胶应用于作画时有一明显的差别,即动物胶需要加热溶解,而植物胶在常温下即可溶于水,使用比较方便。同时它们又有一个共同的地方,即它们都属天然有机胶结材料范畴,都含有丰富的生物蛋白质,因此它们具有天然有机化合物的分子量大、分子结构复杂,易老化、易分解、热稳定性和光稳定性差等特点。

2.5　彩塑的制作工艺及材料

彩塑有四种不同的制作方法,即影塑、石胎泥塑、木构泥塑、圆雕。制作工艺不同,使用的材料也不同。

影塑也称浮雕,它是在泥塑上制范,然后用范复制的。主要材料是黄土和棉花,敷彩后按洞窟布局要求分别贴在壁画上,主要用于小型的千佛、飞天、伎乐天、供养菩萨等。

石胎泥塑是先将岩体雕凿出雕像的胎型,再用掺有麦草、麻、棉花等纤维的泥抹制并塑造出高浮雕式的艺术效果。因此其制作工艺与壁画类似,而表现手法又与高浮雕一致。这种制作方法多用于大型塑像,如敦煌莫高窟 96 窟 34.5 米高的大佛及 158 窟 15 米的卧佛等。

木构泥塑是先用木材制作出骨架,然后在骨架上扎芦苇、芨芨草、麦草等物,做成木草胎。表面塑造方法与石胎泥塑完全相同,背部与墙体相连,整个塑像有两个稳定支撑点。这种彩塑的数量众多,大小与人体比例相同。圆雕与木构泥塑制作不同的地方是塑像整体都是精雕细作而成,仅靠脚下一个稳定点支撑而站立。其余与木构泥塑制作方法相同。

§3. 壁画保存环境

壁画由于长年累月受自然环境因素的作用,往往出现裂隙、空膨、酥碱、粉化、起甲、发霉等病变。这些环境因素对壁画的损坏包括:水的侵蚀、光辐射、空气污染、微生物腐蚀等,并且它们是互为因果、互相促进的。按壁画的保存环境,可区分为建筑壁画、墓葬壁画、石窟壁画三类。一般建筑壁画均处在离城市较近的郊区,壁画受当地工业污染及人为污染的情况较严重;其次,它属于一个半开放体系,壁画所处的温湿度环境和室外有一定的差别,人为因素易改变室内温度环境。如河北隆兴寺中殿,在寺庙的窗户上安装了玻璃,造成寺内外通风不畅,寺内湿度急剧上升,在壁画表面聚积了大量的水分,使墙体内水分不能蒸发而致使壁画地仗松软脱落。石窟壁画主要分布在西部边远地区,各石窟寺受周围环境污染较轻。墓葬壁画更具特征性,由于其多处于离地面几十米深的墓穴中,温湿度受季节变化的影响较小,一般温度在10℃左右,湿度常年在95%左右。高湿度是墓葬壁画的显著特点,由此引发了以微生物霉菌为主的一系列病变。

随着近代工业、基本建设以及旅游业的发展,环境污染、小气候改变已使壁画破损速度加快,到了有可能使壁画艺术品很快消失的地步。如云冈石窟由于粉尘迁入窟内,附着在石窟表层,潮湿空气及地下水使其成为酸性溶液而腐蚀石雕;再如炳灵寺石窟,在修建刘家峡水库后,原本干燥的气候环境变为干湿交替的环境,致使石雕内部蒙脱石频繁发生胀缩变形,加速了石雕表面的风化,石雕开始掉粉、变得粗糙模糊。敦煌石窟由于降雨及窟前树木浇灌水的作用,酥碱病变非常严重。酸雨严重的地区,已使石雕表面腐蚀成麻点。这类有环境因素作用引起壁画损坏的例子举不胜举,因此壁画环境的保护问题已迫在眉睫,引起了广泛重视。

3.1 石窟壁画的地质环境

石窟壁画的兴起和发展有其特定的历史背景,但石窟的开凿与布局则受地质环境的制约,即开凿石窟需要一定的岩石条件。我国石窟一般开凿在砂岩、砾岩、灰岩、结晶岩上,在开凿时都是选择完整性好,成层厚度大,而又比较均一的岩体。此外,又要求岩性不能过分坚硬,易于开凿,并具有良好的自稳能力,未经构造变动。因此,大多数石窟开凿在砂岩、灰岩等岩体中。地质环境是石窟壁画保护应首先了解的,许多石窟壁画病害都与开凿岩体的性质、成分有直接或间接的关系;同时,地质环境还决定了石窟的布局分布及艺术表现手法。

一般砂岩的结构致密、均一,适于精雕细刻。因此,开凿于砂岩中的石窟以"雕"为主,如云冈石窟、乐山大佛等。砾岩与砂岩比较,质地粗糙,不适精雕细刻,因而开凿于砾岩中的石窟多采用"石胎泥塑",如麦积山、大象山石窟等。开凿于半胶结沙砾岩中的石窟,由于岩体结构疏松、粗糙,既不能雕,也不能塑,这时只能以壁画和彩塑的形式表现。在这类岩石上开窟作画,也仅限于我国西北少数地区。

石窟壁画保护中的重点是开窟崖体的稳定性问题,以及水患和盐害。由于大部分石窟开凿于陡峭的崖壁上,在崖体上部产生平行于压面的卸荷裂隙。同理,由于开窟造像,在洞窟围岩内部也存在许多于壁画画面近似平行的卸荷裂隙。加上地震等原因造成的不规则构造裂隙。因此岩体内部分布着纵横交错的裂隙发育,是造成石窟崖体不稳定的主要因素。同时又是地下水、地表水、降水入渗洞窟壁画的主要通道,是造成壁画发生各种病变的主要因素。

3.2 气象环境

在壁画的保存与利用中,环境温度和湿度是直接作用于壁画材料的两个最普通因素。任何壁画材料都有它适宜的温度和湿度界线,超过这一界线,壁画就易发生病变。

3.2.1 温度

一般来说,壁画保存环境的温度变化范围不应超过 30 摄氏度,在这一范围内壁画制作材料受到的影响很小,但由于环境中还存在其他光、氧、湿度等因素,当壁画材料受到它们的联合作用时,温度在后续反应中具有加快反应的作用。所以温度对壁画的影响可分为直接作用和间接作用。

由于各种物质的热膨胀系数不同,甚至相差很大,对于组成壁画的两种或两种以上的材料对温度变化时的反应不同,导致体积伸缩和变化速度各异,使壁画开裂。在文物保护过程中,由于忽视这一问题,对一些石雕进行修复时,采用了高纯度黏合剂,随着温度的交替变化,在原本没有开裂的地方又出现了新的裂缝。

由温度的改变对壁画产生的间接作用包括相对湿度变化和冰冻风化两类。与温度相比,相对湿度对壁画材料的影响更大,一般壁画保存环境的平均温度变化范围内不会引起材料的直接损坏,而平均湿度的范围达 50%,有时甚至达到 90%,在此湿度变化幅度下,几乎所有的壁画材料都能迅速作出相应的反应。因此,温度对壁画材料的间接作用主要是通过改变其周围的相对湿度来进行的。

此外,在室外石质文物中,填充在岩石裂隙中的水分结冰使岩石破坏的作用称为冰冻风化。它实质是温度变化间接破坏岩石的是另一种形式。在岩石裂隙中,常有水分填充,当温度下降到 0℃ 以下时水分冷冻结冰,此时体积增大 9%,由于体积的增大,对裂隙壁产生的压力可达 $960\sim2\,000\ kg/cm^2$,使岩石裂隙加宽、加深。当温度回升后,冰体融化,水沿着扩大了的裂隙进一步渗入岩石内部,继续冰冻风化作用。如果气温在 0℃ 上下波动,则岩石裂隙中的水分时而冻结、时而融化,岩石在这样反复的作用下,裂隙不断扩大、加深;同时,由于岩石表层与深处对温度的反应不是同步均匀的,最后导致岩石崩裂成碎块或片状脱落。

3.2.2　湿度

环境湿度因素可以引发多种壁画病害。其中最突出的当属壁画颜料变色、酥碱、胶结材料老化等。

3.2.2.1　壁画颜料变色

颜料变色是一个十分复杂的化学反应过程,它不仅与颜料的化学成分、性质有关,而且与颜料载体的性质、光辐射、相对湿度等因素有关联。而高湿度环境是引起颜料变色的必要条件之一。

3.2.2.2　壁画酥碱

上述颜料变色是在高湿度环境下由光辐射引发的一种化学变化。壁画酥碱病变与之相比,则不论相对湿度的高低,只要不发生饱和状态,就不会产生。并且相对湿度越低,这种病变的速度越快、程度越严重。

一般来说,在壁画制作材料中都含有少量可溶性盐,当壁画中的水分蒸发后,这些盐结晶于壁画中,随着水分不断的蒸发,越积越多。当有新的水分经过壁画时,这些盐重新溶解,水分蒸发后又重新结晶,结晶时体积膨胀,对周围材料产生压力,同时每次结晶的地点不同,这样缓慢地侵蚀壁画材料,最终导致壁画酥松脱落。而保存环境湿度是这类病害发生、发展的关键因素,决定着水的蒸发速度。

3.2.2.3　壁画胶结材料老化

壁画制作材料中的胶结材料有动物性和植物性两大类,它们均含有丰富的蛋白质,在高湿度环境下,这些动植物蛋白质是微生物的良好营养基体,而微生物在其代谢过程中产生的有机酸、过氧化氢等腐蚀性产物能与含铜、铝、铅颜料发生作用而加速胶结材料的老化,导致壁画颜料层强度降低,最终脱落。

胶结材料的老化是一个非常复杂的过程,由于不同地区的温湿度等环境因素的差异,有高湿度引起的微生物霉烂老化,有炎热干燥气候引起的热氧老化,也有强烈日照引起的光老化。通常是各种因素交替作用、相互促进。

3.2.2.4　湿度突变对墓葬壁画的破坏

在考古发掘古代墓葬时,一些精美的壁画会由于颜料层的开裂、起甲、粉化而脱落、褪色、变色等而消失得无影无踪。一般情况下,一座古代墓穴已经在相当长的时间内保持着相对湿度 100% 的饱和状态,墓穴内的温湿度非常稳定,也没有空气流动。这种高湿度和黑暗环境正是微生物生长、繁殖的良好条件,实际上生物腐蚀早已发生,由水分和其他因素引起的化学风化也早已作用在壁画材料上,即使没有其他任何形式的变化,文物材料的强度也仅能维持自身的完整性。一旦墓穴被打开,外部的干燥空气进入墓穴,形成了壁画制作材料的迅速干燥。由于这些材料在长期地下环境中已变得极其脆弱,其自身强度无法抵御这种剧烈的变化,造成壁画颜料的粉化、灰化。

3.3 光辐射

光辐射也是壁画保存使用过程中最基本的外界环境因素,主要来自太阳光,其次来自各种人工光源。光线对壁画的保存十分不利,尤以紫外线为甚。光辐射对壁画材料的危害除了它的热效应能使有关化学反应加快速度外,更重要的是体现在对壁画颜料的光化学反应效应上。光线能够损坏它所能到达的任何物体,对于壁画而言,其颜料是不透光的,所以光对它的主要作用是表面老化变质,而表面正是壁画的精华所在。光对壁画的危害主要体现在颜料褪色、胶结材料老化、颜料变色三个方面。

3.3.1 光褪色

光照能引起颜料层的褪色,许多壁画在向光的地方比背光的颜料色层有明显的彩色差别。这是长期的光照使颜料晶体微粒发生微小变化而引起的褪色。此外,光照导致颜料层胶结材料迅速老化,使颜料颗粒间失去黏性,颜料颗粒逐渐脱落,降低了颜料的表面密度而发生褪色。

3.3.2 光老化

光对所有有机材料文物具有破坏作用,引起它们表面变质并加速这种变质反应的速度,光对壁画颜料中胶结材料的破坏也不例外。一般高分子化合物分子链的断裂往往发生在分子链的弱键上,只有在弱键电子振动时吸收并积累了相当数量的能量时,分子键才能断裂,从而引发光化学反应。分子键的断裂是由于成键电子的振动能超过一定数量,电子振动时远离平衡位置,最终脱离原子核的束缚,从而导致化学键的断裂。而大部分由 C、H、O、N 组成的化学键强度都在近紫外区及可见光区的紫色、蓝色光波能量范围内,当它们吸收了光线中与键能相应的辐射能后,并进行积累,就有可能造成键的断裂。

3.3.3 光变色

许多研究结果表明,光辐射能引起颜料的变色。应用模拟的太阳光源照射涂在三合板上的石黄、青金石、铅丹、石青、赭石、铅白、朱砂、铅蓝、白垩等颜料,经二千小时后发现朱砂表面变成黑色,铅黄由鲜黄色变成灰绿,石黄明显褪色。

紫外光仅占太阳辐射能量的 7%,但其能量却很大,它能引起许多物质发生光化学反应。应用模拟的紫外光源照射颜料样品时,发现最初的 50 小时颜料变色非常剧烈,经 200 小时后速度减慢。此外,可见光及红外光也能引发颜料变色反应。

3.4　空气污染物

空气污染物也是直接作用于壁画表面的环境因素。这可以使壁画颜料变色、褪色、酥碱等，其中尘埃往往是细菌、霉菌的良好载体，光空气中的降尘经常与湿气结合在一起降落到壁画表面时，便形成一层难以去除的覆盖层，很适宜微生物的生长繁殖。空气污染物对壁画的危害可分为有害气体与降尘两种类型。

3.4.1　有害气体对壁画颜料的影响。

3.4.1.1　H_2S 气体的影响

用一根细导管将 H_2S 气体对准铅白、铅丹、石青、石绿、藤黄、赭石、朱砂等壁画试块时，几乎在接触到颜料板时就引起铅白、铅丹、石青、石绿四种颜料的变色，经分析变色后的产物是 PbS 与 CuS。这说明含铅和含铜颜料极易受到 H_2S 气体的影响，PbS 和 CuS 的溶度积分别为 $1.6 \times^{-23}$ 和 6×10^{-36}，当壁画保存环境湿度较高时，空气中的 H_2S 气体易在壁画表面溶解，造成变色反应的发生。

3.4.1.2　CO_2 气体的影响

CO_2 是一种酸性氧化物，当过量 CO_2 存在时可使铅白变为中性的 $PbCO_3$，使颜料品质显著下降。在 CO_2 及水分的作用下，会使碱性较大的石绿转变成石青。将铅丹及石绿涂在泥质地仗上，放入湿度为 87% 的内部充满 CO_2 气体的密闭玻璃缸中，铅丹表面立刻变成暗灰色、石绿周边颜色变深变蓝。这些例子说明，CO_2 对某些铅铜颜料有一定的危害作用。因此应尽可能控制观看壁画的人数，避免环境 CO_2 浓度过高，以利壁画保护。

3.4.1.3　O_3 气体的影响。

O_3 的化学活性比 O_2 高得多，具有很强的氧化作用，是一种二次污染物。在两个模拟箱中，各控制 O_3 浓度为 28.4 与 0.7ppm，将铅丹、铅白、铅黄分别置于两箱中，在不同时间观察颜色的变化发现，铅黄最易被氧化、铅丹次之、铅白基本没有变化。

3.4.1.4　SO_2 气体的影响

SO_2 气体一般来自于煤或油的燃烧，是一种普遍的工业污染物。SO_2 进一步氧化则变为 SO_3，SO_3 在一定的湿度条件下吸收水分转变为硫酸，硫酸可和地仗中及颜料中的钙质化合物发生反应生成硫酸钙，而造成体积膨胀，对壁画造成危害。SO_2 最严重的危害是室外石质文物上，长期暴露于受 SO_2 污染的酸性气氛中的石质文物，其表面风化的主要原因就是 SO_2 的作用。

3.4.2　降尘对壁画的影响

许多地区的壁画表面覆盖了一层厚厚的粉尘，不但降低了壁画的艺术价值，而且有些粒度很小的粉尘会嵌入颜料颗粒之间，难以清除，久而久之就成为壁画的一部分；在大气污染较严重的地区，粉尘成分极其复杂，化学活性物质含量较高，当它们降落于壁画表面后，能与颜料化合，形成新的物质，造成壁画发生病变。

空气降尘对壁画的一个显著影响是使画面表层变灰甚至变黑，形成一种黑色薄层，既薄又硬，且具有一定的吸水性。这种薄层除了在视觉上是一层难看的堆积物外，也是一层可以引起壁画表层片状剥落的憎水层。薄层的化学组成极其复杂，因地区而异，是由画面层成分和空气降尘反应生成的新物质。例如云冈石窟，经分析其薄层化学成分是 SiO_2、Al_2O_3、CaO、K_2O、MgO、Fe_2O_3、C、TiO_2、S，主要矿物成分是石英、高岭土、石膏、云母、长石、铁的氧化物、铁的化合物、炭黑等。引起黑色的主要成分是炭黑和铁的氢氧化物，表面铁的无机盐类来自空气污染，也有部分来自岩石自身。酸性降水入渗岩体内部与含铁矿物反应，于是形成表面铁的化合物相对富集。

3.5　风沙对壁画的影响

当空气作水平运动时就形成了风。风吹动时，空气运动有湍流和层流两种状态，当风速超过 1 m/s 时可将地面上的沙粒、尘土等吹起，进入空气中移动，对地表物体可产生剥蚀、搬运、沉积等作用，对壁画则主要产生剥蚀作用。

剥蚀作用包括吹蚀和磨蚀两种方式。前者是指风的冲击力和湍流的向上分力将地面的碎屑物吹起离开地面，一旦形成这种风沙流后，就可加强风蚀能力。后者是指风以挟带的沙粒为工具，在吹动中对物体、岩石等裸露表面进行碰撞、摩擦和钻进岩石的裂隙、凹坑内旋磨的破坏作用。磨蚀作用的强度除取决于风速和被磨蚀的物体表面性质外，还与风所挟带的沙量有关，当沙量很多时，它的磨蚀作用就很强。风所挟带的沙粒主要集中在离地面 2 米高范围内，尤以 10 cm 高的范围内最多，因此风的磨蚀作用在此范围内最强，在沙漠地区，常见到古建筑的墙角被风沙磨蚀而出现凹槽的现象。

3.6　微生物对壁画的破坏

由于壁画的泥底材料中草、蒲绒、棉花等纤维类物质，长期在微生物作用下发酵、腐烂、分解，产生气体，导致壁画发霉、起甲、空臌、脱落。仅敦煌莫高窟霉变壁画就有 144 平方米，霉菌分属青霉素、曲霉属、枝孢霉属、葡萄状穗霉属、交链孢属等 6 个属、15 种菌以及其他细菌等。

大足石刻大面积发霉变黑，在大足北山石刻上采菌样进行培养、分离、鉴定，结果表明危害大足石刻壁画的菌类有霉菌和细菌。霉菌主要有青霉属（青霉）、绿霉属(绿霉)、曲霉属(以黑曲霉为主)。细菌主要是球菌、螺旋菌和杆菌,而放线菌培养基中培养出来的也是6个霉属的霉菌,说明大足石刻壁画微生物中没有放线菌。

§4. 壁画病害的种类及其修复

4.1 石窟壁画崖体的病害及其加固

石窟壁画的主要支撑体崖体受自然、人为两种因素的作用,其横向崖边裂隙和纵向构造裂隙以及地震的破坏、潮湿水的影响、微生物的生长、温湿度变化、日晒、雨淋、风沙打磨、大气污染物的侵蚀等因素的破坏,会使壁画主要支撑体崖体开裂、剥落。洞窟重叠密集,致使洞窟崩塌。下层局部坍塌的洞窟,又形成上层洞窟的悬空,导致再次崩塌的危险。此外,建筑物地基的下陷引起的墙体开裂、倒塌等,也严重威胁着壁画的保存,必须采取措施进行加固。

我国石窟崖体的加固可分为三种主要方法:即采用工程构筑附加建筑物、锚固技术、灌浆加固技术。

工程构筑附加建筑物方法是我国早期石窟壁画维护中常用的方法。主要措施是构筑重力阻挡墙,以制止崖体的坍塌。具体作法有:①支顶。对于悬空的岩体用钢筋混凝土或石砌墙柱予以支撑、顶托;②挡墙。对于成片有崖边裂隙的崖体、崖壁陡峭之处,建筑厚重的石砌墙体或混凝土结构以抵抗岩体的侧向压力或地震的影响,防止岩体向外倾覆,以保证石窟安全;③刷取对于一些崖壁高处的悬岩危石,人工按一定的坡度刷取,防止其突然坠落和崩塌,减少岩体自身的荷载。对于支顶和挡墙结构,为了有效发挥其作用,必须与被支挡物紧密接触。可采用砌体延迟封顶、墩式基础深入地层直达基岩等措施解决。

锚固技术是20世纪60年代后期发展起来的一种加固技术。主要通过钢质锚索把危险岩壁与稳定基体岩体连接起来以达到防止危险岩壁脱离岩体而坍塌的目的。

灌浆技术是近年出现的一种新技术。主要是在崖体裂隙中注入化学黏合剂以达到填充、黏合裂隙的作用。黏合剂的选择主要依据岩体及黏合剂自身物理性质以及壁画岩体所处的环境,目前常用有PS(北方干燥地区)、三甲树脂和脲醛树脂(南方潮湿地区)。为了达到良好的加固效果,目前常采用锚固与灌浆相结合的施工工艺。

4.2 壁画地仗层空臌、大面积脱落病害及其加固修复

4.2.1 壁画地仗层空臌脱落的原因

4.2.1.1 由于壁画支撑结构材质不同,材料的孔隙和导热性不同,水分在支撑体上上升速度不同,水汽上升特别快的部分,易产生凝聚水而使地仗层溶胀、水

分蒸发时又会产生空臌(见彩版 8－1)。

4.2.1.2　灰泥层质量不好或黏着力不强,特别是壁画泥层和支撑体之间结合力很差,在湿度反复变化的状况下,会引起壁画变质,表现为空臌、剥落和酥粉。

4.2.1.3　壁画地仗层中草泥、蒲绒、棉花等高纤维物质的发酵、腐烂、分解产生的气体,导致壁画地仗层空臌、剥落。

4.2.1.4　溶盐对壁画地仗层空臌脱落的影响

1. 支撑体上溶盐的形成主要途径

(1)地下水或地表水源中盐的析出

支撑体地下水中含有的 HCO_3^-、SO_4^{2-}、Cl^-、Ca^{2+}、Mg^{2+}、Na^+,在水分持续蒸发作用下,渗入岩石深处的溶液受支撑体毛细管作用,随水分移动而向支撑体表面迁移,不仅会在表面析出絮状盐类,还会在支撑体与地仗之间及石刻岩石空隙中沉积。

(2)石质中难溶盐转化为易溶盐

由于工业、交通业、旅游业的快速发展,空气中有害气体 SO_2、CO_2、NO_2 不但增加,这些有害气体溶于水并渗入石刻后和石质发生一系列化学反应,如石质溶盐中的芒硝,主要来源于石质中的钠长石($Na[AlSiO_8]$)和空气中的有害气体 SO_2 作用,其作用如下列化学反应式所示:

$$2Na[AlSiO_8] + SO_2 + 2H_2O \xrightarrow{O_2(空气中)} \underset{\text{高岭土}}{Al_2Si_2O_5(OH)_4} + 4SiO_2 + \underset{\text{离子状态}}{Na_2SO_4}$$
钠长石

又如石刻中的方解石($CaCO_3$),在 pH 为 7～8.5 的中性至弱碱性水中发生水解,虽反应速度较慢,但不断水解,逐渐积累,成为溶盐的另一来源:

$$CaCO_3 + H_2O + CO_2 \longrightarrow Ca(HCO_3)_2$$

(3)修复材料使用不当而产生的可溶盐

如使用碱性硅酸盐(如水泥)作加固剂、修补剂时,石质与水泥共存,由于水泥中含有碱性硬化剂 $Na_2O \cdot nSiO_2$,当与环境水接触时,会发生下列化学反应:

$$Na_2O \cdot nSiO_2 + CO_2 + 2nH_2O \longrightarrow Na_2CO_3 + nSiO_2$$

$$Na_2CO_3 + H_2SO_4 + 10H_2O \longrightarrow \underset{\text{(芒硝)}}{Na_2SO_4 \cdot 10H_2O} + CO_2 \uparrow$$

水泥硬化后产生 $Ca(OH)_2$、$CaSiO_3$ 及 $nCaO \cdot mSiO_2$ 的水合物,与含有 SO_4^{2-} 较高的环境水发生下列化学反应:

$$nCaO \cdot mSiO_2 + H_2SO_4 + H_2O \longrightarrow nCaSO_4 + mSi(OH)_4$$

$$nCaO \cdot mAl_2O_3 + H_2SO_4 + H_2O \longrightarrow nCaSO_4 + mAl(OH)_3$$

这样用碱性材料水泥修补或加固过的地方不仅析出可溶盐,而且产生风化、裂缝、空臌、脱落。

2. 石刻上溶盐对壁画地仗层空臌脱落的影响

(1)岩石中盐的结晶与潮解对石刻壁画地仗层的破坏

岩石中盐的结晶与潮解对石窟壁画地仗层的破坏很大,当气温升高时,岩石中的水分要陆续蒸发,岩石空隙及表面上的盐分增多,浓度增大,当达到饱和浓度时,盐分会结晶,而结晶时体积增大,对周围岩体及地仗层产生压力,使地仗层产生新的裂隙或空臌。当气温下降时,盐分又从空气中吸收水分又变成盐溶液,渗入岩体内部,并将岩体与壁画地仗层及沿途的盐溶解,盐又会渗到地仗层及新的石刻裂隙中,如此反复,裂隙不断扩大,岩石与地仗层之间的结合力越来越差,导致壁画地仗层空臌脱落。

(2)溶盐晶变对地仗层的破坏

溶盐的晶变对石窟壁画地仗层的破坏不容忽视,如大足石窟中石膏($CaSO_4$),当夏天气温达 40℃时,气温对岩石的有效影响范围可深达 10 厘米左右,气温差可促使石膏与硬石膏之间发生周期性变化。当硬石膏变成石膏时,体积增大 31%,并产生 10 kg/cm^2 压力,使联结较弱的岩体产生胀裂,使岩体与黏着力很差的壁画地仗层产生空臌、胀裂、脱落。

4.2.1.5　菌类及低等植物对壁画地仗层的破坏

菌类特别是霉菌常和一些低等植物如苔藓、藻类、地衣等以共生复合体存在,这主要是由微生物的酸解作用和微生物的络解作用而导致石刻壁画地仗层的空臌脱落。

1. 微生物的酸解作用,使岩石中矿物元素以离子形式从岩石中溶出的过程:

$$[矿物]^- M^+ + H^+ R^- \longrightarrow H^+ [矿物]^- + M^+ R^-$$

$$R^- = NO_3^-、RCOO^-、HCO_3^-、SO_4^{2-}$$

生物分泌物和遗体在微生物作用下形成各种酸(主要有草酸、柠檬酸、酒石酸、水杨酸等有机酸)是微生物酸解作用的主要来源。地衣藻类和菌类共生复合体的生命活动过程中藻类进行光合作用,制造有机物,真菌吸收水分和矿物为藻类光合作用提供原料,并使藻类细胞保持湿润。在 H_2O 和 CO_2 参与时,在岩石表面的毛细缝中溶蚀。溶蚀构造中遗留大量有机物和腐殖物,大量有机物在微生物作用下腐烂变质产生气体而产生压力,使地仗层与岩体结合力大大降低并产生空臌及大片脱落。

2. 微生物的络解作用是微生物在生命过程中形成上述各种有机酸,这些酸作为配位体与 Ca^{2+}、Mg^{2+}、Ba^{2+} 等离子形成可溶性络合物从岩石中溶出,使岩石遭到破坏,使地仗层与岩体贴附力大大降低而使地仗层产生空臌和脱落。

4.2.2　大面积空臌地仗层的加固修复

对于已经发生大面积空臌的地仗层,如果地仗层本身强度还比较好时,可以用注射器吸取黏合能力强,透气、透水性好的,耐老化,稳定性好的聚醋酸乙烯酯乳液或丙烯酸乳液注射到空臌地仗层与岩体之间,稍等片刻,待黏合加固剂渗入地仗层和岩体时,将空臌的地仗层回贴回岩体上,再慢慢压平、贴紧。

对于空臌壁画,如不及时采取有效措施,就会使壁画大面积脱落。尤其是石窟顶部及四壁上部壁画由于重力的作用,需要比较大的拉力才能抵御,故应选用黏结强度较大的树脂,如改性环氧树脂、聚乙烯醇缩丁醛、聚醋酸乙烯酯。

4.2.3　大面积脱落壁画的修复

对已经发生大面积脱落岩体已裸露的壁画,早期采用石灰、细沙、麻刀等和泥抹平的修复方法。但用这种方法修复过的壁画,由于石灰泥层较原地仗层致密,透气透水性差,导致岩体或墙体内的水分向四周有壁画的部分移动,使这些壁画受到危害,如果出现在底部四壁上,则导致水分上移,威胁上部壁画,因此此法现在一般不用。

另一种方法是采用15%聚醋酸乙烯乳液与黏土、麦草和泥,填塞到壁画脱落处的边沿,将壁画贴紧干燥后,再在草泥面上抹一层掺有麻刀的石灰。这种方法称为大面积脱落壁画的边缘封护,可以防止发生新的脱落,是一种简便易行、经济可靠、行之有效的修复方法。

4.3　壁画地仗层酥碱病害及修复

4.3.1　壁画地仗层酥碱病害及其产生原因

壁画地仗层酥碱是壁画的主要病害之一,它是指在水参与下,壁画支撑体洞窟围沿及地仗层中盐分在壁画上产生表聚作用,造成壁画地仗层酥碱、粉化、脱落,或者使地仗层逐渐松软。壁画地仗层酥碱对壁画危害十分严重,壁画地仗中的可溶盐及地仗附着的岩体或墙体中的可溶盐随水迁移富积在壁画地仗表层。当壁画所处的环境湿度增大时,可溶盐溶解并连同地仗层膨胀;当环境湿度变小时,可溶盐结晶收缩,这样地仗层中的可溶盐始终处于溶解—结晶—再溶解—再结晶状态,而使地仗始终处于膨胀—收缩—再膨胀—再收缩的循环状态,这种反复过程对壁画的地仗及画面造成极其严重的影响和破坏,使壁画的地仗层及画面层在反复膨胀—收缩的循环作用下发生连片状或疱疹状酥碱(见彩版8—2)。

地仗的酥碱必然导致与之贴附的壁画画面的酥碱。这种病害是洞窟温湿度变化引起壁画地仗层中可溶盐的活动造成的。要治这种病害,就必须从引起这种病害的根源——环境中水的来源着手,采取一定的工程措施。如在壁画岩体下挖排水沟，防止水渗入壁画地仗层，或防止水汽进入洞窟，保持壁画所处的环境相对干燥和稳定，防止酥碱病害的发生、复发和蔓延；对已酥碱的壁画尽快选择合适有效的修复材料和工艺进行脱盐、加固等抢修。

4.3.2　地仗层酥碱病害的修复处理

酥碱壁画的修复采用与修复起甲壁画相同的材料，多年来一直采用聚醋酸乙烯酯乳液，近年来也用丙烯酸乳液等人工合成高分子材料和一些天然有机高分子材料修复酥粉壁画地仗层。

壁画地仗层酥碱，应先加固地仗层，其修复工艺大致如下：

①清除酥碱地仗层上的尘土

用小的吸尘器或洗耳球将酥碱壁画表面及地仗层上的尘土吸除干净，以防影响起甲颜料层与地仗层的黏结。

②酥碱地仗层的加固

向酥碱的地仗层注射 $2.5\%\sim3\%$ 的聚醋酸乙烯乳液。注射加固剂时，注射器针头应插入地仗层，使加固剂注入地仗层并被充分吸收后，用适当工具轻压地仗层，以使地仗层强度增加。

③酥碱地仗层上溶盐的清除

可用棉签蘸蒸馏水与酥碱地仗上的溶盐接触，以使溶盐溶解并渗吸入棉球中，反复多次将酥碱地仗层中的可溶盐接触吸除完。

4.4　壁画颜料层起甲、粉化病害及其修复

4.4.1　壁画颜料层起甲、粉化病害的原因

壁画颜料层和白粉层由于某些原因造成龟裂并起翘成无数鳞片状小片，称之为壁画起甲病害。由于壁画所处环境中温湿度频繁变化，地仗层中溶盐反复溶解膨胀—结晶收缩，导致地仗层由原来的密实状态变得酥松，进而导致贴附其上的壁画颜料层与之结合力大大降低，而产生壁画画面层发生起甲、鼓起小泡、龟裂粉化。

颜料层较厚时易出现壁画颜料层起甲、粉化。这多是因壁画绘制时用胶不当引起的，主要的直接原因是用胶量过多。胶量过多时，虽然增强了颜料颗粒之间的黏着力和颜料层与地仗层的附着力，但由于作画时需涂抹较厚的颜料，因而最终形成一层较厚的硬壳。这层壳随温湿度频繁变化而发生胀缩变形与地仗层对温湿度反应不一致，久而久之，导致颜料层开裂、起翘，最终脱落粉化（见彩版8—3、4）。

4.4.2　起甲壁画的修复

修复壁画时如果起甲壁画的地仗酥碱，应先修复加固地仗，然后修复起甲颜料层。在修复壁画时，先从壁画的所在的窟顶或上部开始，逐渐向下进行。修复起甲

壁画的工艺,大致分以下六个程序进行。

4.4.2.1　清除起甲壁画表面尘土

起甲壁画在起甲部位不能留下尘土。这不仅因尘土影响壁画颜料的鲜艳美丽的原貌,还会直接影响起甲颜料层与地仗层的黏结。因此在起甲壁画修复时,首先应用软毛排笔或小吸尘器小心地将起甲壁画的尘土吸除干净,然后再用洗耳球将起甲翘起的小片颜料层下面及裂缝间的尘土吸干净。如果颜料层边缘起翘不易用洗耳球吸除时,先用沿起翘颜料层边沿用注射器注射 3% 的聚醋酸乙烯乳液回贴固定后,再用洗耳球将内部尘土吹吸干净。

4.4.2.2　注射黏合剂粘贴加固起甲壁画

用注射器将 2.5% 的聚醋酸乙烯乳液注射到壁画起甲的裂口处,注射时针头应伸进起甲画面的底部,如画面有鼓起小泡时,应在不重要部位将针头插入泡内注射黏合剂。

如果壁画起甲面积较大时,应在不重要的适当部位用注射器针头刺小孔,通过小孔向起甲颜料层下部注射黏合剂,使黏合剂充分渗透到起甲颜料层。起甲面积大时,应在画面划分小块,按顺序一块一块注射。注射黏合剂量不可过多而污染画面,又不能过少而渗透不充分而影响加固效果。

若有小片颜料层掉落,一定设法将其回贴原处。万一有黏合剂流到画面上,应立即用柔软棉纸吸除干净。

4.4.2.3　将起甲壁画轻轻压贴回地仗层

待注射的黏合剂被地仗层吸收后,用竹、木刀或不锈钢刀,用力适当轻轻压贴回地仗层,特别注意不要用力过大、过猛而压碎颜料层或使画面层局部凹陷变形,也要防止因用力过小而使起甲颜料层与地仗层黏结不紧密。

4.4.2.4　用棉球排压起甲壁画

用质地细而白的绸缎包扎脱脂棉做成直径 5 cm 左右的棉球排压上述用竹、木刀或不锈钢刀局部压过的起甲壁画(不能用纱布、粗纹或塑料布包扎棉球,以防在壁画上留下纹印,或因塑料布光滑不透气而将小片起甲颜料层粘吸掉)。

用棉球排压起甲壁画时,应从壁画未开裂处向开裂处轻轻滚压,以便将起甲内的空气排出,防止出现气泡和将画面压出皱褶。

4.4.2.5　壁画表面喷涂黏合剂

在经过棉球排压过的壁画表面,用工作压力在 0.7~0.8mPa 的小型空气压缩机,喷头与画面垂直且距画面 30~40 cm,喷速适中而均匀的喷涂 2% 的聚醋酸乙烯乳液,既加固没有起甲的颜料层,又可对起甲壁画在注射黏合剂时遗漏处进行补漏。

用小型空压机喷涂黏合剂的优点是工作效率高,喷涂均匀,操作简便等。

4.4.2.6　软胶辊滚压画面

当壁画喷涂黏合剂的画面达到70％的干燥程度后(干燥程度不能超过80％,否则会在滚压时压裂或压碎画面使颜料层脱落)将白绸铺在壁画上,用软胶辊缓慢、均匀用力滚压,特别注意防止壁画上出现滚痕或将颜料层粘在白绸上。

敦煌研究院用上述工艺,用2％聚乙烯醇和聚醋酸乙烯乳液混合剂于1962年修复的莫高窟161窟壁画,历时40多年,保护效果很好。下面是敦煌研究院修复酥碱、起甲壁画的工艺程序示意图。

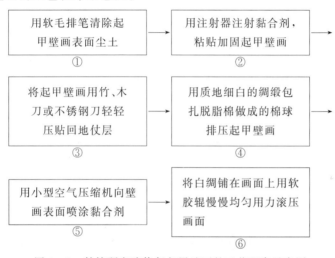

图8-5　敦煌研究院修复起甲壁画的工艺程序示意图

40多年来,敦煌研究院主要对敦煌石窟(包括莫高窟、榆林窟和西千佛洞)大面积脱落、空臌、起甲和酥碱壁画进行了修复。其大面积脱落、空臌和起甲壁画的修复取得了好的保护效果,抢救修复了大面积空臌和脱落的壁画约300 m²,起甲壁画3 000 m²,使一大批濒危壁画得到抢救性保护修复。

4.4.3　颜料层粉化脱落的原因

这也是壁画制作时用胶不当而引起的病害,但与起甲病害相反,它是由于在颜料中加胶过少而引起的,往往出现在颜料层较薄的壁画上。当颜料中用胶量过少时,不足以使颜料颗粒相互黏结并附着于地仗表面,胶结材料在外界环境因素作用下老化,失去黏着力和附着力,导致画面的颜料层渐渐粉化脱落,发生褪色以至消失。同样的情况也常出现在用墨书写的题记上。古代壁画一经制作完毕,颜料层以及胶含量就无法改变,因此对起甲、粉化壁画病害的防止只能从改善外界保存环境入手。

4.4.4 颜料层粉化壁画的修复

壁画发生粉化病害后,受到风的扰动或轻轻一碰,颜料颗粒即行脱落,因此不能像起甲壁画修复那样采用注射黏合剂的方法,而应以喷雾的方法使黏合剂落于颜料层上,首先加固颜料层,其余步骤与修复起甲壁画3～5步相同。

4.5 壁画画面霉变、虫害及其防治

在壁画制作过程中,地仗层中存在着棉、麻、草等纤维质物质,颜料层中存在着动植物胶等蛋白质物质,在适宜的温湿度环境下,微生物孢子着生其上,并且滋生蔓延。斑斑点点的霉菌菌落,不但从整体上减弱了壁画的视觉艺术效果,而且会直接或间接地腐蚀壁画。从现有资料表明,壁画上的微生物以霉菌为主,且随地域不同,其种类也有差异,这与地域的气候、地质环境有关。例如甘肃嘉峪关魏晋墓壁画霉菌单一,以青霉为主;而敦煌莫高窟与河南密县汉墓壁画霉菌种类较多,可能与参观人数多有关,前者土质中盐碱含量高,青霉属有较好的耐盐、碱性,因此青霉属较多。

4.5.1 微生物对壁画的腐蚀

微生物为了生存,需要不断从外界吸取各种营养物质,从中获得能量,不同微生物对营养的需求不同,有碳源、氮源、有机化合物生长因子、矿物元素、水、氧以及适宜的温湿度范围和 pH 范围。在其生长过程中,某些代谢产物,如黄曲霉和黑曲霉产生的柠檬酸、草酸等多种有机酸能与含铜或钙的颜料发生反应,生成草酸铜或草酸钙,成为导致壁画颜料变色的另一原因。

某些微生物具有很强的蛋白质分解能力,例如白曲霉可以分解壁画颜料层中的动植物胶结材料,致使胶结材料老化降解。当 5% 和 10% 的骨胶、桃胶在较低温度下接种微生物后,在室温下培养,发现大多数微生物都可降解骨胶和桃胶,使之不再呈冻状,使颜料颗粒失去黏着性,而引起褪色。

此外,像葡萄状穗霉含有很强的纤维素酶,可分解地仗层中的麦草、麻、棉等纤维,枝孢霉和交链孢霉则是典型腐霉,可引起麦草等纤维及胶结材料的腐烂变质。使地仗强度和颜料层强度降低。

4.5.2 微生物的防治

霉菌生长需要适宜的温湿度条件,一般温度在 20～30℃、相对湿度在 75% 以上时繁殖速度较快,75% 是霉菌大量繁殖的临界湿度。当湿度上升到 80%～90% 时很适合多数霉菌的生长,95% 时霉菌生长非常旺盛。当温度下降到 18℃ 以下,相对湿度在 65% 以下时,霉菌不能正常发育。但也有特殊情况,在各种微生物中以枝孢霉和黑曲霉对壁画的影响最大,测定它们孢子萌发所需的温湿度条件为:

20～30℃、50％～60％。这主要是壁画制作材料中有霉菌赖以生长繁殖的营养源，只要环境温湿度适宜，尤其是湿度适宜(大于60％)时就会造成霉菌在壁画上的生长繁殖。为预防微生物的生长繁殖，在条件允许时，采取控制壁画环境温湿度条件，控制参观人数等方式。

当壁画画面上由于霉菌生长代谢而出现霉斑，污染画面时，应予以去除。采用氯胺—丁的酒精溶液清洗霉斑处；也可用木瓜蛋白酶溶液来处理。对于墓葬壁画，因环境湿度较高，霉菌易于繁殖，应作防霉杀菌处理，可用1％邻苯基苯酚钠溶液，也可用高效、谱广、低毒的杀菌剂"霉敌"0.02％～0.03％水溶液作杀菌防霉处理。

4.5.3　昆虫的危害及防治

昆虫对壁画的危害有两种类型：一是昆早的粪便对画面的污染，而且有些粪便还呈酸性或碱性，对壁画颜料层起到腐蚀作用。二是在建筑壁画中，因黄蜂、蝙蝠、鸟类造窝等可直接损害壁画画面。对于昆虫粪便的清洗，与壁画霉菌清洗方法、材料相同。

4.6　壁画颜料变色病害

颜料变色是壁画的主要病害之一，古代壁画使用的颜料绝大部分是无机矿物颜料，它们的化学性质稳定，不易变色，这也是古代壁画保存至今仍艳丽明快的主要原因。但有一种人工合成的无机颜料，即含铅颜料较易变色。

红色是壁画的主要色调之一，红色颜料的变色会直接引起整个壁画外观的改变，在很大程度上改变了壁画原有的艺术风格。在绘制壁画时作为红色颜料使用的有铁红、朱砂、铅丹三种，铁红化学性质极其稳定，不易变色。朱砂经光照后，晶体结构发生了变化，颜色由红变黑，但总体说朱砂还是不易变色的。铅丹就不同了，在对敦煌壁画棕色颜料分析中，发现95％以上的样品含有黑色PbO_2，说明壁画中凡是含铅颜料都变成黑色PbO_2了。PbO_2是一种十分强的氧化剂，有很强的氧化能力，只要没有还原剂与之接触，它在空气中是很稳定的。壁画中能够引起PbO_2还原的物质主要是一些酸性气体，如SO_2、NO、H_2S等，在正常的自然环境下，这些气体的含量非常低，不足以引起PbO_2的还原反应。但如果壁画保存环境受到污染，这些酸性气体浓度增大，就有可能发生。因此为防止PbO_2进一步发生变化，就必须避免壁画保存环境发生污染。

颜料变色是一个极其复杂的过程，它不仅与颜料的化学性质有关，而且外界环境(诸如光线、湿度、胶结材料、生物腐蚀等)是导致颜料变色的关键因素，它们互为因果，相互促进。

4.7 烟熏壁画及其清洗

烟熏壁画就其产生原因来说,非常简单,石窟寺是佛教徒从事宗教活动的主要场所,需要燃烧大量的香蜡油,同时它们又处于一个相对封闭,与世隔绝的环境,需要燃柴做饭、取暖。这样,柴草中未燃烧充分的炭粒与挥发性有机物质混合在一起降落在壁画表面并与颜料结合在一起而形成烟熏层。形成的烟炱污染画面,甚至使画面完全变黑,无法辨认其内容。

烟熏层成分与壁画所在地域有关,一般以有机芳香族化合物,如苯酚、苯二酚、甲苯酚等为主,混有少量炭粒、硫等无机元素。

烟熏壁画的清洗一直是壁画保护中的难题,国内外有关这方面研究报道很少。目前总的趋势是:一种方法是采用激光束照射烟熏层,利用激光的高能、单色性将以有机物和碳粒为主的烟熏层灼烧后转变为 CO_2 和水,以达到清洗的目的。此法源于馆藏文物保护中对某些难于接触到的污物的清除,具体能否应用到壁画保护方面,还处于实验研究阶段。但有一点可以肯定,即激光束会对壁画颜料层中的胶结材料及颜料产生不良后果。二是采用化学溶剂清洗烟熏层,从已发表的研究报道看,用碱性溶剂已为各家所采用,只是所用溶剂的种类及浓度不同。一般筛选清洗剂的原则是,既能与烟熏层成分反应,又对壁画颜料层无损坏作用的试剂。必须满足:①清洗剂能与烟熏层大多数成分化合反应;②清洗剂应无色,试剂本身的颜色不会导致壁画颜色改变;③清洗剂最好能以水作溶剂。有机溶剂大多数有特殊气味、易挥发,在烟熏层上停留时间短,不足以使烟熏层与清洗剂反应完全就挥发已尽。经多年大量实践证明用50%丙酮和14%的氨水混合溶剂清洗壁画上烟熏斑,既安全、方便清洗效果又好。

4.8 风沙对壁画的危害及防风治沙

风沙的危害已在前面作了叙述,我国北方地区是石窟壁画的密集区域,该地区的石窟壁画受风沙的侵害相当严重。例如,敦煌石窟由于风沙流强烈的风蚀、剥蚀作用,致使上层洞窟遭受"薄顶"之灾,直接危及壁画的保存;严重的积沙又造成窟顶的巨大压力,增大了窟顶的透水性,导致窟顶崖体积水,造成上层洞窟壁画的酥碱。沙尘对壁画的磨蚀以及钻入颜料颗粒之间,造成壁画颜料褪色或起甲。

风沙对壁画的危害较大,治理风沙已引起有关方面的高度重视。风沙治理大体可分为工程治沙、化学固沙、生物治沙三种方法。工程治沙指设置防沙障以阻止沙丘向壁画保存地移动;化学固沙指喷涂化学黏合剂,将表层沙粒黏合,以达到阻止沙粒移动的目的;生物治沙指广植植被,利用植物的根系和秆、叶进行固沙、防沙。

从治沙的效果和长远目标看,生物治沙更具有重大意义,这一点可以敦煌莫高窟为例说明。

敦煌莫高窟地处戈壁沙漠腹地。窟顶为一片平坦戈壁。西与高约 60～170 米的鸣沙山相连,该区又是一个具有稳定的三组风向的多风向地区,这三组风所带来的风沙流是对洞窟及崖体破坏的主要因素。从五代时期的清沙功德碑,表明风沙在那时就已危及莫高窟安全。20 世纪 30 年代最低层洞窟已大部埋在沙中。强烈的西北风、西南风搬运鸣沙山的沙物质,常以风沙流形式沿崖壁泄流而下,许多洞窟的前室和洞窟外壁受到沙割、沙刮、沙打、磨蚀和掏蚀,致使洞顶遭受"落顶"之灾,直接威胁到壁画的保存。每遇大风,沙尘四起,大量积沙不仅埋没洞窟,压塌栈道和窟沿,而且随风卷入洞窟磨损壁画彩塑。几十年来敦煌研究院为防风治沙不懈努力,先后进行了防沙墙、输沙沟、崖顶防沙栅栏、麦草方格沙障与高立式栅栏、砾石压沙、崖面斜坡化学固沙、戈壁区尼龙网栅栏、流动沙区尼龙网栅栏、生物固沙等综合治沙措施。实践证明,采用墙、沟、栅栏、压沙等机械方法处理的地方很快就被沙填平、埋没,有的甚至会引起更大的风沙。PS 崖面斜坡化学固沙虽效果显著,但大面积施工的工作量及成本都比较高,在实际中有一定困难。为了防止鸣沙山东移,真正有效防沙治沙,绿化沙漠,美化环境,调节气候,保护敦煌壁画,1992 年经专家论证引进滴灌技术,在山脚下定植花棒、柠条、梭梭、红柳、沙拐枣等沙生植物进行生物固沙试验。由于莫高窟顶严酷的自然条件,植物生长缓慢,虫病鼠害严重,特别是真菌引起的白粉病、根腐病迅速蔓延,使植物树势衰弱甚至枯死,严重影响固沙效果。为了尽快从人工植被向天然植被演变创造条件,使沙生植物加速生长,尽快形成防沙林,西北大学王蕙贞、宋迪生教授研制了具有杀菌、促生、抗寒、抗旱、促进植物根系发达、叶绿素合成、花芽分化,大大提高植物成活率和生长速度的新型植物生长促进剂 NS991。NS991 在敦煌使用以来,使沙生植物栽种成活率接近 100%,沙生植物梭梭白粉病防治效果 98%,促使植物根系发达(如花棒不仅根长达 3.5 米,而且每年从根部发出几十个新芽),生长速度加快(生长旺期株高每天平均增高 3～4 厘米)。红柳从 2000 年 4 月 25 日至 5 月 7 日平均增长 71 厘米,日平均增 3.4 厘米,1998 年 9 月至 2000 年 4 月最高增长达 137 厘米。敦煌月季花单叶平均重量(1.13 克/片)是空白对比(0.52 克/片)的 2.17 倍。经过几年的努力,两道各长 2 000 米、分别宽 12 米、14 米,总计 13 行由七种沙生植物组成的防沙、固沙带已养育成林,很快连成片,绿郁葱葱,覆盖沙面,防风固沙又减少水分蒸发,开始发挥防沙固沙、美化环境的作用,使沙海佛窟,成为戈壁绿洲中更耀眼的明珠。

4.9　壁画的揭取、迁移及复原

　　壁画的揭取、迁移是一项工艺技术比较繁杂的操作。由于壁画本身及其所依附的建筑物是古代艺术品的整体,按文物保护法的原则,壁画应原址保护,因此一般情况下应尽量避免揭取、搬迁。但由于种种原因,有时需要对壁画进行揭取,迁至异地复原保护。

4.9.1　壁画揭取、搬迁主要原因

　　①无法抵御的自然灾害,如地震、地裂,地基下陷、水灾、火灾、风灾或其他因素导致的古建筑、墓室和洞窟坍塌等。

　　②恶劣且又无法改变的环境条件,如太深的古墓,随着地下水位上升,墓室会渗水甚至严重积水,致使墓室特别潮湿,霉菌滋生,或因灌溉、盗墓挖的盗洞使墓室灌水或淤泥,使壁画无法在原地保存。

　　③壁画所在的古建要落架维修,也要首先揭取古建筑内的壁画,进行加固修复,待建筑物修复好后,再将壁画回贴复原。如西藏布达拉宫、青海塔尔寺等古建筑进行大规模落架维修时,都对建筑内的壁画进行了揭取处理。

　　④国家重大工程项目,需要搬迁石窟、古建筑、墓室时,其中的壁画要揭取,待搬迁工程完成后,将壁画加固修复好后回贴原处。如三峡工程,三门峡工程等水利重大工程中搬迁的石窟、建筑物中的壁画。

　　⑤为了便于管理、保护及展示,对一些壁画进行揭取、搬迁。

4.9.2　壁画的揭取

　4.9.2.1　壁画揭取前的准备工作

　1. 摄影、测量、临摹

　　壁画在揭取之前,必须进行摄影、录像、测量和临摹工作,详细准确地作好原始记录,以便在壁画分幅揭取、加固后,以原始记录为依据进行修整复原。

　　2. 清洁壁画画面的灰尘污物等

　　用软毛刷轻轻清除壁画画面上的灰尘,用竹签等工具清除画面上的污泥、沉积物硬壳等。黏附较牢的灰尘污迹,为防损伤画面,可先用水或有机溶剂或沉积物络合清洗剂小心将其湿润软化后,以机械剔拨法轻轻将其剔除掉。

　　3. 加固壁画画面层

　　如果要揭取的壁画画面有起甲或酥粉等病害,或画面强度不够时,应按前述修复加固方法进行加固,以保证画面分幅处理安全顺利进行。

　　4. 画面分幅处理

　　当壁画画面大且薄,难以一次性揭取时,可采取分幅揭取。分幅时要考虑画面

主题,要避免在人物面部、画面的精华部分分幅;尽量利用其自然裂缝,不开新缝;如果画面出现拱鼓断裂错位,也为防画面过碎而难以复原。

当整幅壁画分幅确定后,一定要准确、翔实记录整幅壁画及各分幅的尺寸、各幅相互位置及画面局部脱落的位置,最好绘一个壁画分幅位置示意图,编好分幅号码,并将号码依照示意图指示标在画面背面,以使修整复原时校核使用。

5. 制作托板

为了揭取较大的完整画面而又不致损伤壁画,应制作托板,当画面揭取下来以后,在其背面放一相应大小的保护板——托板,将壁画夹固于中间以便搬动和运输。

(1)托板的制作材料及优缺点

①木质托板:过去多用木质托板,其缺点是:

A. 韧性小:虽托板上垫有棉絮、纸张等作为保护层,但往往由于保护层难以铺放均匀,导致画面受力不均而易造成损坏,因而不能进行较大壁画的揭取。

B. 重量大:由于木板重量大,不便于操作搬运。

C. 吸潮变形:木质托板遇到潮湿空气会吸潮变形而导致壁画画面受损。木板吸潮还会发霉而影响壁画画面发霉。

②泡沫板托板:用聚苯乙烯 $\left[-\left(CH-CH_2\right)_{\overline{n}}\right]$ 泡沫塑料板(以下简称泡沫板)作

托板,因泡沫体内含有空气,且为闭孔型结构,所以泡沫托板具有以下优点:

A. 强度较高

B. 弹性好,且弹性适中,使壁画安全,不易折断,是一种较为理想的缓冲防震材料。

C. 密度小,用泡沫板制作托板比较轻,易操作易搬运。

D. 表面平,使壁画画面受力均匀而不易折断。

E. 防潮、耐酸、碱、盐的性能好。

F. 有自息性,使用安全。

由于泡沫板具有以上优点,因而目前国内已广泛采用。

(2)泡沫托板的制作

托板的大小按壁画分幅面积计算,根据所需尺寸,用手锯或锋利刀具切割而成。

4.9.2.2　壁画的揭取迁移方法

壁画类型复杂,保存状况差别较大,揭取方法应根据具体情况而定,大致分为三类。

第一类:整体迁移法,就是把整个壁画连墙壁一起切割下来,全部搬走。只有壁画的画面层、地仗层和墙体都结合比较牢固,壁画的机械强度也比较好的情况下,才能采取此类整体揭取迁移法。此法已应用不多。

第二类:部分揭取法,即只将壁画的地仗层(或地仗层的一部分)与画面层一起揭取下来迁移走的方法。当壁画的画面层和地仗层之间黏合很牢固可采取此法揭取。

第三类:画面揭取迁移法,仅把画面层揭取下来迁移走。当壁画的地仗层机械强度很差,或壁画只有画面层而没有地仗层时,采取此法揭取。

1. 整体搬迁壁画的方法

(1)先将壁画紧紧用支架固定。壁画较大时可分块揭取。

(2)当画面分割线按避开画面精华区、人物面部、尽量利用画面裂缝而少开新缝的原则,按先底线后两侧线的程序,用薄刀片顺线割开,切割所要揭取的壁画,使之与周围的墙面分离。

(3)从壁画背面进行切割,使要揭取的壁画与周围的墙全部分离下来,并沿着支架,慢慢地放平,然后按分幅位置按原样拼接、修整和复原。

此法的优点是保存了原壁画的结构,不需在画面上贴布,保持各壁画的原貌。这点对考古研究有特殊意义。

砖墙壁画墓在拆迁时因每一块砖就有一幅画,拆前只要测量和记录下每块砖的位置,依次编好号,运到新址后,完全按原样复原即可。甘肃省博物馆曾成功完整地把一座嘉峪关壁画墓搬迁到自己馆内。

如果搬运整个壁画墙,运输困难,又要毁坏壁画墙所依附的建筑物时,此法不可取。

2. 画面层与地仗层一起揭取的方法

(1)壁画揭取前应采取有效加固措施,将画面予以加固,使画面上的彩绘得以保护,使画面层与地仗层之间牢固地结合成一个整体。

(2)处在墓葬中的壁画,若过于潮湿,必须先予以烘干,然后加固。

(3)壁画画面上如有裂缝、残缺时,可先贴以纸条或布条,若残缺面积较大、较深,在贴布加固之前应用制作壁画的泥土加合成树脂溶液,调成糊状后予以填充加固,使地仗层坚固、画面平整,最后再用聚乙烯醇糨糊、面团或桃胶作黏合剂将整个画面予以贴布加固。注意贴布时画面与贴布间要平整,不要留气泡,待贴布干燥后再加固一遍。

(4)当画面贴布加固层干燥后,将泡沫板平稳紧紧靠贴在画面贴布上,并把托板支撑固定,再将贴布上端及两侧预留部分向外反包于托板上固定牢,用贴布下端预留部分将画面底部包住,临时固定。这样可防止在揭取和运输过程中损伤画面。按照分幅线,用锋利的割皮刀或钢解剖刀沿分幅线开缝,先开底缝,再开边缝,最后再开顶缝。

(5)揭取壁画的具体方法

揭取壁画的方法很多,主要有拆取法、锯取法、震取法、撬取法和木箱套取法等。

①拆取法:用托板托住壁画前面,在墙身外面拆除墙体支撑结构(砖块或土坯块),自上而下逐层拆除,每隔约 50～70 厘米再加上挡板,以防揭取过程中壁画灰泥层倾倒,当将墙体支撑结构拆除到底边时,迅速将托板连同壁画地仗层一起向内推倒,平放在托板上。这种方法简单易行而且安全。

②锯取法:先安放好托板,再用纱布将画面与托板固牢,以免画面与地仗层脱开,然后用细而长的锯条,从壁画一边开始先由下而上的,这样锯比较安全,既可防止出现滑脱现象又可防止锯下来的泥土进入画面背后而朦破画当锯到壁画最上边时要特别小心,在锯上下底边的同时,迅速将托板连同锯下的壁画推倒平放在地上。

③震取法:此法与锯取法大致相同,如果壁画的地仗层和支撑结构之间结合得比较牢固又不易锯开时,可采用震动的方法。此法是先用钻子从壁画的地仗层一端打入灰泥层中间去,因在钻打过程中使周围的泥灰层受到强烈震动而与墙体分离开来。由于此法产生强烈震动,所以震取前一定要保护好画面。

④撬取法:出现大面积空臌而画面层与地仗层强度比较好时,采用此法比较方便。操作是用一种带木柄的平铲,从壁画后面插入到地仗层与墙体脱离的空隙内,自上而下轻轻撬动,直到地仗层和墙体完全脱开,将壁画揭取下来。

⑤木箱套取法:做一个与画面大小尺寸相同的木箱,在箱底垫上棉花或纸保护壁画画面,然后在壁画四周挖槽,将木箱套上去,直到木箱底接近画面时,从壁画背后将壁画与墙挖断,这时壁画便装入到木箱中,取下木箱,画面向下,在背面加盖,用木棍绞绑后,将画面向上,揭取完毕,即可运输。

3. 画面层的揭取方法

(1)什么情况下采取揭取画面层的方法?

①地仗层非常脆弱。

②画面层与地仗层之间黏结状况很差,不允许颜料层和地仗层一起揭取。

③地仗层太薄或根本没有地仗层。

④壁画表面凹凸不平或不是一个平面。

⑤希望揭取的壁画重量很轻,易于搬迁。

(2)揭取画面层前的准备工作

①清除壁画表面的灰尘、污物

用软毛刷清除整个画面上的灰尘,用水或有机溶剂软化画面上有碍操作的硬质泥土,污物或硬壳,然后用竹签等工具配合予以清除。

②加固画面颜料层

如果壁画有起甲、粉化等病害,或强度较差,若画面过湿,可进行人工干燥后,用5%的聚乙烯醇缩丁醛乙醇溶液作加固剂,先在画面上涂胶贴布纱布或纸,通常第一层使用棉纱或纸,所贴之布应比要揭取的壁画四周大几厘米,大出部分不刷胶,轻轻拉伸或挤压纱布或纸,将壁画与胶布之间的气泡全部消除。待第一层贴布干后,用2%～3%的聚乙烯醇缩丁醛乙醇溶液(胶稀可防止在画面上留下编织纹痕迹)涂刷贴布强度较大的棉布或麻布,如面积不大,也可以用纱布。

(3)切割画面

依据画面的内容、结构、图案特点,在画面非精华区、非人物面部等处分割画面,尽量利用画面已有的裂隙,少开新分割线。切割时先用解剖刀沿壁画贴布边缘慢慢将画面切开,然后小心用解剖刀紧贴着墙壁背面的墙壁进行切割,千万不要伤及画面。切割深度以少许超过颜料层厚度为宜。

(4)揭取画面层

①从下角开始均衡地向外拉扯贴布,并注意观察贴布是否将颜料层与地仗层剥离。

②确认颜料层与地仗层剥离后,可缓慢均匀地拉扯贴布,进行揭取,随拉随卷,或使用卷筒,将粘有颜料层的贴布卷在卷筒上。

③如果颜料层与地仗层局部结合紧密时,可使用手术刀等工具剔除障碍物。

揭取画面层时应注意:

①加固壁画用的加固剂与粘贴纱或纸用的胶应因所用溶剂不同而不相容,如加固剂用水溶性加固剂,则贴布胶最好用有机溶剂黏合剂。

②第一层贴布用胶浓度较高(以不在画面上太流动为宜)一方面为了防止纱布纹格印在壁画上,另一方面是防止胶干燥过程中收缩而对颜料层产生应力,以便于揭取。

③第二层胶浓度较低,但贴布所用两道胶及溶剂应相同。

④贴布干燥时间根据操作现场环境温湿度及壁画潮湿程度而定(干燥时间需1～2天),如用有机溶剂,则干燥时间较短。另外,可使用红外灯照射等方法缩短干燥时间。

（5）背面加固处理

①迁移

当壁画揭取下来后，迁移到较宽敞、明亮、干净的修复室，进行背面加固。

②仔细清除壁画背面的杂物

将画面向下，背面向上平放在柔软的水平面上，用竹签、尖刀等工具剔除画面背面上地仗层残片、灰泥等杂物，使壁画背面变成一个干净、平整的平面，操作时必须十分小心，不能损伤颜料层。

③加固背面

用聚丙烯酸酯类溶液喷雾或涂刷画面层背部。画面背部加固材料应与正面贴布所用的材料不同，最好选用互不干扰的材料。

④确定是否在背面复制地仗层或补作地仗层时，如果需要复制或补作地仗层时，最好在复制时使用原地仗层材料制作，并用水溶性树脂和泥抹制，以增加地仗层强度，待地仗层快干时，抹压出现的裂缝，使地仗层平坦无缝。

⑤在颜料层背面（如无地仗层）或复制了地仗层，均匀涂刷环氧树脂黏合剂，并贴上玻璃纤维布条，所用胶粘剂最好是干燥固化时没有收缩，且黏结力大。环氧树脂具有贴布所需的特性，贴布时一定要平展，不能在布与壁画之间有气泡。

⑥待第一层胶完全固化干燥后，在第一层布上刷上一层环氧树脂，贴上第二层玻璃纤维布。

壁画背面的底衬，也可用棉花和合成黏合剂来做成。国外也有用帆布或金属网做成的，还有人用水泥和石棉混合压制的薄片制得。

（6）复原

①待第二层胶完全固化干燥后，将壁画翻转过来，使画面向上。

②软化壁画表面贴布

如果贴布时所用胶粘剂是水溶性的，则用热水软化贴布；如果是有机溶剂，则用有机溶剂软化贴布。操作时可用脱脂棉蘸取热水或有机溶剂后，敷贴或轻轻揩擦。

③揭取壁画表面贴布

待表面贴布及黏合剂完全软化后，小心缓慢地将贴布揭取，操作时必须十分细心，贴布必须完全软后才能揭取，否则极易损坏颜料层。

④清除壁画表面余胶，用脱脂棉蘸取溶剂慢慢、轻轻、仔细地将壁画表面的余胶擦洗干净。

（7）修复画面

待画面干燥后，修复和加固画面，首先观察颜料层是否有起甲、酥粉等现象，采取相应措施进行加固修复处理。

①修补画面残缺和分幅线的缝隙,可用原壁画上铲下来的旧土或旧灰泥修补,这样既不易开裂,颜色也容易和原壁画协调。

②补线补色

修补的灰泥干燥后,根据临摹品的原始记录进行补色补线,但必须尊重作者原创壁画艺术品的原貌,不得擅自改动或加进修复者的臆想。

③用传统的胶矾水或合成树脂如聚乙烯醇缩丁醛、聚甲基丙烯酸丁酯、丙酯、丙烯酸酯等进行一次表面封护加固。

④制作壁画底托

壁画修复好后,需在其背面设计一个底托以便移动和陈列。常用木枋或角铁做成支架。在做好木框架表面上涂刷 2～3 遍桐油防腐。刷上生漆更好,既能防腐,又能耐酸、碱和防潮。用环氧树脂胶粘剂黏结壁画的底托,这样做的优点是:

A. 壁画可方便,安全移动;

B. 壁画既可放在库房里,又可陈列展出;

C. 既可将修好的壁画按原样安装到建筑物的墙壁上去,或安装在类似的假墙上。

(8)揭取壁画颜料层方法的特点

①此法适用的范围广,原则上任何结构的壁画都能应用该方法揭取。

②能揭取较大面积的壁画。

③尤其适用于不是平面的壁画。

④对于无地仗或地仗很薄的壁画只能适用这种方法。

⑤操作繁杂。

⑥所需胶结材料种类多。

⑦在表面贴布及背面加固时,需频繁用胶,这就势必增加颜料层中的胶含量,为今后保护壁画埋下隐患。

(9)揭取画面的新技术——干燥黏合剂揭取法

①干燥黏合剂揭取壁画新技术的特点

近年来,国外发展了一种使用干燥黏合剂揭取壁画的新技术。因通常揭取壁画使用液体黏合剂,其缺点是可能壁画变暗、污染画面、使颜料褪色或形成亮点等副作用。而干燥黏合剂揭取壁画的新方法,正好克服了上述缺点,具有不会弄湿画面,也不致伤害画面,特别适宜于保护画面比较脆弱的壁画。

②干燥黏合剂的配方

两份纯威尼斯松节油,三份浓丙烯酸树脂溶液,一份黏稠的克赛因胶和一份穗状花油混合而成。

③上述树脂,掺入大量钛白粉搅拌,并用精馏的松节油调匀,得一种黏度相当高的混合物,可用来揭取较厚的画面层。

4.9.2.3　壁画揭取迁移的关键

壁画揭取是一项工艺技术十分复杂,要求很严格、细致的操作,其中最关键的是壁画揭取前壁画加固与回贴所用材料的正确选择和应用操作,某种材料选择、使用不当,或某一步骤操作不当,都会带来危险,甚至毁灭性的损害。因此,如有条件或可创造条件能在现场保护的,尽可能不采取揭取搬迁的方法。

壁画原现场环境条件恶劣又无法改变的,则应采取正确的揭取和搬迁。由于揭取搬迁前后的环境差异是导致壁画产生各种病害的重要因素,因此,必须经常性的、定期的进行检查,及时发现问题、解决问题。

§5. 彩塑的病害及其修复

彩绘泥塑,也是我国优秀的民族艺术。泥塑在我国起源很早,司马迁的《史记》中,就有"帝乙为偶人以像千神"的记述。刘向在《战国策》一书中,明确谈到"土偶"。徐彝舟在《读书杂释》上,解释土偶为"今世捏土肖鬼神日臻,亦作塑。"以上记载表明我国在两千年前已有了完整的泥塑创造。

在我国山东省长清县灵岩寺千佛殿内,保存着40尊被认为是北宋时代的彩绘泥塑罗汉像,造型优美,神态生动,梁启超誉之为"海内的第一名塑",表明北宋彩绘泥塑技术已有相当高的水平。

敦煌莫高窟不仅是一座大型壁画陈列馆,也是一座大型雕塑馆。至今保存有北凉、北魏、北周、隋、唐、五代、北宋、西夏、元、清等历代彩塑2 200多身,数量之多,延续时代之长,塑绘技术之高,不仅是我国珍贵的民族艺术遗产,也是世界文化遗产中艺术瑰宝。

5.1　彩塑病害产生的主要原因

①彩塑制作材料及工艺引起病害。

②彩塑因自然因素造成的塑像木骨架腐朽。四肢断裂、倾倒解体和彩绘变色脱落等。

③人为因素如盗窃、重修、重绘、刻画、磨损等造成破坏。

5.2　彩塑的病害

前面所述的壁画病害也会全部发生在彩塑上,由于彩塑结构的特点,还会发生一些不同于壁画的特殊病害,如彩塑木构架腐朽、四肢断裂,高浮雕和圆雕固定点松动而导致的倾倒,因此,必须注意彩塑的保存情况,特别对高浮雕隐蔽固定点进行调查监测,以防倾倒而毁坏。彩塑的主要病害:

①彩塑颜料层的起甲脱落

和壁画相似,由于彩塑所处环境温湿度频繁变化,彩塑泥层中可溶盐反复结晶膨胀溶解收缩,导致泥层变酥松,使彩塑颜料层与泥层结合力大大降低而发生颜料层鼓泡、起甲、脱落。

②彩塑泥层酥碱,泥层内的纤维材料(草、麻、棉)均已腐朽,导致泥层破碎、酥碱、掉落。

③彩塑草胎腐朽而导致泥层塌陷、粉碎

④彩塑四肢断裂,甚至少胳膊缺腿。彩塑四肢断裂有的是由于窟顶岩体局部坍塌砸毁;有的是洞窟温湿变化导致彩塑泥层开裂后四肢骨架糟朽而断裂;有的是彩塑开裂后,没及时加固修复而坠毁或将下面彩塑四肢砸断;也有因地震或其他强烈震动引起彩塑四肢断裂;有的因保管不善而被人砸断砸毁。彩塑四肢断裂情况比较普遍,也十分严重。敦煌莫高窟不仅是一座壁画时代跨度很大的大型精美壁画陈列馆,而且也是一座时代跨度很大的大型雕塑馆,保存有2 200多身彩塑,其中有170余身缺头,占彩塑总数的7.5%;缺四肢的有145余身,占彩塑总数的6.4%;少手缺指的就有680身,占彩塑总数的30%;身上有划痕或四肢等处有断裂缝的竟有1 417身,占到彩塑总数的60%。彩塑四肢断裂严重破坏了彩塑精美的艺术形象。

⑤彩塑木骨架腐朽

彩塑木骨架长期处于潮湿的洞窟环境中,木质纤维水解而糟朽、腐烂、生霉,有时还遭到虫蛀鼠咬等破坏,导致彩塑木骨架垮塌,四肢断裂、严重者使彩塑倾倒、碎裂,甚至完全解体。

⑥彩塑倾倒垮塌

用木桩将塑像固定在墙面的岩体上的高浮雕、圆雕常因固定在岩体内的木桩松动,当遇到地震或重力作用而发生倾斜,当重心移到一定程度,就会发生倾倒垮塌。靠脚下固定孔插入木骨架,然后用木楔固定的高大圆雕,如遇大的震动,就会将岩基撬裂前倾或倒塌。

5.3 彩塑的保护修复

5.3.1 彩塑修复前的准备工作

①认真、全面调查,翔实记录彩塑保存现状,包括准确翔实的文字记录,拍照和

做测绘图。有条件时，最好做近影摄影或数字图像。

②彩塑病害的调查、分析、病害机理的分析研究。

③彩塑材料、结构的检测分析。

④彩塑所处环境的调查分析。

这些工作是制定彩塑修复工作和筛选修复材料的基础和重要科学依据。

5.3.2　彩塑的修复

5.3.2.1　彩塑四肢断裂的修复

四肢断裂服饰破碎，严重影响彩塑的艺术效果，必须及时抢修。

①先分块取下塑像的泥层，注意分块时尽量避开面部、花纹、图案、服饰的重要部分。

②小心取下绑扎在彩塑木骨架上的草胎。

③加固修复彩塑的木骨架，用螺栓、钢片和拉杆进行连接固定，必要时可用聚醋酸乙烯溶液或聚丙烯酸酯类溶液或聚乙烯醇缩丁醛溶液接触渗吸加固。

④待彩塑木骨架连接固定加固好后，按原样复原草胎。

⑤复原泥层。

断裂四肢修复的基本要求：

①修复时要求位置、姿态准确。

②连接加固要坚固牢靠。

③泥层、草胎复原准确。

④对残缺部分，一般不要补塑和补色。

⑤个别彩塑要补修时，必须在充分可靠的资料基础上，按照作者原作请高水平雕塑人员慎重、细心修补，绝不能按修复者臆想随意补塑、补修。

5.3.2.2　木骨架腐朽和泥层酥碱彩塑的修复

木骨架腐朽和泥层酥碱塑像的病害情况不同，修复的方法不同，一般分以下三种情况区别对待：

1. 木骨架和草胎已完全腐朽和腐烂而泥层完好的彩塑的修复

木骨架和草胎完全腐朽腐烂而泥层完好的彩塑采用"脱胎换骨"的"大手术"进行修复，首先对塑像进行解体，分块取下泥层，再按塑像原木骨架和草胎的大小形状复制新木骨架和草胎，然后将泥层复原加固在新的木骨架和草胎上。"脱胎换骨"法修复工艺：

（1）塑像解剖定位

塑像采取"脱胎换骨"大手术，解剖前要找准塑像的重心、方向、姿态等特征，用塔吊线的方法进行准确定位。这步非常重要，是复原修复成败的基础和关键。

（2）彩塑表面加固

彩塑泥层已出现酥碱的，必须加固酥碱泥层。常用注射或喷洒 3‰～5‰的聚醋酸乙烯水溶液的方法加固彩塑泥层和颜料层，以增强彩塑泥层的强度。

（3）分块解剖彩塑

待加固的泥层及颜料层干燥后，采用彩塑上原有的裂隙或选择衣褶等较隐蔽位置分割，由上至下逐一编号，并按顺序排放在修复场地上，以待渗透加固。

（4）制作新的骨架

再次对木骨架进行定位、测量，完全按原木骨架的尺寸制作新木骨架，并在安装前用 850♯有机硅作防水、防潮加固处理，以防骨架受潮变形。

（5）加固塑像酥碱泥层

用 5‰～8‰的聚酯酸乙烯水溶液作接触渗透加固已酥碱的彩塑泥层。

（6）安装新骨架

清理干净原木骨架基岩孔穴，按旧骨架部位安装新骨架，并用环氧树脂和木楔固定，使木楔、木骨架及孔穴壁牢固粘连为一体。

（7）将分块的彩塑泥层，按原顺序先下后上，核准后一块块组装，泥层与骨架之间的空隙（原草胎），用麦草泥填塞，这样彩塑泥层与新木骨架牢牢粘结成一个整体。

（8）彩塑组装完毕，用彩塑泥层相同的材料对彩塑上自然裂缝和新开锯缝进行填补，待填补泥层干燥后，进行准确补色，使色调整体协调一致。

2. 木骨架和草胎完好泥层酥碱的彩塑的修复

彩塑木屑架和草胎完好，只是泥层酥碱，不需要更换木骨架和草胎，只需按加固修复酥碱壁画的方法修复加固酥碱泥层。

3. 木骨架和草胎已腐朽，泥层也酥碱的彩塑的修复

木骨架和草胎已腐朽而且泥层已酥碱的彩塑的病害是最严重的病害，修复时先按修复酥碱壁画的方法对酥碱泥层进行修复加固，以防在后续程序中破碎。然后按"木骨架和草胎已完全腐朽和腐烂而泥层完好的彩塑修复"的方法处理。

5.3.2.3　倾倒彩塑的修复

高浮雕和圆雕由于塑像固定点松动而倾倒、坍塌，必须及时抢修，否则会使彩塑破毁而无法挽救。

倾倒的彩塑修复应遵守尽量少干预的原则，尽量不采取解剖、分块取泥层的办法，而采取"拉固法"。这是敦煌研究院在实践基础探索的一种修复倾倒彩塑的安全、有效方法。

1. 倾倒高浮雕的修复

(1)在固定彩雕木桩的位置,凿一个直径约 3cm 的孔,用水泥沙浆在孔内埋设一直径 2cm 的螺纹钢筋,露出墙面一端作成直径 3cm 的圆环。

(2)将塑像木骨架上的木桩改做成钢筋圆环,套在木骨架上,套环两端也作成与崖壁上相同圆环。

(3)使骨架与崖壁上的圆环逐渐重合。

(4)把一个大头小尾的钢楔子小尾插入环内,环重合越好,楔子进度越深,塑像与崖壁间的距离越小,直至将彩塑扶正归位,塑像紧贴墙壁为止。

敦煌研究院用"拉固法"修复的五座高浮雕,效果比较理想。

2. 倾倒圆雕塑像的修复

(1)先用倒链将事先包好的塑像轻轻吊起扶正,并搭架支顶定位。

(2)再将塑像脚下的夜叉像利用自然裂缝进行解体。

(3)将原来固定塑像木骨架的基岩孔穴清理干净。

(4)用水泥沙浆将木骨架重新固定,使木骨架稳固、结实。

第九章　皮革、尸体、骨角质类文物保护

§1. 皮革类文物保护

由于皮革主要是由蛋白质、脂肪组成的,在潮湿的墓葬中极易腐烂变质,因而在我国古代文物中,发现和保存下来的皮革制品较少,因而皮革类文物的保护就显得十分重要。

1.1　皮革类文物易霉腐的主要原因

皮革类文物易霉腐的原因有两个方面:一是皮革类文物本身的组成和加工过程造成的,这就是所说的内因。另一方面外部环境引起的,就是所说的外因。

1.1.1　皮革类文物易霉腐的内因

1.1.1.1　皮革类文物本身的组成和结构的原因皮革是由牛、羊、马、猪等动物皮经加工而制成的,其主要成分是一种网状结构的蛋白质纤维。它是一种胶质状的长链结构,在长链上还有支链,这种大分子间按相对方向排列,形成胶束,同时皮革中还含有大量维持皮革弹性的水分和脂肪,这些物质特别是蛋白质和脂肪很容易霉腐变质,其霉腐变质的原因在丝绸类文物中已讲过了。

1.1.1.2　皮革加工过程中带来的一些外界因素对皮革文物影响

一般制革时,要经过鞣革→加脂→涂饰等多道工序,而各道工序中都加入了一些极易霉腐的有机物。

①鞣革过程加的植物烤胶中含有大量的糖分和单宁。

②加脂过程中使用的动物油、植物油。

③涂饰过程中使用的涂饰剂中会有蛋白质、奶酪素。

以上皮革加工过程中加入的以上物质都是微生物的营养基,再加上皮革本身组成中就含有蛋白质和脂肪,这些物质易霉腐、变质,是引起皮革类文物霉腐的主要原因。

1.1.2　皮革文物易霉腐的外因

1.1.2.1　温湿度对皮革文物的影响

适当的温湿度是霉菌生长繁殖的重要外部条件。内部因素加上墓葬温暖、阴暗、潮湿的环境,当菌孢子一旦玷污到皮革类文物的表面,就会迅速繁殖。加

之加工过程中温度 60℃，相对温度 70～80℃，7～8 天干燥过程就产生了菌孢子或发霉。

1.1.2.2　代谢产物分泌的多种水解酶和有机酸对皮革的腐蚀

菌类孢子的迅速滋生繁殖，同时霉菌孢子代谢过程中会分泌各种酶和各种有机酸等腐蚀皮革文物的组成，如蛋白酶能将长链的皮革蛋白质分解为短链的蛋白胨，蛋白腙和氨基酸。菌类从中获得自己的养分，迅速生长发育成熟，产生新的子实体。

1.1.2.3　空气中有害气体对皮革类文物的破坏

如空气中由于煤的燃烧、天然气及汽油的燃烧都会产生二氧化硫侵蚀，致使皮革变红或粉化。

1.1.2.4　光对皮革类文物的影响

由于皮革是由蛋白质脂肪组成的，而蛋白质是一种网状结构，它有胶质状长链结构，在长链上还有支链，而侧链上蛋白质的最大特征是肽键中含有大量的胱氨酸的双硫交联键，皮革的化学性质在很大程度上取决于胱氨酸的化学性质，光对蛋白质中的色氨酸，蛋氨酸都有氧化作用。

1. 日光辐射下胱氨酸发生光分解反应

$$\underset{|}{\underset{NH_2}{HOOCCH}}-CH_2-S-S-CH_2\underset{|}{\underset{NH_2}{CH}}-COOH \xrightarrow{h\gamma} \underset{|}{\underset{NH_2}{HOOCCHCH_2}}-S-S\cdot+\cdot CH_2\underset{|}{\underset{NH_2}{CHCOOH}}$$

$$\underset{|}{\underset{NH_2}{HOOCCHCH_2}}-S-S\cdot \longrightarrow \underset{|}{\underset{NH_2}{HOOCCHCH_2}}\cdot+2S\downarrow$$

如果在潮湿环境中，有水参与，可继续进行反应

$$\underset{|}{\underset{NH_2}{HOOCCHCH_2}}\cdot+H_2O \xrightarrow{h\gamma} \underset{|}{\underset{NH_2}{HOOCCHCH_3}}+HO\cdot$$

$$\underset{|}{\underset{NH_2}{HOOCCHCH_2}}\cdot+HO\cdot \xrightarrow{h\gamma} \underset{|}{\underset{NH_2}{HOOCCHCH_2OH}}$$

由于光的辐射使皮革蛋白质长链上侧链中胱氨酸的分解和硫的析出，破坏了蛋白质结构，导致皮革变质。

2. 光使蛋白质中色氨酸的吲哚环开裂

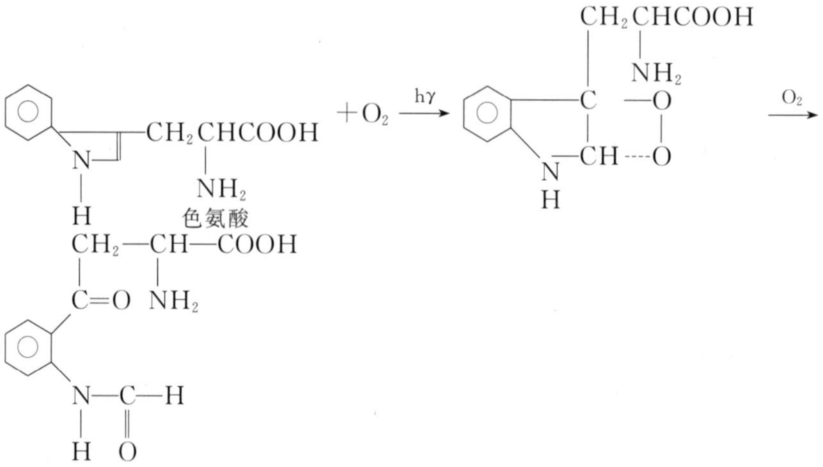

$$\text{色氨酸} + O_2 \xrightarrow{h\gamma} \cdots \xrightarrow{O_2}$$

由于色氨酸吲哚环开裂使皮革蛋白质遭到破坏而使皮革强度大大降低。

3. 光使蛋白质侧链上的蛋氨酸和组氨酸发生光氧化

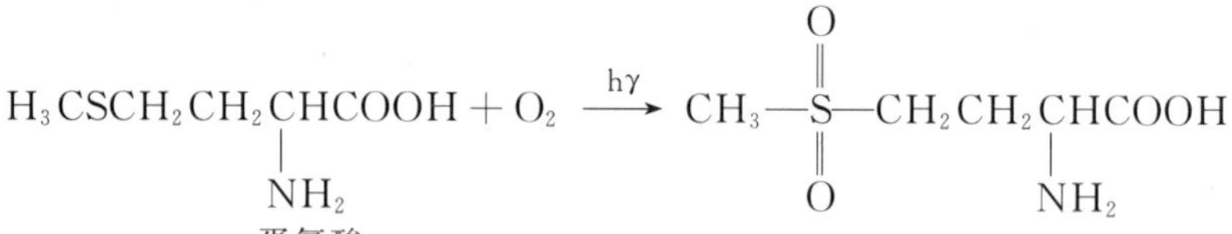

$$H_3CSCH_2CH_2CHCOOH + O_2 \xrightarrow{h\gamma} CH_3\text{—}S\text{—}CH_2CH_2CHCOOH$$

蛋氨酸

$$\text{组氨酸} + O_2 \xrightarrow{h\gamma} \cdots$$

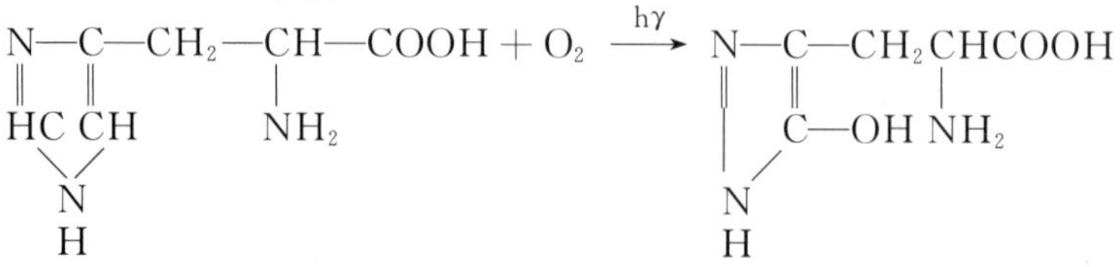

组氨酸

1.1.2.5 空气中尘埃对皮革类文物的影响

空气中尘埃的成分十分复杂,有固体的酸、碱、盐,还有各种菌类微生物,这些东西落在皮革上,不仅影响皮革文物原貌,而且一遇潮就合黏在皮革文物上,发生潮解而腐蚀文物。

以上内因、外因对皮革文物的影响,会使皮革文物不断受到分解、腐蚀,使皮革失去光泽、出现皱折和老化,进而使皮革糟脆、腐朽。

1.2 皮革文物的保护

1.2.1 皮革的防霉腐保护

1.2.1.1 过去常用的防霉剂

1. 0.35%的对硝基酚的水溶液及酒精溶液在鞣革中加入。

不仅防霉效果不好,而且容易氧化,且 HO─⬡─NO₂ 本身为黄色,作防霉处理皮革后发黄,更严重的是致癌,严重污染地下水,后不准使用。

2. 五氯酚钠

因五氯酚不溶于水,而衍生为五氯酚钠后,可溶于水。

五氯酚钠毒性大而不再用。

3. 其他皮革防霉剂

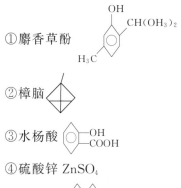

①麝香草酚

②樟脑

③水杨酸

④硫酸锌 ZnSO₄

⑤β—萘酚

以上皮革防霉剂经多年应用实践证明杀菌效果不理想。

1.2.1.2　现常用效果较好皮革防霉剂

1. 德国的 Collsiff 防霉剂

Collsiff 防霉剂是出口皮革要求要用的,效果比过去用的防霉剂都好,但价格贵,性价比并不十分理想。如宝鸡皮革厂一次用 Collsiff 防腐剂处理蓝湿皮,全遭退货,后经"霉敌"水溶液处理后,效果很好。

在 25~30℃、相对湿度 85%~95% 的条件下,用 Collsiff 防霉剂与"霉敌"作皮革防霉的对比实验,用德国 Collsiff 防霉剂处理的皮革 36 天后发霉,而用霉敌处理的(0.02% 水溶液),20 多年仍未发霉,效果十分显著(见彩版 9—1)。

2. "霉敌"高效、低毒、广谱、新型防腐防霉剂

经中国人民解放军某厂两年多的实验和与乙萘酚、对硝酚、德国 colliff 防霉作对比实验表明,"霉敌"在防腐防霉方面表现突出。

①将浓度为 0.02% 的霉敌加入鞣革液中,效果很好,但浪费大。

②将浓度为 0.02% 的霉敌加入到预加脂的动植物油中在 60℃、60%~70% 相对湿度下,7~8 天无霉变,而用对硝基酚、乙萘酚、collsiff 防霉剂均有霉变。

③加在涂饰剂中用于皮革、防霉效果也十分突出。

霉敌在防腐防霉方面的实验结果后经中国人民解放军总后勤部主持鉴定,认为"此项研究成果是一项突破性的贡献,填补了国内空白"。

1.2.2 皮革类文物的杀虫剂

皮革防虫蛀是皮革类文物保护的一个关键,皮革防虫常采用以下方法:

①熏蒸法:杀虫效果又快又好,常用的熏蒸杀虫剂有溴甲烷(CH_3Br)、二硫化碳(CS_2),但此法效果难以持久。

②喷雾法:常用 DDT(滴滴涕)、烟杆等。其中烟杆提取液喷雾杀虫,既经济、效果又好。

1.2.3 脆弱皮革文物的保护

1.2.3.1 用甘油+羊毛脂+蓖麻油+0.02%霉敌搅匀,涂刷或喷雾,均可很好的保护脆弱皮革。

1.2.3.2 对薄而脆弱的皮革的加固

用甘油(1 份)+水(1 份)+蛋清(1 升溶液中用 2~3 个蛋清)制成乳剂+0.02%霉敌来保护,效果很好。

1.2.3.3 已干硬变脆的皮革类文物的保护处理

1.先用蘸有肥皂水或 2%中性钾皂酒精溶液的海绵将皮革擦拭一遍,以擦除污物,晾干过夜后,涂抹 10%乳酸钾溶液再放置过夜即可。乳酸钾既有采菌防腐作用,又有吸潮保持皮革强度的作用。

2.用羊毛脂+蜡混合液体进行鞣革。羊毛脂浸透到皮革组织里,使之润滑,而蜡则不会渗入皮革组织里而留在皮革表面上而使皮革表面酥化部分凝固起来。

鞣革剂的配方很多,如英国博物馆采用的一种配方是:

羊毛脂	蜂蜡	雪松木油	乙烷(或三氯乙烷)
200 克	15 克	30 毫升	350 毫升

美国中央档案馆修整皮革的配方是:

干羊毛脂	日本蜡	加司特油	硬脂酸钠	蒸馏水
30 克	5 克	12 克	3 克	50 克

1.2.3.4 新的鞣皮可用乳酸钾保护性盐类溶液擦拭,这样可以防止皮制品暴露在空气中受二氧化硫气体侵蚀而产生的变红或粉化。以延长所鞣皮的寿命。但对旧皮,此法无明显作用。现在正在研究一种能溶于水的草酸盐或焦磷酸盐,从皮革中将促使生成硫酸的催化剂(铁质)分离除去,以保护皮革。

1.2.4 饱水皮革文物的保护处理

墓葬中出土的被水浸泡的皮革或皮革制品类文物不能立即让其自然干燥,否则就会完全失去韧性而难以复原。保护处理方法:

1.2.4.1　洗净皮面的方法

1.将皮面用2%苯酚酒精溶液擦拭(杀菌、防腐)──→放入110℃的熔蜡中浸半个小时──→取出后,在皮件中塞入软纸,以便冷却时保持原形在处理深色皮革时可在蜡中加极少量沥青粉,一可避免蜡固化时在皮革表面产生炫光,二是可以加深颜色。

采用此法用2%苯酚酒精溶液擦皮革,清洗杀菌,由于苯酚有毒、腐蚀性很强,杀菌效果并不十分理想,近年来我们作了改进,采用新的清洗剂清洗皮革表面。

2.新的皮面清洗方法

用0.02%的霉敌丙酮溶液将皮革表面擦干净(杀菌防霉、除污垢)──→放入110℃之熔蜡中半小时──→取出用软纸塞好以保持皮革文物原形。这一方法比1法效果更好:一是霉敌无毒,二是稳定,三防霉杀菌效果好,有效期长。

1.2.4.2　用聚乙二醇1540和聚乙二醇300混合溶液将皮革浸泡几天后取出,用薄棉纸擦去表面多余的聚乙二醇。

1.2.4.3　用100毫升蒸馏水+2克聚乙烯醇+40毫升甘油配成的混合物,将饱水皮革浸泡几天后取出,让皮革自然干燥。如果用低分子量聚乙二醇代替甘油,即用一种甲氧基聚乙二醇,按聚乙二醇1540和聚乙二醇300混合液浸泡处理,效果会更好。

1.2.5　糟朽脆弱皮革类文物的加固

糟朽脆弱皮革文物的清理复原工作难度大,在操作用必须十分谨慎。

1978年3月至6月湖南博物馆等单位,在湖北随州擂鼓墩一号墓里发掘了大量的皮甲胄,发掘时多已散乱,皮甲胄片的皮胎均朽坏,仅留下髹漆的外壳,已不能确认革料属何种兽皮只能从漆片内表的痕迹,辨认出皮革的毛面和肉面。1979年中国社科院考古所和有关单位一道,复原了比较完整的12套皮甲胄。这项复原工作意义十分重大,不仅对战国初年皮胄的形制、结构、实用性能、制作工艺等方面的研究,提供了重要的资料,更重要的是积累总结出一套清理、复原皮甲胄的经验和有效的操作方法。

为了加固糟朽脆弱的旧皮文物,往往要在皮制品的背面加防腐黏料,裱上一层帆布,使其具有一定强度。若有褶皱的地方,可先将其湿润,再在上面慢慢压上玻璃,当皮已回软之后,可适当加些重物以增加压力,直到皮革干后,取掉重物,皮革即可展平。

方法虽能使糟朽脆弱的皮革类文物,大大增加强度,但另一面即背面看到的是背裱衬的帆布、遮住皮革的背面。虽然如此,但对已糟朽脆弱的皮革类文物而言,这种抢救性保护仍是十分必要的。

§2. 尸体类文物的保养

尸体类文物就是指古代人死后,由于采取一些措施而保存下来的遗体。我国古代人民群众由于迷信"死者有知"和出于孝道,流行厚葬。一些王公贵族,达官贵人更是不计花费,千方百计企图保存死者遗体不腐。因而人们在保存尸体方面做了不少尝试,采取了不少措施,积累了不少这方面的经验,据记载墓主人尸体保存完好的也屡见不鲜。如汉薄太后死于公元前155年,其墓于公元1515年被掘,已历时1670年,而"太后面如生","缯帛可服",即尸体保存完好、面部如活人,随葬的衣帛还可以穿用。可见在公元前155年,已有比较高超的尸体防腐保养方法。《后汉节·刘盆子传》说"有玉匣殓者率皆如生",甚至有人说"玉能寒尸",但在过去的考古发掘中,即便有以玉衣为殓的,却不见完整的尸体。1968年在河北满城发掘中山靖王刘胜与其妻窦绾墓时,虽得到两件完整的玉衣,而尸体却完全腐烂,足见"玉能寒尸"只不过是古人的一种想象和希望,是一种不足为信的传说而已。

2.1　古尸体的分类

到目前为至,保存下来的古尸主要有四类:干尸、尸蜡、鞣尸、湿尸。

干尸:处于干燥环境(如沙漠中)脱失体内水分,或用防腐剂制成的干尸——木乃伊。

尸蜡:空气稀薄,环境湿润,水土中含钙、镁等矿物质,尸体本身由于多脂肪形成表面似蜡的尸蜡。

鞣尸:周围酸性水土中,尸体骨质脱钙软化呈皮革状的鞣尸。

湿尸(鲜尸):在高度密封,隔绝空气,加防腐剂的情况下,尸体外形完整,皮肤湿润,肌体组织仍有一定弹性,叫湿尸。1972年长沙马王堆一号汉墓出土的女尸,是我国迄今出土最完好的尸体。

2.2　马王堆一号汉墓出土女尸的情况

尸体外形完整,全身皮肤湿润,身上许多软组织还有一定弹性。

在大腿外侧毛孔清晰可见,脚趾指纹清楚,眼睫毛可见。

左耳鼓膜完好,胸膜完整,胸腔内部器官外形完整。

腹膜结构层次清楚,心脏表面光滑,内隔膜完整,皮下脂肪丰富。

这一地下埋藏两千多年还类似一具鲜尸的古尸,是考古史上罕见的。

2.3　马王堆汉墓女尸保存如此完好的原因

马王堆汉墓女尸之所以能保存如此完好,原因是多方面的,可能主要有以下几点:

①女尸入土前用多层丝麻织物紧密包裹,有助于隔绝空气和防止蚊、蝇产卵。

②尸体在人死后很快入棺,内棺由六块整木构成,又涂有油漆,四层棺一层套一层,层层用油漆密封,棺外又有内棺和外椁。

③木椁外用1万多斤木炭填塞,木炭外又用60～130cm的白膏泥填塞封固,可很好的防潮和隔绝空气。

④尸体初期腐败已耗尽棺内氧气,以后处于缺氧状态,细菌在缺氧条件下死亡。

⑤深埋16米,墓坑加上墓口封土共20米,整坑用黏土夯实,墓室没有裂缝,基本完成隔绝外部空气。

⑥棺液pH为5.18,含乙酸、乙醇和其他有机酸,沉淀又含有硫化汞,该条件有利于防腐和保持尸体湿润。

综合所述,深埋、密封、防水、缺氧、防腐的综合作用,是女尸保存完好的基本原因。马王堆一号汉墓女尸的保护,是我国古代尸体保存方法的典型代表。

2.4　古尸的保护

2.4.1　马王堆一号汉墓女尸出土后的保护

①出土后解剖研究,取出内脏后,密封于有机玻璃棺材内。

②用1号防腐液(1号药水)防腐浸泡,更接近鲜尸颜色。

③深放于8米深地下室,并配有空调。

2.4.2　其他古尸的保护

对于有历史研究价值的古尸,可按类别不同而采用不同的方法加以保护。

2.4.2.1　干尸(木乃伊)的保护

我国出土有不少干尸(木乃伊),特别在新疆出土的比较多。

①保护时首先要清洗掉干尸上的污物,用含有杀菌剂的丙酮或乙醇溶液,用脱脂棉蘸取擦洗干净,晾干后,用加有高效防霉剂的表面保护剂涂刷。

②做完保护处理后,可置于密封的有机玻璃箱中,密封保存,防尘、防虫。

2.4.2.2　尸蜡和鞣尸的保护

我国现存的尸蜡和鞣尸比较少,一般保护方法和干尸有些相似。

①尸蜡、鞣尸出土后首先清洗尸体上的污泥浊土,用含有杀菌防腐剂的蒸馏水

及有机溶剂乙醇清洗,然后用软布或脱脂棉擦洗干净,用加有高效防腐防霉杀菌剂表面保护剂涂刷。

②将保护处理后的尸蜡或鞣尸,置于密封且抽真空或充隋气的有机玻璃箱中,于较低的温度下保存。

2.5 国内外关于鲜尸的保护

鲜尸的保养保护不仅只是古代鲜尸的保护,而和医学研究、解剖学研究、生物生理研究和医学人才的培养也有密切的关系,因而研究尸体及动物标本的保养是一个十分重要而迫切的问题。

2.5.1 福尔马林法(甲醛法)

2.5.1.1 福尔马林法保养尸体的作法

用5%的甲醛+2%甘油+10%乙醇混合液来浸泡。去除尸体内脏大脑,清洗干净。

2.5.1.2 甲醛溶液保存尸体存在的问题

1. 对解剖学、生物学工作者的危害

①甲醛易挥发,强烈的刺激味,严重刺激眼粘膜、呼吸道。

②长期接触会引起皮肤过敏、硬化干裂。

③长期接触会引起咽炎、鼻炎、气管炎。

④严重时引起肺纤维化、肺气肿。

⑤引起小灶肝细胞坏死,淋巴白细胞浸润。

由于解剖学工作者,医学院校、生物学专业的师生经常通过解剖尸体及动物标本来研究人体及动物体的内部结构,对特殊病例的分析研究而长期接触甲醛,就受到以上危害,严重影响身体健康,引起严重疾病,西安医科大学著名解剖学专家,解剖教研室主任、博士生导师凌风东教授很有感触地说:"我就是甲醛的受害者,肺纤维化。"

2. 保存尸体存在的问题

①因甲醛易挥发需要更换,既有害于操作者,又污染环境。

②使蛋白质、脂肪固化,使解剖时无真实感。

③使皮肤硬化、皱褶失去弹性。

④用甲醛溶液保养尸体,必须取出大脑和内脏,否则大脑、内脏易腐烂而难以保存,这样就会影响尸体类文物的原貌。

2.5.2 用"霉敌"水溶液保养尸体

在考古与文物保护中制作某些动物标本或尸体标本时,要求要保持尸体原貌,这是文物保护的一条基本原则,而 formalin(甲醛水溶液)因在保养时必须取出尸体的内脏,又使尸体蛋白质固化、皱褶,难以达到保持尸体原貌的目的。同时甲醛溶液保存尸体对解剖学、生物学、医学工作者会造成那么多严重危害,甚至导致不治之病,故寻找或研制一种高效、低毒、既能保持尸体文物之原貌,又不危害相关工作人员健康的材料,在国内外都是一个亟待解决的重要课题。

因在合成及实验研究中霉敌对金鱼标本皮革的防霉防腐作用十分突出,这就启发我们研究"霉敌"对由蛋白质、脂肪组成的尸体标本可能会有很好防腐防霉作用。

2.5.2.1 用霉敌保存尸体的操作方法

将尸体表面清洗干净,放入 0.02%、0.025%、0.03%三种不同浓度的"霉敌"水溶液中浸泡。与按常规固定液(乙醇 15.5%、甘油 1.7%、福尔马林 2.5%、水70.3%)经总动脉注入体内,用 5%福尔马林溶液浸泡的尸体及用清水保养的尸体做对比实验。选取的标本有整具的成人或小孩子尸体及大脑、肝脏、子宫、直肠、胸膜等脏器。

2.5.2.2 实验结果

上述用不同浓度的霉敌及其他保存液、不同尸体及不同脏器的保养实验在室温(温度变化 8～32℃),保养的标本除用清水保养的标本在一个月内(冬季 8～12℃)发生霉腐外,其余保养液保养的所有标本至今 21 年均无任何异常现象。而且保养的尸体及脏器标本均手感柔软、保养液清亮、透明、无刺激味。

用"霉敌"水溶液保养的尸体及脏器标本,经西安医科大学解剖教研室和第四军医大学解剖教研室对子宫、髂外动脉和直肠,做切片和 HE 染色光镜下观察、鉴定,发现组织结构排列整齐、光滑、胞质清楚,核无溶解,细胞轮廓清楚,具体鉴定结果如下。

子宫肌:浆膜层、肌层、内层层次分明,尤其是内膜固有层内子宫腺特别清晰,单管腺清晰可见。

动脉(中):三层膜层次清楚,内、外膜的弹性膜清晰完整,中膜平滑肌细胞轮廓清晰完整,核膜整齐。

直肠:四层结构层次清楚,在黏膜层可见下皮为单层柱状细胞、杯状细胞,固有层内肠腺及孤立淋巴小结轮廓完整。

脑(延髓):橄榄核排列有序,胞体结构完整。核清楚。

肝脏:肝细胞胞体完整,肝板呈放射状排列致密有序,圆形核位于中央,核膜清楚完整。

骨骼肌:肌细胞完整,边缘整齐,核清楚,细胞间隙软疏。

从切片观察,用 0.02% "霉敌"保存液保存组织,组织结构排列整齐,边缘光滑,胞质完整清晰,核膜清楚,轮廓明显。

2.5.2.3 用"霉敌"水溶液保存尸体的优点

1. 对解剖学、医学、生物学工作者安全

①霉敌高效、低毒(使用浓度几乎无毒)、无臭、无刺激。不刺激皮肤、眼和呼吸道、不引起鼻炎、咽炎、气管炎。

②操作接触不会产生皮肤硬化干裂。

③"霉敌"溶解在水中很稳定,不挥发、不分解;使用起来省工、省时,比用甲醛经济、方便。

④对操作者的肝、肺、淋巴均不会导致病变。

2. "霉敌"水溶液保存尸体文物的优点

①不会使尸体的蛋白质、脂肪固化,因而不会使尸体硬化而失去弹性,不会使皮肤皱褶。

②用"霉敌"水溶液保存尸体,不需取出内脏、大脑,既简便又能维持文物原貌。

③用"霉敌"水溶液保存尸体不变色。

④保存液清亮、透明、无色、无臭。

⑤保存的尸体组织结构排列整齐、完整、边缘光滑、胞质完整清晰,核膜清楚。

⑥保存期长,保存的尸体及脏器标本,21 年仍完全正常。保存的 15 缸尸体不霉不腐不变色。

⑦常温下、不需要空调、不需置于地下室、设备很简单、使用很方便。

此项研究成果已于 1991 年 9 月 20 日通过陕西省科委(现陕西省科技厅)主持的鉴定,鉴定认为"此项研究工作,是一项突破性的工作,解决了国内外长期没有解决的问题,填补了国内空白,达到国际先进水平"。西安交通大学医学院解剖学专家凌风东教授说:"这是医学、解剖学工作者的福音。"

"霉敌"于 1994 年 5 月于美国匹兹堡获第十届国际发明博览会银奖,获陕西省第三届高新技术博览会金奖。西安交大医学院,西安体育学院解剖教研室、山东医科大学、兰州医科大学等院校及一些卫校、护校已用"霉敌"水溶液保存尸体及标本。

"霉敌"水溶液保存尸体及动物标本的研究,为尸体、标本类文物的保护提供了一套简便、安全、经济、效果好的新方法。

2.6 "霉敌"的毒理实验

"霉敌"的毒理学实验研究由陕西省卫生防疫站承担,其实验结果简述如下:

2.6.1 急性毒性实验结果

实验动物由中国人民解放军第四军医大学实验动物中心购回。

大白鼠雌性 $LD_{50}=1\,620$ mg/kg

大白鼠雄性 $LD_{50}=1\,100$ mg/kg

小白鼠雌性 $LD_{50}=750$ mg/kg

小白鼠雄性 $LD_{50}=501$ mg/kg

均为低毒级。

2.6.2 蓄积毒性实验

用小白鼠按蓄积毒系数法对"霉敌"做蓄积毒性实验,按公式求出蓄积毒系数值 K 值,雌鼠 K 值为 5.3,雄性 K 值为 4.3。

2.6.3 Ames 试验

用上海肿瘤研究所提供的 Ames 实验标准菌株按 Ames 实验法修正方法先作预试,结果"霉敌剂量在 $20\sim50\mu g/$ 皿,以上各皿均出现明显抑菌和无菌生长的现象。故选剂量为 $20\mu g/$ 皿, $15\mu g/$ 皿, $10\mu g/$ 皿和 $5\mu g/$ 皿进行平行板掺入法正式实验,每组平行 2 皿,实验重复 3 次后以平均值统计分析同时作丙酮溶剂对照,阴性对照和阳性对照。""霉敌"实验结果表明"霉敌"在 $20\mu g/$ 皿剂量以下各试验组每皿菌落数均未超过自然回变数的 2 倍,并与自然回度数相近。阳性对照各菌株回变菌落数均超过自然回变数 2 倍以上。

2.6.4 枯草干菌 DNA 重组试验

用河南医科大学枯草干菌 H^{17}（野生型 REC^9）和 M_{25}（重组缺陷型 Rec^-）的冻干菌种,经常规菌种鉴定后作芽胞水悬渔(方法参见黄辛纾等著《环境化学物质致突变,致癌,致畸试验方法》一书)冰箱存用。"霉敌"以丙酮配制各浓度。

按照 Kada 等人提供的方法,参考杨胜力等人关于《枯草干菌芽胞 DNA 重组实验不同方法比较》文而选用"芽胞划线法"和"芽胞混合法"两种较敏感的方法进行实验。实验结果表明"霉敌"在 $57\mu g$ 的部分出现抑菌带。但其差值均小于 2mm（在 $0.1\sim0.3$ 之间）,说明产生的抑菌带为等效抑制,其他组未产生抑菌带。

2.6.5 微核实验

微核实验结果表明各剂量组微核率均在正常范围之内。

2.6.6 精子畸形实验

采用江西医科大学农药研究室常规方法进行试验,试验结果表明,"霉敌"各剂

量组精子畸形率未超过阴性对照组 9.2％,而阳性对照组畸形率则高达 204.7％,
与阴性对照组差异有显著性(P＜0.01)。

由上述试验结果可看出:霉敌急性毒性,在大白鼠雌、雄性 LD50 分别为
1 620 mg/kg 和 1 100 mg/kg,小白鼠雌、雄 LD50 分别为 750 mg/kg 和
501 mg/kg,均为低毒级。小鼠蓄积毒性按蓄积系数雄鼠值为 4.8 为中等蓄积毒
性,雌鼠为 5.3 为弱蓄积毒性。所作的三项致突变试验中 Ames 试验、枯草干菌和
DNA 重组试验均为阴性结果,微核试验未测出致突变作用。在精子畸形试验中各
剂量组畸形率与阴性对照组差异无显著性(P＞0.05),表明对生殖细胞未见明显损
伤作用。

以上六项试验结果综合评价属安全范围。

2.7　"霉敌"和福尔马林的刺激实验对比

长期以来国内外基本上采用 10％福尔马林保养尸体及标本。福尔马林有强
烈的刺激性气味,易挥发,对咽喉、鼻、眼的黏膜有强烈刺激作用,长期接触会引起
咽炎、鼻炎、气管炎;对蛋白质有强烈的凝固作用,会使皮肤硬化干裂。福尔马林能
和核酸的氨基及羟基结合,使之变性而失去活性,能阻止胃酶和胰酶的作用,影响
代谢机能。引起肝小灶细胞坏死及淋巴白色球浸润病。

"霉敌"六项毒性试验结果综合评价属安全范围。"霉敌"为白色结晶,水溶液
无色透明,无臭、无味、无刺激气味。

2.7.1　家兔点眼刺激试验

表 9—1　家兔点眼刺激实验结果

药物	滴眼数	滴眼后刺激反应
0.02％"霉敌"	8 只	无反应
"霉敌"、甲醛混合液	8 只	轻度流泪,睑结膜轻度充血
1％福尔马林	8 只	轻度流泪,睑结膜轻度充血
10％福尔马林	8 只	瞬眼多、流泪多、睑及球结膜充血、出血

2.7.2　家兔局部刺激试验

表 9—2　家兔局布刺激试验结果

药物	注射耳数	局部(耳壳皮下)刺激反应
0.02％"霉敌"	8 只	无反应
"霉敌"、福尔马林混合液	8 只	轻度润红,直径 0.5cm

药物	注射耳数	局部（耳壳皮下）刺激反应
1％福尔马林	8 只	轻度润红，直径 0.5cm
10％福尔马林	8 只	明显红肿，有点状出血（直径 2cm）

以上结果表明"霉敌"和 10％甲醛混合液家兔滴眼轻度流泪，睑结膜轻度充血，与 1％甲醛滴眼反应相同，10％甲醛滴眼后，家兔瞬眼活动增多，泪液分泌明显增加，睑结膜及球结膜红肿，有点状出血，而 0.02％"霉敌"滴眼无刺激反应。"霉敌"与 10％甲醛混合液在家兔耳壳皮下注射，有轻度刺激反应，轻度潮红，范围小。其程度与 1％福尔马林反应相当，说明混合液对皮肤刺激反应，比常规应用的 10％福尔马林的刺激反应明显减轻，而 0.02％的"霉敌"则无刺激。

"霉敌"的研制及在尸体标本保养中的应用研究，为尸体标本类文物的保护及医学界、解剖学、生物学界的尸体标本保养创出了一条新路，提供了一条简便、经济、安全、可靠的新方法。

图版 9－2 是用 0.02％"霉敌"水溶液和 5％福尔马林保养的人体脏器标本照片。图版 9－3～6 是 0.025％霉敌水溶液和 5％福尔马林保养的人体脏器标本的细微组织切片放大 400 倍的照片，图版 9－7 是用 0.02％霉敌水溶液保存的未经固定处理的金鱼标本。

§3. 骨角质、象牙、琥珀类文物保护

古代人类骨骼和各类兽骨是研究人类发展历史和自然界发展历史的重要实物依据。经测定距今约 170 万年的元谋猿人，是我国迄今发现最早的猿人，已能制造工具和使用石器。元谋人化石的发现，为探索研究我国最早猿人的体质特征和原始文化、生活习俗提供了宝贵的材料，同时也说明我国西南地区是人类起源和早期人类演化的重要地区之一。蓝田猿人的绝对年代距今 65 万年～80 万年，其地质年代属于更新世纪早期，从体质分析蓝田猿人比北京猿人具有更多的原始性。北京猿人的绝对年代距今 69 万年，地质年代属更新年代中期，其脑容量平均为 1059 毫升，四肢大小形状与现代人相近，制造和使用的工具十分粗糙简单，多为粗糙的石、骨工具，并开始用火。根据其文化特征分析，北京猿人是群居乱婚，以狩猎为主。北京猿人的发现对研究人类历史有着重大意义。西北大学舒德干教授发现的海鱼（又称西大鱼化石），将生命起源提前了 1 亿 4 千万年，轰动了世界。以上情况说明骨质文物及动物化石的发现对研究生命起源和人类历史都具有重大意义。

3.1　骨和象牙的组成、性质及糟朽的原因

经加工后的骨和象牙不仅在外观上十分相似,而且在组成也基本相同,只是在结构上各有特点。

3.1.1　骨和象牙基本组成及各组分之主要作用

3.1.1.1

骨和象牙组成基本相同、各组分之作用
{
　无机物质(占70%)
　{
　　磷酸盐:主要是磷酸钙,是构成骨的主要成分、使骨头具有很好的抗裂、抗压、抗折等机械性能
　　碳酸盐:主要是碳酸钙
　　氟化物:主要是氟化钙
　}
　有机物质(占30%)
　{
　　蛋白质:主要填充于骨的无机质之间
　　脂肪:起连接作用,否则就不可触动或一触即碎,呈松散状态。
　}
}

3.1.1.2　骨质和象牙在组织细胞结构上的不同

通过显微镜可清楚看出骨组织细胞结构与象牙的组织细胞结构不同

骨与象牙组织细胞结构
{
　骨头:截面纹理比较粗糙,且一种特有的细胞隙。
　象牙:结构比较致密,中心有一系列向四周辐射的条纹,而且互相交错,形成扁豆状格子的网状纹理。这是象牙不同于骨的特征纹理。
}

3.1.2　骨和象牙的性质及糟朽的原因

3.1.2.1　骨和象牙的性质

骨和象牙都是各向异性,因而受热、受潮时会因各个方向的热胀、受潮膨胀不同而产生翘曲。

3.1.2.2　骨和象牙糟朽的主要原因

①骨蛋白及填充于骨内的油脂类物质,容易氧化和水解,使骨质象牙组成中的无机物成分的胶粘作用大大降低,直至消失。

②骨质中之质白质脂肪易受细菌、霉菌等菌类的侵蚀和破坏。

③地下的酸、碱类物质不仅使骨蛋白和油脂变质,而且还会破坏骨的无机成分,使骨质完全酥化,如酸对骨质无机物的破坏:

$$Ca_3(PO_4)_2 + 6HCl \longrightarrow 3CaCl_2 + 2H_3PO_4$$

　不溶于水　　　　　　　　易溶于水

使骨质具有抗裂、抗压、抗折的磷酸钙被盐酸腐蚀而变成可溶性的氯化钙流失而机械强度大大降低。

地下的酸性氧化物如 CO_2 和水作用使骨质中的无机成分碳酸钙由不溶水而变成易溶于水的碳酸氢钙而从骨中流失。

$$CaCO_3 + CO_2 + H_2O \longrightarrow Ca(HCO_3)_2$$
不溶于水　　　　　　　　　溶于水

④骨质具有特征的细胞隙,众多的有害物质易进入其中,使之发黄变黑。

⑤受地下水中盐和水的侵蚀,骨质的无机物大部分受到破坏后,会变得十分脆弱。

若骨质的有机物质(蛋白质、脂肪)逐渐被矿物类特别是二氧化硅(SiO_2)和碳酸钙所替代时,骨质便矿化,形成化石,但在考古发掘中,更多遇到的是表面好似完整的骨头,但拿不起来,甚至一触即碎。这就是骨质结构已被破坏,骨中的有机物质易消失,甚至无机成分也已破坏。如遇到这种情况,就必须立即进行加固,以便能对它作进一步的处理。

3.2　骨和象牙类文物的保护

可根据骨质和象牙类文物的质地完好程度,污染物的性质及污染程度而采用不同的保护方法和保护秩序。

3.2.1　骨质和象牙类文物的清洗

3.2.1.1　质地比较好、比较完整的骨角质的清洗

质地比较好而且比较完整的骨角质文物,可用清水(离子交换水或蒸馏水)或适当的洗涤剂溶液(如肥皂水)清洗。用毛刷轻轻刷洗,洗除沾染的污物,洗涤时间不宜过长,清洗后应立即用软毛巾揩干(不能用毛巾揩已有些糟朽的骨和象牙类文物)。清洗后可用95%酒精浸几次,以使更易挥发的乙醇替代水洗时留在骨空隙之水,因乙醇易挥发,用吸干材料(吸墨纸类)吸干。

3.2.1.2　发黄变黑的骨质和象牙类文物的清洗

1. 一些发黄变黑需用漂白清洗的骨质文物,可用市售双氧水(H_2O_2)来漂白清洗。

2. 若用 H_2O_2 不易漂白时,可用 2%～5% 的次氯酸钙($Ca(OCl)_2$)来漂白清洗。

3. 如用前两种氧化漂白的方法仍清洗不掉的发黄发黑部分,可用2%的草酸溶液来还原清洗。

4. 清洗中注意的问题

(1)古旧象牙类文物给人一种天然古色的美感,有一定艺术欣赏效果的黄色不需漂白。

(2)一些无害或不影响美观的斑痕，一般也不要除去，以免伤害文物。

3.2.2　骨和象牙类文物的加固

3.2.2.1　考古发掘出土极脆弱的骨质文物的加固

对极脆弱的骨质文物，为避免搬动过程中发生意外，应立即进行现场加固。现场条件不允许时，也可采取将骨质文物所在的土或器物大面积整体搬回实验室，然后再慢慢清理。

3.2.2.2　镕藏骨角质文物的加固方法

①馆藏骨角质需加固时，可用 15% 的聚醋酸乙烯酯丙酮溶液浸渗数小时后取出，用软布擦去表面多余的聚醋酸乙烯酯溶液即可。

②也可采用熔化的石蜡浸渗加固，取出后擦去表面多余的石蜡，用热的微风吹器物表面，以防蜡凝固而表面产生炫光。

③还可采用下列配方浸渗加固

达玛树脂 1 份＋巴西棕榈蜡 1 份＋蜂蜡 3 份＋普通硬石蜡 1 份，混合均匀，加热到 120℃，将骨角器浸入蜡液，冷却到快要凝固前取出，用甲苯揩去表面多余的凝蜡。

3.2.2.3　断裂、剥落的骨器或象牙器文物的加固

首先用硝酸纤维素丙酮溶液或聚醋酸乙烯酯乳液黏结断裂、剥落的部分。这两种黏结剂强度不太高，易调正修理，且易除去；对于文物上的小缺口可用蜂蜡和棕榈蜡来填补，细小的裂缝，则留作胀缩余地而不必填补。

对于古代人类头盖骨化石、刻有文字的兽骨龟甲等珍贵文物，不但要谨慎处理，还应注意保存环境的适宜和稳定。

3.2.2.4　对糟朽的象牙梳子的保护处理

位于西北大学中心礼堂广场的唐实际寺遗址经考古勘探与发掘，出土了一批唐代文物，其中以陶质类文物最多，此外还有瓷器、金属类文物、壁画残片、漆器残片、梳子等。由于这些器物长期埋在地下，受到地下水、溶盐、文物周围污泥浊土、细菌、霉菌的侵蚀和破坏，使这批文物不仅残破而且污染严重，清洗、黏结、加固、修复、防霉腐处理等一系列保护工作的难度加大。其中一块黄白色的东西，一部分在土上面，而另一部分还埋在土中。这块东西的一边是稍带点弧度的光边，另一边则有等距离而长短不同的残断小齿痕根，在齿根附近还有不少长短不同的残断小齿。经发掘现场初步分析该器物是一个残损的梳子，但具体是骨质还是象牙暂因污染严重而难以判断。为了保护这把梳子，先将梳子及其周边土地整体搬回实验室。为了确保掉下来的残断梳齿能全部找到并清洗出来，先用离子交换水将黏附在梳背及梳齿上的土溶化开，再经用离子交换水 28 次边溶边洗边拣，共拣出长短不一

的残断梳齿 70 个。清洗出来的梳子及残齿均呈淡黄色。梳子上发暗的部分用质量分数为 2% 的草酸溶液清洗,使 $FeOOH$、Fe_3O_4、Fe_2O_3 等暗棕褐色除去,其反应可表示如下:

$$2Fe^{3+} + 3C_2O_4^{2-} \longrightarrow 2Fe^{2+} + 6CO_2 \uparrow$$

经草酸溶液清洗后,梳背及梳齿变白,但梳齿强度较差。

经清洗晾干处理,在显微镜下可以看出梳子的组织细胞与一般骨质细胞不同,它不像骨头截面纹理比较粗糙具有一种特有的细胞隙,而是比较致密,条纹交错,形成扁豆状格子的网状纹理,具有象牙的特征纹理。经鉴定,此物是一把用于发髻装饰的象牙梳子。

这把象牙梳子不仅所含蛋白质、脂肪类物质变质,而且象牙梳子中所含无机成分也遭到破坏,因此我们采取先加固再黏结,黏结好后再进行加固和封护的办法。为了防止象牙梳子在保存过程中受环境影响再发生霉变腐败,我们采用质量分数为 0.02% 的"霉敌"和质量分数为 2% 的聚甲基丙烯酸甲酯溶液渗透加固后,用SA103 快速耐冲击胶将梳齿与梳背上的断痕拼对好黏结,固化后,再用上述加固剂渗透加固,效果很好。这个梳子是目前国内发掘的较大且又较完整的象牙梳子。

3.3　角质品和琥珀类文物的保护

角质文物包括牛角、鹿角、玳瑁(一种爬行动物,其甲壳黄褐色,有黑斑,可作装饰品)等角质制品文物。它们都是多孔质脆的文物,其清洗、加固方法、保管条件等与骨和象牙类文物差不多。我国墓葬中出土的这类文物不多。如马王堆汉墓的镇墓兽头部的鹿角(用作神像的装饰),中心海绵组织由于年代远久已经烂空,只剩下痕迹和空洞。对这类外皮完好的文物,可做一些内部支撑,或者用硝酸纤维素拌木骨填补加固。

牛角类制品在远古时代,常用作工具或号角,后来又做成各种梳妆品(如梳子)和装饰品,也是古墓葬中陪葬品之一。对于比较脆弱的牛角制品,可用聚醋的乙烯酯等加固;若在潮湿状态下,可用乳液加固;已干燥的器物,不必再湿润,可用树脂溶于有机溶剂中,涂刷加固。

琥珀是第三纪松柏科植物的树脂化石,按结构和色泽不同可分为许多种类。这种制品在 120℃～130℃ 便变软,熔点为 350℃～370℃;常温下,性质比较脆弱,容易产生裂隙。若裂隙中灌入水,再遇冷冻结,就会使制品酥裂。琥珀易溶于醇或醚中,清洗去污时,应避免使用这类溶剂,加固方法与加固象牙类文物相同。

玳瑁、螺钿(以贝壳等为材料制作)、珊瑚等,是古代人常用的装饰品,其主要成分是碳酸钙,易被酸分解,因此清洗时应避免用酸性清洗剂。

第十章 古代建筑保护与维修

古代建筑是重要的文物之一,代表了古代劳动人民在建筑、工程、设计、艺术等方面的成就。北京故宫、承德避暑山庄、苏州园林、武汉黄鹤楼、湖南岳阳楼、内蒙古大昭寺及各大名山上的寺观等都是我国古代建筑的杰出代表,是我们研究古代历史、文化、艺术等方面的重要实物资料。但是这些古代建筑,尤其是木构古代建筑,经历了千百年的漫长岁月,经历了人为及自然等各种破坏,变得色彩暗淡,花纹图案、漆色画彩彩面龟裂剥落,屋顶杂草丛生,渗漏塌陷。木质构件因歪闪、劈裂、糟朽,难以支撑气势雄伟的建筑,若遇地震、水灾、白蚁蛀蚀等,就会惨遭毁灭性的破坏。因此抢救并保护古代建筑已刻不容缓。保护古代建筑的目的,主要是保护古代劳动人民的古建筑、工程、艺术方面的成就,古为今用,向人民特别是广大青少年进行历史唯物主义和爱国主义教育。

本章以木结构古代建筑木构件的保护维修为主,属木结构建筑中的砖、瓦、石等部分的保护维修也进行相应的介绍。

§1.中国古代建筑遭受的破坏和出现的病害

古代建筑在保存过程中主要面临着人为破坏和自然力破坏两种类型的破坏。

1.1 古代建筑人为的破坏

历史上人为破坏古代建筑的事实主要有以下几种情况:

(1)古代改朝换代时期对文物的破坏。

(2)中外战争对我国古代建筑的破坏。

①英法联军进攻北京、火烧圆明园,使中国雄伟、漂亮的古代建筑惨遭破坏,只剩残垣断壁。

②日本帝国主义在侵华战争中,推行惨无人道的"三光"政策,使我国无数古代建筑遭到毁灭性的破坏。河北承德避暑山庄的一座铜亭在日本侵华战争中被掠走。

③旧中国军阀混战中使很多古代建筑有的被烧毁,有的遭炮火轰击而倒塌,有的被占为宿舍和食堂,在使用中遭到破坏。

1.2　古代建筑遭受自然力的破坏

古代建筑遭受自然力的破坏主要包括风吹日晒、雷击雨淋、虫吃鼠咬等方面。

1.2.1　古代建筑材料中木质材料的老化

木质材料一般在古代建筑中起支撑作用和装饰美化的作用，包括梁、柱、檩、椽、枋、斗拱、门、窗等到构件，是古代建筑不可缺少的组成部分。

木质构件是由纤维素、半纤维素、木质素组成的一种天然高分子材料，其老化是指木材在保存过程中由于受到环境中热、氧、水、化学介质、光及微生物等因素的综合作用，化学组成和分子组成发生变化，导致木材物理性能和机械性能变坏，使木材的强度降低，或出现变色、发脆、变硬、变粘、开裂、起翘、糟朽、剥落、软腐等现象。木材的老化有物理老化、化学老化、光化学老化和微生物老化。

1.2.1.1　木质材料的物理老化

木质材料的物理老化主要是指古代建筑木质构件材料在温湿度变化的长期影响下，经受反复的、不同程度的膨胀、收缩而导致木质材料干缩、起翘、开裂、剥落等破坏。

1. 温湿度对古代建筑木质材料物理老化的影响及危害

木材是由纤维素、半纤维素、木质素等组成的，湿胀、干缩是其固有的特性。

（1）湿度变化引起木材膨胀收缩而产生应变和应力

木材在潮湿空气中吸潮时，表面首先吸潮膨胀，然后慢慢渗入木材内部，而当空气干燥时，木材首先是表面水分蒸发，表层附近因强烈的表面收缩产生拉伸应力而产生变形，而内部则产生压缩应力。继续干燥，内部也会逐渐脱水而使应力逐渐发展到内部。内部干燥又引起内部收缩，其结果造成相反的应力分布，致使干燥前期发生表面裂纹及端面裂纹，干燥后期则发生内部裂纹。木材在湿度变化下产生湿胀干缩而引起应力，应力又导致木材表面及内部裂纹。这对古建筑的梁、柱、椽、檩危害极大，对整个古代建筑的整体安全有极大威胁。

（2）温度变化对古代建筑木质材料物理老化的影响及危害

温度升高时首先引起木材表面水分因受热蒸发，而木材内部因温度较低而不蒸发，这样表面由于水分蒸发而逐渐产生明显的水分梯度，表面收缩，而内部因温度较低，水分多而不收缩。这样因温度变化引起木材表面与内部收缩差别较大而造成的应力而使古代建筑木质材料先发生表面收缩应力拉伸力，后期又产生压缩力，而后内层温度逐步升高时，先产生的压缩逐渐转变为内层的拉伸力，而导致木材表面裂纹、开裂及内部裂纹开裂。

2.木材性质对古代建筑木质材料物理老化的影响及危害

引起木质材料裂纹,不仅与环境温湿度变化产生膨胀与干缩而导致应变与应力大小有关,而且还和木材的结构、弹性、强度等有关。引起木质材料在干燥过程中发生损伤和偏差的原因一是木材各向异性的收缩或木材细胞排列不均匀而引起的翘曲、扭曲等,到目前还没有很好的对策防止变形;二是由于干燥方式不当或人为造成裂纹或偏差。

(1)由于木质材料横纹理与直纹理收缩差别引起的翘曲

造成木质材料翘曲的主要原因是由于木材横纹理与直纹理收缩之差别引起的。另外当木质材料受日光单面照射或单面受热而造成受热不均匀而导致收缩之差别,造成木质材料产生杯形翘曲、弓形翘曲和钩形翘曲等形变。

(2)由于木材细胞排列不均匀引起扭曲

木材由于受热或干燥不均匀而产生扭曲,而更重要的原因是由于木材细胞排列不均匀而导致木质材料产生扭曲,如旋转的纹理。

(3)木材表面硬化

木材干燥时表面很快干燥收缩,而内部并不同时收缩。这时木材表面受到拉伸应力,导致产生永久变形。木材内部此时受到的是压缩应力。由于表面应力大于与木材纤维垂直的拉伸强度,就会发生表面裂纹。这种受力状态称为表面硬化前期。

如果干燥继续进行,便会出现木材内部应力转向,由于内部收缩量过大而引起永久变形,若此时拉伸应力增大,就有产生内部裂纹的危险。这种受力状态称为表面硬化后期。

(4)表面拉伸应力引起的表面裂纹

木材干燥初期由于拉伸应力而引发的表面裂纹,产生应力集中,使裂纹进一步发展,产生一些细小的表面裂纹。这些难以消失的裂纹不仅影响木质材料的整体强度,还会大大增加木材受化学腐蚀老化和生物老化的接触面,加速木质材料的老化。

(5)水分移动差别引起的端面裂纹

水分在木材纤维方向移动比在垂直于纤维方向移动大,木材端面干燥收缩较快而产生拉伸应力,从而导致木材端面产生裂纹。这种端面裂纹对古代建筑中的木椽影响破坏最严重。正如中国有句古话"出头的椽先孽",裸露在外的椽头易受雨水及潮气的入浸而膨胀,较快产生拉伸应力,从而导致椽头端面裂纹的产生。由于端面裂纹的产生,又使椽头在阴雨天气更容易吸潮膨胀,而天气干燥、日光照射时又易干缩。这样反复胀缩会使木椽裂纹不断发展,使木质材料开裂、糟朽。

1.2.1.2　木质材料的化学老化

木质材料这种天然高分子材料的老化,在高分子材料老化中具有代表性。木材由纤维素、半纤维素、木质素构成,其化学老化主要包括化学降解、氧化降解、热降解、光降解等。有关纤维素、半纤维素、木质素组成的高分子材料老化方面的有关老化类型,老化机理在第五章纸质文物保护中已讨论过,这里就不再赘述了。

1.木质天然高分子材料化学降解

木材的化学降解主要是木材的酸性水解,它是木材纤维素的主要化学老化反应形式。木材纤维素分子中含有三个羟基,羟基是亲水基,它决定了纤维素、半纤维素、木质素组成的木材吸湿润胀特性。木材中有许多毛细管体系,是一种具有毛细结构的多孔材料,具有较强的表面吸附能力,除了吸附水汽产生膨胀外,还吸收大气中的 SO_2、NO_2 等酸性气体及酸性尘粒,降低体系的 pH 值,形成弱酸性水介质环境。纤维素、半纤维素、木质素在酸性水介质环境下发生酸性水降解,引起木材的化学老化,使木材变色、变糟朽。

2.木质天然高分子材料的氧化降解

木质材料的氧化降解本质是木质材料吸收氧形成过氧化物。过氧化物分解产生游离基,根据体系中浓度、温度等条件按双分子或单分子反应进行分解。

3.木质天然高分子材料的热降解

木质材料的热降解主要包括纤维在低温下的缓慢降解和高温下的急剧分解两种。天然高分子材料的热降解可使高分子链断裂、聚合度降低,分子量减小而导致木质材料强度、弹性降低,因此应避免古建木质构件受强热或聚光灯照射产生强热。

4.木质天然高分子材料的光化学老化

木质天然高分子材料的光老化主要包括光降解、光氧化、光敏氧化、光催化氧化及大气污染成分引起的光化学反应。

(1)光降解是在光的作用下,有机高分子发生羟基的脱离或高分子聚合度的降低过程,会导致木质材料的强度、弹性等机械性能和物理性能发生改变。古代建筑中的木质结构,特别是暴露在外面的柱、椽头、木斗拱等木质构件,直接受到太阳光的长期辐射,其中紫外光的光量子能量足以打断大部分有机物的化学键,打断木质材料中纤维素、半纤维素、木质素中的 C－C 键、C－O 键而使木质材料发生光降解。

(2)光自动氧化对木质材料的破坏

因氧分子易与光降解过程中瞬时产生的游离基活性基团反应生成过氧化游离基,在氧存在的情况下,光降解反应明显加强。木材的主要成分纤维素、木质素等大多数高分子材料都具有光自动氧化的性质,光自动氧化对高分子材料造成的破坏性影响更大、更严重。

(3)光敏氧化降解

很多古代建筑中的显色染料可将木质天然高分子材料光降解的波长范围扩展到可见光区域。如曙红、荧光黄、孟加拉玫瑰、若丹明、醌类等染料,能吸收光能,又能将吸收的光能转移给周围大气中的氧产生活化氧。活化氧一旦遇到水蒸气就会与之反应形成过氧化氢,活化氧能促进木质材料的降解。

(4)光催化氧化对木质材料的破坏

古代建筑颜料中的白色颜料、消光剂或填料中的一些成分,如钛白(TiO_2)、立德粉(ZnS)、锌白(ZnO)等都具有半导体性质,在木材天然高分子材料老化过程中能起光催化作用,而大大加速其光老化过程。因为光催化过程导致木材主要成分纤维素、半纤维素、木质素分子中羟基游离基和过氧化氢的生成,过氧化氢也可以光解为羟基游离基,从高分子材料中夺取氢原子而引发自动氧化反应。

1.2.1.3 木材的生物老化

木材这种天然高分子材料易遭受微生物侵害和白蚁、土蜂等的侵害。

1.微生物对古建筑木质材料老化的影响及破坏

(1)微生物对木质材料的化学破坏

微生物对木质材料的化学破坏,是微生物在生长代谢过程中产生的,它的实质是酶的反应。微生物通过它的代谢活动和代谢产物对木质材料进行腐蚀和破坏。使木质材料发生水解作用、氧化作用、脱水作用、酯化作用、缩合反应等等,使木材中纤维素、半纤维素、木质素降解,聚合度变小,强度下降。

(2)木质材料的微生物降解

木质材料的主要成分纤维素、半纤维素、木质素都是天然高分子材料。

纤维素是植物细胞壁的主要成分,约占植物体干重的35%～60%,是由300～2 500个葡萄糖分子组成的天然高分子聚合物。它在微生物纤维素酶的作用下,降解为单糖或二糖。

①纤维素在纤维素酶作用下的降解

纤维素酶是包括 C_1 酶、C_z 酶和β—葡萄糖苷酶的诱导酶。各个酶在纤维素降解中的作用如图10—1所示。

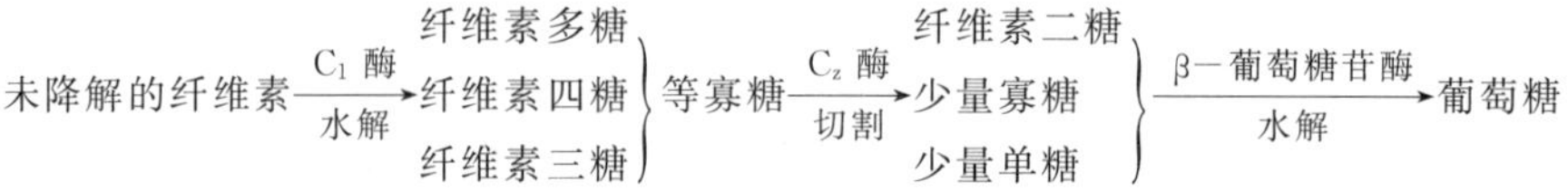

图10—1 纤维素在纤维素酶作用下降解作用示意图

②木质材料在菌类作用下的降解

分解木质材料的微生物很多,不仅有细菌中噬氧细菌、厌氧细菌,还有真菌中的霉属和菌属。分解纤维素、半纤维素、木质素的菌类如下所示。

分解木质材料之菌类

分解纤维素的微生物菌类
- 细菌
  - 好氧细菌:噬纤维粘属菌、生孢噬纤维粘菌属、纤维孤菌属和纤维单细胞菌属等。
  - 厌氧细菌:奥氏梭菌、高温溶纤维梭菌等
- 真菌:木霉、葡萄状穗霉、葡萄孢霉、曲霉、青霉、毛壳霉、好热霉等。
- 放线菌:诺卡氏菌属、链霉菌属和小单孢菌属和某种

分解半纤维素的微生物菌类:芽孢杆菌属、无色杆菌属、假单孢菌属、链霉属、根霉属、曲霉属、木霉属、青霉属等

分解木质素的微生物菌类
- 担子菌类的真菌:干腐菌、多孔菌、伞菌等。
- 乳酸镰隐孢霉、雪属镰孢霉、木素木霉、曲霉及青霉中的一些真菌。
- 假单孢菌、节杆菌、黄杆菌、小球菌

图 10-2　分解纤维素、半纤维素、木质素的菌类

③纤维素酶降解后在菌的作用下的降解

纤维素在 C_1 酶、C_z 酶和 β-葡萄糖苷酶的分步作用下,直至降解葡萄糖,如果有纤维素降解菌时,还会彻底被氧化为 CO_2 和水,或降解为丁酸、乙酸等酸性物质以及丁醇、乙醇、CO_2 和 H_2O 等产物。

葡萄糖
- 好氧纤维素降解菌作用下 $\xrightarrow{氧化}$ $CO_2 + H_2O$
- 厌氧纤维素降解菌作用下 $\xrightarrow{丁酸型发酵}$ 丁酸(C_3H_7COOH) + 乙酸(CH_3COOH) + 丁醇(C_4H_9OH) + 乙醇(C_2H_5OH) + $CO_2 + H_2O$

④木质素分解为芳香化合物后,再由细菌、真菌、放线菌等继续分解为低分量的化合物。

2.虫害鸟害对古代建筑木质材料的破坏

对古代建筑木质材料危害最大的虫类是白蚁和钻孔虫(土蜂)。它们可将木质材料梁、柱、檩、椽蛀或钻通,严重影响建筑物的寿命和安全。

(1)白蚁对古建木质构件的破坏

白蚁是温暖潮湿地区危害木质材料最猖獗、最严重的一种害虫,据不完全统计,我国已发现的白蚁有 70 多种。

①白蚁建巢的位置特点

白蚁主要在主梁或横梁与墙壁的交接处,窗框、门框与墙壁的交接处,楼梯与

地相连的木柱、天花板、木板夹墙内,地板下面的横木杧与墙壁的交接处等地方筑巢,甚至可将木材内部蛀空。

②白蚁对古建木质材料的破坏方式

白蚁对木质材料的破坏方式是顺木材纹理方向,由内往外蛀蚀,受害木材多呈层片状破坏。

(2)土蜂(钻孔虫)对古代建筑木质材料的破坏

昆虫中危害最广的是扁蠹虫,它的幼虫在木材内部生长发育,吸食木材的淀粉为养料,成虫喜欢侵害比较干燥的木料,破坏木材的完整性,降低木材的强度。

土蜂对古建中木构件破坏的深度、速度十分惊人。麦积山石窟前一块明末清初著名书法家王辽望题写的木匾上,有直径 7～8 毫米、长 35～47 厘米的虫洞 3个,不但影响匾牌的外观,而且影响其强度。土蜂在木板钻洞的速度十分快,每分钟钻 1.2～1.4 厘米,将木材钻成木渣从洞口排出。

(3)麻雀蝙蝠对古代建筑木质构件的破坏

麻雀、蝙蝠等动物常喜在屋檐、梁架、斗拱及椽子的空档筑巢栖息,直接影响建筑的强度。另外,麻雀及蝙蝠的排泄物不仅污染建筑物上的彩画,还会腐蚀彩画的颜料,使画面模糊。

1.2.2　古代建筑中砖、瓦、石材料的破坏和风化

砖、瓦、石材料也是古代建筑中不可缺少的重要材料。某些砖、石建筑物,特别是造像、石碑、经幢等雕刻品都是十分重要的文物。由于砖、瓦、石本身组成材料、结构的原因及外界环境中各种因素的影响都不同程度的风化,影响建筑的强度,降低建筑的艺术价值。

对于砖、瓦、石类材料的风化及其他类型的损坏情况可参见相关章节。

§2. 古代建筑保护抢修的必要性和紧迫性

古代建筑都是历史上遗留到现在的实物,大都经过了悠久岁月的考验。遭受人为的破坏和风吹、日晒、雨淋、空气中有害气体的腐蚀,以及地下水和水中溶盐等自然力的破坏。地震、洪水、火灾等毁灭性灾害,使古建文物出现这样那样的问题,不少古建文物面临损毁的危险。

2.1　古代建筑中木质结构出现的主要病害

①木梁的歪闪、大梁断裂、弯曲。

②柱子劈裂、糟朽下沉。

③檩的拔榫、糟朽、劈裂、弯曲。

④椽头下垂、糟朽、断裂。

⑤彩绘褪色,地仗层起翘,漆皮画面龟裂脱落。

2.2　古代建筑中砖瓦材料的主要病害

①地面砖的破碎、残缺、砖墙的裂缝、酥碱风化、墙身歪闪或坍塌。

②房瓦破碎、风化(化学风化、特别是生物风化)屋顶破裂漏雨渗水。

2.3　古代建筑中石材的病害

①灰缝脱落、构件断裂。

古建中的石质结构常用油灰勾缝,年久油老化油性减退灰条脱落,流入雨水,落入灰尘、微生物,造成墙缝长菌生草或膨胀坍塌。

②石构件表面风化酥粉。

③砌料石墙、压面、台级的臌闪、位移。

2.4　古代建筑中土质结构的病害

古代建筑中土质结构主要是古代建筑的地基、夯土墙、土坯墙,对古代建筑的稳定性、安全性有着十分重要的作用,它是建筑的根基,其主要病害有:

①由于地下水过度开采引起地基下沉而导致地面、砖裂缝。木质构件脱榫,甚至墙倒房塌,砖瓦破碎,木构件断裂,后果十分严重。

②夯土墙、土坯墙的抹灰保护层剥落,夯土墙、土坯墙歪闪、坍塌。

以上这些病严重威胁着古代建筑的安全和寿命,如不及时采取科学有效的抢救、保护维修措施,有些古代建筑就面临完全损毁的危险。这些都充分说明古代建筑需要抢救保护和维修不仅十分必要,而且刻不容缓。

§3. 古代建筑抢修保护维修必须遵守的原则

古代建筑是重要的文物,因此保护古代建筑就必须遵守文物保护的基本原则,即完整性和真实性的原则。

3.1　保护古建文物必须遵守的基本原则

3.1.1　不改变文物原貌的原则

对古代建筑进行抢修、保护、维修、保养要求不改变文物原状,并不是要求在抢修、维修保护中必须按始建面貌,而是要求符合修缮前的原状。即文物建筑的规模、布局、建筑结构、主要建筑材料,建筑风格、形式、特点、艺术水准等不能改变。

坚持不改变文物原状的原则,就能将古代建筑所包含的信息保留下来、传续下去,真正保留古代建筑的历史、艺术、科学价值。

不改变文物原状的原则实际应包括两个大的方面,即文物完整性和真实性原则。

3.1.1.1 保持古代建筑文物完整性原则

古代建筑不是孤立的,而是与其所处的历史时段、地域、地点、风俗习惯,甚至信仰密切相关的整体。古建的完整性还包括古建所在的背景环境,与该古建有关的事件、人物及与古建有关的其他文物。

保护一座古代建筑,不仅要科学、有效地保护古建本身,还应保护古建所在地的大环境,包括古建附近的山形水势。因为古代建筑选址时,有其在风水、制度、地理方面的原因,保存这些就是保存其选址方面的风水、制度、地理观念。古建从建造到完成,到经历千百年的风风雨雨,从建造者、居住者、登临者,会有许多人物、事迹、故事。这些过去的场景留在古建中的痕迹,还有古建中保留的器物都是保护的内容。

3.1.1.2 古代建筑保护坚持真实性原则

保护古代建筑一定要保护那些属于古代建筑文物本体的原有物质和特性。文物的真实正是文物价值的所在,保护古代建筑文物,要坚持保护古代建筑的真实性。

1. 坚持古建材料真实性

古代建筑原始材料才是当时历史、科学、艺术的有效载体,只有坚持保护古代建筑材料的真实性,才不致遗失古代建筑文物所携带的各种信息和丰富的历史、艺术、科学价值。

2. 坚持建筑工艺的真实性

古代建筑原有的工艺真实地反映当时科学和技术,特别是当时建筑科学和技术的发展水平,保护维修必须做到运用传统的工艺手段。

3. 坚持原设计的真实性原则

古代建筑文物反映的是其建造年代的建筑、艺术、工程以及其布局,因此古建筑的保护,应全面维护和反映当时的设计意图。

4. 坚持原址保护的原则

任何古代建筑文物都与其建造的地点和环境有着千丝万缕的联系,在保护古代建筑时首先考虑原地保护,尽量避免搬迁和移动。这样不仅可以避免搬迁和移动过程造成损坏,而且有利于古代建筑周边环境的保护。在 2005 年 10 月 17 日在西安召开的古迹遗址理事会第十五届大会上通过的《关于古遗址周边环境的保护》——"西安宣言"中所说的"周边环境",被认为是体现真实性的一部分,并需要通过建立缓冲区加以保护。"周边环境"指的是紧靠近古遗址和延伸的、影响遗址重要性或是其重要组成部分的周围环境。除了实体和视角方面的含义外,周边环境还包括古代建筑与自然环境之间的相互关系,以及所有过去和现在的人类活动的社会精神实践、传统的认知或活动,存在于周围环境空间中的其他形式的非物质文化遗产和当前活跃发展的文化、社会、经济氛围,所以古代建筑原址保存更能体现"周边环境对古建的意义,更能体现古代建筑真实性一个重要部分。"

5. 坚持最低干预原则

古代建筑因年久失修或其他原因出现前面所述的诸多问题时,为了古建的安全和寿命,都要在一定程度上对其进行抢修、保护等干预措施。这些措施无论是结构或构造性的,还是材料性的或工艺技术性的,都会损失或影响古建筑原本的唯一性,因此在保护中除必要的措施,应尽量少做干预。

6. 坚持可识性原则

文物最大的价值在于真实性。为了防止损坏原有古代建筑的真实性,保护工作中应注意新修复部分在与原有部分基本或总体协调的原则下有所区别,即基本上做到远看看不出,近看有区别,可明确地区别出哪些是原本的东西,哪些是后加上去的东西。

7. 坚持总体协调的原则

在对古代建筑进行抢修、保护、修复的工作过程中,新增或新换部分的材料、色彩、工艺、规模、结构、构造上应与原有部分基本或总体协调,而不能喧宾夺主。

8. 坚持可持续原则

任何人们的观念、技术水平、修复工艺和技巧都存在历史局限性,因此,在对古代建筑的抢修、复原或维修时应考虑可持续性,也就是保证维修和复原给后人留下余地,以便新的材料和工艺出现后,可以顺利应用。

3.2　用化学方法保护古代建筑的原则

3.2.1　化学与古代建筑文物保护的关系

文物的分析鉴定、保护维修、复制等各个方面都与化学有着十分密切的关系,其中尤以文物保护为最。文物保护,通常包括两个方面的内容,一是通过教育,运用法律手段和有力的行政措施来防止人为造成的破坏;二是借助于先进的保护技术对付历史和自然环境对文物所造成的损害。在后一方面,化学起着非常重要的作用,是文物保护学的主要内容。从化学在文物上的应用实践,并结合化学研究与文物的特点,可将化学与古代建筑文物的关系归纳如下。

①分析古代建筑材料的化学成分、结构，为古建抢修、保护修复提供科学依据。

②探索古建文物材料，如木质、砖、瓦、石质、彩绘、油漆等的劣变机理，研究阻止或延缓古建文物劣变的技术措施，提高古代建筑抵御各种病害的能力。

③查明外界因素对古建老化、风化等的影响。通过对古建目前所处的环境进行监测和研究，可有针对性地决定所应采用的保护措施。

④测定古建附近地下水和溶盐的成分含量、走向及其在砖、石、土墙建筑材料中的分布梯度，研究解决地下水中溶盐对古建破坏的有效措施。

⑤研究、制造性能优良，符合古代建筑保护要求的新材料，提供尽量简便的使用工艺。

3.2.2 用化学方法保护古代建筑的原则

①要保护古代建筑原貌，整旧如旧，要保存古代建筑的历史标记、建筑风格、施工艺术等特点。

②要防止"保护性"损害，处理操作时要小心谨慎，不造成新的污染、损坏，不留后患。

③将抢救、维修、保护等治理工作与预防古建筑材料老化结合起来，既要消除影响古代建筑寿命的病变，又要采取措施防止或延缓各种有害因素对古代建筑文物的损害。

④在争取保护措施长期有效的情况下尽可能满足处理的可逆性或可再处理性，为备以后科技发展研究性能更好的新材料、效果更好的新工艺，给后人留下更好的维修保护的余地。保持维修、保护的可持续性。

⑤在化学保护中要借重化学、化工科学研究中的类比法和移植法，充分利用化学、化工领域的科研成果，特别要借鉴一般材料保护学的理论和实践。

⑥利用化学原理对古代建筑特有的自然因素的损蚀机理进行深入的理论探讨。

⑦从古建化学保护的实践中，总结归纳正确有效的操作单元及科学合理的操作工艺程序。

⑧根据古代建筑文物组成、性质、结构等各个体的特殊性质，研究设计针对性强的具体的保护处理工艺。

⑨无论是国内还是国外的先进的古代建筑保护的材料或工艺成果，在应用推广前必须经过严格、细致的实验和对比，确实证明保护效果很好的情况下，才能逐步应用，并要时刻观察、研究保护效果。

§4. 古代建筑勘查

4.1　古代建筑勘查的分类

　　古代建筑保护前必须进行科学细致的勘查。勘查基本上可分法式勘查与残损情况堪查两大类。

　　4.1.1　法式勘查：法式勘查是在抢修、维修前，绝大部分已由参与确定文物保护单位的人员提出书面报告，在维修或抢修前到现场进行核对，以明确在维修或抢修时应该注意的建筑的法式特征。

　　4.1.2　损毁情况勘查：古代建筑损毁情况的现场勘查，对于古代建筑的保护来说，就是像医院的大夫给病人进行健康检查一样，"初诊"时应该进行全面检查，查出哪些是正常的，哪些是不正常的。根据精确的勘查记录，对不正常部分也就是残毁部分，进行分析研究并确定保护的技术措施。

4.2　残损情况勘查应注意的几个方面

　　4.2.1　勘查古代建筑的主要结构是否歪闪、拔榫、劈裂、糟朽或折断，对木质构件出现糟朽、劈裂也要同样详细注明损坏处的准确部位、范围及深度，必要时应另画出详细大样图表示现状，同时辅以照片。对椽子、斗拱、瓦件这些数量多、尺寸小的一些构件可利用表格填写。

　　4.2.2　勘查残毁现状时，最好同时考虑初步的修缮意见，并及时清楚的写在记录本上。这样做的不足之处可能由于经验不足产生一些误差或不全面，不过它仅是初步意见，在确定维修方案时，应对各种资料进行综合与研究，最初的意见可以得到修正和弥补。

　　4.2.3　用文字和勾画草图记录的同时最好辅以照片记录，照片要求画面清晰，能够说明向题。经验不多的，更应多用照像记录，以便现场勘查工作结束后向经验丰富的人征求意见。经验和事实都证明，在记录建筑物残损情况时，照片要比图纸与文字更准确，也可作为新旧对比的好材料。

§5. 古代建筑维修保护保养工程分类

　　古代建筑维修保护养工程，根据残毁程度进行不同程度的修理，一般分为五种类型。

5.1 经常性的保养工程(简称保养工程)

保养工程是指在不改动古建筑的结构、原状、色彩情况下而进行的经常性小维修,如瓦顶除草、屋顶补漏、水道疏通,庭院清理杂草杂树,检查整理避雷针、防火设备等。对于残毁情况不严重的古代建筑来说,进行经常的保养维修,可防止损毁情况扩大,延长古建筑的寿命。保养与维修,就是防与治的问题。平常加强保养工作,就会减少或延缓维修工作。在古代建筑保护上我们提倡"保养为主,维修为辅"的原则。

5.2 抢救性的加固工程(简称抢救工程)

古代建筑发生严重危险,但由于技术、经济、物质或其他条件的限制,不能及时进行彻底修理,但又必须马上采取措施,所采取的临时性加固措施,就是抢救工程,如梁、柱突然遇巨震而歪闪下沉时用戗柱支顶。抢修工程的一切技术措施既要安装方便快速,起到抢救作用,又要比较容易拆除,不妨碍以后的彻底修理。

5.3 修理工程(较彻底的维修工程)

修理工程重点是结构加固、归安等保护性处理,以维持现状或局部的恢复原状的工作。一般包括揭瓦瓦顶、局部或全部拆装木构架、更换或拨正歪闪的构架等工程。

5.4 复原工程(又称修复工程)

复原工程是最为彻底的维修工程,不仅要使残毁建筑结构恢复原来样式,而且还要将历代修理中被歪曲、变形、增添或去除的部分予以复原,是技术复杂、要求标准很高的一种维修工程。

5.5 迁建工程

因基本建设或某些地质地理原因,古代建筑需要迁地重建的,称为迁建工程,对古代建筑来说。一般应坚持在原址保护的原则,不得不搬迁时,必须坚持对基建和文物古建两利的方针迁址重建。此项工程不论残毁程度如何,都必须全部拆卸后搬到新址,重新打基础,然后用原构件按原样重新建造。

§6. 古代建筑保护维修

古代建筑的维修工作是保护古代建筑类文物的重要措施之一,大体可分为屋面的保护与维修;木构梁架的保护与维修;装修的保护与维护;基础与地面的保护与维修;油漆彩画的保护与维修。

6.1 古代建筑屋面的保护与维修

对于古代建筑,特别是对于木结构梁架来说,屋面是为其遮雨挡风最好的保护结构。只要屋面不漏雨,不因风吹日晒而导致糟朽、劈裂、折断等损毁,木结构建筑的"寿命"就会延长。所以,保护好屋面,对木结构古代建筑特别重要。

6.1.1 屋面的主要病害及病因

古代建筑屋面常出现的病害主要是漏雨。

①由于屋面瓦垄中间或瓦缝内的勾灰受到不同程度的破坏,会导致脱灰、瓦底灰泥松动。生草或小树时,草根、树根会穿透苦背层,破坏瓦顶防护层的稳定性。

②瓦件质量差、施工质量差等原因致使防护不密实而导致漏雨。

③木质结构发生问题,如梁架局部下沉、歪闪,导致瓦顶出现裂缝。

④因地震、地裂自然灾害导致古代建筑地基下沉,屋顶裂缝而漏雨。

大多数情况下,第一种是导致漏雨最普遍的原因。第二和第三原因导致漏雨的应进行揭瓦修理。第四种问题比较复杂,要经过填补加固地基、填补裂缝后,再做屋面修理。

6.1.2 屋面的保养

6.1.2.1 瓦顶生草长树及其危害

古代建筑的顶部,因长年累月的降尘积土和维修瓦瓦及苦背层时都在下面衬有黄土,为草木生长提供了适宜的土壤,因而古代建筑瓦顶上,常会生草长树。所生之草种类很多,既有低等隐花植物如藻类、苔藓,也有显花植物的草类,它们的孢子或种子,借助风力或鸟类传播,如皿子草和蒿子花,耐干旱,草籽多,据统计,每株皿子草的草籽多达 $1\sim4$ 万粒,繁殖很快。屋顶生长的小杂树多为种籽较轻易随风飘浮传播的榆树、臭椿和杨槐。瓦顶生草,草根深入苦背层,形成漏雨通道;瓦顶长树,树根会穿破屋顶顺墙伸入地内扎根,不仅危及瓦顶,甚至破坏墙壁及地基。

6.1.2.2 瓦顶除草

瓦顶除草可采用人工拔除和化学药剂杀除两种方法。

1. 人工拔除:由于瓦顶植物很多是多年生植物,根部蔓延较深,因此必须连根拔除,才能彻底清除。如果只拔除外露的茎或部分根,反而刺激植物生长更快。由于草树根常与瓦粘连在一起,拔草树时应一手压住瓦,一手拔除,否则在拔除草树时会将瓦带起。

清理屋顶植物的时机十分重要,为避免新的种籽落下,一定要在种籽成熟之前拔除。经过连续二三年的清理,房顶植物才能逐渐由多到少,由少到无。

2.瓦顶化学除草

(1)古代建筑化学除草剂的要求

①化学除草剂应是高效的。

②对人畜无害,对环境无污染的。

③对古建筑物的构件无危害。

④应经济实用,价格便宜,操作方便。

(2)高效、安全、无污染的除草剂——2,4—D 及 2,4—D 丁酯除草剂

2,4—D 及 2,4—D 丁酯合成工艺及优点:

化学除草剂:

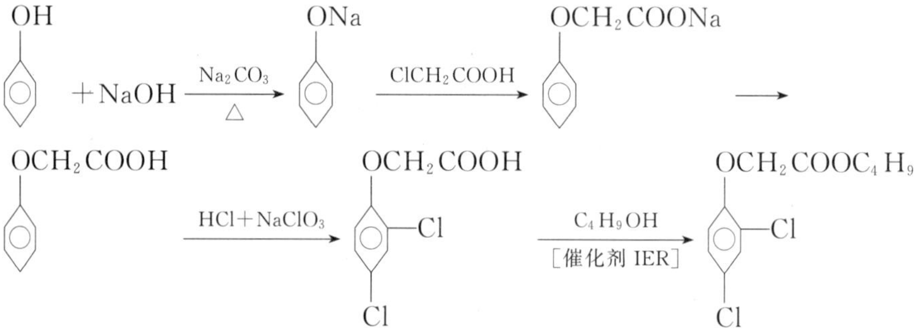

用以上方法合成 2,4—D 及 2,4—D 丁酯的工艺优点:

①采用苯酚先与氯乙酸缩合,既避免苯酚先氯化易氧化使产品颜色深、收率低的缺点,又在苯酚与一氯醋酸缩合时先用 $NaCO_3$ 调 pH 值,再加一氯醋酸,防止一氯醋酸水解为羟基乙酸。

②先缩合后氯化,工艺中避免了又奇臭、又有毒、污染环境、危害人体健康的

2,4—二氯苯酚()的出现。

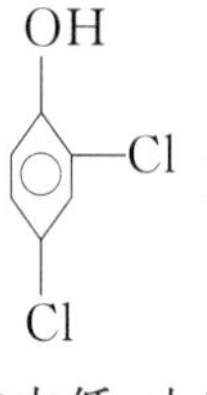

③收率高,成本低,由于采用先缩合后氯化而大大避免了苯酚的氧化而大大提高了 2,4—D 及 2,4—D 丁酯的收率,平均收率为 92.8%。

表 10—1　2,4—D 丁酯的收率

实验序号	1	2	3	4	5	6
各次收率(%)	91.0	92.3	92.6	92.6	91.9	96.1
平均收率(%)	92.8					

④利用 HCl＋NaClO₃ 氧化氯化法使苯酚乙酸氯化，反应容易控制，反应平稳，安全，无污染，合成的 2,4－D 丁酯纯度高，颜色浅。

⑤2,4－D 用丁醇酯化时，采用 IER 催化剂，常压下酯化，设备简单，不需要耐压设备。催化剂可回收利用。

（3）2,4－D 丁酯除草剂除草效果

2,4－D 丁酯除草性能很好，对鸭舌草、眼子菜、小三棱草、蓼、看麦娘、豚草、野苋、藜等一年生及多年生杂草均有良好防除效果。

6.1.2.3　勾抹瓦顶

由于年长日久或因拔草而引起瓦垄、瓦缝及瓦底的灰泥松动时，应将松动的灰泥全部清扫后，用灰泥勾抹严实。

常用勾灰材料：

红土麻刀灰　　　白灰：红土：麻刀＝100：20：4（重量比）

青白麻刀灰　　　白灰：青灰：麻刀＝100：8：4（重量比）

除勾灰配比必须严格控制外，勾灰技巧也十分重要。只有按勾灰的配比和细心认真勾灰，才能防止勾灰出现裂纹而漏雨。

1.筒瓦缝勾灰，应将灰浆嵌入，外与瓦面齐平而不要凸出（见图 10－3）。

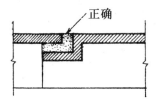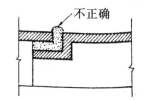

图 10－3　筒瓦勾灰示意图

2.夹垄：每垄筒瓦两侧勾灰应与瓦边齐平，以防夹垄干燥收缩后，雨水沿筒瓦边渗入筒瓦内部，造成垄内积水或渗透苫背层，使望板椽子等木质构件发霉，甚至糟朽。

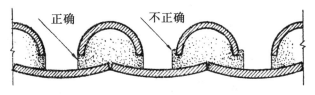

图 10－4　筒瓦的夹垄示意图

3.底瓦勾灰

瓦垄内底瓦勾灰必须严密，两角抹严，防止出现空隙。如将底瓦两角抹成弧形对防止瓦垄内积存尘土草籽能起到好的作用。

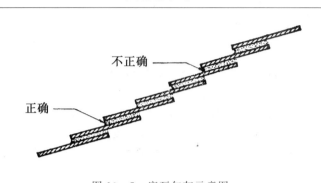

图 10-5　底瓦勾灰示意图

古代建筑勾缝的灰条需 2～3 年检查一次,如有脱落应及时进行勾抹,以防病害扩大。

6.1.2.4　天沟补漏

天沟面层损毁时,应用与瓦顶勾灰相同比例的青白麻刀灰按原工艺补修。如裂缝较大时,可将裂缝剔凿成"V"形,底部用水淋湿,再用青白麻刀补抹、赶压坚实光整;微细裂缝,可用乳化沥青玻璃毡片粘补。

乳化沥青玻璃毡片,是用沥青和乳化剂配制而成的乳化沥青,其配方及配制如下:

松香乳化沥青:沥青:松香乳剂(松香:工业碱:水=4:1.25:5):水 =100:36:100(重量比)

肥皂乳化沥青:沥青:肥皂乳化剂(肥皂:洗衣粉:烧碱:水=1.1:0.9:0.4:97.6) =1:1

其配制方法:沥青＋松香乳化剂＋水 ──→ 强力搅拌 ──→ 松香乳化沥青

　　　　　　　100:　　36　　　:100

　　　　　　沥青＋肥皂乳剂 ──→ 搅拌 ──→ 肥皂液化沥青

　　　　　　　1　:　1

玻璃毡片:用 5～15 微米的玻丝制成毡片,再用黏结剂浸后烘干,制成厚约 0.3～0.4 毫米,每平方米重 60～80 克,抗拉强度约为 710kg/cm^2。

1.用乳化沥青玻璃毡片粘补较大裂缝的施工工序

(1)首先铲除天沟青灰背上松动的灰块,灰背上凹凸不平处超过 0.7 厘米时,先用乳化沥青调 20％滑石粉或 15％水泥调匀抹平裂缝。(2)待基底干燥后用冷底子油(30％净水慢慢倒入 70％乳化沥青中)打底子。(3)在待修补的范围内喷一层乳化沥青,干后铺玻璃毡布一层,干后再喷涂贴布各一层,最后喷一层乳化沥青封护表面。

2.用乳化沥青玻璃毡片粘补微细裂缝的要求

(1)粘补时玻璃毡片要压牢压实,不能有张口、空臌、皱折及白茬等现象。

(2)每层毡片喷涂乳化沥青后,应用橡皮板往返涤刷,赶走气泡,使沥青渗透,看不到毡片纤维。

(3)因乳化沥青在一般气温下5～6分钟快速结膜,故施工动作准确迅速。如面积较大时,可在沥青内掺5%～20%的滑石粉,以延缓结膜时间。

6.1.2.5　经常性的屋面保养工作

1.经常清扫瓦垄和天沟、筒板瓦瓦顶和瓦垄中积存的尘土、草籽和树叶等杂物,保证雨水畅流,防止发生瓦顶积水,每年至少清扫一次,初春清扫最好。

2.修剪妨害古建筑屋顶的树枝:一些伸到屋檐边的树枝,大风摇曳常常碰到檐头瓦件,危及游人安全,或树叶落满屋顶,妨碍雨水畅流,引发渗漏,因此应每年适当剪除一些不影响美观的枝干。

6.1.3　古代建筑屋面维修

6.1.3.1　瓦顶维修

当瓦顶严重漏雨或者是大木构架需要局部或全部落架维修时,首先要拆除瓦顶,待大木构架修缮后再按原做法苫背瓦瓦,恢复屋顶。瓦顶维修时应坚持能勾抹的就不进行揭瓦,能局部揭瓦的就不全部进行揭瓦。

瓦顶维修工序包括揭除瓦件、脊兽、苫背层,然后在大木构架安装后再重新苫背、瓦瓦。

1.揭取瓦件、脊兽及苫背层

(1)瓦顶现状记录:包括现存瓦顶工程做法记录,残毁情况记录,形制(法式)记录(主要是分析并记录瓦顶原来的状况,如瓦顶式样、瓦的类别、颜色、质地、瓦顶尺寸,瓦件的数量,附以图或照片)。

(2)瓦件编号:自下向上,分垄逐件编号。雕花脊筒、大吻、小兽等艺术构件,为防止在瓦瓦时装错位置,拆卸前必须编号,并画出编号位置图。

(3)拆除瓦件:先从檐头开始,卸除勾头、滴水、帽钉,然后进行坡面揭瓦。坡面瓦揭完后,依次拆卸翼角小兽、戗脊、垂兽、垂脊、正脊,最后拆卸大吻。

(4)清理瓦件:首先是清除瓦件上的尘土灰迹,然后按照形制和残破程度标准清理。清整中首先研究它原来的形制,选出比较标准的瓦件。如原制为五样黄琉璃瓦,就按规定尺寸式样挑出整齐的筒瓦、板瓦、勾头、滴水等瓦件作为标准,不合格的另行码放。

残毁的瓦件,可按其完好程度分为可用的、可修整的、需更换的三种。

表 10－2　　残毁瓦件检验标准参考表

构件名称	可用构件	可修整的	需更换的
筒瓦	四角完整或残缺部分在瓦高 1/3 以下的,琉璃瓦釉保存 1/2 以上,	碎成两段茬口能对齐的	其余残碎的
板瓦	缺角不超过瓦宽 1/6 的(以瓦瓦后不露缺角为准),后尾残长在瓦长 2/3 以上	断裂为两段茬口能对齐的	其余残碎的
勾头瓦滴水瓦	检验方法同板瓦,瓦件前部的雕饰花纹残而轮廓完整		轮廓残缺或色釉全脱
脊筒子	无雕饰部分残长 1/2 以上,有雕饰的脊筒如雕饰部分残缺的		

　　挑选瓦件的工作,应以保存现状为准,挑选瓦件后,最好做出详细表格,写明现存完整,可黏结修补的及需要更换的数量。

表 10－3　　瓦件挑选登记表

构件名称	构件尺寸(厘米)			应有数量	现存数量				备注
	长	宽	高		完整可用	可修补	需更换	小计	
筒瓦									
板瓦									
勾头瓦									
滴水瓦									

　　2.屋顶苫背

　　在椽、飞椽、望板铺好后就可作苫背工作。

　　(1)苫背层,北方屋顶苫背层都很厚,一般厚达 20～30 厘米,自下而上依次为护板灰、灰泥背、青灰背三层。南方一般只用一层灰泥背。

　　护板灰:一般厚度 1～2 厘米,材料配方重量比为:白灰:青灰:麻刀＝100:8:3。

抹灰时由上向下自脊根向檐头进行,七八成干时,再刷青灰浆,随刷随用铁抹子压实。

(2)灰泥背:北方的灰泥背,常用掺灰泥,白灰:黄土＝1:3(体积比)或1:4,泥内另掺麦草,每100公斤白灰掺麦草5～10公斤。南方多用1:2沙灰泥背,还有一种蛎灰苫背。灰泥背施工时,自上而下,压平抹光。

焦渣背,用焦渣与白灰粉混合,淋水焖透。焦渣与白灰体积比为3:1。

(3)青灰背:在灰泥背七八成干后,上抹青灰背一层,厚约1～2厘米,用料重量比为　白灰:青灰:麻刀＝100:8:3。在刷青灰浆赶压中,往往还散铺一些麻刀,随刷随轧,增强青灰背面层的拉力,以防出现细微裂缝。

3.瓦瓦

依据设计图纸和拆除记录草图、照片等资料,按原来式样进行瓦瓦。

(1)排瓦档:根据拆除记录,查明各面坡顶的瓦垄数。一般应是前后坡一致,两面一致,四个冀角一致。按每坡面计算有两种方法,一种是底瓦坐中,瓦垄为双数,另一种是筒瓦坐中,瓦垄为单数。

(2)瓦筒板瓦:一般自中线向两边分,每边先自垂脊靠近中线一垄瓦起。每陇先在檐头用麻刀灰安滴水瓦。外观上应做到"当匀龙直,曲线圆合"。铺瓦底瓦时"压七露三",瓦件摆的疏密应符合"稀瓦檐头密瓦脊"。

瓦瓦时,瓦件底部需用灰泥垫牢,灰泥厚度为4～5厘米,所用灰泥为白灰:黄土＝1:2～3(重量比),有时在灰泥内加麦草或麻刀。南方因多雨,气候湿润,勾缝多用油灰,一般不掺麻刀。蛎灰与生桐油的重量比为1:1。

(3)瓦阴阳瓦:瓦阴阳瓦瓦顶,不用筒瓦,完全使用板瓦,排瓦当工作与上述方法相同。瓦件的疏密,采用"压五露五"。由于板瓦形状是头宽尾窄,作底瓦时小头向下,盖瓦时则小头向上。瓦件都是布瓦,瓦缝用青白麻刀灰勾缝,配料比同前。

(4)瓦其他式样瓦顶:包括筒板互裹垄、干渣瓦。筒板瓦裹垄在每垄筒瓦瓦好后,表面再抹一层青白麻刀来;干渣瓦各垄之间的板瓦要求做到犬牙相错,接口严密。

4.调脊:琉璃瓦、布瓦、筒板瓦,一般是瓦瓦后调脊;阴阳瓦、干渣瓦则是先调脊后瓦瓦。

6.1.3.2　平顶屋面修理

古代建筑的平顶屋面的构造,一般是在望板上铺苫背层,表面墁砖。其主要病害是因铺砖碎裂,苫背层积水,部分漏雨,处理时可拆除铺砖修补苫背层,如苫背层大部分酥残,或木构架需要拆卸修理时,应重作平顶屋面。

在木构架装完望板或望砖后,开始做苫背层,施工中注意做好流水坡度。苫背层作好后,用原规格的砖,按原来式样铺墁。

6.1.3.3 天沟修理

天沟结构与平顶基本相同,区别在苫背层上不墁砖,以青灰背为屋面。随刷青灰浆随着散铺麻刀,压入青灰背内。也可在青灰背上压入铁屑,铁屑遇水遇氧生锈碱式氧化铁($FeOOH$),体积膨胀,或防止出现新裂缝,效果比较好,其作用原理如下化学反应式所示:

$$4Fe + 2H_2O + 3O_2 \longrightarrow 4FeOOH \quad (疏松多孔)$$

6.1.3.4 瓦兽件的粘补

1.粘补瓦兽件应注意的问题

(1)雕花的瓦兽件只要轮廓完整就应继续使用。

(2)花纹残缺的可以不修补。

(3)断裂构件能粘补的尽量粘补,而不要随意更换新构件。

2.瓦兽件的粘补材料及粘补机理

(1)古代用的粘补材料及粘补机理

在我国古代文献记载中,有一些粘补材料和粘补方法。

①"缸坛瓦碎缝,用铁屑醋调擦缝上,锈则不漏",其原理如下列化学反应式所示。

$$Fe + 2CH_3COOH \longrightarrow Fe(CH_3COO)_2 + H_2 \uparrow$$

$$2Fe(CH_3COO)_2 + O_2 + 2H_2O \longrightarrow 2FeOOH + 4CH_3COOH$$

由于铁屑调醋可生成 $Fe(CH_3COO)_2$(醋酸亚铁),遇到潮气和空气中的氧气,这个弱碱弱酸盐很容易发生上述氧化水解反应,生成疏松的铁锈,$FeOOH$ 体积膨胀而防止出现新裂缝。

②"榆皮经捣如糊,用粘瓦石极有力",此法实质上是将榆皮中的纤维素和植物胶捣碎成糊,成为一种黏结力很强的粘补剂。

③"漆皮泥"粘补剂

"漆皮泥"的主要原料(又叫粘料基料)是一种叫紫胶虫的小昆虫分泌出来的胶质物。动物胶这种天然高分子材料,即所称漆片,溶于酒精制成粘补材料,用来粘补陶器、瓦件。

酒精:漆片:立德粉=100:40:20

溶剂　黏料　填料

(2)近代用的粘补材料、配方及各组分的作用

近代多用黏合力强、收缩力小、内聚力大、低蠕变、高韧性、稳定高、操作性能良的环氧树脂黏合剂。

①配方1:E—44环氧树脂:乙二胺:石粉＝100:(6～8):20
　　　　　粘料(基料)　　固化剂　　填料

②配方2:E—44环氧树脂:环氧氯丙烷:二乙烯三胺:石粉＝100:10:9:20
　　　　　粘料(基料)　　活性稀释剂　　固化剂　　填料

3.粘补操作方法

先将欲粘补的裂缝洗刷干净晾干,在两个断面各均匀涂一层粘补材料,待渗透瓦件半干时,再涂刷粘补材料,缝茬对严加力压粘或固定干燥.

6.1.3.5　大型构件的加固

大型构件由于体积大、重量重,用一般粘补材料难以达到加固的目的。有人曾在大型构件雕饰花纹较隐蔽或在花纹较少的位置,采用铁扒锔加固的办法。但由于铁性质觉得活泼,在空气中有水、有氧存在的情况下,很容易发生氧化水解反应而产生棕褐色的铁锈,影响古建筑的外观。建议采用不锈钢作扒锔加固大型构件,这样既加固了古建,保证古建的安全,又不影响文物的原貌。

6.2　古代建筑木质构件的保护维修

古代建筑的木质构件主要包括两大部分:一是对古代建筑起支撑作用的木构架,其中主要部件有梁、柱、檩、枋、斗拱等大木作。这些重要部件的好坏,直接影响古代建筑的安全,因此对这些部件的保护与维修是大型维修工程的主要内容。一是古代建筑中的门、窗、天花、藻井、楼梯、栏杆等小木作的保护与维修。

古代建筑木构梁架由于木质材料、结构不同,所处的地质、地理、气候条件不同,残缺的情况也不同,在保护与维修中所采取的措施也就有所不同。

6.2.1　整体木构架的歪闪与扶正

如果古代建筑的大木构架基本完好,仅因为歪闪不能承重时,需采取"打牮拨正"的方法处理。

打牮拨正包括两个方面,一是将下沉构架抬平,叫做打牮;二是将倾斜构件归正,叫做拨正。

打牮:是用一根根称为立牮杆的立杆顶在要抬平的梁底皮,杆下垫以抄手楔子(两个木楔子尖尖相对垒放置)。打牮时,左右相对打紧木楔,逐渐升高立牮杆以达到抬平的目的。

拨正:用绞车(又称绞磨)牵引歪闪的构件,使之复归原位。具体操作时,如果是檐柱歪闪可直接用绞车拉正;如果遇到既倾斜又伴随梁枋下沉的情况,在牵引时应当同时立牮杆或天称吊起梁枋。

6.2.2 整体木构架加固

打牮拨正后,为防止木构架再次歪闪而采取加固措施。

6.2.2.1 柱头与额枋之间加钉拉板,在柱头顶部钉一联结左右额枋的铁板,中间留孔将柱头的馒头榫套入,两翼伸在额枋上皮,用锓头钉固牢。

6.2.2.2 檩头连接:在檩上皮用铁扒锔或铁板加固。

6.2.2.3 加钉拉杆椽:防止檩条滚动,在每间上下檩条之间加钉拉杆椽两根,两端用螺栓与檩条钉牢。

6.2.2.4 重檐建筑物的外廊加固

有周围廊的重檐建筑物,檐柱和老檐柱主要靠挑尖梁以直榫相联系,当发生檩外滚或柱下沉时,常易脱榫而发生外廊向四面闪出的现象。为了防止由于脱榫而导致外廊向四面闪出的现象发生,可采取以下措施。

第一种方法:在联系檐柱和老檐柱的挑尖梁上皮比较隐蔽的地方用铁拉杆来加强檐柱与老檐柱的联系。

第二种方法:在挑尖梁尾部底皮,用偏头螺栓与老檐柱联结牢固。

6.2.2.5 木构梁架歪闪的抢救性保护措施

木构古建筑由于意外原因而突然发生梁架歪闪构件折损,来不及彻底整修或暂时不具备大修的情况下,为了古建的安全,必须做一些临时抢救性的保护措施。有时在大修前,先做一些临时支撑或拆除保存构件也是一种必要的应急性抢救措施。

①梁架歪闪时的临时支撑应急抢救措施

古木构建筑由于年久失修,突然遇到巨震、猛烈撞击、地基局部下沉等导致梁架歪闪,可采用直径稍大,径长比不超过 1:20 的杉槁或圆木作为撑杆,上头垫约 5~10 厘米厚的木块,以约 $45°\sim60°$ 的斜度,面对歪闪方向顶住柱头。为防止撑杆滑脱,撑杆底部用可下端打入地内 1/2 以上的顶桩或顶石顶住;在地面情况不允许用顶柱时,可在撑杆与柱根之间加一拉杆,使木柱—撑杆—拉杆之间形成一个三角形支架。大梁歪闪时,撑杆应顶在歪闪尺度最大处。

②大梁折断弯垂的临时支撑应急抢救措施

在大梁折断处的底皮或在弯垂最大部位支顶木柱。柱头垫宽同梁皮,厚 5~10 厘米的木板。

③梁、枋拔榫时的临时支撑保护措施

轻微拔榫可用铁锔子加固;拔榫严重,应在梁头拔榫处的底皮加顶住。

④柱根糟朽下沉时的临时支撑抢救措施

柱子糟朽下沉时,可在柱的里侧大梁头的底皮和斗拱正面第一跳翘头处各加一根顶柱。

⑤翼角下沉的抢救措施

由于古建角梁伸出较长,荷重较大而导致翼角下沉时,应在角梁端部底皮处加顶柱。

⑥檐头下垂斗拱下沉外闪的抢救措施

檐头下沉斗拱外闪时,可用撑杆顶在外出第一翘头的底皮,也可在斗拱后部或檐檩后部加铁拉条钉在梁上。如果遇到楼阁建筑上层发生此种情况时用铁拉条为好,歪闪严重时,在斗拱正面加支撑杆。

⑦檩拔榫或折断时的抢救措施

在拔榫处加铁锔子加固。折断时应在近折断处的上下加圆木以承托上下椽子,如檩在靠近两端处折断,可附加两个撑杆斜撑。

⑧椽子糟朽折断时的抢救措施

椽子糟朽折断时,一种措施是在折断椽子两侧加1~2新椽。另一措施是在折断处横托木板,两端钉在两边坚固的椽上。

6.2.2.6 临时支撑抢救性工作的基本要求

①支撑所用构件必须牢固可靠。

②临时支撑抢救保护尽量不伤害或少伤害古建的原有构件。

③临时支撑抢救施工中应尽量减轻支撑构件对古建外观的影响。

④在作临时性支撑保护时,要注意做到要进行彻底整修易于拆除。

6.2.2 残毁严重古建的拆卸保存

古代建筑残毁特别严重,临时支撑难以奏效,彻底整修也无条件的情况下,常采用将残毁构件全部或部分拆卸、保存,待有条件时彻底修整的方法。

6.2.2.1 拆卸前的准备工作及拆卸时应注意的问题

1.拆卸前做好充分的准备工作

①首先要绘制拆卸记录草图,确定拆卸顺序。

②准备好构件、材料清点,码放场所。

③搭建存放那些不能经受日晒、风吹、雨淋拆下来的有彩画、雕刻的木构件的临时工棚。

④准备好脚手架、拆卸所需的工具,包扎雕刻、彩画等艺术品构件的材料。

⑤准备好拆卸时所需的编号标签或编号木牌,写明构件及编号,拆卸前贴或钉在构件上,以防拆卸时搞乱和方便码放、安装时查找。

2.拆卸时应注意的问题

古代木构建筑因残毁严重需要更换大梁和柱子时,要特别注意以下问题。

①由于残毁严重、木质构件比较糟朽、强度很差,拆卸中要特别注意安全,严防

拆卸过程中发生伤害事故。

②拆卸时严格按顺序进行,一般情况下是从上向下逐层拆卸,先拆卸如天花、藻井,附于木构件上的雕刻品等小木作,最后拆卸落架大梁柱。

③拆卸工作一定要精心细致,严防拆卸过程中损坏古建原貌和丢失古代建筑的历史价值、艺术价值的事故发生。

④拆卸工作要注意技巧。如拆卸榫卯时撬离构件榫卯离位,应从两端反复进行,避免仅从一端直撬而另一端榫头折断或劈裂;拆卸椽子起取椽钉时避免椽头劈裂;拆卸小木作时要特别注意保护,避免损伤彩画、雕刻。拆前应先用软纸、软泡沫塑料、棉花、软布包扎,以防拆卸过程中磨损。

⑤拆卸的构件在运送、放置过程中应轻取轻放,巧取巧放,严防在运送及码放过程中造成人为的摔伤、磨损。

⑥构件上的名称、编号的标签或木牌一定要贴或钉牢固,以防搞乱给以后的恢复安装带来麻烦。

⑦拆卸下来的构件在存放过程中,要防止淋雨、遇水或温湿度反复变化,引起木质构件的胀缩、弯曲、开裂、榫卯糟朽,给后边的复原安装造成困难,甚至难以安装。

6.2.3　古代建筑中木柱的加固

由于漏雨、潮湿、通风不畅或害虫蛀蚀而导致古代建筑的支撑结构木柱柱根糟朽、下沉或蛀空时,需根据不同情况作加固处理。

6.2.3.1　柱根糟朽的加固

由于接触地面或置于墙内,柱根常因潮湿、不通风或漏雨而糟朽,为确保古建的安全,避免柱倒古建塌的事故发生,应根据柱子糟朽程度、柱子所处位置决定加固的方法。

1.糟朽高度不超过柱高 1/4 时,先将糟朽部分剔除,再根据剩余完好部分情况选择适合的榫卯式样进行墩接。

(1)木料墩接法

木料墩接法中的榫卯式样各地域不尽相同,常用的有"巴掌榫"、"抄手榫"和"螳螂榫"等。

①巴掌榫:搭接长度至少 40 厘米,用胶粘牢后再用螺栓接连,最后用两道铁箍予以加固,注意铁箍与柱皮齐平。

②抄手榫:将柱子断面划十字线分成分瓣,各剔除相对的两瓣,上下相叉卡牢,再加两道铁箍加固。

③螳螂榫:墩接柱上部做成螳螂头式插入原有柱内 40～50 厘米。

墙内柱根糟朽高度在 50 厘米以下,可将柱根截平,直接用石块支垫。

不管采用那种榫卯,都应将缝合对严实,粘牢后再加铁箍加固。

（2）混凝土墩接法

墙内柱子根糟朽时,可按预定墩接高度筑打混凝土柱,干燥后将原柱糟朽部分齐头截去,用混凝土柱墩接。

（3）石料墩接法

柱根糟朽高度在 20 厘米以下,常用石料墩接。按预定高度将石块做成管脚榫卯口,上与原柱、下与原柱础管脚榫卯口卡牢。

2.剔补加固法

柱皮糟朽而柱心糟朽超过柱直径的一半时,采用剔补加固法,先将柱子糟朽部分剔除,用干燥与原柱木料相同或相近的旧木料按原式样、尺寸补配完整,黏结牢固。必要时,周圈可加 1～2 道铁箍加固。

6.2.3.2　柱子劈裂的加固

柱子裂缝超过 0.5 厘米,应用材质相同或相近的木条镶嵌黏结牢固,裂缝宽到 3～5 厘米以上甚至深达木心时,不仅需用通达木条镶嵌粘补外,还应加 1～2 道与柱皮齐平的铁箍加固。

6.2.3.3　柱子糟朽中空的灌浆加固

柱子糟朽中空的情况多见于南方木构建筑。初建时选材不慎或害虫蛀食,会使木材空隙率增大,强度大大降低。有的柱子虽表皮比较完整,但柱子内部已被蛀蚀中空,使柱子难以支撑古建而导致古代建筑撕毁。这种柱皮完整柱内中空,比较隐蔽,不易发现,因此应注意多检查、敲敲柱子,细听有无中空声音。发现柱子糟朽中空后,及时进行灌浆加固。

①将欲灌浆加固的中空柱子周围支撑牢固。②在柱子上选定一面,自上而下分段开 10～15 厘米宽的槽口。③将柱中糟朽部分剔除干净,然后用环氧腻子封闭柱上的裂缝漏洞。④配料自下而上以每 1 米分段,逐段灌浆。⑤补配上段槽口木并以环氧树脂粘牢,灌浆初步固化时再进行下一次灌浆。⑥灌完浆后将柱面擦拭干净。⑦对新补配槽口木条做旧处理,使之与柱子色调协调。

表 10－4　糟朽中空柱子灌浆加固材料的组成及配比

材料名称	材料作用	材料用量(g)
#307－2 不饱和聚酯树脂	黏料(黏合剂)	100
过氧化环己酮浆	固化剂	4
萘酸钴苯乙烯液	促进剂	2～3
石英粉	填料	100

表 10－5　封闭裂缝及漏洞的环氧树脂的组成及配比

材料名称	材料作用	重量比
E－44 环氧树脂	黏料	**100**
二乙烯三胺	固化剂	**10**
二甲苯	溶剂	**10**

表 10－6　黏结槽口木条材料的组成及配比

材料名称	材料作用	重量比
#307－2 不饱和聚酯树脂	黏料	100
过氧化环己酮浆	固化剂	4
萘酸钴苯乙烯液	促进剂	1

如果柱子不仅糟朽中空,而且柱皮柱身中还有较大的由土蜂等钻蚀的虫孔时,在补配中空残缺部位时可先穿过完好的木材向腐朽残缺部位做对角线钻孔,然后用环氧树脂杆插入孔洞内,再在被填补周围支模板,用环所氧树脂溶液或乳液调和木屑及少许杀虫剂做成填料填入孔洞。由于此填料干时有收缩性,因此应采用少量多次、边填补边施压的方法。

6.2.3.4　新换梁柱

糟朽高度超过柱高的 1/3 时,可考虑更换新柱。更换时必须注意两点,一是柱的形制,必须严格按原状制作;二是选用干燥的木材。

木材的含水率与木材的强度有密切的关系,可从表 10－7、8 看出。

表 10－7　松木含水率与其抗剪极限强度变化情况

松木含水率	抗剪极限强度
15%	70 公斤/厘米^2(100%)
20%	60 公斤/厘米^2(85%)
24%～30%	50 公斤/厘米^2(71%)

表 10－8　松木含水率与其抗弯极限强度变化情况

松木含水率	抗剪极限强度
15%	780 公斤/厘米^2(100%)
20%	650 公斤/厘米^2(84%)
24%	580 公斤/厘米^2(74%)
28%	550 公斤/厘米^2(67%)
30%	500 公斤/厘米^2(64%)

工程用木材一般以含水率 15% 作标准,低于此为干燥材,16%~25% 为半干材,25% 以上为湿材。湿材不仅强度低,使用过程随着水分蒸发,容易开裂变形,甚至霉变、腐朽,因此古建新换梁柱工程使用木材必须是干材。

木材干燥法分天然干燥法和人工干燥法。

天然干燥的时间,含水率从 30% 降到 15% 所需时间如表 10-9 所示。

表 10-9　我国北方 4~10 月间干燥木材所需时间

木材类别	木材规格(厘米)	干燥所需时间
榆槐木和斗拱料	40×20×100	120~150 天
松木板材	厚 1.5~2.5	15~20 天
松木厚板材	厚 5.5~7.5	40~60 天
松圆木	直径 30~40	200~300 天

天然干燥法是将湿木材放在四面敞开,通风良好的储料棚内,让水分自然挥发。

人工干燥法有很多种,最大优点是干燥速度快。

浸水法:将木材浸入水中,充分溶去树胶液后,再进行风干或烘干。此法比自然干燥时间缩短一半,但强度稍有降低。

蒸汽法:将欲干木材放在密闭的干燥室内,通蒸汽并提温到 60~70℃,保持一定时间,再进行暖气烘干或室外风干。此法对木材兼有一定的杀虫、杀菌作用。

热炕法:将木材放在有火炕的干燥室内,利用火炕热量烘干木材。

6.2.3.5　古代建筑维修中的"偷梁换柱"技术

古代建筑某件梁或柱子残毁需要改换时,可不采取大拆大卸,而是采用巧妙的方法进行抽换,将看来复杂的问题简单化,这就是古代建筑维修中所说的"偷梁换柱"技术。在山西永乐宫的迁建工程中,有一处元代"偷梁换柱"的实例,很有启发意义和参考价值。

1.移动柱础法

先将柱子周围的梁头、额枋、斗拱等用千斤顶或牮杆支牢,卸掉残毁柱子全部荷载,再将柱础周围及底部掏空,础石下降露出管脚榫时,取下残毁柱子,换上预先复制好的新柱,插好柱头与额枋、大斗等相交构件的卯榫,然后砌砖、石或灌混凝土加固地基,支牢础石,即可取除临时的支撑,完成换柱。此法优点简便、安全,又不动上部结构。

2.不移动柱础法

当揭除瓦顶进行修理时,柱子上部荷载减轻,构件有松动余地时,用千斤顶和牮杆,将柱上构件抬起露出柱根管脚榫,牮起周围构件后,撤除残柱、更换新柱,然后将周围支柱回落原位。

6.2.4　古代建筑大梁弯垂、劈裂的处理

6.2.4.1　大梁歪垂的处理

若大梁无严重糟朽或劈裂,可在拆卸后于施工现场将梁弯垂处反转,用重物加压,使梁变平直。如1974年修理山西五台山南禅寺唐代大殿时,两根长9.9米的大梁弯垂8～9厘米,施工拆卸瓦顶后,其中一根自动弹回3～4厘米,后经反转加压一个月后基本恢复平直。另一根虽经反转加压尚弯垂3厘米,但在梁长1/250～1/200的允许范围内,可继续使用。

在重要古建筑中,经反转加压处理的歪垂大梁仍不能恢复时,如无严重糟朽或折断现象时,可适当在受力点支撑细钢柱后继续使用,以保证安全和保持原貌和史证价值。

6.2.4.2　大梁裂缝的加固处理

1.大梁裂缝的处理

大梁裂纹长度小于梁长一半,深度不超过梁宽1/4时,只加2～3道铁箍加固以防继续开裂即可。裂缝宽度超过0.5厘米时,先用材质相同的旧干木材嵌补严实,再用环氧树脂胶粘牢,最后用宽约5～10厘米,厚0.3～0.4厘米的铁箍加固。

2.大梁劈裂的处理

梁劈裂长度虽超过梁长一半,深度超过梁宽1/4时,但没有严重糟朽或垂直断裂,可先用环氧树脂灌注加固,然后加铁箍加固。

(1)配制环氧树脂,配方为:

E—44环氧树脂:二乙烯三胺:二甲苯=100:10:10(重量比)。

(2)用环氧树脂浆液加适量石英粉或锯末调成腻子勾抹裂缝,防止漏浆,勾缝凹进表面约0.5厘米,留待作旧。

(3)用铁箍或玻璃钢加固。

3.大梁底部断裂的处理

大梁底部断裂致使大染底部承受拉力减弱,超过允许应力20％以上时,应更换新的大梁。若在允许范围内,可用前述配比的环氧树脂灌缝加固后,再在断裂处的两侧用钢板螺栓或U形钢板槽螺栓加固。

6.2.5　额枋加固

额枋常因木构架的歪闪而与柱头相交的榫头拔出,甚至劈裂折断。如榫头完整,可按原位归安,并在柱头处用铁活联结左右额枋头,以防拔榫。

劈裂折断或糟朽时需换新榫头,当额枋较厚,榫头宽约为枋宽的1/5～1/4时,可将残毁榫头锯掉,用榆、槐、柏硬杂木按原尺寸式样复制。后尾加长为榫头的

4～5倍嵌入额枋内,用胶或环氧树脂粘牢后,再用螺栓与额枋连接牢固即可(新榫头也可用玻璃钢制作)。

6.2.6　承椽枋加固

承椽枋是承托山面椽或重檐建筑的下层檐椽或花架椽后尾的横向构件。由于它的结构式样与受力情况的影响,承椽枋是最容易发生扭闪的构件。如果承椽枋构件严重糟杇不能承重,必须更换。多数则为扭闪带有劈裂,可先修补完整,再对扭闪做加固处理,首先在檩与梁之间加铁钉吊来防止檐头檩子滚动,然后再按不同情况对承椽枋进行加固。

6.2.7　檩子的加固

檩的损坏情况,常见的有顶面糟杇,局部糟杇、拔榫、折断、劈裂、弯垂和向外滚动等,一般采取修补并在隐蔽处增加预防性构件处理方法。

6.2.7.1　檩上皮、局部糟杇的处理

如檩上皮糟杇深度不超过檩直径1/5,只需剔除净糟杇部分后,用相同树种木料按原尺寸式样补配钉牢即可。糟杇深度只有1～2厘米时,只需将糟杇部分剔除干净后钉补。

6.2.7.2　檩折断裂纹的加固处理

底部有裂纹而高度不超过直径的1/4时,可加铁箍或用环氧树脂灌缝后再用环氧玻璃网外缠予以加固。若裂纹贯穿上下,难以承重时,则更换新料。

6.2.7.3　檩拔榫处理

当檩头榫卯梁架歪闪时很容易拔榫时,将梁架拨正,重新归位即可。为了防止再拔榫,可在接头两侧用直径1.2～1.9厘米钢筋制成30厘米长的铁锔子加固。榫头折断或糟杇时,取掉残毁榫头,用硬杂木另作新榫头,一端插入檩内粘箍牢固,另一端插入原来的卯口内。

6.2.7.4　檩弯垂的处理

弯垂不超过檩长的1/100的,木质完好可翻转安装,超过1/100的更换新料。

6.2.7.5　檩劈裂处理

檩劈裂长度超过全长2/3,深度超过直径的1/3的应更换。在上述限度内的,可加1～2道铁箍钉牢。0.1～0.3厘米的细微裂缝,可留待油饰断白时处理。

更换构件应用旧料或含水率低于15％的干新料。用料的材质、构件的样式、尺寸应与原构件一致。

6.2.7.6　檩外滚的加固

为了防止檩向外滚动,最简单的办法是在梁头上皮紧贴檩搭缝处,用楔形木块顶住檩头,并用铁条钉在梁头两侧。但由于檩外所露梁头尺寸很小(一般长为半檩径）。上述方法有楔形木块受力易滑脱的缺点，更有效的方法是利用檩上的椽子作为加固构件，俗称"拉杆椽"。拉杆椽是选择每间靠近檩头接缝处的两根椽子，将椽头的椽钉改为螺栓（直径一般为 1.2～1.9 厘米）穿透檩子，增强其结点的稳定性。拉杆椽自檐部往上直到脊檩处，在每间前后坡形成两道通长拉杆，可有效阻止檩子外滚。建筑开间较宽时，可在中间增加一道拉杆椽。

6.2.8 梁枋糟朽与更换

梁、枋在古代建筑中上部承受压力，下部承受拉力，属易弯曲构件，常会因荷重大或年久失修而弯曲、劈裂和底部折断。

糟朽的梁枋，可根据糟朽程度进行力学计算。经计算，能安全荷重的，先将糟朽部分剔除干净，边缘稍加修整，然后依照糟朽部位的形状用旧料钉补完整，用胶粘牢固，继续使用，钉补面积较大时，可外加 1～2 道铁箍。经力学计算不能承担荷载的，要更换新料。更换新料时注意最好选用与旧构件相同树种的干燥木材，严格按原来式样尺寸制作。

6.2.9 梁、枋修配时的预安装

梁、枋修补或更换中，需要随时校核与其相连接构件榫卯是否严实，尺寸是否相符。在上架安装前，修配构件较多时，一般要进行预安装。在施工现场空地上将大梁两端垫起，按结构顺序自下而上进行实地安装，对尺寸不符、榫卯不严的及时修改。新换木构梁架的预安装十分必要。可以及时发现和改正问题，确保实际安装中顺利安全。

6.2.10 角梁加固

由于角梁所处位置最易受风雨侵蚀，故常出现梁头糟朽、梁尾劈裂或糟朽折断等现象。

6.2.10.1 糟朽梁头的加固处理

角梁头糟朽不超过挑出长度的 1/5 时，可将糟朽部分垂直锯掉，用新料依原样与原有构件刻榫黏结。如糟朽超过上述限度，应自糟朽处向上锯成斜口，更换的梁头后尾抹斜如飞椽与原构件搭交粘牢后用螺栓或铁箍 2～3 道加固。

6.2.10.2 梁尾劈裂加固处理

将梁尾劈裂部分灌浆粘牢，安装时在梁的外皮加一道铁箍来加强老角梁和仔梁的连接，或用钢板包住梁尾，延长至檩外皮，用螺栓贯穿老角梁仔角梁。梁尾糟朽或折断的处理与大梁相同。

6.2.11 椽的加固

6.2.11.1 糟朽檐椽的加固

檐椽是一挑梁，常因顺钉孔渗水糟朽，残坏较多。椽头糟朽部分如在受力最大

的支点上,不能承托连檐时,一般应更换。

对糟朽轻微的可做加固处理,先将糟朽部分朽木砍净,用拆下好的旧料按糟朽部位的形状、尺寸做好用皮胶或鱼胶粘牢。如果椽顶面糟朽在顶面糟朽在1厘米以内的,只需将糟朽部分剔刮干净,不需钉补。

6.2.11.2　椽子的更换

椽子糟朽必须更换时,应注意的几个问题

①椽子更换时应尽量使用好的旧料,首选建筑物本身的旧椽料。

②如必须用新料更换时,圆椽多用一等杉木或落叶松圆木,按原长度、尺寸,特别应保证檐椽大头尺寸。一般不用枋木,因枋木遇边材部分易弯曲、起翘。如条件限制只能用方木时,要注意选择顺直木纹,而不能选择易断裂的斜木纹或扭丝纹的。

6.2.11.3　椽上细小裂缝的加固处理

椽上细小裂缝一般暂不处理,在油饰或断白时刮腻子勾抿严密即可。

6.2.11.4　椽上较大裂缝的加固处理

椽上超过0.2～0.5厘米的较大裂缝,应嵌补木条,用胶粘牢固或在外围用宽约2厘米的铁片(俗称铁腰子)包钉加固。

6.2.11.5　椽劈裂的加固处理

椽劈裂深度超过其直径的1/2、长度超过其2/3时应更换。若不超过此范围时,椽尾虽裂还能钉合时,可用E-44环氧树脂:二乙烯三胺:二甲苯=10:10:10的环氧树脂灌浆加固,必要也可考虑再加铁箍或玻璃钢加固。

6.2.11.6　飞椽的加固处理

飞椽头部因经常遭受雨淋、风吹、日晒、湿度剧变而易糟朽;尾部易劈裂;尖端极薄而易折断。裂缝长不超过头部1/2,深度不超过直径1/2时可用环氧树脂灌缝粘牢或用铁腰子加固。

6.2.12　斗拱的主要病害及保护处理

6.2.12.1　斗拱的主要病害及病因

①斗拱的扭曲变形:斗拱因构件小,承受外力作用能力差,一旦遇到古建地基下沉、梁架歪闪,各构件就会因受力不均而发生位移、扭曲变形,进而导致卯口挤裂、榫头折断、斗耳脱落。

②斗拱的劈裂:斗拱不但构件尺寸小,而且大多是没有木心的方材,会因胀缩各向差异而极易发生开裂。

③斗拱糟朽:由于斗拱一般体积较小,结构复杂,各构件又互相搭交因凿刻榫卯剩下有效面积更小,在环境湿度变化、空气中有害气体的侵蚀、风沙打磨等自然因素的作用下极易糟朽。

6.2.12.2　斗拱构件的加固维修

①斗的维修:严重糟朽且断纹又无法对齐或严重糟朽的应更换;斗耳断落应按原式样、尺寸补配、粘钉牢固;因重压高度降低超过 0.3 厘米的可在斗口内用与原木质木纹一致的硬木薄板补齐。

②拱的维修

劈裂未断或榫头断裂而未糟朽的可采取灌浆粘牢。糟朽严重的可锯掉后用干的硬杂木按原榫头式样尺寸制作接榫,两端与拱头粘牢,并用螺栓加固。

③昂的维修:昂嘴断裂或脱落,可按原样用干硬杂木补配,与旧构件平接或榫接。

6.2.12.3　古代建筑中斗拱的更换

古代建筑中的斗拱构件虽都按标准式样和尺寸制作,但由于所选木材不同,制作工序多,所处环境有差异,导致斗拱出现误差和各种病害。更换斗拱构件应从实际出发,深入调查研究找出规律,确定更换构件要求的干材种、标准、尺寸、比照原来的位置进行复制和安装。

由于斗拱时代特征特别明显,复制时从轮廓到细部纹样都要进行精心描绘和雕刻,以保持其原有的样式和特征。

6.2.12.4　古代建筑斗拱的整体修配方法

为了避免斗拱搭交不严实,通常采用两种整体修配的方法:一是在施工现场空地上支搭临时的砖、石垫块,按各构件残损情况,逐件修补、黏结或更换,边安装边修整。然后将修理好的构件及时安装到原来的位置。这实际上是为了在正式安时顺利、缩短安装时间,而进行预安装。另一种方法是柱子安装完毕后直接在施工架上按各攒斗拱原位置逐层安装检查。

§7. 古代建筑基础、地面及墙壁的保护维修

7.1　古代建筑基础的保护维修

7.1.1　古代建筑基础的主要病害及病因

中国古代建筑的基础多用白灰黄土混合灰土经精心筑打而成,一般都比较坚实、稳固。但也有一些由于起初选址未预想到环境地质、地理条件的变化或因基础土质太差,夯打不严实、基础地下水位变化而导致基础下沉。基础下沉是古建基础的主要病因,会直接影响古建的安全及寿命。

7.1.2　古代建筑基础下沉的主要危害

古代建筑基础下沉严重威胁古代建筑的安全,主要有以下危害:

①基础下沉可导致古代建筑梁、架、柱歪闪、榫卯脱榫。

②基础下沉导致地面开裂、下沉、悬空。

③基础下沉引起墙基下沉、墙体裂缝、歪斜垮塌。

④基础下沉引起墙基下沉会导致有壁画、彩绘泥塑开裂、歪闪、脱落、倒塌。

7.1.3　古代建筑基础的维修

古建基础出现下沉必须尽快采取安全有效的加固维修,以防导致墙倒、房塌、梁架损坏折断卯榫断裂、砖瓦破碎而难以恢复。

7.1.3.1　打桩加固

因基础下沉导致柱础下沉时,应先拆除柱础及残碎的磉墩灰土,然后将基础松软处打木桩加固,最后按原形制补砌完整。为了防止地下水位上升导致木桩槽朽,再次发生柱础下沉,可换用混凝土桩加固。

7.1.3.2　灌浆加固

为了应对地基下沉,可采用地下"打围墙"、灌水泥浆的措施。将松软下沉部分圈在"围墙"内,然后在"围墙"内灌入加固材料。

1.水泥灌浆加固法

用灌浆机在 $1\sim2$ 大气压下将水泥浆或细沙水泥浆灌入松软下沉的"围墙"圈内,形成牢固的加固区。

2.水玻璃(硅酸钠)和氯化钙分次灌浆加固法

因为水玻璃($Na_2O \cdot xSiO_2$)和氯化钙二者很容易发生复分解反应,生成难溶而且强度很好、又耐水、耐腐蚀的硅酸钙(花岗岩),形成一个坚固的硅酸钙加固区。施工时将 $2:1$ 体积比的水玻璃与氯化钙溶液分两次灌入松软的基地内,第二次注入药量比第一次减少 $1/3$。其加固过程的化学反应如下列反应式所示:

$$Na_2O \cdot xSiO_2 + CaCl_2 \longrightarrow CaO \cdot xSiO_2 + 2NaCl$$

由于地基下沉而导致古代建筑发生倾斜的江苏省苏州市的虎丘塔、陕西西安市的大雁塔都曾用灌浆加固法处理过。

7.2　古代建筑地面砖的保护维修

7.2.1　古代建筑地面损毁及损毁原因

7.2.1.1　古代建筑地面的损毁主要是地面裂缝、残缺、凹凸不平,酥碱、风化等。

7.2.1.2　损毁的主要原因

①由于地下水的浸袭而造成地基下沉,导致地面裂缝和凹凸不平。

②由于年久失修、长期磨损而导致地面残损。

③人为的碰、砸、敲打而使地面破损。

7.2.2 古代建筑地面砖保护维修

古代建筑的地面多用砖铺,个别采用石块铺。地面砖个别碎裂、残缺时,可个别揭除补墁。如大面积残毁残缺的可全部揭除,铺好下面垫层,重新铺砖。个别碎裂、残缺需要补墁时,尽量做到砖的颜色和尺寸、形状与原地砖一致。

7.2.2.1 重新墁砖的准备工作

①首先作好原样记录,查清数量。

②揭除地面:用撬棍逐行逐个轻轻撬起揭除,并按规格或残毁程度分类码放。

③清除旧砖上的灰迹和垫层,再用素土夯平或用1:2的白灰焦渣铺好垫层。

7.2.2.2 重新墁砖

用1:(2~3)体积比的白灰黄土铺1~2厘米厚垫层,按原样分行挂线铺墁,边铺边用铺垫层的灰土扫入缝内灌严。近代维修中用1:3的白灰沙浆垫底灌缝严实稳定,效果很好。

用砍磨加工的砖块,按原样重新铺墁时,先铺1~2厘米垫层,再在砖棱接缝处勾灰,逐行逐个铺墁。铺墁中,随时用木墩或橡皮锤击震,以挤严砖缝,并使砖面平整。

7.2.2.3 古代建筑砖面加固

古代建筑地面砖因自身材料和结构原因,加上旅客参观踩踏,容易再次破损,因而重新铺墁后,应对砖面进行保护处理。在对砖面保护处理时,先将砖面清除干净后,泼洒墨汁;待墨汁干后,再刷生桐油1~2遍,再涂1~2遍灰油后再刷1~2遍光油。经过处理,可使地面光亮耐磨。

7.2.3 古代建筑室外地面维修

7.2.3.1 古代建筑室外地面因长期经受风吹、日晒、雨淋、踩踏、摩擦等,地面砖容易酥残、碎裂。其维修方法与室内地面维修相同。园林庭院多用石子或水纹石铺路面,需维修时,先测出大样图,然后用形状、色泽与原材料一致的石子或石片按原样补配重墁,最后用白灰沙浆或水泥白灰混合沙浆灌缝。

7.2.3.2 古建室外地面砖缝或石缝内生草长树,草根特别是树根会劈裂砖缝,使雨水下渗,应及时连根拔除干净,再用水泥沙浆加石灰勾抿严实。

7.3 古代建筑墙壁的保护维修

中国古代墙壁有砖墙、土坯墙、石板墙和编壁。

7.3.1 古代建筑墙壁常见病害

古代建筑墙壁常见的病害主要有:墙壁歪闪、坍塌、墙身裂缝、下肩酥碱等。

7.3.2 导致古代建筑墙壁病害的原因

①由于地下水位变化或院内外排水不畅，水渗入地基，使地基受水浸泡变松软而下沉，地基下沉导致墙体歪闪，墙身裂缝，甚至倒塌。

②由于地下水上升，蒸发而使水中溶盐在墙壁上析出。溶盐随着空气温湿度变化反复结晶、溶解、使体积膨胀、收缩，导致墙壁酥碱。

7.3.3 古代建筑墙壁的保护与维修

7.3.3.1 墙壁歪闪坍塌的处理

按墙壁歪闪情况和施工条件，临时性抢救处理，可在歪闪对面用木柱支撑；半永久性的可在墙根部用砖或石垒砌挡墙；情况严重时应及时拆除重砌。

7.3.3.2 砖墙缝的保护处理

0.5厘米以下的微细裂缝可每隔一米用铁扒锔沿墙加固；大片砖墙裂缝可加铁拉杆来防止臌闪和裂缝加剧；0.5厘米以上的较宽裂缝，可间隔一定距离，剔除一层砖块，内加扁铁拉固，然后补砖，并用1∶1或1∶2水泥砂浆调砖灰勾缝。对墙体裂缝情况复杂的重要古代建筑，可在裂缝内灌注水泥浆或环氧树脂。

7.3.3.3 墙面酥碱的处理

采用剔补的办法来处理，局部酥碱处，先将酥碱剔除干净，用聚醋酸乙烯酯〔$\leftarrow CH_2—CH \rightarrow_{\overline{n}}$ ，OCOCH$_3$〕乳液掺砖灰面补抹平整。由于聚醋酸乙烯酯黏结力强，黏合强度高，又能和填料、增塑剂、溶剂、固化剂等很好溶和，能自由调节黏度，有早期黏合强度，稳定性好，耐气候，耐热老化等优点，用来补抹剔除酥碱的砖墙效果很好。一般酥碱墙面处理时，先用小铲或凿子将酥碱部分剔除干净后，用原尺寸砖块按原位镶嵌，用水泥浆粘牢即可。

7.3.3.4 墙面上光加固

墙面上光加固时：先在墙面上刷一道生桐油；然后连刷两道灰油；再刷一道熟桐油；最后刷一道靛花光油。

7.4 夯土墙、土坯墙的保护维修

7.4.1 夯土墙保护维修

夯土墙外部常有抹灰层保护，当灰皮剥落时，可局部或全部重抹。下肩酥碱处可用砖补砌后抹灰。坍塌歪闪严重的夯土墙，在分析夯土层厚度，夯窝尺寸，夯土掺和材料及其比例及夯筑方法的基础上，按原式样做法重新夯打或垒砌。

7.4.2 土坯墙的保护处理

土坯墙的灰皮保护层脱落或下肩酥碱时,应用重量比为100：8的黄土滑秸泥按原尺寸、原式样垒砌,外表再抹灰泥浆。

7.4.3 编壁的保护维修

编壁内为木骨,用荆条或竹片编成壁面后,外抹灰泥。当木骨或编壁残毁时,应拆除后,用经防腐、防虫处理过的新木骨、竹片按原样重新编制后再抹灰刷浆。

木骨竹片用含0.02%的"霉敌"聚醋酸乙烯酯加少量土调成泥浆液涂刷2～3遍。这样处理的编壁不仅不改变原貌、坚固结实有弹性,而且耐气候、耐老化、防霉、防腐、防虫。用此法处理的结构与编壁十分相似的甘肃麦积山古代粮囤,效果很好,几乎看不出处理前后有什么区别。

7.5 古代建筑墙的保护

古代建筑墙面多抹灰保护,但长期受墙体地基下沉导致墙体歪闪;地下水带着溶盐上移到墙中反复随环境温湿度变化而发生溶盐的溶解—结晶而产生的体积胀缩而导致墙上灰皮裂缝、臌闪和脱落。应注意观察,及时进行补修或全部铲除后重新抹刷,以保墙面及墙体安全。

若需要补抹或重新抹刷灰层时,先将残毁灰皮铲除干净,墙面用水喷湿,然后按原作法分层按原厚度抹平,赶压严实。

古代建筑墙面抹灰后,常用红、红黄、白或者青灰等与水掺适量胶料的色浆排刷2～3遍。近代改用喷涂更均匀,渗透更好。若墙面不平或有孔洞时,应补抹平整后再刷浆或喷浆。

表 10－10 古代建筑墙面抹灰的配方

抹灰类型及名称	抹灰材料名称	比例类型	材料配比
底层抹灰(掺灰泥)	白灰：黄土(麻刀)	体积比	3：7 或 4：6 或 5：5
面层抹灰(红土麻刀灰)	白灰：红土：麻刀：江米：白矾	重量比	100：62：7：1.4：0.5
面层抹灰(红黄麻刀灰)	白灰：包金土：麻刀：江米：白矾	重量比	100：62：7：1.4：0.5
面层抹灰(白灰麻刀灰)	白灰：麻刀	重量比	100：3
面层抹灰(纸筋灰)	白灰：纸筋	重量比	100：10

表 10－11　墙面刷浆常用色浆配方

色浆名称	色浆材料	比例类型	材料配比
红土色浆	白灰：江米：白矾	重量比	100：(12～4)：4.4
红黄色浆	包金土：江米：白矾	重量比	100：(12～14)：4.4
青灰色浆	青灰掺胶料适量		胶料可用菜胶、皮胶
白色浆	大白粉掺适量胶料		水碱胶、乳胶

乳胶现多用聚醋酸乙烯酯乳胶,使用时先将乳胶加水 3～4 倍稀释,然后掺色料调匀,喷涂于墙面上。

7.6　古代建筑中石结构的保护维修

古代建筑中石材的构件,主要用作柱础、台级、栏板、石柱、石地板等。这些石构件常用油灰勾缝,灰条会因老化油性减退而脱落,导致雨水或生草长树。石构件还会因地基下沉导致膨闪、坍塌、断裂。

7.6.1　石结构灰缝脱落的维修

石结构勾缝灰老化脱落后,应将缝内积土、杂草清除干净,用油灰重新勾抿严实。

表 10－12　石结构勾缝材料的配方

油灰名称	油灰用材料名称	比例类型	材料配比
白色勾缝油灰	白灰：生桐油：麻刀	重量比	100：20：8
虎皮墙勾缝油灰	白灰：青灰：麻刀	重量比	100：8：8
水泥沙浆	水泥：沙浆	重量比	1：(1～3)

§8.古代建筑装修保护与维修

我国古代建筑装修十分讲究,主要包括门窗、天花、藻井等。它们是木工和雕刻工合作部件,也是古代建筑保护中很重要的工作对象。

8.1　装修维修应注意的问题

①维修中属图案性的,有原状可寻的应照原样进行补配。

②维修中若属非图案性艺术雕刻,原状不易查寻,只作加固处理以免继续残破。

③维修中补配或更换雕刻构件时要严格挑选无疤节、纹理平行、适于雕刻、与原构件木质相同或相近的干燥木材。

8.2　古代建筑门窗的保护维修

古代建筑门窗虽种类繁多,但大体可分为两类,即板门与格扇门。

8.2.1　板门的保护与维修

8.2.1.1　板门的主要病害及成因

①板门由于原建时木料不干,或年久经风吹、日晒、雨淋,板材反复发生胀缩而出现裂缝。

②门扇是靠"时板"上下突出一段作为上下门镶,支承笨重的板门和以此为轴的转动,因而出现门镶磨短压劈、断裂,致使门扇下垂。

8.2.1.2　门扇裂缝的维修

①细微裂缝的维修:可以油饰断白时用腻子勾抿。

②一般裂缝的维修:用与门板厚度相同的通长条补黏结严实。

③裂缝较大的维修:拆卸门扇,重新归安,按门扇裂缝总合宽度嵌补一块木质、颜色与门扇基本一致的木块。

8.2.1.3　门扇下垂的维修

在下门镶套上一个铸铁筒以恢复原来的高度,铁筒上部伸出高度超过肘板断裂处的1~2块铁板,用螺栓或铁钉固定牢。同时在门枕镶窝处安置一铁碗承托新安的铁筒,以防止加固后对门枕的磨损。

8.2.1.4　门扇倾斜的维修

整体门扇倾斜、两扇板门对缝不严或根本合对不上时,应在上门镶的外皮和连楹孔内,各套一个铁板筒,补足、校正因磨损而出现的偏斜。

8.2.2　格扇门、窗的维修

8.2.2.1　格扇门、窗扭闪变形的维修

应整扇拆落,归安方正,接缝处灌胶粘牢,最后在门窗扇背面接缝处用薄铁板加固。

8.2.2.2　边挺、抹头劈裂糟朽的维修

局部裂糟朽时可钉补齐正,个别糟朽严重的应更换,一般情况下,将四框拆卸并按原样复制新件后,重新归安四边框,背面加钉铁活。

8.2.2.3 格扇心残缺的维修

格扇心常因碰伤或巨震而局部残缺,修补原则是缺多少补多少,按原棂条复制与旧棂条搭交拼合卯口要严,搭接要平整。

8.2.3 天花、藻井的修补

8.2.3.1 古建天花的构造及主要病害

①天花是在房的上空间用纵横十字相交成正方或长方形格子,下有支条,上挂帽梁,由于跨度大,天花支条易下垂,个别支条会断裂。

②天花的维修

天花枝条下垂时可在支条搭接处加宽约5~7厘米,厚约0.3厘米的拉扯钉板并用螺钉钉牢,也可增加帽梁的铁拉杆。若整体天花板弯垂需临时加固时,可用薄铁条,每间纵横各2~3道,沿支条底皮钉牢,两端固定在梁上。而需彻底修理时,可垫木板用千斤顶将天花底皮顶起,恢复水平位置,再将糟朽或榫头劈裂的支条按原尺寸更换后,安装加固铁活。

8.2.3.2 藻井的维修

古代建筑中的藻井年久常出现整体下沉、松散、构件脱落残缺,应进行修理。
①整体松散下沉藻井应搭脚手架详细检查。
②松散轻微的应在藻井背面加拉扯铁板、铁钩等与周围梁枋联结牢固。
③严重松散应拆卸后重新归安,在背面加铁活。

§9. 古代建筑自然灾害的预防

古代建筑的避雷、防震、防火、防虫害是保护木构件古建筑十分重要的工作。

9.1 古木构建筑的防雷意义和设施

9.1.1 雷电对古木构建筑的破坏

雷鸣和大量雷电流通过木构建筑产生巨大的热量,使木质纤维内部发生高热,引起干燥木构件燃烧,或使其中水分剧烈气化将木构件劈开;也可将砖石砌的墙体击倒,使整座建筑完全坍塌。

9.1.2 古木建筑的防雷设施

防止雷电对古木构建筑的破坏最有效的措施是安装避雷针或避雷线。

9.1.2.1 避雷针和避雷线

避雷针,由接闪器、导线和地极(接地装置)三部组成。接闪器就是俗称的避雷针,是突出在建筑物最高点的金属针状物。此针状物在雷雨天气,可以形成一个略呈圆锥形的保护区。

避雷线,也是一种接闪器,置于被保护建筑物上部。古木建筑物的屋顶上,通常采用双支接闪器,一般置于大吻一侧。

若采用避雷线时,用避雷线将大吻按轮廓围绕一圈,在离构件 10~15 厘米处,用铁卡子卡牢,与导线焊接牢固。

有铜宝顶的建筑物,经计算,保护面积够用时,可用宝顶作接闪器,仅将导线接在宝顶最上块铜活上。若宝顶为数块拼成,导线必须分别焊在各分块上,以避免感应电荷产生火花。

如利用木杆或大树作接闪器支持物时,到尖应超出杆顶或树顶 30 厘米以上。

9.1.2.2　导线又称引下线

一般采用截面积不小于 4 毫米×40 毫米,能使电流顺利通过扁钢,采用明线垂直引下(若建复杂不能垂直引下时,应尽量减少弯曲度,并避免直角、锐角),通常采用自上而下,先与接闪器焊接(只能用气焊或电焊);在经过打洞套磁管穿过檐头斗拱;在距地面 3 米以下人畜易接触部位,应用磁管、竹管或长木合覆盖以防触雷;至地面时应挖线槽,深 100 厘米以上,导线上下铺瓦覆盖。

9.1.2.3　地极(又称接地装置)

地极应在土壤电阻率较低、行人较少、离建筑物台基不小于 300 厘米,深 150~200 厘米的地方埋设。安装时,管子打入地内上露约 50 厘米以便与导线相接,导线引至地极自作一弯与第一根管子接上,用管卡卡紧后焊牢。经检查无误,将地极井口封密。

9.1.2.4　避雷设备的检查与维修

古建筑物上安装避雷设备后应定期进行检查与维护,特别是在每年雨季前必须详细检查一次,以保证避雷针的安全可靠。

①接闪器有无因受雷击而熔化或折断,如有应更换新料。

②导线有无因锈蚀或机械损伤而折断,如有且腐蚀达截面 30% 以上时须更换,折断处应焊牢。

③固定接闪器的铁卡子有无松脱,如有应重新卡牢。

④导线距地面 2~3 米绝缘设施有无损毁,如有应及时修补或更换。

9.2　古木构建筑的防震

我国是一个多地震的国家,为了保证古代建筑类文物的安全,必须加强古代木构建筑的抗震性能。

9.2.1　地震对古代木构建筑的危害

地震时同时产生的纵波和横波而引起地面的上下颠簸和前后左右来回摇晃。

古代建筑受到这种由地震产生的惯性力即地震力的影响,特别是横波引起的水平方向的反复作用力对古建的破坏更严重。房顶越重、越高,越显得头重脚轻,地震时更容易一晃就倒,因而减轻屋顶重量,加强房屋的刚性和整体性,是增强房屋抗震保安全的重要措施。

9.2.2　古代木构建筑增强抗震能力措施

9.2.2.1　用减轻屋顶重量来减弱震力

减轻屋顶重量,可使作用于该建筑物地震力大大减弱。在维修只能采用减薄灰泥垫层(如苫背层)厚度来减轻屋顶重量,增加古建的抗震能力,而又不改变瓦件的形制规格。

9.2.2.2　增强木构体的刚度和整体性提高抗震能力

1.根据三角形稳定性的原理,在古建维修过程中,可采取在建筑隐蔽部位的纵横构件之间新增斜撑的有效措施。两座近千年的木构古建筑——独乐寺观音阁和山西省应县木塔,其内部、柱额之间都加有斜撑,因而能经过剧烈地震冲击还巍然挺立。

2.采用铁板条或扒锔四周交圈加固法提高抗震能力

古建结构中的檩枋、额枋、平板枋、檐檩等木构件之间多靠榫卯相连,整体性不强,难以经受强烈地震的冲击,可通过四周交圈用铁板条或铁扒局加固等措施,来防止剧烈地震时发生拔榫,增强木结构的整体性。

3.利用楼阁建筑中中上层木地板,也可加强整体结合,减少整体结构的变形。有条件时,可在暗层增加地板下部的水平斜撑,或采用纵横铺设两层地板的方法来增强抗震能力。

4.增加墙体刚度提高抗震能力

木构建筑中的檐墙虽不承重,但能增强整体结构的刚度。可采用提高加固墙体沙浆标号或在墙体中适当添设钢架的措施,提高墙体抗震能力。

9.2.2.3　加强检查,发现隐患,及时维修确保抗震性能

为了保障古木建筑的安全,必须加强日常检查,发现问题后,及时正确解决。消除古建筑结构本身的弱点,是增强其抗震能力的重要措施。

9.3　木构古建筑的防火

木材耐火性能差,所以防火是古代木构建筑保护中一项十分重要的工作。在消防工作中应贯彻"以防为主,以消为辅",防消结合的方针。经常作好防火安全检查工作,及时发现并及时排除安全隐患,建立健全防火安全制度。在古建筑内外采用安全有效的防火措施,安置消防设施。

9.3.1　木材起火燃烧的内因及外因

9.3.1.1　木材起火易燃的内因

木材主要由纤维素、半纤维素和木质素等碳氢化合物组成，当温度达到着火点时，空气中的氧与之反应，引起木材着火。干燥腐朽的木材更容易着火。

9.3.1.2　木材起火燃烧的外因

1.着火点

可燃性物质的温度达到着火的温度即着火点时，才能起火。木材的着火温度一般在 300℃ 左右，所以降低木材的温度，使其温度在着火点以下，是避免着火的最有效措施。

2.氧气助燃

木材起火燃烧主要是因为对流传播的热，引起可燃性气体产生，当温度达到着火点时，空气中的氧才能与之反应，引起木材起火，但如果没有氧或采用措施阻止可燃气体与氧气结合，燃烧就不能进行。

木材可燃性、达到着火点、有氧气参与是木材易燃的三要素，三者缺一就不能燃烧。木材可燃是燃烧的依据，温度（着火点）、氧气是燃烧的条件。燃烧的条件是采取消防措施的依据只要避免明火、保证低温、隔绝氧气，就可有效防止和抑制火灾的发生、发展和危害。

9.3.2　古代木构建筑的防火措施

9.3.2.1　在古代木构建筑物内及其周围要避免明火，一切火源均应远离古代木构建筑物。

9.3.2.2　在古代木构建筑物内及其周围不得存放易燃易爆物。

9.3.2.3　在古代木构建筑内及周围应禁止猛烈撞击、敲击或摩擦作用，以防产生火花引起火灾。

9.3.2.4　给古建筑木构件涂表面防火保护剂

为了确保古木建筑的安全，防止火灾这一毁灭性灾害的发生，在必须做好防火安全检查、排除一切隐患，在古建筑物内及周围备好消防设施的同时，也可通过给古木建筑木构件表面涂防火涂料，以提高其耐火性能。

1.防火涂料的作用

防火涂料只能起耐火作用，它的主要作用是为灭火工作赢得时间。根据木材着火的条件，采取在木材上涂上一层防火材料，可以产生以下作用。

①涂上一层防火保护剂（涂料）可抑制可燃气体，并使之温度在着火点以下。

②阻止可燃气体与氧结合。

以上阻燃作用是在涂料中加入一些在高温时可产生不燃或阻燃气体的原料，

或是在涂料中加入一些能在木质表面形成一层遇高温也不剥落的被膜材料,使木质与外界隔绝,起到防火封护的作用。

2. 常用的防火树脂

防火涂料通常采用不燃或难燃的树脂如过氯乙烯树脂、氯化橡胶、聚氯乙烯—乙烯乙酸树脂、酚醛树脂及氨基树脂等。

还有一种叫自灭性树脂,它们在受热时能分解放出可抑制火灾的气体,而使火焰熄灭,如用四溴苯甲酸酐制成的醇酸树脂和用四溴双酚 A 制成的环氧树脂。

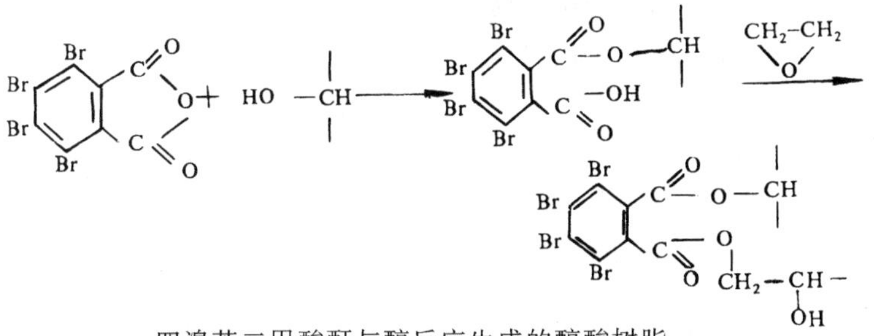

四溴苯二甲酸酐与醇反应生成的醇酸树脂

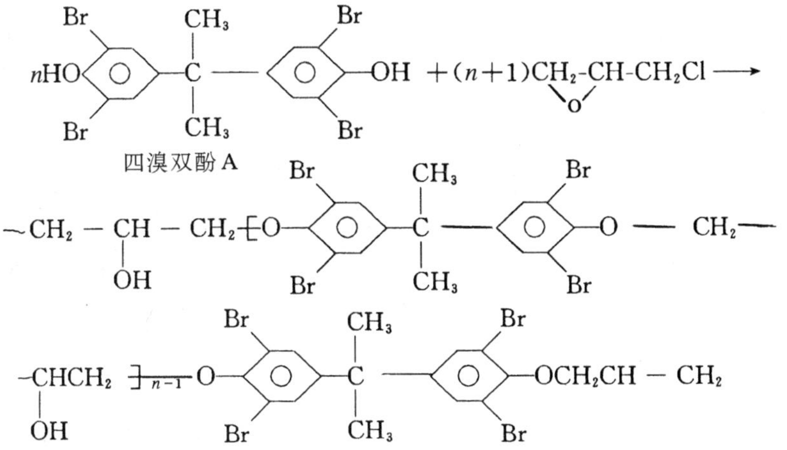

四溴双酚 A

四溴双酚A制成的环氧树脂

以上两种树脂在燃烧温度时,可分解出溴化氢气体,可达到抑制火焰或熄灭火焰的作用。

3. 防火涂料中的防火辅助材料

在防火涂料中适当加上一些辅助防火材料,其防火效果会更好。

(1)受热时可产生二氧化碳、氨气、氯气等不燃或阻燃气体的辅料。

在防火树脂中加入能分解出二氧化碳、氨气、氯气的辅料,如氯化石蜡、五氯联苯、磷酸铵、磷酸二甲酚等,可改善和提高防火涂料和防火性能。

(2)遇热时即可熔化在木质表面形成一层高温也不剥落的被膜的辅料

如硼酸钠、硅酸钠、玻璃粉这些低熔点的无机物,在遇热时即可熔化形成一个薄的在高温下也不会剥落的被膜,使木质表面与外界隔绝,与火焰、氧气隔绝,起到防火封护作用,防火效果更好。

(3)遇热能生成泡沫层的防火辅助材料

硼酸锌、磷酸二氢铵等遇热时能生成厚的泡沫层,从而隔绝火源。

9.3.3　古代木构建筑的消防设施

9.3.3.1　最简单而必要的消防设施

在古木建筑内及周围应准备一定数量的沙袋、水桶、水缸、铁锹等最简单的消防设施。

9.3.3.2　购置一定数量的灭火器,置于古建筑中比较方便的地方和附近。

(1)泡沫灭火器的装置及灭火原理

①泡沫灭火器的装置:铁皮油漆外壳,内装碳酸氢钠与发泡剂混合溶液。另一玻璃瓶内胆,装硫酸铝水溶液,使用时将筒身颠倒过来两种溶液反应。

②灭火原理:上述两种溶液发生化学作用,产生二氧化碳及氢氧化铝的浓泡沫,其化学反应如下式所示:

$$6NaHCO_3 + Al_2(SO_4)_3 \longrightarrow 2Al(HCO_3)_3 + 3Na_2SO_4$$

$$\downarrow H_2O$$

$$2Al(OH)_3 + 6CO_2 \uparrow$$

反应使体积膨胀 7~10 倍,产生压力使二氧化碳气体带着反应产生的氢氧化铝泡沫可喷射 10 米左右,使很轻的泡沫覆盖在燃烧的木构件的表面上,一面吸热降温,一面形成隔绝层,起到隔氧灭火作用。

(2)二氧化碳灭火器:二氧化碳是一种密度为 1.529 克/立方米的惰性气体,以液态压入钢瓶中,在 20℃钢瓶内的压力达 60 个大气压。当液体二氧化碳从灭火器喷出时,压力突然变小,迅速变成固体雪花状的二氧化碳,温度急剧下降为零下 78℃,加之二氧化碳重,包围在木构件周围,隔绝空气,使燃烧因温度低和缺氧而停止,起到灭火作用。此灭火器怕高温,所以存放时不要置于日光直晒或近火源处。

(3)干粉灭火器:它是一种微细粉末与二氧化碳的联合装置,以二氧化碳高压喷出作动力,将粉末喷出覆盖在燃烧体上,使之隔绝空气而灭火。

9.3.3.3　消防水管道及消防栓

在古木构建筑保护范围内接连室外的消防水管道,并安装专用的消防栓,供灭火用水。古建筑保护范围内,一般用室外地下、口径为 63～100 毫米消火栓。消火栓井距古建外墙应不小于 5 米,栓间距离不超过 120 米。

9.3.3.4　蓄水设备

古代木构建筑保护范围内如果没有消防给水管道时,应在主要被保护古建附近高地上,设有容积不小于 30 立方米,有保温设备的蓄水池。

9.4　古木构建筑的防腐防霉

为防止古代建筑木构件在处理后继续糟朽,可在加固剂中加入防霉防腐剂;也可在加固后,在表面封护剂中加入防霉防腐剂,使木构件表面形成一个防霉防腐层。

9.4.1　防霉防腐剂——"霉敌"

"霉敌"是由西北大学王蕙贞、宋迪生教授研制的一种高效、低毒、杀菌谱广、能溶于热水和酒精、乙醚等有机溶液中的防霉防腐剂。"霉敌"无色、稳定,随加固剂、表面保护剂一起涂刷或喷雾,可渗入木质中,起到很好的防霉防腐作用。

9.4.2　BM 木质构件防霉防腐剂

经陕西省微生物研究所测定表明,BM 对大肠杆菌、枯草芽孢杆菌、青霉菌、酵母菌、木霉、黑曲霉、毛霉、天蓝色放线菌及空气中杂菌都有抑菌作用。

在温度 20～25℃,相对湿度 85%～95% 的条件下,用 BM 作木构件的防霉实验表明,空白实验样在 39 天时,霉长的很长,而用 BM 溶液处理过的木构件经过 5 年仍完全正常。

BM 易溶于热水及有机溶剂,可将溶有 BM 的溶剂、涂刷、喷雾到古建的木构件上,待溶剂蒸发,BM 渗入后,即可达防霉防腐的目的。

9.4.3　苯并咪唑—2—氨基甲酸甲酯防腐防霉杀菌剂

苯并咪唑—2—氨基甲酸甲酯又叫多菌灵,其化学结构式如下:

$$\text{苯并咪唑环—NHC(=O)—OCH}_3$$

多菌灵为白色结晶粉末,熔点 306℃,不溶于一般有机溶剂和水,溶于无机酸及醋酸等有机酸中。多菌灵对大白鼠口服 $LD50 = 5\ 000$ mg/kg,对小白鼠口服 $LD50 = 7\ 000$ mg/kg,均属低毒。

多菌灵能杀死或抑制大部分霉菌,是一个良好的霉菌杀灭剂,下面是多菌灵对各类霉菌抑杀作用的比较。

表 10－13　　多菌灵与各类杀菌剂杀菌功效比较

杀菌剂量 1×10⁻⁸ (g) 杀菌剂名称 菌名	多菌灵	噁酮	灭菌丹	水杨酰苯胺	醋酸苯汞	苯酚	α－蔡酚
黑曲霉	1.0	80	110	60	0.8	700	70
黄曲霉	1.5	100	110	70	0.8	1100	100
杂色曲霉	0.4	80	100	60	1.0	700	70
橘青霉	0.2	800	100	60	1.0	700	80
拟青霉	1.5	50	100	60	1.0	1100	80
蜡叶芽枝霉	0.4	40	50	60	1.5	500	60
木霉	0.6	50	200	50	1.0	600	90
LD50(小鼠经口 mg/kg)	7 500	500～600	1 000	1 100	45	200～300	300～400

从表 10－13 可以看出多菌灵杀菌能力很强,与醋酸苯汞相当,但毒性却小得多(约为 1/166),且对处理的木构件无污染和损伤。

多菌灵合成工艺路线:

$$Ca(CN)_2 \xrightarrow{H_2O} H_2NC \equiv N \xrightarrow{ClCOOCH_3} NCNHCOOCH_3$$

氰化钙

此法合成多菌灵,工艺简单,原料易得,易于工业化生产。

9.5　木构古建筑虫害与鸟害的防治

对木构古建筑危害最大的害虫为白蚁和钻孔虫(土蜂),尤其是白蚁,而鸟害主要是麻雀等,虫鸟对木构古建筑的危害在本章§1 中已讨论过了,这里只讨论虫害鸟害的防治。

9.5.1　木构古建害虫的防治

9.5.1.1　白蚁的防治中以化学药剂的毒杀法应用最广,常用的化学药剂有：

1.砒霜白蚁毒杀剂

(1)砒霜的组成及性质

①砒霜的化学组成为 As_2O_3（又称亚砷酐）

②砒霜的性质

a.砒霜为白色晶体,难溶于水,15℃时其饱和溶液仅含 $1.5\%As_2O_3$, As_2O_3 溶于水与水化合生成亚砷酸[$As(OH)_3$ 或 H_3AsO_3]。

b.As_2O_3 的水溶液是两性的,因酸性较强于碱性,所以叫亚砷酸,H_3AsO_3 也存在于溶液中。

c.As_2O_3 和一切砷的化合物一样是有毒的。而且砒霜（As_2O_3）有剧毒,使用时必须十分小心。

(2)砒霜的制备

砒霜是砷在空气中锻炼或锻炼亚砷矿时生成的。后者是砒霜最重要的来源,即主要从冶炼厂锻烧含砷矿（如硫砷铁矿 FeAsS）的烟道灰中用升华的方法将其从灰内回收,其制取过程发下化学反应式所示：

$$4As+3O_2 \xrightarrow{\text{锻烧}} 2As_2O_3$$

$$2FeAsS+5O_2 \xrightarrow{\text{锻烧}} Fe_2O_3+As_2O_3+2SO_2 \uparrow$$
$$\text{（空气）}$$

这一制法是变废为宝的方法,既可防止污染环境,又回收而获得杀灭害虫白蚁的特效药。

(3)砒霜的毒杀作用及在古建筑类文物中杀白蚁的应用

砒霜是砒霜类白蚁毒杀剂的主药,是剧毒化合物,它常和水杨酸（ ）、升汞（$HgCl_2$）、硫酸铜（$CuSO_4$）一起用,由于砒霜有剧毒,为了不致误入口中,还常加点着色剂砒红,使药品带点颜色,以引起注意,下面介绍一些砒霜毒杀的配方。

表 10-14　砒霜白蚁毒杀剂的配方

配方来源＼药物	砒霜	水杨酸	升汞	砒红	硫酸铜
广州铁路局	70	15	10	5	—
华南昆虫所（Ⅰ）	70	5	20	5	—

药物　　　　　配方来源	砒霜	水杨酸	升汞	砒红	硫酸铜
华南昆虫所（Ⅱ）	80	15	—	5	
广州白蚁防治所	93		3	4	—
武汉白蚁防治所	50	30	5	—	15
上海白蚁防治所	70	10	4	16	—

有些配方中还混入一定比例的滑石粉（如 80 份砒霜（主药）和 20 份滑石粉混合使用），滑石粉主要起分散作用，提高砒霜的利用率。有些配方中还加适量的松花粉，利用其香味来引诱白蚁。

砒霜毒杀白蚁的特点是沾染了砒霜的白蚁并不立即死亡，而使将砒霜带进洞穴中，甚至可以将全穴的白蚁全部杀死。

2.氯丹白蚁毒杀剂

氯丹为有机氯杀虫剂，早在 1966 年我国就有上海电化厂、鞍山化工厂和石家庄农药实验厂先后进行生产。

(1)氯丹的化学结构式及性质

氯丹的化学结构式：

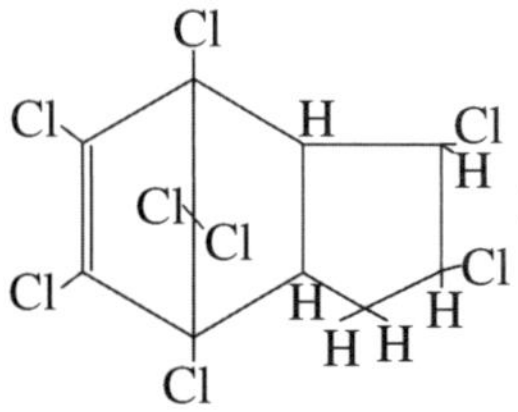

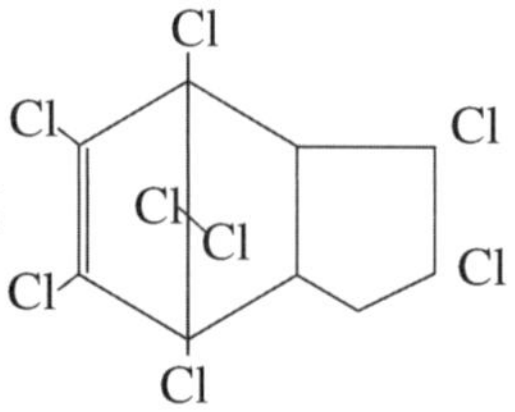

氯丹为黏稠性液体，不溶于水，易溶于大多数有机溶剂，对碱不稳定，分解放出氯化氢。

(2)氯丹的毒性

氯丹有多种同分异构体，其生物活性也不相同，其中 γ－氯丹生物活性最高而毒性最低，对温血动物毒性低，大鼠急性口服 LD50 为 475～590 mg/kg。用 γ－氯丹杀白蚁，效果很好。

(3)氯丹的制备

氯丹是由六氯环戊二烯与环戊二烯进行加成反应，先制成中间产物氯啶，氯啶进一步氯化得氯丹。合成氯丹的关键是解决六氯环戊二烯的合成技术。

六氯环戊二烯的合成方法很多，按原料不同，主要分为戊烷法和环戊二烯法。我国主要采用环戊二烯经三步反应合成六氯环戊二烯，此法收率高，成本低，三废易处理。

用化学反应式表示氯丹的合成工艺：

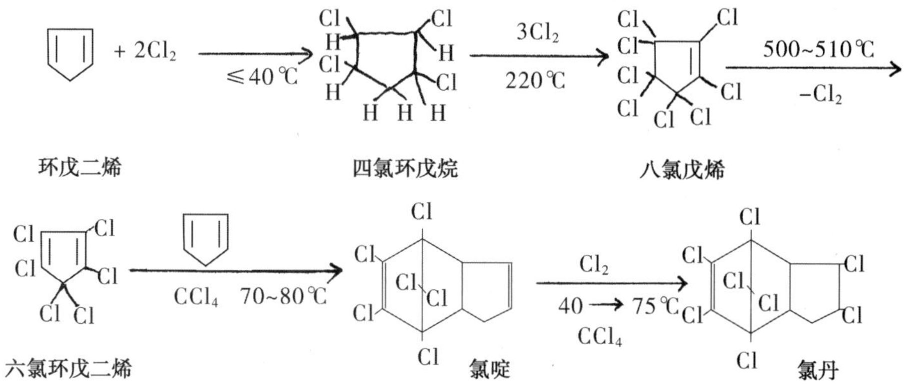

环戊二烯　　　　　　四氯环戊烷　　　　　八氯戊烯

六氯环戊二烯　　　　　　　　　　氯啶　　　　　　　　氯丹

（4）氯丹的杀虫作用及在古建中毒杀白蚁的应用

氯丹具有强烈的胃毒和触杀作用，残效期长，杀虫谱广，对各种地下害虫及蚁类如白蚁、蚂蚁等均有良好防治及毒杀效果。可采用喷雾、喷粉、毒铒等方法来防治白蚁等害虫。用 10%氯丹煤油剂喷施地板，50 毫升/平方米，四年后仍可预防白蚁危害；也可用煤油配成 2%的氯丹油剂来处理，效果很好；或用 1/200 的氯丹乳剂处理，效果较好。

3. 七氯白蚁毒杀剂

（1）七氯（白蚁毒杀剂）的化学结构与性质

七氯的化学结构式为：

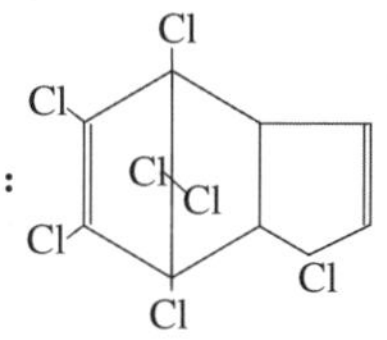

七氯纯品为白色结晶，工业品为蜡状固体，不溶于水，27℃时在乙醇及煤油中的溶解度分别为 4.5 克/100 毫升和 18.9 克/100 毫升，对光、湿气、酸碱、氧化剂均很稳定。

（2）七氯的毒性

七氯和氯丹一样，也具有强烈的触杀，胃毒、熏蒸三种杀虫作用，雄性大鼠口服 LD50 为 100 mg/kg，雌性大鼠口服 LD50 为 126 mg/kg，经皮 LD50 为 195 mg/kg。

（3）七氯的合成

七氯和氯丹一样，都是由六氯环戊二烯与环戊二烯进行加成反应，先得中间产品氯啶，然后氯啶进一步催化氯化制得七氯。

（4）七氯杀虫作用

七氯为二烯类有机氯毒杀剂，七氯的防治对象及使用方法与氯丹基本一样，但效果比氯丹更好，残效更长。

4. 微生物疫苗白蚁灭杀剂

国外有用微生物疫苗进行灭杀白蚁的报道。这种微生物疫苗喷在古建木构件表面上，白蚁表皮只要接触染上疫苗后，可带入巢，传染其他白蚁。疫苗穿透白蚁表皮，以白蚁体液为生长环境，破坏白蚁的生理功能而导致其死亡。

5. 杂酚油白蚁灭杀剂

杂酚油是从煤焦油分离出来的苯酚和甲酚的混合物。甲酚是邻甲酚、间甲酚、对甲酚的混合物，甲酚的消毒、杀菌、杀虫作用比苯酚强。杂酚油中苯酚、甲酚有渗透腐蚀作用，而且都有很强的表面活性，可通过对白蚁虫体的渗透腐蚀，杀灭白蚁。

9.5.1.2　土蜂（钻孔虫）的防法

土蜂对木质材料破坏的速度、深度都十分惊人，因此防治土蜂的危害也是古木建筑保护中一项重要工作。

1. 氯丹防治土蜂

氯丹不溶水，可溶于油，一般采用1％～5％浓度，可用浸蘸5％氯丹油剂的棉球塞土蜂洞口，或用1％的药剂向土蜂洞内喷注（氯丹油剂是煤油里加1％的氯丹）。喷注、堵塞药物以晴天傍晚时较好。

2. "霉敌"乳剂防治土蜂

用0.1％"霉剂"水乳剂与木屑或土调成药泥，填塞堵土蜂洞。1998年，麦积山石窟明末清初木匾上直径为7～8厘米，长35～47厘米的三个土蜂洞，用此法填塞，取得既杀土蜂又修补虫洞的效果。

9.5.2　木构古建鸟害的防治

为确保古木建筑不受麻雀、蝙蝠筑巢及排泄物的影响及腐蚀危害，古代用竹篾编成"护殿檐雀眼网"，安装在古木构建筑檐下，将斗拱及椽子的空隙罩起来防鸟及蝙蝠筑巢栖息。清代及近代维修时，多用铁丝编格网来防鸟害。

为阻止鸟及蝙蝠在古木构建筑的筑巢栖息，也可用神经性杀虫剂进行驱赶或毒杀。

9.6　古木构建筑油漆颜料的防老化表面保护

中国古代木构建筑有一个很突出的特点,就是使用各色油漆、水彩、使其色彩艳丽华美。这些色彩在经历了物理化学和生物的影响,会出现褪色、甚至龟裂、起甲剥落,失去光泽。防止老化的有效措施,是进行科学有效的表面保护。

9.6.1　防老化表面保护前的处理

9.6.1.1　古木构建筑的表面清理

对古木构建筑油漆、彩画进行防老化处理前,首先要对油漆、彩画表面认真清理,擦去表面黏附的尘土脏物后,再根据具体情况作相应的黏结、加固处理。这里应特别注意的是表面清理绝不能用水冲洗,以防古木构件退水胀缩,产生裂缝、榫卯脱裂。

9.6.1.2　当油、漆彩画表理清理干净后,如有脱胶、翘现象时,先用胶矾水或其他性能良好的黏接剂进行粘贴加固。

9.6.2　古木构建筑的防光老化处理

由于光线中的紫外线通过光分解和光氧化使油漆褪色、甚至龟裂、剥落,因此表面清理后,要进行防光老化处理。因为光老化主要是紫外线的作用,最有效的防紫外线处理,是在油漆中加入一定量的紫外线吸收剂,通过紫外线吸收剂将紫外线的能量转化无害的热能。油漆因其材料、颜色不同,对紫色外线的敏感波长也不同,可根据具体情况来选择。大量实验证明紫外线吸收剂 UV－9 即 2 羟基－4－甲氧基二苯甲酮加入油漆中,可提高古建筑耐光老化能力,延长古木构建筑寿命。此外还有 Uvinul－50,即 2,2,4,4－四羟基二苯甲酮。

9.6.2.1 紫外线吸收剂 UV－9

1.　UV－9 即 2－羟基－4－甲氧基二苯甲酮的结构式为:

$$CH_3O-\underset{\text{(benzene ring)}}{\bigcirc}-\underset{\underset{OH}{\quad}}{\quad}\overset{O}{\underset{\parallel}{C}}-\underset{\text{(benzene ring)}}{\bigcirc}$$

2.UV－9 的合成反应式:

(1)　$HO-\bigcirc-OH + NaOH \xrightarrow[\triangle]{\text{酒精}} NaO-\bigcirc-OH$

(2)　$NaO-\bigcirc-OH + CH_3I \longrightarrow CH_3O-\bigcirc-OH + NaI$

(3) $2CH_3O$— [苯甲酰氯] —$\rightarrow$ CH_3O— —C— —$+2HCl$

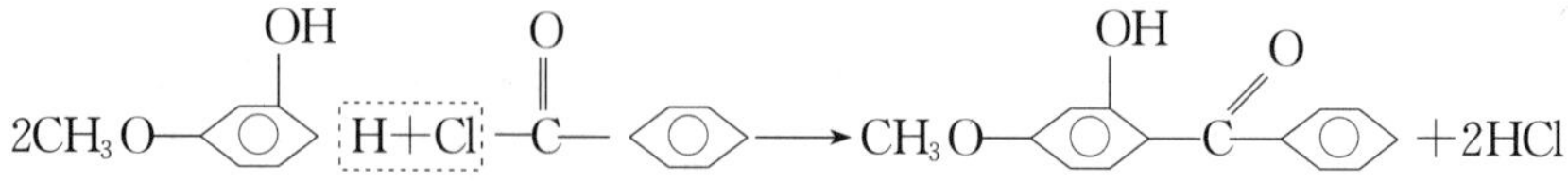

苯甲酰氯

9.6.2.2　紫外线吸收剂 Uvinul－50

1. Uvinul－50 的结构式

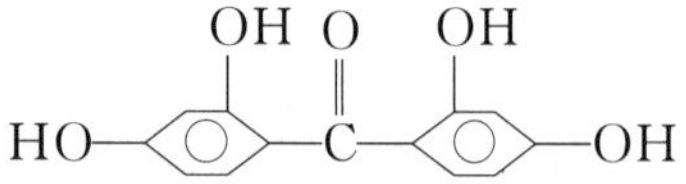

HO— —C— —OH　　2,2,4,4－四羟基二苯甲酮

2. 2,2,4,4－四羟基二苯甲酮的合成反应式：

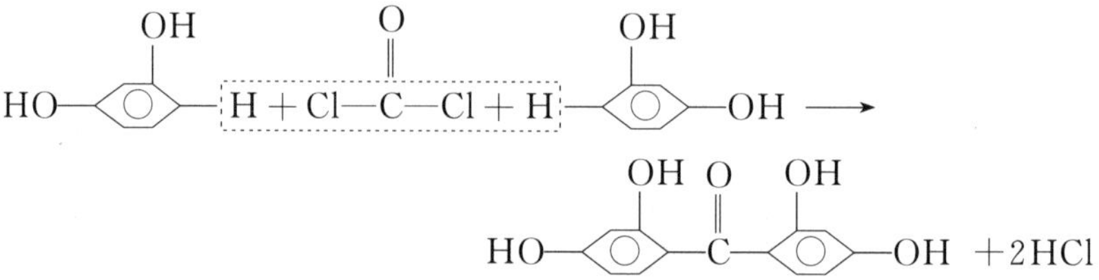

HO— —[$H+Cl-C-Cl+H$]— —OH $\rightarrow$

HO— —C— —OH　$+2HCl$

9.2.2.3　表面封护处理

对油漆防光老化处理后,还需要在油漆彩画表面喷涂高分子材料,使其形成一个无色、透明、无光泽、肉眼看不出的均匀而又薄的保护层。

用高分子材料进行表面封护时,如颜色有脱胶,先用胶矾水刷 1～2 遍加固,再进行封护。

常用的高分子材料有：

1. 聚乙烯醇封护材料

用 2％～5％的聚乙烯醇水溶液,喷涂 2～3 遍,浓度逐渐增大;干后形成无色、透明、无光泽肉眼看不出的表面封护膜。由于聚乙烯醇耐水性不好,在接触雨水的木构件上不宜用聚乙烯醇作表面封护。

2. 聚乙烯醇和聚醋酸乙烯混合乳液封护材料

此表面封护剂的配方为：1.5％～2.5％聚乙烯醇：1％聚醋酸乙烯酯乳液＝4：1,喷涂 2～3 遍。

3. 丙烯酸及丙烯酸醋乳液封护材料,其配比为：丙烯酸或丙烯酸酯：H_2O＝1：2,在被保护面喷涂 2～3 遍。

4. 聚甲基丙烯酸甲酯氯仿溶表面封护剂

(1)聚甲基丙烯酸甲酯的特性

①具有像 橡胶一样的柔软性和弹性。

②无色、透明、透光性好。

③化学稳定性好,耐热耐溶剂、耐水。

④黏合性能好,可以很好地贴附于古建木构件上、保护木构件。

⑤机械性能良好,耐洗涤,操作性能良好。

⑥渗透性好。

用2%的聚甲基丙烯酸甲酯的氯仿或丙酮溶液中加少量紫外线吸收剂、搅拌溶解后,用刷子涂刷木构建筑构件,可以形成一个薄而均匀,肉眼看不见的防光、防水、防空中有害气体的透明保护膜。

第十一章　博物馆环境

§1. 概述

1.1　博物馆的定义

　　1962 年国际博物馆协会章程对博物馆的定义:"以研究、教育和欣赏为目的,收藏、保管具有文化或科学价值的藏品并进行展出的一切常设机构,均应视为博物馆。"1974 年国际博物馆协会于哥本哈根召开第十一届会议,其章程第三条规定:"博物馆是一个不追求营利,为社会和社会发展服务的公开的永久性机构。"它把收集、保存、研究有关人类及其环境见证物当作自己的基本职责,以便展出,公诸于众,提供学习、教育、欣赏的机会。现在国际上不少博物馆定义也依此为依据。例如《简明不列颠百科全书》的定义是,"现代的博物馆是征集、保藏、陈列和研究代表自然和人类的实物,并为公众提供知识、教育和欣赏的文化教育机构。"法国关于博物馆的定义:"博物馆旨在保存并向公众展览介绍永久性藏品的公共机构。"

　　我国对博物馆的定义不断进行讨论,主要有以下三种看法:

　　①博物馆是"文物和标本的主要收藏机构,宣传机构和科学研究机构,是我国社会主义科学文化事业的重要组成部分。"

　　②博物馆是"陈列、研究、保藏物质文化和精神文化的实物以及自然标本的一种文化教育事业机构。"

　　③我国社会主义博物馆,是在马克思主义思想指导下,为社会主义物质文明和精神文明建设服务的,以教育和具有高尚情趣的娱乐为目的,以文物标本为基础的,以收藏、研究、陈列,传播为基本任务的科学研究和社会教育机构。

　　以上三种说法,其表述不尽相同,但却有一个共同之点,即表明了构成博物馆的三个基本属性:实物收藏、科学研究、社会教育。

　　根据以上所述,博物馆是对文物标本进行收集、保藏、研究、陈列、传播文化科学信息,为社会服务的文化教育机构。

1.2　博物馆必须具备的条件

　　①必须要有一定数量的藏品和实物资料。

　　②要有适应博物馆业务活动必须的基本设施和场所。

③要经常向群众公开开放的陈列展览。

④要有足够数量的专业人员和其他工作人员。

这四个方面是博物馆必须具备的条件,否则博物馆就不能很好地发挥它的社会职能。

1.3　博物馆的主要特征

1.3.1　实物性是博物馆的主要特征

①历史博物馆的首要任务是收集、整理、研究、鉴定文物标本,然后分级、分类入库保存或展出。这些都是围绕着文物这些历史实物进行的,所以博物馆的实物性特别突出,是博物馆最根本、最主要的特征。

②科学研究是博物馆提高业务和学术水平的重要工作。只有通过深入、系统、细致的科学研究,才能真正揭示文物的内涵,正确认识文物重要的历史、科学和艺术价值。

③合理利用文物,充分发挥作用是博物馆的重要任务。充分合理地利用文物为社会主义教育和有关科学技术研究服务,促进人民群众科学文化水平不断提高,促进我国社会主义精神文明建设不断发展,是博物馆重要任务。

1.3.2　直观性是博物馆突出的特征

直观性是博物馆的另一突出特征。把文物直接展现在观众面前,比文字或图像资料更容易使观众得到生动、具体的深刻印象。现代博物馆实施许多先进的教育手段,使观众不仅可以直接观察展品,还可以在一些遗址类博物馆看到文物埋藏和保护的情况有的博物馆可以进行实际操作或实验,丰富了博物馆直观性和特征,更加促进观众对文物的兴趣和热爱。

1.3.3　广博性是博物馆又一特征

博物馆收藏的文物涉及面很广,从自然界到人类社会,从遥远古代人们在生产、生活、科学技术、工艺、美术、国防军事,到个别卓越历史人物和各民族的风俗习惯。各种实物例证和资料都是博物馆收藏、研究的对象。涉及知识领域的广博性,也是博物馆的一个特征。

博物馆的特征是博物馆本质的反映,明确和掌握博物馆的特征,有助于加深对博物馆的知识,增强做好博物馆工作的自觉性、主动性和责任感。

1.4　博物馆环境

博物馆馆藏文物种类繁多,各类文物的质地、特性均不相同,因而维护文物藏品的质量,既取决于其材料质地。也取决于保存的环境。

　　博物馆是保存,展览文物的场所。博物馆的环境应相对稳定有益于文物的保存。可阻止或延缓其自然损坏过程。

　　影响馆藏文物质量的博物馆环境因素很多,主要包括空气温、湿度,空气污染,光线辐射,昆虫危害,微生物的生长及代谢产物的危害。文物的损坏,并非某一种单因素的作用,而常常是几种因素相互交叉,彼此影响。为了文物的保存,需要对以上影响博物馆环境的因素进行全面、深入、系统的研究。

§2. 博物馆环境的温湿度及其控制

　　在博物馆环境中,最基本的并经常起作用的因素是空气中的温度和湿度,研究博物馆温湿度的变化规律及对馆藏文物的影响,从而合理控制温湿度,创造良好的博物馆环境气候。

2.1　博物馆温度及其控制

2.1.1　博物馆温度的基本概念

　　博物馆温度是指博物馆内空气的冷热程度,简称气温。温度可用温度计、气温表来测量,计量温度的标准称为温标,有摄氏温标和华氏温标两种,我国采用摄氏温标,用℃表示。

2.1.2　博物馆内外温度的变化及对文物的影响

　　气温是太阳辐射的热效应,由于地球的自转和公转而改变地球接受太阳能的状况,因此气温在一定时间内进行着有规律的周期变化。但由于工业、交通运输的快速发展,废气排放量增大,人口特别是城市人口骤增,空调、冰箱等排放的热量,大气中臭氧层的破坏,二氧化碳含量增大等因素产生的温度效应也会打破气温的规律性,出现气温非周期性变化。我国有的博物馆有空调设备,可以调控博物馆内温度。但还有不少博物馆没有空调,大都靠自然调节,这样博物馆的温度就随馆外温度的变化而变化。

　　就文物存放而言,对博物馆环境温度要求并不很严格,因为温度的缓慢变化,对大多数文物没有特殊的破坏作用,一般不会造成损害。但温度剧变对文物是危险的,如金属镶嵌器物,因两类金属材料的膨胀系数不同,温度变化突然、剧烈,会使其组合成分脱离。

　　锡质文物对温度有特殊要求,不宜在低温环境保存。在低温时锡的部分结构会发生改变,从有金属光泽的白锡,变成质地松脆的灰锡,这种变态现象称为锡疫。

　　低温是指 $-4℃$ 以下,一般说,低温有利于抑制化学反应和霉菌、昆虫的生长繁殖。

书画、碑帖、文献、档案等纸质文物及纺织品文物保存温度既不能高,也不能太低,库房温度控制在 16℃～18℃ 范围内更适宜。

2.1.3　博物馆的温度指标及控制

一般认为博物馆室内空气的标准温度应在 15℃～25℃,对文物保存比较适宜。这个温度范围是泛指各类文物而言,有些质地的文物对温度有更严格的要求。

博物馆内温度的波动,只允许缓慢逐渐改变,不仅要求在一年之内的变化不超过规定的标准,就一日而言,气温的变化也不能过于剧烈,一般认为日气温差不得超过 2℃～5℃。

为了控制博物馆内的温度,需根据实际情况、因地制宜地采用下列措施:

(1)尽量减少馆外不良气候的干扰。掌握馆内气候规律,在气候不宜的太冷或太热气节,陈列室开放时及库房均应关闭门窗、挂窗帘,减缓空气对流对馆内温度的影响。在室外气候适宜博物馆气温要求的季节,可通风降温散湿,利用自然通风控制室内温度。

(2)用温度调控设备。用空调系统设备自动调控博物馆温度是最好的途径。在温度不适的房间、展室或气候不利的季节,可单独使用调温设备,用机械方法缓和温度变化的应急措施,如热风机、恒温器、空调等。

(3)控制文物展柜的温度。陈列展柜应尽可能封闭严密,使陈列柜小环境免受外界气温的干扰。长期实验表明,封闭展柜可避免温度的剧烈变化,减缓室外气候剧变对文物的影响和破坏。木质框架的玻璃柜,年久易变形而出现缝隙,难保密闭,因而可以随着材料科学的发展,注意考察新的材料,制造密闭性能好的展柜。

2.2　博物的湿度及其控制

2.2.1　博物馆湿度的基本概念

博物馆湿度是指博物馆内空气的潮湿程度,以空气中水蒸气含量的多少来表示。空气中含水气量大,则空气湿度大;反之则空气湿度小。湿度的概念有绝对湿度和相对湿度两种。

通常用 Q 代表绝对湿度,它是用单位体积空气中所含水蒸气的量来表示,单位为克/立方米,即空气中水气的密度。

而相对湿度是指一定空间内,空气实有的水气压(C)与相同温度下饱和水气压(E)的百分比,常用 RH 表示。

$$RH(相对湿度) = \frac{C(空气实有水气压)}{E(同温度下饱和水气压)} \times 100\%$$

相对湿度另一个概念为,在一定温度下,空气的绝对湿度与该温度下空气中水气的最大饱和量的百分比。

$$RH(相对湿度) = \frac{绝对湿度}{相同温度下的饱和湿度} \times 100\%$$

空气中水气压与水汽重量紧密相关,故相对湿度(RH)概念的两种解释是一致的。

博物馆的湿度常以相对湿度表示,百分数值越大,表示湿度越大,反之,湿度越小。

　　若$C<E$　$RH<100\%$　空气中水蒸气未饱和状态

　　　　$C=E$　$RH=100\%$　空气中水蒸气饱和状态

　　　　$C>E$　$RH>100\%$　空气中水蒸气过饱和状态

在一定温度下,E值不变,RH随C值而变化,即空气中水蒸气含量增加时,相对湿度增大;水蒸气含量减少时,相对湿度减少。当空气中水蒸气含量不变时,RH随E值变化。E值越大,RH值愈小,即饱和水蒸气压与相对湿度成反比。气温愈高,饱和水蒸气压愈大,相湿度愈小。反之,气温愈低,相对湿度愈大。气温是影响相对湿度的主要因素。

2.2.2　博物馆湿度对文物的影响

博物馆室内空气湿度条件的优劣,是评价博物馆保存文物环境的关键,一般认为博物馆相对湿度的安全上限应为65%。

1.湿度对有机质文物的影响

有机质文物对湿度的要求很严格,以植物纤维为原料的漆、木、竹器、纸张、棉、麻织物及以蛋白质脂肪为主要原料的丝织品、皮革制品,它们都是吸湿性物质。

(1)湿度对木质文物的影响

湿度若低于文物本身应有的含水量比例,文物就翘曲变形、干缩、开裂。漆木竹器的原料为木质纤维材料,是吸湿性材料,对干燥最敏感。本质材料一般都含有水分,在干燥到与周围环境处于平衡状态时,所含水分仍占木材本身重量的12%～15%,若含水量低于其应有的含水量,木材就会干缩,开裂起翘、弯曲、变形。

相对湿度在55%～65%之间变动时,对一般木质文物不会有显著影响。若空气相对湿度降至45%,木质文物就会干裂。若相对湿度骤降到30%以下,木质文物就会发生弯曲变形等更严重的损坏。由于木材易于失水干脆的特点及相对湿度超过60%又易霉腐变质的情况,所以把木质文物所需的相对湿度安全下限定为50%。

相对湿度过大,木材只具有吸湿性而吸湿膨胀,重量增加,强度降低。

木质文物本身是微生物的良好养料,木质纤维素吸水后,发生水解,纤维素含量大大降低,并水解为木质素、糖类,更容易被微生物吸收。相对湿度超过65%,

霉菌就会快速生长繁殖,霉菌最适宜的繁殖条件是温度 $25\sim30℃$,相对湿度 80% $\sim95\%$。若室温控制在 $15\sim25℃$,相对湿度控制在 65% 以下,可抑制霉菌的大量繁殖。

(2)湿度对纸质文物的影响

纸张的原料是天然植物纤维素,也是对干燥十分敏感的吸湿材料。纸张含适量的水分会使本身柔软,具有韧性;若水分低于纸张应有的比例,就会导致纸质纤维内部结构破坏,使纸张变硬变脆,易于断裂。

潮湿的环境会使耐水差的字迹的字变洇化褪色,模糊不清;使纸变软、粘连,强度降低。环境湿度大,纸张纤维吸收水分,使纤维之间距离增大,发生溶胀现象,空气中污染物易浸入纤维,加速纸纤维的化学破坏作用。

纸张变潮容易吸收弥漫在大气中的酸性气体 CO_2、NO_2、SO_2、SO_3 等形成腐蚀性很强的无机酸如 H_2CO_3、HNO_3、H_2SO_3、H_2SO_4,加速有害物质对纸质的破坏,使纸张发黄、变脆,加速纸质的破坏。纸张中的辅料如明矾($KAl(SO_4)_2·10H_2O$),极易水解生成腐蚀性很强的硫酸,大大缩短纸张的寿命。

潮湿环境还会使纸张发生水解,使碳氧键断裂,生成易碎的水解纤维素,使纸张黏结。

潮湿环境还有利于有害微生物的生长繁殖,图书、档案等纸质文物中微生物生长繁殖的最佳湿度一般在 70% 以上,即相对湿度 $80\%\sim95\%$,霉菌生长很快,且分泌的有机酸也会促使纸质文物变脆、变黄。

(3)湿度对纺织品文物的影响

棉、麻织品类文物的原料是植物纤维,含水量低于其应有的比例,就会失去塑性而脆裂。丝织品的原料主要是由长链的蛋白质、脂肪组成的丝胶、丝素纤维、湿度太低、太干,长蛋白链就会干脆、断裂。

湿度太大对以蛋白质、脂肪为主要组成的丝素纤维类织物,丝绸类文物破坏更大:丝织物吸湿后,水分子进入丝素纤维内部,造成体积膨胀,重量增加强度降低。

湿度太大对棉麻类植物纤维组成的棉麻织物的影响和纸质文物相同,而对丝质为原料的丝绸类文物就会使空气中酸性气体 CO_2、NO_2、SO_2、SO_3 等极易被潮湿织物中的水分吸收,生成腐蚀性酸,或悬浮在空气中之固体物易水解的盐或溶于水的碱,这些都会加速丝质纤维中蛋白质水解,使长链蛋白质水解变成短链的蛋白胨、氨基酸,大大降低丝织物强度。

湿度太大对丝织品、棉麻织品的微生物破坏加速,由于丝质品成分蛋白质、脂肪、水解后生成的短链蛋白胨、氨基酸是霉菌的优良营养,因而在潮湿情况下,霉菌滋生和生长都很快对丝绸的破坏比纸质和棉麻类更厉害。

2.湿度对金属文物的破坏

水是许多文物遭受腐蚀的媒介。如铜器在没有水分参与的干燥空气里,表面生成的 Cu_2O 可以防止铜继续氧化。

青铜器在无水参与的干燥情况下,即使铜体裸露在有氯化物的酸性气氛中,也不会产生氯的腐蚀产物。而一旦有湿气参与,空气中的 HCl 酸性气氛,就会发生下列腐蚀反应。

$$Cu_2O + O_2 + HCl + H_2O \longrightarrow Cu_2(OH)_2Cl$$

(氯铜矿·副氯铜矿)

在大气相对湿度在 60% 时,铁的腐蚀速度很轻微,而相对湿度超过 60% 时,铁的腐蚀速度快速增加。从铁的锈蚀产物分析可知铁的锈蚀产物主要是铁和氧及水之间的反应,硫化物、氯化物与水及氧之间的反应。所以说水的存在是铁器类文物锈蚀的一个重要因素。

3.湿度对石质文物的破坏

湿度大时,水分会渗入石质文物的孔隙及裂缝,不仅是石质文物物理风化的传媒,也是石质文物化学风化的传媒。水对石质文物的破坏十分突出。

(1)湿度对石质文物化学风化破坏

水可溶解空气中的有害氧化物(如 CO_2、SO_2、SO_3、NO_2 等)及有害氢化物(如 HCl、H_2S),渗入石质文物孔隙及裂缝中,腐蚀石质,产生可溶盐,使石质裂缝因溶蚀而不断扩大。

潮湿还可使空气中的尘埃黏附在文物表面,污染文物,一些尘埃中的酸、碱、盐类物质,溶解或水解产生酸性或碱性物质腐蚀石质文物,这些都加速石质文物表面的化学风化,使石质文物表面腐蚀、酥粉、脱落。

(2)湿度对石质文物的物理破坏

①当温度降至 $0℃$ 时,渗入石质文物孔隙或裂缝中的水分冻结,体积膨胀,产生膨胀压力,这种压力对孔隙率较大的石质文物破坏力更大。

②水渗入石质文物内部,使石质中的泥质胶结物发生水化作用,造成石质体积膨胀,强度降低。

③湿度大时石质表面水对石质形成外多内少的渗透分布,更能引起石质体积膨胀而引起力学强度从内到外明显下降,使得文物表面破坏最大。

④湿度大时,石质文物裂隙中盐的潮解和结晶对石质产生压力的变化,如此不断变化,使石质文物中裂隙不断扩大,强度不断降低

(3)湿度大对石质文物的生物破坏

博物馆湿度太大时,石质文物上霉菌、细菌等菌类及低等植物苔藓、藻类、地衣

的生长繁殖及其代谢产物腐蚀石质文物。

石质文物保存环境或库房或博物馆,应为干燥环境,切忌潮湿。

4.湿度对陶器类文物的影响

湿度对陶器文物的破坏和对石质文物的破坏相似。但由于陶器孔隙更多,水对陶质文物的破坏更严重,所以陶器的存放环境应干燥。

2.2.3　博物馆内相对湿度及其控制

博物馆内相对湿度基本公认数值是45%～65%,在此数值范围内缓慢波动,对保存一般泛指的各类文物基本是合适的。相对湿度对文物的影响与文物的材质有一定的关系,不同材质的文物,有其更严格的湿度控制范围,即最佳保存环境湿度,如漆木器类库房RH为60%～70%;纺织品、纸质文物库房或陈列室RH50%～55%;金属类库房或展室RH为45%～50%。文物分类收藏或展出,有区别地控制湿度,是最理想的办法,如果实在达不到这一要求时,也要将湿度控制在泛指各类文物的标准数值范围。

水是各种因素破坏文物的媒介,博物馆内湿度条件的优劣,是评价博物馆环境的关键。为了严格控制博物馆室内湿度环境,可根据实际情况,因地制宜地采取下列措施。

2.2.3.1　安装可自动调温、调湿的空调系统,控制博物馆。陈列室或文物库房的温湿度,使之恒定在标准范围内。

2.2.3.2　根据室外气候变化规律利用自然通风控制博物馆或展室湿度。调节馆内外湿度时,必须考虑馆内相对湿度与温度有密切的关系,应用下面的公式将相对湿度换算成绝对湿度来比较馆内外的湿度。

绝对湿度＝相对湿度×当时温度下的饱和湿度

某温度下的饱和湿度可直接查表11－1得出,当馆内外绝对湿度不同,馆内湿度需要调节时,才可通风,否则不能通风来改善馆内温湿度状况。

表11－1　不同温度下空气的饱和湿度表
(以每立方米空气含水蒸气的饱和量计算)

温度(℃)	饱和湿度(g/m³)	温度(℃)	饱和湿度(g/m³)	温度(℃)	饱和湿度(g/m³)
－5	3.24	11	10.0	27	25.8
－4	3.51	12	10.7	28	27.2
－3	3.81	13	11.4	29	28.7
－2	4.13	14	12.1	30	30.3

温度(℃)	饱和湿度(g/m³)	温度(℃)	饱和湿度(g/m³)	温度(℃)	饱和湿度(g/m³)
−1	4.47	15	12.8	31	32.1
0	4.84	16	13.6	32	33.9
1	5.22	17	14.5	33	35.7
2	5.60	18	15.4	34	37.6
3	5.98	19	16.3	35	39.6
4	6.40	20	17.3	36	41.8
5	6.84	21	18.3	37	44.0
6	7.30	22	19.4	38	46.3
7	7.80	23	20.6	39	48.7
8	8.30	24	21.8	40	51.2
9	8.80	25	23.0		
10	9.40	26	24.4		

2.2.3.3　单独使用加湿机、去湿机,或使用恒温恒湿机来控制和调节湿度。

2.2.3.4　控制文物柜及展柜小环境,尽可能封闭严密,减少湿度剧烈变化,减缓室外湿度剧烈变化对文物的影响。

2.2.3.5　湿度过大时,可在文物柜,陈列柜放具有吸湿性的干燥剂、吸湿剂。通常使用的吸湿剂有硅胶、生石灰、无水氯化钙、木炭等,其中硅胶最佳,它吸水速度快,颜色变化可反应吸水程度,同时它又是一个可再生性的硅胶,吸水饱和后,烘干后仍可再用。

测量相对湿度的仪表有多种:

①毛发湿度计,应用最普遍

②自动记录温湿度计:是将双金属温度计和毛发湿度计组合而得的自动记录温湿度的测量仪。是博物馆测量馆内、展柜内、库房内温湿度较为方便适用的仪器。

§3. 有害气体、灰尘对文物的污染危害及治理方法

空气的污染不仅危害人类健康、破坏生态平衡,阻碍经济持续发展,同时也严重危害人类珍贵文化遗存。监测、控制空气质量,保护博物馆环境,是文物保护重

要的课题。

3.1　空气的基本化学成分

空气是一种复杂的多种气体的混合物,其中氮气占干燥空气总体积的78％,氧气占21％,另外还有二氧化碳,惰性气体和其他微量气体。

3.2　空气的污染物及其来源

3.2.1　空气中有害气体

①空气中有害氧化物气体,主要有硫的氧化物气体(SO_2、SO_3)、氮的氧化物气体(NO、NO_2、N_2O_5)和碳的氧化物气体(CO、CO_2)。

②空气中有害氢化物气体,主要硫的氢化物(H_2S)、氯化氢化物(HCl)、氮的氢化物(NH_3)。

3.2.2　空气中以颗粒或粉末状存在的尘埃

空气中尘埃的成分十分复杂,其主要成分是酸、碱、盐固体粉末:

①空气中有害氧化物气体与金属氧化物作用生成的次生污染物——盐类。

②海风刮起海浪飞溅的盐类。

③燃料:(煤、天然气、矿物燃料、草、木燃烧产生的各种有机化合物烟道烟尘、煤渣。

④金属冶炼厂、化工厂、碎石厂及其他粉碎加工厂排到空气中的各种金属及金属氧化物石棉、石英。

3.2.3　空气中主要污染物的来源

①工业企业排放的废气、废渣

②交通运输汽车、轮船、飞机排放的废气如 SO_2、SO_3、NO_2、CO_2 等。

③家庭炉灶能用燃料燃烧排放的废气、废渣。

④岩石风化、火山爆发、植物花粉产生的固体污染物

3.2.4　空气污染物对博物馆文物的危害

1.空气中 SO_2、SO_3 有害气体对文物的危害

由于空气中还有氧和水蒸气,空气中 SO_2 在光化学作用和金属粉尘的触媒作用下,与空气中氧结合形 SO_3,SO_3 与空气中水蒸气结合,形成有强烈腐蚀作用的硫酸。二氧化硫直接与水蒸气作用生成亚硫酸。硫酸、亚硫酸会腐蚀文物,可使金属文物锈蚀;会使石质文物化学腐蚀、风化酥粉,使石刻、石雕风化、酥粉脱落而面目、花纹模糊;使纸质文物酸化、发黄、变脆、酥碎;使纺织品文物受腐蚀而酥碎。SO_2 有漂白作用,会使花纹或布、丝绸褪色;使壁画画面层被腐蚀、酥粉、脱落。

2.空气中具有氧化作用的气体可使金属铜、铁、锌、铅等文物表面被氧化腐蚀生成金属氧化物及氯化物,氯气遇水产生 HOCl 有漂白作用,可使壁画纺织品褪色。氯气和 NO_2 遇水产生盐酸硝酸,使纸质、纺织品文物发黄变脆,使字画、壁画颜料变色褪色。

3.空气中二氧化碳与空气中水蒸气和氧作用,使金属铜表面的氧化物生成铜锈 $Cu_2(OH)_2CO_3$(孔雀石)、$Cu_3(OH)_2(CO_3)_2$(蓝铜矿),使石刻在 CO_2 和水的作用下,石质由不溶的 $CaCO_3$ 转化为可溶 $Ca(HCO_3)_2$ 而损蚀。

4.空气中有害氢化物对文物的破坏

空气中的 H_2S 与金属铜、铁、银、铅均可起反应,生成各种暗色或黑色的硫化物,如 CuS(黑色),FeS(黑色)、Ag_2S(黑棕色)、PbS(黑色)。

H_2S 对壁画颜料的破坏,如硫化氢与铅作的颜料颜色变暗、变黑。

$$PbO(铅白)+H_2S \longrightarrow PbS+H_2O$$
　白色　　　　　　　　　黑色

$$Pb_3O_4(铅丹)+H_2S \longrightarrow PbS+H_2O$$
　红色　　　　　　　　　黑色

空气中氯化氢遇到潮气形成腐蚀性很强的盐酸,腐蚀破坏文物。HCl 可将青铜表面缓慢氧化生成较稳定的 Cu_2O 层进行腐蚀,生成结构疏松的粉状锈。

$$Cu_2O+HCl+O_2+H_2O \longrightarrow Cu_2(OH)_3Cl$$
　　　　　　　　　　　　　　粉状锈

而粉状锈疏松,使氧、水、氯化氢侵入内部,继续腐蚀青铜器,这样周而复始,使青铜器腐蚀不断扩展、深入,直到青铜器完全溃烂穿孔,这就是文物界所称的"青铜病"。

氯化氢和铁反应生成氯化亚铁,氯化亚铁是强酸弱碱盐,很容易水解,生成 $\beta-FeO(OH)$:

$$Fe+2HCl \longrightarrow FeCl_2+2H^+$$

$$\xrightarrow{\quad H_2O \quad} \beta-FeO(OH)$$

铁锈蚀产物的主要成分是各种不同构相的碱式氧化铁(FeO(OH))。由于铁本身化学性质活泼,很容易受氯化氢的腐蚀,且生成的腐蚀产物结构疏松,常呈块状、片状、粉状脱落,所以古文物保存完好的铁器很少。

银在空气中缓慢氧化,形成一层灰色均匀的氧化银膜,可减缓银的进一步腐蚀。此膜一旦遇到空气中的氯化氢,很快受到腐蚀,生成灰色粉末状的氯化银。

$$Ag+O_2 \longrightarrow Ag_2O$$

$$Ag_2O+2HCl \longrightarrow 2AgCl+H_2O$$

空气中的氯化氢会使以 $CaCO_3$ 为主的大理石、汉白玉及 $CaSiO_3$ 为主的花岗岩发生复分解反应而酥粉、脱落。

$$CaCO_3 + 2HCl \longrightarrow CaCl_2 + H_2CO_3$$

$$\longrightarrow CO_2 + H_2O$$

$$CaSiO_3 + 2HCl \longrightarrow CaCl_2 + H_2SiO_3$$

氢化氢使纸质、纺织品文物的酸度增加、纤维水解、变成易碎的水解纤维素,使纸质、纺织品文物发黄、变脆、变糟朽。

氮的氢化物(NH_3 氨气、$NH_3 \cdot H_2O$)对金属文物铜、银和颜料发生化学反应,如 NH_3、$NH_3 \cdot H_2O$ 可络合溶解铜器表面致密的 $Cu_2(OH)_2CO_3$(孔雀石)、$Cu_3(OH)_2(CO_3)_2$(蓝铜矿):

$$Cu_2(OH)_2CO_3 + 4NH_3 \longrightarrow [Cu(NH_3)_4](OH)_2 + [Cu(NH_3)_4]CO_3$$
$$\text{蓝色}\text{深蓝色}$$

也可使银器表面形成的 Ag_2O 溶解:

$$Ag_2O + 4NH_3 \cdot H_2O \longrightarrow 2[Ag(NH_3)_2(OH)_2]$$

3.2.3.5　空气中尘埃对文物的危害

①尘埃对石质文物的危害:含有可溶的酸、碱、盐的尘埃遇湿会使石质文物表面腐蚀而风化酥粉、开裂、剥蚀、脱落。

②尘埃对金属文物的破坏:尘埃中的酸、碱盐物质落在金属文物上,遇到潮湿空气,就会对铜、铁、银等金属文物产生强烈腐蚀,加速锈蚀的扩大、滋长、漫延。

③尘埃对纸质及纺织品文物的破坏:尘埃形状不规则,多带棱角,在文物使用、整理、翻动、移动时会引起尘埃棱角对文物的摩擦,使一些薄脆、质软的纸质文物如字画字迹、颜料、质地擦伤起毛或字迹不清晰或颜料掉落。

尘埃中的黏土($Al_2O_3 \cdot 2SiO_2 \cdot 2H_2O$)吸收空气中的水分,产生水解而在文物表面生成一层暗灰色的氢氧化铝($Al(OH)_3$)膜,不仅影响文物色泽,还会使书画、纸张、档案、织物粘连,损坏。

④尘埃对壁画彩绘的破坏:尘埃在壁画彩绘上不仅影响其色彩外观,而且易吸附空气中的潮气,形成一层高湿度的灰层,使一些易溶的酸、碱、盐溶解,渗入壁画彩绘的颜料层甚至地仗层,使壁画彩绘腐蚀、酥粉、起甲、脱落、褪色、掉色。

⑤尘埃为微生物在文物上滋生繁殖提供场所和养料:尘埃降落在文物上吸收空中水分,形成一层高湿度灰层,成为霉菌孢子传播和微生物寄生繁殖的场所。尘埃中的微酸性物质是霉菌生长的培养基,加速霉菌繁殖。霉菌在文物表面的尘埃中滋生,并产生酸性物质,不仅加速文物的腐蚀,还会使有机质文物加速水解、粘

连腐败。

　　⑥尘埃在文物表面降落、附着、吸水,还会成为害虫生长繁殖的场所。在适宜的环境中虫卵孵化繁殖,蛀食着一切有机质文物,而且排泄物还腐蚀文物。

3.2.4　博物馆空气污染控制及治理方法

　　治理环境、保护环境,控制并消除有害气体和尘埃对文物的危害,在博物馆内外,采取积极措施,改善文物保存小环境,是一项十分重要的工作。这项工作不仅从博物馆的设计建设时就应重视,而且还要经常检查,发现问题及时处理,及时改进。

　　①博物馆、文物库房应选择远离污染源,人口稠密的居民区或城市繁华区。博物馆、文物库房附近不得有污水池、坑、不得有垃圾堆及垃圾处理场。

　　②新建博物馆除远离污染源外,还应加强环境建设,多植树种草。因树木花草不仅可以阻滞烟尘,还具有净化空气、抗污染的能力。同时绿树成林,可遮阴降温、调节气候,在干旱多风地位,还可降低风速。固定流沙,减少和防止沙尘暴对文物的冲击磨损。

　　③博物馆、文物库房、陈列室的展柜、陈列柜要多层严格密封,以防有害气体或尘埃从缝隙进入。也可用除氧充氮的办法,创造特殊优良保存环境。

　　④控制改善博物馆内的空气环境,使空气污染物进入博物馆的可能和数量降到最低程度。在博物馆、文物库房和陈列室安装空气过滤器,过滤尘埃和有害气体。

　　利用活性炭过滤器吸收空气中的有害气体。活性炭内部有许多细小孔隙,1公斤活性炭的有效接触面积约为1 260平方米,正常情况下可吸附自身重量15％～20％的有害气体,而且活性炭是一个再生性吸附剂,失效后经处理活化后可再用。

　　⑤在博物馆、陈列室入口处,应安有吹风除尘设备,吹除观众身上带的灰尘。还要有清除观众鞋上泥土的设备,如擦鞋机。

　　⑥进入文物库房的工作人员要穿工作服和拖鞋,以防将灰尘及菌孢子带进。

　　⑦博物馆,陈列室应采用易于防尘、除尘墙面、地面材料。

　　⑧室内清除灰尘可用吸尘器或用湿法将灰尘转入液相排除。

§4.光辐射与防光老化

　　光辐射主要来自太阳光,其次来自人工光源,无论是哪种光源发出的光,都是由发光体发出的一种辐射能,并以波动的性质传播,光与物质相互作用时表现为粒子性。这种具有波粒二重性的光,其波长不同,辐射能也不同,因而对文物的破坏力也不同。两种不同来源的光辐射对文物的保存都是有害的,其中紫外光对文物的破坏最厉害。光不仅有它的热效应加速文物材料有关的化学反应,更重要的是光化学反应。如何做到既有利于库藏、陈列、研究,又尽可能减少光线辐射的损害,这是文物藏品保护工作的重要课题。

4.1　光辐射对馆藏文物的损害

采光照明是参观、研究博物馆藏品的基本要求,因而馆藏品保存环境很难避免光的辐射。

4.1.1　紫外光对有机高分子质地藏品的损害

紫外光对有机高分子质地材料藏品的损害主要包括光降解、光氧化、光敏氧化、光催化氧化及大气污染成分引起的光化学反应等。

4.1.1.1　紫外光光降解

紫外光主要是波长在 $300 \sim 400\ nm$ 的近紫外光,它所具有的能量,可以打断大部分有机物的化学键。纤维素和木质素吸收了近紫外光辐射就会发生光降解反应。使纤维素、木质素的结构发生变化,大部分 C—C、C—O 化学键断裂,导致分子量下降,材料的物理、机械性能发生改变,机械强度降低。

实验证明紫外光对各种植物纤维和蛋白质脂肪类丝毛纤维均有不同程度的破坏。如将天然麻制品、棉制品、亚麻制品、羊毛制品放在阳光下照射,测定它们机械降度降低 50% 时所需的时间如下:

天然植物纤维机械强度降低 50% 时所需的时间:

天然麻需要 220 小时

棉制品需要 940 小时

亚麻制品需要 999 小时

蛋白质脂肪类纤维机械强度降低 50% 时所需的时间:

羊毛制品需要 1 129 小时。

实验说明紫外光可以破坏纤维素分了链,引起链断裂,生成分子量较小的木糖、纤维二糖、纤维三糖及小分子的乙醛、丙醛等。

4.1.1.2　光自动氧化

光降反应速率很低,但如果体系中有氧分子存在,由于氧分子可与光降过程瞬间产生的活性游离基形成过氧化游离基,反应将明显增强。这就是光降解过程导致了自动氧化游离基反应的发生。

光降解反应在氧分子存在下引发自动氧化产生过氧化游离基,引起新的链反应,从而加速材料的老化过程。如木质素具有自动氧化的性质,当木质素吸收一定波长的光辐射后产生过氧化游离基。

$$L \xrightarrow{h\gamma} L\cdot$$

木质素分子　木质素游离基

$$L\cdot + O_2 \longrightarrow LOO\cdot（过氧化木质素游离基）$$

过氧化木质素游离基又从木质素中夺取一个氢原子生成氢过氧化木质素及木质素游离基：

$$LOO\cdot + L-H \longrightarrow LOOH + L\cdot$$

木质素游离基又可发生氧化反应而产生过氧化纤维素游离基，从而加速了高分子材料的老化：

$$L\cdot + O_2 \longrightarrow LOO\cdot$$

4.1.1.3　光敏氧化降解

纤维素和木质素等吸收相应波长的光辐射，可发生光降解反应。染料等有色物质可将纤维素、木质素等高分子材料的光降解波长范围大大扩展到可见光区域。

纤维素质文物，在黑暗、缺氧状况下在地下埋藏了成百上千年，如果发掘出土后没有得到科学妥善的保护，一旦突然见光，遇氧和水就会马上发生极其严重的光敏降解反应，而产生不可挽回的严重"风化"

如曙红、荧光黄、孟加拉玫瑰、苏丹明等多种染料都能使纤维素、木质素等材料的光降波长扩展到可见光，从而加速高分子材料的老化。

4.1.1.4　光催化氧化

纸张纤维等生产过程中都采用钛白（TiO_2）、锌白（ZnO）、立德粉（ZnS）作白色颜料和消光剂，在造纸领域还被用作填料，上述物质在染料褪色及高分子材料纤维素、木质素等老化过程中起催化剂作用。

纸张、纤维、塑料、橡胶等博物馆中的文物材料或是陈列的展柜、密封用的材料，都会由于体系中 TiO_2、ZnO、ZnS 等催化剂的存在而大大加速光老化过程。

综上所述可知，在光辐射中紫外线的作用下，导致各种对光稳定性弱的光敏物质，包括纸张、文献、档案、拓片、书籍、皮毛、皮革、棉、麻、丝、毛织物、水彩水墨画、漆木竹器等，在潮湿环境下会加速光老化变质过程，导致文物褪色、发黄、翘曲、糟脆。

4.1.2　紫外光对金属文物的危害

紫外光不仅严重危害有机高分子材料类光敏性文物，对馆藏文物中铜、铁、银等金属类文物的氧化、锈蚀破坏也相当严重。

紫外线可在潮湿环境中分解空气中的氧分子产生初生态氧，这些初生态的氧，不仅可氧化有机高分子材料类文物，同时还可与潮湿空气中的水分子结合生成过氧化氢,氧化金属类文物,如能使化学性质不甚活泼,在空气中只能缓慢氧化的铜器发生下列化学反应而加速腐蚀。

$$O_2 \xrightarrow{h\gamma} 2〔O〕(初生态氧)$$

$$〔O〕+ H_2O \longrightarrow H_2O_2$$

$$Cu + H_2O_2 \longrightarrow Cu_2O \xrightarrow{H_2O_2} CuO$$

$$2Cu_2O + O_2 + 2H_2O + 2HCl \longrightarrow 2Cu_2(OH)_3Cl$$

$$2CuO + HCl + H_2O \longrightarrow \underset{粉状锈}{Cu_2(OH)_3Cl}$$

$$2Cu_2O + O_2 + 2H_2O + 2CO_2 \longrightarrow 2Cu_2(OH)_2CO_3(孔雀石)$$

如果在碱性较强(pH$>$9)的环境下,铜锈 $Cu_2(OH)_2CO_3$ 和 Cu_2O 再与空气中的氧、二氧化碳、水作用生成蓝铜矿$(Cu_3(OH)_2(CO_3)_2)$

$$8Cu_2(OH)_2CO_3 + 4Cu_2O + O_2 + 8CO_2 + 2H_2O \xrightarrow{pH>9} 8Cu_3(OH)_2(CO_3)_2$$

4.1.3　红外光对馆藏文物的损害

红外光对对文物的破坏虽远小于紫外光,但仍有一定程度的破坏作用。不过红外线的辐射主要是热辐射。文物被红外线辐射,表面温度急剧上升,内部产生压力,出现翘曲、龟裂、开裂现象。

当纸质文物受到红外光热辐射时,纸张中保持柔韧性的水分过分蒸发,导致纤维素干燥脱水而强度下降,使纸张变脆。温度上升,会使光、氧、酶、水解作用加速而加速纤维素的老化。温度升高还会加速纸张上的化学反应,温度每升高 10℃,化学反应速度加快一倍,30℃ 对纸质文物已属于高温。纸中存在有加工过程带入有害化学杂质情况下,在 15℃ 可保存 100 年,而在 25℃ 就只能保存 50 年。

对纺织品文物来说,红外光热辐射,会使保持植物纤维柔软韧性的水分及保持动物纤维的油脂挥发,使植物纤维及动物纤维中的蛋白质、脂肪硬化、导致纺织品文物变脆。

4.2　防止光线损害文物藏品的措施

由于光辐射特别是紫外光的辐射,可引起有机高分子材质文物一系列光化学反应,加速有机分子材料的老化变质,因而合理地选择光源,控制光源强度和科学选用光稳定剂、紫外线吸收剂等抑制光的化学反应的措施是十分重要的。

4.2.1　库房展室应是避光的密闭式建筑。

库房有窗者也尽量少而小,而且南北向开设,避免东西向开窗情况下紫外线射入量大,避免紫外线直接射到文物上。

1. 窗门要安装百叶窗、遮阳板，或采取搭凉棚、挂厚窗帘、竹帘、装夹层窗帘等遮光措施。

2. 在库房展室建筑物屋顶涂刷反射系数大的白色材料，减少屋顶吸收太阳辐射能。

3. 门窗、展柜所安装的玻璃，应符合以下要求：

①玻璃应厚实：玻璃愈厚，吸收紫外光愈多，也比较结实安全。

②玻璃门窗外，加上厚的木板窗，涂上红绿、黄、白色油漆，可使库房展室变暗，也可滤去一部分紫外线。

③可采用夹层玻璃，中间夹一层紫外线滤光膜。

④也可采用透光性差的毛玻璃、花纹玻璃。由于光在物体粗糙表面上重复反射，使光线大大减弱。

⑤采用蓝色平板玻璃减少光辐射。蓝色平板玻璃不仅可减少太阳辐射热能的 50%，含氧化铈和氧化钴的玻璃，更具有良好的阻截紫外光的能力。

4.2.2　应用紫外线吸收剂

4.2.2.1　紫外线吸收剂的作用及原理

紫外线吸收剂的作用是强烈吸收紫外线，并将其紫外光能转变为无害热能。其原理是紫外线吸收剂吸收紫外光而激发，从基态转为激发态，然后经自身分子的能量转移，放出强度较弱的荧光、磷光或将能量转化为热能，或向其他分子转送而自身又回复到基态。

4.2.2.2　常用的紫外线吸收剂

1. 紫外线吸收剂 UV$-q$(2-羟基-4-甲氧基二苯甲酮)结构式为

苯甲酰氯

2. 紫外线吸收剂—Uvinul-50(即 2,2,4,4-四羟基二苯甲酮)，结构式为

3.水杨酸苯酯,即邻羟基苯甲酸酯,其结构式为

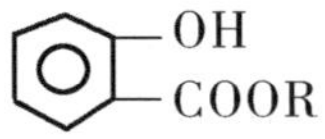

OH
COOR

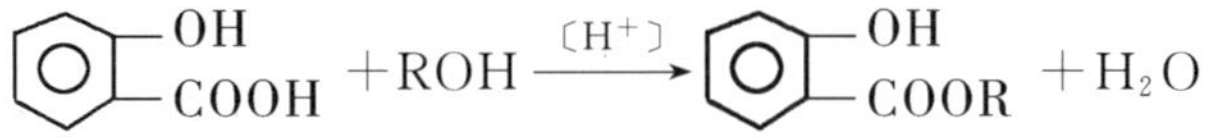

OH + ROH —[H⁺]→ OH COOR + H₂O
COOH

4.α—羟基二苯甲酮,结构式为

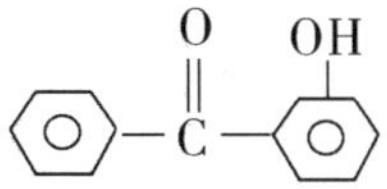

O OH
—C—

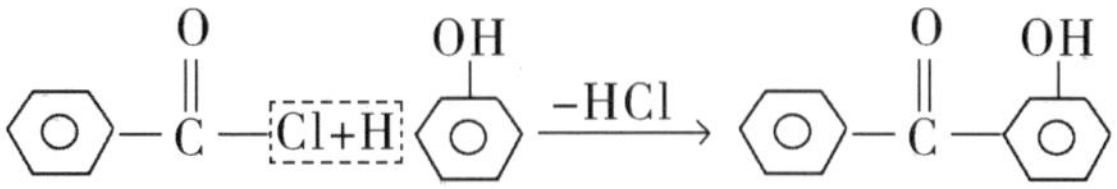

O OH —HCl O OH
—C—[Cl+H]——→ —C—

5.邻羟基苯并三唑,结构式为

OH
N
N
N

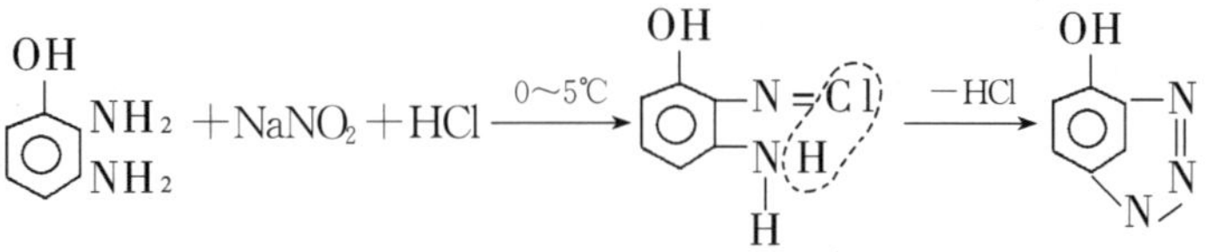

OH NH₂ + NaNO₂ + HCl —(0~5℃)→ OH N═Cl —HCl→ OH N 邻羟基苯并三氮唑
NH₂ N H N
H N

4.2.2.3　紫外线吸收剂的使用方法

1.将紫外吸收剂溶于清漆中配制成的一定浓度的溶液,喷涂或涂刷于普通玻璃上,制成防紫外线的玻璃,将此玻璃安在博物馆展室窗上和展柜上,吸收滤去紫外线,使文物不受紫外线的辐射破坏。

2.将紫外线吸收剂加入聚甲基丙烯酸甲酯中,制成 UV 有机玻璃,即防紫外线的有机玻璃。

3.将紫外线吸收剂加入醋酸纤维中,制成吸收紫外线的软片,贴在博物馆窗子或展柜的玻璃上。

4.将紫外线吸收剂溶于溶剂中,涂在照明灯管或灯泡上制成紫外线灯。

4.2.2.4　各种防紫外光材料的滤光效果

表 11－2　各种材料的滤紫外线效果

滤紫外光材料	厚度(mm)	透紫强度(微记/流明)
普通窗玻璃	3	670
中科院 KH－1 滤紫外薄膜	～0.1	50

滤紫外光材料	厚度（mm）	透紫强度（微记/流明）
日本滤紫外薄膜 1	～0.1	260
日本滤紫外薄膜 2	～0.1	50
国产滤紫外有机玻璃	3	60
美国滤紫外有机玻璃	3.1	50
西德滤紫外有机玻璃	3	190

从上表可知中科院研制的 KH—1 滤紫外薄膜具有薄而滤光效果好的特点,通过此
种材料过滤,入射光中 99％的紫外光被吸收,大大降低光的破坏能力。使用时可
将 KH—1 加在涂料中,涂抹在窗子,陈列柜的玻璃上或涂在聚醋酸乙烯酯薄膜上
制成滤紫外线薄膜,用来包灯管或灯泡。

4.2.3　博物馆照明光源的选择

　　光源的合理选择对防止馆藏文物的色变和劣变有着特别重要的意义。在选择
光源时,最大限度消除紫外线的影响是最关键的问题。在选择博物馆的照明光源
时应选择有防紫外线功能的无紫外线荧光灯,或者使用带有紫外线滤光器的荧光
灯,也可在荧光灯及玻璃罩上涂布紫外线吸收剂。

　　博物馆采用自然采光的,从门、窗、天窗透射过来的紫外光会对文物引起严重
的破坏。400nm 紫外光引起的损坏要比 500nm 绿光引起的损害程度高 25 倍,
300nm 的紫外光引起的损坏程度要高 250 倍。表 11—3 列出不同形式的光在等光
量下的相对紫外光量引起相对损坏因子。

表 11—3　　相等光量中引起损坏的紫外辐射量的相对损坏因子

照明光	相对损坏因子
垂直阳光、敞开	100
垂直阳光、窗玻璃	34
垂直阳光、紫外滤光片	9
荧光灯	9
白炽灯	3

　　除白炽灯外,光源经滤紫外光后,损坏可减至最小。同时白炽灯的热辐射也会
引起干燥劣化。为此,有必要选择那些带有热辐射吸收过滤构造的冷反射卤灯。
这种卤灯的照明辐射仅占辐射总量的 10％。

4.2.4　防紫外线的简易措施

　　防紫外线的简易方法是将文物密封存放于箱、柜、匣、盒中。微缩技术的应用,

可避免经常翻动文物原件而利于文物避光保护。

4.2.5　博物馆文物耐光性分类及照度控制

4.2.5.1　博物馆文物的耐光性及对光敏感程度分类

根据文物对光辐射的敏感程度大致分为三类：

第 1 类,对光和辐射特别敏感的文物:纺织品、水彩画、纸质文物(包括手稿、素描、印刷品、邮票、字画、碑帖等)、彩绘、壁画、染色皮革等。

第 2 类,对光和辐射敏感的文物:油画、胶画、天然皮革、角制品、象牙制品、漆木制品等。

第 3 类,对光辐射不敏感的文物:岩石、玻璃、彩色玻璃、陶瓷器、宝石、搪瓷等。

4.2.5.2　博物馆照度的控制

博物馆照度控制与被照文物的耐光性有关,首先考虑的是珍贵文物的安全保护,另外还要考虑文物展出效果,使参观者能清楚地感受文物的形状、色彩和质感。文物对光和辐射的敏感程度不同,对光度的控制标准不同,随着文物耐光性即对光的敏感程度减弱,其推荐照度的标准逐渐降低。

同一类文物在不同的国家有不同的照度标准。如对光最敏感的纺织品文物在英、法等国推荐的照度为 50 勒克司,而美国的标准是 200 勒克司,而日本的标准为150～300 勒克司。对光和辐射敏感的文物法国推荐的照度为 150～180 勒克司英国的推荐照度为 150 勒克司,美国推荐照度为 200 勒克司,短时展览推荐照度为600 勒克司,日本推荐照度为 300～750 勒克司。对光辐射不敏感的文物法国推荐照明度不超过 300 勒克司,英国没有特别的限制,只在实际操作时要考虑展览照明的效果和辐射热的影响,美国推荐的照度标准则为 200～600 勒克氏,范围很大,具体根据文物材料性质及颜色确定,日本推荐的照度标准为 750～1 500 勒克司。

目前博物照明主要倾向依靠便于控制而稳定的人工照明光源。为了确保文物藏品的安全,又不影响正常的视觉效果,尽量采用较低照度光源。只要有良好的控光措施、合理的光源位置及正确的陈列技术,较低的照度也能得到满意的视觉效果。

4.2.6　博物馆光辐射的监测

为了确保博物馆文物藏品的安全,博物馆的光辐射特别是紫外线辐射监测十分重要。博物馆光辐射监测仪表,用英国牛津研制的克劳福特 760 型紫外线监测仪较为理想,该监测仪体积小,操作方便,可直接从标度上读出含紫外线比率。

§5.博物馆环境中微生物的影响与防治

纸质文物、纺织品文物、漆木竹器类文物、尸体标本类文物等有机高分子材料文物都是菌类生长发育的良好营养基,因此对这类文物抑制霉菌繁殖,消灭菌孢子,消除霉菌斑痕是十分必要的。

5.1　微生物的生长环境

博物馆环境若出现潮湿、温度偏高、空气中灰尘较多、通风不好,就容易滋生微生物特别是滋生种类繁多,危害严重的霉菌。霉菌最适宜繁殖生长的环境是相对湿度 80%～95%,温度 25～30℃。若将室温控制在 15～25℃。相对湿度控制在 65% 以下,即可有效抑制霉菌的生长繁殖。

5.2　博物馆环境中危害文物的主要微生物

微生物的侵害对各类文物,特别对有机高分材料(无论是天然有机高分子材料还是合成的有机高分子材料)都是一个十分重要的问题。

5.2.1　分解纤维素的主要微生物

1. 分解纤维素的主要细菌有嗜氧细菌和厌氧细菌。

①嗜氧细菌主要有:噬纤维黏菌属、生孢噬纤维黏菌属,纤维弧菌属和纤维胞菌属等。

②厌氧细菌有:奥氏梭菌、高温粘纤维梭菌等。

2. 分解纤维素的真菌有:木霉、葡萄状穗霉、葡萄孢霉、曲霉、青霉、毛壳霉、嗜热霉等属的一些种类。

3. 分解纤维素的放线菌有:诺卡斯菌属、链霉菌属和小单孢菌属的某些种。

5.2.2　分解半纤维素的主要微生物

主要包括芽孢杆菌属、无色杆菌属、假单胞菌属、键霉属、根霉属、曲霉属、木霉属、青霉属等。

5.2.3　分解木质素的微生物

木质素是植物残体中最难分解的一部分,且分解速度相当缓慢。木质素大量存在于木质化组织的细胞壁中,填充在纤维素的间隙内,增强机械强度。分解木质素的主要微生物主要是一些真菌。

①担子菌类的真菌有:干腐菌、多孔菌、伞菌等。

②乳酸镰孢霉、雪属链孢霉、木素木霉、曲霉及青霉中的一些真菌。

③假单孢菌、节杆菌、黄杆菌、小球菌。

木质素是一种芳香族聚合物,在上述微生物的分解作用下被分解成芳香族化合物,然后再由细菌、放线菌、真菌等继续分解。

5.2.4　分解橡胶塑料的微生物

橡胶、塑料等合成高分子材料,在现博物馆的装修、门窗、展柜、电气设备方面应用很广。真菌、细菌中的许多种类的微生物,都可以对这些天然的,合成的高分子材料进行腐蚀,其中危害最普遍、最严重的是各类繁多的霉菌,最常见的有黑曲霉、黄曲霉、杂色曲霉、球毛壳菌及绳状青霉菌等。

5.3　博物馆环境中微生物的危害

从前面博物馆环境中主要的微生物介绍中可知,分解纸质、纺织品、竹木器等文物中纤维素、半纤维素、木质素的真菌、细菌、放线菌等种类繁多,危害严重。

5.3.1　微生物对纸质文物的危害

微生物的滋生繁殖可使纸质材料中的纤维素降解,使含有 $300\sim2\,500$ 个葡萄糖分子的高分子聚合物纤维素在纤维素酶的作用下水解未降解的纤维素并切割部分降解的多糖及纤维素四糖,纤维三糖等寡糖为二糖、单糖。再将低分子量的寡糖水解为葡萄糖,继而在好氧纤维素降解菌的作用下将葡萄糖彻底氧化成二氧化碳和水。由于纤维素酶和纤维素降解菌的作用,不仅产生低分子糖,使低质文物发黏而粘连,还产生一些有机酸及菌类代谢过产生的有机酸使纸张酸度增加,使纸张受侵蚀而发黄、变脆。由于菌类微生物的滋生繁殖而使纸质文物发生严重霉腐变质,产生大量霉斑,使低质文物上的字迹、画面严重污染而看不清,而且更严重的是纸张粘连,质地糟脆,难以揭展,使纸质文物失去重要档案、资料、信息的重要意义。

半纤维素比纤维素更容易被微生物降解,将组成半纤维素的多种戊糖或己糖的大分子缩聚物降解为低分子量的寡糖、单糖,再在分解半纤维素的微生物作用下,产生低分子量有机酸、醇等物质,腐蚀纸质文物,使纸质变脆、强度降低,甚至溃烂成一堆霉变腐烂的废末。

组成纸质文物的木质素,虽较难分解,分解速度缓慢,但仍会分解成芳香族化合物之后,继续被细菌、真菌、放线菌分解,使填充在纤维素间隙内的木质素降解损失而强度大大降低。

5.3.2　微生物对博物馆纺织品文物的危害

微生物对棉、麻等植物纤维组成的纺织品的危害和对纸质文物的危害十分相似。

丝毛织品在博物馆藏品中占有重要地位。丝是蛋白质、脂肪类纤维,在大分子中含有组成蛋白质的各种氨基酸,在微生物的作用下,加速蛋白质的水解,使长链蛋白质大分子分解成短键的蛋白胨、蛋白胨及更低分子量的氨基酸,如水解产生的醋氨酸易在紫外光作用下被氧化反应所分解,使分子发生键断裂,而使丝织品强度大大降低。

毛和毛纤维主要包含角朊蛋白。角朊由多肽链组成,这些肽链由两种类型的键结合在一起,一种是二元氨基酸的脱羧氨中的羧基和氨基之间的离子键:

$$R-COO^- \cdots\cdots {}^+NH_3-R'$$

另一种则是结晶产生的脱氨酸双硫键 $R-S-S-R$。毛和毛纤维中的蛋白质及分解后产生的短链的氨基酸如蛋氨酸($H_3CS(CH_2)_2\underset{\underset{NH_2}{|}}{CH}-COOH$)、色氨酸(

$\underset{\underset{NH_2}{|}}{CH_2CHCOOH}$)、组氨酸($\underset{\underset{N}{|}}{\overset{N=C}{\underset{HC \quad CH}{}}}-\underset{\underset{NH_2}{|}}{CH_2CHCOOH}$)、酪氨酸(HO

$\underset{\underset{NH_2}{|}}{CH_2COCOOH}$)等,都是微生物易吸收的营养。在一定的温湿度及丰富营养基的条件下,真菌、细菌、放线菌等多种微生物迅速繁殖、产生代谢产物,腐蚀丝毛纤维,使丝毛织品文物腐烂变质,强度降低,甚至烂成碎片。

5.3.3 微生物对木质文物的危害

木质文物的主体是木材,木材是植物 细胞所构成的,细胞腔内的原生质在细胞形成后一定时期就消失了,剩下细胞壁构成木材的主体。它的主要化学成分是 $45\%\sim50\%$ 纤维素, $20\%\sim35\%$ 半纤维素, $15\%\sim33\%$ 木质素等。

与一般木材比较,古木质化学成分中纤维素和半纤维素含量大大下降,木质素含量相对大大增高,如河南信阳楚墓出土的一件木钟残片,纤维素含量降至 10.5%,而木质素含量却高达 80.4%。木质素虽是木质文物残体中最难分解的一部分,但在过量水特别是碱性盐类溶液长期 浸泡和微生物分解菌的作用下,使木质素水解。分解木质素微生物主要是木腐菌,木腐菌最适宜的环境是 $25\sim30℃$。根据木腐菌对木材的损害情况,可将其分为变色菌、褐腐菌、白腐菌、软腐菌等几类。

变色菌进入木质文物后,主要以木材薄壁细胞组织内的糖类和淀粉为营养物质,破坏木材细胞壁,虽在较短时间内不会影响木材力学强度,但如果长期在适宜条件下生长,会沿横向穿透细胞壁,引起木材软腐。

褐腐菌分解木材多糖,使腐朽木材呈褐色,纵横向均产生裂纹,呈典型的方块形破裂,木材密度和强度降低。白腐菌同时分解多糖和木质素,使木材呈白色海绵状或蜂窝状,表面凹凸不平,粗糙断裂。软腐菌分解细胞壁中的多糖而使细胞壁形成空腔。

细菌对木质文物损害虽比木腐菌轻,但可使木材变色,且对防腐剂有很强的耐药性。

5.4　博物馆中微生物破坏的预防与处理

微生物会使有机质文物霉烂、糟朽、因此消毒灭菌,防止微生物对馆藏文物的侵蚀和破坏是非常必要的。

5.4.1　预防微生物滋生繁殖

博物馆防止微生物的重点是预防霉菌的滋生繁殖,对霉菌的预防基本方法是在库房创造防止霉菌繁殖发育的环境。因为温湿度对霉菌的繁殖生长极其重要,没有一定程度的湿度,即使有足够的营养,霉菌也不会发育。把博物馆温度控制在15～25℃,相对湿度控制在 65％ 以下,对抑制霉菌是有作用的。保持博物馆清洁无灰尘,可清除霉菌孢子发育的场所对预防微生物的滋生繁殖也很重要。

5.4.2　微生物污染的文物的处理

凡被霉菌污染的文物,都会出现霉斑,因霉菌所分泌的色素不同,霉斑呈现不同的颜色。对霉菌污染的文物进行消毒灭菌处理常用的杀菌剂有溴甲烷、环氧乙烷、甲醛等。这些杀菌剂易于气化,与被消毒灭菌的文物接触均匀,渗透范围广,杀菌作用彻底。环氧乙烷因易燃易爆而使用安全混合气体(环氧乙环：二氧化碳＝1∶9)。甲醛有毒、且是致癌物质,使用时一定要注意安全。以上几种高效清毒灭菌剂对文物进行处理后,不会损坏文物。"霉敌"0.02％的丙酮溶液喷雾,可杀灭霉菌、细菌。环氧乙烷;甲醛因对蛋白质有破坏作用,不能用于丝毛织品、皮革等文物。

§6.博物馆虫害的发生与防治

6.1　博物馆出现害虫蔓延的原因

①文物进博物时未经检查,将害虫带入博物馆。
②建筑物门窗不紧,害虫进入馆内寄居。
③虫卵随空气污染物的灰尘进入室内。
④博物馆内陈列柜、建筑物木质构件所用木材,带入害虫。
⑤博物馆环境如温湿度等保存环境有利于害虫的孵化、繁殖、发育。

6.2　博物馆常见的害虫

博物馆常见的害虫有毛衣鱼、烟草甲、竹蠹、黑皮蠹、麟毛粉蠹、档案窃蠹、怪甲、白蚁、蟑螂等。

6.3 博物馆害虫的预防与除治

博物馆对害虫要以预防为主,防治结合。防虫杀虫的方法有物理方法和化学方程。

6.3.1 博物馆害虫的预防

①环境清洁、门窗严紧,气候干燥凉爽,室内温度≤25℃,相对湿度≤65%。

②文物入馆或文物囊匣入藏前必须严格检查。作认真的防虫杀虫处理。

③对馆藏文物要经常检查,发现害虫及时处理。

④文物入馆前,要对博物馆进行防虫处理

用环氧乙烷、甲醛、二氧化碳、溴甲烷,二氯乙烷或氯化苦处理房间,处理时关闭门窗,通入以上蒸气,保持2～3昼夜,打开门窗通风,经此处理不仅可杀死害虫,同时可以杀死菌类。

6.3.2 博物馆害虫的除法

6.3.2.1 博物馆物理方法除治杀虫法

1. 高温杀虫法

利用害虫是在50℃以上虫体蛋白质凝固致死,一般高温处理8小时左右,便可杀死各个发育阶段的昆虫。40～18℃可使昆虫新陈代谢过速,呈热昏迷而停止发育。

2. 低温杀虫法

博物馆害虫在-4℃以下,害虫体液出现冰冻结晶,使原生质遭受机械损份,脱水和生理结构遭到损坏。一般冷冻4小时便可杀死害虫。

3. γ射线辐射杀虫法

γ射线对各种微生物、昆虫均有杀伤作用,采用较高剂量辐照文物,目前采用16万伦琴辐照文物,既不伤害文物,对人体无放射性危害,又能在不超过一个月的时间内完全杀死害虫。

4. 气调缺氧杀虫法

将空气中各种气体正常比例调整,减少害虫赖以生存的氧气,增加氮气和二氧化碳气,使害虫正常活动受到抑制,甚至窒息死亡。可以采用充氮,除氧剂除氧缺氧等技术。制造缺氧条件。

6.3.2.2 利用化学方法杀虫

化学方法杀虫防虫是文物保护中应用广,见效快,杀虫彻底的方法。

1.固体易升华或挥发的药物樟脑、萘。

将樟脑或萘用纸包住,夹在纸质文物或纺织品文物中即可有效的防蠹防蛀。萘中可能含有少量有机酚,易氧化变色而影响文物,樟脑、萘升华挥发太快,用纸包住减缓散失速度,延长杀虫时间。

2.气体熏蒸杀虫剂主要是易挥发气体、液体蒸气、进入害虫的呼吸系统或由体壁质进入虫体、引起中毒死亡。如环氧乙烷(CH_2—CH_2)溴甲烷($CHBr_3$)、甲醛

$$\overset{\displaystyle CH_2 - CH_2}{\underset{\displaystyle O}{\diagdown\diagup}}$$

(HCHO)。环氧乙烷由于易燃易爆常采用环氧乙烷:二氧化碳=1:9的混合安全气体。混合后的气体不仅因有较大的蒸气压而增强了环氧乙烷的穿透能力,提高了杀虫效果。而且大大降低了环氧乙烷的爆炸性,可杜绝环氧乙烷用于需蒸时爆炸隐患。甲醛使虫体蛋白质固化,皮肤硬化、变性、失活。

3.接触杀虫剂(又叫触杀剂),主要通过害虫表皮进入虫体,影响害虫的正常神经传导,使害虫致死,如滴滴涕(2,2—二氯苯基—1,1,1—三氯乙烷, Cl—◯—C—◯—Cl)。

4.胃毒剂主要通过消化道进入虫体,引起中毒死亡,如砒霜(As_2O_3)。砒霜特别杀博物馆建筑物木构件及木质文物的最主要的害虫——白蚁有特效。

6.3.2.3　利用天然药物避蠹防蛀法

利用天然药物避蠹防蛀安全有效,常采用以下方法。

1.利用天然药物创造防蠹环境

在收藏展出纸质文物、纺织品文物,皮革类文物,小型漆木竹器类文物时,使用的天然药物樟脑、芸草、莽草、秦椒、蜀椒、胡椒、地椒、狼毒、银古、马鞭草等30余种。这些药物的有效成分为生物碱、挥发油、甙类和有机酸对昆虫有显著毒杀作用。

纸质纺织品文物用天然药物处理

(1)用黄汁、椒汁、烟草提取液等天然药液向纸质、纺织品、皮革及漆木竹器等文物均匀喷雾,即可达到杀虫防蛀的目的。

(2)用天然药物处理的药纸隔气法

将天然药液浸渍或喷雾处理的药纸,夹在纸质或纺织品文物间,或用药纸将纸质,纺织品、皮革、小型漆木竹器包褒都可以取得防虫的效果。

(3)在书卷装裱、纺织品、皮革、漆木竹器加固中采取防蠹防蛀措施

在书籍、经卷、字画的装订、裱褙工艺过程中加入防蠹防虫剂。

§7. 博物馆的防火

7.1 起火的原因与燃烧的条件

博物馆起火的原因主要有：

①博物馆木质材料因对流传播之热,引起可燃性气体产生,当温度一旦达到着火点时与空气中氧反应而起火。

②博物馆木质构件因糟朽腐烂产生的可燃性气体。

③电器老化引起火灾。

④违规操作或人为的破坏引起火灾。

燃烧是一种激烈的发光、发热的氧化反应,其发生的条件一是有可燃物;二是有助燃的氧气;三是有达到着火点的温度,这是燃烧的三个重要条件,也是火灾的重要起因。

7.2 博物馆的防火设计与日常的防火管理

博物馆是文物展出与观众参观文物的重要场所,不仅陈列和珍藏有大量文物,而且经常有大量观众,因而博物馆的防火工作就显得特别重要。

7.2.1 博物馆的防火设计

博物馆防火要坚决贯彻"以防为主,以消为辅,防消结合"的方针,在博物馆的设计中必须特别注意防火设计。

①博物馆防火设计中要有齐全的消防设施,消防拴,灭火器应启用方便。

②博物馆建筑尽量不用易燃易爆材料。

③博物馆建筑应宽敞,空气流通,防止产生可燃气体。

④博物馆的电线及电器安装一定要注意防火,远离易燃物。严防电器开关时放火花。

⑤博物馆的照明一定采用防紫外线和防爆灯。

⑥博物馆建筑木质构件应涂刷防火涂料。

7.2.2 博物馆的日常防火管理

博物馆的特殊性质要求日常防火应有严格的要求,严格的管理,常抓不懈,措施得力,任务落实。

①经常深入细致检查可能出现的一切火灾隐患。一经发现,立即处理。

②博物馆严禁堆放易燃物。

③博物馆电器设备,电线应经常检查,随时排除一切隐患。

④经常注意检查灭火器材。

⑤对博物工作人员应经常进行防火知识及防火技能的教育、培训。

⑥博物馆内严禁明火,清除可能产生明火的隐患。

§8. 博物馆建筑与环境要求

8.1　博物馆建筑的基本要求

①博物馆建筑应从功能要求,在结构、技术、材料、艺术、形象等各方面,满足文物展出、标本收藏、科研、社会教育等业务及行政管理方面的要求。

②博物馆建筑应成为一个国家、一个地方或一个城市的文化象征。

③一个博物的建筑应具备独特的格调和风貌,能很好地为现代城市服务。

④博物馆建筑应通行流畅,不出现人流交叉,有较宽敞的通道,便于大量观众出入疏散。

8.2　博物馆文物库房建筑的基本要求

库房建筑有许多特殊的要求,必须从建筑面积、布局、防火、防震、防盗、防潮、防汛、防腐蚀以及运输、现代科学管理设备等方面考虑。

①博物馆库房建筑应有宽敞的通道,以利于文物搬运及各部门的联系,一旦发生事故保证抢险救护畅通无阻。

②博物馆库房建筑结构材料与室内装修应选择坚固耐用、防火性能好、有抗震刚度的材料,最好选用钢筋混凝土结构体系,抗震烈度应高于一般八度设防。

库房门窗采用金属材料,密封性保温隔热性要好,防止库外温度骤变对文物的影响 。

库房地板采用坚实耐磨,既防尘又保温的合成橡胶或塑胶地面。库房内如需安装吊顶时,应采用防火性能好的轻钢龙骨和岩棉板或钙塑板作面层。

③库房既要有足够的光线,又要防止自然光中紫外线对文物的破坏,有条件的藏品库房最好使用人工照明,照度以 $60\sim100$ 勒克司为宜。如果采用自然光,必须采取蔽光措施,避免日光直射。有条件的库房,可用间接光、反光、散光照明手段。电线、电源、灯具要严格选择,电线要暗线穿管或绝缘耐火线,光源应加防爆灯罩。库房应单独设电源,以保证安全,还必须有事故照明装置,一旦照明发生故障时应急之用。

④库房的屋顶应安装避雷设备,以防雷击。

⑤库房的通风及温湿度调剂要求很高,目前我国大多数博物馆难以达到恒温

恒湿的目标,只能靠自然通风方式来控制库房内的温湿度。

8.3 博物馆大环境的基本要求

①馆址选择遵照城市总体规划,建筑与环境融合协调。在选新馆址时,必须对周围环境进行调查研究,排除环境中不利因素,充分利用其有利因素,使博物馆建筑与周围环境成为一个协调的有机整体,互相辉映。

②博物馆环境应优美、幽静、尽量避开闹市,又要交通方便,便于观众集散往来。

③搞好博物馆周围的绿化工作,既美化环境吸收噪音、遮挡灰尘,又能减轻有害气体的污染。

④博物馆应避开低洼潮湿和有污染隐患的环境。

第十二章　土遗址保护

§1. 土遗址的分类

遗址是指那些记录历史上人类活动痕迹的场所,大致分为两类:

一类是自然环境遗址,人类曾在此生产生活,且留下遗物和遗迹。一些史前遗址,如蓝田猿人遗址,有当时人类活动的文化层,发现有 110 万～150 万年前的原始工具,人类及动物化石等。我国新石器时代的半坡遗址和大地湾遗址,都有非常重要的考古、历史和科学价值。那些曾经数百万年甚至数千万年前的古生代、中生代遗址,都是地球上生命繁衍的例证保存地,都是自然环境遗址。

另一类则是人类过去创造的人工痕迹,这些由人工有目的建造的物质实体,是过去某个时间内某个地域历史、科学、艺术的代表,但由于岁月或其他原因,这些人工实体的功能、材料和形象大部丧失,只在原位留下极小部分可以证明其存在的遗物或痕迹,称为人工遗址。如建筑圮毁后剩余的台座、夯土、城墙倒圮后保存的城基等。

土遗址除古建筑土遗址外,还有下列几类土遗址:

1. 古墓葬遗址

古墓葬若布局、结构、材料遭到破坏,已不能起到墓室的作用,不适于再存放、陈设藏器,即可认为它是成为一个墓葬遗址。如明清的明定陵、清东陵,现在虽已考古调查对外开放,但它们仍是完整的石墓葬,不能称为墓葬遗址。但秦汉乃至一些唐陵由于墓室结构圮毁,材料朽坏,经过考古发掘,它就成为一处墓葬遗址。

2. 古城土遗址

古城土遗址是生土、夯土、土坯和板筑泥建造的墙体、墙基、窑穴和窑等。如交河故城、高昌故城、河北易县的战国古城、西安的汉长安城遗址等都是古城遗址。

3. 长城、关隘、烽燧及土塔

这一类土遗址以敦煌西北的汉长城、阳关、玉门关及其附近的烽燧、土塔最具有代表性。

4. 坑、穴、窑、窖等土遗址

秦始皇兵马俑坑、虢国墓地车马坑,以及众多的古代瓷窑和酒窖的遗址均属此类。

总结起来,可以称之为土遗址的有:

①古代建筑和构筑物遗址——指那些古代建筑大部倒圮,只余少量遗迹的原始地点。

②古墓葬遗址——指那些已倒圮,丧失墓葬布局和结构功能作用,并经考古发掘展示的墓葬。

③古生物代遗址——指那些记录在人类出现前古生物活动生活的场所遗迹、遗物。如四川自贡恐龙化石、浙江古树化石区等。

④史前人类文化遗址——指那些记录有原始人类活动的自然环境、遗物、遗迹的场所等。如周口店、蓝田猿人的化石、地层、人类脚印等。

上述提到的四种土遗址虽各有其特点,但有一点是共同的,那就是它已完全独立于原事物的形态,变成过去的一种代表,一种符号,一种纪念性的载体。

古生物代遗址及史前人类文化遗址是以保护客观环境和遗迹现状为主,这里不做为主要讨论对象;对于历史建筑和构造物遗址以及墓葬遗址,由于它们纯属人类文化遗存,是本章讨论的主要对象。

§2. 土遗址的建造方法

我国保存的土遗址基本上可分为保存在地面上的和埋在地下的两大类型。大部分土遗址是保存在地面上的,如长城、关隘、烽燧及古城。还有一部分土遗址是埋在地下的,如建筑倒圮后埋在地下后发掘出来的住房、殿堂及一些坑、窑、窖、穴等。不论是埋在地下的还是保存在地面上的古遗址,其建造的主要方法大致分以下6种:

生土挖造法、粉土夯筑法、土坯砌筑法、湿土或泥垛筑法、综合建造法、特别建造法。

2.1　生土挖造法

生土挖造法是先在较高的台地或山坡上挖生土建基础,然后夯筑、坯砌营造建筑物墙体。坑、穴、窑、窖是直接在较厚的生土中挖掘建造。新疆交河故城、敦煌玉门关、河仓城、汉长城等基本都是用同样方法建造的。

2.2　粉土夯筑法

粉土夯筑法是古代建筑墙体如城墙、长城烽燧及陵墓时,就地取土夯筑的建造方法,为了提高夯土墙的强度,可将土中碎石杂物除去后用水将土适当拌和后再铺一层草或灌木枝条,增加夯土连接力,分层夯筑。如果土质黏性好,可用黏土直接夯筑。玉门关、河仓城的基础和墙体均为此法夯筑。

2.3　土坯砌筑法

土坯砌筑法是在生土层中挖造基础上或夯土基础上建造用土坯砌造墙体。

2.4　湿土或泥垛筑法

湿土或泥垛筑法是将土用水拌和成半干的泥块或泥片,用模具或不用模具将泥块或泥片紧密堆垒建造墙体的方法。交河故城一些小寺院和佛殿的墙就是用这种方法建造的。

2.5　综合建造法

综合建造法是先在生土层中挖造基础,再在上面夯筑一定高度土墙、墙上再用土坯砌建、泥土垛筑的方法。有时则是先用土坯砌建土塔或燧峰的周围,中心用粉土夯筑,有的在夯筑和土坯砌筑时,分层加入一些草、芦苇或灌木枝等,以增加夯土层及土坯砌筑的连接力和整体性。

2.6　特别建造法

土遗址还有几种不同于前 5 种建造法的特别建造法。

一种是西安半坡遗址中部分房屋和甘肃秦安大地湾部分房屋墙体采用木杆或木柱做骨架泥墙或木骨架粉土夯筑法。

另一种是以大木材作框架,用红柳、胡杨或芦苇编成夹壁,外面再抹草泥作成墙壁。如新疆民丰县汉晋时期的尼雅遗址和汉代楼兰古城的墙体都是用这种方法建造的。

有的城墙以泥砌卵石建造、用人造陶粒轻骨料和用料礓石烧制的水泥为胶结材料的轻质混凝土来建造,这是古代建筑史上的一大奇迹。

通过对土遗址建造方法的讨论和研究可了解古代劳动人民在建筑、工程、艺术方面的成就和发展。从秦安大地湾遗址,不仅可以看到一个规模宏大、极其重要的新石期时代遗址,还可以发现它的建造工艺十分先进,在新石期时代建筑地面地时竟大量使用了人造陶粒轻骨料以及用此料和料礓石烧制的水泥为胶结材料的轻质混凝土。

§3. 土遗址的调查和研究

3.1 土遗址的调查

3.1.1 土遗址的现存状况调查

一处土遗址,可能是损毁后自然遗存,可从其外观表征证明其曾存在过历史建筑或构筑物,如发现人工的砖石铺砌、堆积、人工夯工遗存、残存的人工加工材料等。

另一类土遗址的发现是通过现代考古的方法,通过剔除覆埋物,揭露曾经存在过人工构筑物体的遗留物,如地面、墙角、柱石、柱础等。

不论如何发现的土遗址,首先要做的是对其进行现状测绘。现状测绘通常采用方格网法,即按遗址规模将遗址分成若干个方,每方以经纬划分,每格 10 米×10 米或 20 米×20 米,在每个方内再根据土遗址密度划分更小的网格,将这些网格放样到遗址上和图纸上,将土遗址现象准确细致地描绘到图纸上,描绘的图纸应包括平面图、剖面图、大样图和写生图等。

3.1.2 土遗址周边环境调查

2005 年 10 月 17 日至 21 日在古城西安召开的国际古遗址理事会第十五届大会期间召开"古遗址及其周边环境——在不断变化的城乡景观中的文化遗产保护"国际科学研讨会上通过的《西安宣言——关于古建筑、古遗址和历史区域周边环境的保护》强调"有必要采取适当措施应对由于生活方式、农业、发展、旅游或大规模天灾人祸所造的城市、景观和遗产路线急剧或累积的改变;有必要承认、保护和延续遗产建筑物或遗址及其周边环境的有意义的存在,以减少上述进程对文化遗产的真实性、意义、价值、整体性和多样性所构成的威胁"。并将它告之所有能够通过立法、政策制定、规划和管理等途径促进宣言目标实现的政府间组织、非政府组织、中央和地方政府、机构和专家,以便更好地保护世界遗产建筑物、遗址和地区以及它们的周边环境。

土遗址周边环境调查时要绘制周围环境现状图,最好能找到遗址地区 1:500 或 1:2 000 的地形图。将与遗址毗邻的建筑物、构筑物、植物、道路、地形等进行记录。

3.1.3 土遗址及周边地区工程地质状况调查

水文气象资料、岩土力学性质、年温湿度、温差等。由于遗址已经失去了其上部作为保护的构造部分,因此,所有外界的自然现象都会对遗址造成损害。

地表及地下水会作用于遗址表面。

温湿度的变化会给遗址增加额外的自然应力,冷热冻融更是直接破坏遗址的材料构成,引起土遗址崩裂、坍塌。

3.2　土遗址的研究

3.2.1　土遗址的历史和未倒圮前原状研究

古遗址必然是历史上遗留的残迹,我们应研究和确定他过去的历史、性质、布局和形式。

3.2.2　对土遗址研究的角度

3.2.2.1　从历史地域的角度研究

历史上遗址区域曾经历了哪些朝代,曾发生了哪些重大事件,曾有过哪些著名的建筑物或构筑物。这些工作可以通过碑刻、题字和查找当地志书、历史文献来进行。

3.2.2.2　从遗址形式的角度研究

在查阅文献史籍后,对遗址有了初步的认识,此时应该回过头来研究遗址本身。

3.2.3　土遗址研究的内容

3.2.3.1　土遗址的范围和规模

由于土遗址是损失了其原有形象的残迹,不能表达出全部信息,只能从现存的状况推断其原来的情况。首先应对遗址进行分析,确定它是否完整或残损程度。

3.2.3.2　遗址的性质

通过对遗址保存现象的分析,研究其原有建筑的性质,如根据铺地、柱础、夯土规模来辨别建筑的等级。如台阶高敞、柱距宽大、面积大,而又居中心或重要位置,那它就可能是建筑群的主殿,而那些小进深、小柱础、台基较低的可能是附属建筑。

3.2.3.3　遗址的平面布局形式

通过对土遗址平面残留迹象的分析,可按建筑通过绘制出其平面柱网,绘制出总平面,确定各土遗址间的关系,最后推断出遗址的建筑平面图。

3.2.3.4　复原研究

对于一处遗址,只有对其进行复原研究,推论出其建筑物或构筑物原有的形态,才能为科学保护遗址提供有力的依据。复原工作应在充分解读遗址的情况下进行。上部已毁部分的复原设想,可以参观现存同时代建筑,或对照历史文献中对此类建筑问题的描绘资料。现在进行唐代建筑的复原研究,实物大多取材于现存几座唐代木构建筑,如山西五台山“佛光寺大殿”、“南禅寺大殿”,图籍文献则取自于唐墓壁画,敦煌壁画等。

§4. 土遗址主要病害及引起病害的主要因素

土遗址文物中的土质,不论是生土、夯土还是土坯,易在水中崩解、松散,时刻都遭受温湿度变化,水、风和可溶盐的侵蚀破坏。土遗址按所处的环境大致分两类,一类是露天土遗址,如交河故城、西夏王陵、汉长城、玉门关、汉长安城等;另一类是保存在室内的土遗址,如半坡遗址和大地湾 F901 房屋遗址,都是在考古发掘后立即建造保护性的建筑掩体或大厅,将遗址保存在建筑物之内。

由于土遗址所处的地域、地质条件、环境、温湿度变化、风力、风向不同,因而受破坏的因素、产生的病害及病害程度也不同。

4.1 露天土遗址的主要自然病害及引起病害的主要因素

4.1.1 风蚀及引起风蚀的主要因素

露天土遗址长期在室外,特别是处在西北地区戈壁滩上的露天土遗址如交河故城、汉长城等。由于常年经受西北方向吹来的 8～12 级大风和沙暴,以致面向西北的墙面被风蚀得千疮百孔、凹凸不平,呈蜂窝状、鳞片状龟裂剥离,有的甚至被风蚀穿透。遗址生土开挖的墙基,由于强度较低,大部分墙基被风掏蚀凹进,使墙呈倒立的"棒槌山",很容易坍塌。敦煌地区的汉长城原有 136 公里,烽燧 80 多座,现遗存较完整的汉长城不到 2 公里,保存较完整的烽燧只有 20 多座,其余已变成沙土。由此可见,风蚀是对土遗址最重要的破坏因素之一。强风劲吹,沙石打磨,生土开挖的墙基强度差等是土遗址遭风蚀的主要因素。

4.1.2 雨蚀及引起雨蚀的主要因素

由沙土和版筑泥建造成的土遗址,在干燥环境中,虽有一定的强度,但遭到雨水冲刷时会发生严重的沙土流失,甚至崩解。在我国西部地区,虽降水量少,但降水集中,对戈壁上的土遗址危害极大。因此,暴雨冲刷是使土遗址发生崩解坍塌、流失等的主要因素。雨蚀也是对土遗址最主要的破坏因素之一。

4.1.3 土遗址开裂坍塌

露天土遗址因昼夜温差大、冻融胀缩及地震、自身荷载等因素的影响,在表面产生深浅、大小不一的裂隙。裂隙不断发育,会逐渐延伸到遗址的内部,从根本上影响遗址的强度,使土遗址开裂坍塌,形成残墙断壁,受到毁坏。

4.1.4 冲沟的形成发育及破坏

因为我国属于大陆性季风气候,降水主要集中在夏季,特别是西北干旱地区,一次降水甚至占全年降水量的一半以上,这种暴雨使汇集的水形成水流而使土遗址因受水流冲刷而在表面形成冲沟,严重毁坏土遗址。玉门关墙体冲沟十分典型。

图 12—1　玉门关墙体冲沟图

4.1.5　夯土墙(台)面剥蚀及引起剥蚀的主要因素

夯土墙(台)面剥蚀而引起的片状剥离是土遗址的墙(台)在干湿不断变化的作用下,在墙(台)表面上形成夹有矿物质的片状硬壳,在风力、重力或其他应力的作用下,使墙体呈片状剥离。这种病害千百年来一直严重侵蚀破坏土遗址的墙(台)体,特别是土遗址的墙(台)面(图 12—2),是土遗址最普遍的病害之一。

图 12—2　河仓城墙墙体表面剥蚀状况

4.1.6　土遗址的风化

土遗址的风化是个普遍存在而破坏相当严重的病害,露天土遗址的风化问题更为严重。土遗址的风化不仅有物理风化,还有化学风化和生物风化。

4.1.6.1 露天土遗址的物理风化

1. 溶盐引发的物理风化

土遗址墙体的土中常含一些可溶盐,虽含量不高,但因随雨水迁移富集在土遗址的墙基处使其相对含量较高。随环境温湿度的频繁变化,可溶盐的溶解收缩—结晶膨胀—再溶解收缩—再结晶膨胀,这样反复活动,使墙基发生十分严重的物理风化,使土遗址的墙基酥粉而被风掏蚀凹进,容易倾倒。

2. 反复冻融引起的物理风化

土遗址墙体的土中含有方解石,如新疆交河故城墙体的土经分析表明含有较多耐冻融较差的矿物——方解石,由于戈壁上温差大,变化剧烈,易发生冻融,土遗址墙体反复发生冻融,易产生风化,使墙体强度降低,发生酥粉而垮塌。

4.1.6.2 露天土遗址的化学风化

1. 酸雨引起土遗址的化学风化

随着工业的发展,空气中 SO_2、NO_2、CO_2、Cl_2、HCl 的含量不断增加,遇到水蒸气时形成酸雾或酸雨,如陕西汉阳陵距渭河火力发电厂较近,下雨 10 小时后,雨水的 pH 仍为 6。酸雨中的酸可使土遗址表面的一些成分发生复分解反应,使土中的一些不溶盐转变成可溶盐而随雨水流失或反应产生气体而使土体膨胀。如空气中的 CO_2 在空气遇潮而形成 H_2CO_3,随酸雨渗入土遗址中,与土遗址中土壤中的 Ca_3 发生反应而形成可溶性的 $Ca(HCO_3)_2$ 随雨水流失。

$$CO_2(空气中)+H_2O(空气中)\longrightarrow H_2CO_3$$
$$\downarrow CaCO_3(不溶)$$
$$Ca(HCO_3)_2(易溶)$$
$$CaCO_3(土中)+HCl(空气中)\longrightarrow CaCl_2 + H_2CO_3$$
$$\longrightarrow H_2O+CO_2\uparrow$$

2. 降尘引起的土遗址化学风化

风不仅对露天土遗址具有风沙打磨的风蚀作用,还将粉尘、煤炭、冶炼厂的烟尘、化工厂的尘埃,吹到土遗址表面。这些尘埃的成分十分复杂,有金属氧化物、酸、碱、盐,遇到空气或土中的潮气,就会或溶解渗入土遗址中或分解产生相应的酸或碱而腐蚀遗址表土,使土遗址表面酥粉、变色和变质。

4.1.6.3 露天土遗址的生物风化

1. 植物根系引起的土遗址风化

降落在土遗址上的植物种子,遇一定的温湿度就会生根发芽,其根系不仅会引起遗址表面开裂,还使雨水沿根渗入遗址而破坏遗址。

另一面是遗址周围的树木根也会由于生长而延伸到土遗址内,引起土遗址产生裂隙,表面开裂。

2. 微生物引起的土遗址风化

土遗址表面生长的苔藓、藻类及各种真菌、细菌孢子等微生物,代谢过程中会产生醋酸、草酸等有机酸及硝酸、碳酸、亚硝酸等无机酸,对含有 $CaCO_3$、$CaSiO_3$ 结构的土进行腐蚀、分解。

$$CaCO_3 + 2H^+ \longrightarrow Ca^{2+} + CO_2 \uparrow + H_2O$$

$$CaO \cdot xSiO_2 + 2H^+ \longrightarrow Ca^{2+} + xSiO_2 + H_2O$$

分解反应生成的可溶盐渗入土中,发生结晶膨胀、溶解收缩的反复作用,对土遗址起到破坏作用,所以微生物对土遗址的破坏作用是不可忽视的。

4.2　露天土遗址人为的破坏

4.2.1　震动对土遗址的破坏

现在的土遗址基本上保留了考古发掘时期工地的遗址原貌,独立的坑、穴、窑、窖、隔梁、门槛、灶到处可见。但土遗址是一类强度不好的土质文物,遗址附近的工厂大型机械振动,车辆行驶等引起的震动都可能使土遗址因受震动松动而毁坏。

4.2.2　游人踩踏对土遗址的破坏

露天土遗址由于规模大、范围广,既无遮体,难于管理,有的甚至无人管理。常有游人游览时攀登、踩踏,这种人为的破坏十分严重,有时甚至超过自然破坏。

4.3　室内土遗址的主要病害

半坡遗址、秦始皇兵马俑坑遗址、淄博车马坑遗址,都是在考古发掘后立即建造了建筑物遮掩体或大厅的室内土遗址。这种有挡风遮雨掩体或大厅的土遗址,因可以避免大风刮蚀和大雨的冲刷淋蚀,保存情况一般要比露天遗址好得多。

但室内土遗址毕竟还是受遗址所处的地理环境、水文地质环境、大气环境、遮掩体的质量、功能、游人的来往等自然及人为因素的影响,有着不同程度的病害。

4.3.1　空气污染引起室内土遗址的风化

室内土遗址虽然保存在室内,但不是处在隔绝空气的密闭状态,遗址所处的空间的空气是和外界大气是相通的,因此空气污染是肯定的。如西安半坡遗址发掘后虽立即建了保护大厅,但由于遗址附近有灞桥火力发电厂、浐河化工厂和几个纺织厂,工厂蒸气锅炉燃煤及化工厂生产过程产生的 SO_2、NO_2、CO_2、HCl、H_2S 等有害气体,严重污染遗址上空及周围的大气。这些有害气体基本上是酸性气体,一遇潮气就会变成相应的酸。腐蚀土遗址的表面,使遗址表面风化酥粉而有一层细粉土盖在土遗址表面,不仅严重影响外貌,还会不断侵蚀土遗址。

4.3.2 粉尘对室内土遗址的污染及破坏

由于半坡土遗址附近由于有火力发电厂,浐河化工厂和多家纺织厂、煤厂,这些工厂的煤炭、粉尘、棉绒纤维等随风飘来落在土遗址表面。这些固体粉尘成分十分复杂,有固体酸、碱、盐,不仅磨损土遗址表面,而且遇潮气会与土壤成分发生破坏性复分解反应,产生新盐、新酸或新碱,继续腐蚀土遗址。

4.3.3 地下水污染对室内土遗址半坡遗址的破坏

由于半坡遗址位于火力发电厂、化工厂、纺织城地区,这些厂子排污量大,致使遗址附近水污染严重。这些含有酸、盐、碱、有机物、菌类等有害物质的水在漫长的时间内,慢慢渗入土遗址下面,再逐渐蒸发,随地下水一起逸出遗址表面,在土遗址表面产生泛碱现象。

4.3.4 土遗址土壤中可溶盐引起室内土遗址的风化

分析表明,半坡遗址土壤中的可溶盐主要是无水芒硝(Na_2SO_4),受环境温湿度及地下水的影响,可溶盐反复进行溶解收缩、结晶膨胀,致使部分房屋遗迹、墙壁残段等和出土时相比,变化明显。有些风化特别严重的已面目全非,成了表面覆盖了一层厚厚烟尘、煤炭、纤维和风化层混在一起、难以分离的污染层。

4.3.5 保护大厅顶漏水对土遗址的严重破坏

半坡土遗址的保护大厅建于1953年由于年久失修,厅顶多处漏雨,不仅使土遗址表面出现滴水小坑,而且使土质文物遇水崩解、松散,力学强度大大降低。

4.3.6 温湿度变化对室内土遗址的破坏

半坡土遗址受气温及空气相对湿度变化的影响也很大。土壤在空气湿度大时吸潮膨胀,而干燥时水分蒸发又收缩。由于保护大厅很大,厅内温度随外界温度变化而变化,使土遗址反复发生冻融而发生风化。半坡遗址部分房屋残段、窖穴窑址在受干燥收缩、潮湿膨胀的反复作用和冻融作用的破坏下,发生开裂,块状剥落。2004年对半坡遗址进行了保护回填后,拆除了旧的保护大厅,重新设计修建了新的保护大厅。

4.3.7 室内土遗址受霉菌的破坏

室内土遗址,特别像秦俑二号坑空气流动较差,室内闷热潮湿,在坑内霉菌活动非常活跃,走进二号坑大厅,就能闻到明显的霉味。为了有效抑制霉菌对秦俑土遗址的危害,秦俑的保护人员在对二号坑霉害形成的原因以及霉害的现状进行了全面深入的调查,对防霉剂进行筛选和对比实验的基础上,有针对性地采取了综合措施,有效地治理了二号坑内霉害。

4.3.7.1　室内土遗址霉害形成的主要原因

为了摸清秦俑二号坑霉菌大面积快速生长蔓延危及整个二号坑的原因,以便有针对性采取有效地防治措施,保护人员对该坑展厅内空气温、湿度、坑内土壤含水量、土壤 pH 值及有机物含量、菌种来源等理化指标进行了大量测试调查工作。

1. 二号坑内空气温、湿度非常适宜霉菌生长

真菌生长适宜的温、湿度是:气温 20～30℃,相对湿度(RH)60％以上,而最佳生长条件为 25～30℃,相对湿度(RH)80％以上。秦俑二号坑自发掘后 9 个月的气象监测资料表明,温度随季节变化较大,但日温差却一般在 2℃ 以内。气温高于20℃的有 110 多天,高于 25℃的有 60 多天,坑内相对湿度为 52％～98％,高于70％有 250 多天,高于 80％的 170 多天,日均相对湿度多在 80％以上。由此可见二号坑的温湿度条件非常有利真菌微生物的生长。

2. 二号坑潮湿土壤适宜霉菌生长

一般微生物最适宜生长的土壤含水饱和率在 60％～80％之间,而二号坑土壤含水饱和率在 54.2％～78％,正好适宜微生物的大量快速增长。

3. 二号坑土壤酸度(pH 值)适宜霉菌生长

土壤中微生物群高度依赖土壤的酸度 pH 值,霉菌最佳的生长范围为弱酸性(pH＝4.5～6.5),而二号坑土质的 pH 为 6.2～6.4,非常有利于霉菌的生长繁殖。

4. 二号坑有霉菌生长所需的丰富营养

二号坑不仅有建造时使用的大量棚木,而且原地表有经济林发展的根系,因而使二号坑的土壤中含有霉菌生长繁殖所需的大量有机质。

5. 空气和游人带入大量菌种

二号坑内不同断面、不同位置、不同季节的空气菌落采样分析结果。

表 12－1　二号坑不同位置、不同季节霉菌菌落数平均值 (个/皿)

季节 地点	春季	夏季	秋季
坑内	76	60	90
参观平面	132	90	104
楼上	78	67	76

由表 12－1 不难看出游客主要活动区菌落数最高。

1995 年 5 月至 1996 年 10 月分春、夏、秋、冬四个不同季节,在 2 号展厅不同断面的空气、不同区位的土壤和不同地点有霉斑的俑体表面多次采样分析,共获得霉菌纯培养 432 号,计 125 株,对其进行分离鉴定,共分离鉴定出霉菌 48 种,其中结

合亚门 6 种,子囊菌亚门 23 种、木霉、头孢霉占整个种类的 70％以上,种类和数量上都最多,是俑坑中主要的霉菌种群。

从上述可知,适宜的温湿度、潮湿、弱酸性含大量有机质营养的土壤,空气及大量游人带入大量菌落是室内土遗址发生霉害的主要原因。

§5.土遗址的保护和修复

土遗址是遗址文物中由生土、夯土或土坯构建的最难保护的土质文物。由于土质易受空气中有害气体、风、雨、温湿度变化、溶盐的溶解收缩、结晶膨胀、冻融作用,降尘及微生物等多种因素的侵蚀和破坏,特别是暴雨水灾易使土质文物崩解、松散、力学强度极低而坍塌毁坏。那些幸存的土遗址,特别是露天土遗址,仍常年不断遭受风蚀和大雨暴雨的冲刷等物理、化学及生物风化的严重破坏而成濒危文物。因此,对土遗址进行及时的、科学、有效的抢救性保护,是摆在我国文物保护工作面前一项十分紧迫、十分重要又十分艰巨的任务。

5.1　制定科学可行的保护修复方案

5.1.1　制定土遗址保护修复方案的目的

制定土遗址保护修复方案的首要目的,是尽可能真实完整地保护这些遗址,在保护遗址安全的前提下,通过各种保护和展示手段,向观众传达与遗址有关的尽量多的信息。

5.1.2　制定土遗保护修复方案应注意的几个问题

①制定土遗址保护修复方案前,必须对土遗址进行全面、深入、细致的调查、分析、研究。完全掌握土遗址的性质、保存现状并将土遗址现状准确细致地以平面图、剖面图、大样图或写生图的形式描绘到图纸上;绘制土建筑周围包括环境与遗址毗邻的建筑物、构筑物、植物、道路、地形,摸清土遗址及周边地区的工程地质状况、水文气象、岩土力学性质、年温湿度及其变化等资料。

②制定土遗址保护修复方案前,必须搞清楚由于生活方式、农业、工业、城市发展、旅游或天灾人祸所造成城市、景观和遗产路线急剧或累积改变进程对土遗址的真实性、意义、价值、一致性和多样性所构成的影响和破坏。

③制定土遗址保护修复方案必须区别对待,具有针对性。由于土遗址存留的地方、地形、环境、水文地质、气象及留存的形式、背景各种各样,不可能制定完全相同的方案,应根据土遗址的现状、本身价值及土遗址有关的各种条件,制定符合实际,切实可行的不同方案。

④制定土遗址保护修复方案时,必须保护土遗址的真实性和完整性,保护土遗

址的安全。

⑤制定土遗址保护方案应集思广益,广泛听取有关建筑学、地质地理学、气象学、考古学、文物保护学等方面专家学者的意见,使方案制订得更切合实际、更科学、更可行。

5.2 土遗址保护的基本内容及基本任务

土遗址保护的基本内容包括土遗址本身的保护及遗址的回填保护两个方面。

5.2.1 土遗址本身的保护

土遗址本身的保护主要包括土遗址组成材料的保护,材料的保护主要是改善材料的性能使其更坚固、耐久。如何选择适合土质文物加固和表面封护的性能良好的加固、裂隙填补及表面封护的材料及施工工艺,是一个影响保护效果的重要问题。

遗址本身保护的另一个方面就是保持遗址的小环境,因为遗址损坏除了遗址本身材质的性质,建筑工艺外,主要是外界条件合适与否造成的。因此,应妥善处理和保持土遗址良好的环境。

5.2.1.1 土遗址土质的加固

(1)土遗址土质加固的主要目的

由于土遗址是一类表面粗糙、强度不好,易吸尘、吸潮、吸空气中有害气体,遇水易崩解、松散、垮塌的土质文物,因此加固土遗址的目的就是借用性能良好的加固材料来改善土遗址材料的上述缺点,使土遗址变得坚固、耐久、抗水,又要保持一定水分、防尘、防空气中有害气体、防震。这就是土遗址加固的主要目的。

(2)土遗址加固材料的基本要求

土遗址加固是土质文物保护中一项极其重要的工作,而在这一工作中重要的是加固材料。选择或合成符合土遗址加固要求的、性能良好、使用方便、经济。能达到最佳保护效果的加固材料就成为土遗址保护工作中重中之重。

土遗址加固材料的基本要求:

①土遗址的加固材料必须无色透明,不反光,加固后能保持土遗址的原貌,做到保护加固前后基本一致,远看看不出,近看稍有区别。

②渗透性好,能很好地渗透到土壤中,起到良好的加固作用;还要求加固剂在渗透过程中不能引起局部土质崩解,确保土遗址安全。

③要求加固剂有较好的强度,加固后既能使土遗址坚固,又不能在加固过程产生裂隙。

④加固剂必须稳定性好,耐老化,老化后也不影响土遗址文物外观。

⑤加固剂耐水性要好,防止土遗址遇水崩解、松动、坍塌。

⑥加固剂应具有较好的透气性,能使土遗址中的潮气可以逸出,而外界的水蒸气、水分不能进入。

⑦加固剂应有一定的抗菌防霉作用,防止土遗址的生物风化。

⑧加固剂应使用方便,经济安全。

(3)土遗址加固常用的加固材料

古遗址的加固材料要求能解决土遗址防尘、防震、防有害气体侵蚀,又要具有较好的透气性、增水性,还有抗菌防霉功能。灌浆加固土遗址裂隙时,既要求填充裂隙加固土遗址,使土遗址坚固,又不能强度太大,以免加固填充裂隙时因强度太大而使土遗址产生新的裂隙。

由于土遗址加固剂有以上特殊要求,目前没有非常理想的土遗址加固保护剂被广泛应用,所以在土遗址保护,特别是土遗址加固材料研究方面还有许多工作和问题需要文物保护工作者,尤其是从事文物保护材料研究方面工作的同志研究和探讨。现在常用的土遗址加固保护材料主要有以下几种:

①可溶性碱金属硅酸盐:硅酸钠、硅酸钾

②可溶性氟硅酸盐:氟硅酸钠、氟硅酸钾

③SiO_2 在 NaOH 溶液中的分散体系

④碱土金属的氢氧化物:氢氧化钙 $Ca(OH)_2$、氢氧化钡 $Ba(OH)_2$、氢氧化锶 $Sr(OH)_2$。

5.2.1.2　土遗址小环境的保护

造成土遗址损坏的主要因素是土遗址的外界条件合适与否,因此要保护好土遗址除了改善土遗址材料的特性外,就是要保护或改善土遗址的小环境。

1. 土遗址地表和地下水环境保护

(1)地表及地下水对遗址的破坏

遗址地表和地下水都会作用于遗址表面:地表水会直接冲刷遗址,造成遗址材料表面的剥蚀,水进入材料内部也会由于水对黏土材料的崩解作用及由于温度的变化破坏土质材料的分子结构,使土质松软而使遗址发生塌陷;地下水通过毛细作用浸入遗址表面,特别是水汽在上升过程中遇到温度变化,会出现凝结,若在冬、夏或干燥地区,水分挥发速度更快,这样很容易造成土遗址的龟裂,甚至倒塌。若土遗址中所含水分遇冷结冰,使水从液态变为固态时,因其体积可膨胀 8% 而产生大约 $6×10^3\,kg/cm^2$ 的膨胀力,对其四周土壁产生压力,但当冰融化后,这个力就随之消失,如此反复冻融,就会使土遗址出现裂隙。

土壤中的可溶盐,也会因土遗址地表水的渗入和地下水上升随着温湿度变化而出现溶解—结晶,和水的冻融一样,使土遗址产生裂隙和裂隙加剧,而使土遗址受到严重的破坏。

（2）防止地表水地下水对土遗址破坏的保护措施

①防止地表水直接渗入遗址的保护措施

A. 修建遮掩体保护土遗址

修建遮掩体可以防止雨水直接落在土遗址上渗入土遗址和防止暴雨、大雨冲刷土遗址墙体。

B. 埋设 PVC 排水管,不再使墙体受遗址顶面汇集雨水的冲刷。

C. 在遗址附近修筑坚固的防水墙

对防水墙可加以控制,既不影响遗址形象,又可有效防止大暴雨水入侵遗址。

②在土遗址附近较低处挖建排水沟

为不影响土遗址形象,最好筑暗（地下）排水沟,以降低遗址地下水水位,防止土遗址地下水的上升面膨胀,崩解土遗址,也防止地下水带着地下水本身及土中的溶盐侵入土遗址,而引起土遗址的物理风化、化学风化。重庆大足石刻艺术博物馆,在宝顶山后山下挖建的排水深井及排水渠,对降低宝顶石刻地下水位,排除地下水上升所带溶盐对石刻的破坏起了很好的保护作用,值得借鉴。

2. 土遗址小环境温湿度剧变的危害及预防

土遗址揭露前,一般埋在地下水含量较多,季节变化带来的温差不大,可以说基本处于一个恒温、恒湿、无光的小环境中。而遗址揭露后,温湿度平衡被打破,土遗址中的水分向空气中散发,若在夏冬季节或是干燥地区,水分挥发的速度就更快,这样很容易引起土遗址的龟裂,甚至倒塌。

温度的骤变而引起的土遗址中水和可溶盐的变化,加速裂隙的产生和裂隙的发展,因此,在土遗址保护中要避免温湿度的剧烈变化,尽量保持恒温、恒湿的环境。由于土遗址不同于一般文物,一般面积都比较大,直接与大地相连,不可能像其他文物那样给予特殊的照顾和处理,因此,在土遗址保护中最好建筑良好的遮掩保护体,以防土遗址小环境温湿度的剧烈变化。

3. 降尘对土遗址的危害及预防

由于土遗址面积比较大,防尘成了一个较难解决的问题。特别是在现代工业发达地区,空气中降尘所含的酸、碱、盐、微生物等有害成分越来越多,危害越来越大。降尘都是极细小而又不规则形状的粒,落在土遗址上很容易吸附空气中的水分和酸性气体,在土遗址面上形成一层潮湿且吸附着有害气体的腐蚀层,此腐蚀层又是菌类生长繁殖的适宜场所,而菌类新陈代谢又产生硝酸、碳酸、亚硝酸和有机酸等,对含有 $CaCO_3$、$CaSiO_3$ 等成分的土遗址引起分解反应而造成危害。可以说,土遗址表面疏松、吸附性很强的尘埃层,是土遗址表面化学风化、生物风化及物理风化的重灾区。因此土遗址在建遮掩体时,尽量有防尘设施。使进入遗址的空气经过除尘处理。

5.2.2　土遗址的回填保护

有些土遗址原本就暴露于自然环境中,但大部分土遗址是经过考古发掘才露出真实面目的,其原本状态大多被某种物质所覆盖。

许多的遗址正是由覆埋在地下,才得以比较完善地保存到今天。因此可以说,覆埋是对土遗址进行保护的方法之一。

在考古和保护实践中,对所发掘的土遗址进行测绘、研究、整理后,又用土、沙或其他适当的材料,将其重新覆埋起来,达到暂时保护的作用,这种方法称之为"回填"。有时为了更好地保护土遗址,需要建造遮掩体或建保护大厅时,也需要将土遗址暂时保护起来,以防在建造施工过程中使土遗址受到破坏,或者土遗址上原有的遮掩体或保护大厅,需拆除重建时,为了确保在拆除和重建过程中土遗址的安全,采用回填的方法暂时保护土遗址。如西安半坡遗址发掘后就修建了比较简易的保护大厅,经过50多年大厅木质梁柱糟朽,金属材料锈蚀,多处露雨,在拆除旧保护大厅和新建保护大厅时,先对土遗址进行了临时性回填保护,有效确保了在旧保护大厅拆除及新保护大厅建设过程土遗址的安全。

5.2.2.1　土遗址回填保护的考虑因素

土遗址在被发掘后,如果符合以下因素,可以进行回填保护。

1. 发掘前后周围环境条件无大的变化,如地质水文方面无新的建设。

2. 遗址没有迫切的展示需要,或遗址内涵不很清楚,暂时尚不能形成相对完整的内容,其代表性和重要性尚待进一步研究时,可以考虑回填保护。

3. 遗址尚不具备对外开放的条件

如周围环境关系,地理交通或经济上的问题等,不具备开放的条件时,可采取回填的方法将土遗址重新覆埋起来,达到暂时保护的作用。

4. 目前尚无比回填相对更好的保护方法

从保护技术的角度,从经济的角度进行分析比较,认为当前的各种条件不能达到对土遗址的科学有效保护。

5.2.2.2　土遗址科学回填的基本要求

经各方面情况分析,研究决定对土遗址进行回填保护时,应达到以下要求。

1. 对土遗址表面和覆盖物进行有效隔离

对土遗址进行科学回填保护时,必须对土遗址面和覆盖物进行有效的隔离,防止二者混淆,而且要防止覆盖物伤害土遗址。隔离介质应符合以下要求。

①要有透气性。

②不会阻当水的运动。

③要易于分辨,以利于以后的二次发掘。

④隔离材料应耐腐蚀、不易毁坏。

⑤隔离材料应防霉,不会导致土遗址生物风化。

2. 对土遗址在回填保护前应进行预加固和支撑

由于土遗址经历了长时间的物理风化、化学风化和微生物风化,强度比较差,再加上经历了一次发掘,因此在回填前,最好对那些容易受伤损坏的部分进行加固。如对土遗址表面进行加固,对易腐朽风化的材料进行防风化处理,对土壤含有机质的遗址面还应进行防霉腐杀菌处理。

遗址大的结构已毁损无存,但也许还保留一些小的构造,因此回填前要对一些边角、孔洞、台基、转角等进行支撑。支撑的方法有刚性支撑和柔性支撑。

(1)刚性支撑:刚性支撑指用砖、石或其他材料支撑。

(2)柔性支撑:柔性支撑指利用沙袋、泡沫塑料等柔软材料支撑。

3. 回填保护

在进行了有效的隔离和土遗址的预加固支撑后,进行科学有效的回填保护。

(1)遗址面加细沙隔离层

在做了有效隔离和预加固支撑后的土遗址面上,加干净、干燥、无污染,粒度要求在0.1～0.3mm之间的细沙隔离层。隔离层视遗址情况厚度可在30～50mm之间,自然拍实。

(2)在沙子隔离层上即可回填覆土,一般要求覆土厚度在50 cm以上,也可根据现场情况适当加厚。回填土应是纯净土或沙土,颗粒小而均匀;回填时分层自然压实。

5.2.2.3　土遗址回填保护实例

西安半坡遗址旧的保护大厅因年久失修,材料老化,需新建遗址保护大厅时,为了避免土遗址在拆除旧大厅和新建施工过程中受到破坏,在拆除旧保护大厅前,由西安文物保护修复中心对遗址进行临时性回填保护处理。在对遗址本身和保护材料实验研究的基础上,采取了以下措施对遗址进行临时性回填保护处理。

①首先对遗址内裂缝、濒临崩塌土块、鼠洞、散落的土块、雨水滴蚀的孔洞进行临时性恢复保护。

②对土遗址表面强度较低的棱角处、表面风化酥粉处、表面松散土等处进行化学加固。

③对遗址全部表面用"霉敌"进行防霉处理。

④对遗址内的大围沟、小围沟、造筑遗迹、窖穴、公共灶等进行临时性棚护保护处理。

⑤对遗址内建筑台基采用套箱保护处理。

⑥遗址表面铺土工布隔离层和 10～20 cm 细沙过渡层,然后进行回填。

⑦回填后表面进行防水处理,找出排水坡度,铺上油毡,油毡上再用三七灰土抹平,最后在表面进行化学增水处理。

半坡遗址临时性回填保护工程在以后数年内,经数次探查,保护效果均比较理想。遗址新的保护大厅建成后将对遗址进行重新发掘,并进行一次全面保护,修复使其恢复到回填前的原状。

回填是保护土遗址一种常用的方法,由于土遗址情况不同,回填过程也有所区别。一般土遗址回填方法有重点部位的化学保护、遗址表面的防霉处理、轻质材料对遗址进行隔离;关键部位进行支护和棚护、局部支撑;木箱套箱保护;木板棚护、搭架防护、重点部位支护、沙袋堆砌保护,散沙过渡、黄土覆埋,表面防水处理等步骤和方法。

5.2.2.4　土遗址回填后的保护

土遗址回填后,其防护能力仍然很弱,仍需采取相应的保护措施。

①划定土遗址保护范围,设立标志牌,禁止有可能对地下土遗址产生伤害的工程或生产活动。

②确保保护范围内排水畅通,以防雨水聚集,下渗而使土遗址崩解下陷甚至塌陷。

③土遗址保护区周围进行绿化

土遗址保护区周围进行绿化、植树、种草,不仅可以美化环境,而更重要的是可以减少、土遗址保护区大气中污染物浓度,防止空气污染物对土遗址的侵蚀。

植物是天然的空气过滤器、吸收器和吸尘器,有着阻挡、吸附和黏着大气污染物的作用,可以对空气起到一定程度的净化作用。据报道,草地空气含尘量比街道含尘量少 1/2～2/3,铺草足球场上空含尘量比未铺草坪的少 2/3～5/6,1 平方公里杉树每年可吸收 720 公斤的二氧化硫,生长在距污染源 400～500 m 的洋槐、银华树木每年可吸收 80 公斤氯气。同时,植物通过蒸腾合光和作用不仅能吸收大量的太阳辐射热,还能吸收空气中的二氧化碳而放出氧气。因此在土遗址周围植树、种花、种草进行绿化,改善土遗址小气候环境,对土遗址的保护是非常有益的。

§6.古代墓葬及古墓葬遗址的保护

古代墓葬及古墓葬遗址是土遗址中的一类。在前面讨论土遗址时已对古墓葬及古墓葬遗址的定义及区别作了简单介绍,古墓葬及古墓葬遗址既然属于土遗址中的一类,很多保护问题都已在前面提及,在这一节讨论中不再重复。

6.1　古代墓葬的主要病害

经过对古代墓葬病害的调查分析,古墓葬的主要病害有古墓葬墙体坍塌、墓冢表面冲沟发育、墓葬墙面片状剥落、干缩开裂、风化酥粉,人为破坏、微生物破坏等。

6.1.1　古代墓葬墙体坍塌

古代墓葬在发掘前基本处在一个恒温、恒湿、不见日光的封闭平衡状态。发掘后,这种平衡被打破,温湿度变化会引起墓室墙体的反复胀缩、冻融和卸荷等因素的影响,使古墓墙体产生许多纵横交错的裂隙;裂隙不断发育而引起墙体坍塌,使古墓葬遭到严重破坏。

6.1.2　墓冢表面冲沟发育

暴雨或集中式降雨形成水流,长期冲刷致使墓冢表面形成冲沟。冲沟在受到温湿度变化发生胀缩,或遇地震或其他震动冲沟会产生裂隙而形成规模不一的冲沟群。大的降水极易在此形成大的严重冲刷,引起墓冢渗水崩解、塌陷。

6.1.3　古墓葬土墙面片状剥落

干湿度急剧变化引起胀裂干缩,使墓葬墙体龟裂,在墙体表层的土体与墙体之间形成一软弱层,逐渐起翘开裂,在风和其他应力的作用下逐渐呈片状剥落。

6.1.4　干缩开裂

古墓葬未发掘前,墓室深埋于地下,一旦经考古发掘揭露而暴露在空气中,使本来潮湿的墓室墓道急剧变干而收缩,形成大量裂隙。裂隙经温湿度不断变化,土粒不断风化脱落变得越来越大越宽,对整个墓室造成重大危害。

6.1.5　空气中有害气体对古墓葬的破坏

空气中有害气体在古墓中遇到潮气,会生成相应的无机酸而使墙体风化酥粉。

有害气体形成的酸和土中的主要化学成分 $KAl_2[(OH)_2(Si,Al)_4O_{10}]$(伊利石),$Mg(Al、Si、Fe、Mn)_6[(OH)_{16}(Si、Al)8O_{20}]$(绿泥石)$CaCO_3$(石灰石)等发生化学反应而使土质风化而酥粉。

6.1.6　可溶盐对古墓葬的破坏

古墓葬土中的可溶盐及外部渗水中携带的可溶性盐在墓葬时会随水移动,迁移富积在墓葬的墙基处及地面上。随环境温湿度的频繁变化,可溶盐反复溶解收缩、结晶膨胀使墓葬在墙基处的风化十分严重。

6.1.7　生物对古墓葬的破坏

(1)植物根系对古墓葬的破坏

古墓冢周围或上面树木的根系的生长会使古墓葬产生裂缝。大的降水或灌溉用水会沿植物根系渗入墓葬,导致墓葬崩解、塌陷。

(2)微生物对古墓葬的破坏

墓葬多距地表 3 米或更深,比较潮湿,通风较差,冬天也有一定高的温度,适宜微生物的生长繁殖。如陕西的永泰公主墓的墓室、墓道及墓道两侧的龛中都生长大量的菌类、苔藓和藻类,严重影响墓葬外观。更严重的是这些微生物代谢产物中的有机酸、无机酸对古墓葬壁面的腐蚀破坏。

6.1.8 古墓葬壁画的主要病害

古墓葬壁画是壁画中一个十分重要的部分。在自然和人为因素的影响下,古墓葬壁画遭受严重的破坏。

(1)古墓葬墙体坍塌造成墙面壁画的坍塌、破裂。

(2)古墓葬墙面片状剥落而造成的墓葬壁画的片状剥落。

(3)由于墓室、墓道壁画支撑体墓葬墙壁的干缩开裂而造成墓葬壁画画面的开裂。

(4)由于墓葬土体中含有较高的水分,由于水分的蒸发及墓葬壁画地仗层中的纤维的水解、腐烂或黏合剂的水解或分解产生的水蒸气、H_2S 等有害气体及重力的作用,而使壁画空臌、剥落。

(5)空气中有害气体使壁画颜料变色。

空气中之有害气体主要有 SO_2、NO_2、CO_2、H_2S、Cl_2、HCl 等,这些有害气体有的会使壁画颜料因漂白作用而褪色,有的则因和壁画颜料发生化学作用而变色。

①氯气(Cl_2)的漂白作用及变色作用

因为氯气在古墓葬遇到潮气会发生歧化反应产生 $HOCl$,$HOCl$ 次氯酸极不稳定,会立即分解放出初生态的氧,初生态之氧具有极强的氧化漂白作用使颜料褪色,也会使某些颜料发生氧化而变色。

$$Cl_2 + H_2O(\text{潮气}) \xrightarrow{\text{歧化反应}} HCl + HOCl$$
$$\quad\quad\quad\quad\quad\quad\quad\quad\quad\quad\quad \xrightarrow{\quad} HCl + [O]$$
初生态氧

$$\underset{\text{红色}}{Pb_3O_4(\text{铅丹})} + [O] \longrightarrow \underset{\text{黑色}}{PbO_2(\text{二氧化铅})}$$

②H_2S 使颜料变色

$$\underset{\text{铅丹(红色)}}{Pb_3O_4} + H_2S \longrightarrow \underset{\text{黑色}}{PbS} + H_2O$$

$$\underset{\text{氧化铁(红色)}}{Fe_2O_3} + H_2S \longrightarrow \underset{\text{黑色}}{FeSH_2O}$$

$$\underset{\text{孔雀石(蓝色)}}{Cu(OH)_2 \cdot CuCO_3} + H_2S \longrightarrow \underset{\text{黑色}}{CuSH_2O} + CO_2$$

（6）空气中有害气体使壁画画面酥粉

空气中有害气体和墓葬中潮气（水蒸气）作用生成相应的酸而腐蚀墓葬壁画画面，使画面发生酥粉。

（7）可溶盐从墓葬壁画画面析出结晶，不仅覆盖画面，腐蚀画面，而且随着墓葬温湿度的变化而发生溶解收缩、结晶膨胀的反复作用而使壁画产生裂缝。

（8）微生物对墓葬壁画的破坏

墓葬内温暖潮湿，是微生物生长繁殖良好条件。微生物大量生长繁殖遮住壁画画面，代谢过程中产生的有机酸、无机酸又腐蚀壁画。如代谢过程产生之草酸具有很强的还原作用，而使一些颜料因还原而变色。

$$\underset{\text{红色}}{Fe_2O_3} + HCOOH \xrightarrow{H^+} \underset{\text{几乎无色}}{Fe^{2+}} + CO_2 \uparrow + H_2O$$

6.1.9　人为的破坏

（1）游人对墓顶的随意攀登践踏，不仅破坏墓冢上的植被，还会造成墓冢表面凹凸不平，在大雨或暴雨时产生雨水聚集形成水流冲刷而导致冲沟的形成发育。

（2）盗墓贼盗墓的破坏

盗墓贼不仅会盗走墓葬中珍贵的文物，而且会破坏古墓葬的密封性，遇到降水冲进墓室，不仅破坏了墓室结构，降水还会携带泥土淤塞墓室。墓室中的黏土也会因浸润崩解，致使墓室塌陷。

（3）在基本建设中未经考古钻探或考古探查不全面的情况下，动用挖掘机铲车等大型机械挖土铲土，会将墓葬的形制、结构完全破坏。

6.2　古墓葬的保护

6.2.1　防止墓顶渗漏

古代墓冢，由于自然力或人为破坏，墓顶常因生物根系的劈裂作用，游人攀登踩踏等破坏而发生渗漏，给整个墓葬带来灭顶之灾。日常检查中发现墓顶有渗漏或渗漏隐患时，应立即采取有效措施。

6.2.1.1　采用传统封土技术

墓顶出现凹陷、裂缝、鼠洞等，容易在大雨或暴雨时使雨水下流不畅而聚集下渗，这时可采用传统封土技术将凹陷、裂缝、鼠洞用与墓土相同的土将其填堵严实，墓顶保持一定坡度，以防墓顶积水而引起渗漏。

6.2.1.2　不稳定冢体的局部加固

古墓顶由于长期受风雨吹蚀，人为破坏，局部损蚀严重、强度很弱、很不稳定，如有震动或触动，就会剥离脱落或塌落，或墓冢，根基的掏蚀凹陷，或人为挖冢取土,造成冢体局部不稳而需要作防塌落,剥离和坍塌的加固处理,可根据病害的严重程度,病害发生的具体部位,参照墓冢的修筑工艺设计具体的加固方案。采用土坯砌筑或夯土方法充填掏挖空缺部位,达到稳定冢体的目的,加固后用 PS 和黏土渗透加固封护墓冢。

6.2.1.3　设置排水盲沟

古墓葬的坟冢多是土冢,经历千百年的风雨侵蚀,冢体强度较差,难以抵御大、暴雨的冲蚀,容易在墓冢表面形成冲沟,严重威胁冢体安全。在墓顶设置排水盲沟可以将雨水通过排水盲沟顺利安全排走,避免在墓冢表面因冲刷而形成冲沟和因积水引起渗漏。

6.2.1.4　制作防水层

制作防水层是防止墓顶渗漏的一种有效方法,可采用抗水性、透气性、强度适宜,与冢体土质渗透黏结性能好的 PS 溶液缓慢渗透加固,最后再用 PS 加黏土渗透做旧。制作防水层不但可以防止墓顶渗透,还能有效地起到防风蚀、雨蚀的保护作用。

6.2.2　古墓葬墓室防渗漏

墓室防渗漏是保护墓葬形制、布局、结构、材料及墓室文物的重要措施。如果墓室因地震、地裂、地陷等自然因素鼠、兔、蛇虫打洞或人为因素造成墓冢裂缝、开裂下陷等会导致墓室渗漏,不仅导致墓葬坍塌,墓葬形制、结构完全破坏,更严重的是会给墓葬中的文物带来灭顶之灾,因此,必须严防墓室渗漏。

6.2.2.1　墓顶设置排水盲沟

墓顶设置排水盲沟,不仅可有效防止墓顶渗漏,还可防止墓顶渗漏继续下渗而导致墓室渗漏。

6.2.2.2　墓室四壁的防水工程

古墓葬基本上都处于距地表有一度深度的地方,地下水会向上运行,地表水的聚集下渗,都可能会导致墓底积水,引起墓壁底部酥碱、粉化,因此墓室四壁必须有良好的排水工程。可采取在墓体表面用透气性好、抗水性强,强度好的有机硅 3％左右的溶液渗透加固封护,既能防止雨水经墓体表面渗入墓室四壁,又可通过有机硅在渗透过程中在土中形成的"倒漏斗"结构的微孔使地下渗入墓体的水能以水汽缓慢逸出,从而起到墓壁防水。

墓室四壁也可采用 3％～4％有机硅溶液进行喷渗处理,既可加固墓室四壁,又能使墓壁中水汽缓慢从墓四壁逸出,而墓室的水汽不会进入墓室四壁,而经墓室的天窗通风而排出墓室。这样既能保持墓室一定的温度,避免墓室四壁产生裂隙,又不会因湿度过大,而使墓壁因渗水而强度降底,更不会因遇水而使墓室四壁发生局部崩解而垮塌。

6.2.2.3 墓底隔水工程

古代墓葬长期以来由于地下水的作用和雨水的渗透,不仅墓室湿度很大,墓底更湿。为了确保墓葬的安全,防止墓底渗水,可在墓底四周距墓壁适当距离的地方开小的渗排水小沟,使原本上移渗入墓底的水,渗入到比墓底更低的渗排水沟,引出墓室。

也可采取在墓底铺设塑料膜、碎沙石层、石灰层等隔水材料,上面补铺土层作旧。这样既隔水,又不影响墓底原貌,达到保护墓室安全的目的。

6.2.2.4 防止墓室水汽在墓室结露

墓室处于地下地势低的地方,墓葬中渗入的水都会向墓室渗透,使墓室的蒸气压力比较高,一旦与大气压相等或墓室突然遇到冷空气就会使墓室出现结露。实际操作中,通常用保温、通风降湿的办法来防止墓室水在墓室内结露。

6.2.3 墓室的通风防潮

6.2.3.1 墓室防潮的重要作用

1. 墓室防潮是古墓葬保护中一项十分重要的工作,因为墓葬需要保持一定湿度,来防止墓室裂缝、裂隙发展,但湿度太大又会导致墓室一系列病害的产生。

(1)墓室太潮湿度太大,会使墓室土质材料因水蒸气进入而破坏结构,使材料变松软而强度降低。

(2)墓室太潮,水汽遇到墓室温度变化而在墓室产生结露。

(3)墓室湿气太大时,水汽在运动过程中,还会溶解材料中的可溶盐,遇到气温变化,溶盐就在土中特别是墓壁中发生溶解收缩、结晶膨胀反复胀缩作用而使墓壁产生起甲、酥粉、剥落等严重的物理风化作用,受到严重破坏。

(4)墓室湿气太大,很容易吸收空气中 SO_2、NO_2、CO_2、H_2S、Cl_2、HCl 等有害气体,形成相应的腐蚀性酸,使墓壁、墓底土质发生化学腐蚀而导致严重的化学风化。

(5)墓室若有墓室壁画,湿气会使壁画褪色、变色、发生空臌、起甲、开裂、龟裂、剥落。

(6)墓室太潮容易导致墓室菌类、苔藓、藻类等微生物的生长、繁殖。墓室内菌类(主要霉菌、细菌)的滋生繁殖对参观者也是十分有害的,不仅霉味刺人,有时还会引起菌类感染。

由以上可知,墓室太湿太潮对墓室的破坏是多方面的,因此墓室的除湿防潮不仅是十分必要,而且还必须及时测定墓室的湿度,及时采取简便、科学、有效的防潮措施,以确保墓室安全。

6.2.3.2　墓室的防潮措施

1. 墓室开天窗

现在不少已发掘且墓葬布局、结构、形制等完整保留并能起到存放文物藏器的墓葬,多采用墓室开天窗,通风排湿防潮,如乾陵的永泰公主墓、章怀太子墓。在墓室开天窗排湿,是一种简便、安全、适用的防潮方法。

2. 控制人流量

大量人流因呼吸出汗等,会增加墓室的湿气,为了墓室防潮不仅要控制进入墓葬参观的人数,还要控制人在墓室参观滞留的时间。

3. 在墓室角落放置干燥剂吸潮,可用变色硅胶放在敞口或通气的容器中吸收墓室中的湿气。变色硅胶是氯化钴($COCl_2$)浸泡处理后烘干而成的干燥剂,含结晶水的多少不同,得其颜色变化特别鲜明。

$$COCl_2 \longrightarrow COCl_2 \cdot H_2O \longrightarrow COCl_2 \cdot 1\frac{1}{2}H_2O \longrightarrow COCl_2 \cdot 2H_2O \longrightarrow$$
　浅蓝　　　　　　　紫蓝　　　　　　　　暗蓝紫　　　　　　　　淡红紫

$$COCl_2 \cdot 4H_2O \longrightarrow COCl_2 \cdot 6H_2O$$
　　　　红　　　　　　粉红

根据颜色变化可判断有色硅胶的吸水程度,若已变粉红表明已不能再吸潮,需要更换;将变粉红的硅胶置干烘箱中干燥至浅蓝色,表明氯化钴已完全失水,可继续使用。

如果墓室特别潮湿,水气量很大时可用无水氯化钙干燥剂吸潮。

$$CaCl_2(块状) + 6H_2O \longrightarrow CaCl_2 \cdot 6H_2O(粉状)$$

干燥墓室时,将块状白色无水氯化钙置于箱盖有许多小孔的木箱中,将木箱放在墓室,当吸水变成粉状时予以更换。

也可用木箱装生石灰来吸潮,生石灰是白色硬块状,吸水后变成松散粉状,完全松粉后应予以更换。

$$\underset{块状}{CaO(生石灰)} + H_2O \longrightarrow \underset{松散状}{Ca(OH)_2(熟石灰)}$$

氧化钙(生石灰)虽不是再生干燥剂,但价格便宜,来源丰富,用后生成的熟石灰 $Ca(OH)_2$ 还可用作建筑材料。

6.2.3.3　墓室防霉防苔藓藻类

由于墓室温暖潮湿,是菌类及其他微生物低等植物苔藓藻类生长繁殖的适宜环境。由渗水或游人带入墓室菌种的生长繁殖影响墓室原貌,代谢产物又腐蚀墓室。进行防霉杀菌处理,可在加固墓壁的加固剂中加入防霉杀菌剂,也可用0.02%的"霉敌"喷雾剂喷墓室、墓壁及墓底。

6.2.3.4　墓室的防尘

1. 墓室的防尘措施

①墓室为了防潮常采用开天窗通风防潮,这对墓室的防潮起到很好的作用。但尘土、煤灰、冶炼厂的烟尘、化工厂的尘埃也会轻易进入墓室,成为结露核后或被溶解渗入墓室的四壁及底部而腐蚀墓室,使墓室土酥粉脱落。因此,墓室防尘是十分必要的,可在通风天窗上安装除尘过滤设备,使进入墓室的空气不带尘埃,也可在天窗上采用百叶窗防尘。

②可在墓底及墓顶设置轻薄的透气防尘材料,遮掩墓室表面,以防尘埃降落在墓室地面或飞落在墓室四壁。

③开放的墓室应控制人流,进墓室参观的人最好套上薄而软的塑料鞋套,防止和减少灰尘的带入。

④墓室门口应有透气防尘的门帘,防止和减少灰尘从墓门进入墓室。

2. 墓室的除尘方法

尽管采取各种防尘措施,杜绝墓室与大量夹带粉尘、灰尘的风及大气接触,但空气流通和游人进出,还是或多或少有灰尘及纤绒进入墓室。因此,墓室的除尘是非常必要的,特别是大风过后或旅游旺季应注意及时清除墓室灰尘。根据降尘情况和墓室表面情况不同,可采取不同的除尘方法。

①墓室表面强度好,降尘主要是粉尘时可用震动小的小型吸尘器吸除降在墓室表面的粉尘。

②墓室表面强度不好,甚至有酥粉现象时可采用软毛笔小心轻轻清除到纸片上及时移去。

③墓室强度一般,无酥粉,无虚土时,可用软质小毛刷轻轻刷除。

④若墓室表面有纤维絮状物时,可用有弹性的竹片夹取。手能触及处,可用镊子轻轻镊取;手不能及处,可用缠有双面胶带的竹棍或细木棍轻轻粘除。

土遗址的抢救保护,是一项十分艰巨的任务,目前尚无成功经验和成熟方法、良好材料可借鉴,是一个世界性难题,有待于我们不断深入研究、实践、总结、改进、提高,使其日益成熟、完善。

第十三章　影像照片及录音类文物保护

几千年来人们都以文字、绘画及雕刻为基本手段来获取、存贮和传递信息。随着科学技术的飞速发展,特别是摄影技术的发明,空前改善和提高了人类获取、存贮和传递信息的能力。通过摄影技术所获得的影像,其信息量大,记录速度快且形象逼真。摄影技术发明以来所发生的重大事件、人文地理、环境生态、名胜古迹、古代建筑、科学研究活动等以影像得到记录。目前这一技术已被广泛地应用于人类活动的各个领域,并步入几乎所有的家庭,成为现代文明的标志,成为现代生活、生产、交流不可缺少、不可替代的内容。所以,影片、照片及录音类文物在近现代文物、革命文物中占有极其重要的地位。影像在图书馆、档案馆、博物馆、展览馆、信息中心、研究院所、大专院校等大雅之堂均占有显赫的地位,起着十分重要的作用,因而也引起保藏学和文物保护领域的特别关注。

§1.影像录音类材料的类别及问题

1.1　影像录音类文物材料分类及主要内容

卤化银影像 { 黑白影像 彩色影像 {
(1)照相底片
(2)相片
(3)电影素材
(4)拷贝
(5)遥测遥感底片
(6)缩微母片及拷贝
}
录音录像:录音、录像磁带
机读影像:计算机磁带、磁盘、光盘等

1.2　影像录音材料的主要问题

影像录音类材料的主要问题是稳定性差或不稳定。黑白胶片长期保存容易发生影像消退、模糊不清,或构成影像的主要成分银粒子与氧或氧化物发生氧化反应变成 Ag_2O 与硫发生硫化生成 Ag_2S 及胶片霉变而引起胶片颜色发黄变色。彩色影像的彩色由化学稳定性较差的染料构成,容易褪色。褪色是彩色影像材料的主要问题。

明胶的劣变也是影响影像的一个重要问题,明胶是将卤化银感光材料黏附在影像基片上的黏合剂,它的劣变会直接影响感光材料卤化银在基片上的黏合性能、感光性能和使用寿命。

基片是胶片的基础材料和卤化银感光照相材料的支持体,它和明胶一样都是高分子材料,不仅容易老化变硬、变脆、发黄,还会发生霉变,影响胶片的多种性能。

§2. 卤化银在照相中的应用及成像原理

银盐特别是在照相中常用的溴化银,能在光的影响下分解而析出金属银,在照相术上广泛用来制备照相硬片、软片及印像纸。

$$2AgBr \xrightarrow{\text{光}} 2Ag + Br_2$$

照相硬片及软片的制法:在硝酸银的湿暖溶液中加入少量明胶并与溴化钾溶液混合,按下列方程式生成溴化银和硝酸钾。

$$AgNO_3 + KBr \longrightarrow AgBr + KNO_3$$

由于明胶的保护作用,溴化银并不析出沉淀而呈极微细的浑浊物留在溶液中。这种混浊液体称为"溴化银乳浊液"(更正确地说,应称为悬浊液)。在温暖处放置若干时候,使其进行所谓熟化的过程,减少 AgBr 的分散度而生成更粗的微粒;这样 AgBr 的感光性便增加很多倍。在成熟的过程终止时,将乳浊液冷却,并将所得的明胶胶冻弄碎,用水洗去 KNO_3,然后将胶冰融化,将它涂在玻璃片或赛璐珞软片上。所有这些过程都是在对 AgBr 不起作用的红光下进行。

若将照相片置于亮处,则变黑进行得相当慢。但若以称为显影液的物质作用于硬片上,则变黑过程极为迅速。奇妙的是显影剂只有在 AgBr 感光之后(即时间极短促——若干分之一秒)。才能将 AgBr 分解还原。

$$2AgBr \xrightarrow{\text{光}} 2Ag + Br_2$$

如欲在硬片或软片上获得被摄影的物像,可将软、硬片放在摄影机中,在极短促的时间内使光线通过照相机的镜头(聚光透镜系统),使它感光,在硬片或软片上产生所摄物体的形象。然后将硬片浸入一种显影剂溶液中(在黑房红光下进行),则软、硬片感光的地方很快变黑,并在硬片或软片上显出所摄影物体的形象。这种过程称为显影。显影之后,将硬片浸入硫代硫酸钠($Na_2S_2O_3$)的溶液中,使所得的形象固定(定影)。在硫代硫酸钠溶液中,尚未分解的溴化银中的银离子与硫代硫酸根离子生成具有$[Ag(S_2O_3)]^-$组成的络合离子。

$$Ag^+ + S_2O_3^{2-} \longrightarrow [(Ag(S_2O_3)]^-$$

这样便得到底片,即相反的形象,被摄物亮的部分在底片中是黑的,黑的地方则成为亮的。

在印像纸(制法与底片同)上可从底片转移得到原来的形象或照片。这可将底片放在印像纸上使受短时间曝光,然后将印像纸显影和定影。

感光层含氯化银的印像纸,晒印时不用显影,可将印像纸放在底片下曝光,在纸上得到可见的形象而后进行定影。

§3. 影响黑白影像材料劣变的主要因素

3.1　影响黑白影像材料劣变的内部因素

3.1.1　硫代硫酸钠的影响

引起黑白影像材料劣变和银盐片本身的制作工艺有密切的关系,因为黑白影像所用的银盐片,在定影处理时用硫代硫酸钠($Na_2S_2O_3$)溶液作为定影液,用它同显过影而未曝光的溴化银反应,生成溶于水的硫代硫酸银络盐($Na[Ag(S_2O_3)]$),通过水洗除去。若水洗不彻底,水洗后胶片上仍有硫代硫酸钠残留。在胶片影像长期保存中,由于硫代硫酸钠不稳定,会与空气中的二氧化碳作用,生成硫和亚硫酸,亚硫酸很不稳定可被空气中的氧氧化成硫酸。

$$CO_2 + H_2O \rightleftharpoons H_2CO_3 \longrightarrow HCO_3^- + H^+$$
$$\downarrow$$
$$CO_3^{2-} + H^+$$

$$Na_2S_2O_3 + 2H^+ \longrightarrow H_2S_2O_3 + 2Na^+$$

$$H_2SO_3 + S$$

$$\downarrow O_2 \qquad \downarrow Ag$$

$$H_2SO_4 \qquad Ag_2S$$

硫同影像上的金属银缓慢作用生成硫化银,硫化银同硫酸作用生成白色硫酸银和硫化氢,硫化氢在有空气存在下与银作用,生成硫化银。

$$4Ag + 2H_2S + O_2 \longrightarrow 2H_2O + 2Ag_2S$$

残留在影像胶片上的硫代硫酸钠的这种破坏作用使胶片发黄持续进行到它本身及影像中的银全部耗尽。

3.1.2　影像材料黏合剂明胶的影响

明胶是一种具有化学活性的蛋白质,对空气中一些污染物敏感,对温湿度也很敏感,易水解,霉变失去黏合性而使黑白影像的感光材料脱落,直接影响感光材料厂卤化银在基片上的黏合性能。

3.1.3　基片高分子材料的影响

基片高分子材料老化变皱、变硬、变脆、发黄、霉变等都会引起黑白影像感光材料的脱落。

3.2　影响黑白影像材料劣变的外部因素

金属银是卤化银胶片影像的主要成分,黑白胶片在长期存放过程中,不仅受胶片本身制造工艺、黏合剂明胶及片基高分子材料等内部因素的影响,还受环境介质中多种因素的影响而使影像消退,胶片发黄或出斑点。

3.2.1　环境中臭氧(O_3)对影像影响

空气中由于闪电、复印机及其他电器使用不当而产生的臭氧(O_3),是很强的氧化剂。臭氧与卤化银胶片中的主要成分银发生氧化反应、生成氧化银和过氧化银。

$$6Ag + O_3 \longrightarrow 3Ag_2O \qquad 6Ag + 2O_3 \longrightarrow 3Ag_2O_2$$

褐色的氧化银,使影像受到破坏。

3.2.2　环境中氧化物对黑白影像的破坏

(1)环境中二氧化氮对影像的破坏

空气中的二氧化氮主要来自汽车尾气,氮肥厂尾气。二氧化氮(NO_2)遇到空气中的水蒸气可生成对影像中银有强烈腐蚀性强酸——硝酸(HNO_3)。

$$3NO_2 + H_2O \longrightarrow 2HNO_3 + NO$$

可与影像中的金属发生下列反应。

$$3Ag + 4HNO_3 \longrightarrow 3AgNO_3 + NO + 2H_2O$$
$$Ag + 2HNO_3 \longrightarrow AgNO_3 + NO_2 + H_2O$$

反应中生成的 NO、NO_2 继续和空气中氧及水发生反应,又生成硝酸,继续和银反应。

$$2NO + O_2 \longrightarrow 2NO_2$$
$$3NO_2 + H_2O \longrightarrow 2HNO_3 + NO$$

(2)环境中二氧化硫(SO_2)对影像的破坏

工业、交通运输及日常生活中煤、汽、油、煤油、天然气燃烧产生的二氧化硫,遇到环境中水,会反应生成硫酸(H_2SO_4)。

$$2SO_2 + O_2 \xrightarrow{\text{〔催化剂〕}} 2SO_3 \qquad \text{(气相反应)}$$
$$SO_3 + H_2O \longrightarrow H_2SO_4$$
$$SO_2 + H_2O \longrightarrow H_2SO_3$$
$$2H_2SO_3 + O_2 \longrightarrow 2H_2SO_4 \qquad \text{(液相反应)}$$

若环境有过氧过氢时,可发生下列化学反应。

$$2Ag+2H_2SO_4+2H_2O_2 \longrightarrow Ag_2SO_4+SO_2+4H_2O+O_2$$

3.2.3　过氧化氢对影像的破坏

过氧化氢是液相中最主要的强氧化剂,在室温条件下,可将影像中的银粒子氧化为褐色的氧化银。

$$2Ag+H_2O_2 \longrightarrow Ag_2O+H_2O$$

过氧化氢主要来源于矿物及植物燃料燃烧、汽车尾气以及建筑材料的填料、涂料、黏合剂、油漆、胶合板中的甲醛及甲醛的氧化产物甲酸(HCOOH)的光氧化分解反应及光催化氧化反应。

甲醛及甲酸的特殊结构:

甲醛及甲酸所含羰基($—\overset{C}{\underset{\|}{C}}—$)中氧原子的吸电子诱导效应而使甲醛、甲酸易氧化分解,分解产生过氧化氢。

$$2HCHO+3O_2 \xrightarrow{h\gamma} 2H_2O_2+2CO_2\uparrow$$

$$HCOOH+O_2 \xrightarrow[\text{[ZnO]}]{h\gamma} H_2O_2+CO_2\uparrow$$

3.2.4　空气中硫化氢对影像的破坏

当空气中有硫化氢存在时,硝酸银和硫酸银很容易和硫化氢发生复分解反应,生成硫化银而使胶片变黄。

$$2AgNO_3+H_2S \longrightarrow 2HNO_3+Ag_2S$$

$$Ag_2SO_4+H_2S \longrightarrow H_2SO_4+Ag_2S$$

因为银比较稳定,银和稀硫酸不易反应,只有当有双氧水存在时,稀硫酸才能和银反应生成硫酸银(Ag_2SO_4),一旦空气中有硫化氢时就有硫化银生成,硫化银很容易和空气中有害气体 NO_2、SO_2 与水生成的硝酸和硫酸反应,生成硝酸银、硫酸银和硫化氢。

$$Ag_2S+HNO_3 \longrightarrow H_2S+AgNO_3$$

$$Ag_2S+H_2SO_4 \longrightarrow H_2S+Ag_2SO_4$$

由于工业及生活中煤、石油、天然气大量燃烧产生 NO_2、SO_2 等有害气体,因而硫化氢就会不断产生,加上环境中动植物腐败产生的硫化氢,都会不断对影像中金属银腐蚀硫化,导致银影像受到严重破坏。

§4. 彩色影像呈色及褪色理论

4.1 彩色影像的呈色理论

染料是卤化银彩色影像的着色剂。着色剂是一些有颜色的有机化合物,包括天然有机着色剂和人工合成的着色剂主要是由染料和有机颜料组成的有机着色剂。彩色影像的呈色机理有多种理论。

4.1.1 经典呈色理论

能够选择吸收波长在 $400\sim700nm$ 范围可见光呈现某种颜色的有机化合物才能作为有机着色剂。

4.1.1.1 发生团助色团原理

有机着色剂吸收可见光呈现颜色是由它们分子中存在苯环或多烯结构的双键共轭体系,和一个能使共轭体系吸收波长向长波方向移动的特征基团($\diagdown C = C \diagup$ 、$-N = N-$ 、$\diagdown C = O$ 等发色基团)及一个能进一步使吸收波向长波方向移动,又能使含有发色团且能发色的发色体颜色加深的助色基团(如羟基—OH、氨基—NH_2、甲基—CH_3、羧基—COOH 等)相连,这种特殊结构决定了具有鲜明色彩特征的有机化合物——有机着色剂呈色的特性。

氨基偶氮苯结构式可示意有机着色剂分子中发色团、发色体、助色团之间的相互关系:

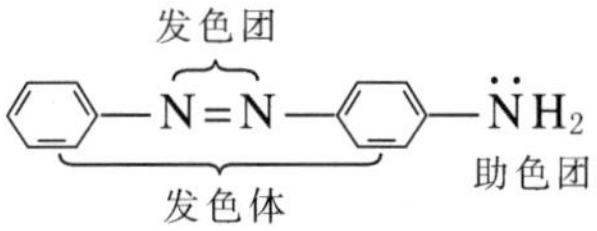

图 13-1 有机着剂分子发色团、发色体、助色团之间关系示意图

4.1.1.2 醌构理论

醌构理论认为有机化合物的颜色与分子中的醌式结构有关,如对苯醌($O = \langle \rangle = O$)为黄色,邻苯醌( )呈红色。

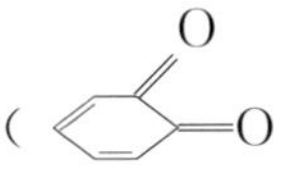

以上两种理论虽都能说明一些问题,但都存在一些局限性。如 $\langle \bigcirc \rangle - N = N - \langle \bigcirc \rangle - NH_2$ 、$\langle \bigcirc \rangle - N = N - \langle \bigcirc \rangle - N(CH_3)_2$ 均无醌式结构,但都有颜色。

4.1.2　电子流动呈色理论

斯捷潘诺夫提出的"有机着色剂共轭体系增长,有利于电子流动性增加,而引起共轭体系吸收波长向长波方向移动",虽可解释多种有机着色剂染料的颜色变化,用电子理论揭示分子内部更深层次的变化,比前两种理论有较大的进步,但仍不能对所有问题作出圆满的解释。

4.1.3　量子化学呈色理论

量子化学是 M·V·Plamck 在他提出的量子理论的基础上发展起来的,对有机化合物呈色问题从分子中化学键的本质,分子中电子流动性,分子从基态到激发态所需激化能的大小等各个方面进行分析研究并作出全新的解释。

分子吸收可见光或紫外光,使分子从基态进入激发态,所吸收的激化能:

$$\Delta E = E - E_0 = h\gamma$$

$$E_0 \text{ 表示分子处于基态的能量}$$

$$E \text{ 表示处于激发态分子的能量}$$

$$\Delta E \text{ 表示分子从基态到激发态的激活能}$$

$$h\gamma \text{ 表示光量子的能量}$$

上式表明只有光量的能量 $h\gamma = \Delta E$(分子激活能)时,才能被有机化合物分子吸收,这就是有机化合物的选择性吸收。

4.1.3.1　有机化合物中的电子跃迁

有机化合物中的不饱和基团构成分子中足够大的共轭双键体系是有机化合物呈色的重要原因,共轭双键体系中存在有活性较大和激化能较低的 π 键,形成大的 π—π 共轭体系,π 电子在大的共轭体系中离域性增大,电子的流动性增大,因而电子激发所需的激化能降低,吸收较低能量的光量就可完成 π—π* 跃迁,一般来说,共轭体系越长吸收波长向长波方向移动倾向越大,化合物颜色也越深。如果呈色的共轭体系由于加成或氧化反应,导致共轭体系缩短,有机化合物的颜色就会消失。

$$\langle \rangle - CH = CH_4 - \langle \rangle \xrightarrow{\text{部分氢化加氢}} \langle \rangle - CH_2 - (CH = CH_2)_2 CH \langle \rangle$$

$$\text{黄绿色} \qquad\qquad\qquad\qquad \text{无色}$$

$$C = C \text{ 、} C = O \text{ 、} -N = N- \text{ 含 π 键的基团称为生色团。}$$

具有能和 π 电子系统发生共轭作用含有孤对电子即未共用 P 电子的原子团,(如含 O、N 杂原子的 $-\dot{\bar{O}}H$、$\dot{\bar{N}}H$),通过 P—π 共轭,增加了体系原来 π 键电子的离域性而降低电子的激活能。

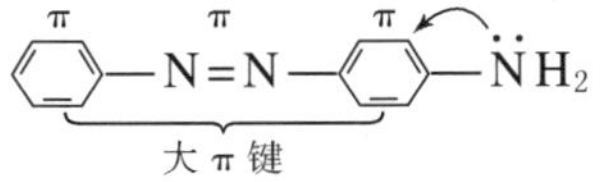

形成 P—π 共轭体系

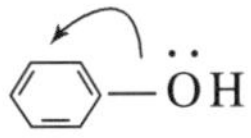

P—π 共轭

P—π 共轭的激发能较低,吸收的波长更长,因而发生 P—π 共轭使一些本来没有颜色的分子呈现很深的颜色。

如果在共轭体系两端引入吸电子基团(如—NO_2 或 $C=O$),就因吸电子基团对 π 电子产生的"吸"的作用,另一引入给电子基团(如 NH_2、OH、—CH_3)对电子产生"推"的作用,这样共轭体系两端一"吸"一"斥"共同作用的叠加,使共轭体系电子的离域性、流动性变得更大,激活能更低,导致共轭体系中 π 电子的位移,使吸收光能降低,使吸收光的波长落到可见光区域,而使有机化合物呈色。

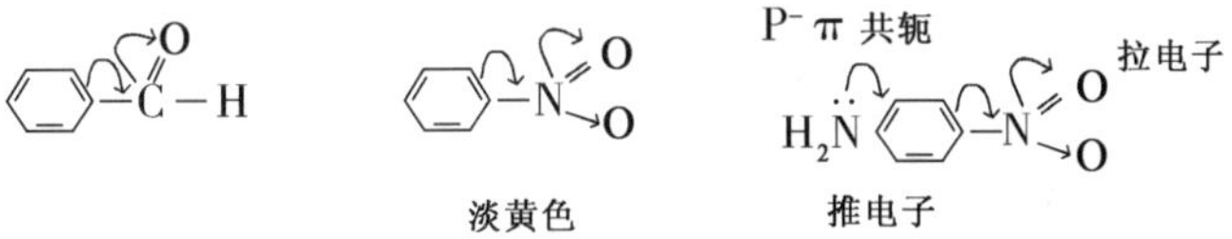

淡黄色　　　　　推电子

由以上看出凡含有孤对电子 P 电子能和共轭体系发生 P—π 共轭的原子或原子团,或能对共轭体系电子产生吸电子诱导效应的基团都能帮助有机化合物呈色的原子团都是有机着色剂的助色基团。

4.2　影响彩色影像褪色的主要因素

有机着色剂及其载体、支持体都会受到太阳光辐射、水、氧气、臭氧、大气污染物及微生物等多种因素的影响而发色褪色现象。

4.2.1　环境因素对彩色影像褪色的影响

4.2.1.1　阳光对彩色影像褪色的影响

1. 太阳光中的紫外线可使潮湿空气中的氧分子分解为初生态的氧,初生态氧十分活泼,具有很强的氧化性,可使有机着色剂发生光分解作用而褪色。初生态氧还能和空气中氧及水分子结合生成最强的气相氧化剂之一的臭氧(O_3)和液相最强的氧化剂之一的双氧水(H_2O_2):

$$O_2 + [O] \longrightarrow O_3 (臭氧)$$

$$H_2O + [O] \longrightarrow H_2O_2$$

这些强氧化剂可使有机着色剂中的发色基团发生氧化而破坏着色剂而使其褪

色甚至完全失色。如臭氧可以使发色基团氧化,使着色剂褪色。

$$\begin{array}{c} >C=C< + O_3 \longrightarrow \underset{\substack{中间不稳定\\过氧化物很容易分解}}{\overset{\displaystyle O-O}{\underset{O}{C\ \ \ C}}} \overset{分解}{\longrightarrow} -\overset{O}{C}- + -C-O- \end{array}$$

2. 太阳光辐射中的红外线,可使有机着色剂升温,使光能转化为热能为热化学反应提供能量,对热化学反应产生巨大的影响。

3. 太阳辐射还能通过引起有机着色剂的光氧化、光敏氧化、光还原、光催化氧化等多种形式的光化学反应而引起着色剂褪色。

4.2.1.2　水分对彩色影像褪色的影响

水蒸气能与空气中氧在光的作用下产生的初生态氧结合成过氧化氢,而过氧化氢会使有机着色剂发生氧化漂白作用而使彩色影像褪色。

$$O_2 \xrightarrow{h\gamma} 2[O]$$

$$H_2O + [O] \longrightarrow H_2O_2$$

$$C=C + H_2O \longrightarrow \underset{O}{C-C} + H_2O$$

过氧化氢将着色剂中的发色团中的双键打开并将其氧化,发色团的破坏导致共轭体系缩短,使着色剂分子吸收光的波长向短波移动,着色剂的颜色就会消失。

水分还为彩色影像上发生的化学反应,光化学反应,微生物作用提供必要的水分及水介质条件。

4.2.1.3　温度对彩色影像褪色的影响

热量会为热化学反应提供能量,一定的适宜温度,还会使彩色影像上因污染而寄生的菌类孢子及微生物代谢产物中的酶重新活跃起来,引起多种降解反应而导致彩色影像褪色。

4.2.1.4　大气污染物对彩色影像褪色的影响

大气污染物成分十分复杂,特别是随工业、交通运输业的飞速发展,废气中主要有 SO_2、SO_3、NO_2、NO、H_2S、HCl、Cl_2、CO_2、CO 等有害气体;废渣成分也很复杂,有固体的酸、碱、盐、金属及金属氧化物颗粒;废水中有酸、碱、盐、还有蛋白质、脂肪、淀粉、糖类等有机物。

1. 大气污染物中有害气体对彩色影像褪色的影响

(1)氯气(Cl_2)对彩色影像褪色的影响

氯气在空气中遇到水蒸气发生歧化反应。

$$Cl_2 + H_2O \xrightarrow{\text{歧化反应}} HOCl + HCl$$
$$\xrightarrow{\text{分解}} HCl + [O]$$

歧化反应中生成的初生态氧十分活泼,既可与空气中之氧反应生成最强的气相氧化剂之一的臭氧(O_3),又可和空气中水结合生成最强的液体氧化剂之一的双氧水(H_2O_2)。

$$O_2 + [O] \longrightarrow O_3$$
$$H_2O + [O] \longrightarrow H_2O_2$$

这两个强氧化剂都能将发色团中的双键破坏,使共轭体系缩短而使着色剂褪色。歧化反应中产生的氯化氢遇水生成腐蚀性强酸。

(2)HCl 气体对彩色影像褪色的影响

空气中的有害气体及氯气与水发生歧化反应生成的氯化氢遇到空气中潮气,变成强腐蚀酸,不仅腐蚀彩色影像材料,而且它能使臭氧及过氧化氢将着色剂中发色团的双键破坏生成的不稳定性中间过氧化物、环氧化物分解,生成相应的醛或酮、酸、氯化醇

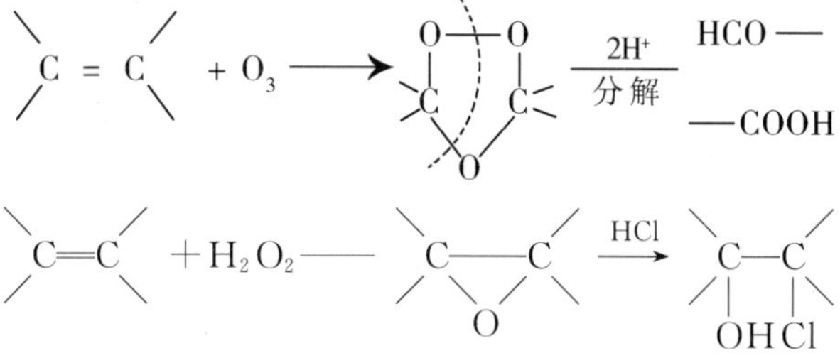

2. 大气污染物尘埃颗粒状物对彩色影彩褪色的影响

空气中污染物尘埃有酸、碱、盐、灰尘、纤维素、蛋白质、淀粉、糖类、金属及金属氧化物等。这些尘埃落在彩色影像上,会产生以下不良影响。

①颗粒状尘埃在运动过程中对彩色影像产生摩擦,使着色剂脱落褪色、掉色。

②尘埃中的酸、碱、盐颗粒不仅会擦伤彩色影像,还会腐蚀影像。

③尘埃中一些纤维素、蛋白质、脂肪、淀粉等遇潮会黏附在彩色影像上,不仅影响影像效果,而且引起影像的腐败、发霉。

④有机物贴敷在彩色影像表面,形成一个富有营养的贴敷层,适合菌类繁殖生长。

3. 空气中污染物微生物对彩色影像褪色的影响

空气污染物中夹杂有微生物,特别是菌类微生物中的霉菌的影响严重,这种影响包

括对着色剂本身的影响,也包括对彩色影像载体的影响。霉菌不仅本身影响彩色影像,其代谢产物也会影响彩色影像,使影像色彩变暗、变黑、图像逐渐变得模糊不清。

4.3 彩色影像褪色机理研究

彩色影像的褪色可以近似地看作是呈色缓慢的逆过程,因而导致呈色的任何一个微观条件的破坏,都会使已经呈色的颜色褪色甚至失色。沿着呈色机理的反方向,就可以从分子水平及量子化学角度来研究彩色影像的褪色理论。

4.3.1 破坏呈色的大共轭体系结构导致彩色影像褪色

足够大的共轭体系是有机分子呈色的主要条件,例如聚烯烃必须有八个以上双键构成的共轭体系才能呈现某种颜色。任何一种破坏共轭体系的作用,都会导致共轭体系缩小,π 电子离域性减小,激化能升高,ΔE 增大,分子吸收波长向波长减小的方向移动,会使有机着色剂的颜色变淡甚至颜色消失。

4.3.2 共轭体系中特征基团稳定性破坏导致褪色

着色剂共轭体系中给电子基团或吸子基团稳定性破坏,对电子产生"斥"的作用或"吸"的叠加作用就会减小或消失,使电子的离域性即电子的流动性减小,激化能升高,ΔE 值增大,使有机化合物的吸收波向波长减短的方向发生浅色位移,着色剂褪色。

4.3.3 光辐射导致着色剂褪色

光辐射是引发着色剂分子或其他参与反应物质分子活化的能量基础。着色剂、着色剂载体分子或参与反应的环境中的氧分子或其他有害污染物分子,吸收适当波长的光辐射后,从基态变成激发态分子直接参与或间接参与光化学反应导致有机着色剂褪色。光辐射产生的热能也为引起热化学反应而为有机着色剂褪色的反应提供能量。

§5. 影音像黏合剂的组成、作用及其劣变

5.1 影音像材料黏合剂的组成

影音像材料的黏合剂主要是明胶,明胶是由 C、H、O、N、S 等元素构成的生物聚合物,是一复杂的蛋白质大分子。

5.2 影像黏合剂的主要作用

影像黏合剂明胶的作用主要是将黑白影像和彩色影像的卤化银感光材料黏合固定在片基上,明胶是银盐胶片感光乳剂层的主要组分。在感光乳剂层中,明胶主

要是用来悬浮卤化银微粒,使之均匀地分散并固定在片塞上。

5.3　影像黏合剂的劣变及其危害

明胶是一种特别具有化学活性的蛋白质,对于空气介质中一些污染组分敏感,对环境温、湿度条件也很敏感而且容易霉变。

5.3.1　影像黏合剂的劣变

氮、硫的氧化物和臭氧都会引起明胶的分解,特别在潮湿和有害气体的环境中将造成严重的劣变,使影像受到损坏。

5.3.1.1　明胶的化学降解

明胶的化学降解是通过氨基酸的降解过程来体现的。氨基酸具有$-NH_2$、$-COOH$、$\beta-R$ 三个基团,其中氨基可以发生胺的一些反应,羧基可以发生一些羧基的反应,两分子的氨基酸也可以发生反应。

1. $\alpha-$氨基的脱氨反应

氨基酸的 $\alpha-$氨基与亚硝酸反应,使氨基酸脱氨,生成 $\alpha-$羟基酸、水和氮气。

$$\underset{\underset{NH_2}{|}}{R-CH}-COOH\ +HNO_2\ \longrightarrow\ \underset{\underset{OH}{|}}{R-CH}-COOH\ +H_2O+N_2\uparrow$$

2. 氨基酸羧基($-COOH$)的酰化反应

$$\underset{\underset{NH_2}{|}}{R-CH}-COOH\ +NH_3\ \longrightarrow\ \underset{\underset{NH_2}{|}}{R-CH}-COONH_4\ \overset{-H_2O}{\underset{\triangle}{\longrightarrow}}\ \underset{\underset{NH_2}{|}}{R-CHCONH_2}$$

3. 氨基酸中羧基的酯化反应

$$\underset{\underset{NH_3}{\overset{+}{|}}}{R-CH}-COO^-\ +CH_3OH\ \overset{HCl}{\longrightarrow}\ \underset{\underset{NH_3}{\overset{+}{|}}}{R-CHCOOCH_2Cl}\ \overset{CH_3ONa}{\longrightarrow}$$

$$\underset{\underset{NH_2}{|}}{R-CHCOOCH_3}\ \overset{室温}{\longrightarrow}\ \begin{matrix} & O & \\ & \| & \\ & C & \\ RCH & & NH \\ HN & & CHR \\ & C & \\ & \| & \\ & O & \end{matrix}$$

4. 两分子氨基酸的氨基与羧基的反应

两分子氨基酸可以失水形成环状酰胺,如两分子甘氨酸反应失水得甘氨酸酐,或称 2,5-二哌嗪。

$$2HSCH_2CHCOOH \xrightarrow{O_2} HOOCCHCH_2-S-S-CH_2CH-COOH \text{（胱氨酸）}$$

5.3.1.2 氨基酸光化学降解

当光敏剂与蛋白质共存时,因光的照射,光敏剂能产生亲电子的活泼氧,去氧化蛋白质氨基酸侧链。光敏氧化氨基酸时,能量从光敏剂转移给基态氧分子,从而产生激态活泼氧,氧化半胱氨酸（ $HSCH_2CHCOO^-$ ）、蛋氨酸

$(H_2CS(CH_2)CHCOO^-)$ 、组氨酸 $(H_2N^+\bigcirc-CHCOO^-)$ 、色氨酸

$(\bigcirc\bigcirc-CH_2CHCOO^-)$ 酪氨酸（ $HO-\bigcirc-CH_2CHCOO^-$ ）侧链。如蛋

白质侧链上的胱氨基残基,在无氧条件下光照射,可发生光降解反应。

$$2HSCH_2CHCOOH \xrightarrow{O_2} HOOCCHCH_2-S-S-CH_2CH-COOH \text{（胱氨酸）}$$

半胱氨酸

$$\downarrow h\gamma$$

$$HOOC-CM-CH_2-S-S\cdot + \cdot CH_2CH-COOH$$

$$\downarrow h\gamma$$

$$HOOCCHCH_2\cdot + 2S$$

$$\downarrow H_2O \quad h\gamma$$

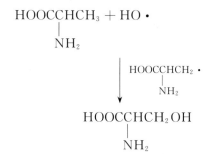

5.3.1.3　明胶在环境湿度波动大的情况下的劣变

相对湿度波动大的环境对明胶的稳定性有很大的影响。

1. 相对湿度大的潮湿环境下的劣变

①由于明胶的吸水性使银盐片在相对湿度较大的潮湿环境中感光层吸收空气中的水蒸气而膨胀。因感光层吸水膨胀性与片基膨胀不同,两者之间形成一种内应力,引起感光层从片基上脱落。膨胀后的感光层不仅机械强度降低,而且分散在感光层内银粒子间相对距离也发生改变,因而使银盐片上的影像模糊。

②相对湿度大的环境中,明胶会发生降解,其中的氨基酸因吸收水分发粘,使胶片相互粘连,感光层大面积被毁。

③环境相对湿度大于 60% 时,明胶乳剂层就会长霉,在银盐片上繁殖并深入到感光层内部,使乳剂层腐烂、软化,使影像感光变弱,颜色改变,影像失真。霉菌在影像材料上滋生蔓延,形成大片霉斑,吞食明胶,排泄酸性代谢产物及分泌酶,使蛋白质在酶的作用下分解为氨基酸,使明胶乳剂层遭到更严重的腐蚀。

2. 环境相对湿度过低时劣变

环境相对湿度过低时,感光层内明胶会因水分蒸发而收缩、变形,变形严重时,感光层可能会龟裂、剥落。

§6.影像片基的分类及其劣变

片基是照相感光乳剂层的支持体,是胶片的基础材料。虽然片基种类因科学技术的发展程度不同而不同,但无论是什么材料片基,都会受环境因素及时间因素的作用而产生不同程度的劣变。片基的劣变不仅影响胶片的多种性能,而且也直接影响胶片的使用寿命。

6.1　影像片基的分类

$$
影像片基 \begin{cases} 无机材料片基:玻璃片基 \\ 有机高分子材料片基 \begin{cases} 纸基片基 \\ 酯类片基 \begin{cases} 硝酸纤维素片基 \\ 醋酸纤维素片基 \\ 聚酯片基 \end{cases} \end{cases} \end{cases}
$$

6.2　影像片基的劣变及其对影像的影响

6.2.1　玻璃片基的劣变及其对影像的影响

6.2.1.1　玻璃片基劣变的内部因素

自 19 世纪 20 年代到 20 世纪 20 年代沿用了大约 100 年。玻璃作为片基,普通玻璃的成分可以 $Na_2CaSi_6O_{14}$ 或 $Na_2O \cdot CaO \cdot 6SiO_2$ 来表示,可根据实际应用所需要的特殊性能,调配 Na、Ca 和 Si 及其他元素的比例,制成各种类型的玻璃。普通玻璃的生成过程可以下式来表示:

$$
NaCO_3 + CaCO_3 + 6SiO_2 \xrightarrow{1400℃} Na_2O \cdot CaO \cdot 6SiO_2 + 2CO_2 \uparrow
$$

玻璃是一个由强碱和弱酸反应生成的一种强碱弱酸盐,具有强酸弱盐的特性,这是片基劣变的主要因素。强碱弱酸盐可以水解,水能使玻璃表面部分溶解而使钠盐溶出。酸(除氢氟酸外)也能和玻璃同水一样地缓慢作用,在接触一定时间以后,玻璃溶解作用会中止。玻璃底板在长期保存过程中,由于外界环境因素(水、SO_2、NO_2、CO_2、尘埃微生物)的作用,或多或少会出现一些化学风化现象。玻璃底片的化学风化会影响玻璃本身的质量,更严重的是直接影响玻璃表面银影的质量。

6.2.1.2　玻璃片基劣变的外部因素

1.潮湿环境对片基的破坏

①潮湿空气中的水使玻璃片基发生化学风化

玻璃片基是由强碱弱酸盐硅酸钠(钾)组成,在潮湿环境下与乳层的水分作用生成氢氧化钠(钾)。

$$
—Si—O—Na(K) + H_2O \longrightarrow —Si—OH + NaOH \ 或 \ KOH
$$

生成的钠钾氢氧化物进一步吸收乳剂层和空气中的水和二氧化碳、SO_2、NO_2 生成碳酸盐、硫酸盐和硝酸盐,逐渐形成白斑而损伤影像。

②潮湿环境中的水引起的物理破坏

由于片基玻璃的亲水性及乳剂层的吸湿性可使玻璃片基上乳剂层溶胀。玻璃与乳剂层之间产生内应力,导致乳剂层脱落,对影像造成伤害。

③潮湿环境引起玻璃片基的生物风化

水是微生物生长,代谢和繁殖的必要条件,潮湿环境可为微生物提供一个水分充分的良好生态环境。使其迅速繁殖,产生大量霉斑,损伤影像。

乳剂层中的明胶是由蛋白质大分子组成,可以水解产生各种氨基酸。氨基酸是菌类微生物良好的营养基,在潮湿条件下很容易遭细菌的侵蚀而变质失去黏性,使乳剂层在玻璃片基上的附着强度大大降低,导致乳剂层脱落。

潮湿环境还会使尘埃黏附在玻璃片基上,在玻璃表面形成一个污染层,为微生物的滋生繁殖提供适宜的场所。

2. 空气中有害气体(CO_2、SO_2、SO_3、NO_2)对玻璃片基的破坏

①空气中二氧化碳对玻璃片基的破坏

空气中二氧化碳与玻璃中的钠、钙成分反应产生碳酸钠、碳酸钙,随着水分蒸发,逐渐在玻璃片基上出现白斑。

$$\begin{matrix} Na_2O \\ CaO \end{matrix} + H_2O \longrightarrow \begin{matrix} NaOH \\ Ca(OH)_2 \end{matrix} \xrightarrow{CO_2} \begin{matrix} Na_2CO_3 \\ CaCO_3 \end{matrix} + H_2O$$

②空气中二氧化硫、三氧化硫对玻璃片基的破坏

$$\begin{matrix} Na_2O \\ CaO \end{matrix} \xrightarrow{H_2O} \begin{matrix} NaOH \\ Ca(OH)_2 \end{matrix} \xrightarrow{SO_2} \begin{matrix} Na_2SO_3 \\ CaSO_3 \end{matrix} \xrightarrow{O_2} \begin{matrix} Na_2SO_4 \\ CaSO_4 \end{matrix}$$

二氧化碳与玻璃水解产物生成的 Na_2CO_3,也可与 SO_2、SO_3 发生下列复分解反应,生成 Na_2CO_3。

$$Na_2CO_3 + SO_2 + H_2O + O_2 \longrightarrow Na_2SO_4 + \quad H_2CO_3$$
$$\qquad\qquad\qquad\qquad\qquad\qquad\qquad\qquad \longrightarrow CO_2 + H_2O$$

$$NA_2CO_3 + SO_3 + H_2O \longrightarrow NA_2SO_4 + \quad H_2CO_3$$
$$\qquad\qquad\qquad\qquad\qquad\qquad\qquad\qquad \longrightarrow CO_2 + H_2O$$

二氧化硫、三氧化硫与玻璃片基中的钙反应生成的硫酸钙与空气中水蒸气结合生成水合硫酸钙。

$$CaO + \begin{matrix} SO_2 + H_2O + O_2 \longrightarrow CaSO_4 \\ SO_3 + H_2O \longrightarrow CaSO_4 \end{matrix}$$

$$CaSO_4 + 2H_2O \longrightarrow CaSO_4 \cdot 2H_2O$$

水合硫酸钙的体积比相同分子数的硫酸钙的体积大 61%,在硫酸钙转化为水合硫酸钙过程中产生的膨胀压力,会造成玻璃片基表面损伤。

③空气中 NO_2 对玻璃片基的破坏

空气中二氧化氮对玻璃片基的破坏同样伴随着空气中二氧化碳对玻璃片基的腐蚀,如二氧化碳腐蚀玻璃片基产生的 Na_2CO_3、$CaCO_3$ 可和 NO_2 与空气中潮气水分反应生成的硝酸起复分解反应。

$$\begin{matrix} Na_2CO_3 \\ CaCO_3 \end{matrix} + NO_2 + H_2O \longrightarrow \begin{matrix} NaNO_3 \\ Ca(NO_3)_2 \end{matrix}$$

二氧化氮与空气中水生成的硝酸同样可和玻璃基片中的钠、钙反应

$$\begin{matrix} Na_2O \\ CaO \end{matrix} + NO_2 + H_2O \longrightarrow \begin{matrix} NaNO_3 \\ Ca(NO_3)_2 \end{matrix}$$

3. 空气中固相物质尘粒对玻璃片基的破坏

①空气中固相酸、碱、盐对玻璃片基的化学破坏

空气中固相酸、碱、盐吸附在玻璃片基上,遇到潮湿空气中的水,会溶解、离解或水解,产生相应的酸碱盐溶液腐蚀玻璃片基。

②空气中尘粒对片基的生物破坏

空气中尘粒是微生物迁移、扩散的载体。尘粒沉积沾污在片基玻璃上,在潮湿环境下尘粒中的微生物以照相玻璃片基乳剂层以明胶蛋白质为养分会迅速繁殖形成霉斑菌斑,其代谢产物还会腐蚀玻璃。

6.2.3 纸基片基的劣变及其对影像的破坏

纸基片基主要由纤维素、半纤维素、木质素构成。纤维素制品的老化,是指使用及保存过程中,由于受到大气环境中的热、氧、水、光、化学介质及微生物等的作用,使纤维素组成及分子构成发生变化而引起纤维素的物理性能和机械性能变坏,即强度降低、变色、变硬、变脆、发黏。纤维素老化可能引起影相物质及黏合剂明胶劣变。

6.2.2.1 纸基片基劣变的内因

1. 纸基片基本身组成特性的影响

纸基片基的主要成分是聚合度不同,含有的羟基数目不同的众多纤维素大分子纵横交错而成的多层毛细管体系,这种材料具有很强的吸附能力,可以吸附水汽、大气中的 SO_2、NO_2、CO_2 等酸性气体,使纤维素在弱酸性环境中发生酸性水解,生成水解纤维素或完全水解生成葡萄糖($C_6H_{12}O_6$)。

$$\underset{\text{纤维素}}{\{C_6H_7O_2(OH)_3\}_n} + nH_2O \xrightarrow{H^+} \underset{\text{葡萄糖}}{nC_6H_{12}O_6}$$

纤维素水解引起纸质片基老化,使片基发黄、变脆、变硬、强度降低,发黏。在外力作用下,纸基片基可发生弹性变形(移去外力可恢复原状)。随环境温湿度变化,纸基膨胀、收缩发生干缩应力引起的塑性变形(消除应力不能恢复原状)。由于纸基

的吸水性而导致影像物质及黏合剂明胶因纸基的微生物降解而脱落,霉变而破坏影像。

2. 纸基加工过程中引入的不利因素

涂塑纸基是用聚乙烯涂敷在纸的两面,在乳剂层一面的聚乙烯中添加白色颜料二氧化钛(TiO_2)纸基中的 TiO_2 是一种光催化剂,催化纤维素和乳化剂的光催化氧化,导致 H_2O_2 和 HO 的生成而氧化降解纤维素。

在纸张加工施胶过程中还加入的明矾 $Al_2(SO_4)_3$ 是强酸弱碱盐,遇水则发生水解而产生硫酸。

$$Al_2(SO_4)_3 + 6H_2O \Longleftrightarrow 2Al(OH)_3 + 3H_2SO_4$$

在施胶过程还加入由松脂酸酐和松香酸为主要成分的松香,这些酸性物质同样会对纸张的酸性水解产生影响。

6.2.2.2　纸基片基劣变的外因

导致纸基纸张劣变的因素不仅来自纸张本身,还有光及大气中的有害气体 SO_2、NO_2,粉尘中酸性微粒及尘粒中夹载的微生物等。

1. 光对纸基片基材料劣变的影响

纸基片基材料纤维素、半纤维素、木质素在光的作用下可能发生诸如光降解、光氧化、光催化氧化、光敏氧化等一系列光化学反应,导致物质结构发生变化、分子链中 C—C 键,C—O 键断裂,分子量下降,材料的物理性能、机械性能降低。

①纸基片基材料的光降解

对于纸基片基材料纤维素、半纤维素、木质素来说打断 C—C 键,C—O 键的能量相当于 $340 \sim 342\mathrm{nm}$ 波长的光辐射,当纤维素、半纤维素、木质素受到相应波长的光辐射时,即可发生光降解,使材料力学强度降低。

②纸基片基材料的光自动氧化

纸基材料在光辐下产生光降解反应的过程中,如果体系中有氧分子存在,氧分子易与光降解过程瞬时产生的游基这一活性基团反应,形成过氧化游离基。光自动氧化使光降解反应大大增强,从而加速了材料的老化。

③纸基片基材料的光敏氧化降解

光敏氧化降解是光敏剂导致而引发的光敏氧化反应。一些有色物质如多种染料可将纤维素、半纤维素、木质素等高分子材料的光降解波长范围扩大到可见光区域。光敏剂吸收光能转移给周围大气中的氧,产生活性氧;活性氧与环境中水蒸气反应生成过氧化氢,活性氧或过氧化氢促使纤维素等高分子材料降解。

④纸基片基材料光催化氧化

在造纸过程中广泛应用钛白(TiO_2)、锌白(ZnO)立德粉(含 ZnS 成分)作为白色颜料。二氧化钛是由多种缺陷组成的晶体,当受到一定波长的光辐射时,可诱发固体能带的电子激发,受激发电子和空穴在晶体中自由运动并达到表面时,有可能引发周围介质的化学反应,如与固体表面吸附水 OH^- 反应最后生成过氧化氢,加速纸基片基的老化。

氧化锌(ZnO)晶格有过剩的 Zn、Zn 容易失去电子,当 ZnO 受到高能短波辐射时可催化产生过氧化氢,加速纸张纤维素老化。

立德粉中的 ZnS 引起的光化学反应和与 ZnO 的反应过程全相同,反应产生的过氧化氢、硫酸不仅加速纸质纤维的氧化,还会增加纸质的酸度,导致纸质的酸性水解。产生的硫酸锌体积比硫化锌大得多。从而引起体积膨胀造成纸基片基的损伤。

2. 环境中水汽及有害气体对纸基片基劣变的影响

纸基征基的组成材料具有很强的吸水性,在潮湿环境下,吸附空气中的水汽,不仅使纸基膨胀,而损伤片基,还会在遇到 SO_2、NO_2、CO_2 等有害气体时产生相应的酸而增加纸基的酸性,引发纸质的酸性水解,使纸基发粘。纸基水解成为菌类良好的营养基,使霉菌、细菌迅速繁殖而导致片基变色甚至完全毁坏。

3. 空气中尘埃对纸基片基劣化的影响

空气中的尘埃降落在纸基片基上会直接引起纸质片基的损伤。

①尘埃落在纸质纸基上,较硬的固体微粒会引起机械摩擦,擦伤影像物质,影响影像物质与黏合剂的结合及与纸基片基的结合,甚至引起影像物质局部脱落。

②尘埃降落在纸基上与纸质吸附的水发生溶解、水解而增加纸质的酸度,使纸质发生酸性水解,导致片基发黄、发脆、发粘、强度大大降低。

③尘埃中的微生物一旦沉积在纸基片上,以纸基水解产物作营养基,在纸基吸附水蒸气形成的潮湿优良环境中迅速生长繁殖,形成霉斑覆盖纸基片基,其代谢产物腐蚀纸基片,加速纸基片基的劣化。

6.2.3 酯类片基的劣变及其对影像的破坏

摄影底片主要是用硝酸纤维素酯、醋酸纤维素酯制成,也有用二者的混合物制成。

6.2.3.1 硝酸纤维素酯片基的劣变及其对影像的影响

1. 硝酸纤维素片基的组成及制备

纤维素由多个葡萄糖单位联结构成的直链高分子。

可用$(C_6H_{10}O_5)_n$ 或 $C_6H_7O_2(OH)_3$ 表示。

硝酸纤维素酯发明于 19 世纪中叶,是用硝酸和硫酸的混合物使纤维素硝化而成。成品性能与棉花的性质,混酸(硝酸和硫酸)的成分,纤维素与酸的相对用量,硝化的温度与时间,都有密切的关系。硝化时要设法使纤维素与混酸迅速均匀地密切接触,使硝化纤维素酯成品具有高度均匀性。混酸成分为硫酸 61.9 份、硝酸 22.4 份、水 15.7 份,可以制成上等产品。

制备硝化纤维素酯的配方:0.28 公斤棉花纤维 10 公斤混酸

硝化温度:40℃

硝化时间:15 分钟

产品含氮量:11.5%～12.2%

反应完后经洗涤、中和、漂白等工序即可。

纤维素分子中的羟基与硝酸反应生成低硝化度的酯叫硝酸纤维素酯,俗称硝化纤维素酯。

$$[C_6H_{10}O_5]n \approx [C_6H_7O_2(OH)_3]n \approx [C_6H_8O_3(OH)_2]_n$$

$$[C_6H_8O_3(OH)_2]_n + 浓\ HNO_3 \longrightarrow [C_6H_8O_3(ONO_2)_2]_n + 2H_2O$$

硝化纤维素氮含量 10%～13%　　　　M＝252

制造摄影底片时,应先将硝化纤维素制成溶液,其配料如下:

①硝化纤维	8.8 份
樟　脑	3.02 份
甲　醇	41.1 份
乙　醚	38.0 份
戊　醇	9.0 份
②硝化纤维	17.75 份
丙　酮	88.0 份
戊　醇	1.1 份
樟　脑	3.25 份
蓖麻油	5 份以下(有时使用)

配方中的樟脑作为增塑剂,用量为硝化纤维素重量的 10%～20%。增塑剂的作用就是使成品柔软而有弹性。制备溶液时应选择适当的溶剂,而且溶剂是几种沸点不同的溶剂的混合物,挥发性必须适当,其中应有若干种沸点较高的溶剂,否则溶剂挥发过于迅速,制片时会使膜片表面局部温度下降过多,能使空气中水蒸气凝结而致使膜片表面呈浑浊现象。沸点较高的溶剂主要是用以调节溶剂的挥发性。

溶液配成后,必须仔细过滤,以保证高度洁净,除去气泡,以保证成品完全透明。过滤后的溶液,藏于桶中,以便送入制片机。

制片机原则上都是一个旋转的金属表面,涂上溶液后,使溶剂蒸发,制成片子。制片机主要有两种类型,一种用一个连续的金属带,用铜或镍或银制成,宽约0.75~1.5米,长约12米。另一种是大的金属滚筒,直径约6米,用铁或铜制成,表面镀银或镍或铬。两种制片机都必须表面极光极干。

制片时,滚筒或金属带慢慢转动,溶液从一孔中均匀地流出,分布在光洁的金属表面上。旋转的速度、加热程度、气流速度都应严格配合控制,待滚筒旋转一次后,表面上溶液中的溶剂业已蒸发,形成具有一定机械强度的片子,便可揭下来送入干燥箱中干燥,最后绕成大卷。

2. 硝酸纤维素酯片基的劣变因素及对影像的影响

(1)硝酸纤维素酯片基劣变的内部因素及其影响

①硝酸纤维酯的易分解性

硝酸纤维素易分解,是该物质性质决定的,片基制成后就开始在室温条件下降解,在分解的过程中产生氮氧化物,反过来又促进片基的分解,形成片基分解的加速。

②硝酸纤维片基与乳剂层结合,片基本身分解产生的氮氧化物与乳剂层中之水分结合,生成硝酸、亚硝酸。这两种酸都会漂白乳剂层中银和染料的影像,加速片基的分解以形成分解加速度。

③片基中的增塑剂主要是樟脑,其作用是使成品片基柔软而有弹性。

樟脑是无色闪光晶体,熔点约175℃,易升华,使片基柔软性和弹性逐渐变小,导致片基变脆。

④随着硝酸酯片基分解过程不断加深,片基燃点也逐渐降低,极易引起火灾,不但使影像类文物毁于一旦,还会对人民生命财产造成严重损失。

(2)硝酸纤维素酯片基劣变的外部因素及其影响

①空气中湿度对硝酸片基劣变的影响

空气湿度大时,空气中的水分会与硝酸纤维素分解过程产生的氮氧化物结合,生成硝酸、亚硝酸破坏乳剂层中的银和染料影像,加速片基和明胶的分解。

②温度对硝酸纤维酯片基劣变的影响

湿度高加速硝酸酯片基的分解,随着分解过程的加深,不但其燃点降低,而且温度一高,容易达到片基的燃点,很容易引起火灾。

③空气中有害气体对硝酸纤维素片基劣变的影响

空气中 NO_2、SO_2、Cl_2、$HCHO$ 等有害气体遇水蒸气都会变成相应的酸,破坏乳剂层并加速片基和明胶的分解。

甲醛结构特殊,容易发生光氧化分解,产生过氧化氢强氧化剂。氯气遇潮湿空气,发生歧化反应,生成活泼的初生态氧;和水反应也生成极强的氧化剂 H_2O,破坏硝酸纤维素片基。

④光对硝酸纤维素酯片基劣变的影响

硝酸纤维素片基分解产生的 NO_2 及空气中的 NO_2 都会在光的作用下分解产生氧化性很强的 O_3,使银及染料影像遭到氧化而褪色。

⑤空气中尘埃对硝酸纤维素片基劣变的影响

空气中尘埃成分十分复杂,不仅有固体酸、碱、盐颗粒,还有微生物。尘埃中的固体酸、碱、盐吸收空气中的水蒸气不仅会黏附在片基表面影响片基的透明度及表面的光滑性,而且还会发生溶解、水解而加速片基的分解。

6.2.3.2 醋酸纤维素酯片基的劣变及其对影像的影响

1. 醋酸纤维素酯的组成及制备

醋酸纤维素酯的组成的化学式为 $[C_6H_7O_2(OC\overset{O}{\overset{\|}{C}}-CH_3)_3]n$

(1)冰醋酸法

纤维素在醋酸和醋酐的混合物中以浓硫酸作催化剂反应生成醋酸纤维素酯。

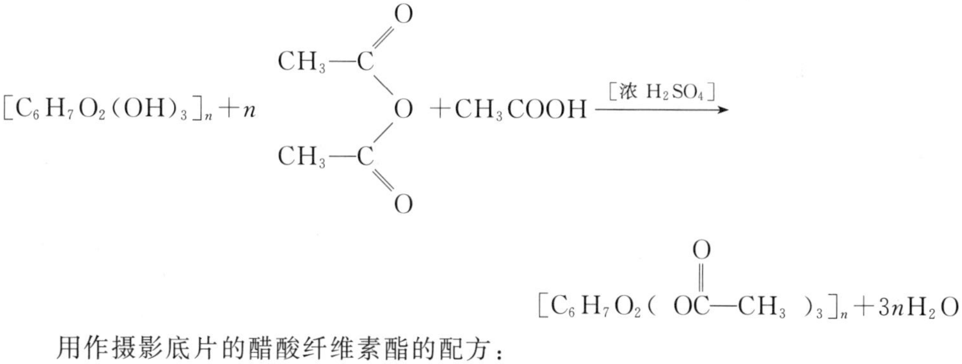

$$[C_6H_7O_2(OH)_3]_n + n \begin{matrix} CH_3-C\overset{O}{\overset{\|}{\diagup}} \\ O \\ CH_3-C\diagdown \\ O \end{matrix} + CH_3COOH \xrightarrow{[\text{浓 } H_2SO_4]}$$

$$[C_6H_7O_2(OC\overset{O}{\overset{\|}{}}-CH_3)_3]_n + 3nH_2O$$

用作摄影底片的醋酸纤维素酯的配方:

纤维素 20 份　　　　冰醋酸 70 份

醋酸酐 70 份　　　　硫酸(66°Bè)2 份

合成操作:

先将醋酸与醋酐混合,冷却至5℃,加硫酸,维持温度在5℃,加入棉花,在30～45分钟内加完,此时温度约上升至7℃。然后每15分钟温度上升1度,直到温度上升到10～13℃,此时反应物已成流体状。此后每半小时,使温度上升2.5～3.5℃,直到反应物呈糊状,此时温度可提速到每15分钟升温2～2.℃,但最高温度最好不超过 35℃。然后温度每 15 分钟下降 0.5℃,直到反应完成。

反应完成,成品中醋酸基含量达到一定的要求后,进行沉淀操作。沉淀颗粒大小适宜且均匀。沉淀用水洗净使其不含任何微量醋酸及催化剂,否则将影响成品的稳定性。用水必须十分洁净,尤其应避免铁质及钙质,以免影响成品的色泽与透明性。沉淀经水洗净后,可用 0.02% 的稀硫酸煮沸或通入蒸气,使剩余的一点硫酸酯全部分解,以保证成品的稳定性。再加洗涤、干燥、分析,使最后成品符合一定的醋酸基含量与黏度规格。

(2)二氯甲烷法(工业生产法)

酯化时配方:

纤维素	二氯甲烷	硫酸	醋酐(95%)
100 份	400 份	1 份	500 份

将纤维素放入装有搅拌器的反应器中,其余三种药品混合并冷却至 15—20℃ 后,分两次或多次加入,反应温度不得超过 50℃,反应 5～6 小时,酯化完成,生成三醋酸纤维素酯。

经沉淀、水洗涤,稀酸(100 份纤维素、50 份水、6.5 份硫酸)在 55～60℃ 水解,然后蒸出二氯甲烷,加 800 份 5%～12% 的稀醋酸,使醋酸纤维素沉淀,然后洗涤、干燥。

(3)二氧化硫法

由于二氧化硫是醋酸纤维素酯的优良溶剂。此法是醋酸酐、液体二氧化硫及硫酸于适当压力下加入装有纤维素的反应器中,借改变压力使二氧化硫进行必要的蒸发而控制反应温度,二氧化硫经回流冷凝重返入反应器后,处理时加适量水以破坏剩余的醋酸酐,并加 3%～10% 的水于反应器中,必要时加硫酸促进水解反应。

(4)非均相法

非均相法配方

纤维素	醋酸	过氯酸(70%)	醋酐(90～91%)	甲苯
100 份	363 份	1 份	315 份	705 份

先将纤维素用冰醋酸处理 4 小时,压干后放入上述四种材料的混合物中。初始反应温度约为 5℃,然后逐渐上升至 20～25℃,直到产品具有一定的溶解性为止,取出洗涤干燥。

2. 醋酸纤维酯的特点

①对光很稳定。

②不易燃烧,制成电影胶卷比较安全。

③耐潮性好(相对湿度 95%,吸水 7.8%,在相同条件下纤维素吸水 30.5%)。

④耐热性好(熔点 306℃、110～115℃收缩力小)。

⑤耐溶剂、耐老化。

3. 醋酸纤维素酯片基的劣变因素及其对影像的影响

(1)醋酸纤维素酯片劣变的内部因素

①醋酸纤维素酯不稳定而劣变的主要原因是制备过程产生残留的硫酸酯,能引起成品在储存中分解,或在热至较高温度时发生焦灼现象。

②若洗涤用水洁净度不够时,水中的钙、镁等金属离子不仅影响成品的色泽与透明性,还会直接影响成品的稳定性。

③纤维素在醋酸化中,被破坏的程度比较高,纤维素的原有状态经反应后已不复存在。醋酸纤维的聚合度只在 200～400 之间,其聚合度降低主要是硫酸和醋酸的猛烈作用和水解所致。

(2)醋酸纤维素酯片劣变的外部因素及其影响

①环境湿度对醋酸纤维素酯片基劣变的影响

在潮湿条件下,可发生水解反应,使三醋酸纤维素分子发生降解,聚合链断裂,平均分子量减小,而且降解反应中产生醋酸、二氧化碳等酸性物质,不仅使片基散发酸味,而且使片基逐渐变硬,发脆。

潮湿环境下真菌、细菌等许多微生物都可以在醋酸纤维素酯片基上生长、繁殖,微生物代谢过程中产生的酸可以加速醋酸纤维素酯的酸性水解,对片基材料造成酸性腐蚀,使片基强度降低,引起片基粘连,影响片基的透明性。

②高温对醋酸纤维素酯片基劣变的影响

醋酸纤维素酯和其他高分子材料一样,在受热特别是高温受热过程中,会发生热降解,使醋酸纤维素酯发生解聚,断链引起主链结构的变化。高温下的激烈分解会对醋酸纤维素片基产生严重的影响,使片基材料的稳定性大大降低。高温条件下,还会发生氧化反应,反应的效果与水解反应相同。

③光对醋酸纤维素酯片基劣变的影响

醋酸纤维素酯片基在光照下主要发生光氧化作用,包括光氧化反应、光敏氧化、光催化氧化等。这些氧化反应的共同效果是使三醋酸纤维素酯片基高分子材料发生降解,链断裂,平均分子量减小,产生醋酸、二氧化碳等酸性物质,加速片基的酸性水解,使片基变硬、发脆,使片基强度大大降低,光洁性、透明性显著降低。

④空气中有害气体对醋酸纤维素片基劣变的影响

空气中 NO_2、NO、SO_2、CO_2 等有害气体,在潮湿环境下吸水产生相应的酸 HNO_3、HNO_2、H_2SO_3、H_2CO_3 等,这些酸会加速醋酸纤维素酯片基材料的酸性水解,使醋酸纤维素酯分子量降低,变硬、发脆。

⑤尘粒对醋酸纤维素酯片基劣变的影响

空气中的尘粒成分十分复杂,其中含有各种金属氧化物,可溶性无机盐、硅氧化物,含碳的有机化合物,还有活着的尘埃微生物。不但给片基带来机械损伤、化学破坏还给片基带来微生物损害。霉菌孢子主要破坏影片照片录音文件层内的增塑剂以及醋酸纤维素酯载体;霉菌还会在破坏过程中形成代谢产物有机酸及酶,从而破坏醋酸纤维素酯片基,使影片照片图像变模糊,使录音资料变音失音。

6.2.3.2　聚酯片基的劣变及其影响

聚酯片基本身虽然相当稳定,但作为片基的劣变及其影响劣变的因素和前两种片基大体相似。

1. 聚酯片基劣变的内部因素

(1)聚酯片基极易产生静电而吸附尘埃使影像照相图像模糊,录音资料变音失音。

(2)聚酯片基材料的高度惰性,引起感光材料层与片基黏接困难。

2. 聚酯片基劣变的主要外部因素

(1)湿度对聚酯片劣变的影响

①环境湿度过高时会引起片基水解,使片基聚合链断裂,分子量降低。随之发黄、变脆。

②环境湿度波动对聚酯片基劣变的影响

环境湿度的波动会引起明胶在聚酯片基上膨胀与收缩,产生的应力足以破坏聚酯片基与感光层以明胶作为黏合剂的结合力,使聚酯胶片边缘出现轻度剥离、卷曲、剥落或出现乳剂层龟裂现象。

③湿度过低对聚酯片基劣变的影响

环境相对湿度过低(低于 30%)时,明胶中的水分蒸发,使乳剂层收缩而引起感光层与片基的黏结强度降低,引起片基变形或引起乳剂层脱离片基,使影片、照片等档案资料损毁。

(2)温度对聚酯片基劣变的影响

①温度过低对聚酯片基劣变的影响

温度过低附着于片基上的明胶就变脆硬,不仅降低乳剂层的机械强度和柔软度,也会使片基变硬,使乳剂层与片基的黏接强度大大降低,甚至龟裂脱落。

②温度过高对聚酯片基劣变的影响

当温度高出明胶的凝固点 22～25℃,熔点 26～30℃时,明胶就会软化或熔化,乳剂层遭到破坏,使片基粘连,影片、照片等影像资料惨遭损毁。

(3)霉菌对聚酯片基劣变的影响

黏接在片基上的明胶属蛋白质类,是霉菌的优良营养基,在温湿度适宜的条件下,很容易生长繁殖而使明胶发霉,而菌类代谢过程中产生在机酸、酶使聚酯片基水解加速,使片基的光洁度和透明度大大降低,还会引起片基粘连,影像模糊。

(4)空气中有害气体对聚酯片基劣变的影响

空气中 SO_2、NO_2 等有害气体在遇到潮湿空气中水蒸气而产生 HNO_3、H_2SO_4 加速片基的水解反应。

§7. 录音类文物的分类、劣变及其影响

录音类文物是利用一种专门材料把声音记录下来并能使其如实重现的珍贵有声资料。录音在我国只有近百年的历史,基本属于近代文物及革命文物。

7.1　录音类文物的分类

录音类文物分类 $\begin{cases} 1. \text{机械录音:金属唱片、塑料唱片、录音带} \\ 2. \text{磁性录音:主要是磁性录音带(分层磁带不分层磁带)} \\ 3. \text{光学录音:主要是有声电影的声带} \end{cases}$

7.2　录音材料的劣变及其影响

7.2.1　机械录音材料的劣变及其影响

7.2.1.1　金属模版的劣变及其影响

机械录音主要是唱片,唱片的生产分两部分,一是制版,二是制片。

1. 金属模版劣变的内因及其影响

①金属模版的组成主要是金属,模版上的音纹是各种声音的记录。录音片上被覆的一层薄薄的金属膜,使录音片录有音纹的一面金属化。由于金属版面上的音纹非常细密,极易被擦伤或磨损,任何轻微的损伤都会影响还音质量,甚至不能还音。

②金属模版的组成主要是金属,尽管是金、银、镍、铜等不活泼金属,但因长期与空气接触,还是会被氧化而在表面形成一层金属化物薄膜。这层金属氧化膜一旦遇到酸性气体,就会生成金属盐,腐蚀金属模板。

2. 金属模版劣变的主要外因及其影响

①空气中的氧对金属模版劣变的影响

金属模版中的金属和空气中氧长期接触,会被氧化,在表面形成一层金属氧化物薄膜,影响音纹的录音效果;在酸性氧化物吸潮生成的相应酸作用下,受到腐蚀生成金属盐。

②空气中 SO_2、CO_2、NO_2、H_2S、HCl 等有害气体对金属模版劣变的影响

空气中 SO_2、CO_2、NO_2、H_2S、HCl 等有害气体遇到空气中的水蒸气,就会生成相应的酸,附着于金属模版上,与金属模版表面形成的氧化物发生反应,生成金属盐类,使金属模版遭到腐蚀。

$$Cu_2O + CO_2 + H_2O + O_2 \longrightarrow Cu(OH)_2 \cdot CuCO_3$$
$$Cu_2O + HCl + H_2O + O_2 \longrightarrow Cu(OH)_2 \cdot CuCl_2$$

③温度对金属模版劣变的影响

温度高会加速腐蚀性气体对金属模版的腐蚀。

④湿度对金属模版劣变的影响

湿度是很多腐蚀性物质腐蚀作用的媒介,没有湿气参与,很多化学腐蚀根本就无法进行。高湿条件会加速腐蚀介质,特别是会加速腐蚀性气体对金属模版的腐蚀。

⑤空气中尘埃对金属模版劣变的影响

空气中尘埃成分很复杂,有固体的酸、碱、盐,会腐蚀金属模版,尘埃还会有沙粒、粉尘,还会摩擦损蚀金属模版的音纹,影响还音质量。

空气尘埃中夹杂的菌类微生物也会在金属模版上寄生繁殖,产生的代谢产物不仅会严重影响模版的录音放音效果,还会腐蚀模版。

⑥操作者操作不当对金属模板劣变的影响

操作者在操作使用过程中,使金属模版接触污物;或用手直接接触模版,使手上的油脂、污物、汗渍沾污模板;或使用不当损伤音纹,都会影响录音放音效果。

7.2.1.2　塑料唱片的劣变及其影响

1. 塑料唱片的成分及制造工艺

(1)塑料唱片的主要成分及其作用

　①胶合剂:是塑料唱片的主要组成部分,材料主要是树脂

　②填充剂:填充剂是些硬度很大的石英、重晶石、氧化钼、氧化铬,其作用是提高耐磨损性能、延长寿命、降低成本

　③润滑剂:常用硬脂酸钙、云母粉作润滑脱模剂以便塑料安全脱膜

　④稳定剂:主要用一些铅、钙、钡的有机或无机盐来防止树脂在热炼过程中分解

　⑤着色剂:主要是为了塑料制品颜色鲜艳美观

（2）塑料唱片的制作工艺

2. 塑料唱片的劣变及其影响

从塑料唱片的组成及制造工艺可知,塑料唱片是将热塑型树脂和填料、润滑剂、稳定剂混合均匀加热、经压塑或注塑而成的,因而质地比较脆弱,易受本身组成及外界条件的影响而发生劣变。

（1）塑料唱片劣变的内因及其影响

①塑料唱片主要成分树脂对其劣变的影响

塑料唱片的主要组成部分热塑型高分子化合物树脂和填加剂混合加热加压注塑的热塑性塑料,因而受热会变软,遇冷变硬,变脆。这些会导致唱片变形,使音纹改变深浅和致密程度,影响还音质量和唱片的强度、使用寿命。

②唱片填充剂对唱变劣变的影响

填充剂可以提高唱片塑料的耐磨程度,延长唱片的使用寿命,但毕竟是一些硬度很高的固体物质,如果细度不够,不仅会影响还音质量,引起沙声,还会反而引起唱片磨损,降低唱片的质量和使用寿命。

（2）塑料唱片劣变的外因及其影响

①温度对塑料唱片劣变的影响

由于塑料唱片是一种热塑性塑料制品,因而温度范围及温度骤变都会引起塑料唱片的劣变,温度太高唱片受热变形,改变音纹,影响还音质量。温度太低唱片变硬变脆,降低塑料唱片的强度和寿命。温度骤变会引起唱片的剧烈胀缩,导致唱片变形,音纹改变。

②湿度对唱片劣变的影响

唱片受潮变湿会发胀变形,影响唱片音色。塑料唱片从胶合剂树脂到外层包装纸等都是有机高分子材料,受潮容易发生水解反应,会使唱片发生粘连,发霉,使声音失真、失音。甚至完全变成一堆废品。

③尘埃对唱片劣变的影响

尘埃如果沾附在塑料唱片表面会沾污唱片,使唱片表面音纹磨损,特别是尘粒在唱针的作用下会更严重地磨损音纹,不仅降低还音效果,还会缩短唱片的使用寿命。尘埃沾附在塑料唱片的表面,为菌类微生物的滋生繁殖提供场所,菌类微生物代谢产物会加速塑料唱片劣化。

④空气中有机气体对塑料唱片劣变的影响

空气中的有机气体如木料(柏木、松木、樟木等)含有挥发性油,易使唱片表面发粘、溶胀、溶解、粘连,使音纹遭到破坏。

⑤震动等机械作用对塑料唱片劣变的影响

唱片由于薄而质地脆弱,抗震、抗冲击能力差,极易损伤。

⑥重压对唱片劣变的影响

由于塑料唱片质地脆弱,难以承受重压,放置塑料唱片时不能堆叠的太高,以免底层受压过重而压裂甚至压碎。

⑦放置不平对塑料唱片劣变的影响

若唱片放置不平,会使唱片因受力不均匀而翘曲、变形,如果放置不平叠放又厚,受力不重又不均匀,那更容易将唱片压碎。

随着科学技术的快速发展,磁性录音逐渐代替了机械录音,被广泛应用到科技文化、教育、工交、通讯各个领域。

7.2.2 磁性录音文物的劣变及其影响

磁性录音在发展过程中,曾采用过各种类型、性能和形状不同的录音材料,最后过渡到涂有粉状铁磁层的非磁性胶带,磁性录音中并成为最主要的载音材料。

7.2.2.1 磁性录音劣变的内因及其影响

1. 磁性录音中磁带载音材料带基对磁性录音劣变的影响

磁带载音材料的带基材料是醋酸纤维素,其中含有一定保持带基柔软度的增塑剂和溶剂,但这些增塑剂和溶剂易挥发,随增塑剂和溶剂不断挥发,带基的柔软性也不断降低。

2. 磁带上铁磁层对磁性录音劣变的影响

有磁性的铁磁性物质,里面的磁性分子排列整齐,若激烈撞击或受热,磁性分子的排列会被打乱磁性减弱甚至消失。

3. 磁带上磁性物质铁磁层黏结剂对磁性录音劣变的影响

磁带上的铁磁层由氧化铁和硝酸纤维漆调和涂布而成。硝酸纤维漆由硝酸纤维素和一定稳定剂组成,与硝酸纤维素酯的性质基本相同,遇日光、高温和潮气等都会分解,失去原有的性质,而使铁磁粉发生位移或从带上脱离下来。

4. 磁性胶带剪辑用透明胶水黏合剂对磁性录音劣变的影响

磁带剪辑黏结时用的胶水熔点一般在 $20\sim25℃$,温度高出凝固点时则胶质软化发黏,会把相接触的磁带粘坏。

7.2.2.2　磁性录音劣变的外因及其影响

1. 温度对磁性录音劣变的影响

①温度变化过大会引起磁带变形,使用时在机器中的移动不均匀,而且磁带不能紧密贴于磁头上,影响还音质量。

②温度过高还会增加磁带的宵渗效应,容易破坏磁层中磁分子的排列次序,使磁分子排列打乱,磁性消失。

温度高还会使磁带胶黏剂发粘,磁带粘坏。

③温度高会加速磁带基材料醋酸纤维的分解,加速磁粉发生位移,甚至导致铁磁粉从带基上脱离下来。

2. 湿度对磁性录音劣变的影响

①湿度变化过大会引起磁带变形,使磁带不能紧密贴在磁头上而影响还音质量。

②湿度过大,会使磁带受潮膨胀,还会加速磁带带基材料醋酸纤维及黏结材料硝酸纤维素的水解,或导致磁带发霉。

③湿度太小会使磁带变脆而易碎。

3. 光对磁性录音劣变的影响

日光特别是紫外光,不仅会加速磁带带基材料醋酸纤维及黏结材料硝酸纤维素的分解,而且长时间强光照射会加速磁带中磁分子运动。破坏磁层中剩余残磁的稳定性。

4. 灰尘对磁性录音劣变的影响

①灰尘颗粒的磨损

灰尘颗粒落在磁性录音的磁带上,不仅会磨损磁带的磁层,致使其分离。而且还会破坏磁层中磁分子的排列次序而使磁性消失。

②灰尘中一些酸、碱、盐类物质落到磁带上,遇到潮气就会发生溶解,水解,加速磁性录音材料的水解或分解作用。

③灰尘中携带的微生物温湿度适宜时,会在磁带上生长繁殖,其代谢产物也会损毁磁带。

5. 磁场对磁性录音劣变的影响

磁场对磁性录音的影响很强烈,会使磁带表面磁化。

①外界环境中磁场对磁性录音劣变的影响

外界磁场特别是散射磁场对磁性录音的影响特别严重。变压器、电动机、无线电装置等能够形成磁场的机器或漏磁磁场,都会引起磁带的宵磁效应。

②磁带录音产生的较强磁体对磁带劣变的影响

磁带上经过录音的部分存在较强磁体,卷绕后会使与它相接触的未录音或虽经录音而讯号较弱的磁带磁化,在放音时出现超前或滞后的回声,即在原声音前后出现很轻的同样声音,影响放音效果。

6. 外力作用对磁性录音劣变的影响

①激烈撞击会影响铁磁物质内部磁性分子的排列次序,打乱整齐的排列而使磁性消失。

②摩擦或摔碰都会引起磁粉发生位移或从带基上脱离。

③外力使其扭曲,震动也会使磁带的磁粉受到损伤。

④磁带的保管放置不当产生的压力,会影响磁性录音的劣变。磁带竖放,承受压力较小,但磁带各部悬吊在盒内,各部承受压力不同,容易弓起、变形。磁带平放时磁带受力均匀,不会发生弓起、变形,但平放时不能超过五盒,这样可减少平放时底层的压力。

7.2.3　光学录音的劣变及其影响

光学录音就是有声电影录音,也叫软片录音。光学录音的声带有底片和正片,它和影片一样都是加过工的胶片,劣变的原因及影响和影片基本相同。

1. 温湿度对光学录音材料劣变的影响

不合适的温湿度是光学录音损毁的重要因素,温度太高加速片基的老化、水解、粘连,甚至引起火灾,温度过低又会使光学录音片基硬化变脆,降低强度。柔软度而易损毁。

温度剧变,会使光学录音的劣变加速加剧,遭到更严重的破坏和损毁。

2. 空气中有害气体对光学录音劣变的影响

空气中 SO_2、NO_2、H_2S、CO_2 等有害气体接触光学录音材料,遇到潮气就会溶解变成相应的酸,加速光学录音材料的分解、腐蚀而损毁。

3. 空气中灰尘对光学录音劣变的影响

灰尘颗粒落在光学录音材料上,不仅会磨损片基,灰尘中的酸、碱、盐成分落在上面,遇水便溶解或水解,而水解产物会加速光学录音材料的损蚀。

4. 空气中菌类对光学录音材料劣变的影响

空气中的菌类落在光学录音材料上,遇到适当的温湿度和片基分解产生的营养物质,便会迅速生长繁殖,其代谢产物会进一步腐蚀其录音材料而加速光学录音材料的劣变。

§8. 影片照片录音类文物库房及其设备的基本要求

片库是影片照片录音类文物保存的场所，也是文物保存的重要环境因素，也是预防温度、湿度、光照、空气污染、有害微生物、昆虫等因素对文物造成损害的重要设施。片库的选址、设计、布局、设备等都必须严格按其特殊要求来选择和处理，确保片库能抗震、防火、防盗、防爆、防热、防冷、防潮、防尘、防虫、防微生物等，确保库内文物的安全。

照片影片的保存基本上是一样的，都是对那些经过加工的胶片的保管保护，因为正片片基的纸质和底片中硬片片基的玻璃都比较耐久，所以影片照片的保存保护主要是对胶片的保护保存。

8.1　片库选址的要求

由于影片照片制作材料的特殊性，因而要求特殊的保管条件。

①片库选址十分严格，应选择远离工厂防止有害气体、粉尘污染，避免机器的震动，特别要远离化工厂、水泥厂、火力发电厂及大型机械厂。

②片库不要建在低洼地、河湖边，避免潮湿水害。

③片库必须远离火源，并与其他建筑保持一定的距离，以防引起影片照片这些易燃易爆的危险燃烧。

8.2　片库设计的基本要求

8.2.1　片库结构的要求

片库可采用钢筋混凝土框架结构或钢筋混凝土的整体结构。这种结构的片库既坚固耐用，又能防火、防震，可确保库内文物安全。

8.2.2　片库建材的特殊要求

片库的墙、顶棚、地板、隔板、隔墙所用材料应坚固耐用，能抗震、防热、防冷、防火、防爆、防潮、防虫、防微生物。

8.2.3　片库房间安排的具体要求

片库应分影片保管间，过渡储片间，工作室、机房，所有房间应用耐火材料隔开。片库的影片保管间应彼此隔开，以免万一发生事故相互影响。如有条件可以将片库建在地下或半地下，窗子尽可能少，以保持一定的温湿度，避免片库温湿度骤变对影片带来的危害，避免光照及外界因素的干扰和破坏。同时，还应注意片库的通风换气。

8.3　片库设备的基本要求

8.3.1　片库电器设备的基本要求

1. 片库电器设备必须注意防火

①电线以装暗线为宜,如装明线电线应装在金属管中。

②电灯开关,电插座、电插头、保险装置、配电盘等,均应装在库房外。

③片库内应用冷光源灯照明,采用防爆灯泡,以防灯泡破碎引起火灾。

2. 片库必须注意避雷、防电

①片库必须安装避雷针。

②片库内所有金属设备均应安装地线,万一发生传电漏电时可使流电导至地下,确保安全。

3. 片库必须有灭火设备

①片库应安装自动报火警设备。

②片库应安装二氧化碳自动灭火器或安置自动喷水设备。在发生火灾,温度升至 72℃时,自动灭火器就开始工作,喷出二氧化碳灭火气体或喷水自动把火灭掉。

4. 片库应有控温控湿的空调设备或通风设备

①片库温度应经常保持在 10～20℃,相对湿度保持在 55%～65%。为此片库应有空气调节设备。

②通风设备不仅可以调节库内温湿度,还可以将胶片分解产生的可燃、有害、有毒而带有强烈腐蚀性的气体排出库外。每个影片保管室均应有单独通风的系统。库房还应在发生火灾时能自动打开,迅速向外排气的自动排气孔,防止爆炸。通风设备可按每公斤胶片,有 2 平方厘米的排气孔。

5. 片库门及柜架的要求

①片库的门应是金属材质,并要向外开,以便库内发生火灾时易于打开。库门应当紧密、坚固、耐火。

②影片胶片用的柜架均应采用金属材料,有条件的可用保险柜,一般片库可采用铁制的柜架,也可用水泥架子来放,以达到防火、坚固、耐用的目的。

6. 对保存胶片片盒的要求

制作片盒的材料必须耐火,防锈、不易传热,不受片基分散放出的有害气体的影响,并可及时将有害气体排放出去。用来制作片盒的材料有不锈钢、镀锌铁皮、塑料等。

§9. 影片照片类文物保存方法及其要求

有符合要求的片库库房和设备,还必须有严格的保管制度和科学正确的保存方法,才能将影片照片文物安全长期保管好。

9.1　影片照片的包装和存放

9.1.1　影片照片的包装

1. 影片的包装

影片是成卷的胶片制成的,一般长度在 300 米,将其卷缠在直径 5 厘米的标准轮鼓上,影片的头尾都应粘有至少两米长废胶片来保护影片胶片;卷缠要适当,不要太紧,要整齐,胶片边缘不可露在外面。将卷好的胶片用纯净防霉纸张包起来,放在洁净、光滑、无锈、无污染的标准片盒内,每盒只放一卷;片盒要求既能紧闭,又能自由开启。

2. 片盒的放置

所有影片的片盒都应整齐有序地平放在片库的架板或保险柜里。可以 5～8 盒垛在一起,不能太高。

3. 照片的包装放置

照片按尺寸保管,每张照片均应放在用洁净、结实、富有弹性和防霉纸张作成的封套内,按尺寸放在小木盒子或纸制夹中。纸制片夹,四面均要有覆盖,以防尘土侵入。片盒和片夹都应整齐有序地平放在片架上。

9.2　影片照片的出入库制度

为了影片照片类文物的安全与完整,必须有严格的出入库手续和制度。

①影片照片必须有严格出入库的审批、检查制度。制度的制定要完备,执行检查要严格。

②入库影片必须认真仔细检查,特别是出借归还的影片照片必须认真仔细检查,如有损毁、污染现象,不仅要追究责任,还必须进行修复处理,只有在影片照片无污染、无菌、无损毁等毛病的情况下,才能安全入库。

③出入库影片照片必须在过渡间放置 24 小时,防止直出直入因库内外温差过大而引起影片出现“发汗”现象而破坏影片照片。

④科学合理规定打开库门的手续及次数,尽可能降低打开库门的频率。

9.3　影片照片的检查翻底

9.3.1　影片照片的检查

制定并严格执行影片照片的各项检查制度是不断改善保管条件,防止影片照片继续受到损蚀破坏的重要依据和必要的手段。

9.3.1.1 影片照片检查项目

1. 检查片基

片基是影片照片的重要组成部分,片基的好坏直接关系到影片照片的质量和寿命。因此应定期检查,检查片基有无干脆、缩短、破裂等劣变现象。

2. 乳剂层的检查

乳剂层与影片照片的关系十分密切,是影响影照片质量和寿命的重要因素。检查时要仔细观察乳剂层有无发黄、灰雾、斑点及彩色片褪色等劣变。

3. 照片影片的检查

检查照片、影片图像是否清楚有无霉变、斑点、有无褪色、尺寸是否有改变。

4. 片盒的检查

检查片盒是否完整洁净,片盒里外是否生锈。

9.3.1.2 影片照片检查的要求

检查要制度化、规范化,系统全面检查两年一次,重点检查 3 个月一次;入库前必须检查;负责包管人员调动移交时必须检查;事故隐患及事故必须及时检查。

所有的检查都应有专人负责,全面翔实记录检查情况,如发现问题,应尽快采取科学、正确方法消除影片、照片上的缺点毛病,如根据实际情况决定是否送去修复或进行翻底。

9.3.2 影片的翻底

影片、照片应以作好经常性的保管工作为主,即以预防为主,坚持严格执行片库的各项规章制度和保护性措施,确保影片、照片的安全。当检查中发现并确定某一底片不能继续保管下去时,可为底片印制一个正片,当正片无法继续保存下去时,再为正片翻印底片,以延长影片照片寿命。应注意,翻印次越多,影片、照片质量越下降,甚至最后声画失真。

9.4 影片照片的防火

由于影片、照片极易燃烧,且燃烧迅速。因此防火是保证影片照片安全的重要课题。防火主要是以预防为主、防患于未然,要定期、严格、认真的检查消除一切发生火灾的可能性。

①要定期认真检查电器设备,电动机、通风机运转是否正常,电线接头是否牢固安全,如有问题应立即修理或更换。

②要经常注意检查电线是否老化,特别年代较久的老片库,以防电线老化引起火灾。

③严防影片照片片库内有明火,移动式电灯照明应用防爆灯,绝对禁止吸烟。

④防止片库内发生金属物撞击,以免发热或产生火花而引发火灾。

⑤要经常检查片库内的温度及其变化。不适宜的温度,特别温度的剧烈变化,往往会使影片照片遭到严重损毁,甚至完全毁灭。如果片库温度较高,加速片基分解而产生热量的逐渐积累,时间长久就会使胶片表面或周围温度达到燃点而引起燃烧,特别是片库内放有易燃易爆的硝酸纤维片基的影片时。必须有专人每天定时观察并记录库内的温度变化,如发现温度偏高时必须设法加以调整。

9.5　片库的温湿度控制

不适宜的温湿度及温湿度的急剧变化,不仅对影片照片的保管极为不利,而且往往会使影片遭到严重损毁,因此力求片库一般保持温度在 $10\sim20\,℃$,相对湿度在 $55\%\sim60\%$ 。

湿度过低会使影片干裂、起翘、湿度过大会加速片基水解、粘连,还会引起霉变,使影片照片模糊不清影像失真。

因此片库温湿度一定要适宜而且稳定。

9.6　片库的卫生

影片照片库房的卫生十分重要,为此片库必须经常保持比较清洁新鲜的空气,基本达到"三无"要求。

9.6.1　无菌

因为胶片乳剂层中的精胶黏合剂是微生物的良好营养基,一旦空气中有菌就会污染到胶片、乳剂上。在适当的温湿度条件下,菌类生长繁殖,使乳剂层受菌类及其代谢产物的侵蚀,使画片遭到破坏而模糊不清。

9.6.2　无污垢和尘土

尘土不仅有颗粒落到胶片上会摩擦画面,一旦库内湿度较大,或湿度发生剧烈变化影片照片出现"发汗"现象时,尘土就会黏附到胶片上形成污垢。此外尘土还会引起胶片的化学和生物损害。

9.6.3　无有害气体

空气中 SO_2 、NO_2 、H_2S 、HCl 、Cl_2 等有害气体,遇潮气会生成相应的酸,这些酸会加速片基的酸性水解、降解、分解,腐蚀影片照片,不仅降低强度,污染画面,甚至发生画面粘连、断裂,造成毁灭性破坏。

为了做到片库中空气洁净无有害气体及水蒸气,空气进入片库时应经过净化,一般在片库空气进气口要安装空气净化器,使进入片库的空气除去有害气体后才进入片库。如果没条件安装空气净化器,可采用简单、经济、实用、有效的水蒸气及有害气体吸收除害法。

9.6.3.1 有害气体的吸除法及其原理

1. 有害气体吸除方法

用透气性好的多层致密的纱布将块状生石灰层层包住,放在片库角落或片架下面带有透气孔的带盖木箱中(木箱木料不能用松、柏等含挥发油之木料)。此法既可以吸收片库中的有害气体和水蒸气,又不会使生成盐或熟石灰后的粉状物进入片库的空气中,损伤照片影片。

2. 有害气体吸除原理

$$CaO(生石灰、坚硬块状)+\begin{cases} SO_2 \longrightarrow CaSO_3 \xrightarrow{O_2} CaSO_4 \\ NO_2 \longrightarrow Ca(NO_3)_2 \\ H_2S \longrightarrow CaS \\ HCl \longrightarrow CaCl_2 \\ Cl_2 \longrightarrow CaCl_2 + Ca(OCl)_2 \\ H_2O \longrightarrow Ca(OH)_2 \end{cases}$$

3. 吸除有害气体及水蒸气的检查及更换

生石灰是坚硬块状物,若经过一段时间如发现其坚硬的块状物已变成松散的粉状物就表明已吸收上述有害气体及水汽,转变成相应的盐或碱而失效,应予以更换。更换应在库外进行,以防更换过程中固体粉末污染胶片、影片、照片。

4. 有害有机气体的吸除

有机气体一旦遇到空气中或落在影片照片上的灰尘就会黏附在上面形成含有机质的污垢,成为菌类生长繁殖的优良场所和营养基,不仅污垢使画面模糊,而且菌类的代谢产物也会腐蚀影片照片。

有机蒸气的吸除方法和有害气体的操作方法相同,只是把吸收剂换成对有机蒸气吸附能力很强的棒状或粉末状活性炭即可。先将活性炭在 120℃ 的恒温下烘干活化两小时,然后自然冷却后再包装放置到库房的适合位置。

§10. 影片照片类文物的保护与修复

影片照片类文物因本身组成材料、性质等内部因素,温湿度、光线、菌类、有害气体、尘埃等外部因素的影响,受到的损伤破坏是多方面的。为了延长这类文物的寿命使安全、长久、有效地保存下去,就必须经常检查,及时发现问题,科学、正确、有效地消除病害、修复残缺。由于文物本身保存情况及受损情况的差异,保护修复方法也是多种多样。

10.1　影片柔软性、弹性及尺寸的检查

影片在长期保存过程中,由于受本身材料及外界环境条件的变化,会逐渐失去柔软性和弹性而变硬、变脆的同时影片的尺寸就会发生变化。如影片片尾出现卷曲现象,就表明影片已失去柔软性和弹性,影片的尺寸、齿孔的距离就会发生变化,这样的影片就难以拷贝和利用。检查影片的尺寸变化时主要检查影片宽度尺寸和齿孔的距离。影片尺寸的变化可直接用卡尺测量,胶片在保存过程中与新片比较尺寸变化最大不能超过 1%,如果超过,需进行修复后,再入库保存。

影片的尺寸如果发生了变化,必然导致齿孔距离的变化。可用齿孔测规快速准确的测定出来。齿孔距离发生变化,必须及时修复,否则影片就会失去保存的意义。

10.1.1　影片尺寸变化原因

影片几何尺寸发生变化很大程度上是由于保管和使用过程中环境过于干燥,导致影片弹性和柔软性减退而造成的,因此要恢复影片原有的柔软性、弹性和几何尺寸,重要的方法是恢复和保持影片应有的湿润。把影片置于湿润空气中或润湿的药品中,片基就可以重新恢复柔软的特性和减少、收缩程度。

10.1.2　影片柔软性弹性和几何尺寸的恢复方法

10.1.2.1　增加库房相对湿度的方法

用增加库房相对湿度的方法来使影片润湿而恢复影片的柔软性、弹性和几何尺寸,这对于处理大数量影片比较方便实用。使用此法时,注意相对湿度必须缓慢增加,且保持在适当范围内。因湿度剧烈变化或湿度过大,会使影片遭受严重的损毁,在增加库房湿度时要仔细观察、及时检查,当影片达到润湿,恢复了柔软性和弹性后,应该迅速将湿气排出库外。

10.1.2.2　片柜湿润的方法

1. 加湿用片柜的结构

这种湿润是在以穿孔白铁做成架子和两个以穿孔白铁做成的管子组成的加湿用片柜,管子位于角上贯通柜子全部高度。

2. 片柜湿润的操作方法

片柜湿润法是用常用的一种配方:异丙醇 13 克,甘油 40 克,蒸馏水 47 克组成的润湿药液,将毛毯、布块、棉花等多孔材料浸润后放入有孔的管中,让润湿药液蒸发,使片柜中保持一定湿度。为防止片柜过于潮湿,片柜中应装有通风孔。用上述配方的湿润药液在 20℃可使空气的相对湿度达到 70%。用饱和食盐水作润湿液,也可达到同样的效果。

若影片过于干燥,乳剂层精胶已硬化时,可用冰醋酸 0.5 毫升,甘油 1.5 毫升、

40％甲醛 0.5 毫升、水 1000 毫升的混合溶液湿润液浸润，使其恢复弹性。

10.2 影片照片的耐久性及其影响因素

影片照片保管并长期保存的关键问题是影响影片照片稳定性两个主要因素，一是片中未感光的银盐的残留，二是水洗不好在胶片上留下硫代硫酸盐。未感光的银盐几乎占整个乳剂层银盐的 $70\% \sim 80\%$，在光照下会变成黑色而显不出影像。为了显出影像并长期保存下去，必须经过定影除去未感光的银盐。定影液中主要成分是硫代硫酸钠（$Na_2S_2O_3$），它可以和未感光的卤化银（AgX）反应生成能溶于水的硫代硫酸银钠络盐。

$$AgX + Na_2S_2O_3 \longrightarrow NaAgS_2O_3 + NaX$$

在水中溶解度不大 $\xrightarrow{Na_2S_2O_3} Na_5[Ag_3(S_2O_3)_4]$

易溶于水

10.2.1 影片照片上的主要残留物

10.2.1.1 影片照片上定影不彻底留下的残留物

定影时间不够就会使上述反应停留在第一步，生成在水中溶解度不大的 $NaAgS_2O_3$ 残留在影片照片上，在后续的水洗中不易除去，日久会使影片变色，所以为确保影片照片长久清楚保存好，定影必须彻底。

10.2.1.2 水洗不彻底影片、照片上的残留物及其危害

影片照片定影后如果水洗不彻底就会在影片照片上残留下硫代硫酸钠，容易引起胶片褪色和发黄。硫代硫酸钠能引起胶片发黄的主要原因，是硫代硫酸钠在空气中遇到二氧化碳和水蒸气，就会逐渐分解，产生极易分解的硫代硫酸，其分解产物为硫和亚硫酸。硫与影像的金属银反应，产生棕黄色的硫化银，使影片照片变黄；而亚硫酸很不稳定，易被空气氧化变成硫酸。硫酸与硫化银缓慢作用，生成白色可溶性硫酸银，使影像逐渐褪色，而同时产生的硫化氢又继续跟影像的金属银作用，产生硫化银，使影片照片进一步变黄。

$$Na_2SO_2O_3 + CO_2 + H_2O \longrightarrow H_2S_2O_3 + Na_2CO_3$$

分解

$$H_2SO_3 + S$$

$\xrightarrow{O_2(空气中)} H_2SO_4 \xleftarrow{} $ ... $2Ag \longrightarrow Ag_2S(棕黄色)$

$H_2S + Ag_2SO_4 \xleftarrow{Ag_2S}$

$O_2 \quad 2Ag \quad （白色）$

$Ag_2S + H_2O$

影片照片水洗不彻底,残留在影片照片上的硫代硫酸钠就会破坏影片照片的画面,使其变黄、褪色。

虽因硫代硫酸钠有一定的吸附作用,很不容易完全洗净,但作为需长期保存的影像文物,要求硫代硫酸钠含量不能超过一定限度,而且不同的感光材料可容许硫代硫酸钠的含量不同(见表13-1)。

表 13-1 不同感光材料可容许硫代硫酸盐的含量

感光材料名称	通常可容许的含量（毫克/分米²）	历史文物档案可容许的含量（毫克/分米²）
翻底用的微粒胶片	0.31	0.08
微粒正片(发行拷贝)	0.78	0.16
全色底片	3.1	0.78
业余用胶片(一面有乳剂)	2.3～3.9	0.78
X 光胶片(一面有乳剂)	6.7～7.8	1.6
厚纸照片	3.1～3.9	0
薄纸照片	1.6～2.3	0

作为长期保存的影片照片,水洗是否彻底,影片照片上硫代硫酸钠的含量是否在规定的限度内等指标必须在入库前彻底检查。

10.2.2　影片照片水洗后残留有害杂质的检查

影片照片水洗是否彻底,主要检查乳剂层中是否残留未洗净的硫代硫酸钠。其检查方法有以下两种:

10.2.2.1　氯化汞法(用于检查历史档案胶片)

在试管中放入每升含氯化汞及溴化钾各 25 克的氯化汞溶液 10 毫升,将 2 厘米长的备检查胶片(干湿均可)放入,静置约五分钟,然后摇动试管。若试管出现乳白色胶状物,即表明胶片上有未洗净的硫代硫酸钠残留物存在。

$$3HgCl_2 + 2Na_2S_2O_3 + 2H_2O \xrightarrow{KBr} \underset{\text{乳白色胶状物}}{HgCl_2 \cdot 2HgS} + 4NaCl + 2H_2SO_4$$

氯化汞溶液中加入 KBr 是为了形成一部分 $HgBr_2 \cdot 2HgS$ 胶状物,使反应出现的白色现象更明显。

10.2.2.2　硝酸银法(适合于检查相纸照片)

在一升 1‰硝酸银中加入 5 毫升浓硫酸(d=1.84)配成硝酸银检查液,利用银离子在酸性中能与硫代硫酸钠反应生成硫化银(Ag_2S 棕黄色)沉淀,并根据沉淀形成斑点颜色为淡黄—褐色—深褐色来识别和判断硫代硫酸钠残留的多少。

该实验操作简便,现象明显,实验时只需将一滴配好的硝酸银检查液滴到受检验的照片旁即可达到检验目的。

$$2AgNO_3 + Na_2S_2O_3 + H_2O \longrightarrow Ag_2S\downarrow + 2NaNO_3 + H_2SO_4$$

10.2.3 影片照片中有害残留物的消除

如果检查出影片照片的乳剂层中残留有硫代硫酸钠,就必须用最好的含有氨的过氧化氢碱性氧化剂的消除剂来消除。

$$Na_2S_2O_3 + 4H_2O_2 + 2NH_3 \cdot H_2O \longrightarrow Na_2SO_4 + (NH_4)_2SO_4 + 5H_2O$$

10.2.3.1 对残留硫代硫酸钠胶片的处理

①先将胶片用水浸后,放入新鲜的 20%～25% 的硫代硫酸钠定影液中定影 5～10 分钟。定影时间应严格控制,以免过久会使硫代硫酸钠难以除去而影响影像密度。

②定影后将胶片用流动水中冲洗 40～45 分钟,尽可能除去残留的硫代硫酸钠。

③放在含氨的过氧化氢碱性氧化剂消除剂中,在 25℃ 处理 5 分钟彻底清除有害残留物硫代硫酸钠。消除剂的配方如下:

水	10 毫升
过氧化氢 3%	125 毫升
氨水 $(NH_3 \cdot H_2O)$3%	100 毫升

④接着在流动水中冲洗 10 分钟。

⑤最后在蒸馏水中漂洗 5～10 分钟,干燥。

10.2.3.2 对残留硫代硫酸钠纸质照片的处理

①将纸质照片先在水中浸 5 分钟,再在新配制的 20%～25% 的硫代硫酸钠中性溶液中定影 5～10 分钟。定影时间严格控制在 10 分钟之内,因时间长了,纸的纤维及钡底层便会大量吸收硫代硫酸钠,即使长时间清洗,也难以除掉。

②用活动水冲洗,薄相纸照片冲洗 30～40 分钟,厚相纸照片冲洗 50～60 分钟。

③将洗后的薄相纸照片及厚相纸照片,在温度 25℃ 的新配制的消除剂中分别处理 6 分钟及 10 分钟。消除剂配方为:

水 500 毫升、3% 过氧化氢 125 毫升、3% 氨水 100 毫升,加水到 1000 毫升,可处理 9 厘米×12 厘米的照片 50 张。处理时必须把照片分开放在槽中,不能让照片粘在一起。

④在活动水中处理 10 分钟。

⑤最后在蒸馏水中漂洗5～10分钟,干燥即可。

10.3　影片照片的霉斑、危害及清除

10.3.1　影片照片上霉斑的产生及危害

乳剂层是胶片的重要组成部分,其主要成分是明胶,占胶片涂层成分的50%以上。另外还有银盐,银盐颗粒均匀悬浮在液体明胶里,涂布在片基上,冷却后形成一层透明胶膜,均匀的分布在片基上,具有感光成像的功能。明胶是一种动物蛋白质,它的分子是许多氨基酸结合而成,因而蛋白质当遇到酸、碱或酶的作用时,就会水解,使蛋白质逐渐分解变成结构简单的物质,最后变成各种氨基酸,所以说蛋白质是霉菌、细菌等微生物优良的营养基,加之明胶具有较强的吸水性,这些都为霉菌的生长繁殖提供了良好条件。在适当的温湿度条件下,霉菌就会迅速生长繁殖,霉菌孢子通过菌丝体的细胞膜,以渗透的方式将营养吸收到细胞内部,并产生多种酶,特别是蛋白酶。明胶在蛋白酶的侵蚀下,蛋白质长链分子结构被破坏,分解生成短链分子结构的简单氨基酸,为霉菌提供更充足的营养,使霉菌更加迅速的生长繁殖,使明胶发皱变形,甚至发黏,粘连在一起,导致银影像无依附之处而脱落。霉菌一般从底片的边缘开始向里延伸,深入到明胶与银粒子之间将明胶酶解,酶解中分泌的有机酸还会侵蚀银粒子或染料影像,轻者霉菌丛生,遮掩影像,使影像清晰度下降,重者伴随酶解渗出黏性物而引起影片,照片粘连变质,甚至完全报废。

明胶有吸水性,遇潮极易霉烂而形成厚厚的霉斑霉垢,随霉烂时间与霉烂程度不同而出现白色雾翳,雾翳内分散着大小不一的霉花,有的霉垢层呈黄色,有的则呈灰黑色。

导致影片照片霉变的霉菌种类主要是曲霉属(Aspergillus)[黑曲霉(Aspergillus Niger Van Tieghem)、白曲霉(Aspergillus Candidus Link)、杂色曲霉(Aspergillus Versicolos)、黄柄曲霉(Aspergillus Flavipes)、棒曲霉(Aspergillus Flavus)等]。

青霉属(Penicillium)[产黄青霉(Penicillium Chryso－genum)、青产紫青霉(Penicillium Purpuro－gemum)等]

曲霉属、青霉属类霉菌适应环境能力强、在酸性、碱性环境(pH＝9～11)环境下均能生长,当环境不适宜时,有些菌孢子可进入停止代谢活动,进入休眠期,或形成保护性结构来渡过不适宜的环境,可数十年不死;一旦遇到适宜的环境,又可生长繁殖,所以说霉菌对影片照片底片的破坏不仅严重而且持久。

10.3.2　影片照片上霉斑的去除

影片照片发生霉变后,上面覆盖一层霉层,部分或完全遮掩了影像。为了使影

像清晰显现出来,就要设法将影片、照片、底片上的霉菌清除。

①影片照片上的霉菌可用软毛笔、鹿皮、绒面(天鹅绒或法兰绒)、软毛刷,将霉菌轻轻刷擦除去。刷或擦时一定要戴口罩和手套,以防霉菌吸入呼吸道或感染。

②影片照片上的霉斑可与木瓜蛋白酶溶液充分接触一个半小时或由操作者按经验及霉菌污染程度决定接触时间长短。若霉斑较严重时,在用木瓜蛋白酶溶液处理时辅以软毛刷轻轻擦刷能更有效地除霉。

③用棉签蘸取 0.03% 的"霉敌"水溶液轻轻擦拭影片照片及底片上的霉斑。0.03%"霉敌"水溶液无色、清澈透明,对影片照片无刺激,杀菌快速持久。

④用镊子夹住蘸次氯酸钠溶液片基霉菌去除剂的棉球,均匀涂在霉变的片基上,霉菌多的地方可适量多涂,然后立刻用水冲洗底片片基,将底片上残留的片基霉菌去除剂冲洗干净。

次氯酸钠是一种强氧化剂,属于高效含氯消毒杀菌剂,在水中能解离为次氯酸。

$$NaOCl + H_2O \longrightarrow NAOH + \ HOCl$$
$$\longrightarrow HCl + [O]$$

由于生成的次氯酸很不稳定,很快分解产生氯化氢和初生态氧。初生态氧具有极强的氧化作用,是次氯酸钠消毒剂最主要的杀菌机理。此杀菌除霉剂具有与水互溶、清澈透明、杀菌快速持久,可将片基上的霉菌菌落完全去除。

10.3.3　影片、照片底片的杀菌防霉

由于影片、照片、底片上的主要霉菌曲霉属和青霉属都是比较容易适应外界环境的菌属。在条件不适时,它们中有些菌孢子进入休眠状态,几乎终止全部的代谢活动或形成保护性结构来渡过不适宜的环境条件,可长时间几年、几十年不死亡,一旦遇到适宜的环境条件仍可生长繁殖。为了长期有效防霉可采用 0.03% 霉敌水溶液或 0.03% 的霉敌乙醇溶液擦涂霉斑,不仅可以高效、广谱杀菌,而且溶剂挥发后"霉敌"可均匀分布在影片照片和底片上,起到长期防霉效果。

用"霉敌"溶液处理过柔软且强度好的药纸作为安全高效防霉纸,隔、包影片照片底片,也可长期有效防霉。

10.4　影片照片的除污

污垢和尘土可对影片照片造成物理、化学、生物等方面的损害,因此一旦发现影片照片上有灰尘、污染,就必须采取有效清除措施。

影片照片的除污方法要根据污染物在影片照片上附着的形式及污染的程度而定。

1. 影片照片上降落的浮尘的除去

影片照片上降落的灰尘粉末在未遇到潮气而未与影片照片贴附或黏附时,可用鹿皮、绒面(法兰绒或天鹅绒)、软毛笔或软毛刷轻轻擦掉。

2. 影片照片上若有尘土与有机蒸气或有机物一块沾污时,采用湿法除污。开始也应先将影片照片污染物表面的浮尘先除去,然后用专门配制除污剂进行处理。这种除污处理可在专门的除污机上进行,也可采用人工除污方法。

除污剂的配方:

配方 1:浓氨水(27%)　　　　　　　　　　　　8 毫升

　　　　水　　　　　　　　　　　　　　　　95 毫升

　　　　酒精(最好是异丙醇或丁醇)　　　　1 000 毫升

配方 2:四氯化碳　　　　　　　　　　　　　100 毫升

　　　　丁醇、叔醇　　　　　　　　　　　　700 毫升

　　　　水　　　　　　　　　　　　　　　　200 毫升

以上两种配方的溶剂,不仅能很好去污,而且具有以下特点:

①能迅速溶解溶化油脂和矿物油。

②不伤害片基和乳剂层。

③溶剂能迅速挥发干燥。

④不燃、无毒、经济。

⑤对影片照片的物理化学性质还能有所改进,使柔软性、强度等提升。

10.5　影片照片画面变黄的恢复处理

10.5.1　影片照片画面变黄的原因

影片照片画面变黄主要是由于胶片上呈像的乳剂层中的金属银起了变化而导致的。影片照片定影后水洗不好,在胶片上残留的硫代硫酸钠在空气中二氧化碳的作用下逐渐分解,产生的硫和亚硫酸与胶片上的金属银反应产生的棕黄色硫化银而使影片照片变黄。

10.5.2　影片照片画面发黄恢复处理的原理

要使变黄的影片照片恢复原貌,使由银变成棕黄色的硫化银被氧化漂白即可,其氧化漂白过程的化学反应如下:

$$2KMnO_4 + 16HCl + 5Ag_2S \longrightarrow 2MnCl_2 + 2KCl + 10AgCl + 5S + 8H_2O$$

将胶片从漂白液中取出,用流动水冲洗后,如果发现乳剂上有褐色,可用 5%的草酸溶液处理以除去褐色。

当胶片上的黄色完全退去,胶片上的影像完全消失或呈现半透明状态,这时可

用高效力的显影液处理,胶片的影像就慢慢出现,恢复未变黄以前的面貌。

10.5.3　影片照片画面变黄恢复操作

先将画面发黄的影片照片放入 3%的高锰酸钾溶液 6 毫升和 6%的盐酸溶液 100 毫升的混合溶液中漂白 5～10 分钟;当影像完全褪色后,将胶片从漂白液中取出,用流动水冲洗。如果发现乳剂层中有褐色,将胶片放在 5%的草酸溶液中处理,待褐色退去后再经水洗。水洗后,胶片上的影像完全看不出来或呈半透明时,用高效力的显影液处理,使胶片的影像慢慢显示出来,并恢复未变黄以前的面貌,最后用水冲洗干净并干燥。此法也适用于纸质照片。

§11.　录音类文物档案的保护

作为文物档案保管的机械录音主要是唱片,新中国成立前我国录音主要是机械录音,其中主要是金属模版和唱片。新中国成立后,磁性录音得到重视和快速发展,现在基本上以磁性录音代替了机械录音。

11.1　金属模版与塑料唱片的保护

11.1.1　金属模版的保管保护

金属模版任何轻微的损伤都会影响还音质量,甚至不能还音。金属模版常因与空气中氧及害气体接触而产生锈蚀、磨损或腐蚀而损毁,因此保管金属模版的库房,空气一定要洁净,不能有酸性有害气体存在。

11.1.1.1　预防性保护

①涂油。为了避免版面与空气(特别是空气中的氧及酸性有害气体)接触,应经常在洗涤干净的金属模版上涂一层石蜡油和机器油。模版涂油后,以油纸包好,装袋保管,可免版面与空气接触而遭腐蚀。

②金属覆盖。对一些珍贵模版的保护,可在金属模版上镀一层耐蚀性好的金属,形成一个保护层,防止有害气体的侵蚀。将模版洗涤干净,除去油垢后,在镍槽上镀上一层非常微薄的(6 微米)镍层;为了镍层的稳固,再在镍层上加镀一层(100～120 微米)铜层。这样就可以防止周围空气中的氧及有害气体对模版的腐蚀作用。

③防尘。金属模版在入库前必须仔细洗涤,以防带化学杂质的灰尘微粒磨损及腐蚀版面。同时,要经常注意保持库房清洁卫生,防止灰尘侵入库内。

④防压防擦。金属模版上的音纹受任何轻微的损伤都会影响还音质量,因此必须严防受压、撞击或摩擦。为了防压防摩擦,金属模版应保存在坚固的硬纸套内,有音纹的一面应垫以柔软材料。制套时所用纸版、糨糊及垫衬的软材料,都不能含有能引起模版腐蚀的有害物质。

⑤系统检查。严格认真系统检查模版上有无任何由氧或有害气体或其他作用而造成的薄层、斑点及锈迹。检查时用放大镜仔细查看,一旦发现有上述情况,就必须立即进行处理。检查时应特别注意查找那些蔓延趋势的缺点和损伤,严防其进一步发展。

⑥严格控制温湿度。保存金属模版的库房要严格控制其温湿度,最好将温度控制在 18～20℃,相对湿度控制在 50% 左右。

⑦取放必须戴手套。为防止手上的油脂、汗液、菌类、灰尘造成版面的污染腐蚀,取放金属模版时必须戴上手套。

11.1.1.2 抢救性保护

文物保护中万一出现问题时,必须及时正确处理,采取正确的保护措施。

①当发现金属模版发生锈痕时,可用汽油和软刷子轻轻刷洗。洗涤操作必须十分小心,不能擦伤音纹,否则会走音,失去原有的价值。

②若发现模版纸套上有灰尘微粒,应立即清除,以防在取放模版时灰尘落在版面上,磨损音纹或带进有害化学物质而腐蚀版面。

③杀菌除霉。为了不使版面与空气接触遭腐蚀,在洗涤干净的金属版面涂一层石蜡和机器油,再用油纸包住,装袋保存。不管是石蜡或是机器油,在遇到适合的温湿度和菌类孢子,就会有菌类生长繁殖、生出霉斑。一旦发现油纸或模版出现霉斑,应立即用高效、广谱、低毒杀菌防霉剂 0.03%～0.035% 的"霉敌"丙酮或酒精溶液杀菌并用软刷子刷除霉斑,严防微生物腐蚀。

11.1.2 塑料唱片的保管保护

11.1.2.1 预防性保护

①严格控制温度及其变化

塑料唱片是一种热塑性塑料制品,遇热便软化变形改变音纹的深浅和密致程度,影响还音质量。温度过低又会变硬,因此保存塑料唱片温度不宜过高或过低,一般不应超过 20℃。

温度剧烈变化,容易引起塑料唱片剧烈胀缩,使音纹变形,所以应严防温度剧变。

②防潮。唱片受潮后会发胀变形,唱片受潮易使唱片生霉,损害塑料层,造成失声失音。甚至完全成为废品。因此片库一定要干燥,相对湿度应保持在 50% 左右。湿度剧变,也易引起塑料唱片剧烈胀缩,使音纹变形,所以应严防湿度剧变。

③防尘。片库应清洁无尘,严防灰尘沾附唱片表面而损伤音纹,特别是放送时,灰尘颗粒在唱针移动作用下,会进一步磨损音纹,使唱片不仅还音效果大大降低,而且大大缩短唱片的使用年限。

④防震防摔撞。塑料唱片质地脆弱,音纹细密,在搬运或调阅时,必须小心轻取轻放,严禁震动,更不能摔扔,以免震裂或摔碎。

⑤防压。由于塑料唱片脆弱,如果受重压,特别是受压不均匀时,会使唱片翘曲变形而损伤音纹。唱片保管在柜子中不仅格板要平,而且唱片叠放不宜太高,以十张为宜,以免底层受压过重。保管过程中,还应注意翻倒,以防时间长了压坏底层唱片。

11.1.2.2　抢救性保护

①唱片受潮表面凝结有水珠时,应立即用绒布或脱脂棉擦拭干净,并放在通风处风干,必要时也可放在电灯光或微弱日光下使其干燥。

②唱片受潮发霉时,必须立即除霉。先用毛笔或软毛刷轻轻刷除霉菌,然后用脱脂棉蘸 0.03% "霉敌"酒精溶液擦拭。

③除尘。一旦发现唱片表面沾附有灰尘污物时,应用干净柔软的绒布或绸子将唱片表面的灰尘轻轻拂去,将污物用软毛刷轻轻刷除或用脱脂棉蘸少许酒精轻轻擦除。

④翘曲歌片恢复平整。唱片因叠放不平或温度过高引起翘曲,可将唱片压在玻璃板之间让其逐渐恢复平整。若翘曲的唱片急需使用,可将唱片表面用绒布擦干净,平放在玻璃板上,在阳光下曝晒十分钟左右,然后移入室内,将边缘对齐后叠放起来,上面再盖以玻璃板,并在玻璃板上施加适当压力(每 20 张唱片,需施 20～30 磅重的压力)。采用此法能快速使唱片恢复平整,但必须将温度控制在 37～43℃之间,温度太高会使塑料变软而损伤音纹,而温度过低又会使塑料变硬变脆而被压碎。

11.2　磁性录音档案文物的保管保护

目前我国保存的磁性录音主要是现代文物和革命文物档案磁带。因磁带载音材料的带基是由醋酸纤维素制成的,与影片照片的胶片具有同样的性质,因此磁带和影片照片的保管条件基本上是相同的。

11.2.1　预防性保护

①严格控制温度。温度太高不仅增强磁带的串渗效应,还容易破坏磁层中磁性分子的排列,使磁性消失,大大降低录音质量。因此磁带不能受高温,一般保存在 10～20℃的温度中最适宜。

②严格控制湿度。磁带带基由醋酸纤维素制成,磁层由氧化铁和硝酸纤维漆制成,如遇潮不仅磁带会膨胀弯曲,而且带基和磁层中的黏合剂硝酸硝纤维还会水解、酸解,引起磁带发霉。但带库空气也不能太干燥,太干燥会使磁带变硬变脆,强

度柔软度降低而易碎。最理想的相对湿度为 $50\%\sim65\%$ 。

③严防机械碰撞、拉扭。剧烈碰撞不仅容易破坏磁带磁层中磁分子的排列次序,还会使录音磁带受到剧烈的摩擦和摔碰,因此在取放磁带都应轻拿轻放,以保持磁带上磁的稳定,并防止磁带的机械损伤。

④严防日光(特别是紫外线)照射。紫外不仅会加速磁层硝酸纤维素黏合剂的分解,影响磁层中铁磁粉在带基上的黏合能力,会影响铁磁粉在带基上的均匀分布,甚至发生铁磁粉的位移或从磁带带基上脱离下来的危险。光的照射还会降低磁带的抗断能力,长时间的光照特别是强光照射会加速磁带中磁分子的运动,从而破坏磁层中磁的稳定性。

⑤严防磁场的影响

磁带受到外来磁性的作用,使磁带受到窜渗效应的影响而使声音遭到破坏,在放音时出现超前或滞后的回音,即在原声音的前后出现很轻的同样声音而影响放音效果。保存磁带的地方,必须远离变压器、电动机及其他能够形成磁场的机器设备,最好放入抗磁材料做成的盒子中。

⑥磁带平放防压

磁带竖放虽拿取方便,受力较小,但悬吊在套内的磁带各部受压不同,磁带容易弓起变形。平放磁带受压均匀,不会发生弓起,严格控制叠放数量不会压坏底层,所以平放可防压,比较安全。

⑦防尘。灰尘会磨损磁带的磁层损坏录音及放音效果,因此带库应防止灰尘进入,并随时注意观察带库内的降尘情况,如有灰尘应立即清除,清除时严防灰尘飞扬传播。

11.2.2　磁带的抢救保护

①发现磁带库房湿度太大或太小,应及时调节。如磁带受潮产生膨胀和弯曲,应用软的绒布或柔韧的吸潮纸轻轻沾吸磁带上的潮气,干燥后再将磁带卷在卷轴上保存。

②发现磁带受散射磁场,产生较严重的窜渗效应时,应采用适当强度的超音频处理,将磁带进行表面消磁。

③杀菌防霉。对受潮发霉的磁带,必须及时彻底地进行杀菌除霉,以防霉菌繁殖,使磁带遭受严重破坏。处理时用软毛刷或毛笔先轻轻将磁带表面的霉菌擦除。因磁带一般卷的较紧,长霉初期只发生在磁带的边缘还未扩至磁带表面磁层时,应用绒布或脱脂棉蘸上 $0.03\%\sim0.035\%$ "霉敌"水溶液或丙酮溶液轻轻擦拭磁带边沿,杀菌除霉。而未经防霉处理的磁带长满霉菌,对比十分明显(见彩版13－1)。

④定期检查复制

磁性录音的寿命大约 4～7 年,为了长期保存珍贵的录音文物资料,必须定期复制,以延长其总的保存年限。对于特别珍贵有重大意义的磁性录音文物资料,最好灌成唱片,将金属模版保存起来。

11.3　光学录音档案的保管保存

光学录音声带有底片和正片,它和影片一样都是加工过的胶片,因此光学录音声带的保存和影片保存完全相同,这里不再重复。

第十四章　考古发掘现场文物保护

人类自从出现文字而进入文明时代以后,就一直不断努力研究探索人类自身发展的动力,探索人类与大自然斗争而产生的推动力,探索人类从野蛮走向高度文明的内在因素,产生了研究人类历史发展规律的科学——考古学。考古学的任务是根据古代人类活动所遗留下来的文化遗存,研究人类古代历史。

考古学研究的实物资料称之为文化遗存,包括古代人工建筑和设施的房屋、村落、庙宇、道路、运河、墓葬等人类活动遗留下来的不可移动的文化遗存(亦称遗迹);按其用途分为生产工具、生活用具、武器、礼器等器物;按其组成材料分为石器、玉器、铜器、铁器、金银器、陶器、瓷器、骨角器、贝器、竹木漆器、丝毛棉麻织品等的遗物。如果是自然物,则必须和人类活动有关,能够反映人类的活动。史前时代人类自身的化石和骨骸,不但反映了人类体质形态的演化,也反映着人类社会活动和社会形态的变化。考古学研究的对象是各种与人类生产、生活关系密切的物质遗存,通过各种物质遗存,研究古代社会的各个方面,其中包括各种物质文化、宗教信仰和意识形态领域内的各种精神文化。

古代文化遗存就是文物,考古学是通过古代遗存文物来研究人类历史发展过程中的一般规律,还要探索各个地区、各个民族在历史发展过程中所表现出差异及造成差异的原因,注重各种文化的特征及这些文化产生、发展和演变的规律。我国由于历史悠久,全国各地都保存有十分丰富的文化遗存,这些文化遗存对研究中国古代和整个人类社会的历史发展进程具有十分重大的意义。

人类在历史进程中创造的这些遗存(包括遗迹和遗物),不少已毁灭消失,保存下来的仅是其中的一小部分,有些文物还埋在地下,不论是已出土的还是尚未发掘而埋在地下的文物,都在不同程度遭受自然因素的破坏以外,还遭受人类有意识或无意识的破坏。文物是一个国家、一个民族的珍贵财富,保护好文物具有重要的历史意义和现实意义。考古学家通过发掘获取文物,随着时代的进步、科学的发展,对文物不断进行深入研究,使文物内在价值逐渐显现出来,博物馆的一切活动都是围绕文物这一实物展开的,所以都需要将文物科学、完整、原样、长期保存下来并留传给后代,这正是文物保护研究工作的意义所在。

文物保护学是一门文理交叉、理工渗透、涉及学科领域非常广泛,综合性强的新型学科。在文物保护研究中广泛借鉴和采用了其他学科的研究方法、研究成果,以助于对文物进行多角度、多方面、多层次的研究,这样更有利于系统、全面、深入地揭示文物材料老化变质的内因和引起、加速老化变质的外因及其特有的变化规律,拓宽文物保护的研究领域和深度。文物保护科学的研究对象是考古学家通过发掘获取的一切具有珍贵历史、科学技术、艺术价值的文物资料。目的就是最大限度地延长文物的寿命,使文物尽可能地长时间为考古学研究人类历史发展规律及为人类文明发展服务。

由于考古学和文物保护学的研究对象都是一切具有重要历史、艺术、科学技术价值的文物。研究的目的都是为了"古为今用",因而考古学与文物保护学是相辅相成、不可分割的一个整体。考古发掘现场是考古学者获取文物和文物保护工作者防止因环境突变对文物造成破坏的联合工作现场和结合面。

§1. 考古发掘现场文物保护的重要意义

1.1　保护和获取文物各种信息的重要手段

文物是特定历史时期的产物,反映不同时期、不同地域、不同民族特定的文化,包含着特定历史时期的政治、经济、军事、文化、科学技术和对外交往等各个方面的重要信息。开发利用其中蕴藏着的大量信息资源,必须要保护好作为以物质形态存在的各种文化遗存,特别是要保存文物的历史标记。

文物是由各种材料组成的,各有其自身的特点,在各种外界环境因素的长期作用下,发生了一系列的化学、物理等变化。有的变化并没有不良影响,还可作为文物特有的历史标记;有的变化却给文物带来重大损害,使之不能保存和利用。文物受损,固然有其内在因素的作用,但外部环境对其造成的影响也不容忽视,所以尽可能多地掌握文物所接触的介质与环境,对分析文物损坏机理,制定文物保护方案和处理工艺等都具有重要意义。具体到考古现场来说,文物保护工作者应提取埋藏文物土壤成分、含水量、pH 值(酸碱度)、溶盐的含量等信息及发掘现场的温湿度、空气的污染情况(污染物的成分及其含量)、降尘的成分等信息。

1.2　防止环境突变对文物产生破坏的应急措施

大量地下埋藏文物,绝大多数是不可知的,只能通过配合基本建设项目发现并进行考古发掘才能获得。对这类考古发掘现场的文物保护,除了一些宏观措施外,还应对考古发掘现场出土的文物所经历的环境突变有周密的应对措施。这一环境的突变(主要是环境温、湿度、光线、空气中氧及空气污染物、微生物等的突变)对文物产生的危害非常严重,因此,考古发掘现场文物保护的重点应放在采取科学、有效、快速的保护措施来防止由于环境突变对文物造成的毁灭性损坏。

考古发掘出的文物由于环境突变造成严重损坏甚至毁灭性损坏的事例很多，教训深刻，如湖南沅陵出土古尸的腐烂，西安出土漆碗的干裂破碎，法门寺出土丝织品的粉化结块，等等。

1.3 "以防为主、防治结合"的重要场所

"以防为主，防治结合"是考古发掘现场文物保护的基本方针和指导原则。以防为主就是最大限度地防止或减少各种外界因素对文物材料的破坏作用，同时采取科学有效措施提高文物材料自身防御外界因素影响和破坏的能力；治则是对已损坏的文物进行保护修复处理，以使文物材料变得稳定。防是积极主动的，治则是在文物已受到损蚀破坏后采取的一种被动的补救性措施。防易于治，防利于治，防实质就在于最大限度延缓文物材料老化进程，轻视忽视或放弃防，就是放弃了文物在发掘现场保护的主动权，变主动为被动，不仅使文物在发掘现场遭到不应发生的突发性损坏，以致在治的过程中增大了难度，大大增加工作量，甚至无法修复恢复原状。

以防为主，强调"防"的重要性，同时也要重视"治"，因为文物材料的老化变质是不可改变的自然规律。文物保护的目的就是最大限度延缓文物材料老化变质的过程，延长文物的寿命和利用时间，通过改善文物保存环境和提高文物材料自身抵抗外界因素的能力。

§2 考古发掘现场文物保护的主要任务

在考古发掘过程中，无论是文物地下的埋藏环境，还是文物出土时的地上环境，文物所面临的损害都十分复杂，只要坚持"以防为主，防治结合"的基本方针和基本原则，对考古发掘的文物进行科学有效的现场保护，就能以最大限度的保留出土文物本身带有的各种信息。

2.1 尽可能减少环境对考古发掘现场出土文物的影响

文物在发掘出土前后必然要经历一次文物保存环境的改变或环境突变的过程，为保留出土文物资料完整性和不影响后续处理及考古研究，就必须采取科学、有效简便、快捷的措施，尽可能减少环境突变对考古发掘现场出土文物的影响。

2.2 对考古发掘现场出土的文物进行稳定性处理

采取及时有效的方法措施，对出土文物进行稳定性处理，使得发掘出土文物在出土现场得到科学、有效、妥善的保护，使文物实体、人文信息及历史遗迹等各项信

息完整保存下来,达到考古发掘现场文物保护的主要目的。

2.3　考古发掘现场环境的调查与记录

为了研究文物的保存情况、损蚀情况及腐蚀机理,为文物的保护处理及以后的妥善保存提供一些数据和参考,在考古发掘现场必须进行认真、细致、全面的观察、调查、取样并作翔实的记录,测量文物埋藏的深度、与文物接触的介质的颜色、成分、含水量,酸碱度,溶盐的成分、含量、分布规律。

2.4　考古发掘现场出土文物情况的调查与记录

考古发掘现场出土前文物出土时的情况,如保存现状,主要病变,文物从地下埋藏到发掘出土的环境突变引起文物的变化及造成的危害等,都必须仔细观察,认真调查、翔实记录。

§3. 考古发掘现场文物保护的特殊性

3.1　考古发掘现场文物保护是整个文物保护处理第一步

考古发掘现场文物保护不仅是整个文物保护处理的第一步,它的成功与否还直接影响文物后续保护工作难度和质量的关键。第一步做不好,不仅使文物保护工作难度加大,保护质量降低,甚至引起毁灭性损坏。

3.2　考古发掘现场保护工作条件简陋

考古发掘现场的保护工作一般要和田野发掘配合,不可能像保护实验室那样设备齐全、先进,而是条件比较简陋,难以对出土文物进行十分周全细致的保护。

3.3　考古发掘现场文物保护工作是抢救性、临时性的工作

受空间、时间、设备、环境、材料等多种因素的影响和制约,不可能在考古发掘现场按文物保护一般秩序对出土文物进行全面保护处理,而只是做一些抢救性、临时性的工作。如出土的文物已损蚀糟朽,强度很差而难以提取时,需要做预加固处理;又如为防止饱水器物由于迅速脱水而变形、起翘或干裂,在发掘后应采用湿布包盖或用水溶性聚乙烯醇溶液浸泡。

3.4　考古发掘现场文物保护要为后续文物保护打下良好而坚实的基础

考古发掘现场文物保护是文物保护整个过程的起点和重要基础,常采取的以

下工作步骤：

第一步：对考古发掘现场的环境、文物及文物在环境突变时的变化等进行认真，仔细的观察、调查、记录。

第二步：对发掘出土的文物进行科学地采集。

第三步：安全的包装和运输。

第四步：妥善的保存。

§4. 考古发掘现场文物出土时的环境突变及其对文物的危害

文物出土前后必然要经历一次文物保存环境的变化，这种变化的大小取决于地下环境与地上环境差别的大小。

文物在地下环境中，经过一段时间的腐蚀与抗腐蚀，逐渐与地下埋藏环境建立了一种平衡体系。地下环境中明显的特征是温、湿度变化缓慢，基本上是一个大的缓冲体系。在地下环境中，如果没有地震或其他地质变化，文物整体的物理性能是比较稳定的，没有明显的张力与体积变化。经过千百年之后，文物在地下形成的平衡体系中，使其在地下埋藏环境中的腐蚀速度变得越来越慢，有的甚至可以被认为已经停止了腐蚀，其外观无多少改变。在出土初期，仍能看到当年埋入地下时的风采。

平衡体系对于地下埋藏文物非常重要，但是随着考古发掘中文物埋藏环境一层层地被剥离，多年建立的平衡体系被打破，文物将面临环境的突变，受到明显的甚至是很严重的损坏。

环境的突变及环境突变引起文物损蚀首先发生在考古发掘现场文物出土的瞬间。文物出土时迎接它的环境是与地下埋藏环境截然不同的环境，在这突变的环境中，不同文物都受到不同的损蚀。

4.1　由地下缺氧环境突然变成含氧丰富的大气环境及其对文物的破坏

文物在地下埋葬的初期，一系列的腐蚀很快耗尽地下环境中的氧，使文物基本处于无氧状态。文物出土后突然面临的是含氧丰富的空气，开始迅速发生氧化反应。这一点对有机质类文物特别明显。

4.1.1　环境含氧量的突变对有机质文物的破坏

有机质文物自身的脆弱特性，是由于有机质文物的组成中含蛋白质、脂肪、纤维（毛纤维，丝纤维，棉、麻纤维）等成分。出土文物中常见的有机质文物有纸质文物（古书籍、绘画、碑贴等）；漆木竹器类文物（木器、竹器、漆器、板画、木质构件、简牍）；牙骨器（甲骨、牙雕、贝币、骨角器）；丝毛棉麻类纺织品。

4.1.1.1　环境含氧量突变对有机纤维类文物的破坏。

纸质文物、漆木竹器类文物是植物纤组成,其中的纤维素、半纤维素、木质素等。在潮湿氧气充足的环境中容易发生光自动氧化、光敏氧化,光催化氧化。在氧化中,有机化合物之间的作用力会慢慢失去,纤维的分子逐渐断链、水解,蛋白质分子出现降解,纺织品中的丝绸,毛织物中所含的蛋白质也会发生氧化降解。由于埋藏环境中通常是贫氧状态,而发掘出土后被空气迅速包围,氧化反应急速加快。

4.1.1.2　环境含氧量突变对尸体类文物的破坏

考古发掘出来且保存完好的古尸并不多,主要有鲜尸、干尸、腊尸、鞣尸。在尸体保护中已详细谈过。尸体初埋后的腐烂已基本耗尽周围空气中之氧气,使尸体一直处于一个相对稳定的无氧状态下。尸体发掘出土后,尸体与地下环境形成的平衡体系完全被打破,被含氧的空气包围,导致尸体腐烂的氧化反应迅速进行。空气中的嗜氧菌接触尸体,人体中的蛋白质、脂肪是菌类生长繁殖的优良营养基,因而菌类迅速繁殖,导致尸体快速腐烂。尸体腐烂的过程,实际上就是细菌在尸体上生长繁殖的过程。

4.1.1.3　环境含氧量突变对皮革类文物的破坏

皮革的结构是由胶原纤维束在三度空间纵横交错编织而成,是一种特殊的网状结构,具有较高的机械强度。皮革主要由含 16 种氨基酸,其化学成分有蜡类、磷脂类、固醇类及脂肪酸类。皮革是一种多肽结构的网状组织蛋白质纤维,其本身的化学性质及结构,制革的材料,工艺及技术决定了皮革类文物比较少见,即使出土的甲胄、皮囊及一些物品的附件和装饰,保存下来,但一般都保存状态不好、强度很差。文物出土后,遇到含氧量丰富的空气,皮革类会发生类似尸体文物的腐烂、硬化、皱裂、变形,甚至粉化。

4.1.1.4　环境含氧量突变对骨质象牙类文物的破坏

骨质和象牙类文物由无机物质和有机物质复合组成,构成骨和象牙的有机物质是骨蛋白的油脂类物质,约占骨质总重量的 30%。骨蛋白及填充于骨内的油脂类物质,遇到含氧量丰富的空气,很容易氧化变质,同时容易受到空气中细菌的侵蚀,从骨及象牙中流失,使骨质强度大大降低,甚至一触即碎。

4.1.2　环境含氧量突变对无机质文物的破坏

无机质文物在环境含氧量突变的情况下,也容易出现一些病害而受到破坏。

4.1.2.1　环境含氧量突变对彩绘陶器的破坏

陶器表面的颜料多为无机矿物颜料,通过调以适当的动、植物胶(鱼胶、骨胶、桃胶等),绘在陶体上经烧制而成彩绘陶。在地下缺氧的埋藏环境下缓慢老化变质,一旦发掘土,遇到含氧丰富的空气,氧化变质迅速加快,会失去黏结作用而导致彩绘脱落。

4.1.2.2 环境含氧量突变对铁器类文物的破坏

铁质文物在含氧丰富的空气中易锈蚀,尤其是在地下已经生锈的铁器,锈蚀速度更快。

铁器含碳量的多少,熔融温度的高低,冷却速度的快慢、锻打次数的多少及器壁薄厚等方面的差别导致了铁器不同的化学、物理性质;无论是生铁、熟铁制成的古代铁器,其结构都带有微孔和腐蚀通道,这是铁器易锈蚀的内在原因。

在发掘现场,铁器一方面与土壤及潮湿空气接触,另一方面与含氧丰富的空气接触,铁器的腐蚀会大大加速。

$$4Fe+3O_2+2H_2O \longrightarrow 4FeOOH$$

铁的锈蚀产物在一定的湿度及在氧存在的情况下,会发生下列化学变化:

$$FeS+O_2 \longrightarrow FeSO_4 \xrightarrow[O_2]{H_2O} FeOOH+H_2SO_4$$

铁器文物在出土后,应及时提取,妥善处理,防止出土后,环境突变带来的损害。

4.1.2.3 环境含氧量突变对铜质文物的破坏

铜质文物中的青铜器在我国不仅数量多,而且质量高,很多青铜器还有漂亮的花纹和铭文,十分珍贵。铜器经千百年的地下埋藏,基本达到稳定状态,一旦被发掘暴露会产生一系列的腐蚀反应。

$$2Cu(S)+\frac{1}{2}O_2 \longrightarrow Cu_2O \qquad \Delta G^{\circ}Cu_2O=-146.35kJ/mol$$

$$2Cu(S)+O_2 \longrightarrow 2CuO \qquad \Delta G^{\circ}CuO=-127.19kJ/mol$$

在考古发掘现场有水蒸气和二氧化碳存在时,铜器表面产生一层铜锈蓝铜矿 $Cu_3(OH)_2(CO_3)_2$ 和孔雀石 $Cu_2(OH)_2CO_3$。

$$Cu_2O+O_2+H_2O+CO_2 \longrightarrow Cu_2(OH)_2CO_3$$

如果在碱性较强的情况下(pH>9),$Cu_2(OH)_2CO_3$ 和 Cu_2O 再与空气中的氧气、二氧化碳、水作用生成蓝铜矿。

$$Cu_2(OH)_2CO_3+Cu_2O+O_2+CO_2+H_2O \longrightarrow Cu_3(OH)_2(CO_3)_2$$

考古发掘现场的空气污染,空气中含有氯气(Cl_2)或氯气(HCl)时,会发生下列化学反应:

$$Cu_2O+O_2+H_2O+HCl \longrightarrow Cu_2(OH)_3Cl(粉状锈)$$

4.2 考古发掘现场湿度突变对文物的损害

文物发掘出土后,地上环境相对于地下埋藏环境来说湿度大大降低。湿度突变,有些文物在很短时间内发生剧烈变化,甚至遭到毁灭性损坏。

4.2.1　考古发掘现场湿度突变对有机质文物的破坏

通常空气中的湿度,明显低于地下埋藏时文物所处环境的湿度,所以在考古发掘出土文物中所含有的水分,会在短时间内大量蒸发流失,而且这种流失在文物的不同部位是不均衡的,导致文物体积收缩各部位不均衡,使地下出土文物常因温湿度突变快速失水而干裂、变形。这种病变,在有机质文物这类自身比较脆弱的文物中比较突出,遭受的破坏十分严重。

4.2.1.1　考古发掘现场湿度突变对漆木竹器类文物的破坏

有机质文物中的漆木竹器均是以木材为主体,木材、竹材由植物细胞构成,主要由纤维素、半纤维素、木质素组成。纤维素中有空隙,又含较多的亲水基团,易导致木材的吸水膨胀和失水干缩;半纤维素的化学稳定性小。加之,木材本身结构有各向异性,不同的木质方向其吸水率、脱水率也不同,埋在地下,由于长期受地下水及其他有害物质的侵蚀,其组成中的纤维素、半纤维素、木质素等都受到一定的破坏。但由于长期在地下环境中,大多数地区的漆木竹器类由植物细胞构成的木竹质文物基本上处于一个比较恒定的环境中,其含水率一般都比较高。在发掘过程中,由于环境温湿度突变,两个环境的明显差异特别是湿度骤降而失水太快导致漆木竹器类文物发生变形、起翘、皱折、开裂等病变。如出土的饱水漆器,不及时采取保湿措施,会很快脱水、皱缩、变形,漆皮起翘、开裂。出土的饱水竹简,在空气中放置一小时后,便会出现收缩、起翘现象。出土的饱水木器,不采取有效的保湿措施,比漆器和竹器的失水更快,收缩、变形、起翘更明显、更严重。

4.2.1.2　考古发掘现场湿度突变对纺织品文物的危害

纺织品文物通常由动物纤维(丝绸和毛制品)或植物纤维(棉织品和麻织品)组成。植物纤维素易水解,动物纤维中的蛋白质易发生酶解和降解。高湿的埋藏环境,使纺织品水解、降解或酶解,因而出土的纺织品普遍比较糟朽,几乎没有什么机械强度。出土后由于湿度突然变小,织物中水分快速蒸发,含水率迅速降低,纤维细胞壁变脆,机械强度很差,纤维无弹性,稍不小心,就会造成织物断裂,甚至变成粉末。

4.2.1.3　考古发掘现场湿度突变对纸质文物的破坏

纸质文物由于在地下埋藏时间长,本身已经水解、降解、破坏严重,出土后,由于环境湿度突然变小,纸张失水,失水后的纸张不仅皱缩、甚至糟朽粉化,侥幸保留下来也是面目全非,无法辨认。因此在考古发掘现场对纸质文物进行第一时间的抢救保护显得特别重要和十分关键。

4.2.1.4　考古发掘现场湿度突变对皮革类文物的破坏

皮革由含有19种氨基酸的胶原蛋白和一些脂类物质组成,长期埋在地下,皮革的物理化学性能已发生了极大衰变,长链的蛋白链变成了降解后短链的蛋白胨,强度很差。出土后,随着水分快速蒸发,皮革很快硬化、皱裂、变形。

4.2.1.5　考古发掘现场湿度突变对尸体类文物的破坏

尸体类文物主要有鲜尸、腊尸、干尸、鞣尸四种,出土后受环境影响各有不同。干尸出土后,因湿度变大而吸湿霉变;鲜尸因湿度突然减小,失水导致皮肤皱缩,进而腐烂;腊尸是长期处在空气稀薄,环境湿润,水土含钙、镁等条件下,出土后的环境湿度突变会导致腊尸干裂;鞣尸遭遇湿度突变则会硬化。尸体类文物难得可贵,考古发掘现场必须有临时应急的保护方案与措施,以防因湿度突变而给尸体类文物带来巨大损害。

4.2.1.6　考古发掘现场湿度突变对骨角质类文物的破坏

骨质角质和象牙类文物是由无机质磷酸钙、碳酸钙及氟化物等组成,使骨质具有抗裂、抗压、抗折性能的物质,以及使这些物质黏合在一起的骨蛋白和油脂等有机物复合组成。由于骨组织具有特征的细胞隙而孔隙多,在地下长期埋藏过程中,受到水和盐的侵蚀,骨中的无机物大部受到破坏,变得非常脆弱,有机物逐渐被矿物盐类,特别是二氧化硅(SiO_2)和碳酸钙($CaCO_3$)所代替而矿化。在考古发掘中,常常遇到表面看来似乎是很完整的骨头,却一触即碎。如果骨质文物一出土,环境湿度突然降低,骨质文物在空气中一段时间,就会干裂、酥粉。

4.2.2　考古发掘现场湿度突变对无机质类文物的破坏

4.2.2.1　考古发掘现场湿度突变对彩绘陶器的破坏

陶器本身疏松多孔,长期埋在地下,孔隙中充满了水、可溶盐及泥土。在出土前彩绘陶器一方面随着陶体膨胀收缩而变化,另一方面颜料中的胶结材料、颜料的底层也会随着时间推移慢慢老化。彩绘陶器在发掘出土时,由于环境湿度突然降低,陶器含水率也随之快速降低,颜料的胶结材料及底层胶结材料就会起翘、干裂、剥落,出现颜料掉色。如秦兵马俑彩绘有一生漆底层,出土后湿度突降,漆皮起翘、干裂、脱落而使秦俑彩绘脱落,还有一些彩绘陶器表面在出土时包裹了大量黏土,出土后由于环境湿度突然降低,这些黏土中的水分快速蒸发而在陶器表面形成一层比较结实的"被壳",随着考古发掘现场湿度的突降,表面开始干燥,"被壳"也随之出现龟裂、剥落,将彩绘整片带下。

4.2.2.2　考古发掘现场环境湿度突变对墓葬壁画的破坏

墓葬壁画在地下水及可溶盐的长期运动及侵蚀下,墓壁及壁画的地仗层中盐分会产生表聚作用,改变了墓葬壁画及地仗层的结构,使地仗层膨胀鼓起、脱落,进而使画面发生酥碱脱落。考古发掘现场由于环境湿度的突然降低,壁画,地仗层、支撑体中的水分就会向外迁移和蒸发,对壁画地仗层及画面层产生压力。并且可溶盐随着水分的迁移蒸发而向壁画的地仗层及画面迁移结晶,对地仗层及画面层微孔隙的充填改变了地仗层及画面层的结构,使其间之联结减弱,导致地仗、颜料酥粉剥落。

4.2.2.3 考古发掘现场环境湿度突变对铁器文物的破坏

铁器和氧气、水、氯化物、硫化物之间发生化学反应,生成疏松的腐蚀产物,可容纳水分和可溶盐。在考古发掘现扬环境湿度突然降低的情况下,腐蚀产物中的水分和可溶性盐沿铁器微孔及腐蚀通道向外迁移、结晶,产生压力,使锈蚀层更疏松,甚至呈片状脱落。

4.3 考古发掘现场光线突变对出土文物的破坏

光辐射主要来自太阳光辐射,其次是来自人工光源,无论是太阳光,还是人工光,对文物都是有害的,其中的紫外光危害最为严重。紫外线具有两个显著特点:一是波长短,能量比可见光大得多;二是穿透力比可见光小得多,易被物体吸收转变为内能。紫外光(波长 $320\sim400nm$)对材料的破坏远大于可见光(波长为 760nm 以上的红外光)辐射光线波长越短,对被辐射材料的损坏程度越大,因紫外光辐射比具同样辐射量的蓝光、黄光造成的损害要大。一般来说具有同样辐射量的光造成材料损害程度大小顺序如下:

紫外光＞蓝光＞黄光＞红光

光的能量(E)与光的频率(γ)成正比,与光的波长(λ)成反比,一个光子的能量(E)为:

$E-h\gamma-hc/\lambda$

一摩尔光子的能量为:$E=N \cdot hc/\lambda$

式中,N 为摩尔常数(也称阿佛伽德罗常数)其值为 6.023×10^{23};c 为光速,其值为 $2.998\times10^{8}m/s$,λ 为波长,将这些常数数据代入上式,可以得到:

$E=1.197\times10^{5}/\lambda(kJ/mol)$ 由此式可看出,光的波长越短,光的能量越大。不同波长光的能量见表 14－1。

表 14－1 不同波长光的能量

波长/nm	光能/kJ·mol^{-1}
200	598.5
300	399.0
400	299.3
500	239.4
600	199.5
760	157.5

紫外光由于它的波长很短能量较大而成为引起光化学反应的主要光辐射。

4.3.1 光辐射引起有机质材料文物老化的特点

老化通常是指材料性能逐渐变坏的过程,材料本身的正常自然老化是材料老化的内部因素,环境中某些因素引起材料非自然的过早老化是老化的叶界因素。

光辐射对材料老化作用的程度用相对损伤度来表示:

$$D = KET$$

式中,D 为相对损伤度,E 为照度;T 为照射时间,K 为常数。

表 14-2 不同波长光辐射的相对损伤度

波长/nm	D/λ	波长/nm	D/λ
300	0.775	560	0.00047
320	0.450	580	0.0004
340	0.450	600	0.0002
360	0.145	620	0.0001
380	0.107	640	0.00005
400	0.066	660	0
420	0.037	680	0
440	0.020	680	0
460	0.012	700	0
480	0.0065	720	0
500	0.0038	740	0
520	0.0022	760	0
540	0.0012	780	0

有机材料化学成分有一个共同特点,就是它们中含有 C—C、C—H、C—O 等牢固共价键,活性基团较少,在一般情况下化学性质比较稳定。如果在存放或使用过程中长期受到环境的影响,特别是那些长期埋在地下,受地下水、溶盐等有害物质的侵蚀,文物的材料的强度已很脆弱的有机质文物,如纸质文物,丝毛织物等,在具备一定化学反应条件时,使有机材料中某些不太牢固的共价键发生断裂或交联,导致有机材料性能下降而老化。

有机质文物材料受到光辐射,尤其是长期埋在阴暗潮湿地下的脆弱有机文物突然受到紫外光的强辐射时,将会发生分子键的断裂,或在空气中氧的作用下发生一系列光氧化反应,从而使有机质材料化合物分子结构发生变化。

4.3.1.1　有机质文物材料外观的变化

有机质文物材料,特别是考古发掘现场刚出土的脆弱有机质材料文物,突然见光后发生变色、褪色、斑点、龟裂、皱裂、变色等。

4.3.1.2　有机质文物材料物理性质变化

有机质文物材料,发掘曝光后,比重、吸湿性、透光性等物理性质发生不同程度的变化。

4.3.1.3　有机质材料光老化时机械性能的改变

考古发掘现场出土的有机质材料文物的强度,会因突然见光、遇空气而强度、折度等性能大大下降。

4.3.1.4　有机质材料光老化引起分子结构的变化

有机质材料文物在考古发掘现场突然见光,由光辐射提供的能量提供了材料化学反应的活化能,材料分子间构型的变化并产生交联分子键断裂而使他子量变小,甚至粉化。

4.3.1.5　有机质文物材料曝光变脆发黏而黏连

有机质文物材料在考古发掘现场突然曝光,由光提供的热量使有机质文物中的水分迅速蒸发而发生卷曲、皱折、发黏而黏在一起。

4.3.2　考古发掘现场光辐射对以纤维素为主的文物的破坏

纤维在光辐射作用下的氧化作用,使纤维的重量减少,强度显著降低。植物纤维棉织物在常温下受光辐射、空气、水的作用。三个月强度降低 40%,铜氨溶液粘度降到原来的 $1/60 \sim 1/30$,同时碘值显著升高。

光辐射使纸质文物纤维素的铜氨溶液浓度和聚合度下降,并出现泛黄、变脆等明显老化现象。

纤维素分子中的羟基在光的辐射作用下,产生游离基或过氧化物后,再分解成游离基,使纤维间发生交联。

$$R(纤)OH + h\gamma \longrightarrow R(纤)O \cdot + \cdot H$$

$$R(纤)OH + h\gamma \longrightarrow R(纤)OOH \xrightarrow[O_2]{H_2O} R(纤)O \cdot + \cdot OH$$

由于光氧化使纤维形成交联和耐水键,导致纤维保水率和吸湿性能下降而使纸质文物变脆。

纺织品中的丝纤维对紫外线很敏感,会发生光氧化降解,使蛋白质,脂肪组成的丝纤维断裂,纤维细胞变脆,机械强度变差。

4.3.3　考古发掘现场光辐射对出土文物颜料染料的破坏

颜料染料在光辐射作用下会发生褪色现象;染料的褪色比颜料更为严重。

4.3.3.1　光辐射对无机颜料的破坏

光辐射会使无机矿物颜料褪色,但矿物颜料的分子结构并未发生变化,只是光辐射将颜料胶结剂动、植物胶材料破坏,使有机胶材料发生光降解,分子链断裂,失去黏结性能而引起颜料褪色。

4.3.3.2　光辐射对出土文物上染料的破坏

染料因其化学结构的特点,属有机化合物,光辐射对文物上染料的褪色作用符合光对有机化合物引起光化学反应的一般特征。染料光色是由染料的化学结构,物理状态及染着基质的性质等各种因素共同作用结果。

1.染料化学结构对光辐射褪色的影响

染料的化学结构是影响染料耐光老化的重要因素之一,在光的辐射下,因发生光化学反应变化,特别是染料分子中生色基团($C=N-$ 、 $-N=N-$ 、 $C=O$)结构的变化。由于光氧化或光裂解反应,染料分子与周围其他物质(如氧)发生一系列化学反应,分子中生色基团结构发生变化,破坏而消失,必然导致染料颜色变化甚至完全褪色,染料分子化学结构中含有 $-OH$、$-NH_2$、$-SH$ 供电子基团时能降低染料耐光度;含有 $-NO_2$、$-Cl$、$-SO_2$ 等吸电子基团时,能抑制染料的光褪色。

2.染料物理状态对染料光褪色的影响

染料在纤维上的染色,其耐光度与染料的物理状态有关,一般染料的耐光度,随着染料浓度的增大而增大,光只对染料粒子表面的分子起破坏作用而使其褪色,对内层染料不起作用。所以染料浓度这一物理状态对其耐光度有一定影响。

3.染料基质对染料光褪色的影响

染料染着基质对染料的光褪色有一定的影响,非蛋白质纤维与蛋白质纤维上褪色机理是不同的。在非蛋白质纤维(植物纤维)上,染料吸收光辐射能量后,将能量转给周围的水和氧,能量较高的水和氧再与染料作用最后使染料光氧化褪色。在蛋白质纤维(丝、毛)上,蛋白质中某些氨基酸作为还原剂,在染料的光褪色中基质参与化学反应;而在非蛋白质基质染料的光褪色中,基质不参加反应,因此,在植物纤维上染料分子的吸电子性越强,染料耐光牢度越高,而在动物纤维上则相反。

带有染料、颜料的文物,在地下环境阴暗没有光线,不存在光辐射,发掘出土后,直接面临染料的光分解、光氧化作用,发生褪色、变色等反应。

4.3.3.3　光辐射对出土文物上颜料的破坏

光辐射对有机颜料的变色、褪色作用与前面染料褪色原理相同,只是对天然无机矿物颜料的变色,褪色的影响不大明显,引起的颜料变色、褪色情况比较少。

光辐射对无机颜料的影响主要从两个方面来讨论。

1. 光辐射使颜料的胶结物质变质

在文物上使用没有黏附能力的无机颜料时,必须掺加一定的胶结物质来提高无机颜料在文物上的黏附强度。常用的胶物质基本上是动、植物胶,蛋清等易受光辐射影响变质有机物质。颜料随着胶结材料的光老化、光降解而失去胶结能力,使颜料从文物上脱落或胶结材料因光老化、光降解而碎裂、起翘、带着颜料一起从文物上脱落。

2. 颜料在光的辐射及其他条件作用下变色

颜料的颜色由反射光谱成分决定,红外光的波长长,能量低,对任何颜料不引起光反学反应;颜料的变色主要是吸收了紫外光,在高湿环境下发生化学变化而引起的。

紫外光的辐射为实现化学反应提供的活化能,足以能将铅丹中铅的两个外层电子全部激发到高能态,在高湿环境中水的参与下,在颜料层所吸收能量的协同作用下,使红色的铅丹(Pb_3O_4)先转变成白色的碱式碳酸铅,然后由碱式碳酸铅再转变为棕黑的二氧化铅(PbO_2)。

$$\underset{\text{红色}}{Pb_3O_4} \xrightarrow{H_2O} \underset{\text{白色}}{Pb(OH)_2CO_3} \longrightarrow \underset{\text{棕黑色}}{PbO_2} + H_2O + CO_2 \uparrow$$

另一类红色颜料朱砂(HgS)的变色则是光的辐射下提供了改变化学结构的活化能而变成同分异形体,因而呈现出与颜料相异的色泽。

4.3.3　考古发掘现场光辐射对带有彩绘的文物的破坏

彩绘陶器、墓葬壁画等带彩绘的文物埋在地下时,没有光线的影响,不会受到紫外光的辐射,刚出土时,颜色十分鲜艳。出土后,彩绘文物直接面临阳光的照射光分解、光氧化作用而褪色、变色。特别是文物的颜料或染料层中,或颜料、染料与陶体之间,或与壁画的画面层之间有有机胶结材料时,出土时,环境湿度突降时,在阳光特别是紫外光的辐射下,陶器及壁画地仗层及支撑体中水分迅速蒸发,会导致胶粘材料老化干裂、脱落。

4.4　考古发掘现场生物因素对出土文物的危害

考古发掘现场刚出土的文物,会面临空气中飘浮的大量微生物(真菌、细菌、放线菌、空气中各种杂菌等)孢子、昆虫的虫卵,植物种子等地上各种生物的侵害。在地上环境适宜的条件下,这些生物会很快生长繁殖,严重危害文物。其中微生物的侵蚀是破坏文物材料最重要,损害最严重的生物因素,有时会给文物带来毁灭性损害。

4.4.1　考古发掘现场环境中微生物对出土文物的危害

微生物是一类形体微小、构造简单、种类繁多、分布广、代谢能力强、代谢方式多样、易变异、适应性强、生长繁殖快的低等生物。它可使纺织品文物、纸质文物、皮革类文物、绘画类等有机质文物发生霉变、产生褐斑朽蚀、黏连、板结等。对文物有害的微生物有细菌、霉菌、放线菌等。

微生物对文物的危害主要是微生物使文物材料发霉变质、并以文物材料为培养基取得营养,迅速大量繁殖,逐渐使文物变色、霉烂。

4.4.1.1　考古发掘现场有害微生物对出土有机质文物的危害。

有害微生物对有机文物危害最普遍、最严重。微生物的生长、发育、繁殖与有机质文物之间存在着必然、密切的腐生关系。微生物以有机质文物材料为丰富的培养基,快速生长、发育、繁殖,代谢过程分泌出大量使有机质文物材料纤维、淀粉、明胶、蛋白质、脂肪分解的酶,加速有机质文物材料的腐蚀、霉烂。

1. 有害微生物对考古发掘现场出土的纤维类文物的危害

有害微生物分解或液化文物材料,并以其作为培养基,生长发育繁殖,与文物材料建立腐生关系使其霉烂的主要原因是,有害微生物能分泌出分解纤维质(棉、麻、纸、木、竹)文物的酶。纤维质文物材料多含有纤维素、半纤维素、木质素、淀粉、明胶,这些都是有害微生物的营养基。破坏纤维质文物的微生物主要是霉菌和细菌。霉菌有曲霉菌、青霉菌。细菌有大肠杆菌、葡萄球菌、纤维素分解菌等。这些菌类落到纤维类文物上并附着在文物表面,在温湿度适宜的条件下,就会迅速生长繁殖,分解文物材料获取营养成分。如霉菌一旦在纸质上生长繁殖,就会迅速产生大量新的个体,轻则使文物霉斑累累、字迹模糊,重则使文物霉烂变质甚至彻底霉烂,一触即溃。

表 14－5　有害微生物分泌的主要酶类及主要产霉菌

酶种类	主要产霉菌
纤维素酶	木霉、毛壳霉、曲霉、芽枝霉、青霉、毛霉、镰刀霉
淀粉酶	黑曲霉、米根霉、毛霉、枯草杆菌、巨大芽孢杆菌等
蛋白酶	黄曲霉、产黄青霉、总状毛霉、木霉、根霉、链霉菌、枯草杆菌
果胶酶	木霉、芽枝霉、镰刀霉、米根霉、黄曲霉、黑曲霉、枯草杆菌

有害微生物对纤维素的分解:

在纤维素材料上生长的微生物都能分泌出纤维素酶,在此酶的作用下,纤维素会发生一系列水解。

$$(C_6H_{12}O_5)_n + \frac{1}{2}nH_2O \xrightarrow{\text{纤维酶}} \frac{1}{2}nC_{10}H_{20}O_{10} \xrightarrow{H_2O} C_6H_{12}O_6 \xrightarrow{O_2} CO_2 + H_2O$$

在适宜的条件下,霉菌分解纤维素的速度加快,分解能力增强。例如印度毛壳霉在 2 周内分解纤维素达 100%,球毛壳酶达 83.9%。

2. 微生物对考古发掘现场出土蛋白质文物(丝、毛、皮革类)材料的破坏

蛋白质材料类文物在微生物分泌的蛋白酶作用下,发生水解生成氨基酸等物质。在微生物作用下氨基酸等被进一步分解、脱氢、脱羧,生成饱和或不饱和的脂肪酸、羧酸、酮酸、醇、硫醇、胺、二氧化碳、硫化氢、吲哚及甲基吲哚等。蛋白质的分解会使蛋白质材料材类文物表面发黏,光泽和强度降低。

$$\underset{\text{R}}{\text{HOOC—CH—NH}}\overset{\text{O}}{\text{—C—}}\underset{\text{R}}{\text{CH—NH}}\overset{\text{O}}{\text{—C—}}\underset{\text{R}}{\text{CH—NH}}\overset{\text{O}}{\text{—C—}}\underset{\text{R}}{\text{CH—NH}}\overset{\text{O}}{\text{—C—}}\underset{\text{R}}{\text{CH—NH}_2}\xrightarrow[\text{H}_2\text{O}]{\text{蛋白酶}}$$

$$\underset{\text{二肽}}{\text{HOOC—CH—NH—C—CH—NH—C—CH—NH}_2} + \underset{\text{多肽}}{\text{HOOC—CH—NH—C—CH}}$$

$$\text{NH···C—CH—NH}_2 \xrightarrow[\text{H}_2\text{O}]{\text{肽酶}} n\underset{\text{氨基酸}}{\text{R—CH—COOH}} \xrightarrow[\text{H}_2\text{O}]{\text{脱氢酶}} \underset{\text{羧酸}}{\text{R—CH—COOH}} + \underset{\text{氨}}{\text{NH}_3}$$

蛋白质分解生成的氨基酸是微生物良好氮源、碳源和能源。

皮革类文物材料中除含蛋白质发生上述微生物水解外,其中的脂肪,在脂肪酶的作用下,发生水解,生成相应的脂肪酸和甘油。

$$\underset{\text{脂肪(油脂)}}{\begin{array}{l}\text{CH}_2\text{—COOR}\\ \text{CH—COOR}\\ \text{CH}_2\text{—COOR}\end{array}} \xrightarrow[\text{H}_2\text{O}]{\text{脂肪酶}} \underset{\text{甘油(丙三醇)}}{\begin{array}{l}\text{CH}_2\text{—COOH}\\ \text{CH—COOH}\\ \text{CH}_2\text{—COOH}\end{array}} + \underset{\text{羧酸}}{3\text{RCOOH}}$$

$$\text{RCOOH} \xrightarrow[\text{O}_2]{\text{嗜氧微生物}} \underset{\text{乙酸}}{\text{CH}_3\text{COOH}} + \underset{\text{甲基酮}}{\text{CH}_3\text{—C—R}}$$

油脂被水解后,皮革的强度、弹性、耐水性显著下降,而且在空气氧的作用下,产生酸败、腐臭,同时表面发黏。

因此蛋白质类文物发掘出土后,应立即采取隔绝空气,严防空气中细菌,特别是霉菌饱子降落和附着寄生,以防在肽酶蛋白酶、脱氢酶作用下逐步降解而彻底烂掉。

3. 微生物对考古发掘现场出土的壁画材料的破坏

壁画地仗层中用来增加强度的草、麻、棉等纤维材料及颜料中的蛋白质类胶黏剂,可为微生物孢子提供生长繁殖的营养。微生物在壁画上的代谢产物柠檬酸、草

酸等各种有机酸对壁画酥碱风化、颜料变色起严重的破坏作用。一般来说霉菌对出土壁画的破坏比细菌的破坏要严重。

4. 微生物对出土金属文物的破坏

微生物对金属文物的生物腐蚀,有时相当严重,尤其在潮湿环境下,生物腐蚀与电化学腐蚀互相促进,对金属的破坏作用加速加重。

刚出土的金属文物,特别是已经腐蚀严重的金属文物表面粗糙、疏松、多孔道,很容易吸附带菌尘埃和水蒸气,在表面发生生物腐蚀。菌类代谢过程产生的有机酸,接受金属腐蚀所产生之电子,促使金属释放更多的电子,加快、加重金属的腐蚀。

一些微生物自身具有接受电子的能力,例如对铁器文物腐蚀很厉害的硫酸盐还原菌,厌氧菌等都能使硫酸盐还原而获得生长繁殖的能量。

$$SO_4^{2-} + 8e + 硫酸盐还原菌 \longrightarrow S^{2-} + 4O^{2-}$$

这一反应是铁在潮湿环境时,使参与铁发生腐蚀反应的重要因素空气中的氧接受电子的反应。

$$H_2O + \frac{1}{2}O_2 + 2e \longrightarrow 2(OH)^-$$

引起铁的腐蚀,使铁器在潮湿、有氧存在的考古发掘现场发生的锈蚀反应大大加速。铁的锈蚀反应:

$$4Fe + 3O_2 + 2H_2O \longrightarrow 4FeOOH$$

还有一种铁细菌也可以和硫酸盐还原菌一起作用。土壤中的嗜硫细菌,在考古发掘现场这种潮湿,有氧的适宜条件下,可以氧化硫元素或硫代物,硫代硫酸盐、亚硫酸盐及硫氰酸盐,产生硫酸盐,为铁细菌及硫酸盐还原菌腐蚀破坏铁提供条件,其腐蚀最终产物为硫化铁。

$$4Fe + SO_4^{2-} + 4H_2O \longrightarrow FeS + 3Fe(OH)_2 + 2OH^-$$

铁细菌、硫细菌和硫酸盐还原菌不仅对铁器文物腐蚀严重,对现在的输油、输气、输水管道的腐蚀也十分严重。

5. 微生物对考古发掘现场出土的彩绘陶器类文物的破坏

彩绘陶器文物在制作过程中往往使用动植胶作为胶黏剂,提高颜料与陶体间的黏附能力。在潮湿情况下,动植胶等蛋白材料发生水解,产生小分子的氨基酸、乙酸等有机物。空气中飘浮的微生或尘埃夹带的微生物作养料,使胶质材料腐败,丧失胶黏性而导致颜料脱落。微生物特别是霉菌的迅速生长繁殖,成片而遮盖并腐蚀彩陶上的彩绘图案;同时,微生物代谢产物,侵蚀颜料使其褪色。

6. 微生物对考古发掘现场出土的尸体类文物的破坏

尸体类文物中的蛋白质、脂肪、矿物质等是微生物特别是引起尸体快速腐烂的细菌、霉菌生长繁殖的丰富营养物质,当人死后,人体寄生的各种细菌便在适宜的温湿度条件下迅速繁殖。尸体腐烂的过程,实质上就是细菌在尸体上生长繁殖的过程。当考古发掘现场出土尸体类文物,一遇到空气中飘浮的菌孢子,马上着生于尸体上,以尸体所含的丰富脂肪、蛋白质及其水解、酶解产物作为营养基,迅速滋生繁殖,使尸体迅速霉变、腐烂。因此,考古发掘现场一旦出土尸体类文物,特别是鲜尸、腊尸或鞣尸,必须在尽量短的时间内放入含有高效防腐剂溶液的容器中临时妥善保存。由于尸体类文物易腐烂,完整保存的很少,难得可贵,因此考古发掘现场,特别是古墓葬的考古发掘现场必需备有尸体出土立即保护的预备方案和临时处理的措施准备。

7. 微生物对考古发掘现场出土骨角质文物的破坏

骨质文物及象牙文物由无机物质和有机物质复合组成,构成骨质和象牙的有机物质是蛋白质和脂肪类物质。占骨角质总重量的 30%。骨蛋白及填充于骨内的油脂类物质,在出土时一遇到空气中的霉菌、细菌孢子,很容易着生并迅速繁殖,使骨质发霉、变色、破裂、糟朽、粉化。

综上所述,考古发掘现场文物出土时环境突变对文物的破坏是多方面的、普遍的、严重的,有时甚至是毁灭性的,必须采取积极措施,做好一切应急处理的准备,确保文物在发掘出土后,不因环境的突变造成严重破坏的,甚至不可挽回的损失。

§5. 考古发掘现场文物采集时的稳定性处理与环境控制

文物在地下经过千百年的埋藏,基本与埋藏环境建立了某种平衡,一旦出土,这种平衡状态迅速被打破。各种因素的突然变化超出了文物的承受力,使文物受到严重损害,有时甚至是毁灭性的损害。为了防止和减少文物在发掘出土到采集期间的损害,急需对出土文物进行稳定性处理和考古发掘现场的环境控制。

5.1 考古发掘现场文物出土时的稳定性处理

由于各种文物组织材料及埋藏环境的影响,已经发生了一定的腐蚀变化,加上出土时环境的突变,必然会出现各种各样的病变,特别是有机质文物自身组成及性质的特殊性,决定了有机质文物极易受到腐蚀侵害,更急需进行稳定性处理。

5.1.1 考古发掘现场有机质文物出土时的稳定性处理

5.1.1.1 及时做好防疫处理

微生物的滋生腐蚀是有机质文物一个共同的、危害严重的病变。由于有机质文物在埋藏过程中被水解、降解不仅导致结构酥松,而且富含微生物的营养源,所以,受到环境中的微生物,侵蚀后会大大降低力学强度和抗腐蚀能力,为日后的清理、修复和保护等工作带来很大麻烦。考古发掘现场受环境气候条件、发掘季节、持续时间的影响,不仅对考古发掘现场土遗址表面要做防微生物生长的防疫处理,而且对考古发掘现场出土的有机质文物在采集提取前,也要及时做好微生物防疫处理。最简单最有效的防疫办法,就是及时喷洒高效、广谱、低毒的防腐、防霉杀菌剂,杀灭微生物,防止微生物在有机质文物上的着生、繁殖和侵蚀。对考古发掘现场出土的鲜尸、腊尸或鞣尸,则应在尽短时间内放入安全有效的防腐防霉杀菌剂溶液中保存。

5.1.1.2　考古发掘现场出土的饱水漆木竹器要及时采取保湿防霉措施

避免饱水漆木竹器的水分迅速散失造成的危害,可在采集提取前喷洒含有杀菌防霉功能和加固定形作用的试剂水溶液,来补充水分;也可针对出土漆木竹器文物的具体情况制作特殊的小环境,减少文物出土时环境的突变和差异,稳定漆木竹器类文物的理化性能。如木质文物出土后,为了防止木质文物中铁污染变色,应采用去离子水对出土木质文物进行清洗、浸泡、抽提,除去引起木质文物变色的铁离子。用2%的六偏磷酸钠水溶液络合木质中的铁离子,防止木材因铁离子引起的变色效果更好。

5.1.1.3　考古发掘现场出土的纺织品文物的稳定性处理

在干燥环境下埋藏的纺织品文物一般保存比较完好,如新疆沙漠地带的尼雅、楼兰、吐鲁番阿斯塔那等地出土的唐代丝绸,质地、颜色、强度都很好,起取时注意防止纤维断裂;起取后放入避光并放有干燥剂的容器中保持其原有的干燥环境即可。大部分埋藏在潮湿环境中的纺织品文物都比较糟朽,出土时应及时、整体、避光转移,并进行杀菌防霉处理。

5.1.1.4　考古发掘现场出土纸质文物的稳定性处理

纸质文物出土时一般糟朽严重,而且伴随环境突变会皱折、断裂、长霉,因此考古发掘现场对纸质文物进行第一时间的抢救性保护是十分关键的。现场出土纸张保护的关键是保湿,对于难以在现场直接清理的,可以整体提取,采取保湿措施后运回实验室进行处理。

5.1.1.5　考古发掘现场出土皮革类文物的稳定性处理

潮湿环境中出土的皮革类文物,容易迅速硬化,皱裂、变形或发霉变质,应尽快封闭、避光保存,或用甘油、液蜡等材料将其封护起来。

5.1.1.6　考古发掘现场出土的骨质及象牙文物的稳定性处理

考古发掘现场出土的骨质文物可根据实际情况,采取相应的稳定性措施,确保安全。

1. 表面似乎完整而又一触即碎的骨角质的稳定性处理

当骨质到一触即碎的程度时,可以采取连周围土一起提取的方法,也可采用先预加固再提取清理的方法。注意预加固所用加固剂应可逆性好,在实验室清理粘在文物上的泥土时可用溶剂软化、清除。

2. 发掘出土时干燥又极其脆弱的骨角质文物的稳定性处理

考古发掘现场出土干燥又极其脆弱的骨质文物时可用5%的聚乙烯醇溶液用软毛刷或毛笔接触渗吸加固,也可用3%的聚甲基丙烯酸甲酯溶液渗吸加固。

3. 发掘现场出土时极其脆弱而又潮湿的骨角质文物的稳定性处理

发掘现场出土的骨角质文物极其脆弱而潮湿的,在作稳定处理时,一方面要选择能与潮湿骨角质中的水分相溶的加固剂,对其加固;另一方面还要考虑到加固后骨角质文物中的水分能顺利逸出,而外界环境的水分及有害气体难以进入。WD—10有机硅乙醇溶液,乙醇可与潮湿骨角质中的水分相溶,有利于加固剂渗入,而WD—10有机硅在渗入骨角质象牙类文物组织的细胞隙、孔隙中时,会形成一种"倒漏斗"形结构,能使骨角质中的水分逸出,又能阻止外界的水及有害气体进入已加固的文物。因此,可采用10% W_D—10酒精溶液用接触渗吸的方法对此类骨角质文物加固处理,最后再用此溶液涂刷两遍封护即可。

5.1.1.7　考古发掘现场出土的尸体类文物的稳定性处理

出土时环境的突变,会给出土的尸体类文物带来巨大的破坏,如干尸吸湿霉变,鲜尸再度腐烂,腊尸的氧化、干裂、鞣尸的硬化霉变,因此必须进行有效的稳定性处理。如干尸应尽快经过消毒、杀菌后,置于干燥处密封保存;鲜尸、腊尸或鞣尸,则需在尽量短的时间内放入0.03%的霉敌溶液中保存。用0.03%～0.035%"霉敌"溶液保存的尸体标本已20多年,尸体不变色,皮肤不皱折肌肉有弹性、不硬化。保存液清亮、透明、无异味、无刺激。

5.1.2　考古发掘现场无机质文物出土时的稳定性处理

无机质文物也有一些容易在出土时出现病变,需作稳定性处理。

5.1.2.1　考古发掘现场彩绘陶器的稳定性处理

彩绘陶器出土时,由于环境湿度的突然变化,容易出现颜料老化、陶器含水率降低致使颜料脱落的现象,因此在考古发掘现场出土时必须进行湿度保持控制。并对彩绘进行预加固处理。在发掘现场清除黏附在彩绘陶器表面泥土时,可留1.5～2毫米湿土,然后用注射器穿过湿土层注射8%～10%WD—10有机硅酒精溶液对颜料进行预加固,当溶液挥发时,对外层薄土层起到松土作用;接着用5%的醋酸溶液固色松土,用竹签小心剥离彩绘层上1.5～2毫米厚的泥土;用"多层纸张贴敷法"进行脱盐处理后,再对彩绘层进行加固和封护。

5.1.2.2　考古发掘现场出土铁器文物的稳定性处理

考古发掘现场出土的铁器,遭遇外界环境中的水、氧气、灰尘等,会快速锈蚀,因此,在发掘中遇到铁器应尽快提取,迅速进行干燥处理,放入密封且放有干燥剂的容器内。若出土铁器不太大时,可以放在可抽真空的干燥器中,隔绝氧气、水、有害气体、灰尘等有害物质。

5.1.2.3　考古发掘现场出土的铜器文物的稳定性处理

考古发掘现场出土的铜器,如不及时处理就会因空气中的氧气、水蒸气、有害气体及氯化物等快速锈蚀,产生有害的粉状锈——氯铜矿、副氯铜矿〔$Cu(OH)_2 \cdot CuCl_2$〕。这两种同分异形体结构疏松,有腐蚀通道,使铜器向内层进一步腐蚀,产生孔雀石〔$Cu(OH)_2 \cdot CuCO_3$〕和蓝铜矿〔$Cu_3(OH)_2(CO_3)_2$〕。青铜器出土后,应尽快剔除表面黏附的湿土,干燥后,放入盛有干燥剂的真空干燥器中,铜器较大时应放入盛有干燥剂的密闭容器中。

5.2　考古发掘现场文物出土采集时的环境控制

文物在考古发掘中,因为经历了环境突变,均发生不同程度的病变。为将因环境突变给文物带来的损蚀伤害降到最小,应从环境温湿度的控制、微生物的防疫、灰尘及有害气体的预防等方面来做好考古发掘现场的环境控制。

5.2.1　考古发掘现场温湿度的控制

环境湿度低,出土文物水分流失速度太快,使饱水漆、木、竹器快速脱水而起翘、变形、干裂;使纺织品及纸质文物快速失水而皱缩、干裂;使皮革、尸体文物快速失水而皱折、干缩;使彩绘陶器因失水太快而导致彩绘黏结物起翘脱落。湿度太大,又会发生潮湿环境下的病变,如霉菌、苔藓、地衣、害虫的滋生繁殖,因此,控制考古发掘现场的温湿度,特别是控制湿度,防止湿度突变给文物带来的危害有重要意义。

考古发掘现场的水分来自于降水,地下水和空气中的水蒸气。考古发掘现一般都采用建保护大棚来预防降水;开排水沟、坑,将地下水排出或吸除;采用通风排湿和采用吸湿量大而又便宜的生石灰等干燥剂来处理水蒸气。为了很好的了解并控制发掘现场的湿度,应在发掘现场放置温湿度计,观察掌握发掘现场的湿度变化,及时调节发掘现场的通风量、通风速度和通风时间或调节干燥剂的用量和干燥时间。

为了防止考古发掘现场出土的有机质文物水分流失太快而出现变形、干裂、皱折、可采取湿布覆盖或包裹或放置在可保湿的容器中等保湿措施,保持文物一定的含水率。为了防止有机文物发生霉变,可采取防霉杀菌保湿措施,既使文物保持一定的含水率、环境保持一定湿度,又不会发生菌类的滋生繁殖。

5.2.2 考古发掘现场紫外光的控制

在考古发掘现场要避免阳光直射,因为阳光中的紫外线对文物表面,特别对有机质文物及有彩绘的陶器、壁画影响很大。对考古发掘现场有保护大棚的,要对大棚透光部分涂上紫外线吸收剂,减少紫外线对文物的危害。没有保护大棚的考古发掘现场,应采用防紫外线的遮阳伞消除紫外线对文物的损坏。

5.2.3 考古发掘现场空气污染的控制

为防止空气中的有害气体、尘埃、菌类微生物对文物的破坏,一方面要做好考古发掘现场周围环境保护,尽量关闭大气污染源;另一方面是做好保护大棚的防污染处理,增强大棚的密封性,并将保护大棚内原有的有害气体的吸收。

§6. 考古发掘现场出土文物的采集

文物的采集应在尽可能控制考古发掘现场湿度变化幅度,尽可能使风沙、灰尘、雨水、微生物及紫外线等得到有效控制的基础上,随着考古发掘的进展和需要,按一定的原则和程序进行。

6.1 考古发掘现场采集的基本内容

考古发掘现场所采集的样品是考古和文物保护研究的重要依据。对采集的样品进行科学的分析检测,可以获得各方面的信息,对出土文物及其埋藏环境,文物腐蚀原因等方面的研究十分重要。

考古发掘现场需要采集的样品,主要包括考古发掘现场出土文物的相关样品和埋藏文物环境的相关样品。

6.1.1 考古发掘现场需采集的文物样品

考古发掘现场需采集的文物样品,从文物保护角度来说主要是研究文物颜色、组成、结构、性质、埋藏过程中发生的腐蚀、锈蚀情况,因此需从文物上采集颜料、漆片、纺织品、金属饰品、粮食颗粒、食品、器物中的残留物、文物上的腐蚀、锈蚀产物、附着物、沉积物等。

6.1.2 考古发掘现场需采集的环境样品

环境样品就是指考古发掘现场环境中直接影响文物的各种因素,即文物埋藏环境中的土样、水样、墓室内气体样、菌类微生物样等。

6.2 考古发掘现场采集样品应遵守的基本原则

①采集样品所用的工具,装样品的器具必须洁净、干燥,不能给样品带入任何污染物。

②取样必须确保文物安全,在不影响文物文饰、图案、颜色的原则下,尽量选择残器、残片或破损器物隐蔽部位小心采样。

③科学采样对考古和文物保护非常重要;样品科学分析的正确结果,是考古文物保护研究的科学依据,因此必须明确样品的层位、环境以及共存的遗物的情况。

④取样时必须精心操作,科学采样,在尽量满足考古及文物保护研究需要的情况下,取尽量少的样品。

6.3　考古发掘现场采样的保管

①考古发掘现场采样一定要清楚标明采样的名称、采样的地点、部位。

②考古发掘现场采取的样品一定要严格科学地保管,避免外界因素的干扰,确保样品分析结果的科学性、真实性;确保样品在考古及文物保护研究的科学价值和作为科研依据的可靠性。

③文物特别是有机质文物的霉腐多数是微生物的侵袭引起的,因此考古发掘现场采集的菌类微生物样品,对研究文物霉腐的原因和发掘出土后文物保存中的防霉防腐研究具有十分重要的意义。

影响菌类微生物样品保存的诸多因素中,物理因素占有重要的位置。适当的物理因素条件(如温度、湿度)可以促生微生物的生命活动,不适宜的物理条件可以引起微生物的生理、形态改变,甚至死亡,因此考古发掘现场菌类微生物样品的保存主要是两个方面的工作,一是在适当物理因素条件,确保菌类微生物活着,以便进行科学的培养、分离、鉴定;二是要科学严格的保存,严防外来菌种的感染,影响菌类微生物鉴定的科学性、真实性。

6.3.3.1　保存菌类微生物的适当温度

各种微生物都有它适宜生长的温度,根据微生物适宜生长的温度范围,可分为嗜冷性、嗜湿性和嗜热性三个生理群(见表14－3)。所谓最适宜生长温度指微生物生长繁殖良好,生长速度最快,增代时间最短的温度(见表14－4)。

表 14－3　微生物的适宜生长温度

微生物类群	生长温度(℃)			举例
	最低	最适	最高	
嗜冷微生物	－10～5	10～20	25～30	水和冷藏中的微生物
嗜温微生物	10～20	25～30	40～45	腐生微生物
嗜热微生物	10～20	37～40	40～45	寄生于人和动物机体上的微生物
	25～45	50～55	70～80	温泉、堆肥中的微生物

表 14－4　　大肠杆菌在不同温度下的增代时间

温度(℃)	增代时间(分钟)
20	60
25	40
30	20
37	17
40	19
45	32
50	不生长

在最低生长温度下,绝大多数微生物的新陈代谢已降至最低,呈休眠状态,甚至死亡。如果受到冰冻时,微生物细胞内的游离水形成冰晶水,这样细胞失去了可以利用的水分,变成干燥状态,细胞质黏度增大,电解质浓度增大,pH 值和胶体状态发生改变,甚至细胞质内蛋白质部分变性,加之冰对微生物有机械性损伤作用,这些都是抑制微生物生长或致死的原因。

微生物所处的环境温度如果超过它的最高生长温度,对热敏感的微生物会立即死亡。微生物菌种、菌龄、数量、受热的温度和时间,基质的 pH 值、电解质和水分,均对抗热能力产生影响。菌种的抗热能力,通常是嗜热菌大于嗜温和嗜冷菌,芽孢菌大于非芽孢菌,球菌大于无芽孢杆菌,革兰氏阳性菌大于革兰氏阴性菌,霉菌大于酵母菌,老龄细菌芽孢大于幼龄细菌芽孢。细菌数量愈多,抗热能力愈高;受热温度愈高,时间越长,致死作用越大(见表 14－5、6)。

表 14－5　　温度对芽孢热死时间的影响

加热温度(℃)	内毒杆菌(A 型)含 10×10^{10}/ml 芽孢缓冲悬液,pH＝7	嗜热菌株含 10×10^4/ml 芽孢玉米汁,pH＝6～6.1
100	360(分钟)	1140(分钟)
105	120	—
110	36	180
115	12	60
120	5	17

表 14－6　各种微生物的抗热能力

微生物	热死温度、时间		微生物	热死温度、时间	
	温度(℃)	时间(分钟)		温度(℃)	时间(分钟)
脆弱假单胞菌	50	35	保加利亚乳杆菌	71	30
氯针假单胞菌	60	10	胚胎乳杆菌	65～75	15
荧光假单胞菌	53	25	嗜热乳杆菌	71	30
赛氏杆菌(低温性)	30	30	啤酒足球菌	60	8
海产弧菌(低温性)	25	80	芽孢杆菌芽孢	100	2～1200
鼠伤寒沙门氏菌	55	10	梭状芽孢杆菌芽孢	100	5～800
伤寒沙厅氏菌	60	5	酵母菌	50～60	10～15
桑夫顿柏格沙门氏菌	60	6	产朊假氏酵母	55	10
金黄色葡萄球菌	63	7	异常汉逊氏酵母	50	30
大肠杆菌	60	5～30	脆壁酵母	54	7
结核杆菌	61	30	鲁氏酵母	50	14
产气肠细菌	47	60	膜瞙毕氏酵母	54	5
玫瑰色醋酸杆菌	50	5	啤酒酵母	50	9
纹膜醋酸杆菌	60	10	霉菌	60	5～10
许氏醋酸杆菌	55	10	霉菌菌核	82～85	1000
				90～100	300
胶醋酸杆菌	55	10	黑曲霉孢子	50	4
嗜热链球菌	70～75	30	汤密青霉孢子	60	2.5

考古发掘现场采集的微生物样品应在适宜的温度下保存。

6.3.3.2　考古发掘现场采集微生物样品保存要保持一定的湿度

水是微生物生命活动不可缺少的物质,只有在适当的水分条件(湿度)下才能维持微生物的正常代谢,干燥环境则会抑制微生物的生长繁殖,甚至致使其死亡。

为保证微生物样品保存过程中的湿度,在保存微生物样品的容器底部放几层用蒸馏水浸湿的吸水纸,将微生物样品放在上面,然后虚掩上容器盖。这样可使微生物所处的容器中的相对湿度保持在 70％以上,维持微生物的正常代谢。

§7. 考古发掘现场出土文物的提取

考古发掘现场出土文物的提取,是文物埋藏后的第一次移动,是将文物从其埋藏的土中剥离出来的过程和考古发掘现场保护的重要环节。"提取"工作不仅直接关系到文物的安全,而且会影响出土文物以后的保护修复工作。

7.1　考古发掘现场出土文物提取前必须考虑的问题

①首先必须考虑采取什么方法提取对文物更安全,确保提取不会对文物造成

损坏。

②提取前必须了解被提取文物的强度,需不需要采取必要的补强处理。

③全面考虑文物提取因环境突变可能出现的问题及正确及时的处理方法,尽量避免提取过程中对文物的损坏和影响。

④提取前要考虑提取文物时所必需的工具、器械、容器及出现特殊情况时的应急措施尽量做到万无一失。

⑤要考虑整个提取过程中,对文物及环境信息的捕捉,包括对文物进行的所有操作程序,每步的具体操作,出现的现象,遇到的问题等。对相关信息应做翔实、准确、及时、全面的文字和影像记录,记录和保存好第一手资料,对考古和文物保护研究十分重要。它不仅是文物保护研究的依据,也可为文物保护研究提供一些借鉴、启发和帮助。

⑥考古发掘现场文物提取过程中,搬拿文物必须戴上经消毒杀菌处理的手套,以防污染文物。在搬拿强度较差的文物时,需要轻拿轻放,确保搬拿过程中文物安全;搬拿小件文物时应该双手牢牢的捧着;搬拿大件文物应该一只手稳稳托底,另一只手扶持,或用双手捧着文物的中下部,不能提文物的口沿或耳部,以防损坏文物;搬拿纺织品、纸质等纤维类文物时应注意不要折叠,而应平整地放在托盘上;搬拿饱水而比较糟朽的竹木漆器,应特别注意控制水分的散失速度,防止失水变形、干缩、起翘现象的发生。

7.2　考古发掘现场出土文物的提取方法

考古发掘现场出土文物因强度、类别、形体、重量、埋藏情况等不同,提取的方法也不同。

7.2.1　考古发掘现场出土强度好的文物的提取

7.2.1.1　强度较好体积较小的出土文物的提取

在文物发掘出土时若遇强度较好、体积较小的金、银、铜等金属文物,或瓷器、没有彩绘的陶器、玉器及石质等文物提取时,先将器物及一层埋藏环境的包裹物与埋藏环境的泥土、沙石等分离后,双手捧离埋藏位置,放在较平稳安全处。

7.2.1.2　强度较好体积较大的文物的提取

考古发掘现场出土的强度较好,体积较大的文物如铜器、瓷器、无彩绘的陶器、石质文物提取时,先将器物与埋藏环境的包裹物分离,然后用一只手托底,另一只手扶持,或双手捧着器物中下部,小心捧离埋藏位置。若器物大,一个人无法提取时,需二人以上或更多人来协作提取时,可以每个人一手托底,另一只手扶持,一起抬起,小心移开原埋藏位置。也可用一个坚实牢固的木板插入文物底部,几个人一手抬托板,一手扶文物,抬离埋藏环境,放在平稳安全位置。

7.2.2　非常脆弱或复杂迹象文物的提取

由于文物长期埋藏在地下,不断受地下水和土壤中溶盐、水、菌类的侵蚀,强度一般比较脆弱,有的甚至一触即碎。提取时一定要从器物的实际情况出发,采取安全、有效的提取方法——整体提取法,整体提取法主要有箱取法、插板法和托网法。

7.2.2.1　箱取法

箱取法又称套箱法,是考古发掘现场应用最广的一种提取非常脆弱文物或复杂迹象文物的方法。提取时,先将欲提取的脆弱文物与周围的埋土分割开来,在四周开宽约 20～30 厘米的沟;套上木箱后,将底部掏空,使文物剥离出来。

①将欲提文物周边的填土清除干净,对易移动的部件用黏合剂固定。

②沿文物四周约 10 厘米各开一道宽约 20～30 厘米的沟,套上大小尺寸适当的木箱框。套好木箱框后,在文物上垫一层柔软的麻纸。上面再铺一层泡沫塑料或铺撒一层细砂土,这样既能很好的保护文物,使文物在包装运输过程防震、防撞击,又便于以后清除。然后用潮湿细土填回箱内并稍加压实,再加上箱盖板,并用螺丝固定。

③沿木箱框底边向内平掏,先掏空两端,插入由若干宽 20 厘米,长略大于箱宽的木条组成的底板并用砖垫实;再将箱底部的泥土挖空、插板,直至箱底泥土全部掏完、底板插满,然后用绳子或铁丝将各底板与箱体绞紧。绞棍置于箱框两侧,以便拆卸。

7.2.2.2　插板法

插板法通常用来提取体积较小、重量较轻的脆弱或迹象复杂的文物。安置在砖石等坚硬基础之上,不能采用箱取法提取的文物,可采取插板提取的方法。具体来说,此法是将具有一定硬度和韧度的薄金属板、塑料板或木板(三合板或五合板)插入欲提取的文物下的土中,将文物及周边泥土整体取出。为了顺利插入土中,最好将插板向土中插的一边制成比较锋利的刀刃状。

7.2.2.3　托网法

欲提取的文物不在一个平面上,且下面情况不明朗,不宜用插板法提取时,可在欲提取的文物下面,按文物的实际形状逐一插入细铁丝,最后将这些铁丝编结在外围粗铁丝上形成网状,将网提起则可托起欲提取的文物。由于铁丝具有良好的韧性,易随形而曲,这样可以尽量避免对下面或周边的文物或其他遗存造成损伤或破坏。

7.2.2.4　非常脆弱的小件文物的木匣插取法提取

考古发掘现场的小件脆弱文物常采用木匣插取法提取。此法是根据器物外形制作一个四面如簸箕状的木匣;将欲提取文物下垫土四周挖削掉后,用一块前两角为弧状的白铁皮,从土根部平插切入,使承托文物的整块土与地下脱开;抽出铁皮插板,再将木匣的"簸箕沿"逐渐插进去,或直接用白铁皮托取、放入木匣,然后用石膏封固拧上盖板。

7.2.2.5 考古发掘现场非常脆弱文物的石膏托固法提取

考古发掘现场出工的非常脆弱的文物,也可用石膏托固法来提取。其操作是将清理出的文物,盖上封土,铺上塑料薄膜,用石膏拌麻丝将其糊成半个蚌壳状;将文物底部插切取下后,翻转过来做适当修整,覆盖塑料薄膜,再用石膏拌麻丝糊上与先前的石膏壳形成一个整体,即可安全移动。

7.2.3 考古发掘现场大的片状文物的提取

考古发掘现场大的片状文物主要是墓葬壁画。墓葬壁画由于长期埋在地下,墓壁、地仗层(又能叫灰泥层)和颜料层(又称画面层)都可能因地质灾害、化学或生物影响而破损。出土后环境的突变更会加速壁画的病变。壁画的损毁情况和墓葬环境如不适合壁画再在原地保存时,要设法将其揭取下来,转移到比较安全的地方处理和保存。

墓葬壁画的揭取方法很多,有整体迁移法,部分揭取法和画面迁移法。由于壁画类型复杂,强度不同,揭取的方法只能根据具体情况而定。

7.2.3.1 整体迁移法

当墓葬壁画的画面层、地仗义层和支撑体都结合比较牢固,而且壁画的机械强度也比较好的情况下,可以将壁画与墙体一起切割下来,整体搬走。

如果根据墓葬壁画的实际情况,可以整体迁移时,先将壁画紧紧用支架固定。较大壁画可分割成若干块揭取,当分幅线确定后,按先底线后两侧线的程序,用薄刀片顺线割开,切割所要揭取的壁画,使之与周围墙面分离,然后从壁画背面进行切割,最后,使所要揭取的壁画与周围的墙全部分离,沿着支架,慢慢放平。

对于用砖砌成的壁画,因每块砖是一个画面,搬迁时只需折砖即可,拆前测量和记录每块砖的位置,依次编号,运到安全新址后,完全按原样复原即可。

7.2.3.2 部分揭取法

当画面层和地仗层之间黏合牢固,且强度较好时,将画面层与地仗层一起揭取下来。揭取前应采取有效的加固措施,使画面层与地仗层牢固结合成一个整体。同时加固画面彩绘,若墓葬壁画过分潮湿,应先烘干,再进行加固处理。

如果黏壁画画面上有裂纹、残缺时,应先用纸条或布条粘贴加固;残缺较大,较深时,应先用制作地仗层的泥土加合成树脂溶液,调成糊状填充进去后,再贴布加固。这样既加固了地仗,又使画面平整牢固。贴粘加固裂纹或残缺部位时,可用裱国画用的面团糨糊或桃胶液加防霉剂作黏合剂,画面与贴布间必须紧贴、不留气泡;干后再加固一遍。

当画面贴布加固层干燥后,在泡沫托板上放几张柔软纸张,平稳紧靠贴在画面贴布上并支撑固定;将贴布上端及两侧余留部分向外反包,固定然后在托板上,用贴布下端余留部分将画面底部包住临时固定即可,这确保在揭取和运输过程中不擦伤画面。按照画面的分幅线,用割皮刀或解剖刀沿着分幅线按先开底缝,再开侧缝,最后开顶缝的顺序切割。

7.2.3.3　画面迁移法

壁画无地仗层或画面层与 地仗层之间黏合不牢固,可以揭取画面层。画面层揭取的方法很多,主要有拆取法、锯取法、震取法、撬取法和木箱套取法等。

1. 拆取法

将画面前面用托板托住后,在墙自外面自上而下逐层拆除墙体支撑结构(砖块土坯);每隔50～70厘米再加上挡板。此法简单易行。

2. 锯取法

用细而长的锯条将画面连同地仗层锯开,使画面脱离原来的墙体。操作时,先安放好托板,并用纱布将画面与托板固牢,以防画面与地仗层脱开,然后从壁画一边开始,由下而上地锯,这样不易出现滑脱现象,又防止锯下来的泥土堆积在画面背后造成画面 膨破。在锯上下底边的同时,迅速将托板连同锯下的壁画推倒平放在地面上。

3. 震取法

震取法与锯取法大致相同,当壁画地仗层与支撑体之间结合比较牢固而不易锯开时,可采用震动法使两者分离。此法是用钻子从壁画地仗层一端打入到灰泥层中间去,使周围灰泥层受到钻孔时的震动而与墙体分离。

4. 撬取法

当壁画出现大面积空臌时,采用撬取法比较方便,具体操作是用带木柄的平铲,从壁画的背后插入到地仗层与墙体脱离的空隙中,自上而下轻轻撬动,直到地仗层和墙体全部脱开,即可把壁画揭取下来。

5. 套取法

此法是先做一个与欲揭取的画面大小尺寸相同的木箱,在箱底垫上棉花或纸以防损坏画面,然后在画面四周挖槽,将木箱套上去,直到木箱底挨紧画面,再将壁画从背后与墙挖断,这时壁画便装入木箱;取下木箱,使画面向下,在背面加盖用夹棍绞绑后,再将画面向上,即可运输。

7.2.3.4 画面层的揭取方法

对画面层与地仗层之间黏结力较小,及不带地仗层的壁画,可用此法揭迁,揭取前对画面进行必要的去污处理,若画面过湿,可进行人工烘干;然后用5%的聚乙烯醇缩丁醛,乙醇溶液作加固剂,在画面上涂胶贴布。贴布时应注意平整,不留气泡;待第一层布干后再贴第二层。第二层胶应稍稀一些,以防布的编织纹在画面上留下印痕。贴布可采用棉布或麻布,若画面不大,也可用纱布。

当画面贴布干燥后即可揭取,先用解剖刀沿壁画边缘慢慢将画面切开,然后用解剖刀紧贴着壁画背面的墙壁进行切割,使画面与支撑部分剥离开;揭取后仔细铲除残留在画面背后的灰泥,用丙烯酸酯类材料以喷雾或涂刷的方法将画面层背部进行加固。画面背部加固材料应与正面加固材料不同,且互不干扰。

7.2.3.5 壁画揭取的新技术

近年来国外发展了一种使用干燥黏合剂揭取壁画的新技术,这种方法不会弄湿画面,也不会给画面带来不良影响,特别适合保护画面比较脆弱的壁画。

干燥黏合剂配方与制法:

纯松节油(2份)+浓丙烯酸树脂溶液(3份)+黏稠克赛因胶(1份)+穗状花油+适量钛白粉,搅拌并用精馏松节油调匀,即可得到黏度相当高的干燥黏合剂。

壁画的揭取工作十分复杂,难度大,步骤多,每一步操作稍有不当,都会给壁画带来危害,因此如有条件在现场保护,尽量不采取揭取的方法,只有当现场条件不好又无法改进时,才采取揭取迁移的方法。

7.3 考古发掘现场文物提取实例

考古发掘现场的文物提取必须从文物的实际情况出发,采取科学、简便、安全、有效的方法。

7.3.1 大型车马坑的起取

大型土化了的车马坑的起取是难度很高的起取工作。丁六龙等同志曾用分体套箱法(箱取法)成功将河南安阳殷墟商代车马坑起取、组装,运到安阳殷墟陈列室。

7.3.1.1 制定科学切实可行的提取方案

丁六龙等同志首先深入细致认真分析了车马坑的结构,制定分体切割的方案,确定有效安全的工作位置,先后顺序,并绘出提取的结构图,在切割位置做好标记。

7.3.1.2 加固车马坑表层

用5%三甲树脂丙酮溶液渗透加固车马坑表层,用502胶固定马骨架和铜饰件。

7.3.1.3 分块切割起取

1. 车轮的提取

用圆形木框立着套入车轮,木框上下左右用木棍支撑牢固,然后在车轮下横排打入五根直径 15 毫米的铜棍;车轮表面贴 3～4 层柔软麻纸保护;沿木框外侧下底向上装盖板,两端用木螺钉拧在边框上,内填满泡沫塑料后注入石膏,依次装满盖板。盖板装至车毂时,切下毂,轴孔照相测绘。用三甲树脂加固后,封纸、装盖。框内加斜撑并用螺钉拧固。用 L 形角铁插入底板与边框相连。底板插入角铁槽内,最后封木箱内侧。

2. 提取车毂

先拆去毂左右及上方的土台,再将毂下的土台用刀锯横平锯开,将一个形似簸箕的木箱沿切口推入。箱内加土填实后,齐箱口用刀锯将毂切下,断面用三甲树脂加固,封死箱板。

3. 车厢的提取

先用三甲树脂加固车厢,再用水贴两层麻纸。将预先准备好的四块木板放入车厢内,各用一块大小合适的轻质聚苯乙烯板塞在与车厢内壁的缝隙间,四周缝隙内注入石膏,待石膏凝固后把木框口封上。

4. 马骨架、车辕、衡的提取基本与上相似,不再详述。

7.3.2 金缕玉衣的提取实例

1968 年河北满城汉墓出土中山靖王刘胜和王后窦绾的两套金缕玉衣,由王振江、白荣金等分别在现场清理提取。

7.3.2.1 较完整的刘胜金缕玉衣的提取

①将玉衣从腰部分作两段。

②将适量铁丝从玉衣下部插入而后小心抬起,放入注有一层约 8 厘米掺了稻草尚未凝固的石膏浆中,并在上面铺衬了数层柔软麻纸隔离的箱内,铺上多层麻纸后再以稻草填实,钉上盖板。

7.3.2.2 散乱的王后窦绾玉衣的提取

窦绾玉衣中用来连缀上衣前后身玉片的丝带和麻布,因长期受地下水、尸体腐败液、溶盐等的侵蚀而腐朽糟烂,使玉衣塌陷散乱,无法整体提取。只得在现场进行拍照、绘图,翔实记录后,一片片分层定位,编号提取,从考古发掘工地现场运回北京,进行室内、清洗、黏结、加固、复原。

7.3.2.3 陕西秦始皇陵出土的两套铜车马的提取

1980 年 12 月,为保护在秦始皇陵西侧发掘出土了两套表面有彩绘,结构十分精美复杂的铜车马,秦俑考古队研究设计了"压力切离,整体搬迁"的方案,先把文物分成四组,每组底层各压入一块钢板,作为箱底;周围向下掏挖,紧贴掏挖的土壁将插入木板;再将四周木板连接并固定,形成四个各自独立的箱子;然后将箱子整体运回博物馆保护修复室进行清理修复。

§8.考古发掘现场文物提取后的包装运输

　　将考古发掘现场提取出的文物安全运回保护修复室内,是考古发掘清理工作的一个关键环节,主要包括提取的文物的包装和运输。

8.1　考古发掘现场提取文物包装的重要作用

　　文物是具有历史价值、艺术价值和科学价值的古代文化遗存,它不能再生产,再制造,一旦破坏就无法挽回。文物珍贵就在于它是历史的产物,是历史发展进程的物证。它蕴含着当时社会政治、经济、军事、生产力发展,科学技术,文化艺术特点,生活习俗、宗教信仰,国际关系等各个方面的信息。因此,保证文物的安全,把文物完整、原样保存下来,并留传下去,是文物保护的重要意义所在。从考古发掘现场出土提取出来的文物,只有经过认真、仔细、科学、妥善的包装,才能保证文物在运输过程不受震动、碰撞、挤压、污染、腐蚀等。

8.2　考古发掘现场提取文物包装时对包装材料的要求

　　①包装材料应具有很好弹性和韧性的防震材料,以防文物在搬动、运输过程中受碰撞、挤压和震动。
　　②包装材料应性能稳定,不分解、不潮解、不光解、不光氧化,不释放有害气体,侵蚀文物。
　　③包装材料能防潮、防污染,包装考古发掘现场提取的文物密封后,能防止潮气、有害气体及其他污染物侵入。
　　④包装材料能防腐防霉防微生物污染。
　　⑤包装中要避免使用一切易吸入其他物质或与其他物质起化学反应而损害文物的材料。

8.3　常用的文物包装材料

　　①聚乙烯是一种符合文物包装材料要求的性能良好,应用方便的高分子材料,可以做成薄而柔软的包装,使用时不会磨损或擦伤文物。
　　②聚苯乙烯泡沫塑料板轻而有弹性,可作为防震、防潮、防化学腐蚀的包装填充材料。

8.4　提取文物包装前的准备工作。

1. 考古发掘现场提取出来文物包装前首先要拍照、登记。

2. 对要包装的文物应全部标写编号。为了保护标号不受包装及运输过程的影响,可先在标记部位涂刷一层防水的丙烯酸树脂可逆材料溶液,写上登记号后,再涂一层丙烯酸树脂溶液。

3. 每件文物上都应有一张卡片,详细记录以下内容:

①文物的来源。

②文物出土时的情况及出土后的变化情况。

③对文物所做的一切抢救性处理。

④在文物上的取样部位、取样时间、样品送检时间、送检人姓名接检单位及接检人。

⑤在文物卡片上标明文物保存状况及保存要求。

8.5　考古发掘现场出土文物的包装

8.5.1　考古发掘现场出土文物的一般包装方法

①先将文物表面进行初步清理再用软而薄的密封纸或聚乙烯薄膜将文物包裹好。

②将包裹好的文物装入密封的聚乙烯口袋或盒子中。

③将包裹好并密封的文物放在一个底部铺有防震泡沫塑料板的或其他硬质容器中。

④在文物包裹物与箱子的空隙中用泡沫塑料填实,盖上箱盖并用螺钉固定。

8.5.2　考古发掘现场出土的片状文物的包装

考古发掘场出土的大的片状文物主要是需要迁移保护的壁画。其包装方法,因文物本身的结构特点和揭取方法不同,也有所不同。

①拆取法揭取的壁画的包装

拆取法揭取壁画时是将壁画连同其他仗层同托板一起向内推,平推在托板上。包装时在地仗层上铺一泡沫板后,再加一托板,将两块托板用麻蝇或铁丝绞紧后,小心翻过来,松开上面托板,在画面上铺上柔软的薄纸或很薄软的聚乙烯薄膜,然后再加一薄的泡沫塑料板,在泡沫板上加托板,最后将两托板趁劲用麻蝇或铁丝绞紧即可。

②锯取法、震取法、撬取法基本上都是将画面层与地仗层一起揭取下来,因而包装的方法大同小异。

③套取法揭取的壁画的包装

由于套取法揭取壁画时,已在箱底垫了棉花或纸,套取壁画后,先将画面向下,背面加盖,用绳子或铁丝绞绑后,再将画面翻转向上,即可运输。

8.6 考古发掘现场出土文物包装后的运输

考古发掘现场文物保护工作,由于受空间、时间、设备、环境、材料、文物安全等多种因素的影响和制约,不能充分、全面展开。深入彻底的文物保护工作,还必须在设备完善的室内进行。所以,从发掘现场到文物保护室之间的运输转移也是文物保护工作中重要的一环。

8.6.1 对运输工具的要求

1. 首先运输文物的工具必须坚固结实,不会因故障而导致文物受损。

2. 运输工具必须采取防震措施、具有良好的防震功能,在运输过程中不能因运输工具的剧烈震动颠簸而引起文物破裂、磨损。

3. 运输途中运输车的速度不宜太快,一定要平稳安全,尽量避免和减少对文物的损坏。

8.6.2 文物运输的防震材料及防震措施

1. 文物运输中常用的防震材料

①泡沫塑料,泡沫塑料的特性是轻便,有弹性、具有良好的防震功能,常用于文物、电器,仪器的防震包装运输。

②海绵,海绵是一种多孔,柔软而弹性好的优良的防震材料。

③稻草或麦草,稻草和麦草是在没条件应用泡沫材料、海绵等防震的情况下,常用的两种天然纤维材料,它们具有轻软防震的特性。

④棉毯棉被,棉毯棉被也是柔软而富有弹性的防震材料,是文物运输常用的一种防震材料。

2. 文物运输中常采用的防震措施

①在放置文物运输工具底部铺垫一层泡沫塑料,在泡沫上再垫一层弹性防震性很好的海绵。

②运输工具与文物包装箱之间的空隙应用泡沫塑料隔包填实,以防运输过程中发生位移,碰撞和震动而损伤文物。没有条件时,可将麦草或稻草扎成小捆,将文物包装与运输工具间四周填实。

③用棉毯、棉被或海绵将所运输文物箱包之间进行隔包固定,以防在运输过程中发生碰撞而使文物遭到不必要的、可以避免的损坏。

3. 文物运输中防雨防晒

　　考古发掘现场出土文物转移到室内的运输途中,不仅要防震,还要防雨、防晒。运输路途远时,应注意采取防雨防晒措施,在文物包箱上面用棉毯被覆盖后,再加盖帆布或塑料布,然后将其与文物包箱和运输工具用绳子或铁丝系紧、绞牢,这样既防雨防晒,还防震,可以确保文物运输途中的安全。

第十五章　现代分析技术在文物保护中的运用

今天,世界的科学图景已经发生了深刻的变化,新的仪器设备、新的观察手段和分析方法不断涌现,并相互配合,逐渐形成了自然科学各学科之间,社会科学各学科之间,自然科学与社会科学各学科之间的互相渗透、互相交叉、互相融合的趋势。因此,文物研究同其他任何一门学科的科学研究一样都必须置于这个时代背景之下。

§1. 文物与现代分析技术

现代分析技术可以用来确认文物的真伪、年代、成分、结构以及文物的制作工艺和老化机理等方面的内容,为文物的保护、考证、修复和复制提供依据。由于文物的珍贵价值,国内外自古以来就有伪造文物的传统,我国到宋代伪造文物就形成了一定的规模。过去判断文物的真伪靠人们的直接观察,并结合历史文献和文物标本进行对比分析作出判断,现代分析技术的应用,使鉴定文物的真伪有了可靠的科学依据。

应用现代科学技术对古代文物进行研究、分析和鉴定,可以使考古信息大量增多。例如用 ^{14}C 和其他同位素技术,利用热释光和电子自旋共振,利用某些化学断代技术可以确定文物的绝代年代或相对年代;利用热膨胀分析、差热分析、穆斯堡尔谱分析、X 射线衍射等方法可以测定陶瓷的烧结温度,研究当时的烧制工艺等等,这样例子不胜枚举。现代分析技术使我们能更精确地测定古代文物的制造年代、原料组成及产地、制作工艺;分析文物劣化的机理;研究文物的特性随年代增加而发生变化;区分文物中哪一部分是原物,哪一部分是后加上去的;研究文物保存技术及修复材料等等。所有这些,单靠原有的传统手段是无法胜任的,只有应用现代科学技术,使考古发掘工作得到更为广阔的开发,对古代遗物进行研究,才能比过去更深入地阐述古代遗物的特点,更进一步考察不同地区人类历史进程同自然界的关系,从而达到认识古代社会的发展,并为今后的前进提出合理的方向。

许多物理、化学测试方法都可用于协助鉴别古代文物的材料成分,确定这些原材料的产地,同时获取有关这些文物曾经采用的制造工艺。原料产地的鉴别一般首先涉及到原料中微量和痕量元素的化学成分分析,然后利用这些元素在原料中所占的密度情况来表征由特定产地的原材料制作的文物特征。因此,依据文物原料中的微量和痕量元素的密度数据,与来自可能产地的原料样品中同类元素密度数据作比较,再参考一些考古学上的依据,就能够确定文物原料的实际产地。

任何材料在环境因素作用下的老化变质都是一种自然的客观规律,作为以物质形态存在的文物材料也不例外。文物是特定历史社会形态的产物,由一定的材料组成,同时这一材料又长期处于一定的环境之中。文物的毁灭、消失是材料与环境的共同作用而发生老化变质所致,文物材料自身的物理化学性质是老化变质的内因,环境因素则是外因。文物保护研究就是针对这两个导致文物材料老化变质的原因进行科学的研究,以便找到科学的保护修复技术。文物保护的最终目的就是尽可能地延缓文物材料老化变质的速度,最大限度延长文物的保存使用寿命。由于文物材料的理化性质大都是通过对它的成分及结构分析而获得的,因此对文物材质的成分及结构分析在文物保护研究中具有极其重要的地位。

§2. 文物材料的组成及其分类

中华民族在悠久的历史发展过程中创造了光辉灿烂的物质文明和精神文明,遗留下无数的文物瑰宝。从物质形态角度出发,这些文物由各式各样的材料所组成,它们千差万别,以博物馆藏品为例:首先,金石、陶瓷、纸张、漆木等文物材料的化学成分不同;其次,大到恐龙化石,小到珍珠、钱币,体积相差很大;第三,造像、大鼎重者达几百甚至上千公斤,珍珠、宝石轻者仅几克,重量悬殊。从文物保护的角度考虑,不同材料的文物所要求的保存条件不同,如果把怕潮湿的金属材料文物与需要适当润湿环境的漆木竹雕放在一起,就很难保护好文物。同时,不同材料组成的文物,在理化性质上存在着明显差异,所采取的保护处理方法也不同。其次,对于博物馆来说,其藏品少者上万件,多者达几十万件,甚至几百万件,为了便于查找,整理研究和提供利用,必须对文物进行科学合理的分类。

同一物质材料组成的文物在不同环境之中的保护方法不同;同样,同一环境之中而不同材料组成的文物,其保护方法不同。如漆木器和金属文物,从环境角度看,对保存环境的要求截然不同,金属文物要求在比较干燥的环境中保存使用,而漆木器则对空气湿度的要求是既不能过高,也不能过低。此外,在对这两类文物进行修复时,修复材料及工艺也不同,因此文物保护研究中仅对文物按保存环境分类是不够的,还应该按文物材料的组成成分进行分类。分类时应首先将文物材料分为有机和无机材料文物两大类,然后再进行细的分类。

```
              ┌ 金属文物(金、银、铜、铁、锡等,包括它们的合金)
              │ 石质文物(石刻、石碑、玉器、宝石等)
              │ 陶瓷文物(陶器、瓷器、玻璃器、珐琅器等)
    无机材料文物┤ 石窟寺文物(包括组成石窟壁画的各种无机材料)
              │ 古代建筑
              └ 古代遗址
文物材料┤
              ┌ 纸质文物(书籍、文献、字画等)
              │ 漆木器(竹器、木器、版画等)
              │ 牙骨类(甲骨、牙雕、贝币、角质器等)
    有机材料文物┤ 植物纤维材料(棉织品、麻织品等)
              │ 动物纤维材料(丝织品、毛织品等)
              │ 皮革类(皮革制品、羊皮书等)
              └ 壁画颜料中的胶结材料
```

§3. 文物物品故障率与使用寿命的关系

从茹毛饮血到文明社会,人类在漫长的历史进程中发明制造了各种材质器物。这些器物,反映了人类对各种材料功能的认识不断加深和利用的不断扩展。

表 15—1 各种材料的功能

力学功能	拉伸强度、压缩强度、弯曲强度、弹性、耐磨耗性
物理功能	发色性、保温性、保水性、导电性、绝缘性、润滑性
化学功能	反应性、反应阻止性、药效性、杀菌性、肥效性
营养功能	能量补给、器官和组织的维持、嗜好性
美的价值	雕刻、绘画、建筑

一件物品的使用寿命受各种偶发性事件的影响,当它被制成后开始使用时,由于切削加工不良、组装不完整等原因,制品的故障率较高,这一期间称为初期故障期间。过了这一期间,制品性能比较稳定,发生故障只是偶然性的,所以故障率较低,称为偶发故障期间。它决定一件工具的有效使用时间。不论是什么机械制品,在使用一定时间以后,又频繁发生故障,这是由于磨耗等引起的,故称为磨耗故障期间。

设计加工不良是导致一件物品发生故障的主要因素,材料老化是另一个因素。所谓材料老化是指材料随着时间的延长而功能变得低下的过程,诸如金属的腐蚀、脆化、疲劳、磨损,食品的腐败、酸败,有机材料的龟裂,颜料及染料的变色、褪色等。对于文物而言,其材料的老化是文物材料的组成性质共同作用的结果。

§4. 文物材料的成分和结构分析方法 在文物保护研究中的地位

作为文物保护工作者,对一件文物具体实施保护措施之前,首先应对"文物材料的什么在变,为什么会变,变的程度如何"科学准确地回答。

一般认为,文物保护科学主要由三大部分组成:文物保存环境、文物材料分析、文物保护修复技术。它们相对独立而又紧密联系,环境研究和文物材料理化性质研究是文物"科学"保护的前提。通常,环境因素是文物材料老化变质的外部条件,而材料自身的理化性质是老化变质的根本因素,只有当这两种因素相互交织并作用于文物材料时,才能导致文物材料发生老化,因此研究环境因素和材料的理化性质,就能够对文物材料老化的原因、速度、规律有一个科学合理的解释,但这并不是我们的最终目的,研究文物材料老化的原因及规律,是为了更加科学地保护文物,而对文物实施修复必须是在这一科学研究的基础上进行。如同医生为患者治病一样,只有通过各种手段对病人的病因了解得非常清楚之后,才能做到"对症下药"。

文物保护中的环境研究范围比较广泛,可以说,凡是能对文物材料产生影响的一切外界因素都属于文物保护环境研究的对象,诸如气象、光辐射、空气污染物、微生物及昆虫侵蚀、地质因素等等。这些因素对文物材料的危害性是毋容置疑的,但对不同材料的文物,其危害途径和规律又各不相同。在研究环境因素对文物材料的老化过程及其机理时,不可避免地要对环境中的某些有害成分及材料的成分及结构进行分析检测。

外界环境因素只是为文物材料老化变质提供了一定的反应条件,一件文物能否长期保存,决定因素还在于组成文物的特定材料的理化性质。例如金器、铜器、铁器,它们都属于金属类文物,都要求在干燥环境中保存,但由于它们金属活动性能的差异,在相同的条件下,金器可能一点不受损坏,铜器可能略有损坏,而铁器的损坏就已经相当大了。所以古代金器饰品保存至今仍金光灿灿,而出土青铜器则锈迹斑斑,铁器则可能糟朽不堪。因此,在文物保护研究中,应首先对组成文物的材料成分及结构进行分析检测,进而判明它的理化性质。

对文物的修复包括两层意思,一是某些出土文物已经支离破碎,为了考古研究及陈列展出的需要,而进行的修复;二是为了保护文物而进行的修复。当文物材料老化速度很快,程度非常严重时,如不及时进行必要的修复,就无法继续保存文物,文物就有毁灭消失的危险,这时必须采取适当的修复措施以延长文物保存的时间。修复技术包括修复材料与修复工艺研究。研究新的、性能良好的文物保护修复材料,如文物清洗剂、除锈剂、缓蚀剂、表面封护剂、脱水定形剂等,在筛选材料的过程中,不可避免地也要用到材料成分及结构分析方法。

综上所述,在文物保护研究的整个过程中,都不可避免地要对材料的成分及结构进行分析检测。随着我国文物保护研究工作的不断深入及拓展,文物材料成分及结构分析方法日益受到重视,它也是从事文物保护的科研人员所必备的基础知识。

§5. 文物材料成分和结构分析所基于的原理

对文物材料成分和结构分析所基于的基本原理是分析化学的知识。20 世纪以来,分析化学的发展有着三次伟大的变革:第一次是 20 世纪初物理化学溶液理论的发展,为分析化学奠定了理论基础,建立了溶液中四大平衡理论,使分析化学成为一门科学,随之产生了经典的湿化学分析。第二次是二次世界大战以后,由于物理学、电子学的进一步发展与渗透,使分析化学由经典分析化学发展到以仪器分析为主的现代分析化学。第三次是近二十几年来电子计算机的应用,成为获取信息、解决科研工作中实际问题的重要手段,使分析化学吸收了当代科学技术的最新成就。

由于文物不可再生性、不可多得性,对文物材料进行分析时,最基本的要求是无损分析或近似的无损分析,即分析时最好不在文物上取样,如果必须进行取样分析,则取样量应越少越好,并且取样时不得在文物的重要部位进行。有时,由于研究工作的需要,仅做一种分析无法满足要求,这时必须尽量减少重复取样,应用某些方法对样品的无损分析性质依次分析样品。经典湿化学分析方法由于需要样品量较多,而且对样品进行的是破坏性分析,因此经典湿化学分析方法不能满足对文物样品分析时的上述要求,现在一般弃之不用。现代分析化学已经远远超出了化学的概念,突破了纯化学领域,已与数学、物理学、电子学、计算机科学、生物科学等学科紧密结合,发展成为一门多学科的综合性科学,不仅限于提供分析数据,而且能对物质提供更多的、更全面的信息,因此,现在对文物材料进行成分及结构分析时大都采用现代化学分析方法。

前面我们所说的分析化学的发展有着三次伟大的变革,其中第二次和第三次变革均与仪器分析有着非常密切的关系,如果说第二次重大变革是分析化学由经典分析发展到仪器为主的现代分析,那么第三次变革则是使仪器分析更具备现代化、智能化,使其发挥更大的作用。现代仪器分析就是利用物质材料一切可以利用的性质建立了各种新技术、新方法,开拓了新领域,使现代仪器分析成为最有活力的学科之一。它具备以下特点:

①从常量分析到微量分析。这一方面是从取样量的多少而论;另一方面则是从分析含量的要求而说的,即从常量分析到痕量分析、超痕量分析,现代仪器分析

的检出限已达 10^{-15} g 水平。

②从组分分析到形态分析。

③从总体分析到微区分析、分布分析、逐层分析。

④从宏观的组成分析到微观结构分析。

⑤从静态分析到快速反应的动态分析。

⑥从破坏样品的分析到无损分析。

⑦从实验室的研究分析到控制产品质量的在线分析。

⑧从常规分析到现场的快速分析。

从一个国家国民经济发展来看,生产技术的发展,科学技术的进步均与分析化学的发展有关,分析化学,尤其是现代仪器分析化学已经渗透到工业、农业及科学技术的各个领域。一个国家的分析化学水平已成为衡量这个国家科学技术水平的重要标志之一。现代仪器分析技术在文物保护研究中应用范围很广泛,可提供关于文物样品的组分,制作工艺及原料产地,研究文物特性,区分文物真伪,研究文物保护材料及保存技术等领域。

人们发现,物质的许多化学性质和物理性质与它们的化学组成、含量和结构之间有着内在的联系。例如,把样品中被测组分分离出来,并称量它的质量是最直接也是最早被人们采用的定量分析方法,即重量法;通过测量与被测组分定量地发生化学反应所需标准溶液的体积浓度来计算被测组分的含量,是至今仍被广泛使用的容量分析法,这就是所谓的经典分析法或称化学分析法。除了质量和体积之外,测量物质的其他物理性质也可以获得所需要的定性或定量信息,表 15－2 列出了最重要的物理性质和测量这些性质为基础的分析方法的名称。这些方法适用于低含量组分和微量样品的分析,有些方法如核磁共振法、X 射线衍射法等则主要用于结构分析,除此之外还有亚微观形貌观察和微区分析,以及近十几年才发展起来的表面分析技术——电子能谱分析。

表 15－2　可用于分析的主要物理性质

被测的物质性质	以测量相应性质为基础的分析方法
辐射的发射	发射光谱法(X 射线、紫外～可见、电子、俄歇电子)、荧光法(X 射线、紫外～可见),放射化学法、火焰光度法
辐射的吸收	分光光度法(X 射线、紫外、可见、红外)、比色法、原子吸收法、核磁共振及电子自旋共振波谱法
辐射的散射	浊度法、散射浊度法、激光拉曼光谱法
辐射的折射	折射法、干涉法

续表

被测的物质性质	以测量相应性质为基础的分析方法
辐射的衍射	X射线衍射法、电子衍射法、中子衍射法
辐射的转动	偏振法、旋光色散法、圆二色性法
电位	电位法、计时电位法
电阻	电导法
质荷比	质谱法
反应速率	动力学方法
电流	极谱法、电流滴定法、库仑法
热性质	热导法和热熔法
质量	重量法
容量	容量法

由表15-2可以看出,很大一部分分析方法是建立在电磁辐射与物质相互作用的基础上,即利用电磁辐射作为"探针"来探测物质材料的性质,反映被测物质的含量和结构(这类方法统称为光学分析法)。根据辐射与物质材料相互作用的性质不同,光学分析法又可分为光谱法与非光谱法两大类。当物质与辐射能作用时,原子或分子内部发生能级间的跃迁,并测量由此而产生的发射、吸收或散射辐射的波长及强度,这类方法称为光谱法;如果物质与辐射能作用时并不包含能级间的跃迁,电磁辐射只是改变了传播方向、速度或某些物理性质,如偏振面的旋转等,这类方法属于非光谱法。在文物材料分析中,光谱法比非光谱法的应用更为普通,也更为重要。表15-3列出了用于文物材料分析的光谱区域,光谱法的名称及其应用,并指出了吸收或发射辐射时相应的量子化跃迁类型。

表 15-3　电磁辐射的光谱性质、应用和相互作用

光谱区域	能级跃进	波长范围	主要分析技术	应用
γ射线	核反应	$0.01 \sim 3 \times 10^{-4}\,nm$	γ射线发射分析	中子活化分析
			γ射线吸收分析	穆斯堡尔谱分析
X射线	内层电子	$0.01 \sim 10\,nm$	X射线荧光分析	元素分析
			同位素X射线荧光分析	
			质子X射线荧光分析	微量元素分析
			电子探针分析	微区分析

续表

光谱区域	能级跃进	波长范围	主要分析技术	应用
真空紫外区	外层电子	$10\sim200\,nm$	分子的电子光谱	在物理化学中应用较多
紫外～可见区	外层电子	$200\sim800\,nm$	质子发射光谱	元素定性定量分析
			原子吸收光谱	
			紫外、可见分光光度法	鉴定有机物结构
			分子荧光和磷光分析	鉴定有机物结构
近红外区	外层电子或分子振动能级	$800\sim2.5\times10^3\,nm$	红外吸收光谱法	鉴定有机物结构
中红外区	振动～转动能级	$2.5\times10^3\sim50\times10^3\,nm$	拉曼光谱	鉴定红外非活性有机化合物结构
远红外区	转动能级	$5\times10^{-3}\sim2.5\times10^{-2}\,cm$		
微波区	转动能级	$2.5\times10^{-2}\sim10\,cm$	微波谱	鉴定复杂有机物研究有机物老化机理
	电子自旋	$1\sim3\,cm$	电子自旋共振分析	
无线电超短波区	核自旋	$1\sim300\,m$	核磁共振分析	鉴定复杂化合物

　　各种分析方法能够给我们提供各种信息,有的分析结果是定性的,可得到样品中分子或原子的种类、结构特征或它们的官能团;另一些分析结果则是定量的,可得到样品中某元素的含量;还有一些分析结果则可以了解该样品原先所经历的化学反应或处理过程;有的可提供样品表面的信息。因此,根据分析方法所提供的信息类型可分为成分分析、结构分析、形貌分析、表面分析、热分析、电化学分析等。

§6. 文物材料成分分析方法

　　用于文物材料成分分析的方法主要有四种,即原子发射光谱、原子吸收光谱、X射线荧光、中子活化分析。下面对它们的原理及特点分别进行介绍。

6.1　原子发射光谱分析

　　原子发射光谱分析通常称为发射光谱分析。物质中的原子、分子永远处于运动状态,这种物质内部的运动,在外部可以以辐射或吸收能量的形式表现出来,即电磁辐射。根据电磁辐射的本质,光谱可以分为原子光谱和分子光谱,原子光谱主要是由于原子外层电子在不同能级之间发生跃迁而产生的辐射或吸收,它的表现形式为线状光谱;而分子光谱则是由于分子中电子能级及分子振动、转动能级的变化所产生的带状光谱。不论是原子光谱或分子光谱,都具有一定的特征性,可以通过其特征谱线来判断物质材料成分。发射光谱分析原理是样品从光源得到能量,并经过蒸发、离解、电离等步骤形成原子或离子的蒸汽;原子或离子由基态跃迁到激发态,其驰时间为 $10^{-7} \sim 10^{-8}$ 秒,因此,原子和离子总是从激发态自发跃迁返回到基态或能量较低的激发态,同时将两能级状态的能量差以具有特征波长的电磁辐射能的形式发射出来;用分光仪将不同波的混合光按波长顺序分开并排列为不同波长的单色光系列,就得到了原子发射光谱。

　　依据量子力学的理论,原子或离子的能量状态不是连续变化的,每种元素的原子或离子都有一系列确定的能量状态,而且不同元素各不相同,所发的电磁波的频率 ν 和其跃迁前后两能级能量之差成正比,而波长 λ 则与两能级能量之差成反比,即:

$$E_2 - E_1 = h\nu = hc/\lambda \quad (15-1)$$

　　式中 E_2 为激发态能量, E_1 为基态或能量较低的激发态能量, h 为普郎克常数, c 为光速。

　　由于原子发射光谱只涉及原子或离子的外层电子能级跃迁,跃迁前后的两能级能量差较小,所以产生波长数百 nm 的紫外、可见光和近红外辐射,并且是不连续的很多单一波长的辐射混合。当使用分光仪将这些辐射展开成为光谱时,得到的是一系列线状光谱。每一种元素的原子或离子可能发生跃迁的任何两能级能量差彼此各不相等,故每种元素的线状光谱中的每一条谱线都有其特征的波长值,这正是判断样品中有无该种元素的依据,也是发射光谱定性分析的基本原理。

　　在(15-1)式中,hν 是频率为 ν 的电磁辐射的最小能量单元,称为一个光子或光量子的能量,每个原子发生两能级跃迁时产生一个光子。从微观来说,发生同样跃迁的原子数越多,所发射的同一频率的光子数就越多;从宏观来说,所得到的该频率的光的强度就越大。因此,只要在一定实验条件下,采用一定的方法,利用某一频率的辐射强度就可以计算出样品中相应元素的含量,这就是发射光谱定量分析的基本原理。

发射光谱工作的波长范围是 200～900nm,概括起来它有如下一些特点:

①灵敏度高。相对灵敏度可达 $0.1～10×10^{-6}$,绝对灵敏度可达 $1×10^{-8}～1×10^{-9}$g。如果用化学或物理方法对被测元素进行富集,相对灵敏度可达到 10^{-9} 量级,绝对灵敏度可达 10^{-11}g。

②选择性好。每一种元素的原子被激发后,都产生一组特征的光谱,根据这些特征光谱可以准确无误地确定该元素的存在,所以发射光谱分析是进行元素定性分析的最好方法之一。在周期表中化学性质相似的同族元素,如 Zr 与 Hf、Nb 与 Ta 稀土元素等,当它们共存时,比较容易实现各元素分别测定。

③能同时测定许多元素,分析速度快。采用光电直读光谱仪,在几分钟内可给出 20 多个元素的分析结果。

④准确度高。当被测元素含量大于 1% 时,准确度较差;当含量为 0.1～1% 时,准确度为 5%～20%;当含量小于 0.1% 时,准确度优于化学分析法,因此特别适用于痕量元素的分析。

⑤样品用量小。使用几毫克至几十毫克的样品,就可完成光谱全分析。

⑥缺点是进行高含量元素的定量分析时误差较大;进行超微量元素的定量分析时灵敏度不能满足要求;对于一些非金属元素,如 S、Se、Te、卤素进行分析时,灵敏度很低。

发射光谱分析目前已获得了十分广泛的应用。地质部门在地质普查,找矿过程中,用光谱分析法完成大量的分析任务。冶金部门用它进行产品的成分分析,化工部门用它来检验产品的纯度,机械制造部门用以分析检验原材料、零件和半成品,在原子能,半导体、环境保护、质检等领域也占有重要的地位。目前光谱分析已成为国民经济各个部门、教学科研单位广泛采用的一种分析测试技术。在文物保护研究中也得以广泛应用,如分析金属文物成分,壁画颜料及制作材料、石质文物成分等方面都取得了成功的经验。

6.2　原子吸收光谱分析

原子吸收光谱法是利用基态原子蒸汽对特征辐射光的吸收,在一定浓度范围内被吸收辐射光的吸光度与蒸汽中自由原子的数目成比例,根据与已知浓度的标准样品作比较,求得被测元素的含量。当辐射投射到原子蒸汽上时,如果辐射波长相应的能量等于原子由基态跃迁到激发态所需的能量时,则会引起原子对辐射的吸收,产生原子吸收光谱。

原子吸收和原子发射一样,决定于原子能级间的跃迁。当原子从低级被激发到高能级时,必须吸收相应于两能级差 $\triangle E$ 的能量,而从高能级跃迁到低能级时则要放出相应的能量(参见式 15—1)。原子发射或吸收所对应的波长为：

$$\lambda = hc/\Delta E \qquad (15-2)$$

原子吸收线的特点由吸收线的波长、形状、强度来表征。吸收线的波长如式(15—2)所示，决定于原子跃迁能级间的能量差。吸收线的形状一般用吸收线轮廓图表示，以吸收线的半宽度表征，所谓吸收线的半宽度 $\triangle\nu$ 是指极大吸收系数一半处吸收线轮廓上两点之间的频率差。吸收线的强度是由两能级间的跃迁几率决定的。

原子吸收光谱分析是通过测量气态原子对特征波长的吸收强度来实现的，这种吸收通常出现在可见区和紫外区。光强度测量满足比尔—郎伯定律：

$$I_1 = I_0 e^{-KCL}$$

$$或 \quad A = 1g I_0/I_1 = KCL \qquad (15-3)$$

式中 I_0 为入射光强度，I_1 为透过吸收层的光强度，C 为吸收层中基态原子蒸汽浓度，L 为吸收层长度，K 为吸收系数，A 为吸光度。式(15—3)是原子吸收光谱定量分析的依据。

原子吸收光谱分析具有如下特点：

①灵敏度高。火焰原子吸收光谱分析灵敏度达 $0.01\sim1\mu g/1\%$ 吸收，适用于大部分元素的微量和常量分析；而石墨炉原子吸收法灵敏度高达 $10^{-10}\sim10^{-13}g/1\%$ 吸收，可与质谱法、中子活化法媲美，适用于超微量分析。

②选择性好。与发射光谱法相比，吸收光谱法具有谱线简单、选择性好、不易受激发条件影响等优点。

③分析速度快。由于选择性好，化学处理和测定操作简便，因此分析速度快，可在 30 分钟内测定 50 个样品中 6 个元素的含量。

④准确度好。在适宜的测定范围内，测定误差可控制在 $0.1\%\sim0.5\%$ 的范围内。

⑤分析范围广泛。空气—乙炔焰可测三十多种元素；N_2O—乙炔火焰可测七十多种元素，利用间接法可测定一些非金属元素和有机化合物。此外，测定的样品种类也比较广泛，测定的含量范围较宽，即可用于微量、痕量组分分析，也可用于常量组分测定。

⑥缺点是仅适用于单元素测定。一种元素需要一种光源，且一次只能测定一个元素。

原子吸收光谱分析法被誉为无机分析领域中的跃进，已成为无机分析领域中的一种有力的常规分析手段，广泛应用于环境保护，医药卫生、冶金、地质、石油、化工等部门。它除了用于成分分析之外，还可以用来测定气相中中性原子的浓度、共振线的振子强度、气相中原子扩散系数等，而且应用范围还在不断扩大。在文物保护研究中主要用于大气污染物、水质、岩石矿物、金属、玻璃、陶瓷等的分析,特别是在金属文物保护研究中,比较常用。

6.3　X射线荧光光谱分析

当某些物质被某种能量较高的光线,例如紫外线照射后,这种物质会立即发射出各种颜色及不同强度的可见光,但当入射光停止照射时,这种光线也立即消失,这种光线称为荧光。物质发生荧光时,所辐射的能量比入射光所吸收的能量小些。如果以X射线作为激发手段来照射样品,样品会立即发射次级X射线,这种X射线称做荧光X射线。

荧光X射线本质上是特征X射线,只与元素原子结构有关。如当X射线的能量使K层电子激发成光电子后,L层电子落入K层空穴。此时,就有能量为 $\Delta E = E_L - E_K$,以X光子的形式辐射出来,产生Kα射线,即荧光X射线。莫斯莱(H. G. J. Moseley)系统研究了38种元素的特征X射线荧光辐射后首先发现,荧光X射线的波长与元素的原子序数有关,随着元素原子序数的增加,荧光X射线的波长变短,其数学关系式为:

$$\lambda = K(Z-S)^{-2} \qquad (15-4)$$

式中K和S是常数,随不同谱线系列而确定,这就是莫斯莱定律,它揭示了特征X射线波长与元素原子序数的关系,并且在忽略微小化学位移的情况下,这种谱线波长不随元素的物理及化学状态而改变。它是X射线荧光定性分析的基础。

根据激发手段的不同,X射线荧光分析可分为X射线管式的X射线荧光分析、同位素源激发X射线荧光分析、质子激发X射线荧光分析(PIXE)、电子探针微区分析、同步辐射X射线荧光分析。

不同元素的荧光X射线具有各自的特征波长值,与样品的化合物状态无关。据此,只要测出样品辐射的荧光X射线波长,依据莫斯莱定律就可以测定元素种类。使用波长色散谱仪时,首先根据待测元素选择合适的分光晶体,然后绘出样品的X射线谱图,根据所用晶体的晶面指数和峰值位置,应用布拉格公式换算成该峰值所代表的荧光X射线的波长,即可知道该峰所代表的元素及其特征X射线名称。

荧光X射线分析的主要用途是做定量分析。它是一种相对分析法,即比较标准样品与被测样品的谱线强度进行定量分析的。一般元素的浓度范围从0~100%时,浓度与谱线强度的关系是非线性的,如果浓度范围比较小,浓度与分析线强度的曲线近似为直线。因此,首先制备一套标准样品,其主要成分与待测样品相同,然后在同样条件下测定标样与试样的分析线强度,用标准样品的荧光强度与浓度的对应关系作图,得到标准曲线,根据待测样品的分析线强度就可以在标准曲线上查出被测元素的浓度。

X射线荧光分析的特点是:

①荧光X射线较少,这使X射线荧光分析比发射光谱分析简便。

②不破坏样品,适用范围广。样品为固体、液体、粉末均可,金属、塑料、矿物及纺织品等不同材质都能分析,样品量也不受限制,从痕量斑点到大件物体,从单层薄膜到局部物件均可分析。

③检出量的浓度范围广。自痕量至常量均可得到满意的准确度与精密度。

④自动化程度高,分析速度快。可在较短时间内完成几十种元素的全分析。

⑤缺点是对轻元素分析有一定困难,$Z<5$ 的元素无法分析;分析金属元素的灵敏度低于发射光谱分析;在定量分析中,对标样的要求很严格,要求标样与待测样品的化学组成,物理状态相同,表面均匀性和光洁度尽量相似,否则误差较大。

X射线荧光分析是文物材料成分分析中比较常用的一种手段,它可对多种文物进行分析。例如应用质子X射线荧光对越王勾践剑以及秦代箭镞的分析、古画中印泥的分析等;尤其是研究古代陶瓷的釉质层成分,由于X射线的穿透深度与釉质层厚度相同,分析时无需取样,直接将陶瓷片放入样品室进行分析即可,对于像古代钱币等小件文物也可直接进行无损分析;在壁画保护中,可分析许多地质环境样品等。总之,由于X射线荧光分析的许多优点,使得它在文物保护研究中的应用日益广泛,有关这方面的分析报道也日益增多。

6.4 中子活化分析

众所周知,世界上的任何物质都是由元素组成的,每种元素都有一个或几个稳定的同位素,它们的自然丰度是一定的。当样品被中子束辐照时,中子和样品中的稳定同位素发生作用,并产生一定的核反应,其中的一些稳定同位素转化为放射性同位素,这一过程叫做中子活化。生成的放射性同位素都以它们固有的半衰期通过 $\beta^{\pm}$ 粒子发射进行衰变,对绝大多数放射性原子核来说,又伴随有特征 γ 射线发射,借助仪器测量这些放射性原子核的半衰期或特征 γ 射线的能量和强度,从而定性和定量分析样品中的各种元素。

依据活化源的不同,中子活化分析可分为堆中子活化分析(也称为热中子活化分析),快中子活化分析,同位素源中子活化分析。在热中子活化分析中所利用的热中子是由核反应堆中 ^{235}U 的裂变中子经过慢化得到的;而快中子活化分析是由具有一定能量的带电粒子(或 γ 射线)打在某些靶材料上通过不同的核反应产生的。它们在原理和分析方法上基本是相同的。在应用方面,虽然加速器的出现比反应堆早十余年,但用加速器进行的快中子活化分析却比堆中子活化分析迟十余年,其原因在于热中子活化分析比快中子活化分析的灵敏度高得多,使得热中子活化分析在元素测定中成为强有力的手段。随着科学技术的不断发展,不断出现热中子活化分析难以解决,或根本无法解决的问题,例如 C、N、O 的分析、岩矿野外分析、流线分析等,快中子活化分析,特别是利用小型中子发生器的 14MeV 中子活化分析技术,由于它具有简单、灵活、快速、准确以及对轻元素、特别是对氧有较高的灵敏度,使它在解决上述问题时处于十分有利的地位,因此而得到广泛应用。

快中子可以由高压倍加器、静电加速器、回旋加速器、电子加速器产生,目前应用最普遍的是用能量在 $100\sim200keV$ 的氘离子通过 $^3H(d,n)^3He$ 反应产生的 14keV 中子进行活化分析。堆中子活化分析的主要程序是在相同的条件下辐照待测样品和标准样品,在相同的条件下测量两者的 γ 能谱,由待测样品的特征 γ 峰可求得元素种类,即进行定性分析;由待测样品与标准样品两者特征 γ 峰的强度比等于待测元素量和标准量之比可求得元素浓度,而进行定量分析。即:

$$A_样/A_标 = m_样/m_标 \qquad (15-5)$$

自 Ge(Li)半导体探测器问世以来,γ 谱学取得了迅速发展,在较短的几年时间里已比较完善地确立了各种核素的 γ 谱图。对于中子活化分析,已收集了 220 余个核素的 γ 能谱,每个核素都有自己的特征 γ 射线,它们是进行中子活化分析的基础。中子活化产生的放射性核素所发射的 γ 能谱有的简单,有的则非常复杂。

在应用方面,堆中子与快中子活化分析具有相互配合相互补充的特点。堆中子分析具有以下特点:

①灵敏度高。由于核反应堆有很高的热中子通量,对于 $Z>8$ 的元素都具有较大的活化反应载面,因而决定了这一分析方法的高灵敏度。

②多元素同时测定。由于样品中各元素可同时被热中子活化,因此活化后的核素 γ 能谱包含着各种元素的信息,可同时测出样品中所有元素。

③对样品的非破坏性分析。

快中子活化分析与堆中子活化分析相比,除灵敏度低之外(比其他分析方法灵敏度仍高),具有热中子活化分析所具备的一切优点。此外,它还具有以下特点:

①仪器设备结构简单,体积小,重量轻,易于实现自动化操作,非常适用于现场分析。

②分析速度快。

③完全的非破坏性分析。对样品不做任何处理就可进行分析,这一点对于文物样品尤为可贵。

中子活化分析在文物材料成分分析中的应用非常广泛,可以测定金属文物中的氧,也可以分析文物材料或修复材料中的杂质,并进而研究这些杂质对材料性能产生的影响;可对瓷釉的成分进行分析鉴定,有关这方面研究工作,国内作的较多;也可利用中子活化分析对旧的照相底片进行复制。总之,由于中子活化分析方法自身所具有的特点,并随着文物保护研究工作的不断深入,这一分析技术势必会受到文物保护工作者的青睐。

6.5 成分分析方法小结

以上所介绍的成分分析方法在文物保护研中是各具特点又相互补充,具体工作中采用哪种分析技术,应视所研究文物材料的类型和所需了解的信息而定。同时,分析方法的选择实际上还受到分析设备的限制,它们从复杂到简单,从专用到常规依次是堆中子活化分析—快中子活化分析—X射线荧光光谱分析—原子吸收光谱分析—原子发射光谱分析。为了便于广大文物保护工作者选择使用,现将以上四种分析方法的特点列于表15-4中进行比较,以供选用。

表 15-4　四种成分分析方法的比较

项　目	分　析　方　法			
	原子发射	原子吸收	荧光 X 射线	中子活化
对文物损伤程度及样品量（mg）	轻微（5～100）	轻微（10～100）	轻微或半破坏（100～2000）	非破坏或轻微（50～100）
分析浓度范围	10^{-4}～100%	10^{-5}～10%	5×10^{-5}～100%	10^{-6}～100%
可分析元素范围	30～40个,主要是金属元素	同前	空气中：$Z \geqslant 22$ 的元素。真空中：$Z \geqslant 12$ 的元素	40～50个
准确度	±10%	±2%	±2%～±5%	±2%～±5%
分析速度	手动多元素照相记录	手动单个元素分析	手动单个元素分析	多元素自动记录,自动更换样品

以上四种分析方法所提供的有关文物材料的信息,不但对于文物保护是必不可少的,在文物考古鉴定方面也有广泛应用。它提供了古代各地商品及原材料相互流动的贸易状况,也指示了古代不同文化之间的相互接触、渗透。通过文物材料中主要成分的分析鉴定,文物制作工艺的说明,可以帮助确定不同文化部落之间是否存在过接触,例如通过各地冶金技术的比较,可以阐明我国冶金史的发展是通过

与先进部落的交流,还是本地区独立发明的过程。

又如燧石质地细密坚实,各地都有,是石器时代最流行的工具原料,热中子活化分析最适合于燧石成分的分析,并进而判断其原料产地。除样品制备简便外,它的最大特点是能够测定燧石中存在的含量极低的痕量元素密度面貌,而某些特征痕量元素的存在与否,恰恰又是严格确定燧石制品的贸易状况、交通路线、人口流动等信息。

§7. 文物材料的结构分析方法简介

在实际的文物保护研究中,仅仅了解文物材料的化学组成是不够的,往往还需要明确化学元素所处的化学环境,即元素是以什么化合物的形式存在。这时成分分析便显得无能为力,必须借助于材料结构分析方法。尽管任何材料都由自然界中的元素所组成,但元素原子、分子的排列方式不同,导致文物材料在结构上千差万别,因此分析方法也较多。一般对于无机晶态物质材料,使用 X 射线衍射分析;有机材料则使用紫外~可见分光光度法及红外光谱法;对于对红外非活性有机化合物,则使用激光拉曼光谱分析;对于更复杂的文物材料,则使用色谱、质谱、核磁共振、顺磁共振等方法。

7.1 X 射线衍射分析

X 射线是一种波长极短的电磁波,它同可见光一样,通过与其波长同数量级的光栅时,也能产生衍射效应。由于晶体的晶格间距与 X 射线波长属同一数量级,当 X 射线照射晶体时,发生 X 射线的衍射现象,可用来测定 X 射线波长或确定晶体结构。

晶体作为物质存在的一种基本形式,有别于其他各种聚集状态,是因为它有着突出的结构特征,即内部结构中的微粒(分子、原子或离子)在空间作有规律排列,从而使晶体一般表现出具有一定的几何外形和对称性。不同晶体可以有不同的宏观对称,据此把晶体分为七大类,称为七个晶系,它们共有 14 种空间点阵形式。由此可知,凡是结晶物质,都具有其特定的晶体类型,它的晶胞大小以及晶胞中所含分子,原子或离子的数目和相对位置也各具特征。晶体中的原子间距与 X 射的波长具有同一数量级,因此晶体可以作为 X 射线发生衍射的光栅。

当 X 射线投射到晶体上时,被晶体内的原子所散射,在每一个原子处发生一系列球面散射波,由于原子在晶体中是周期性排列的,这些球面波之间存在着固定的位相关系,因此发生干涉效应,结果在某些方向散射波互相加强,而在另外一些方向上互相抵消。这种由于大量原子散射波的叠加,互相干涉而产生最大程度加强的现象称为 X 射线的衍射。假定晶体中某一方向上原子之间的距离为 d，X 射线以夹角 θ 射入晶体，当入射线射到相邻两个点阵面间距为 $d(hkl)$ 的平面上时，两条衍射线的光程差为 2d sinθ，根据衍射条件，只有光程差为波长的整数倍时，才能互相加强，即：

$$2d \ sin\theta = n\lambda \quad (15-6)$$

式中 $n=0、1、2\cdots\cdots$ 称为衍射级数。这就是著名的布拉格(Bragg)衍射方程。它是 X 射线衍射法的基本关系式，如果已知 X 射线的波长，测量 θ 角，利用此方程就可到晶体面间距 d 值，从而了解晶体的内部结构，此即 X 射线衍射法；也可利用已知晶体，测量 θ 角，利用此方程来研究 X 射线谱，即 X 射线荧光分析和电子探针分析。

由于不同晶体晶胞中的原子、分子或离子种类、数目以及排列方式不同，根据布拉格方程，各种晶体都有自己特定的结构形式，都有一套特定的 d/n 值，即 $d/n=\lambda/sin\theta$，因此 X 射线衍射谱线各自有特定的位置和数目；同时，各衍射线的相对强度也各不相同，所以每种晶体的衍射数据各具特征，如同人的指纹一样，据此可对各种不同晶体结构的物质进行鉴别。

为了研究晶体样品的组织结构，发展了各种各样的衍射实验方法，最基本的方法有三种：粉末法、劳厄法、转晶法。它们的区别在于实验条件的不同，如表 15-5所示。其中粉末法在文物材料结构分析中获得了广泛应用。

表 15-5　三种基本的衍射实验方法

实验方法	所用辐射	样品	衍射仪
粉末法	单色辐射	多晶或晶体粉末	粉末衍射仪
劳厄法	连续辐射	单晶体	单晶或粉末衍射仪
转晶法	单色辐射	单晶体	单晶衍射仪

X 射线衍射法进行物质材料结构分析的原理是：每一种晶体物质都有它自己特定的晶体结构和点阵参数，两种不同物相的晶体通常给出不同的 X 射线衍射图谱，在鉴定物质结构时只要得出样品的粉末衍射图谱，计算出各反射面的面间距值和测出它们的相对强度 I/I_0；再与已知样品的标准数据相比较，两者的 d 值和相对强度一致，即可确定样品为该已知物质。这种方法不仅适用于纯物质，也可鉴别混合物中的不同物相。衍射结构分析中用以进行对比的标准是"JCPDS"卡片，它汇集了世界各国发表的各种单相物质的 X 射线粉末衍射数据，由美国材料试验学会编辑出版。

在文物保护研究中，X 射线衍射分析是最常用的结构分析方法之一，有关这方面的研究报道也很多。例如长沙马王堆汉墓中出土的女尸,经历 2100 余年,仍保存完好,取女尸头发进行衍射分析,发现和现代人的头发相似,反映出保存的完好程度。此外,在此头发的衍射谱中,还出现了清晰的立方硫化汞的衍射线,可能是汞离子逐渐扩散进入头发内部,与硫离子结合生成的。而分析棺液中的残渣所含的硫化汞却是六方硫化汞。再如,对北京猿人遗址的斑鹿牙的釉质层和牙质层的 X 射线衍射分析。发现牙齿化石的釉质层结晶很好,氟磷酸钙$[Ca_5(PO_4)_3F]$占 90％以上,而牙质层经石化后结晶状态较差,从衍射线条的宽化可以看出其中较大的晶格畸变。

　　利用 X 射线衍射分析方法也可对古代陶瓷釉质成分及颜料进行结构鉴定。对南宋官窑 3 个典型样品绿色、浅绿色、黄绿色的 X 射线衍射分析结果表明,3 个样品均含有大量非晶态玻璃物质,仅少量石英、长石、莫来石等结晶态物质。广西花山岩画的颜料 X 射线衍射分析表明,其主要成分为白垩、石英、铁红、高岭土。有关 X 射线衍射在古代壁画保护中颜料物相分析,近年做的工作非常多,不再一一列出。此外,利用 X 射线衍射还可对金属文物腐蚀后的产物,石质文物老化后的产物等文物材料老化变质后的最终产物进行分析鉴定,以便研究文物材料老化变质的机理。总之,由于 X 射线衍射分析方法本身所具有的特点,使得这一分析方法在文物保护研究中得以广泛应用。

7.2　分光光度分析

　　分光光度分析就是把一束复合光波通过分光系统使光波分成一系列波长的单色光,在使用中任意选取某一波长光波的吸收强弱,进行物质的定性或定量分析。分光光度分析中所使用的仪器称为分光光度计。分光光度计经过长期使用和不断改进,已成为很多基础理论和生产实际所不可缺少的基本仪器。随着光谱技术的发展和各种研究工作的需要,分光光度计向着更专门化的方向发展,新型的分光光度计不但操作简便、稳定性能良好、精确度和灵敏度高,而且促使分光光度分析在各个领域得到更加广泛的应用。

　　按使用光谱区的范围,分光光度计可分为可见光区(400~800nm)分光光度计、紫外~可见光区(187~1000nm)分光光度计、红外光区(2.5~25nm)分光光度计以及激光拉曼光谱仪,其中后两种主要用于定性分析物质的分子结构。虽然它们测定的光谱区域不同,但测定方法及仪器结构大同小异,一般都是由光源、单色器、样品室、检测器、放大线路、结果显示器六个部分组成,排列成直线结构。

　　所有物质的分子都是处于不停的运动之中;物质的分子包括两个以上的原子核及核外电子,和自由原子一样,电子在一定的分子"轨道"上运动,不吸收也不辐射而保持着一定的能量状态;除此以外,在分子内部还有组成分子的各原子间的振动以及分子作为整体的转动。如果不考虑这三种运动形式之间的相互作用,分子的总能量可以认为是由这三部分运动能量之和组成的。当分子吸收一定能量的电磁辐射后,分子就由较低的能级跃迁到较高的能级,吸收辐射的能量与分子的这两个能级能量之差相等,分子在各个能级之间的跃迁而产生特征的分子光谱。它是紫外～可见分光光度法、红外光谱法、激光拉曼光谱法研究物质结构的依据。

在光的激发下,物质的分子和原子表现出各自不同的光学性质,可以反映物质的分子、原子结构。根据被激发物质的性质,可以区分为分子光谱、原子光谱和电子光谱;根据被激发物质能量传递情况,又可分为吸收光谱、发射光谱、发光光谱、散射光谱。分光光度法就是利用分子吸收谱进行结构分析的方法。

如前所述,分子吸收光谱的产生,主要是由于分子的能量具有量子化特征,一个分子有一系列能级,只能吸收光谱的产生,主要是由于分子的能量具有量子化特征,一个分子有一系列能级,只能吸收等于两个能级之差的能量,即一个分子只能吸收一定能量或波长的光子。因此,物质对一定能量或波长的光的吸收选择性使不同物质都有各自特征的吸收光谱带,当色散后的光谱通过样品时,其中有些波长的光线被样品吸收,而吸收后的光谱中表现为黑暗的谱带。

当原子外层电子吸收辐射发生能级跃迁,并伴随有振动和转动能级的改变时,所需要吸收的能量在 $1\sim20eV$ 的紫外～可见区,测定这一区域的吸收光谱就是紫外～可见分光光度计。对含有不饱和键,尤其是两个或两个以上的不饱和键形成共轭体系时,分光光度分析是研究它们分子结构非常有效的方法。

当分子内部振动和转动能级的跃迁同时进行时,得到的振动～转动光谱在近红外区,测定这一区域的吸收光谱就是红外分光光度计。目前已积累了大量红外光谱与分子结构相互关系方面的数据,是研究分子结构的有效的方法。

拉曼光谱主要是研究分子的散射现象。分子散射可分为粒子散射和分子散射两大类,前者可用以测量高聚物的分子量以及研究分子的形状、大小;后者的分子散射称拉曼散射,可用以研究分子结构。当一束单色光辐射到样品上时,这束光的一小部分被样品分子散射,在垂直入射光方向可发现一条与原入射光频率相同的谱线外,两侧还有若干条对称分布的弱谱线,这些弱谱线就是由拉曼散射引起的。由于拉曼散射线的频率位移与入射线频率无关,仅与分子的运动状态有关,其数值就是分子振动或转动的频率,所以可以利用分子的拉曼光谱来研究分子结构。

在分光光度分析中,应用于文物材料结构研究最多的是红外光谱法,它具有许多优点。

①所需样品量少(mg 或 μg 级)。

②测量时间短,提供的信息较多,不但能够提供化合物的特征原子团,而且能

够提供这些原子团的排列组合信息。

③红外光谱吸收峰数目较多,对分子结构具有敏感性,不用分离样品就可鉴别相似的混合物。

④红外光谱不受样品状态限制,对气体、液体、固体、有机、高分子、无机等各种材料都可进行分析。

⑤仪器操作简单,重复性好,同时有关文献及参考书目很多,有标准谱图可以查对。

由于上述特点,红外光谱分析在文物材料分析方面得以广泛应用。例如对金属文物腐蚀物的分析、金属文物缓蚀剂的筛选以及缓蚀机理的研究,文物修复用高分子材料的研究,古代颜料以及颜料胶结材料的研究、文物保存环境空气污染物的分析研究等各个方面。如广西花山岩画颜色料胶结材料的红外光谱分析为天然的天然的木质素磺酸钠;炳灵寺 130 窟绿色颜料红外光谱分析是草酸铜和羟氧铜矿及 $CuCl_2 \cdot 3Cu(OH)_2 \cdot 3H_2O$。

7.3 色谱分析

色谱分析又称层析法,是一种被广泛应用的物理化学分离分析技术,最初由分离植物色素而得名。20 世纪初,俄国化学家茨维特在一根装满碳酸钙颗粒的玻璃管中加入植物色素后,用石油醚进行淋洗,这时植物色素被分成不同颜色的区带,每一个区带表示了不同的色素,故命名为"色谱法"。后来,色谱分析不仅用于分离分析有色物质,也广泛用于分离无色物质,但"色谱"的名称仍被沿用,实质上已失去了原有的含义。

从本质上说色谱法是一种分离技术,但色谱法不同于沉淀、蒸馏、萃取等其他分离方法。它的特点是在分离过程中有一个固定相和一个流动相。利用各种物质在不同的两相间具有不同的分配系数,当两相作相对运动时,这些物质在两相间的分配反复进行多次,这样就对那些分配系数即使只有微小差异的组分,也能产生很大的分离效果,从而使不同组分得以分离。

色谱法有许多种类,如果按两相所处的状态来分,用气体作流动相的称为气相色谱;用液体作流动相的称为液相色谱。如果按固定相的状态来分,可以有固体吸附剂和附载在固体担体上的液体吸附剂二类固定相,因此气相色谱又有气固色谱和气液色谱两类;而液相色谱也有液固色谱和液液色谱两类。按照色谱分离的过程机理,色谱法又可分为吸附色谱、分配色谱、离子交换色谱、络合色谱、凝胶色谱等。按照操作形式的不同,色谱法可分为柱色谱、纸色谱、薄层色谱等。其中以气相色谱和液相色谱的应用比较广泛。两者仅仅是流动相的不同,分析原理相同。

气相色谱有气固与气液色谱之分,气固吸附色谱是利用吸附剂(固体固定相)表面对不同组分物理吸附性能的差别以达到分离、鉴定的目的;气液分配色谱则是利用不同组分在流动相和固定相之间分配系数(或溶解度)不同而使之分离的方法。

如果存在于样品中的某一组分在两相中的分配明显地不同于另一组分,那么这二种组分能够被分离,分离过程式的复杂程度取决于该两组分在两相中的分配比大小。分配比极大时,采用单级过程就够了;差别极小时,则需要采用各种多级分离技术。

由上述讨论可知,样品通过色谱柱之所以被分离,是由于吸附剂对样品中各组分吸附能的差异,即使这种差异很小,当样品在流动相的携带下通过色谱柱时,会使这种差异产生明显的效果,从而达到分离的目的。因此色谱分离是在两相中进行的,在一定温度下,研究溶质在二相中的分配通常用分配系数描述,当两相达到平衡时,溶质在固定相和流动相中的浓度之比称为分配系数。即:

$$K = Cs/C_M \qquad (15-7)$$

式中 C_s 为组分在固定相的浓度,C_M 为组分在流动相的浓度。K 与样品,固定相、流动相的热力学性质有关。如果二组分的分配系数相同,则色谱峰重合;如果 K 值相差很大,则色谱峰相离很远。

色谱定性分配是建立在"速率理论"和"塔板理论"这两个半经验性理论模型基础上的,可以利用保留值、相对保留值和文献保留值数据做定性分析。用已知纯物质作为标准样品对待测样品进行对照的方法,是色谱分析中最可靠最常用的定性分析方法。

色谱定量分析所依据的原理就是在一定实验条件下,分析物质的重量与检测器产生的信号(色谱图上的峰面积)成正比,只需准确测量色谱峰面积即可进行定量分析。

色谱法是一种相当成熟,应用极广的分析技术,已成为许多研究领域极为重要的分析工具。由于它具有分离效能高、选择性好、灵敏度高、分析速度快,可以与红外光谱或质谱等分析仪器联用等特点,尤其是近年空心毛细管色谱柱的发展,可在很短的时间内分离几十种甚至上百种组分的混合物,是其他分析技术所不能比拟的,因此而成为分析鉴定复杂有机化合物的混合物极为重要的分析方法。在文物材料分析研究中,常用它鉴定古代染料,壁画颜料中的胶接剂以及文物保存环境中微量有害成分等工作。此外,色谱法还可测定文物保存环境的大气微量有害成分,例如对 CO 测定时先使 CO 转变成 CH_4,应用气相色谱法可以测到 ppm 级含量;用同样方法还可分析大气中 CO_2、SO_2、NO_2、H_2S、NH_3 卤化物等。

7.4　质谱分析

　　质谱分析法是通过对样品离子的质量和强度测定,来进行物质材料成分和结构分析的一种方法。被分析的样品首先要进行离子化,然后利用离子在电场或磁场中的运动性质,把离子按质荷比(m/e)分开,记录并分析离子按质荷比大小排列得到的谱(称为质谱),即可实现对样品的成分和结构分析。样品通过进样系统进入离子源,在离子源中,样品分子被电离成带有样品信息的离子,经过质量分析器后即可按质荷比分开,再经检测、记录系统可得到样品的质谱图。在质谱图中,每个质谱峰表示一种质荷比的离子,质谱峰的强度表示该种离子的多少。所以,根据质谱峰的位置可进行定性分析,根据质谱峰的强度可进行定量分析。对于有机化合物的质谱,根据质谱峰的质荷比和相对强度,还可进行有机物结构分析。

　　样品分子在离子源中受到热电子撞击后,绝大多数是失去一个电子,只有极少数失去两个或三个电子;撞击电子能量较高时,分子离子还要发生裂解而生成碎片离子,分子离子和碎片离子不仅具有一定的质量,而且带有电荷。它们在加速电场、静电场和磁场中的运动取决于该离子的质荷比、加速电压、磁场强度等因素。假定从离子源射出的离子初始能量为零,在加速电压 V 的作用下,质量为 m,电荷为 e 的离子所获得的速度为 v,依据能量守恒定律有:

$$1/2mv^2 = eV \qquad (15-8)$$

由于绝大多数离子都带有一个正电荷,加速电压又保持不变,这样各种离子的电势能 eV 是个定值,但各种离子的质量不同,它们得到的运动速度也不同,质量越大,其速度越小。

　　加速后的正离子进入质量分析器时,受到分析器中磁场的作用,运动轨迹发生偏转。如果离子在磁场中的运动方向与磁力线方向垂直,则离子受到一个与其运动方向和磁力线方向都垂直的洛伦兹力作用。洛伦兹力使离子在质量分析器中做圆圆运动,即:

$$eVH = mv^2/R \qquad (15-9)$$

式中 R 为离子做圆圆运动的轨道半径,H 为磁场强度。

由(16-8)及(16-9)两式得到:

$$m/e = H^2R^2/2V \qquad (15-10)$$

式(16-10)是质谱分析的基本方程,由此式可以看出,离子的质荷比与离子在磁场中运动的轨道半径平方成正比,当保持加速电压和磁场强度不变时,离子的质荷比越大,其轨道半径越大,所以不同质量的离子将按照其质量大小依次排列,这就是磁场对离子起色散作用的原理。

一般质量分析器的管道半径是一个定值,由于离子的质荷比磁场强度平方成正比,如果保持加速电压不变,改变磁场强度,使不同质量的离子都射向出射狭缝,则质荷比大的离子在高 H 时收集,质荷比小的离子在低 H 时收集,可获得磁场扫描的谱线,即:

$$m_1/m_2 = H_1^2/H_2^2$$

这就是磁场扫描仪器的原理。

同样,由于离子的质荷比与加速电压成反比,如果保持磁场强度不变,改变加速电压 V,可获得不同质量的谱线,即:

$$m_1/m_2 = V_2/V_1$$

这就是电场扫描仪器的原理。

色谱法是有机化合物的一种有效分离分析方法,特别适用于有机质文物的定量分析,但在有机物定性分析方面比较困难。质谱分析则相反,它比较适合于定性分析,对于复杂有机物的分离则无能为力,在有机物定量分析时需要进行繁杂的标定和计算。把这两种仪器结合起来,以色谱分析仪器作为质谱分析的进样系统,以质谱分析仪器作为色谱分析的检测器,就能发挥各自的优点,弥补各自的不足,因此而发展了色谱-质谱联谱仪器,包括气相色谱-质谱(GC-MS)和液相色谱-质谱(LC-MS)联谱仪器,由色谱仪、分子分离器、质谱仪组成。当样品注入色谱仪汽化室后被加热汽化,由载气带入色谱柱后得以分离。但从色谱柱流出的组分不能直接进入质谱仪,这是由于色谱仪是常压操作,而质谱仪在高真空下操作,同时色谱流出物中含有大量载气需要除去。因此需要一个连接装置,即分子分离器,它能同时起到降低压强和分离载气的作用。当一种组分进入离子源被电离后,位于离子源出口之后的总离子检测器收集总离子流的一部分,经过放大,记录得到该组分的色谱图;之后离子流进入质量分析器,经磁场扫描,可记录下该组分的质谱图。

对于热稳定性差或不易蒸发样品,使用 GC-MS 有一定困难,这时应用 LC-MS 比较适宜。LC-MS 一般采用传送带方式以使溶剂(液体流动相)蒸发,并将色谱分离物送入电离室。

由于质谱自身所具有的特点,使得质谱分析应用日益广泛。它既可分析有机物,是有机物结构分析的重要手段之一,也可对无机物进行分析。它在文物材料分析中的应用也很广泛,几乎所有的文物材料都可应用质谱法进行分析。例如文物保存环境中空气污染物的分析,用 GC-MS 对敦煌莫高窟个别洞窟中的异味气体成分分析就是很好的一例。再如应用质谱法分析青铜文物中的铅同位素,利用其比值研究青铜冶炼的矿物原产地,日本学者马渊久夫先生用质谱法测定了产于中国不同时代,以及产于日本、朝鲜等地区的青铜镜,研究了它们的原料产地,为古代中外文化的交流提供了有力的证据。他所依据的原理是应用质谱仪测定青铜文物样品的铅同位素比值,由于任何金属文物中都存在着数量不等的铅元素,这些铅含有四种稳定的同位素,^{204}Pb、^{206}Pb、^{207}Pb、^{208}Pb,其中^{206}Pb、^{207}Pb 是从放射性钍衰变来的,^{208}Pb 是从放射性钍衰变来的,金属文物中的铅杂质来源于特定矿源中的矿石铅,矿石铅中的铅同位素比值由地球形成初期的原始铅和铀、钍放射性同位素衰变成因的铅组成。用铅同位素比值研究金属文物具有如下优点:

①所需样品量少(1～10mg)。

②铅同位素比值不受金属文物被长期腐蚀风化作用的影响

③从大量金属文物的铅同位素比值分布图中,可以看出文物之间的历史关系和原料差异。如果把不同时期青铜器中的铅同位素比值分别作图,则可清楚看到它们的时代特征。

7.5　核磁共振波谱分析

核磁共振波谱实质上也是一种吸收光谱,但它与紫外—可见、红外吸收光谱的不同之处是它的吸收光谱来源于原子核能级间的跃迁。在核磁共振中,电磁辐射的频率为兆赫数量级,属于射频区,由于原子核在无外磁场存在时,其能级是简并的,只有在强磁场的作用下发生能级分裂后,当辐射能量与原子核能极能量相等时,辐射能量被吸收,发生核能极跃迁,从而产生核磁共振信号。

某些原子核和电子一样也有自旋现象,因而具有一不定期的自旋角动量,以 I 表示。I 与核的质子数和中子数有关,当原子序数(与质子数相等)为偶数,质量数(质子与中子数之和)也是偶数时,其 $I=0$,如$^{12}_{6}C$、$^{16}_{8}O$、$^{32}_{16}S$;当原子序数和质量数中至少有一个是奇数时,$I \neq 0$,如$^{1}_{1}H$、$^{13}_{6}C$、$^{19}_{9}F$、$^{31}_{15}P$、$^{15}_{7}N$,它们的 $I=1/2$;另一些核的 I 可以是整数或半整数,如$^{2}_{1}H(I=1)$　$^{14}_{7}N(I=1)$、$^{50}_{23}V(I=6)$、$^{11}_{5}B(I=3/2)$、$^{17}_{8}O(I=5/2)$等。

由于原子核是带电粒子,犹如电流流过线圈产生磁场一样,原子核自旋运动也会产生磁场,因而具有磁偶极矩。核就像一个极小的磁体,当核置于外加磁场中时,在磁场中将有一定的取向。但它与小磁体又不完全一样,它原来就有自旋运动,所以核在磁场中的运动,是既要自旋,又要绕外加磁场 H_0 运动,因此核的运动就像“陀螺式”运动一样,称为拉莫尔进动。拉莫尔进动频率(即绕 H_0 的旋转角频率 ω_0)决定于磁场强度和核本身的性质——旋磁比 γ,即:

$$\omega_0 = 2\pi\nu_0 = \gamma H_0 \qquad (15-11)$$

式中 ω 为进动频率,也称为核的拉莫尔频率;γ 是核的磁矩与角动量之比,即 $\gamma =$

u/P，由于 u 与 P 都是矢量，它们的方向可以不同，所以不同的核 γ 有正有负。

如前所述，核类似于一个小磁体，在磁场中将有一定的取向，核在磁场中的取向是量子化的，由磁量子数 m 决定，而 m 又由核自旋量子数 I 决定的，即：$m=I,I-1$，……I。共有 $(2I+1)$ 个取向。如 ^1_1H、$^{12}_6C$ 等核的 $I=1/2$，只有两种取向 $m=1/2$ 和 $m=1/2$，其中 $m=1/2$ 代表磁矩是顺着 H_0 方向，处于较低能态，$m=1/2$ 代表磁矩是逆着 H_0 方向，处于较高能态。因此 $I=1/2$ 的核在磁场中的行为比较简单，得到的核磁共振谱线简单而易识别。实际 $I=1/2$ 的核是一个圆球体，在核磁共振分析中最常应用，如 ^1_1H。$I>1/2$ 的核是椭圆球体，在磁场中是各向异性的，有四个极矩，造成许多复杂的情况，如谱线变宽、弛豫加速等，如 ^2_1H、$^{14}_7N$ 核的 $I=1$，它们在磁场中有三种取向，代表三种能级 $m=1$、0、-1；$^{50}_{23}V$ 核的 $I=6$，有 13 种取向与能级。

不同的取向代表不同的能级，因此核在磁场中将产生能级劈裂，上下能级间的能量差为：

$$\Delta E=\gamma hH_0/2\pi \qquad (15-12)$$

式中 h 为普朗克常数，由于核的磁矩很小，比电子的小三个数量级，所以核的 ΔE 也很小。当对核以射频场照射时，如果频率 v_1 满足：$hv_1=\Delta E=\gamma hH_0/2\pi$，则核自旋体系可以吸收射频场能量，由低能态跃迁到高能态，而发生核磁共振现象。$v=v_0=2uH_0/h$，即射频场频率与拉莫尔频率一致是发生核磁共振的条件。因 ΔE 很小，v_1 落在射频（兆赫）范围，其波长远比可见，红外光长得多。表 $15-5$ 列出了某些核共振吸收频与磁场强度的关系。

表 15—6　NMR 分析常用核共振吸收与磁场强度的关系

核素 $I=1/2$	磁距单位核磁子 5.05 $\times 10^{-24}$ 尔格/高斯	NMR 频率值（兆赫）		NMR 磁场强度（千高斯）	
		14.09 千高斯	23.49 千高斯	60 兆赫	90 兆赫
^1H	2.79286	60.000	1000.000	14.092	21.06
^{13}C	0.70220	15.086	25.147	56.05	—
^{19}F	2.6273	56.444	94.087	14.98	22.47
^{31}P	1.1305	24.288	40.488	34.81	52.22

总上所述，核磁共振的条件是：$I\neq0$ 的原子核，在稳定强磁场 H_0 中，受到与它的拉莫尔进动频率相同的电磁射频场作用时，核自旋体系吸收射频场的能量，从低能态跃迁到高能态面发生共振吸收。发生核磁共振时，体系处于激发态，它要逐步恢复到基态，体系由激发态回到基态的过程称为弛豫，所经过的时间称为弛豫时间。

核磁共振分析之所以可用以鉴定分子结构,研究分子的动态行为,主要是根据共振吸收谱中的共振峰出现的位置(共振频率,也称化学位移)和形状(峰的强度、形状、裂缝及面积)。由式(15—12)可知,共振频率只取决于核磁矩和外磁场强度,因此同一种核只能有一个共振频率,在谱图上只出现一个共振吸收峰。但在实践中发现同一种核由于处于分子中的不同部位,却有不同的共振频率,谱图上可出现多个吸收峰。这种现象表明,共振频率不完全取决于核本身,还与被测核在分子中所处的化学环境有关。这正是核磁共振法进行结构分析的原理。我们知道,分子中的原子核其周围还有电子,由于核外电子的运动也产生磁矩,其方向与磁场方向相反,抵消了一部分外磁场,使原子核受到的磁场强度小于外磁场强度,这种作用称作“屏蔽”。当原子处于分子中不同部位时,核外电子云密度有差异,核受到的屏蔽大小也就不同,由此引起共振频率产生差异,在谱图上共振吸收峰的位置就不同,这种现象称为“化学位移”。在乙醇的核磁共振谱中,甲基氢核的屏蔽常数大于次甲基中的氢核,OH中的屏蔽常数最小,因此甲基在高场出峰,次甲基其次,羟基中氢核在低场出峰。

由于核磁共振谱上吸收峰的面积与相应的各种氢核数目成正比,因此将各吸收峰面积进行比较,就能决定各氢核的相对数目,既可用于定量分析,又可帮助推断化学结构。核磁共振分析就是利用上述化学位移、耦合分裂、谱峰面积进行物质材料结构分析的。

核磁共振的应用范围非常广泛,可研究晶态、非晶态、粉末状、块状等形态的金属、非金属、聚合物、半导体、液晶等材料;研究的基本方法是通过核磁共振所提供的参数,分析物质材料的微观结构、动态信息及其与宏观特性的关系。例如在金属材料的研究中核磁共振可用于诸如金属材料缺陷、金属中的电子结构、金属相变、金属间化合物的有序化等研究工作。再如研究开发用于文物保护和修复的高分子材料已是今后文物保护研究与高分子化学发展的共同趋势,核磁共振分析在高分子材料应用中具有突出的优点,已是高分子化合物中不可缺少的分析手段。利用核磁共振可以简便地计算聚合物中各种单体的含量组成,并且对聚合物的空间结构非常敏感,它不但可以测得很多高分子化合物的链长、分支多少,嵌段或交替等,还可以了解共聚物的序列分布,均聚物的空间结构和聚合过程机理,计算各单元组的多少等。如广泛应用于壁画修复中的聚乙烯醇,可以利用端羟基与链上的$(CH_2—CH_2—O)n$来测定它的平均链长和平均分子量。

7.6　电子自旋共振波谱分析

电子自旋共振也称顺磁共振或电子顺磁共振。它是把待测样品放在恒定磁场中产生的能级分裂受到外磁场控制,从观察样品对射频能量的吸收来研究物质材料结构的分析方法。它研究的对象主要是具有未成对电子所处的位置及能态等信息,因此它是研究物质微观结构和运动状态的重要分析手段,已广泛应用于各个研究领域。

物质材料的分子从宏观角度来讲,可分为三大类。第一类是逆磁性物质,在这类物质中分子不含有固有磁矩,但当它处于外磁场作用时,因电磁感应而产生一个与外部磁场方向相反的诱导磁矩;第二类是顺磁性物质,这类物质分子的内部含有一些孤立的、无序排列的固有磁矩,这些微小的磁体在外磁场作用下可以沿外磁场方向有规律排列;第三类是铁磁性物质。物质的磁性与它的微观结构密切相关,能用电子自旋波谱研究的分子至少要有一个自旋未成对的电子,简称未成对电子或未偶电子,例如水、甲烷等分子中不存在未成对电子,呈逆磁性,它们没有顺磁共振的信号;金属 Na、K 等最外层轨道仅有一个电子,是未成对电子,它们就具有顺磁共振信号,但如果失去最外层电子后变成金属离子,则没有顺磁共振信号。

分子的磁矩主要是由电子自旋磁矩贡献的,未成对电子的自旋磁矩 u_s 为:

$$u_s = -g\beta S \qquad (15-13)$$

式中 β 为玻尔磁子,g 为朗德因子,S 为自旋角动量。当未成对电子被置于磁场中时,在磁场方向的分量为:

$$u_z = -g\beta S \qquad (15-14)$$

式中负号表示电子自旋磁矩的方向与自旋角动量相反。由于 S 值只能取1/2和1/2,所以 u_s 在磁场中只有两个方向,其值为 $1/2g\beta$ 和 $-1/2g\beta$。这个未成对电子的磁矩与外加磁场的相互作用能为:

$$E = -u_s \cdot H = -(-g\beta S) \quad H = g\beta HS$$

对应的两个自旋态能量为:

$$E_1 = -1/2g\beta H \qquad (低能态) \qquad (15-15)$$
$$E_2 = 1/2g\beta H \qquad (高能态) \qquad (15-16)$$

两能级能量差为:$\Delta E = g\beta H$

以上三式表明,当无外加磁场时($H=0$)这两个能级是简并的,两种自旋的电子具有相同的能量;当电子置于外磁场后,原能级分裂为二个能级 E_1 和 E_2,且分裂的大小和磁场强度 H 成正比。如果这时对主生分裂的电子施加电磁波,使它的磁场分量与外加静磁场垂直,结果使绕静磁场运动的电子又受到交变磁场产生的另一个转矩,当频率适合时,迫使电子从当前状态跃迁到另一个状态并伴随吸收电磁波的能量,这种现象即为顺磁共振现象。所谓外加电磁波频率适合,就是指电磁波的能量 $h\nu$ 与能级间的距离 ΔE 相等,即:

$$hv = g\beta H \qquad (15-18)$$

上式称为顺磁共振条件。

在电子自旋磁矩和自旋角动量的关系中已引入了 g 因子,它是电子自旋共振分析中的重要参数,自由电子的 $g_e = 2.0023$,所谓自由电子是指只具有自旋角动量,而其轨道角动量对磁矩的贡献很小。但对实际顺磁样品中的未成对电子,g 值往往偏离 g_e,偏离的原因是分子中未成对电子的轨道角动量对磁矩的贡献,此贡献是通过自旋轨道耦合使激发态掺入基态而产生的,对多数分子激发态的掺合是各向异性的,从而使 g 也呈各向异性,即 g 的大小与分子的电子组态。原子的化合价以及顺磁中心周围的环境有关,因此它成为能提供分子结构的重要参数。

如果顺磁分子在磁场中只有未成对电子和磁场的相互作用,则所有的自由基只有一条单一的谱线,它们的区别至多反应在 g 因子、线宽、线形上,而没有更多有用的信息。但实验事实远非如此,由于未成对电子与附近的磁性核或其他未成对电子以及周围环境的相互作用而使谱线发生分裂和形状变化。这种作用称超精细相互作用,它使已被静磁场分裂的能级进一步分裂。这是由于电子的能级除受外磁场的作用外,还受到磁性核所产生的局部磁场影响。这种分裂称超精细结构,从谱线分裂的数目和强度分布,可以了解有多少磁性核与未成对电子发生相互作用。由此,不仅可以了解自由基结构,还可以提供有关分子结构的信息。

电子自旋共振分析方法特点以及它的高灵敏度、高分辨率等因素,决定了它在许多学科领域的研究中得以广泛应用。近 30 年来,应用该方法测定地质样品的年代取得了很大进展,它还可用来研究有机质文物材料在光辐射作用下老化变质的过程、机理,以及研究文物修复材料等方面。例如应用电子自旋共振法对丝织品经紫外线的辐射和受热后引起的老化现象进行了研究;同时用它研究了抗老化剂对丝织物的保护作用机理,并对保护剂进行了筛选。丝绸受紫外线辐射 0.5 小时后,即有自由基产生;当辐射时间逐渐增加时,信号强度也随着增大,所产生的自由基数量也增加,这说明丝织物在光辐射作用下老化过程中伴随着自由基的产生,外观上丝织物的颜色也发生了变化,强度明显降低。此外,对辐射 1 小时的样品作了全谱分析,谱中有两个自旋共振吸收信号,说明老化时产生了两种自由基,但当把样品放置一段时间后,有一个信号减到很小,说明这个峰是寿命很短的自由基。经测定,丝绸老化所产生的自由基的 g 值为 2.005065。

由以上可以看出,电子自旋共振波谱分析对于有机质文物材料及文物修复材料的老化原因的研究,尤其是对紫外辐射引起的材料老化现象是一种行之有效的方法。它不但能够反映出有关老化的因素,而且能够为老化机理研究提供许多有用信息,进而为这类文物材料的保护研究提供依据。

有关磁电子自旋共振方法对考古样品年代的测定,近年的报道非常多,可参阅有关报道。

7.7　穆斯堡尔谱分析

1958 年,德国物理学家 R·穆斯堡尔发现,固体中的放射性原子核在发射 γ 射线时有一定的几率是无反冲的,即发射的 γ 光子携带了全部的核跃迁能量;同样,固体中处于基态的同类原子核在吸收 γ 射线时,也有一定的几率是无反冲的。原子核对 γ 射线的这种无反冲发射和吸收现象就是穆斯堡尔效应。利用这一效应可以得到十分尖锐的发射(或共振吸收)谱线,如 ^{57}Fe 的 14.4keV 的 γ 射线,其共振线宽在 10^{-8}eV 的数量级,而核能级受周围化学环境的影响所产生的变化与穆斯堡尔共振线宽在同一数据级或更小,因而可以利用这一效应研究原子核周围化学环境及其在各种物理、化学反应中所产生的变化,从而为揭示物质的微观结构提供许多重要信息。

原子核的大小约为 10^{-13}cm 数量级,并且因不同的原子核或同一原子核处在不同的能量状态而异,原子核则由质子和中子组成,质子数与中子数不同就组成了不同的原子核。穆斯堡尔谱学是基于放射性原子核在衰变过程中发射 γ 射线和吸收 γ 射线而进行物质结构研究的,放射性原子核的衰变有两种过程。一是由激发态回到基态而放射出 γ 射线;二是许多放射性核在发生 α 或 β 衰变后,所生成的新核往往处于激发态,而不是直接到达基态,处于激发态的子核再向基态过渡,同时辐射 γ 射线。在 γ 衰变过程中,由于原子核的质量数和电荷数都没有改变,仅仅是原子核的能量状态发生了变化,因而核的 γ 衰变也称同质异能跃迁。

当核衰变发射的 γ 射线与物质相互作用时,能被物质所吸收,但这种吸收作用与带电粒子和物质的作用有本质的区别。带电粒子与物质作用时,在物质原子的轨道电子库仑场作用下,逐步损失能量,最后停止下来,原子同时被电离或激发,只要吸收物质的厚度大于基射程,则带电粒子必定停止在物质内部而被全部吸收。而 γ 射线是不带电粒子,不再是直接把能量逐步转移给物质原子,而是先与物质原子或电子发生作用,击出电子并把能量的全部或大部分交给电子,这些被轰击出的次级电子再使物质原子电离或激发而逐步损失能量。

γ 射线与物质作用产生次级电子的过程是统计性的,在一定的吸收物质厚度下,γ 射线可能发生作用而被吸收,也有可能不发生作用而穿透过去。对某一 γ 光子而言,它可能被吸收,也有可能不被吸收,但随着厚度的增加,发生作用的几率增大,吸收也大。

因此,处于激发态 E_1 的核跃迁到基态 E_0 所发射的 γ 射线入射到另一个完全相同（质子数、中子数均相同）但处于基态 E_0 的核上时，有可能被后者吸收，使它由基态 E_0 跃迁到激发态 E_1，这一过程称为原子核对 γ 射线的共振吸收。吸收了 γ 光子的核跃迁到激发态后自然是不稳定的，经过一定的时间（约 10^{-11} 秒）后，又由激发态跃迁到基态，同时辐射出 γ 射线、内转换电子、X 射线等，这一过程称为原子核的共振发射或共振荧光。共振吸收是自然界的普遍现象，对于原子核的跃迁，也应该有类似现象，但直到穆斯堡尔效应发现以前，始终没有观察到原子核的共振吸收现象，关键在于没有认识到原子核吸收 γ 光子后的反冲能量损失对共振过程的影响，所以对于自由原子核是根本观察不到共振吸收和共振荧光的。但如果将发射和吸收 γ 射线的原子核置于固体的晶格束缚之中，它受晶格其他原子的约束而不能自由运动，发射 γ 射线时，受到的反冲不再是单一的核，而是整块晶体，其质量至少为单个核的 10^{17} 倍以上，这种无反冲过程的核对 γ 射线的发射和共振吸收现象就是穆斯堡尔效应。γ 光子的能量损失可以忽略，即固体晶体以一定的几率阻止了这些原子核在发射和吸收过程中反冲能量的损失，以一定的几率实现了发射谱线与吸收谱线的完全重叠，获得了较大的共振效应。

固体中的基态原子核吸收 γ 射线也存在类似过程，因此穆斯堡尔谱学研究的主要对象是固体材料。

以上讨论的只是不考虑核外电子和周围环境的单体原子核情况，这样的跃迁不受核外环境的影响，但原子核在物质中总是以原子、离子、分子等形式存在，因此原子核总是处在核外环境所引起的电磁场中，这些电磁场能够对核能级产生影响。这种影响可以分为电单极相互作用，电四极相互作用，磁偶极相互作用三大类。这三种作用可以单独存在，但更常见的是二种相互作用甚至三种作用同时存在，它们被称为超精细相互作用。它们取决于原子核的有关因子和与核外环境有关的因子，与核有关的因子对于给定的原子核是已知的，而相互作用的结果可以由穆斯堡尔谱线上能量的变化测得，这样就可以得到反映核外环境的各种参数。对于常用的穆斯堡尔同位素，由于共振谱线宽度很窄，超精细相互作用引起的能量细微变化都能有效反映出来。为物质材料微观结构提供了十分重要的信息。这正是它能广泛应用于材料结构分析中的重要原因。

20 世纪 70 年代以来，穆斯堡尔谱学在文物材料分析中开始得到应用。目前应用最多的是研究陶瓷器的原料产地、烧结温度、制造工艺、烧成年代等问题，同时对金属文物及古代钱币的应用研究以及壁画颜料的研究等方面都取得了可喜的成果。由于高分辨性及高灵敏度，穆斯堡尔谱图被称作是文物的"指纹"。例如，古陶器由黏土烧制而成，黏土中通常含有 $5\%\sim10\%$ 的铁，以氧化铁形式附着在黏土粒子上，也可以以离子形式存在于黏土矿物中，黏土中铁所处状态的差异可以用穆斯堡尔谱进行判别,从而可以得到黏土经焙烧后的变化信息。分析不同时期陶器的穆斯堡尔谱图可看出,烧结时的气氛不同,谱中 Fe^{3+} 和 Fe^{2+} 峰的相对强度也不同,陶片呈红色必定是 Fe^{3+} 含量多的富氧烧结;呈灰色必定是 Fe^{2+} 含量多的缺氧烧结。因此,利用穆斯堡尔谱中 Fe^{3+} 与 Fe^{2+} 吸收峰面积比值 Fe^{2+}/Fe^{3+} ,可以判断陶器的烧结气氛,并进一步判断陶器烧结工艺水平,还可以确定烧结温度。

从历史遗址中挖掘出的古代陶器,首要问题是如何断定陶器的制作年代,穆斯堡尔谱分析在这方面也可提供有价值的信息。由于铁是地壳中比较多的元素,任何古陶器原料中都含有足以产生穆斯堡尔效应的 ^{57}Fe 丰度,铁以不同状态存在于陶器中,由于埋藏地下的时间较长,在这一过程中连续受到各种自然因素的作用,使古陶器中铁原子核周围化学环境发生变化,时间越长,这种变化越大,反映在谱图中则存在着相应的规律。例如随着历史年代的增长,谱图中 Fe^{2+} 和 Fe^{3+} 的四极分裂增大,磁性部分的相对强度减弱,氧化铁颗粒直径变小,中央顺磁峰相对强度变大等。此外,虽同样的黏土烧制工艺不同,可烧出各色各样的陶器,但它们的穆斯堡尔谱却十分相似,即顺磁部分 Fe^{2+} 和 Fe^{3+} 的同质异能位移和四极分裂值都在相近的范围内,这说明穆斯堡尔谱在识别其产地,也能提供有用信息。不论是对古代陶器进行断代,还是识别其产地,都需要确定一组已知产地或年代的陶器的穆斯堡尔谱作为标准,然后用未知陶器的穆斯堡尔谱与之作比较即可。

如果用穆斯堡尔谱测量出晶格缺陷中 ^{57}Fe 核周围的能量状态变化,还可以间接推断陶器的历史年龄。

文物材料的表面性质在很大程度上决定着文物的使用寿命,因为它涉及文物在使用过程中发生的某些物理或化学变化。应用穆斯堡尔谱分析研究诸如腐蚀机理,寻求抗腐蚀方法等方面也发挥着重要作用。从古墓中挖掘出的铁剑表面锈蚀产物的穆斯堡尔图分析结果表明,它主要是磁性 Fe^{2+} 和部分顺磁 Fe^{3+} ,根据内磁场的计算,主要成分为 $\alpha-FeOOH$ 。日本学者研究了中国古代各时期的铜币制造工艺。他们用 $BaSnO_3$ 放射源测室温穆斯堡尔谱,通过分析表明,铜币的合金相中除 $Sn(O)$ 外,不定期存在着 $Sn(IV)$ 状态。

§8. 文物材料显微分析及表面分析方法简介

文物材料的表面性质在很大程度上决定着文物的存在及使用寿命,如文物材料的风化、腐蚀等都是先从表面开始的,因而对文物材料表面性质的研究在文物保护研究中非常重要。

8.1 光学显微镜

显微镜包括光学显微镜和电子显微镜,它们是认识物质微观世界的重要工具,是现代科学研究工作不可缺少的仪器。随着现代科学研究工作不断发展,显微镜的品种也在不断增加,并广泛应用于各种研究领域。与其他分析技术比较,显微分析的历史要古老得多,自 1666 年,世界上第一台显微镜问世以来,已有 300 多年的历史,在这期间显微镜的结构和性能逐步得到完善和提高。

按照光的传播方式和特性,光学可分为几何光学和物理光学。在光学显微镜中,应用的主要是几何光学理论,从光线经过最简单的棱镜、透镜到多用途大型金相显微镜,都是依据几何光学原理设计制造的。当光从一介种质传播到另一种介质时,由于光的传播速度随介质而变,因此在两介质分界面上,光的传播方向将发生突变而发生折射。

①入射线、反射线、折射线、法线都在由入射线和法射线所决定的平面内。

②入射角等于反射角。

③入射角与折射角的正弦之比等于两介质的折射率之比。此即为折射定律,它是透镜成像的基础。

光学显微镜实质上是各种透镜的组合。

透镜是用各种光学性质均匀的玻璃或其他透明物质制成的两个表面为球面或一个表面为球面的光学元件,其作用就是将光线会聚或发散。在光学显微镜中使用的薄透镜,是指透镜厚度比透镜球面半径小很多的透镜。根据透镜球面的性质,可将它分为凸透镜和凹透镜两大类:凸透镜可分为双凸、平凸、凸月三种,它们的共同特点是透镜中心比边缘厚;同样凹透镜也可分为双凹、平凹、凹月三种,它们的共同特点是透镜中心比边缘薄。

德国物理学家阿贝(Abbe)通过实验,并应用光的干涉、衍射理论解释了显微镜的成像原理。即:

(1)显微镜在成像过程中,最终形成的图像是直射光线和衍射光线相互干涉的结果,没有衍射光线则不能成像。

(2)初级干涉图像中亮点参加成像的比例,决定着物与像的相似性,最大亮点数目越多,最终图像越真实。

阿贝成像原理揭示了显微镜成像过程中的干涉和衍射现象,解决了几何光学所无法解释的成像原理。

光学显微镜依据所分析的样品不同而分为生物显微镜、体视显微镜、偏光显微镜、金相显微镜。生物显微镜是用以观察和研究生物及微生物样品的,一般采用透视方式照明样品而造成明视野成像;也可利用斜射光照明样品,使光线不能直接进入物镜,只有样品经斜射照明后发生反射光才能进入物镜,这样在显微镜中可见到黑暗视野中明亮的成像,即所谓暗视野生物显微镜。它与明视野显微镜的区别仅在于聚光镜的不同,它使用的环形光栏。利用普通生物显微镜观察活细胞组织时,由于物体透明,必须经染色处理后才能清楚观察细胞内部组织和结构。此时如果采用相衬显微镜,则不需要染色就可分辨出不同的细胞组织结构。相衬显微镜是利用被观察物体与介质的光程差进行观察的工具,它在物镜后焦点处加了一个环状相板,并配备了特殊的相差环或相差聚光镜。由于光程是折射率和厚度的乘积,如果被观察物体与介质之间或被观察物体各部的折射率不同,或厚度不同,或两者都不同,即使是透明物体,由于光程差引起相位差的光线发生干涉现象,也能清晰观察未经染色的活标本或矿物晶体。

体视显微镜是一种双目镜显微镜,除具有一般显微镜的功能(把被观察物体放大)外,还能形成正立具有立体感的主体像,并具有较长的工作距离、宽广的视野、较好的成像质量以及连续可变的放大倍数,是应用比较广泛的一种显微镜。

把光的偏振性质用于显微镜成像技术中即为偏光显微镜。它广泛应用于地质研究和金相研究中,利用晶体光学的原理和方法来研究矿物、岩石、金相组织等。偏光显微镜是利用透明样品本身以及它和四周介质之间的明暗差别和颜色差别来进行观察和测定的,物体除明暗、颜色的差别外,还有均质与非均质的差别,非均质本身强弱的差别,光学厚度的差别等等。要想把这些差别在显微镜中变成人眼能观察到明暗反差和颜色反差,必须采用不同照明光源或其他方法。偏光显微镜就是把样品放在起偏镜与检偏镜之间,起偏镜位于聚光镜下面,检偏镜位于物镜上面,两偏振镜的振动面互相垂直,视场是暗的。当光线通过起偏镜后产生一平面偏振光,此偏振光通过样品时分成两束互相垂直的偏振光,由于它们速度不同,通过样品产生一定的光程差到达检偏镜,而检偏镜只允许某一方向的振动通过,因此通过检偏镜后即变成具有一定光程差的同方向振动的两束光,由此发生干涉而形成干涉图像。干涉图像受样品的光学性质,样品厚度、光波波长三个因素的影响,只要确定了两个因素,即可凭干涉图像的不同确定样品的晶体性质。

金相显微镜是用于鉴别和分析各种金属组织结构的工具,是金相学研究中不可缺少的工具。它与其他显微镜的区别在于:

①由于被观察样品是不透光的金属,因此只能在反射光线中进行工作。

②为防止在物镜各面反射光对观察的影响,要求物镜应有良好的镀膜,同时使载物台处于物镜的上方。当样品置于载物台平面上时,由光源发射的光线经聚光镜,平面反射镜会聚于孔径光栏上,再经过滤光片,聚光镜等使之成一束平行光投射到视场光栏上,再经过透镜、平面半镀铝反射镜,辅助透镜到物镜,通过物镜形成一束平行光均匀地照射在样品表面,光线反射回来又经过物镜、平面半镀铝反射镜、补偿透镜、反光棱镜后,在目镜的焦平面上成像,即可在视场内获得金相组织结构。

8.2　透射电子显微镜

人的眼睛不能直接观察到比 0.1 mm 更小的物体或物质结构的细节。借助于光学显微镜,可以观察到像细胞、细菌那样小的物体,但对更小的物体也显得无能为力。电子显微镜使人们以 nm 为单位观察物质的微观结构,真正实现了在原子尺度上研究物质材料,因此而成为许多学科领域不可缺少的分析手段。

在显微分析中,显微镜的分辨率是极其重要的一个参数,它是显微镜能分辨开两点或两条线的最短距离。对于光学显微镜,依据阿贝成像原理,其分辨率的理论极限值是照明光源光波长的二分之一,即 $\frac{1}{2}\lambda$,可见光的波长在 390～760 nm 之间,所以在极限情况下,光学显微镜的分辨率为 200 nm;要提高显微镜分辨率,关键是降低照明光源的波长,紫外线波长更短,可供照明使用的紫外线限于 200～250 nm 范围,所以用石英透镜聚焦成像的紫外线显微镜的分辨率仅为 100 nm,与普通光学显微镜比,虽然提高了一倍,但仍不能满足许多研究领域的要求;X 射线波长很短,但至今尚未找到能使它改变方向发生折射和聚集成像的物质材料,因此必须寻找一种即要波长短,又能聚集成像的新型照明光源,才有可能突破显微镜的分辨率极限,为此产生并发展了电子显微镜。

1924 年德布罗依提出了微观粒子具有波粒二象性的假设,即微观粒子在某种条件下会显示其波动性的一面,此后这一假设得实验证实。从此人们认识到高速运动的粒子与短波辐射相联系,即:

$$\lambda = h/mv \qquad (15-19)$$

式中 h 为普朗克常数,这个波称物质波或德布罗依波,电子波就是其中的一种,晶体对电子波的衍射证实了这一假设的正确性。当一个初速为零的电子,在电场中受到电位差为 V 的电场加速,获得的运动速度为 v,根据相对论原理,这个电子波的波长为:

$$\lambda = h/2em_0V(1+eV/2m_0C^2) \qquad (15-20)$$

将 h、e(电子电荷),m_0(电子静止质量)数值代入上式后,可算出不同加速电压下电子波的波长,如表 15-6 所示。

表 15-7　加速电压与电子波长的关系

加速电压(kV)	电子波长(nm)	加速电压(kV)	电子波长(nm)
1	0.038 76	80	0.004 18
5	0.017 28	100	0.003 70

加速电压(kV)	电子波长(nm)	加速电压(kV)	电子波长(nm)
10	0.012 2	200	0.002 51
20	0.008 59	500	0.001 42
50	0.005 36	1 000	0.000 87

　　由上表可知,电子波波长比可见光的要小得多,如果用电子波作为显微镜的照明光源,则可以显著提高显微镜的分辨率。有了波长更短的光源关键在于能否制造出使电子波聚焦成像的"透镜"。由电磁学可知,电子在电场中要受到电场力的作用,在磁场中要受到洛伦兹力的作用,应用这一原理,即可制成各种电子透镜。电子透镜是能使电子束发生聚焦成像效应的电磁场区域,按场的物理性质可区分为电透镜和磁透镜两大类;按场的结构可区分为旋转轴对称场和非旋转轴对称场等。与光学显微相似,电子显微镜是各种电子透镜的组合体。电子显微镜主要由电子照明系统、电子透镜成像系统、观察记录系统三大部分组成。此外,由于整个分析过程是在高真空条件下完成的,还有真空系统。

　　由电子枪发出的电子在阳极加速电压作用下,高速穿过阳极孔,由第Ⅰ会聚透镜会聚成非常细的电子束照射在样品上,透过样品的电子束经过物镜聚焦放大在其像平面上形成一幅反映样品微观特征的高分辨透射电子像,然后经中间镜和投影镜进一步放大,最后投射到荧光屏上,得到电子显微像。被分析样品放在支持网上,固定在样品支持器中,先置于真空外室,待达到一定真空度后,移入电子光路中,样品能在样品台上倾斜、旋转、平面移动。图像观察和记录可用荧光屏观察,也可用感光板或照相底片记录。

　　透射电镜常用的加速电压一般为 $50 \sim 100$ kV,其电子波长为0.005 36 $\sim$ 0.003 70 nm,极限分辨率应达到 0.02 nm,但实际仪器远达不到这样的水平。近代高分辨透射电镜的点分辨率可达 0.3 nm,线分辨率达 0.144 nm。此外,透射电镜的放大倍数也是衡量其性能的重要指标,如果人眼的分辨距离为 D,透射电镜的点分辨率为 r 时,则有效放大倍数为 D/r。一般仪器的最高放大倍数要大于有效放大倍数,才能反映出仪器的可分辨本领,但放大率过高是没有实际意义的,再高的放大率也不可能在电子图像上得到比分辨率更小的结构细节。由于透射电镜研究的样品尺度很小,而且必须对电子束透明,因此对样品有一些特殊要求:

　　①通常样品置于载样铜网上,铜网直径 $2 \sim 3$ mm,因此样品最大尺度不能超过 3 mm。

②样品必须薄到电子束可以穿过,具体厚度视加速电压和样品材料而异,在100 kV 电压下,一般样品的厚度不能超过 200 nm。

③电镜镜筒中处于高真空状态,因此只能研究固体样品,样品中若含有水分、易挥发物及腐蚀性物质,应先加以预处理。

④样品应有足够的强度和稳定性,在电子轰击下不致损坏或变化。

⑤样品应非常清洁。

在透射电镜中,所成的像是电子束穿过样品后形成的,它反映了样品内部结构组织。电子像的成因取决于电子与物质的相互作用,这种作用使透射电子束强度发生了变化,这种强度的不均匀性分布现象称为衬度,透射电镜的图像衬度,主要有散射衬度、衍射衬度和相位衬度。衬度形成的原因不同,所能说明的问题也就不同。由于样品各部位对电子束散射能力不同所形成的衬度称为散射衬度。它是在电子与样品原子作用时,无论发生弹性散射还是非弹性散射,随着原子序数的增加,散射载面增加,样品中质量厚度大的部分被散射的电子数多,相应地在像中形成较暗的区域;反之形成较亮的区域。这样样品中不同区域的质量厚度决定了像中透射电子的不同强度,即散射衬度主要反映了样品的质量和厚度的差异,因此也称质量—厚度衬度。

当入射电子束同晶体样品作用时,由于它是电子波,也可以产生衍射效应,而且服从布拉格定律。电子透镜使衍射束会聚成衍射斑点,其中单晶样品产生规则排列的衍射点,而多晶样品产生同心环状衍射花样。根据电子衍射的几何关系可以推导出:

$$L\lambda = Rd \qquad (15-21)$$

式中 λ 为电子波波长,可以根据加速电压计算得到;L 为相机长度,是底片与样品的间距;R 是衍射斑点距中心的距离,根据上式可计算出晶体的面间距值。

相位衬度是透射电子束和各级衍射束之间相互干涉形成的。当入射电子束穿过样品后,形成的散射波和直接透射波之间产生相位差,同时有透镜的失焦和球差对相位差的影响,经物镜的会聚作用,在像平面上会发生干涉。由于穿过样品各点后电子波的相位差情况不同,在像平面上电子波发生干涉形成的合成波也不同,由此形成图像上的衬度。但由于其相位变化很微小,一般通称的相位衬度像指的是透射电镜用于高放大倍数,高分辨率和大物镜光栏时的情况。

透射电镜的应用极为广泛,概括起来有以下几个方面:

①分析固体颗粒的形状、大小、粒度分布等。

②研究表面起伏现象所表现的微观结构问题。

③研究样品各部分对电子散射能力有差异的微观结构问题。

④由电子衍射花样研究晶体缺陷、分析第二相杂质、研究相变问题,确定晶体结构、测定点阵常数,分析晶体取向等。

8.3 扫描电子显微镜

扫描电子显微镜是利用聚焦得非常细的高能电子束在样品上扫描,激发出各种物理信息,通过对这些信息的检测接收、放大和显示成像,以便对样品表面进行分析的仪器。扫描电镜有很大的景深,对粗糙的表面能显示得很清楚,而且立体感很强,因此是研究样品表面的有力工具。

电子束轰击样品时,与物质材料的相互作用是一个很复杂的问题,至今还没有一个完全满意的理论解释,主要是依据实验结果来分析,不同信号的成像本领是不同的,这与信号本身的发射情况有关。当高能入射电子束投射到样品表面时,将有 99% 以上的入射电子能量转变为样品热能,而余下的约 1% 的入射电子能量将从样品中激发出以下的有用信息:

①二次电子,它是从距样品表面 10 nm 左右深度范围激发出来的低能电子,是入射电子与样品原子的核外电子发生非弹性碰撞使后者从原子内释放出来的结果。

②背散射电子,它也称反射电子,是从距样品表 $0.1-1~\mu m$ 深度范围内反射回来的 X 射电子,其能量接近于入射电子能量。它的产生是入射电子与样品原子的原子核发生连续弹性碰撞或与核外电子连续非弹性碰撞后折返逸出的结果。

③透射电子。如果样品足够薄,透过样品的入射电子为透射电子,其能量近似于入射电子能量。透射电子包括弹性散射和非弹性散射电子,其强度取决于样品厚度、成分和结构。

④吸收电子,残存在样品中的放射电子,它是入射电子与样品原子核外电子多次非弹性散射,能量消耗殆尽而留在样品内所产生的,样品的质量厚度越大,吸收电子数目越多。

⑤X 射线。由于原子的激发和退激过程,从样品原子内部辐出具有一定能量的 X 射线包括连续 X 射线和特征 X 射线,它们相互叠加在一起,形成整个 X 射线光谱。

⑥俄歇电子。是从距样品表面零点几纳米深度范围内发射的具有特征能量的二次电子,失去内层电子的激发态原子,其能量释放除了直接向外界辐射特征 X 射线外,还可使 X 射线去电离其他电子而产生俄歇电子,当给出俄歇电子时,原来的 X 射线辐射消失,这两个过程是对立的。

⑦阴极荧光。入射电子束轰击发光材料表面时,逐出原子内层电子而使原子

电离,在这个电子逸出过程中,经过碰撞使样品材料价带中的电子激发到导带中,从而使价带和导带内产生电子—空穴对,当电子和空穴复合时便产生可见光或红外光,称为阴极荧光。

⑧感应电动势。入射电子束照射半导体的 PN 结时,将产生由于电子束照射而引起的电动势。其产生原因与上述阴极荧光相似,只是当电子—空穴向半导体 PN 结运动后,改变了耗尽层两端的电位差,称为电子束生伏效应。

以上列举的各种信息,是在高能入射电子束轰击样品时,从样品中激发出来的,不同的信息,反映样品材料的不同特性。扫描电镜的作用就是根据不同信息产生的原理,采用不同的检测器探测这些信息,并放大转变为电信号,在显像管荧光屏上以二维图像形式显示出来。扫描电镜的图像不仅是样品的形貌像,还有反映元素分布的 X 射线像,反映 PN 结性能的感应电动势像等等。这一点与一般光学显微镜和透射电镜有很大区别。

一台扫描电镜相当于一台闭路电视系统。其成像原理是:从电子枪发射出来的电子束在高压加速作用下,经聚光镜和物镜聚焦成很细的高能电子束,在扫描线圈的作用下,在样品表面上作行、纵、并按一定的时间顺序作光栅式逐点扫描。具有一定强度、能量、斑点直径的电子束与样品表层物质相互作用,产生各种信息,检测器将这些信息接收,放大后送到阴极射线管的栅极,调制显像管的亮度。由于扫描电镜的扫描线圈与阴极射线管的扫描线圈使用同一个扫描电子源,因此两者的电子束作同步扫描。扫描电镜的电子束某一瞬间在样品上的位置与显像管中的电子束同一瞬间在荧光屏上的位置完全对应,因而样品表面形貌与显象管荧光屏上的图像完全对应。如果电子束从样品某一点激发出的信息强度高,送到显像管栅极的电压值就大,由于这一电压的作用,射到荧光屏上相应的电子数目就多,该点就是一个亮点,反之为一暗点,从而在荧光屏上呈现一幅亮暗程度不同的,反映样品特征的图像。

由此可以看出,扫描电镜的成像原理与透射电镜有着本质的区别,前者是间接成像,而后者是直接成像。扫描电镜之所以得到迅速发展和广泛应用,是与它自身所具有的特点分不开的,它有如下一些特点:

①分辨率较高,可达 6 nm。

②放大倍数变化范围大,一般为 20～200 000 倍连续可调,可根据需要任意选择视场进行观察。

③景深较大,图像富有立体感,可直接观察起伏较大的粗糙表面。

④样品制备简单。

⑤可简单、方便控制和改善图像的质量。

⑥可进行综合分析。如果装有X射线色散装置,可在观察形貌图像的同时,对样品上任选的微区进行元素分析(EPMA);装上不同的样品台,可以直接观察处于不同环境(加热、冷却、拉伸等)中样品结构形态的变化。

二次电子像是扫描电镜中分辨率最高,应用最多的显微图像。二次电子像的衬度决定于样品上某一点发射出来的二次电子数量,这主要取决于样品表面起伏状况。样品的棱边、尖峰等处产生的二次电子较多,相应的像较亮;而平台、凹陷等处发射的二次电子较少,相应的像较暗,根据二次电子像的明暗衬度即可以了解样品表面凹凸不平的状况。如果是粉末样品,则可以观察粉末粒子的形状、大小等。因此,二次电子像是样品表面形貌的放大镜。

背散射电子的产额不但与样品表面的形貌有关,还与样品的成分有关;样品表面元素原子序数大,对入射电子的散射能力就强,背散射电子的发射量也大,因此背散射电子像同时兼具样品表面平均原子序数分布和形貌两个特征。

吸收电子像的衬度与二次电子像和背散射电子像互补,明暗相反,也能反映出样品元素成分衬度,只是没有背散射电子像那样明显。而通过分析阴极荧光像,可以确定样品材料的发光区域及波长,也可分析晶体结构、晶体缺陷及有无杂质等。

检测X射线的波长或其特征X射线光子的能量,应用莫斯莱定律便可确定样品元素的原子序数,这样就确定待测区中所含的化学元素,这一方法称为电子探针表面微区分析(EPMA)是表面分析中常用的一种方法。

扫描电镜的应用非常广泛,可直接观察大块样品,尤其是用其他方法无法解决或很难解决的问题,应用扫描电镜可能很容易得到解决。例如金属文物的化学组成、金相组织、制造工艺及杂质元素等都与它的保存使用过程相关,利用扫描电镜景深大的特点,可对样品进行直接分析观察,同时可在样品微区进行组成元素分析。再如通过观察陶瓷文物的晶粒形状和大小,断口的形貌,晶粒间相互结合的状况,气孔分布等,可以探讨它们的微观结构与宏观性能之间关系。

光学显微镜、透射电子显微镜和扫描电子显微镜各有其优缺点,又可互相补充不足。有关以上三种显微镜的性能可参见表15-8。

表15-8　三种显微分析方法的性能比较

性能		光学显微镜	透射电镜	扫描电镜
分辨率	最高	$0.1~\mu m$	$0.2~nm$	$0.5~nm$
	一般	$0.2~\mu m$	$1~nm$	$10~nm$
放大倍数		1~2 000	100~80 万	20~20 万

性能	光学显微镜	透射电镜	扫描电镜
景深	20 倍:5 μm 100 倍:2 μm 1 000 倍:0.7 μm	同扫描电镜,但为样品厚度所限,一般为100 nm	20 倍:5 mm 100 倍:1 mm 1 000 倍:100 μm 5 000 倍:20 μm 10 000 倍:10 μm
对样品制备的要求	比较容易,对形状和尺寸要求不严格	麻烦,要求很薄或复型,一般小于 100 nm,直径 2~3 mm	比较容易,对形状和尺寸有一定要求
操作	方便	不方便	较方便

8.4　光电子能谱分析

电子能谱分析是近 30 余年发展起来的一种研究材料表面性质的分析方法。一定能量的电子、X 射线或紫外线作用于样品表面,将表面原子中不同能级的电子激发成自由电子,这些电子带有样品表面的信息,并具有特征能量,收集探测这类电子并研究它们的能量分布,就能研究样品表面的组成和结构。由于表面是固体物质的终端,在热力学平衡条件下,表面的化学组成、原子结构、电子结构、原子振动状态等都与体内不同,并且表面上往往存在有不同于体内的外界环境中的原子吸附。对于文物材料而言,也涉及许多与表面分析有关的问题,诸如文物材料的风化、腐蚀、磨蚀以及环境因素作用于文物材料而引起的老化等都是从文物材料表面开始的,不但严重影响文物的寿命,而且也影响文物外观。要防止文物材料的表面老化,必须研究表面老化的机理,这时就需要应用表面分析技术。研究表明,厚度约 3~20 nm 的表面层成分与腐蚀有着密切的关系,例如金属或石质文物的保护,如果在它们表面涂一层缓蚀剂,可有效防止进一步的腐蚀。表面分析的内容包括表面成分分析及结构分析、表面原子的电子态、声子态研究等;表面分析的方法很多,其中光电子能谱分析与下面讲的俄歇电子能谱分析是最常用的两种技术;表面分析的范围一般是取样深度在 10 个单分子层(约 3 nm)以内、取样直径在 10 μm以下。

早在 1887 年就发现了光电效应,1905 年爱因斯坦又确立了光电子能量公式,但直到 1954 年瑞典 Uppsala 大学的 Kai·siegbahn 教授才首先使用了高分辨率的电子能谱装置,分析由 X 射线激发产生的低能电子,观测到光谱峰的位置;对于研究原子轨道能量比以往所用任何方法都要精确得多,至此找到了光电子能量与内层电子结合能的关系。之后,他们发现铜因转变为氧化铜($Cu \rightarrow CuO$),而使铜的 K 层电子产生了 $+4.4 \pm 0.5 eV$ 的能量位移,即由于铜的氧化引起内层电子能级的化学位移,随后发现非金属原子状态和金属的氧化状态都存在这种化学位移,即周期表中的大多数元素存在这一效应,应用光电子能谱既易观察又非常有用,所以把这种方法定名为"化学分析光电子能谱法(ESCA)",这样 ESCA 与原名称"X 射线光电子能谱(XPS)"作为同义词而使用。

电子结合能是轨电子的标识性参数,它表示将一个电子从结合状态移到无穷远时所做的功;如果原子在发生电离时,其他电子仍维持原来状态,则它所代表的就是被激发电子的结合能。电子结合能是 XPS 测量的基本量之一,也是作元素定性分析的主要依据。简单原子的电子结合能可用电子力学方法求得,但绝大多数元素原子的电子结合能只能通过实验测得。以前,X 射线荧光分析测量了大量的电子结合能数据,但用 XPS 方法能得到更精确的结果,电子能谱法按下式确定轨道电子结合能,即:

$$E_b = h\gamma - E_k - \Phi \qquad (15-22)$$

式中 E_b 为电子结合能;$h\gamma$ 为进行激发的光子能量,可由 X 射线的波长求得;E_k 是轨道电子被激发成自由电子的动能,可由 XPS 谱仪测得。Φ 称为仪器的功函数,是谱仪校正程序的一部分,为一定值,约 $4eV$。如果是固体样品,E_b 是以固体费米能级为参考的电子结合能。

E_b 因不同元素或不同轨道电子而异,而各种原子、分子的轨道电子结合能是一定的,这样可以用 XPS 鉴别各种原子和分子,因此式(15-22)是电子能谱定性分析的基础。

此外,E_b 还受到元素原子所处化学环境的不同而有精细变化,因此它又是原子在分子中化学状态的指示。通常化学变化是价电子的运动转移所引起的,在这一过程中,原子价态的改变、原子与不同电负性原子结合等因素,引起外层价电子对内层电子的微扰作用,这时内层电子结合能也发生相应的变化。精确测定这种微小的能量变化(即化学位移),了解元素的化学价状及所处的化学环境,是现代高分辨电子谱仪的重要成就之一。

XPS 分析技术在现代材料表面研究中应用极为广泛,这与它所具有的特点是分不开的,它具有如下一些特点:

①属非破坏性分析。用以激发光电子的 X 射线对大多数材料没有损坏,对于需要做多种分析的样品,可以先进行 XPS 分析,然后再进行其他分析。这一点对文物材料样品尤为可贵。

②可进行有机聚合物表面分析,获得详细的化学信息也是 XPS 方法的突出优点。

③与其他表面分析技术相比,要求的真空度不高。

④可通过化学位移效应研究价电子行为以及原子所处化学环境。

⑤定量分析的准确度较差。由于受理论和仪器因素的限制,目前还不能完全按照物理过程进行严格的定量计算,常用的方法是标准样品法和相对灵敏度因子法。前者可获得较好的定量准确度($<\pm10\%$),但标样制备很困难因此适用范围很窄;后者虽简便易行,具有广泛的适用性,但由于忽略了基体效应等因素,准确度很差(约 100%)。

⑥不具备深度分析能力。如果要进行深度分析,则必须使用其他辅助手段,如辅助氩离子枪剥蚀技术等手段才能实现。

⑦主要用于研究固体样品。如果要分析气体或液体样品,必须采用特殊的样品制备方法。

⑧定性分析元素范围广。周期表中除氢以外的元素原则上可应用 XPS 方法进行分析。

XPS 分析作为表面分析手段广泛应用于基础表面科学等领域,尤其是在金属文物保护中的应用已显示出巨大的潜力,不仅可以研究古代金属文物的成分,而且在表面腐蚀及防腐蚀研究中的应用尤具特色。例如应用 XPS 分析商代青铜残片的成分,表明表面黑层中存在有 Cu、Sn、Pb、O、Si、C 等元素;用氩离子枪剥蚀后得到基体的 XPS 谱;为了研究表面黑色层的化学组分及环境,对 Cu 进行窄程扫描,分析谱图,可以看到在黑色层内存在 $Cu2P_{\frac{3}{2}}$ 峰的卫星峰经氩离子枪剥蚀后,$Cu2P_{\frac{3}{2}}$ 结合能谱峰位置发生了变化,同时卫星峰消失,说明黑色层中含有 CuO。用同样方法对 Sn、Pb 等元素作了分析,最后断定黑色层成分是由 CuO、SnO_2、PbO_2 或(Pb_3O_4)组成的。

应用 XPS 方法也可以研究金属材料的光氧化腐蚀机理。例如将银粉用紫外线照射后颜色显著变深,由白变黄至棕黑色,对黑色粉末进行 XPS 全程扫描,并没有检出 S 元素的存在,但出现了 C、O 的谱峰,说明银粉受紫外线照射后产生了棕色的 AgO,而且这种氧化物很薄,很致密。再如应用 XPS 方法对金属文物缓蚀剂的缓蚀机理的研究,可以确定保护膜中各元素的化学状态。当青铜样品吸附了液相缓蚀剂 MBT 后 S2p 的结合能为 $163.2eV$,比游离态的 S 结合能值小 $0.8eV$,由于与杂环相连的巯基 S2p 结合能一般在 $162.3eV$,即 MBT 吸附于铜表面后,其 S2p 结合体能比未吸附前提高了约 $1eV$。这是因为 S 原子参与配位后,其上孤对电子移向金属,S 原子上的正电荷升高,使 2p 电子难以激发,从而使其结合能增高。此外,表面膜中 CuL_3VV 峰值为 337.2eV,与单质 Cu335.0eV 相比,出现了较大位移,而与 Cu_2OR 的 CuL_3VV 峰值接近。

为确定铜在表面膜中的化学状态,测定了 Cu2P 的窄程扫描图 $Cu2P_{\frac{3}{2}}$ 的结合能比单质 Cu 减少了 0.2eV,表明其价态介于 0 价与 +1 价之间,并且 $Cu2P_{\frac{1}{2}}$ 与 $Cu2P_{\frac{3}{2}}$ 峰间无明显的属于 CuO 的特征谱图及 Cu2P 的窄扫描图卫星峰。由此可得出 MB 主要是通过杂环上的 S 与青铜器表面的 Cu 相配位,形成 $Cu^+\sim MBT$ 表面膜而起到缓蚀作用。

应用 XPS 研究高分子有机材料时,由于有表征共轭结构的振动跃迁伴峰,用以判定同系列高聚物是非常有效的,例如分别测定了聚乙烯、聚苯乙烯、聚乙烯对苯二甲酯的 XPSCls 谱。聚乙烯以纯的 Cls 峰为特征;聚苯乙烯则除了有类似于聚乙烯的强碳峰外,还有一个距主峰约 7eV 的伴峰,系芳香环 $\pi\rightarrow\pi^*$ 路迁产生的聚乙烯对苯二甲酯有多重峰的结构,主要特征表现在相当于烃类强峰的高能侧的两个化学位移产物,其强度比为 1:1.04:3.3(与理论值 1:1:3 一致)。

应用 XPS 也可以研究壁画颜料的变色过程、产物、机理。为了方便 XPS 能谱测定,将壁画颜料涂于 $1cm^2$ 的铜片上以减小荷电效应的影响。将红色 Pb_3O_4 颜料进行 XPS 分析后,置于 RH>90% 的恒湿器中,并光照一段时间后,再将这个样品进行 XPS 分析,比较两次测定结果,发现光照后样品的 Pb 特征峰发生了明显的位移,由 141.1eV 变为 138.6eV,它接近 PbO 的 Pb 结合能(137.6eV);此外,光照后的 C 峰分裂为两个峰,其中 289.4eV 的峰与 CO_3^{2-} 的 C 峰结合能(288.5eV)接近,说明有 $PbCO_3$ 生成,因此样品经光照后生成了 PbO 和 $PbCO_3$。

8.5 俄歇电子能谱分析

俄歇电子能谱(Auger Electron Spectrocopy),以下简写为"AES",是电子能谱分析的另一个分支。它已成为许多学科研究中的常规分析手段,应用范围日益扩大,其主要优点是在靠近表面 0.5~2nm 内范围内化学分析的灵敏度高、数据收集速度快,能测量周期表中 He 以后的所有元素。与 XPS 比较,AES 能给出准确的定量分析结果,许多情况下还能提供化学结合状态的信息。

俄歇电子最初是由 X 射线激发原子获得的,原子被 X 射线激发出光电子后,外层电子向内层跃迁的过程中释放能量而将核外另一个电子激发成为自由电子,该电子就是俄歇电子。原则上任何一个由于内层电子逸出而被电离的原子都能发射俄歇电子,如果 L_1 层电子跃迁到 K 层空位时,有 $E_{L1}-E_K$ 的能量以荧光 X 射线(必须满足辐射跃迁选择定则)辐射出来,或将能转移给使 L_2、L_3 次壳层的电子并使它脱离原子,产生 KL_1L_2 俄歇电子。如果是 L、M 或 N 等激发态,将产生另一系

列的俄歇电子 $L_3M_2M_2$、$M_5N_1N_2$、$N_4O_2O_2$ 等。由此可见，俄歇电子发射的初始电离过程与荧光 X 射线相同，但接着的退激过程不同，俄歇电子一般是由单空位初态跃迁到低能量双空位终态，产生非辐射跃迁。与 XPS 比较，X 光电子的发射是一级过程，从而与激发源能量有关，而俄歇电子的发射是一种二级过程，与激发源性质无关。由于电子束具有可被聚焦、偏转，易获得小型、高亮度及高稳定度的激发源等优点，一般的 AES 谱仪都使用电子束激发源。

在俄歇电子发射过程中，至少有二个能级中的三个电子参与其中。一般用俄歇电子所涉及的电子壳层表示俄歇电子，例如 KL_2L_2 表示 K 层电子电离形成空穴，由 L_2 层的一个电子跃迁填补 K 层空穴，同时释放的能量又使 L_2 层另一个电子被激发为俄歇电子。再如 KLM 表示 K 层电子电离形成的空穴，由 L 层电子跃迁 K 层填补空穴，同时释放出的能量使 M 层的一个电子激发变成俄歇电子。氢原子和氦原子只有一个电子层，它们不能产生俄歇电子；同样，孤立的锂原子，最外层只有一个电子，也不能产生俄歇电子，但在固体中的价电子是共用的，当包括固体的价电子时，锂原子可以发射 KVV 型的俄歇电子，所以在各种含锂化合物中仍能观察到从锂原子发射出的俄歇电子。由此，AES 分析只能分析周期表中原子序数 Z＞3 的元素，并且在 Z＝3～10 之间的原子，只能产生 KLL 俄歇电子；对于 Z＞14 的元素，除能够产生 KLL 俄歇跃迁外，还存在着 KLM、LMM、MNN 等俄歇跃迁，但随着原子序数的增加，原子 K 层电子光电反应的电离载面迅速减小，产生 KLL 俄歇电子的几率显著下降，而 L 层电子电离载面迅速增加，即从 Si 元素开始，主要产生 LMM 俄歇电子；同理，当 Z＞40 时，主要产生 MNN 俄歇电子，但此时由于多种能级间的跃迁，即 MNN 俄歇过程是一个很复杂的过程。当原子由不稳定的激发态返回稳定的基态时，释放出的多余能量即可产生俄歇电子，也可以发射荧光 X 射线，它们都是物质所特有的性质。对于某一给定原子，在释放能量的过程中，能量只能用于它的两者中的一种发射，即或者发射俄歇电子，或者发射 X 射线。对于大量原子而言，势必有些原子发射俄歇电子，另一些原子发射 X 射线。这样在同种元素的原子中，两种过程存在着几率大小的问题，实验发现，这一几率与元素原子序数有很大关系。原子序数 Z＜11 的元素，发射俄歇电子的几率接近于 1，即原子在退激过程中，这些元素原子的电子跃迁能量全部用于俄歇电子发射，这也是用荧光 X 射线分析轻元素时灵敏度较低的原因所在。Z＝33 时，两者几率各占一半。当继续增加时，俄歇几率迅速减小，而荧光 X 射线几率增加，此时电子跃迁过程中释放的能量全部用于荧光 X 射线发射。综上所述，荧光 X 射线分析对重元素很灵敏，而俄歇电子能谱对轻元素非常灵敏。

俄歇电子能谱分析是根据俄歇电子的能量识别元素的，因而准确测定俄歇电

子能量对于 AES 分析是非常重要的,俄歇电子能量用下式确定:

$$E_{WXY}(Z)=E_W(Z)-\frac{1}{2}[E_X(Z)+E_X(Z+1)]-\frac{1}{2}[E_Y(Z)+E_Y(Z+1)]-\Phi \quad (15-23)$$

式中 E_W 为 W 层能级能量,E_X 为 X 层能级能量,E_Y 为 Y 层能级能量。以上能级能量也是壳层电子的结合能,可通过有关手册查得;Φ 为俄歇电子谱仪功函数。上式是一个半径验性的计算俄歇电子能量的公式,但由它计算所得的结果与实验数据相当吻合。由上式可知:

①俄歇电子的能量只与所发生的俄歇过程有关。因此它的能量具有特征性,实际中只要测得俄歇电子能量,对照现有的俄歇电子能量图或表,即可确定待测样品的表面成分,所以式(15—23)是俄歇电子能谱分析的基础。

②俄歇电子能量与激发源性质无关。

俄歇电子能谱仪主要由电子光学系统、样品室、能量分析器、信号检测系统、数据处理及显示系统和超高真空系统组成。由谱仪测量的俄歇电子数目 N(E)随其能量分布的关系曲线称为俄歇电子能谱图。在俄歇电子能图谱中,可明显看出图中存在三个区域,在低能端附近有一个较宽的强电子峰,这是入射电子与原子作非弹性碰撞后产生的二次电子峰,在与入射电子能量相等处有一个尖锐的强电子峰,是入射电子与样品原子发生弹性碰撞而被散射回来的电子峰,常用以能量定标,在这两个峰之间的广阔区域电子数目较少,产生的原因也很多,其中在靠近低能端有明确能量的小强度峰就是俄歇电子峰,它的强度约为入射电子的 10^{-5} 倍,俄歇电子峰是叠加在缓慢变化,非弹性散射电子而形成的本底上,有的峰不够明显,甚至被本底淹没,不易探测和分辨。为此,通常采用电子能量分布的一次微分谱,即 dN(E)/dE～E来显示俄歇电子峰。由于扣除了本底,使得俄歇电子峰变得十分明锐和易于识别,微分谱中俄歇电子形成正、负两个峰,一般使用负峰值表示俄歇电子的能量。

俄歇电子能谱也有化学位移效应,它也是由样品内原子的化学环境改变和化学键的影响所引起的,但由于它涉及三个能级,化学位移产生的机理很复杂,不像 APS 分析那样易于解释。

通过正确测量和解释 AES 的特征能量、强度、峰位移、谱线形状和宽度等信息,能直接或间接地获得固体表面的组成、浓度、化学状态等各种信息;如果测量俄歇电子发射的角分布,还可得到表面结构信息。目前 AES 可具定性分析、定量分析、微区分析、状态分析、深度剖面分析、界面分析等分析技术,并具有分析元素范围宽、分析速度快等特点。AES 定性分析方法的原理是利用俄歇电子的特征能量值来确定固体表面的元素组成的;定量分析的依据是俄歇谱线强度,它在理论上还处于发展研究阶段,具体有纯元素标样法和相对灵敏度因子法:如果与离子溅射剥蚀技术(常用氩离子枪剥蚀技术)结合,则 AES 分析就可得到有关元素的深度分布信息,利用样品冲断装置,在超高真空中使样品沿界面断裂,得到清洁的表面,则AES 可进行界面分析;AES 状态分析是利用俄歇峰的化学位移、谱线形状变化、谱线宽度和特征相对强度变化等信息,推测元素原子的化学结合状态;如果将入射电子束直径聚焦在 $1\mu m$ 以下,使它在样品表面扫描并同步检测,则可以进行微区元素分析,二维元素分布分析(称俄歇电子显微镜),三维元素分布分析(结合二维分析再作离剥蚀深度分析),四维元素分布分析(结合三维分析和随时间的变化),具有这些功能的 AES 谱仪被特别称为俄歇电子显微分析或扫描俄歇微探针分析(SAM)。

由于 AES 分析具有许多独特特点,它在文物材料表面分析中的应用日益扩大,用它可以研究文物材料氧化、腐蚀机理,对文物材料表面成分进行分析,元素随深度变化的规律,例如某东汉青铜镜上某一点的 AES 谱图,共检测到 Sn、Cu、O、S、Cl、C、Ca 等元素,而没有 Pb,这是由于 Pb 的俄歇能量在 2200eV,并且灵敏度很低;同时用氩离子剥蚀样品表面,测得元素随深度的分布曲线说明该样品表面含有 $CuCO_3Cu(OH)_2$、SnO_2 等,且表面层富 Sn。

8.6　色度仪

对于文物保护工作者而言,对文物进行保护时,首先应了解两个基本问题,即文物材料的什么在变,变化的程度如何。通常,文物材料在环境因素作用下的老化速度是比较缓慢的,也正因为如此,它对文物的损害更大,为了了解文物材料是否在老化以及老化的速度,需要对文物材料进行定期的检测;以上所讲的各种分析方法需要频繁取样,这是文物保护中应尽量避免的。由于任何材料的老化变质势必带来材料颜色的变化,而环境因素作用于文物时,又往往是从表面开始的,因此,应用色度仪对文物表面颜色进行定期定点监测,通过文物材料表面颜色是否发生了变化来推断文物材料是否发生老化变质,是一种行之有效而又不损坏文物的方法。

颜色科学是一门集物理学、生理学、心理学、心理物理学、数学及化学为一体的学科。物理学研究引起颜色感知的基本刺激;生理学研究眼睛和大脑产生颜色感知的过程机制;心理学研究颜色感知的主观响应;心理物理学研究物理刺激与主观响应之间的关系;数学研究如何用各种方程去描述上述关系;化学则研究眼睛接收光的机制及染料、颜料特性等。颜色感觉与听觉、嗅觉、味觉等相同,都是外界刺激使人的感觉器官产生感觉。光经过物体反射或透射后刺激眼睛,人眼产生了此物体的光亮度和颜色的感觉信息,并将此信息传到大脑中枢,在大脑中将感觉信息进行处理,于是形成了色知觉,人们就可以辨认出此物体的明亮程度、颜色类别、颜色纯洁度,即明度、色度、色纯度或称饱和度,它们是色度学中的颜色三要素。色度学是研究颜色度量和评价方法的一门学科。其中明度是人眼对物体的明暗感觉:发光物体的亮度越高,则明度越高;非发光体的反射比越高,明度越高。色度是一个表面呈近似红、黄、绿、蓝色的一种或两种颜色的目视感知属性,即彩色被此相互区分的特性。发光物体的色度决定于它的光辐射的光谱组成,非发光物体的色度决定于照明光源的光谱组成和物体本身的反射或透射特性。饱和度是按照正比于物体表面的视亮度来判断的一种目视感觉属性,也称相对色浓度或色纯度。可见光谱的各种单色光是最饱和的彩色,物体的色饱和度取决于物体反射或透射特性,如果反射光的光谱通带很窄,则饱和度就高。

　　颜色可以相互混合,颜色混合时可以是可见光的混合,也可以是染料或颜料的混合,前者称为相加混合,后者称为相减混合。将几种可见色光同时或快速先后刺激人眼,便产生不同于原来颜色的新颜色感觉。常用的三色原理就是指任何一个颜色都能用线性无关的三个原色以适当比例相加混合而得到,所谓线性无关指的是三原色中的任何一种颜色都不能用其余两种混合得到,即这三个颜色是彼此独立的。三原色的原则没有硬性规定,一般用红、绿、蓝作为相加混合的原色;它们的补色青、品红、黄作为相减混合的三原色。如果用(R)、(G)、(B)代表三个原色的一个单位量,用 C 表示混合后得到的颜色,则可用下式表示一次颜色混合的结果:

$$C = R(R) + G(G) + B(B) \qquad (16-24)$$

式中 R,G,B 是三个系数,表示为了混合得到颜色 C,三个原色所用的量分别是多少,上式称为颜色匹配方程,是用数量表示颜色的方法,即用一组(R、G、B)之值表示一个颜色,有光就有亮,原色的量用得越多,混合得到的色光也就越高,因此 R、G、B 三个数不仅反映了颜色的成分,而且包含了亮度的大小,称为颜色的三刺激值。一种颜色与一组 R、G、B 数值相对应,任意两种颜色只要 R、G、B 数值相同,颜色感觉就相同。

　　实践证明,用三刺激值定量描述颜色是一种可行的方法。为了测得物质颜色的三刺激值,必须首先研究人眼的视觉特性,测出光谱三刺激值。为此 CIE(国际照明委员会)做了许多艰苦而细致的工作,并先后建立了 CIE1931－RGB(简写为 RGB),CIE1931(x、y、z)(简写为 XYZ),CIE1964 补充标准系统等三个表色系统。其中 CIE1964 补充标准系统规定了一组适合于 10^0 大视场观察者光谱三刺激值,而现在常用的是 CIE1931(x、y、z)表色系统,是由 CIE1931RGB 系统推导出的。其三原色(X)、(Y)、(Z)是假想出来的,但用此三原色作颜色匹配计算时,不会出现负值,类似于 RGB 系统,在 XYZ 系统中用大写的 X、Y、Z 代表某一颜色在以(X)、

(Y)、(Z)假设三原色的三刺激值,它们与色品坐标 x、y、z 的关系为:

$$x = X/(X+Y+Z)$$
$$y = Y/(X+Y+Z)$$
$$z = Z/(X+Y+Z) \qquad (16-25)$$

把所有光谱的坐标全部转换成(x、y)坐标,就可得到色度图,它是现在通用的表示颜色的标准色度系统的色品图。在图中(X)、(Y)、(Z)三原色均落在光谱轨迹外面,这表明所有真实的颜色都落在马蹄形轨迹包围的区域内或边界线,而在马蹄形线外面的颜色都是物理上不能实现的。此外,所有单色光的色品均位于马蹄形的弯曲边界上,该边界称为光谱轨迹。马蹄形的顶部是绿色,左下方是蓝色,右下方是红色。色品点的位置可以提示感知色饱和度的性质,即色品点越接近光谱轨迹或连接轨迹两端点的直线(称红紫线),则饱和度越高,如果色品点位于环绕等能白色 E 点的中央区域,则饱度为零。在色度图中,x 色品坐标相当于红原色的比例,y 色品坐标相当于绿原色比例,至于蓝原色比例,可以由 $1-(x+y)$ 计算得到,利用色度图可以进行一系列有关颜色参数和颜色混合的计算。例如已知样品的色品坐标值 x 和 y,可以转换为颜色的色调、饱和度、明度三个参数。

色度学的第二项主要工作是决定颜色的差别,即色差。它是色知觉差异的定量表示,在 CIE(x、y)色品图中,不同部位两点间的相等距离通常并不代表相等的感知色差。在色品图上绿色占据了很大区域,而红色和蓝色所占区域很小,即 CIE(x、y)色品图是不均匀的,因此人们一直在寻找"均匀"的色度图,但经过多年努力发现,平面色度图不可能达到等色差间距。因此,经坐标变换后的表色系统称为 CIE1967 均匀表色空间,即 CIE1967LAB。令颜色样品的三刺激值 X、Y、Z 与光源的三刺激值 Xn、Yn、Zn 的比值作为参量 q,并令函数 $f(q)$ 在 q 值不同时取不同的值:

$$f(q) = q^{1/3} \qquad (q \geqslant 0.008856)$$
$$f(q) = 7.787q - 16/116 \qquad (q < 0.008856)$$

颜色样品的明度 L* 及色品坐标值由下式计算:

$$L^* = 116 f(Y/Yn) - 16$$
$$a^* = 500[f(X/Xn) - f(Y/Yn)]$$
$$b^* = 200[f(Y/Yn) - f(Z/Zn)]$$

两个颜色样品的色差可通过下式计算:

$$\Delta E_{ab}^* = [(\triangle L^*)^2 + (\triangle a^*)^2 + (\triangle b^*)^2]^{1/2} \qquad (16-26)$$

目前比较先进的色度仪测色系统,对文物表面颜色进行测量时具有以下特点:
①良好的稳定性和可靠的测量精度。

②操作简单、重复性好。

③无需取样，这对于文物材料研究是最大的优点之一。

④由于体积小、重量轻、便于携带，可将色度仪带到文物保护现场直接进行测量。

⑤获得的颜色测量数据可根据研究目的的不同而进行不同的处理方式。

由于这些特点，色度仪在文物保护研究中将受到应有的重视与开发。以下将色度仪在壁画保护中的具体应用作简单讨论。

应用色度仪对壁画表面颜色或任何文物表面颜色实施了数次测量后，把色彩转换成数据的形式做成档案，以后定点、定期进行测量对比前后两次的测量结果，即可了解文物表面色彩是否在发生变化并判断文物材料是否在发生变化。对比的方式有两种，一是直接比较监测数据，但采用这种方法时，由于数据量很大以及仪器的测量误差，容易产生错误的结论。二是将数据做成色度图，对比前后两次的色度图，即可发现颜色是否发生了变化。由于色度图是统计了大量测试数据后做出的，由此而得出的结论要比单一比较颜色数据的准确度高得多。当然，要研究某一单一色调的颜色变化时，用数据对比相对准确一些。另外，将颜色数据做成色度图，还可以研究文物表面颜色的特征。例如对于石窟壁画颜料，如果按此方法做出按时代顺序的色度图，则可以研究颜料色彩的时代特征。

CIE(Lab)表色系统，主要是用于色差计算，用以监测颜料或其他文物材料在各种环境因素（光辐射、高湿度）作用下的变色情况时，材料颜色变化的程度大小能够被定量化。通常色差是以 NBS（美国国家标准局英文缩写）为单位的，1 个 NBS 色差单位在 CIE$(x、y)$度度图上，相当于 $0.0015\sim0.0025$ 的 x 或 y 色度坐标的变化。对于涂料，颜色稍有差别就比较明显，色差应小于一个 NBS 单位，一般 NBS 色差单位的感觉值为：

NBS 单位	色差的感觉值
0～0.5	痕迹
0.5～1.5	轻微
1.5～3.0	可觉察
3.0～6.0	可识别
6.0～12.0	大
12.0 以上	非常大

根据上述数据，并结合测量计算结果，就可以准确判断材料是否发生变色及其

大小。

对发生病变的文物进行修复时,最重要的一条原则是保护文物原貌,即要求被修复后的文物形状不仅与原文物一致,而且色彩也要一致。这就要求修复材料符合一定的力学标准外,颜色也应一致,修复前用色度仪对文物表面进行测量,修复后再在相同部位进行测量,比较修复前后的测量结果,即可用以评价文物修复材料。随着文物修复研究的不断深入,这种方法必定会成为筛选修复材料的重要依据之一。

§9. 文物材料的热分析及电化学分析方法

9.1　热分析方法综述

热分析方法是利用热学原理,对物质的物理性质或化学成分进行分析的一类方法的总称。热分析仪器主要包括两大类:一是热分析仪器,主要用于对材料的物理性能进行分析;二是热气体分析仪器,主要用以气体成分的分析。"热分析"术语是 1905 年首先由德国的塔曼教授提出来的,后被各国从事热分析工作的人员广泛采用,1977 年国际热分析协会(ICTA)的命名委员会承认了这一术语并作了定义:"热分析是在程序控制温度下,测量物质的物理性质随温度变化的一类技术"。由此可以看出热分析技术与其他分析方法的主要区别在于:

①检测的对象是物质材料的物理性质变化。

②物质材料样品是在程序控制温度,即线性升、降温或恒温等到条件下进行测试的。

热分析方法的种类很多,在加热或冷却过程中,不同物质的物理性质将发生各种各样的变化,例如有些材料当加热到某一温度时,会发生吸热或放热反应,从而引起温度的升高或降低;有些材料伴随有重量的变化,如因分解、脱附而减重,或因氧化、吸附等而增重;有些材料会泄放出不同气体;有些材料在温度变化时会产生膨胀或变形等等。如果检测出这些物理性质是在什么条件下,发生了怎样的变化,以及变化量的大小,便可以用来评价该物质的有关性能和确定它的制备工艺及条件。

热分析方法已成为研究物质材料性质不可缺少的手段,广泛应用物理学、化学、地质学、生物学等基础学科领域以及地质、冶金、石油化工、材料工业、环境保护等部门和科研单位,在文物保护研究中也是应用比较多的一种分析手段。

在加热或冷却过程中,随着物质的结构、相态、化学性质的变化,都会伴有相应的物理性质的变化,包括质量、温度、尺寸、声、光、热、力、电磁等。ICTA 的命令委

员会根据所测物质的物理性质不同,把热分析方法分为 9 类 17 种,如表 15－8
所示。

表 15－9　热分析方法分类

物理性质	技术名称	简称	物理性质	技术名称	简称
质量	热重测量法	TG	焓	差示扫描量热法	DSC
	等压质量变化测定		尺寸	热膨胀测量法	
	逸出气体检测	EGD	机械特性	热机械分析	TMA
	逸出气体分析	EGA		动态热机械法	
	射气热分析		声学特性	热发声法	
	热微粒分析			热声学法	
温度	差热分析	DTA	光学特性	热光学法	
	加热曲线测定		电学特性	热电学法	
	冷却曲线测定		磁学特性	热磁学法	

　　这种分类方法既考虑了过去热分析技术的发展历史,热分析方法之间的相互
关系与区别,同时又为新的热分析方法留有余地,以便增添。

　　热分析方法的主要用途:一是测量物质在加热或冷却过程中的物理性质参数,
如质量、反应热、比热、线膨胀系数等;二是通过加热或冷却过程中的物理性质参数
的变化,研究物质的成分、状态、结构和其他各种物理化学性质;三是评价材料的热
稳定性能,研究热稳定性与材料结构的关系,寻找新材料、新工艺等。为了实现热
分析方法而制造的各种仪器统称为热分析仪器。任何形式的热分析仪器都是由温
度控制系统、测量系统、显示系统、气氛控制系统四个单元组成。温度控制系统包
括炉子和控制系统两部分,它能给出加热方式、加热信号并按此信号控制炉子的加
热功率,使炉温按给定方式和速度对待测样品加热,并用热电偶检测出样品温度信
号。测量系统通过检测并放大样品物理性质变化的信号,对物理性质的测量有两
种方法:一是绝对测量法,即在加热过程中测量样品物理性质变化的绝对量,如热
重分析;二是差示测量法,即在同一条件下测量样品与参比物之间的物理性质之
差,如差热分析。显示系统的作用是把测量系统所检测的温度和物理性质变化用
曲线、数字或其他方式直观地显示出来。气氛控制系统的作用是为样品提供所需
反应或保护的气氛。在上述四个单元中,温度控制系统、显示系统、气氛控制系统
的变化不多,在不同类型热分析仪器中往往是相同的;而测量系统主要是依据不同
的物质性质有不同的测量原理和结构,变化很多,不同类型的热分析仪器的差别主

要体现在测量系统的不同。

在文物材料分析研究中,应用最多的是热重分析、差热分析以及热膨胀分析。物质材料在某一特定温度下,会发生分解、脱水、氧化、还原等物理或化学变化,从而导致重量的变化,热重分析就是在程序控制温度下,测量物质材料的质量随温度变化的一种方法,是使用最多最广泛的热分析技术之一,通常有等温和非等温两种测试方法。前者称为静态热重法,是在恒定温度下测定质量与温度的关系;后者称为动态热重法,是在程序升温下测定质量与温度的关系。等温法比较准确,但操作繁杂,已很少使用,目前广泛采用的是非等温法。通过热重分析,可以得到样品组成、热稳定性、热分解温度及分解产物、热分解动力参数、样品质量变化与温度或时间的关系等方面的信息。

差热分析是在程序控制温度下,测量物质和参比物的温度差随温度变化的一种热分析方法,是热分析中使用最早的方法。当待测样品在加热过程中发生任何物理或化学变化时,都伴随有吸收或释放热量从而使样品温度低于或高于参比物温度,相应地在差热曲线上得到吸、放热峰。差热曲线就是描述样品与对比物之间的温差$\triangle T$随温度或时间的变化关系。在差热分析中,样品温度的变化是由于相变或化学反应的吸、放热效应引起的,例如熔化、结晶、结构的转变、沸腾、升华、蒸发、脱氢还原、断裂、分解、氧化、晶体结构的破坏等。一般相变、脱氢还原、分解产生吸热效应;结晶、氧化产生放热反应。应用差热分析可进行物质材料的定性分析、测定高聚物的玻璃化温度、制作物质的相图等。

物质材料大多会热胀冷缩,个别物质则相反,但不论是受热膨胀还是收缩,总是发生了尺寸变化。热膨胀测量法就是在程序控制温度下,测量物质材料在可忽略负荷下的尺寸随温度变化关系的一种热分析技术。热膨胀测量有两种方法,一种是直接测量法,即测量绝对伸长量;另一种是差动测量法,使样品和参比物处于相同的温度,测量两者的伸长量之差。在进行差动测量时,参比物质必须是热膨胀系数高度稳定并已知数值的物质。

热重分析在文物材料研究中的应用大致可归纳如下几个方面:

①物质成分定性定量分析。

②不同气氛和不同温度下金属的腐蚀机理。

③文物材料的热分解过程和机理,进而评价它的热稳定性。

④固体状态的变化。

⑤液体的蒸发和蒸馏。

⑥木材等纤维质文物材料的热裂解。

⑦水分、挥发灰分含量的测定,对于文物保护修复用高分子材料非常适用。

⑧吸水、脱水反应的研究以及蒸发速度的测定。

⑨有机质文物材料的热氧化降解研究。

⑩反应动力学中,活化能和反应级数的测定。

⑪寻找新化合物。

⑫文物材料老化机理以及修复材料寿命测定。

差热分析在文物材料研究中的应用可归纳为:

①文物材料成分定性及定量分析,与 TG 相比,具有样品量少,准确度高等优点。

②文物材料比热的测定。

③制作相图。

④文物修复用高分子材料玻璃化转变温度的测定。

由于差热分析是研究黏土矿物热化学性质的主要方法之一,能测出黏土矿物的脱水温度、速度和含量以及分解温度、相变温度等。因此,差热分析、在制作工艺以及古代纸张研究方面发挥着不可忽视的作用。

玻璃化温度是有机高分子修复材料的重要参数之一,是指纤维、塑料等一类材料在加热过程中会使冻结的微观布郎运动活化,在差热曲线上表现为缓慢的不明显的峰。应用外延切线法,可求得玻璃化温度。

热膨胀分析在古代陶瓷研究方面应用得较多。它可以测定陶瓷器的烧成温度以及烧结气氛对加热瓷坯性能的影响。陶瓷器的烧成温度是否恰当是决定陶瓷质量的关键因素,同时某一时期烧结温度的高低也决定着那一时期的制陶工艺水平。陶瓷器在烧成过程中由于原料组成间的相互作用,使得它有一个膨胀—收缩—再膨胀过程,因而具有特殊热胀缩曲线。当陶瓷器烧成后重新受热时,在加热未达到原始烧结温度前,所发生的长度变化应该是受热膨胀,超过该陶瓷器原始烧成温度时,所发生的长度变化应该是该陶瓷器在烧结过程中所发生长度变化的继续,随着陶瓷器在烧成时是"生烧"、"正烧"、"过烧"。当陶瓷器是生烧时,重新加热到它的烧成温度时就会发生收缩;当陶瓷器是正烧或过烧时,就会发生膨胀,都使得陶瓷器的重烧曲线上出现一个转折点。根据这个转折点即可确定陶瓷器的烧成温度。

9.2 电化学分析法综述

电化学分析法是依据电化学原理建立起来的一类分析方法的总称。这类方法的共同特点是在进行测定时,使样品溶液构成一个化学电池的组成部分,然后测量电池的某些参数或这些参数的变化来进行定性、定量分析。由于电化学分析法具有快速、灵敏、准确以及仪器结构简单和使用方便等特点,因而在科学研究的各个方面都得到广泛应用。

在电化学分析中经常被测量的电池参数有电位、电流、电阻、电量等,与此相应的分析方法有电位法、极谱法、电导法、库仑法等。随着电化学分析的理论和实验技术的不断发展,以及新的电化学传感器的不断开拓,电化学分析在现代仪器分析领域中所占的比重越来越大,已成为仪器分析中的一个重要组成部分。所谓电化学分析仪器就是直接或间接地测量由电化学传感器(即电极),将化学量转换成诸如电压、电流等电信号参数,从而在显示器上直接读出或计算出溶液中离子的含量,达到分析的目的。

电化学电池可以分为原电池和电解池两类。原电池可以自发地将化学能转化为电能;电解池则需从外部电源获取电能,使电池内部发生反应。这两类电池在电化学分析中都被应用,并且改变实验条件时,它们可以互相转化。电化学电池一般由两个电极浸在适当的电解质溶液中组成,当用金属导线从外部将两个电极相连接,并使两个电解质溶液彼此接触,以使溶液离子在这两个电解质溶液之间能够迁移,电流就能在电池内流通。在外电路中,电子通过金属导体从一个电极移动到另一个电极上;在电池内部的电解质溶液中,离子从电池的这一端迁移到另一端来输送电荷,最后在电极和电解质溶液的固液界面上通过氧化还原反应发生电子转移。这是电流流过电池的整个过程,这几个环节缺一不可。一般称发生还原反应的电极为阴极,发生氧化反应的电极为阳极。

在文物材料分析中,经常用到的是电导法、极谱法、库仑法。

在外加电场作用下,阳离子和阴离子在电解质溶液中以相反方向做定向移动,就产生导电现象,电导法就是研究电解质溶液的导电现象及其规律的电化学方法。当其他条件不变时,电解质溶液中的电导决定于溶液中离子的数量、电荷和迁移率,一个溶液的电导是溶液中各个离子的电导之和,因此,一般情况下,电导测量只能用来估算离子的总量。当电极选定后,溶液浓度 c 与溶液电阻满足:

$$c = 100\delta L / \Gamma AS \qquad (15-27)$$

L 为两电极距离,A 为电极面积,Γ 为溶液当量电导,δ 为溶液克当量。对于给定溶液,它们都是常数,因此,只要测得溶液电阻就可算出溶液浓度。上式是电导分析的基本关系式。电导法最主要的应用是环境研究中的水质分析,纯水的电导率只有 $5 \times 10^{-8} A/\Omega \cdot cm$,当有痕迹电解质杂质存在时,就会使电导率增加一个数量级以上,因此常用以评价蒸馏水和去离子水的纯度。另外,也可以测定含文物材料的水溶液的电导值以判定文物材料中是否含有可溶性盐以及含量,为文物病变原因提供依据。

极谱分析是通过测定样品溶液中一个极化电极的电位-电流特性来进行定

性、定量分析的。为了使工作电极极化,它的面积应该很小,最常用的是滴汞电极。极谱分析的主要原理类似于电解分析,但它有其特殊性,极谱分析的过程就是在特殊电极上,处于特殊条件下的电解过程。在极谱分析中用一个面积极小的滴汞电极作阴极和一个面积较大的汞池或甘汞电极作阳极。溶液中被测离子浓度一般很低,当外加电压的增加使阴极电位达到离子的分解电位时,起初电流迅速增大,但当外加电压继续增加时,电流却趋于一极限值不再增大。这是由于阴极的面积极小,电流密度相应地很大,因此很快发生浓差极化现象,这时电极表面离子浓度接近于零。随之电流受离子扩散及迁移到达电极表面的过程所控制,电流即渐渐趋向于一定值,即极限电流。外加电压—电流曲线称极谱曲线,原则上说,凡是在滴汞电极上可起氧化还原反应的物质,都可用极谱法进行定性定量分析。在适当条件下,几乎能够测定所有的金属阳离子和许多含氧或不含氧的阴离子,这一方法常被用以测定金属中或矿石中含量不高的杂质。在文物保护研究中,利用极谱分析可以研究金属文物的腐蚀速度、腐蚀机理以及缓蚀剂的筛选等。

库仑分析法又称为电量分析法,它是测量电解过程中所消耗的电量来进行分析的。库仑分析建立在法拉第电解定律基础上:

①电流通过溶液时,两电极上所产生的物质重量与通过的电量成正比。

②相同的电量通过不同电解质溶液时,各电极上产生物质的多少与它们的化学当量成正比。据此可得到:

$$W = itM/Fn \qquad (15-28)$$

式中 W 为电极上析出物质的质量,F 为法拉第常数(96487 库仑),n 为反应中电子得失数,M 为分子量,i 为电流,t 为时间。由上式可知,如果电极反应是单一的,即没有其他副反应发生,并且电流效率为 100% 时,即可根据电解池的电量来求得被测物质的含量。应用库仑法制成的仪器目前已广泛用于环境监测等方面,并取得了良好的效果。例如二氧化硫分析仪,就是根据库仑法原理设计的用以监测空气中二氧化硫浓度的,其测量范围是 $0 \sim 2.0$ ppm,能长期连续使用。其原理是在库仑池内有三个电极:铂丝阳极、铂网阴极、活性炭参比电极,池内充有 $KBr \sim KI$ 以及 $pH = 7$ 的磷酸盐缓冲液,由外接恒电流源供给一恒定的电流,在电极上发生的化学反应为:

阴极:$I_2 + 2e \rightarrow 2I^-$

阳极:$2I^- \rightarrow I_2 + 2e$

如果吸入的空气样品中不含有二氧化硫等还原性气体,则达到平衡时,阴极还原的碘与阳极上产生的碘相等,阳极与阴极电流相等,此时参比电极上便没有电流输出,电表上指示二氧化硫浓度为零。当吸入的空气中含有二氧化硫等还原性气体

时,它与阳极产生的碘起反应,使产生的碘立即消耗,即:

$$SO_2 + I_2 + 2H_2O \rightarrow SO_4^{2-} + 2I^- + 4H^+$$

这个反应在库仑池中是定量进行的,每一个二氧化硫分子消耗一个碘分子,由于碘的消耗使阴极表面的碘浓度降低,输出电流比阳极输入电流小,打破了三电极平衡系统,而电解又是在恒电流源作用下进行的,其差值电流由活性炭参比电极来进行补偿,因而差值电流便流经参比电极,经放大器放大后,由指示表头显示其数值。

第十六章　文物保护技术实验室

文物保护技术实验室是文物工作者应用自然科学的理论和技术,研究文物的组成、结构、理化性质、环境影响、腐蚀机理等的基地,为科学的确定文物保护措施与修复方法提供可靠的依据。因为文物的珍贵性及不可再生性,要求文物保护工作者必须具有扎实的理论基础与熟练的操作技能。

§1. 文物保护技术实验室的基本任务

1.1　鉴定文物的真伪

文物是不能再生的历史遗产,许多文物具有很高的历史、艺术、科学和经济价值,因而国内外伪造文物的案件时有发生。过去人们大都靠直接观察,结合历史文献和文物标本进行对比分析来判断文物的真伪。现代分析技术的应用,使鉴定文物的真伪有了可靠的科学依据。如 20 世纪 40~50 年代,欧洲古董市场上曾出过一批"战国陶俑",真假难分,后经英国牛津实验采用热释光技术进行鉴定,结果表明这批陶俑根本不是战国时代的,而是近代制作的赝品。

1.2　文物的断代

文物中一项重要的工作就是判断文物的年代,称谓文物的断代。经典的方法只能判断文物的相对年代,比较出一种文物比另一文物产生的时间是早还是晚,但早或晚到什么时候,距今有多少年,常难定准。常用的经典断代方法主要是依靠"标型学"和"层位学"。"标型学"是利用已标明年代的文物作为标准来与没有标明年代的文物相比较,从而确定文物的年代,这种方法适用于有文字记载的文物(如礼器、铜币、度量衡器等)。而对于没有文字标记的年代可供参考的文物,则采用地层的位置来推断年代。这种方法叫"层位学"。例如城墙下面的文物的年代(只能比墙筑成年代早或相同)。

要准确定出文物的年代,则需用现代断代技术。如:①碳—14法断代,即利用放射性元素的衰变原理来测定文物年代。②热释光法断代,利用不导电的固体结晶物质受热后释放出光的现象来测定文物年代,其优点是取样少、速度快、方法可靠、测定年代的范围在 100 万年以内。③穆氏堡尔谱法断代,是将放射源中处于激发态的原子核所辐射出的 γ 射线,照射在作为样品的没有放射性的同类原子核上,使产生共振而得到的无反冲共振吸收谱来对样品进行分析断代。此法独具特点,如用来测定陶器,不仅可以鉴别陶器的起源,还可以测定陶器的元素组成,推断陶器的烧制技术及古瓷釉的着色机理等。如用穆氏堡尔谱研究了秦始皇兵马俑得知,其烧制温度在(830~980)±50℃,首先在氧化气氛,然后在还原气氛中烧制成的。(4)电子自旋共振(简称 ESR)断代,是近十多年来发展起来的一项地质测龄和文物断代技术,主要用于测定第四纪的贝壳、珊瑚、古脊椎动物、古人类化石、古陶片、天然石岩、古人类洞穴、木乃伊、纸张、羊毛、丝绸、棉花及漆木器的年代。

1.3 分析文物的成分及结构

物质的组成和结构决定其性质,应用现代分析技术测定文物的成分及结构,不仅可以探明文物的来源和产地,而且可以区分文物的质地,了解文物的制造工艺。我们知道,世界上各种物质都是由原子和分子组成的。各种分子、原子、原子核和电子都具有自己的特征能量,在受激发后退激时会辐射出它们特征的 γ 射线、X 射线、紫外、红外和可见光等。根据这些特征谱线就可以对待测的文物的成分、结构进行分析鉴定。

根据上述基本原理,设计制成各种专用的分析仪器。例如,紫外分光光度计、X 射线荧光光谱仪、红外光谱仪、原子吸收分光光度计、电子能谱仪、透射电子显微镜、扫描电子显微镜、电子探针、X 射线显微分析仪、放射分析仪等。

通过现代分析技术弄清文物的化学成分、结构、性质,可为文物保护、文物考证、文物修复和文物复制提供重要的科学依据。

1.4 剖析古代文物制造工艺

我国古代不少位居世界前列的制造工艺,由于缺乏详细记载而逐渐失传,为了继承和发扬这些工艺制造技术,可用现代分析技术来探讨古文物的制造工艺过程,了解它们的技术特点。例如,秦始皇兵马俑坑出土的秦剑在地下埋了两千年,为何仍然锋利无比? 通过电子探针检测发现,原来是剑表面镀有一层含铬的氧化膜,因而能长期防锈保持锋利,此项技术在西方直到 20 世纪 30 年代方获得专利。又如河北出土的一件商代铜钺的铁刃,过去认为是人工冶炼的,但用现代分析查明,它是用殒铁锻打而成的。

1.5 查明文物的保藏环境

查明文物的地下埋藏环境,如文物所接触的介质的成分和性质,文物腐蚀物成分等,对地下文物的保护条件进行分析;研究文物现有的保护环境,如测试空气中的有害气体,大气中的尘埃、酸雨等对文物的影响,提出相应的保护措施以确保文物的安全。

1.6　研究文物保护的新材料及新工艺

　　文物保护的对象是珍贵的历史珍品,具有重要的历史价值和艺术价值。为了将文物长期妥善保存下去,为了尽快挽救那些糟朽腐败的文物,尽可能延长它们的使用寿命,就必须研制新的、性能优良的文物保护材料。要求这些材料,必须能保持文物的原貌、整旧如旧,使文物保护前后在外貌上基本一致,不影响文物的历史标记,不出现"保护性"损害,不留后患;能使治理与预防两方面结合起来,既能消除影响文物寿命的病变,又能防止或延缓各种因素对文物的损害。用于文物保护的材料的性质及保护效果应具有稳定性,同时还应具有可逆性或再处理性,即一旦需要更换或有更好的材料替代时,可以设法除去。如用850有机硅材料,对石刻文物进行表面封护处理,不仅能起到防潮、防有害气体的侵蚀,而且无色透明,无眩光,可基本保持石刻原貌,老化期长,需更换时,用乙醇即可清洗掉。用于文物保护的材料合成的原料应便宜、易得,合成工艺比较简单可行,三废少且易于治理,力争用最普通的原料,最少的费用,合成性能优良符合文物保护要求的、保护效果最佳的文物保护材料,包括文物清洗剂、文物黏合剂、文物加固剂、文物修补剂、文物防腐防霉杀菌剂、文物杀虫剂及文物表面封护剂等。

　　有了理想的文物保护材料,还必须提供简便且行之有效的保护实验新方法和新工艺。

1.7　进行文物的修复

　　文物保护实验室除了以上六项服务于文物保护任务外,还有文物修复的任务。

　　大量出土文物,经过了漫长的岁月,不仅发生了许多化学变化,而且许多是破残待修的。它们类别不同,修复方法各异,修复人员需要掌握多方面的知识,结合科学的保护措施灵活运用,才能将这些古老灿烂的文明长期保存下去。

§2. 文物保护技术实验室的设置及装备

　　文物种类繁多,质地差别很大,文物保护研究的领域十分广阔、内容非常庞杂,因此应根据文物的对象,自身的经济实力等实际情况,建立形式各异、功能不同的文物保护和修复实验室,其设置基本可分为以下三种类型:

　　第一类,考古发掘现场文物保护实验室。这类实验室一般是工地上临时性的实验室,仪器设备比较简单,主要配置一些对现场发掘出土的文物进行现场资料收集、记录(如摄影、摄像、绘图、测量),分析采样以及密封防水、防风化、防氧化变质、防生物及化学污染等进行紧急处理的简单、必要、实用的仪器。

第二类,专门服务于某一类文物的保护技术实验室。如日本国奈良县立僵原考古研究所,由于该所出土了很多木质和竹质文物,因而该所的文物保护实验除有一般文物保护常用的仪器设备外,还专门配备了一套可自动控制温度、添加药剂的近百平方米的木质文物脱水加固的 PEG 浸泡装置。日本国京都墨光堂保护实验室则针对自己的藏品主要是书画的特点,配备有进行颜料分析的仪器设备、色度测定仪、书画装裱和修饰用具等。

第三类,大型综合性文物保护技术实验室。这类实验室研究文物保护修复的领域很广,机构庞大,分工细致明确,仪器设备先进、齐全,研究力量雄厚。如日本国奈良国立文化财研究所、意大利文化遗产部罗马修复中心、美国盖蒂保护所、中国文化遗产研究院、敦煌研究院文物保护研究所、西安文物保护修复中心等都是这种综合性文物保护修复实验室。这种综合性的文物保护修复实验室,基本由前处理实验室,科学实验室和修复实验室三大部分组成。

前处理实验室一般由配有照相机、录像机、反拍仪、洗印相设备的照相室和配有吸尘器、清洗器、离子交换纯水器、洗瓶机、分子筛、干燥箱等的清洗室组成,主要进行文物保护前的准备工作。

科学实验室主要担负文物断代、文物的成分及结构的分析及其病害机理研究,保护材料及文物与环境关系的研究。通常设有理化实验室、生物实验室和环境监测分析实验室。

文物修复实验室主要任务是对残缺、破损的文物进行拼对黏结、修补、矫形等修复工作。

2.1　理化实验室

除配备一般理化实验常用仪器外,一般都装备有文物保护与修复用的大型精密仪器。

1.文物断代设备

①碳－14测定仪:它是利用死亡生物体中碳不断衰变原理来测定五万年以内文物年代的一种仪器。由于碳－14放射性元素的自发衰变,气候、温度、压力等不受外界条件影响,测定结果较为准确可靠,所以碳－14断代是文物考古中应用最广的一种断代方法。因为碳－14所能测定的年代范围,正是人类发展到旧石器时代以来的全部历史时期。

②热释光测定仪(TLD):它是利用不导电的固体结晶物质受热后释放出光的现象来测定文物年代的一种仪器。它可直接测定文物的年代,不需要已知年代的标准样品校正。主要用于测定陶器、燧石及其他烧结材料的年代,鉴别陶瓷器的真伪。其优点是取样少,测定速度快,方法可靠,测定范围在 100 万年以内。

③穆斯堡尔谱(MOSS):这是利用放射源中处于激发态的原子核所辐射 γ 射线,照射在作为样品的没有放射性的同类原子核上,使产生共振,根据所得无反冲共振吸收谱来对样品进行分析。它不仅可以测定文物的年代,还可测定陶器的成分和元素组成,鉴别陶器的起源,推测陶器的烧制技术及古瓷釉着色机理等。

2.文物成分及结构分析设备

有关这方面内容请参阅第 15 章内容。

3.文物结构分析设备

有关这方面内容请参阅第 15 章内容。

2.2　生物实验室

主要研究生物因素对文物的侵蚀(包括微生物的采样、培养、分离、鉴定和防治等)。

霉菌对文物,特别是对有机质类文物(如毛、皮、纸张、书画、漆木竹器、丝棉麻、骨角质、尸体类)危害极大。在温湿度适宜的条件下,各菌类以有机物质为营养基,迅速繁殖,并产生一些有色斑点,污染文物。此外低等生物孢子寄生产生的苔藓、藻类使石质文物受到侵蚀而剥落。有的微生物可以吸收空气中的氮合成硝酸,有的吸收硫化物合成硫酸,有的微生物还能使某些物质发生氧化还原反应,如铁细菌能将亚铁氧化变成高价铁盐。其反应式如下所示:

$$4FeCO_3 + O_2 + 6H_2O \xrightarrow{\text{铁细菌}} 4Fe(OH)_3 + 4CO_2 \uparrow + 167.4kJ$$

铁细菌还能合成某些有机化合物,如腐殖酸,对土壤结构造成破坏,这就是土遗址的生物风化。综上所述,防治微生物对文物的危害是文物保护的重要任务。通常用于文物保护的生物实验室其设施如下:

1.无菌工作台(超净工作台)

文物生物变质源的采取、培养、分离和鉴定,都必须在无菌的操作环境中进行,以防止微生物污染。

2.灭菌设备

灭菌就是杀灭物体上所有微生物,灭菌的方法很多,常用的有:

①干热灭菌:一是加热空气灭菌,在实验室常用电烘箱加热空气,在 140℃的

干热空气中保持 3 小时,能将所有的微生物(包括芽孢体)全部杀死,若将温度提高至 150～160℃,只需 1～2 小时即可杀死全部微生物。这种方法常用于无菌操作所需的玻璃器皿、金属及其他耐热物品的灭菌。这种方法所需温度高、时间长而且可能烧毁某些物品,因此限于一般金属器具、器械和带有病原菌的物品的灭菌及生物实验废弃物的销毁。

②湿热灭菌:煮沸灭菌法、间歇灭菌法、巴氏灭菌和高压蒸气灭菌。

煮沸灭菌:是将欲灭菌的器物放在水中煮沸,一般微生物营养细胞在 100℃ 水中,保持 2～5 分钟即可死亡,但对抗热性强的芽孢必须煮沸 1～2 小时才有效。此法适用于无菌操作所需的器皿、器材等。

间歇灭菌:是用流通蒸气加热,通常温度不超过 100℃,每日一次,每次加热时间为 30 分钟,连续进行三次灭菌。这种方法常应用于无菌操作中因受热易变性的微生物培养基。

巴氏灭菌:对一些不宜用高温灭菌的物品,可在较低温度下(100℃ 以下)杀死微生物的营养细胞,但不能达到完全灭菌的要求。

高压蒸气灭菌:此法通常是当蒸气压力为 1 千克/平方厘米时,相应温度为 121.6℃。各种微生物包括具有芽孢的细菌,在这样的条件下经 15～20 分钟,即可彻底杀灭。此法适用于不怕高温的金属、玻璃器皿和基础培养基灭菌。

在同一温度下,湿热灭菌比干热灭菌效力高。这是因为湿热的穿透能力比干热大,微生物在湿热中蛋白质吸收水分,容易凝固。

3.菌种培养和保存设备

为了对文物中的微生物进行研究,必须将这些微生物采取保存下来,以供进行各种研究实验之用。为此需要将微生物的菌种或含有微生物的材料(如水、食品、空气、土壤、排泄物等)转移到培养基上(称为接种),并在适宜的环境中,使微生物生长繁殖,称为微生物的培养。不同的微生物需要的条件不同。嗜氧微生物,必须在有氧环境中培养和在有光条件下生长,故通常均在一特殊设计的多功能培养箱中进行培养。

在微生物研究工作中,常需将获得的菌种保存起来。做到不死亡,不变异,没有杂菌污染。因此,要尽量降低菌种的代谢活动和隔绝外界因素的影响。

文物保护技术实验室里,通常利用低温或冰冻真空干燥来保存菌种。菌种在 2～5℃ 的冰箱中可保存 1～3 个月。

冰冻真空干燥保存是将菌种加无菌血清或脱脂牛乳制成菌液,取数滴菌悬液加入无菌的菌种试管中,置于 -40℃ 冰箱中,使之迅速冻结;然后用低温高真空干燥;干燥后,在真空条件下封口,放置室温或低温下保存。这种保存方法可使菌种历经数年仍能保持原有的活性和特征。

4.微生物的观察、摄影、鉴定、计数设备

微生物的形态、生理生态等乃是研究微生物的基本内容,它不同于一般动植物的研究,必须有一套特殊的实验方法。研究微生物的形态构造及运动,应用显微镜观察是一种非常有效的手段。显微镜是一种直接探索微观世界的工具,有两个发展阶段:从光学显微镜到电子显微镜,放大倍数从一千倍到近百万倍,对微生物的研究,发挥了巨大的作用。不同的微生物,可选用不同的显微镜进行观察。

①普通化学显微镜:一般在观察细菌、酵母菌、霉菌和放线菌等较大微生物时,均可用普通光学显微镜。普通光学显微镜靠不同的光学透镜组合而使物体放大,能观察的最小物体为 0.2 微米。

②紫外线显微镜:为了提高显微镜的分辨能力,可用紫外线作为照明光源。紫外线的平均波长约为可见光线平均波长的一半,但分辨力约增大一倍。这种短波长的光线,人们的肉眼不能见,因此,所得的物象必须用摄影法摄片后方能观察。这就是摄影生物显微镜,用于微生物的鉴定及摄影。

③电子显微镜:电子显微镜由显微镜筒、真空系统和供电系统三部分组成。电子显微镜供电系统的作用,是为了用一个电压高度稳定的高压电源来加速电子流;电压愈高,电子速度愈快,分辨力就愈强。80 万倍电子显微镜的分辨力可达 1.44×10^{-8} cm。电子显微镜的真空系统,是为了防止电子与大量气体分子撞击而损耗能量,以使电子轰击样品时具有最大的能量,而有利于大量电子穿透样品。电子显微镜的镜筒系统中的各级透镜都是起着放大成像的作用。电子显微镜总的放大倍数,是各级放大倍数的乘积,高度放大的电子显微镜,可放大几百万倍,常用来观察、鉴定微生物。

④ATP测定仪和微生物计数器:ATP测定仪主要用于快速测定出样品中是否含有微生物;微生物记数器则是用于微生物菌落数量的统计。

2.3 环境实验室

人类在这个星球上繁衍生息了几百万年,但随着工业的发展和城市人口的迅速增长,大量有害物质排入大气环境中,造成越来越严重的大气环境污染,不仅对人类和生物,同样也对各种文物带来严重的损害。

文物损坏的原因,就内因而言与其自身的化学组成、化学、物理特性及其结构变化有关,而大气环境因素则是文物损坏的外因。大气中的温度、湿度、光照、粉尘和有害气体都是造成文物损害的重要外因。

人类造成的环境污染,使大自然的环境质量发生了剧烈的变化。1998 年国际卫生组织公布的一项报告表明,全球空气污染的城市依次为太原、米兰、北京、乌鲁木齐、墨西哥城、兰州、重庆、济南、石家庄、德黑兰。在这十个污染严重的城市中,我国占了7个,而且太原、北京、乌鲁木齐排在前1、3、4位,这说明我国环境污染十分严重,和我们这个具有几千年悠久历史的文明古国,遗留和保存有数以万计的文物古迹需要很好保护的要求差之甚远。严重污染的环境,使许多稀世珍宝都程度不同地受到损害。如遗址、石窟、石碑等石质文物的风化侵蚀;陶器的粉化;金属类文物的锈蚀;古建材料的腐朽;纸质文物及纺织品文物的糟朽灰化;彩绘、壁画的色彩退变、空胀、起甲、脱落、酥粉等均和环境的污染,特别是大气和地下水的污染有直接的关系。因而环境的监测和控制,对文物保护至关重要。

文物保护环境实验室的任务主要有三项:一是对环境的监测和控制,研究环境对文物的影响;二是设计不同微环境条件、研究微环境条件对文物的影响;三是对文物保护材料抗环境实验的研究。

1. 环境的监测与控制

环境质量的好坏,直接影响文物的安全和文物的寿命。为了减少或避免环境对文物的损坏,必须对文物的环境进行监控。

(1)大气中有害成分的采集与分析

在文物保护工作中常采用空气采样机、粉尘采样器,采集文物所处环境的大气样品和粉尘样品。大气采样器一般由吸收系统、检流计及抽气系统三部分组成,当被测环境的大气被吸入采样器的吸收系统,由检流计的流速和采样时间的乘积计量。GS-3交直流两用大气采样机,可平行采集两种不同的有害样品,在采样过程中,两流量计互不干扰、流量稳定、操作方便、精度高,既适合室内又适合野外无电源操作。

(2)大气污染监测

在文物现场安放环境监测仪,用来监测大气环境中二氧化碳、二氧化硫、二氧化氮、氯化氢、硫化氢等有害气体及粉尘污染。如敦煌窟区及重要洞窟,秦俑1号、2号、3号坑等均安置有大气污染监测器。

(3)紫外光的监测及控制

紫外线光小于 3580×10^{-8} cm,可使有机质文物中有机分子的线性不饱和键断裂,对文物起光分解作用,使纸质、纺织、木质、皮革等文物,发黄变脆、糟朽、机械强度降低。紫外光在潮湿环境中使空气中的氧分子产生特别活泼初生态氧,与空气中水分子结合成过氧化氢,使金属类文物氧化,使文物变色、褪色,即发生光氧化作用。因而必须对文物所处环境的紫外光及其强度进行监测,并尽量采用涂有紫外线吸收剂的人工光源。常用的紫外线吸收剂有:

UV—9(即 2—羟基甲氧基—二苯甲酮)、Uvinul—50(即 2,2,4,4—四羟基二苯甲酮)等。

2. 不同微环境的设计与监控

①模拟不同气候条件对文物的影响

各类文物因质地、特性不同,受环境影响也不尽相同。为了有效延长文物的寿命,必须对各种文物采取不同的保护措施,利用人工气候箱模拟不同气候条件对文物的影响,从而找出各种文物的最佳保存环境。

②用盐雾试验箱,进行不同浓度盐雾下,文物腐蚀情况的模拟实验。

③利用光照度计、色度计做光对文物影响的各种模拟实验,研究光对文物的影响。

3. 文物保护材料抗环境模拟试验

由于文物的重要性,所以对文物保护材料的选用要求十分严格。无论是国内或国外的文物保护材料,都必须先在文物代用品或具有可比性的文物残片上,在模拟的气候(温度、湿度、有害气体、光照、盐雾浓度)条件下进行耐老化性、耐气候性、耐光性和耐腐蚀性测试,从而真正筛选或合成出符合文物保护材料基本要求的保护材料。

2.4 文物保护新材料合成实验室

为了更好地保护文物,最大限度地延长文物的寿命,就要合成性能良好,符合各种文物保护特殊要求,经济耐用,操作简便的文物保护新材料。新材料技术虽已成为当代发展的前沿技术之一,但文物保护新材料的合成、生产在国内外还处于初期阶段,需要各界人士与文物保护工作者携手合作,共同努力,充分利用化学、化工、生物、材料等领域的新技术、新成果,结合文物的特殊性,研究合成适合文物保护需要的新型文物清洗剂、黏合剂、加固剂、修补剂、防腐防霉杀菌剂、杀虫剂和表面封护剂等。

2.5 文物修复实验室

文物修复是文物保护和文物利用的前提,因而文物修复实验室是文物保护技术实验室不可缺少的重要组成部分。

文物修复是一门技术性要求很强的工作。它包括了很多学科和技术,在学科方面包括历史学、考古学、博物馆学、金石学、物理学、化学、金属工艺学、美术学等;在技术方面有钣金、鎏金、铸造、油漆、陶瓷、造纸、石刻、电焊等多方面的知识和技能。虽然文物的质地、类别、损坏程度的不同,修复所需的材料和修复方法亦不相同,但要坚持古代传统工艺和现代科学相结合的原则。

1. 文物修复实验室的任务

文物修复实验室的任务有两个:一是清除文物上的一切附着物,二是修补文物的残缺部分。目的是恢复文物本来面目,防上有害物继续危害文物,保持或显示文物标志,保证文物安全,延长文物寿命,合理利用文物,扩大文物的社会经济效益,真正做到古为今用,促进社会主义经济建设和精神文明建设、促进现代科学技术的发展。

2. 文物修复应遵守的原则

①文物修复必须尊重作者的原作,要体现历史的真实,不能主观想象改动文物原貌,复原部分要与其余部分相仿,做到修旧如旧。

②对要修复的每件文物,都必须认真的分析研究,搞清原文物的材料类别、性能及损坏情况,先做好文字记录、绘图、照相、然后制订修复方案。重要文物要上报文物主管部门,请专家对方案进行论证,审批后方可实施。

③修复用材料要尽可能与原物一致,并尽量采用原制作方法和工序。

④修复材料的性质及效果具有长期稳定性,同时具有可逆性;需要用更好的材料替换时,能够除去。

⑤文物修复时,应先用文物代用品或有可比性的文物残片进行试验,包括模拟加速劣化实验和存放环境试验。文物修复使用的技术应在残缺文物上用,确实保证可靠时再用到一般文物,最后用于珍贵文物;反对以不成熟的材料,不成熟的技术用于珍贵文物。

3. 文物修复室的基本要求

①宽敞明亮,最好是坐北朝南的平房。

②室内通风条件良好,有操作除尘设备及排气扇。用于珍贵文物的修复实验室应安装空调、保持室内适宜的温湿度。

③室内应安装自来水、水池、下水道、暖气、各种规格电源插座及照明设备(日光灯和白炽灯)。

④室内最好配有6厘米厚的木板桌面工作台,保险柜或铁皮文件柜。

⑤修复室房屋应坚固、安全,有报警设备及灭火器材。

4. 文物修复实验室的设置及设备配置

一般按文物质地划分并配备相应的仪器设备。

①有机质类文物修复室

有机质类文物修复室主要修复纸质文物(档案、字画、碑帖)、纺织品文物、漆木竹器、骨角质、壁画等文物。

有机质文物修复室常用的仪器、设备及工具：

红外线摄像仪：利用该仪器主要是观察年代久远、字迹模糊不清、肉眼无法辨认的古字画，使其字迹在荧光屏上清晰的显示出来。

纸张测厚仪：用来测量纸张的厚度。

纸张酸度测定仪：在对纸张无损坏情况下，快速测定纸张的酸度。

色度仪：用于测量文物的色度。

显微镜：用来观察纸质文物及纺织品文物的细微结构。

常用的设备和工具有裱画案、晾贴板、晾架、晾杆、裁刀、剪刀、针锥、镊子、裁板、裁尺、量尺、骨刀、排笔、排刷、浆刷等。

纸质及纺织文物修复常用的材料：

常用的修复材料：有宣纸、绢、绫、锦、丝带、浆糊、颜料、胶（骨胶、明胶）。

清洗剂：纸质文物酸性清洗剂有饱和石灰水 $Ca(OH)_2$、氢氧化钡 $Ba(OH)_2$；纸质及纺织品一般清洗剂为蒸馏水；纸质及纺织品文物有色污斑清洗剂有氯胺－T（ CH_3—⬡—$SO_2NH_2 \cdot NaCl \cdot 3H_2O$ ）纸质文物油脂清洗剂有吡啶；纺织品文物固色清洗剂有食盐和醋酸；汗渍、油斑、果汁斑、动物变质产物清洗剂有氨水、硼砂；纺织品特殊污斑清洗剂有六偏磷酸钠等；蛋白质沉淀物清洗剂有木瓜蛋白酶；有色污斑清洗剂如植物性纤维纺织品用氯漂剂清洗、动物性纤维纺织品用过氧化氢，过硼酸钠，次硫酸钠清洗。此外还可用三氯乙烯、二氯乙烯、苯、甲苯、二甲苯、乙醇、丙酮、醋酸乙酯、醋酸戊酯、表面活性剂清洗油、脂、蜡、焦油、树脂、黏合剂、虫胶、涂料及塑料等不溶于水的污斑。

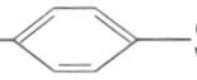

黏合剂及加固剂：黏合剂有聚醋酸乙烯酯、纤维素类黏合剂。加固剂有聚乙烯醇缩乙醛、聚甲基丙烯酸丁酯。

漆木竹器类文物修复常用的材料及试剂：

聚醋酸乙烯酯、木屑、石膏粉、颜料、漆片、虫胶、环氧树脂、松香、乳香胶、石蜡、乙醇、乙醚、丙酮、异丙醇。

骨角质类文物修复常用的材料：

骨角质文物上附有的碳酸盐硬锈壳用 $1\%\sim2\%$ 稀盐酸溶蚀、软化后，用竹刀剔除，用酒精反复冲洗。骨上霉斑可用 $2\%\sim5\%$ 草酸溶液或柠檬酸溶液，过氧化氢溶液清洗漂白，再分别用氨水和蒸馏水冲洗。

壁画的修复常用的试剂、材料：

机械去污：可用软绒垫掸拂，也可用小竹刀剔除。化学去污：灰尘油污用三氯乙烯清洗，然后用 2% 可溶性尼龙酒精溶液作保护层；若油污很顽固可用 1% 氨水清洗，也可用甲苯、丁醇、乳酸丁酯（1：2：2）混合溶剂清洗壁画上的污垢及烟炱；

烟熏黑斑用氨水、环己胺或丁胺溶液清洗。油斑、树脂、蜡等污脏物可用四氯化碳、三氯乙烯、丙酮、二甲苯、松节油加乙醇、二甲基甲酰胺等溶液清洗,霉斑、虫斑、污水斑、墨水斑可用氯胺－T加少量水来清洗;蝇屎斑可用过氧化氢和酒精(1∶1)混合清洗。

②石质类文物修复室

大多数石质文物露天陈放,长期经受风吹雨淋、生物侵蚀,内部结构及表面均发生了不同程度变化,有的风化剥蚀严重,有的酥碱粉化,有的断裂残破。因此,石质文物的修复主要是残破文物的修补、黏结及表面封护,以延长其寿命。

石质文物修复常用的设备及工具:

物理力学性质实验设备(材料力学实验机等)用于制备薄片、光片的成套设备(切割机、磨片机等)。

岩相显微镜:用于石材结构的分析。

光学经纬仪:用于大型石质文物的测量。

照相设备:照像机、摄影仪

灌装设备:空气压缩机、注射器、喷射器、喷浆嘴等。

各种工具:刷子、毛笔、手钻等。

石质文物修复常用的试剂及材料:

除大理石外,其他石质文物表面碳酸盐锈壳,均可用稀酸(盐酸、甲酸、醋酸)溶液软化溶蚀。大理石材文物上的水垢锈壳,可用三甲树脂或硝基漆稀液先封护,再用稀酸液腐蚀锈处至锈层松动,用机械法剔除。

石质文物内部溶盐清洗常用蒸馏水长时间浸泡,不宜浸泡的石质文物,可用六偏磷酸钠或EDTA溶液利用纸浆或多层纸张糊敷或贴敷。对于质地松散的石质文物,可先用5％可溶性尼龙或2％赛璐珞丙酮溶液浸渗加固后再清洗。

断裂石质文物的黏结常用各种型号的环氧树脂。在环氧树脂中加一些不饱和树脂或聚酰胺树脂类作增韧剂。对有些大件断裂石质文物还可加不锈钢销钉黏结,然后适当作旧。

石质文物的加固可用无色透明、无光泽、憎水性强、可逆性好的850#有机建筑用防水剂进行表面处理,然后用耐老化性能好的821#含氢硅油封护。对于脆弱石质文物,要用渗透性好,可渗到脆弱文物深处的聚甲基丙烯酸甲酯和聚甲基丙烯酸丁酯、聚醋酸乙烯酯、硅酸钠或硅酸钾加固。

③金属类文物修复室

金属类文物主要是金、银、铜、铁器。

金属类文物修复常用的设备及工具:

金相显微镜:用于金属结构的分析。

电导仪:用于金属文物处理过程中所用溶液电导值的测定。

自动恒温干燥箱、牙钻、超声波洁牙机、抛光机、台式砂轮、角磨机、天平、台秤、各号钢锤,砧子等金工常用工具。

金属文物修复常用的材料:

青铜类文物修复常用的材料,青铜器上氯化物可用倍半碳酸钠溶液清洗;青铜器上石灰质沉积物,可用 5% 六偏磷酸钠溶液清洗;青铜器上腐蚀产物孔雀石、蓝铜矿、粉状锈(副氯铜矿、氯铜矿),用氨水、硫脲、柠檬酸络合剂清洗,用过氧化氢降低氯。破损的青铜器可用环氧树脂或改性的环氧树脂作黏合剂。对腐蚀严重、质地脆弱的青铜器可用聚乙烯醇缩丁醛、聚甲基丙烯酸甲酯喷涂、浸渗加固。青铜器表面封护可用有机硅树脂、缓蚀剂用苯并三氮唑。

对破损的铁器可先用蒸馏水清洗,用改性的环氧树脂、改性的丙烯酸树脂、502胶、914胶涂于粘口两边、固定、室温下数小时即可固化粘牢。对脆弱铁器可用丙烯酸酯树脂溶液渗透加固。残缺铁器补配,用相同形状铁块黏结上去,缝隙或小面积残缺,用铁粉或石英粉加红土用胶液和好填入,然后加以修饰。

④陶瓷类文物修复室

陶瓷类文物的修复设备及工具:

体视显微镜,用作陶瓷类文物之结构分析;照相及摄像设备、吸尘器、喷涂器等。

陶瓷类文物的修复材料:

陶瓷类文物上的泥土、用水或用棉花蘸水或酒精冲洗或将泥垢软化后剔除;器物表面的石灰质(碳酸盐)、石膏质(硫酸盐)、硅质(硅酸盐)等沉积物常用螯合剂EDTA、六偏磷酸钠溶液清洗。污垢用强氧化剂双氧水清洗除去。

陶器常用硝基纤维素、三甲树脂、环氧树脂、502 胶来黏结,黏结时残块之间合缝要严密。器物残缺部分,可用油泥作模,用石膏调成糊状灌注,接口处可用 502胶黏结。

脆弱器物可用 5%~15% 的聚醋酸乙烯酒精溶液、5%~8% 聚甲基基丙烯酸甲酯氯仿溶液渗透加固。彩陶修复时,经清洗干净,花纹清晰显现时,然后缓慢干燥至花纹在器物表面还有相当附着力时,用 2% 三甲树脂丙酮溶液浸涂或喷涂,也可用 5% 可溶性尼龙酒精溶液加固,如剥落的彩绘彩釉较厚时,改用 10% 聚醋酸乙烯酯丙酮溶液粘贴至轻度摩擦而不脱落。

§3. 国内外著名文物保护修复实验室简介

文物保护与修复历来受到各国政府和人民的重视,由政府或私人出资建立了形式各异、功能不同的文物保护与修复机构。既有大型综合性文物保护修复实验室,也有专服务于某种文物的保护修复实验室。

新中国成立后,国家对文物保护工作十分重视,先后成立不少文物保护修复的科研院、所,这些单位都有比较齐全、先进的设备,雄厚的科研力量,为我国的文物保护作出了重大贡献。

3.1 国外著名文物保护实验室

1. 意大利文化遗产部罗马修复中心

该中心是融文物保护科学研究、文物修复处理、档案汇集为一体的综合性文物保护修复实验室。它研究文物保护修复的各个领域,研究机构庞大,分工细致,仪器设备齐全、先进,分前处理室,科学实验室和修复实验室三大部分。该中心在研究文物保护修复的各个领域中,做了大量的工作,取得很多高水平的成果,特别是在壁画的保护修复方面工作尤为出色,对壁画的病变,病变机理,壁画颜料的成分,变色原因,壁画的保存环境对壁画的影响,环境的控制,壁画的修复等方面都作了卓有成效的研究工作。

2. 日本奈良国立文化财研究所

该所是日本政府出资建立的综合性文物保护修复实验室,研究机构庞大,其中保护科学部又分化学研究室、物理研究、生物研究室;修复技术部下分第一、第二、第三,3个修复技术研究室;实验室在文物保护方法方面做了大量工作,如用红外线、紫外线来观察壁画、绘画、木简及古籍模糊不清的字迹,利用红外线测定古建筑墙壁及摩岩表面温度的分布状态,并观察研究内部构造及材质对温度分布的影响,利用紫外线照射不同材质产生不同荧光来判断壁画、绘画、陶瓷的修补部分,研究文物保护环境及环境对文物的影响和如何控制文物环境的温湿度。在对木质文物饱水的保护中,该所对出土漆木竹器发掘现场的调查,对器物表面及内部保存状况,腐朽程度,含水率的测定计算等方面均有独到之处,特别是在漆木竹器,化学处理及脱水定型的方法,如 PEG 浸渗法,真空冷冻干燥法,高级醇法,聚硅氧烷树脂法,溶剂—树脂法等均进行过深入研究。

在金属类文物的保护研究中,该所对有害锈和无害锈的形成原因、形成机理、金属的化学腐蚀、电化学腐蚀、腐蚀产物的成分、形状、性质,金属文物中氯化物的处理,特别是金属铜和铁器类文物中氯化物清洗剂及清洗方法,金属文物残损部分的修补材料、修补方法等方面作了许多细致的研究。

该实验室在古遗址、遗迹的保护方面也做了大量工作,对不同类型古遗址、遗迹的病变原因,病变的清除方法、保护工艺、古墓的保存环境、墓葬石室内的空气组成,石室内水的成分、石棺内空气中微生物的含量及影响,石室内地下水、植物根的侵入,雨水及古墓封土所含的化学成分,石棺内壁附着物痕迹,文物的保存状态等作了大量深入的调查分析工作。

3.日本奈良县立橿原考古学研究所保护科学实验室

该实验室是一个特别为出土木质文物服务的保护修复实验室。该所发掘出土的木质和竹质文物很多,仅从奈良县橿原市四条古墓发掘的木质文物就多达16种、410件,为研究古代送葬礼仪提供了极其宝贵的重要资料。该实验室除了一般文物保护常用的仪器设备外,还配备有专门用于木质文物脱水加固定形的PEG浸泡装置。该装置面积近百平方米,设计先进,可自动控制温度,添加药剂。

该实验室在木质文物的保护研究中,工作翔实,对饱水木质文物的埋藏环境,土壤中化学和生物因素对木质文物的影响,出土木质文物含水率的测定,土壤PH值和氧化还原电位,土壤粒度的测定,土壤颜色及颜色的成分,土壤中菌类及微生物的活动,土壤成分的分析,木材在埋藏环境中分解,腐蚀原因的分析,对处理过的出土木质文物的保存环境,出土木质文物遗留变质痕迹的解析,各种环境下如在紫外线下细胞壁的化学变质等均进行过深入研究。

3.2 国内四种类型的文物保护实验室

我国政府对文物保护工作十分重视,成立了中国文化遗产研究院,敦煌研究院文物保护研究所,西安文物保护修复中心,中国历史博物馆文物保护实验室,故宫博物院文物保护实验室,上海博物院文物保护实验室,南京博物院文物保护研究所、河南博物院文物保护实验室,西北大学文博学院文物保护专业文物保护实验室等一批文物保护单位。这些文物保护实验室大多设备齐全,科研力量雄厚,学术交流活跃,为我国的文物保护,做了大量卓有成效的工作,为我国文保人才的培养作出了重要贡献。现就四个不同类型的文物保护实验室作一简单介绍。

1.西安文物保护修复中心

该中心是我国和意大利合作,参照意大利文化遗产部罗马修复中心模式建成的一个融文物保护科学研究、文物修复、档案汇集于一体的综合性文物保护修复研究机构。西安文物保护修复中心是我国第一所现代化文物保护修复研究中心,下设古代建筑研究所,文物保护科学实验室和文物修复室。

①古代建筑研究所:为国家首批文物建筑工程类甲级勘察设计资质单位,下设

规划室、设计室、维修室、预算监理室,一些重要的古代建筑、曾承担西安钟楼、鼓楼、大雁塔、西岳庙等的保护维修。

②文物保护科学实验室:是按意大利罗马修复中心模式建成的国内设备最齐全、先进的综合性文物保护科学实验室。

该室除了配有理化、生物实验室常用的仪器设备外,还配有文物保护专用的大型先进仪器设备,如扫描电子显微镜、金相岩相显微镜、X 射线照相、X 衍射仪、X探伤仪、气质联用仪、高效液相色谱、原子吸收光谱、傅里叶红外光谱、紫外光谱、热释光断代仪等。近年来,该室进行了陕西唐墓壁画的颜料分析;和德国合作保护修复了彬县大佛,并对彬县大佛寺石窟岩石风化、彩绘颜料及黏合剂进行了分析研究;研究了陕西水陆庵泥塑的风化机理;成功地对临潼华清池的木质下水管道进行了加固修复。仅 2004 年该保护室就承担了国家级科研项目 2 项,省部级科研项目7 项,文物保护工程项目 5 项。

③文物修复室:分金属修复室,陶瓷修复室,泥塑、壁画室。文物修复室充分利用文物保护修复中心分析检测手段和多学科的综合优势,完成了多项省部级文物修复科研项目,为省内外文博单位保护修复了大量各类文物,同时承担了省内外多项文物保护修复工程。2004 年该修复室承担省部级科研项目 2 项,文物修复项目3 项,文物保护修复工程 6 项。

西安文物保护修复中心还和意大利合作举办文物修复班,培养文物修复工作者,并派中青年技术骨干分别到意大利、日本、德国等文物保护单位进行过学习,为提高中心的业务水平打下了坚实的基础。

2.敦煌研究院文物保护研究所

敦煌研究院文物保护研究所,是我国成立比较早、设备好、技术力量强的一所以石窟、壁画、古遗址的保护修复研究为主的科研机构,2004 年被确定为国家文物局重点研究基地。敦煌研究院文物保护研究所以敦煌石窟壁画的保护修复为主,与国内外文物保护单位的专家广泛合作,对石质文物的病变、病变机理、保护理论、保护方法、保护材料进行了长期、深入的研究,获得了突破性的进展。

壁画变色是敦煌壁画最严重的病害之一,该所对壁画颜料的成分、病害,病变机理、特别是对壁画红色颜料土红、朱红、铅丹做了深入、细致、科学的研究。通过扫描电镜、X 衍射、偏光显微镜分析,弄清了敦煌壁画铅丹变色褪色的主要因素是湿度,紫外线、地仗层的碱性、颜料的掺胶等。

该所对敦煌壁画的盐害(俗称酥碱)进行了详细的调查研究,弄清了盐害在壁画上的分布规律,盐分的组成特征,盐害的微观特征,盐害形成的地质背景,提出了对上层洞窟裂隙用柔性材料作防渗处理,在窟前作防渗墙,切断气水向底层洞窟的移动,对雨水下道采取防渗等措施。

该所对敦煌壁画的加固,加固材料的选择,胶结材料的老化、壁画的修复、揭取、古代地面建筑材料,古代建筑遗址的加固等方面都作过深入的研究。

该所为我国许多石窟、壁画、土遗址作了大量的加固、保护、修复工作,如对炳灵寺、麦积山、庆阳北石窟的风化研究;对玉门关、河仓城、西夏王陵一号陵、交河故城西北小寺等古遗址的保护加固;对西藏布达拉宫、罗布林卡和萨迦寺空臟壁画的修复等壁画的保护修复做了大量卓有成效的工作。

3.秦俑博物馆保管部文物保护修复实验室

秦俑的文物保护修复早在 1974 年秦俑发现时就开始了,并于 1982 年成立了相关实验室,但条件比较简陋;1991 年开始同德国巴伐利亚文物保护局进行文物保护和修复方面的合作时,文物保护与修复实验室从硬件上得到很大的改善;特别是 2001～2003 秦俑馆相继与比利时杨森公司和德国巴伐利亚文物保护局合作建立了文物保护"微生物实验室"和"彩绘及相关文物保护修复实验室",大大提高了秦俑馆在文物霉菌检测、防治和陶质彩绘文物保护修复方面的专业技术水平;2004年该实验室被确定为国家文物局重点研究基地。

秦俑馆的保护修复实验室从功能上分为 7 个:微生物(防霉)研究实验室、彩绘分析研究室、彩绘相关文物修复室、综合化学实验室、环境监测室、青铜器修复室、综合修复室。实验室设备配备先进、齐全,科研力量雄厚,可对陶俑彩绘、青铜器、石器等文物进行科学的修复保护和相关的研究工作;进行秦俑坑乃至秦陵周边地区环境监测、温湿度数据收集整理,相关颜料成分分析,颜料彩色锐变机理研究,彩绘层次结构观察分析,彩绘文物保护材料对比研究及老化测试等方面的研究工作。

①微生物(防霉)研究实验室:该室面积 60 平方米,主要设备有 LABCONCO 生物安全工作台、超净工作台、WTB－BINDER 低温恒温培养箱、NIKON E800 生物显微镜及 CCD 系统、NIKON D900 数码显微摄像仪、HIRAYAMA 高压灭菌器、美国 Harris 低湿菌种保藏箱等微生物实验必备的仪器设备,是我国文物系统设备最好的微生物研究实验室。可对秦俑文物、遗址及其环境中的真菌进行科学调查研究、准确、全面系统地对文物、遗址中的真菌进行采样、培养、分离、鉴定、真菌类群的数理统计、真菌的药物敏感性实验,筛选适合于文物及遗址菌害防治的药剂及防治方法,对防霉方法及效果评估,实施文物及考古现场的霉菌防治。

②彩绘分析研究室:主要从事彩绘颜料成分、彩绘结构、彩绘文物的损害机理研究等。实验室设备齐全,有 Minolta CM－2600D 分光式色度测定仪,Leica DMLSP 偏光显微镜,Leica MZ8 立体显微镜、Leitz Laborlux 金相显微镜、UV monitor 紫外线检测仪,Struers DAN－V 抛光仪,Heraeus Kulzer 紫外固化仪和照相

设备等等。

③彩绘及相关文物修复室:面积 60 平方米,主要从事文物修复前的初步实验,简单药品的配制彩绘及相关文物的修复等工作。

④综合化学实验室,可从事化学试剂、文物保护药剂配制、各种文物分析测试试样的制备。

⑤环境监测室:具有德国 TESTO 环境多因子测试设备和多台便携式温湿度监测仪等设备,可进行文物环境特别是考古发掘现场的环境监测和评估。

⑥青铜器修复室:可进行青铜器前期的初步检测和修复工作。配有 Leica wild 台式体视显微镜,40 倍(带监视器)体视显微镜,微循环显微镜,FG2-49 喷沙仪及吸尘等配套修复工具。适合于金属文物及对环境要求严格的易损文物的修复。

⑦综合修复室:面积 500 平方米,内装备有火警探头、红外探头、摄像头。专门方便修复工作需要的灯光照明系统以及较为齐全的文物修复与运输设备。如电子磅秤、移动式起重机、内燃平衡式叉车、空气压缩机、手机液压杆腿式装卸车、手动液压托盘搬运车、型材切割机、轻便式变流电焊机、计算机等。这些设备基本满足了包括秦俑这种大型陶质文物在内的各类型陶质文物及石质文物的修复与运输。

此外,还有药品器材室、资料室、照相暗室、绘图室、信息中心等配套科研场所。

综上所述,秦俑文物保护修复实验室仪器设备齐全、先进,研究力量雄厚,水平高。多年来文物保护修复成果显著,如"铜车马修复"获国家科技进步二等奖,"秦俑彩绘保护"获陕西省科技进步一等奖,2004 年获国家科技进步二等奖。

4.西北大学文博学院文物保护技术实验室

西北大学文博学院文物保护专业是我国设置最早且唯一正式招收培养本科生的专业,该文物保护技术实验室是对学生进行文物保护与修复技术技能培养的教学与科研实验室。实验室备有一般文物保护修复的仪器设备,除可结合教学进行文物保护环境指标的测试,文物的组成、结构、性能的分析,霉菌的形态观察及化学因素对微生物及文物的影响实验外,还可通过对陶瓷、金属、木质等各类具体文物的保护修复实验来培养、训练学生的文物保护修复技术和分析问题、解决问题的实际能力。

文博学院文物保护材料研究室,主要进行文物保护材料研制和应用研究。近十年来该材料研究室从事防腐防霉杀菌剂的研制,先后合成了五种新型、高效、低毒、广谱的文物防腐防霉杀菌剂,在文物界广泛应用于纸质、纺织品、漆木竹器、尸体、皮革、骨角质、石质、陶瓷砖瓦、土遗址等各类文物的防腐防霉杀菌,效果十分显著。该室进行文物清洗剂、黏结剂、加固剂、修补剂、杀虫剂、表面封护剂等各类文物保护材料的合成及应用研究,先后对法门寺博物馆的金、银、铜器、丝绸等珍贵文物进行处理;对四川大足石刻艺术品上的溶盐的形成,分布梯度、霉菌、苔藓、藻类的清除、菌类的分离鉴定、油烟的成分分析及清洗;对麦积山石窟的风化产物、降沉、油烟成分的分析鉴定,干裂起翘木质字匾的回贴加固;对西北大学历史博物馆锈蚀严重的商代及春秋时代断裂、残缺青铜器、秦代的铁戟的黏结、加固、修复;对西夏陶钟起翘彩绘的黏结,加固;对唐实际寺出土的象牙梳子、壁画、陶瓷等各类文物的现场保护;对陕西杜陵风化石刻的黏结、加固、表面保护处理;对陕西麟游大量唐代铁器的抢救性保护;对慈善寺石刻风化情况、风化产物、风化机理及保护方法进行较全面系统的研究均取得了令人满意的效果。此外,该室还经过对不同朝代、不同地方出土的几十件铁器、青铜器锈蚀情况、锈蚀产物成分的分析研究,对铁器、青铜器的锈蚀机理提出新的见解。

　　文博学院文物修复室是近两年建立起的一个宽敞、设备齐全、先进的文物修复室。该室备有文物喷砂、除锈、打磨、黏结的固定系统,齐全的文物修复专用五金工具,连续变倍体视图像采集系统等,不仅可对学生进行文物修复教学实验,还可方便进行各类文物的修复。

参考文献

[1]宋迪生等,文物与化学,成都:四川教育出版社,1992.8

[2]郭宏,文物保护环境概论,北京:科学出版社,2001.9

[3]王蕙贞,文物保护材料学,西安:西北大学出版社,1995.8

[4]国际古遗址理事会第十五届大会,西安宣言,西安,2005.10

[5]蔡学昌,加强文物工作中的自然科学与社会科学的结合,文物保护与考古科学,1982.(2)

[6]樊锦诗,敦煌莫高窟的保护与管理,敦煌研究,2000.(1)

[7]黄克忠,走向21世纪的中国文物科技保护,敦煌研究,2000.(4)

[8]潘别桐、黄克忠,文物保护与环境地质,武汉:中国地质大学出版社

[9]汪万福,敦煌莫高窟风沙危害与防治研究,敦煌研究,2000.(1)

[10]王蕙贞、宋迪生,防腐防霉杀菌概论,西安:陕西省科技出版社,1995.10

[11]吴永琪、张志军、周铁,秦俑彩绘保护技术研究,鉴定材料,2001.10

[12]马清林,陶质文物保护方法论述,全国第二届考古与文物保护化学学术交流会,敦煌,1992.8

[13]吴永琪,秦俑彩陶的加固保护研究,文博,1992.5

[14]陈海,彩绘陶制文物的清理、加固技术,考古与文物,1995.2

[15]王蕙贞、董鲜艳、李涛等,西汉初期粉彩俑的保护研究,文物保护与考古科学,2005.4

[16]SiVanandas Jada,et al. JAppl polym sei 1988.35

[17]袁传勋,PVAC 和 PVB 改性硅溶胶加固保护陶质文物的研究,文物保护与考古科学,2003.1

[18]日用陶瓷器吸水率测定方法,GB3299-82

[19]日用陶瓷抗折强度测定方法,GB4741-84

[20]日用陶瓷抗压强度测定方法,GB4740-84

[21]日用陶瓷材料耐酸、碱性能测定方法,GB4738-84

[22]耿铁华、林至德,集安高句丽陶器的初步研究,文物,1984.1

[23]耿铁华,高句丽陶器的类型与分期,考古与文物,2001.3

[24]钟安永、周宗华、陈德本等,西北大学学报(自然科学报),2000.4

[25]夏寅、周铁、张智军,偏光显微粉末法在秦俑、汉阳陵颜料鉴定中的应用,文物保护与考古科学,2004.4

[26]王蕙贞、朱虹、宋迪生,秦汉铁器锈蚀机理探讨及保护方法研究,文物保护与考古科学,2003.1

[27]祝鸿范、周浩,出土铁器的脱盐清洗研究,文物保护与考古科学,1995.1

[28]黄允兰、林碧霞、王昌燧等,古代铁器腐蚀产物结构特征,文物保护与考古科学,1996.1

[29]王蕙贞、宋迪生、朱虹等,青铜文物腐蚀机理及保护方法研究,人类文化遗产保护(1)西安交

通大学出版社,2003.8

[30]杨忙忙,汉武帝茂陵陪葬坑出土金属车马的修复及保护研究,人类文化遗产保护(1),西安交通大学出版社,2003.8

[31]贾文忠,文物修复与复制,北京:中国农业科技出版社,1996.6

[32]王蕙贞、魏国峰、朱虹,金普军,商代青铜戈腐蚀机理与保护研究,考古与文物,2001.3

[33]林春美译,室外青铜器锈的分析,Martin Mach and Rolf snethlage(德国巴伐利亚州文物保护局)

[34]邱百明,出土铁质文物的现场保护,中原文物,1981.1

[35]叶康民,金属腐蚀与防护概论,北京:人民教育出版社,1980

[36]王蕙贞、朱虹、宋迪生。溶盐菌类对大足石刻的危害及其保护处理,西北大学学报(自然科学报),2000.4

[37]李最雄,石窟保护论文集,兰州:甘肃民族出版社,1994.10

[38]潘别桐、黄克忠,中国石窟寺保护的环境地质问题,文物保护与环境地质,北京:中国地质大学出版社,1992.10

[39]潘别桐、刘景龙,洛阳龙门石窟环境病害与防治对策研究,文物保护与环境地质,北京:中国地质大学出版社,1992.10

[40]黄克忠、解延藩,云冈石窟石雕的风化与保护,文物保护与环境地质,北京:中国地质大学出版社,1992.10

[41]李最雄,丝绸之路古遗址保护,北京:科学出版社,2003.1

[42]王蕙贞、宋迪生、李涛等,麟游慈善寺石刻风化机理及抢救性保护研究,文物保护与科技考古,西安:三秦出版社,2003.10

[43]李黎、谷醉亲伯,龙游石窟砂岩的水稳定性研究,文物保护与考古科学,2005.4

[44]戴仕炳,德国多孔隙石质古迹化学增强保护新材料和新施工工艺,文物保护与考古科学,2003.1

[45]刘强、张秉坚、龙梅,石质文物表面憎水性化学保护的副作用研究,文物保护与考古科学,2006.2

[46]童登金,大足石刻的保护与展望,人类文化遗产保护,西安:西安交通大学出版社,2003.8

[47]张孝绒、张兴群,乾陵地衣调查报告[J],文物保护与考古科学,2002.1

[48]黄克忠,中国石窟保护方法评述[J]文物保护与考古科学 1977.1

[49]Lewin SZ、王金华译,用于石刻艺术的化学合成物的现状[J],文物保护与考古科学,2001.2

[50]Tabasso ML、杨军昌、黄继忠译,石质品的保护处理[J]文物保护与考古科学,1996.1

[51]张秉坚、尹海燕、铁景沪,石质文物表现防护中的问题和新材料[J],文物保护与考古科学,2002.2

[52]卢衡、郑幼明,SDK 防霉装裱黏合剂的应用研究,第五届全国考古与文物保护化学学术会议论文集,昆明,1998.8

[53]卢衡,BIT 防霉剂保护纸类文物的探讨,西北大学学报(自然科学报),2000.4

[54]刘云聪、华海燕,丝胶特性及在修复古画中之利用,人类文化遗产保护,西安:西安交通大学出版社,2003.8

[55]冯尔耘、胡让、刘凤志、李鸿健,档案保管技术学,北京:中国人民大学出版社,1982.10

[56]国家文物局博物馆处,中国文物学会文物修复委员会合编文物修复与研究,国际文化出版公司,1993.12

[57]沢田正昭著,文化財保存科学ノート,日本近未来社,1998.3

[58]陈进良,出土饱水漆木器的保护,文物修复与研究,北京:国际文化出版公司1993.12

[59]今津节生,出土木制品保存科学的研究,日本奈良,1999

[60]童雪松,不断探索,精益求精——关于古字画修复技术的几点体会,文物修复与研究,北京:国际文化出版公司,1993.3

[61]陈进良、崔战华,河南信阳长台关出土的饱水漆木器脱水定型研究报告,文物保护与考古科学,1994.2

[62]陈庚玲、卢燕玲、赵亚军,武威磨咀子出土木器腐蚀病害与机理分析 文物保护与考古科学,2006.2

[63]周志元,出土文物字画修复之我见,文物修复与研究,北京:国际文化出版公司,1993.3

[64]王晓琪、熊晓鹏、王昌燧,Kauramin法加固饱水古木件的机理,文物保护与考古科学,2006.2

[65]徐毓明著,艺术品和图书档案保养,北京:科学普及出版社,1985

[66]付立红、张铭让、齐水钦等,胶原蛋白和植物纤维结合机理的研究,中国造纸学报,2002.1

[67]杨忙忙,北周孝陵出土漆片的揭取及加固处理,第五届全国考古与文物保护化学学术会议论文集,昆明,1998.8

[68]郭宏,高湿度环境对纸张颜色的影响,西北大学学报(自然科学报),2000.4

[69]张立明、黄火川、何爱平、金普军,自然干燥法在保护西汉饱水漆耳杯中的应用,文物保护与考古科学,2005.4

[70]常德龙、陈玉和、胡伟华等,用低分子树脂进行泡桐木材表面强化的研究[J]林产工业,1997.24(6)

[71]张孝绒,聚乙二醇用于稳定饱水古木材体积的研究西北大学学报(自然科学报),2000.4

[72]宋迪生、宋湘,青铜·古墓·金丹术——古文物中的化学奥秘,长沙:湖南教育出版社,1998.10

[73]张承志著,图书·档案·博物馆藏品保藏学原理,北京:科学技术出版社,1999.6

[74]张承志,金属的腐蚀与保护,北京:冶金工业出版社,1985年

[75]赵克清译,U·R·Evans著,金属腐蚀基础,北京:冶金工业出版社,1987年

[76]朱政贤,木材干燥,北京:中国林业出版社,1994年

[77]李鸿健、刘凤志等,档案保管技术学,北京:档案出版社,1997

[78]郭莉珠,档案保护技术,北京:档案出版社,1993年

[79]陈鸿海,金属腐蚀学,北京:北京理工大学出版社,1995年

[80]杉山真纪子等译,L·A·ザイコルマン等著,博物馆的防虫对策手册,1991年

[81]李景仁、冯惠芬,图书档案保护技术手册,档案出版社,1985 年

[82]高洁、汤烈贵等,纤维素科学,北京:科学出版社,1996 年

[83]天津市文物局,档案工作手册,北京:档案出版社,1984 年

[84]雅·帕·凯思帕利亚(印度),黄坤坊译,档案材料的保护与维修,档案学通讯(增刊),1981 年

[85]刘庆仁,造纸与纸张,北京:科学出版社,1977

[86]奚三彩等,纸张 DEZ 气相脱酸应用研究,全国第二届考古及文物保护化学学术交流会论文集,敦煌,1992

[87]原培岭等,档案文献保护技术学,北京:航空工业出版社

[88]徐方园、邱建群、孙振乾、毛科人,含氯聚合物加固保护纸质文物研究,文物保护与考古科学,2004.4

[89]王磊、张新荣,山东临沂凤凰岭东周墓 2 号戈柄的鞣物质料研究,全国考古及文物化学学术交流会论文集,西安,1989.8

[90]李鸿健等,档案保护技术学,北京:档案出版社,1984

[91]章国仁,浅谈书画装裱常见的问题及其防治,第五届全国考古级文物保护化学学术交流会论文集,昆明,1998.8

[92]郑幼明、卢衡,河姆渡出土饱水木质文物的材料鉴定及树脂定型试验,中国第三届考古及文物保护化学学术交流会论文集,张家界,1994.8

[93]李文英,馆藏木质文物的杀虫与封护研究,中国第三届考古及文物保护化学学术交流会论文集,张家界,1994.8

[94]姜进展,真空冻结干燥法中预处理的研究,中国第三届考古及文物保护化学学术交流会论文集,张家界,1994.8

[95]盛发和,古代饱水漆木器在脱水定型过程中出现的一些问题及解决办法,中国第三届考古及文物保护化学学术交流会论文集,张家界,1994.8

[96]魏象,浸水材及饱水软质木材的自然脱水,中国第三届考古及文物保护化学学术交流会论文集,张家界,1994.8

[97]魏象,新醇—醚脱水技术的完成(漆木器溶剂脱水法探讨之四),第五届全国考古及文物保护化学学术交流会论文集,昆明,1998.8

[98]魏象,醇醚法的现在及未来——新醇-醚法脱水工程简介,第六届全国考古及文物保护化学学术交流会论文集,泉州,2000.11

[99]张岚,水分平衡控制法脱水保护浸泡水漆器,第六届全国考古问及文物保护化学学术交流会论文集,泉州,2000.11

[100]李国清,开放性环境中木质文物稳定性研究,第六届全国考古问及文物保护化学学术交流会论文集,泉州,2000.11

[101]胡晓伟,大型饱水木质文物保护方法刍议,第六届全国考古问及文物保护化学学术交流会论文集,泉州,2000.11

[102]袁晓春,元代蓬莱古船修复加固保护研究,第六届全国考古及文物保护化学学术交流会论

文集,泉州,2000.11

[103]韦荃,高级醇加固饱水木器的可逆性试验,文物保护与考古科学,2007.1

[104]陈中行,遗址大型饱水木构件原址保护技术研究,文物保护与科学考古 西安:三秦出版社,
2006.10

[105]胡东波,出土饱水竹木器的失水皱缩,文物保护与科技考古,西安:三秦出版社,2006.10

[106]周松峦,不同脱水速率对古木脱水收缩特性的影响及其化学热力学分析,文物保护与科学
考古,西安:三秦出版社,2006.10

[107]方北松、张扬、蔡桂兰,走马楼吴简十六醇法脱水研究,文物保护与科技考古,西安:三秦出
版社,2006.10

[108]王晓琪、王昌燧,古代饱水木质文物保护中应注意的几个问题,文物保护与科技考古,西
安:三秦出版社,2006.10

[109]王军,三国孙吴薛秋夫妇墓出土木器脱水保护,文物保护与科技考古,西安:三秦出版社,
2006.10

[110]李玲,饱水木质文物脱色原理及方法研究,文物保护与科技考古,西安:三秦出版社,2006.10

[111]张金萍,出土木质文物的变色与脱色,文物保护与科学考古,西安:三秦出版社,2006.10

[112]宋迪生等编,古木、竹、漆器的处理,文物与化学,成都:四川教育出版社,1992.8

[113]田金英、王春蕾、白志平,古代文物丝织品霉斑清除的研究,文物保护与考古科学,2005.4

[114]汪自强、周旸,南昌明宁靖王妃墓出土丝织品结晶盐的分析与去除,文物保护与考古科学,
2006.4

[115]杨建洲、张锐、徐亮,一种新型古丝绸强度测定仪的研制,文物保护与考古科学,2006.4

[116]严素梅、周铁、毛小芬,防霉剂对丝绸性能影响的研究检测,文物保护与科技考古,西安:三
秦出版社,2006.10

[117]薛雁、楼淑琦,针线法修复元代紫罗地彩绣花鸟纹夹衫的研究,文物保护与科技考古,西
安:三秦出版社,2006.10

[118]郑冬青,壳聚糖在脆弱丝织品加固中的应用探讨,文物保护与科技考古,西安:三秦出版
社,2006.10

[119]吴双成、兰玉富、徐珊等,山东日照西十里铺汉代墓地出土丝织品的保护,文物保护与科技
考古,西安:三秦出版社,2006.10

[120]宋迪生等编,纺织品文物的收藏,文物与化学,成都:四川教育出版社,1992.8

[121]王蕙贞、宋迪生,法门寺珍宝的保护,西安:西北大学学报(自然科学版),2000.4

[122]单昕,董文喜,陕西唐墓壁画保护方法初探,全国第二届考古与文物保护化学学术交流会
论文集,敦煌,1992.9

[123]张群喜、罗黎,唐墓壁画颜色脱色的实时监测,全国第二届考古与文物保护化学学术交流
会论文集,敦煌,1992.9

[124]宋迪生等,壁画和彩绘泥塑的保藏,文物与化学,成都:四川教育出版社,1992.8

[125]李最雄 敦煌壁画颜料的变色及修复材料选择,李最雄石窟保护论文集,兰州:甘肃民族出

版社,1994.8

[126]张群喜、申秦雁,从颜料色板的老化试验谈唐墓壁画的保护,第六届全国考古与文物保护化学学术交流会论文集,泉州,2000.11

[127]陈庚玲、薛俊彦、马清林,甘肃酒泉、嘉峪关地区现存墓葬壁画半地下复原保护可行性研究,第六届全国考古与文物保护化学学术会议论文集,泉州,2000.11

[128]刘万虹,山西壁画墓与日本壁画墓保护之比较,人类文化遗产保护,西安:西安交通大学出版社,2003.8

[129]郭宏、韩汝玢、赵静、黄槐武等,广西花山岩画颜料及其褪色病害的防治对策,文物保护与考古科学,2005.4

[130]李最雄,壁画彩塑修复,丝绸之路石窟壁画彩塑保护,北京:科学出版社,2005.9

[131]李最雄编著壁画揭取、搬迁及复原,丝绸之路石窟壁画彩塑保护,北京:科学出版社,2005.9

[132]汪万福、李最雄、杨涛,探地雷达在壁画灌浆加固效果评定中的应用研究,文物保护与科技考古,西安:三秦出版社,2006.10

[133]李国清、甄广全,长乐显应宫泥塑保护处理,文物保护与科技考古,西安:三秦出版社,2006.10

[134]田玉娥、李心坚,唐安国相王孺人唐氏、崔氏壁画墓病害调查,文物保护与科技考古,西安:三秦出版社,2006.10

[135]卢衡、郑幼明、苏伯民等,白象塔彩绘泥塑功能性有机材料的分析鉴定,文物保护与科技考古,西安:三秦出版社,2006.10

[136]杨蔚清、戚雪娟、苏东黎等,洛南唐墓壁画保护概述,文物保护与科技考古,西安:三秦出版社,2006.10

[137]田金英、王春蕾,自然环境展室温、湿度对绘画颜料色牢度影响的实验研究,文物保护与科技考古,西安:三秦出版社,2006.10

[138]人大常委会《中华人民共和国文物保护法》,1982

[139]宋迪生等,古代建筑的保护,成都:四川教育出版社,1992.8

[140]祁英涛,中国古代建筑的保护与维修,北京:文物出版社,1986.9

[141]王蕙贞、宋迪生、杨长莉,NS851防腐防霉剂保护尸体类文物初探,全国考古及文物保护化学学术交流会论文集,西安,1989.10

[142]周双林,古建筑中砖类粉化原因初探,全国第二届考古及文物保护化学学术交流会论文集,敦煌,1992.9

[143]孙玲,维修古建筑应遵守什么原则?能否任意改变建筑形式?更换构件等?中国文物报,2001.6.20(3)

[144]姜孝云,文物建筑维修应原材原貌原址原建,中国文物报,2001.6.6(3)

[145]周双林,土遗址防风化保护概论,中原文物,2003.6

[146]李最雄,丝绸之路古遗址保护[M],北京:科学出版社,2003.1

[147]袁传勋,土遗址保护材料综述[J],敦煌研究,2002.(06)

[148]李最雄、王旭东,古代土建筑遗址保护加固研究的新进展[J],敦煌研究,1997.(04)

[149]俑坑土遗址保护课题组,秦俑坑土遗址的研究与保护,秦始皇兵马俑博物馆,秦俑研究 [M],西安:陕西人民教育出版社,1996

[150]和玲、梁国正,聚合物在文物保护中的应用进展[J],文博,2003.(01)

[151]西安文物保护修复中心,古遗址保护前期加固与处理,中国文物报,2005.10.14

[152]Giacomo C. Chemical treatment and capping technigul of earthen structures: a long—term evalution,In:proceedings of the 6th international conference on the conservation of earthen architecture[C]. Lascruces,New Mexico, U • S • A[s. n]1990

[153]UNESCO • Appropriate technologies in the conseration of cultural property[M]. Beijing: Foreign TransLation and publisu cooperation of china. 1985. 109

[154]赵海英、李最雄、韩文峰等,西北干旱区土遗址的主要病害及成因[J],岩石力学与工程学 报,2003.22

[155]王旭东,中国西北干旱环境下石窟与土建筑遗址保护加固研究[D],敦煌研究,2002

[156]Daiichi kogyo seiyaku Shaho 1975,382,15~21(JP),CA88 135630t

[157]Fatma M. Helemi. Deterioration and conseration of some mud brick in Egypt • ln:Proceedings of the 6th international comference on the conservation of earthen architeture[C]Lascruces New Mexico,U • S • A[s. n]1990. 14—16277

[158]苏伯民、李最雄、胡之德,PS与土遗址作用机理的初步探讨[J],敦煌研究,2000.1.30~35

[159]贺行洋、陈益民、张文生,土的组成结构与固化技术[J],岩土工程技术,2003(03):129~132

[160]李最雄、王旭东、田琳,交河故城土建筑遗址的加固实验[J]敦煌研究,1997.3.171—188

[161]李文瑛、戴经梁,土埌加固剂加固土的研究[J],东北公路,2001.7.39—43

[162]Ward A G,courts A. The science and Technology of Gelatin[M]. New york : Academic press,1977. 77~366

[163]De clercg M,Rolin D. Interaction betwueen gelatin and silver ion at pH=3[J]Puotogrsci, 1994.(42):117

[164]金波,档案保护技术学[M],北京:高等教育出版社,2000.

[165]陶琴、杨业、周萌,霉菌对档案载体新型材料的危害及其预防[J],档案学通讯,2004.4

[166]叶正梗,霉菌对新型载体档案材料的危害及防霉的意义[J]。影像技术,1999.2

[167]李晓华,试谈霉菌对文物的危害及防治[J],文物保护技术研究,1996.3

[168]刘家真,照片档案修复[M],武汉:武汉大学,1996

[169]高国华,几种不同载体档案的防霉和除霉[J],档案与建设,1996.9

[170]Charala A • E,Delgade Rodrigues J,Disscusion and concusions of the round table on watel repellenttreatments,Science and Technologe for cultural Heritage,1996.5(1)

[171]郭莉珠,影像档案保护技术研究现状与发展方向[J],档案通讯,2004.1

[172]周耀林,论现代档案保护技术学研究的基点[J],档案学研究,2004.5

[173]郭明勋、孙文萍,明胶的微生物降解[J],明胶科学与技术,2004.4

［174］张治平,酶、微生物与明胶的粘度［J］,明胶科学与技术,1999.3

［175］郭莉珠,档案保护技术学教程［M］,北京:中国人民大学出版社 2005

［176］沢田正昭,文化财保存科学ノート,日本名古屋市:近未来社 1997.10

［177］王宏钧主编,中国博物馆学基础,上海:上海古籍出版社,1990.4

［178］陈瑞志著,博物馆学通论,上海,上海博物馆丛书,1936.7

［179］［苏］M·B 沢叶沢德斯基等著,博物馆藏品的管理,北京:文化部文物局出版社,1953 年

［180］苏联博物馆科学研究所,苏联博物学基础,文物出版社,1957.6

［181］包遵彭著,台湾博物馆史,台湾中华丛书编审委员会,1964.6

［182］Douglas A·Allan,博物馆概论,台北正中书局,1964.11

［183］伊藤寿朗,森田恒之,博物馆概论,日本东京都学苑社,昭和 53 年版

［184］文化部文物局,中国博物馆学概论,北京:文物出版社,1985.12

［185］张孝绒,国外文物保护修复实验室配置,考古与文物丛刊第五号,2001

［186］张孝绒,意大利文化遗产部罗马修复中心简介,2004.8

［187］西安文保修复中心,西安文物保护修复中心年鉴,2004.1

［188］周铁,秦俑博物馆保管部文物保护修复实验室简介,2005

［189］王蕙贞,西北大学文博学院文物保护技术实验室,中国文物报,2000.12.30

［190］宋迪生等编,文物与化学,文物中近代分析技术,成都,四川教育出版社

［191］陈耀祖,王昌益,近代有机定量分析,北京:科学出版社,1987.12

［192］西安文物保护修复中心,乾陵石质文物保护研究,1999.12

后　记

　　"雄关漫道真如铁"可谓是本书成书过程的写照。在多年的教学和科研工作中,常常遇到一些年轻的文物保护工作者,特别是我们文物保护专业十多届毕业生,呼吁有一本我国自己的文物保护教材,以便大家参考和供培养文物保护技术干部使用,并建议在总结我们教学科研实践经验的基础上尽快成书。正是在这种鼓励下,我们开始了本书的编写工作,但在编写过程中,我们深感文物保护科学涉及历史之深远,学科之广泛,内容之浩瀚,并非一章一节能包含的。但为了便于读者阅读,又不能不加以分类,择其主要内容而从之,这就会出现"挂一漏万"之嫌。本书除了采用我们自身的教学和科研成果之外,还引用了一些作者公开发的成果,以便尽量全面反映我国文物保护工作的成绩和进展,对于这些作者我们表示衷心感谢,并在参考文献中加以注出。

　　本书在长达三年的编写过程中,几经磨难,数易其稿,现在终于和大家见面了。我们怀着万分感激之情,感谢陕西省文物局赵荣局长、刘云辉副局长、周魁英处长、赵强、孔昱副处长,西北大学方光华副校长、王建新教授、陈峰教授,吉林大学朱泓教授,中国科学院研究生院王昌燧教授,中国文物出版社葛承雍总编的鼓励与支持。

　　本书只是抛砖引玉,希望今后能够有更新、更好的著作出现。

　　由于水平所限,错误和不足在所难免,望大家不吝指正。

彩版

图2-3 粉彩陶制陶特点显示图

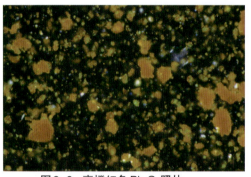

图2-6 亮橙红色Pb_2O_4照片

图2-7 红色颜料照片

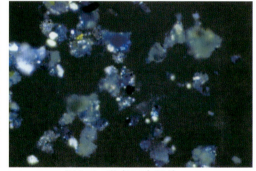

图2-8 桔红色Fe_2O_3照片

图2-9 蓝色石青照片

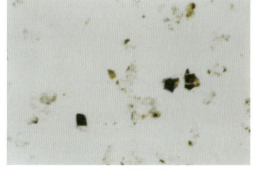

图2-10 鲜绿色照片

图2-11 炭黑照片

图2-12 未保护处理的棕红色
粉彩马俑照片

图2-13 保护处理后的棕红色
粉彩马俑照片

图2-14 未保护处理的黑粉彩马俑照片

图2-15 保护处理后的黑粉彩马俑照片

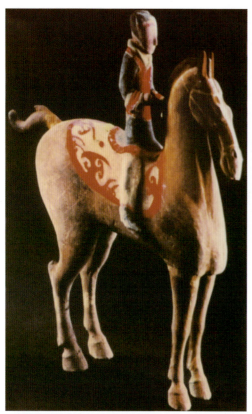

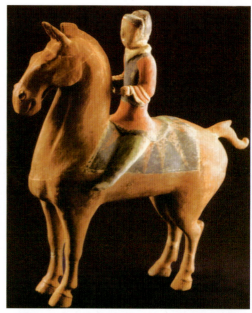

图2-16　保护处理后粉彩马俑照片

图2-17　保护修复后粉彩马俑展出照片

图 3-31　元代蜻蜓金钗

图 3-32　元代双飞蝴蝶簪

图 3-33　明神宗孝靖皇后凤冠

图 3-32　明代立凤金簪

图 3-35　清代金镶玉菊花簪

图 3-36　清代金凤冠局部

图4-1 高句丽石质文物的化学风化

图4-2 高句丽石质上地衣

图4-3 高句丽石质上菌与地衣共生

图4-4 菌类腐蚀后石质表面出
现大量的侵蚀坑及坑窝

图4-5 地衣腐蚀后的石质表面

图4-6　乾陵石质文物上地衣

图4-7　菌类—地衣共生体对高句丽石质文物的破坏

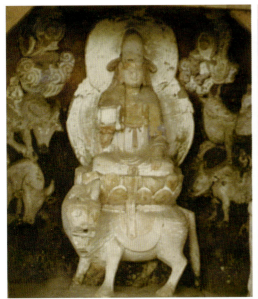 

图4-8　油烟菌类污染石刻清洗前后效果图

图4-9　黑绿色菌类及低等植物污染石刻清洗前后效果图

图4-10　菌类、低等植物、溶盐、沉积物对石刻的影响及处理效果图

图4-11　麟游千佛碑清洗实验图及效果图

图4-12　石质造像的裂缝与黏结效果图

图4-13　高句丽石质上生长的植物

图7-1 保护处理的陕西法门寺大红罗地拜垫

图7-2 保护处理的法门寺出土的金丝织衣物

图8-1　大面积空臌壁画

图8-2　大片状酥碱壁画

图8-3　颜料层连白粉层大片起甲壁画

图8-4　颜料小片起甲壁画

空白　　　　　　用0.02%霉敌处理　　　　空白　　　　　　用0.02%霉敌处理

图9-1　用霉敌处理的皮革

1. 肝脏标本(0.02%霉敌)

2. 肝脏标本(左:0.025%霉敌,右:5%福尔马林)

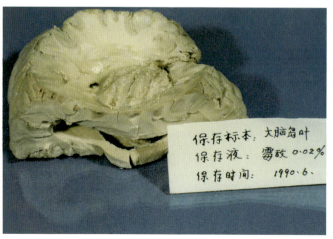

3. 大脑岛叶标本(0.02%霉敌)

4. 骨间膜标本(0.02%霉敌)

图9-2　人体脏器标本

图9-3　骨骼切片（放大400倍左:5%福尔马林,右:0.02%霉敌）

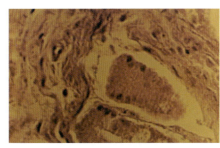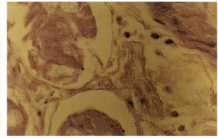

图9-4　小肠切片（放大400倍左:5%福尔马林,右:0.02%霉敌）

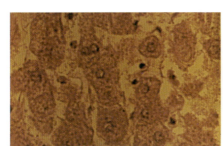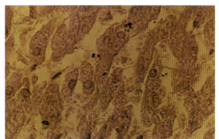

图9-5　肝脏切片（放大400倍左:5%福尔马林,右:0.02%霉敌）

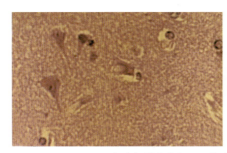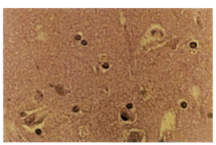

图9-6　大脑切片（放大400倍左:5%福尔马林,右:0.02%霉敌）

图9-7　0.02%霉敌水溶液保养的金鱼标本

图13-1　磁带防霉对比实验